the
# GAME
# GRAPHICS

강성구
김대혁
김원기
김형일
송윤종
이현철
장민호
장홍주
정덕문
정만조
정종필
한창범

# 쉐이더 & 이펙트 #1

VIELBooks
비엘북스

Cover Illustration 김형일
Made with Unity

## 쉐이더 & 이펙트 #1

2018년 07월 26일 1판 1쇄 인쇄
2018년 08월 02일 1판 1쇄 발행

**지은이** 강성구, 김대혁, 김원기, 김형일, 송윤종, 이현철, 장민호, 장홍주, 정덕문, 정만조, 정종필, 한창범
**펴낸이** 김종원
**펴낸곳** 비엘북스

**주소** 경기도 고양시 일산동구 중앙로 1275번길 38-10, 606호
**전화** 070-7613-3606
**팩스** 02-6455-3606
**등록** 2009년 5월 14일 제 313-2009-107호
**출판사 홈페이지** http://www.vielbooks.com
**도서 문의** vielbooks@vielbooks.com

**ISBN** 979-11-86573-24-2 (14000)
　　　　979-11-86573-23-5 (세트)

**정가** 35,000원

**이 책을 만든 사람들**

**기획·진행** 비엘플래너스
**교정·교열** 비엘플래너스
**편집디자인** 비엘플래너스

Copyright ⓒ 2018 강성구, 김대혁, 김원기, 김형일, 송윤종, 이현철, 장민호, 장홍주, 정덕문, 정만조, 정종필, 한창범　All Rights Reserved.
First edition Printed 2018, Printed in Korea.

이 책의 어느 부분도 저작권자나 비엘북스 발행인의 승인 문서 없이 일부 또는 전부를 사진 복사나 디스크 복사 및 기타 정보 재생
시스템을 비롯하여 현재 알려지거나 향후 발명될 어떤 전기적, 기계적 또는 다른 수단을 통해 복사, 재생하거나 이용할 수 없음.

이 도서의 국립중앙도서관 출판예정도서목록(CIP)은 서지정보유통지원시스템 홈페이지(http://seoji.nl.go.kr)와 국가
자료공동목록시스템(http://www.nl.go.kr/kolisnet)에서 이용하실 수 있습니다.(CIP제어번호: CIP2018022439)

# the GAME GRAPHICS

## 쉐이더 & 이펙트 #1

강성구
김대혁
김원기
김형일
송윤종
이현철
장민호
장홍주
정덕문
정만조
정종필
한창범

VIELBooks
비엘북스

# 게임그래픽 개발자를 위한 테크니컬 아트 전문지
## [the GAME GRAPHICS : 쉐이더 & 이펙트 #1]

이 책은 차세대 게임그래픽을 위해 알아두어야 할 다양한 읽을거리와 쉐이더와 이펙트 제작에 필요한 수준 높은 게임그래픽 정보들을 다루는 책입니다.

# 이 책의 주요 구성

CG&People 에서는 모바일 게임 [블레이드 2]에서 이펙트를 담당한 이현철님과 자이언트스텝의 GX Lab에서 실시간 콘텐츠 개발을 담당하고 있는 강성구님의 인터뷰가 소개됩니다.

Tech Paper 코너에서는 유니티와 언리얼엔진을 중심으로 쉐이더와 이펙트 개발에 필요한 다양한 실전테크닉이 소개됩니다. 쉐이더, 이펙트 아티스트 뿐만 아니라 테크니컬 아티스트를 희망하는 분들에게는 알찬 구성이 될 것입니다.

## CG & People

01_ 화려함보다 밸런스의 조화가 [블레이드 2] 이펙트의 핵심
 · [블레이드 2] 리드 이펙트 아티스트

02_ 자이언트스텝이 내딛는 고품격 리얼타임 콘텐츠 연구소 GX Lab
 · [자이언트스텝 GX Lab] 강성구 실장

## Tech Paper

01_ [3ds Max와 Thinking Particles을 이용한 건물 붕괴 시뮬레이션]
 · 정덕문 _ VFX 아티스트

02_ [이펙트 아티스트를 위한 감마와 리니어 렌더링 이야기]
 · 정종필 _ 청강문화산업대학 교수

03_ [Procedural Noise와 UV Distortion Shader]
 · 김원기 _ 인터랙티브 그래픽스 아티스트

04_ [유니티 쉐이더와 스크립트를 활용한 전자 방어막 이펙트]
 · 장홍주 〈네오위즈〉 테크니컬 아티스트

05_ 노드 기반의 Multi Shader를 이용한 쉐이더 이펙트의 제작
 · 한창범 〈알리바바 게임즈〉 이펙트 아티스트

06_ [2D Raymarching(레이마칭)으로 사실적인 연기 기둥 만들기]
 · 김대혁 _ 〈스마일게이트〉 이펙트 아티스트

07_ [언리얼 엔진4의 모바일 이펙트 최적화]
 · 이현철 _ 〈액션스퀘어〉[블레이드 2] 리드 이펙트

08_ [후디니를 이용한 게임 메쉬 이펙트의 제작]
 · 정만조 _ 게임 이펙트 아티스트

09_ 언리얼엔진(UE4)의 애니메이션 파이프라인
 · 장민호 _ 〈네오위즈 블레스스튜디오〉 테크니컬 아티스트

10_ [Ornatrix(오나트릭스)를 이용한 리얼타임 헤어 만들기]
 · 송윤종 _ 3D 아티스트

11_ 표지 제작기-터치걸
 · 김형일 _ 〈자이언트스텝 GX Lab〉 아티스트

12_ 빛과 재질 : 물리기반 렌더링과 쉐이딩에 대한 이론
 · Allegorithmic Korea 제공 〈번역 : 김대혁〉

# 예제데이터 다운로드 안내

이 책에서 소개하는 테크니컬 강좌를 원활하게 진행하려면 예제데이터가 필요합니다.

해당 챕터의 시작 페이지 상단에 예제데이터의 필요유무가 표시되어 있으니
우측의 예제데이터 다운로드 방법을 참고하셔서 예제데이터를 미리 준비해주세요.

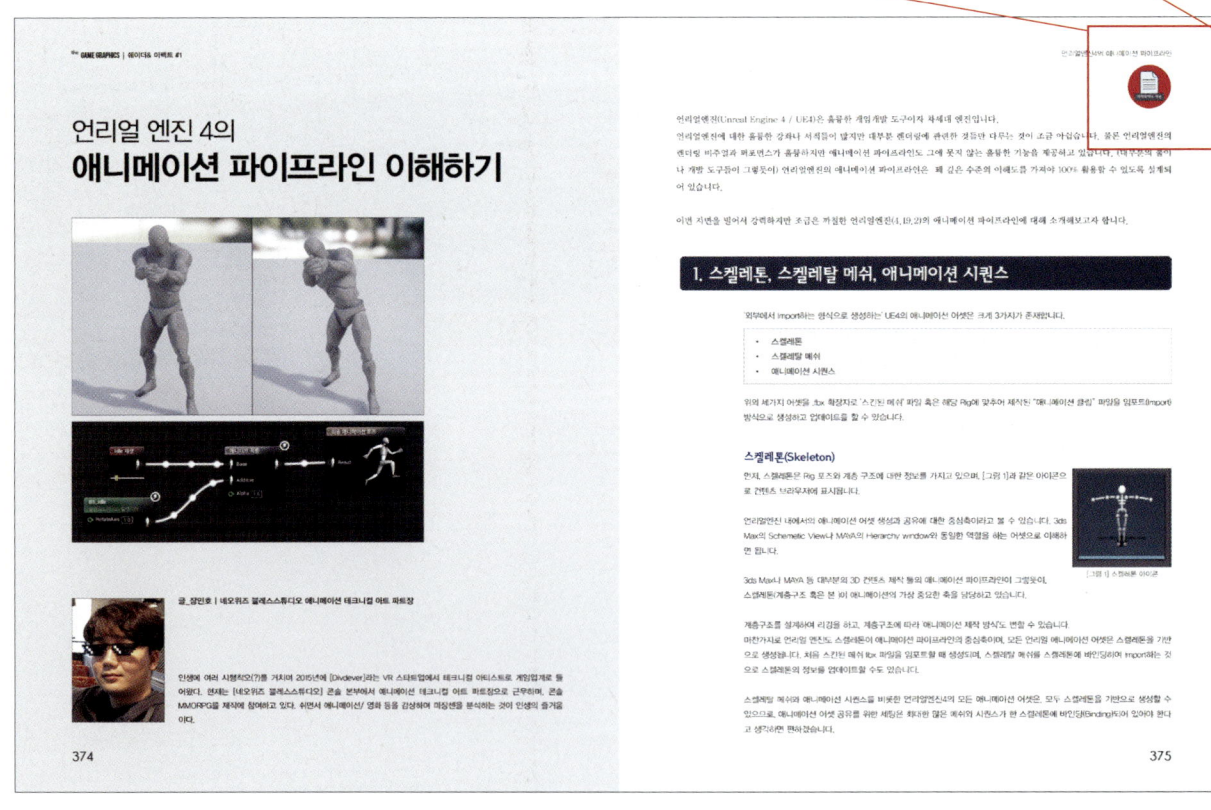

DVD의 잦은 파손을 방지하고 예제데이터의 원활한 업데이트를 위해서 예제데이터의 다운로드 시스템을 제공하고 있습니다.

책을 구입하신 분들은 반드시 예제데이터를 다운로드하셔서 진행에 불편함이 없기를 바랍니다.

## 이 책을 구입하신 후 꼭 해야 할 2가지!

### 1. 예제데이터 다운로드 하기

비엘북스 또는 더게임그래픽스 홈페이지에서
예제데이터를 다운로드 합니다.

- 비엘북스 | http://www.vielbooks.com
- 더게임그래픽스 | http://www.thegamegraphics.com

### 2. 예제데이터 비밀번호 해제하기

예제데이터는 암호화 압축되어 있습니다.

- 비밀번호 'tggse1448'을 입력하면 압축 해제됩니다.

압축해제는 윈도우 OS 환경에서 '알집' 또는 '반디집'을 이용해주세요.

### 문의사항

예제파일의 다운로드 및 압축해제 오류 등의 문제는 아래 연락처로 문의해주세요.

- 전 화 | 070-7613-3606
- 메 일 | vielbooks@vielbooks.com
- 블로그 | http://blog.naver.com/xsi2maya

# 목차
Contents

# CG & People

화려함보다 밸런스의 조화가 [블레이드 2] 이펙트의 핵심 ......... 10
**이현철** 〈액션스퀘어〉 [블레이드 2] 리드 이펙트 아티스트

자이언트스텝이 내딛는 고품격 리얼타임 콘텐츠 연구소 **GX Lab** ......... 22
**강성구** 〈자이언트스텝〉 GX Lab 실장

# Tech Paper

[3dsMax와 Thinking Particle을 이용한 건물 붕괴 시뮬레이션] ......... 32
**정덕문** 〈펜셀애니메이션 스튜디오〉 FX 팀장

[이펙트 아티스트를 위한 감마와 리니어 렌더링 이야기] ......... 110
**정종필** 〈청강문화산업 대학교〉 교수

[Procedural Noise와 UV Distortion Shader] ......... 144
**김원기** 인터랙티브 아티스트

[유니티 쉐이더와 스크립트를 활용한 전자 방어막 이펙트의 제작] ......... 174
**장홍주** 〈네오위즈〉 3D 아트팀 테크니컬 아트 디렉터

[노드 기반의 Multi Shader를 이용한 쉐이더 이펙트의 제작]　　206

**한창범** 〈알리바바〉 이펙트 아티스트

[2D Raymarching을 이용한 사실적인 연기 기둥 만들기]　　256

**김대혁** 〈스마일게이트〉 이펙트 아티스트

[언리얼엔진4에서 모바일 이펙트의 최적화 방법]　　302

**이현철** 〈액션스퀘어〉 [블레이드 2] 리드 이펙트 아티스트

[후디니를 활용한 게임 메쉬 이펙트의 제작]　　340

**정만조** 〈엔씨소프트〉 이펙트 아티스트

[언리얼엔진4의 애니메이션 파이프라인]　　374

**장민호** 〈네오위즈 블레스 스튜디오〉 애니메이션 테크니컬 아트 파트장

[Ornatrix를 이용한 리얼타임 헤어 만들기]　　398

**송윤종** 3D 아티스트

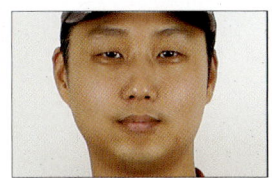
[표지제작기 - 터치걸]　　428

**김형일** 〈자이언트스텝〉 GX Lab 아티스트

[빛과 재질 : 물리기반 렌더링과 쉐이딩에 대한 이론]　　436

**Allegorithmic Korea 제공** 〈번역: 김대혁〉

# the GAME GRAPHICS
# 쉐이더 & 이펙트 #1

## CG & People

**01_ 화려함보다 밸런스의 조화가 [블레이드 2] 이펙트의 핵심**
– [블레이드 2] 리드 이펙트 아티스트

**02_ 자이언트스텝이 내딛는 고품격 리얼타임 콘텐츠 연구소 GX Lab**
– [자이언트스텝 GX Lab] 강성구 실장

## interview

# 화려함보다 밸런스의 조화가
# [블레이드 2] 이펙트의 핵심

〈액션스퀘어 – 블레이드 2〉
**리드 이펙트 아티스트**

# 이현철

4년이 지난 2018년 6월, 개발사 〈액션스퀘어〉는 강력한 언리얼엔진4로 무장하고 다수의 실력파 개발자들과 함께 후속작 [블레이드 2]를 출시했다. [블레이드 2]는 언리얼엔진4에서 펼쳐치는 시원시원한 액션을 핵심 재미로 내세웠다. 태그 플레이와 반격기를 이용한 짜릿한 손맛은 [블레이드 2]에서만 느낄 수 있는 또 다른 재미이다.

화려한 액션에 이펙트가 빠질 수 없는 만큼 [블레이드 2]에서의 이펙트는 어떻게 적용되었을까. 그리고 모바일 게임 이펙트를 개발할 때 어떤 부분들을 고려해서 작업하는지도 궁금했다.

[the GAME GRAPHICS]에서는 [블레이드 2]의 이펙트 제작을 총괄한 이현철님을 만나서 이펙트 제작 이야기를 들어보았다.

interview_ 이현철

# ACTION SQUARE

BLADE
THE RETURN OF THE EVIL
for kakao

**안녕하세요. 이현철 님. [the GAME GRAPHICS] 독자분들에게 소개를 부탁드립니다.**

안녕하세요. 현재 〈액션스퀘어〉에서 [블레이드 2]의 이펙트 리드(팀장)를 맡고 있는 이현철입니다. 2005년부터 '어쌔신'이라는 닉네임으로 게임이펙트 블로그를 운영해왔는데, 요즘 회사일이 바쁘다 보니 예전처럼 활동하진 못하고 있네요. 그래도 실무에 도움이 될만한 좋은 팁이나 정보들은 조금씩 공유하고 소통하고 있습니다. 매번 독자로 이 책을 접했었는데 이렇게 직접 참여할 기회가 닿아서 얼떨떨하네요.

**[블레이드 2] 개발에 참여하기 전에는 어떤 일을 하셨는지 궁금하네요. 전작 [블레이드 1]의 대히트로 후속작에 대한 부담은 없으셨나요?**

2002년부터 [세피로스 온라인]에 참여하면서 게임업계에 입문했습니다. 그때가 언리얼엔진1.x 버전이었던 것 같은데 기억이 가물가물하군요. 이후 여러 인하우스 게임엔진을 다루면서 다양한 게임 이펙트의 경험을 쌓았습니다. 2010년 〈엔플루토〉의 신규 프로젝트에 참여하면서 언리얼 엔진3을 접하게 됐고, 이후 〈스마일게이트〉의 [로스트 아크]에서 이펙트 TA를 담당했으며, 현재는 〈액션스퀘어〉의 [블레이드 2] 팀에서 이펙트 리소스를 제작/관리하고 있습니다.

[블레이드1]이 국내에서 처음, 언리얼엔진3로 개발되어 대성공을 거둔 모바일 게임이다 보니, 후속작 [블레이드2]도 당연히 언리얼엔진 4로 업그레이드해서 개발하고 있습니다. [블레이드 2]는 초기 개발 인력을 구성할 때부터 개발 경험이 풍부한 경력자들 위주로 시작되었고, 업계에서 언리얼엔진을 오랫동안 다뤄왔던 분들이 대거 참여하여 개발된 게임입니다. 업계 최고의 개발진들이 모인 만큼 상당한 퀄리티를 보여주는 게임이 될 것으로 믿고 있습니다. 후속편에 대한 부담이 없다면 거짓이겠지만, 모든 개발진이 온 힘을 쏟으며 개발하고 있으니 좋은 결과가 있으리라 생각합니다.

**[블레이드 2] 개발팀에는 어떻게 합류하게 되었나요?**
합류하기 전에는 〈스마일게이트〉의 [로스트아크] 개발팀에서 이펙트 전문 TA를 담당하고 있었습니다. 주로 기획, 아트, 프로그래밍 분야에서 넘어오는 다양한 기술적인 이슈를 처리하고 관리하는 업무였으나, 실무 이펙트 제작에 대해 아쉬움과 갈증은 언제나 가슴 한켠에 있었어요. 건강상의 이유로 잠시 회사를 쉬고 있었는데, 어떤 좋은 분의 추천으로 [블레이드 2]팀에 합류하게 되었습니다. 개발 초기이다 보니, 이펙트 제작뿐 아니라 관련 TA 업무까지 담당할 수 있는 개발자가 필요하지 않았나 싶네요.

**[블레이드 2]는 어떤 게임인가요? 특별히 액션을 강조하는 이유가 궁금합니다.**
[블레이드 2]는 [블레이드 1]의 세계관에서 100년 후의 이야기를 담고 있으며, 1편을 계승하고 업그레이드한 후속작 MORPG 입니다. 1, 2편 모두 화끈한 액션 플레이를 주요 핵심으로 내세우고 있으며, 언리얼엔진4로 개발된 게임입니다. 회사명이 〈액션스퀘어 Action Square〉입니다. 스퀘어 속 액션을 중시하는 개발 철학을 갖고 있습니다. 모바일 속 작은 화면이지만, 짜릿한 타격감과 화려하고 화끈한 액션을 즐길 수 있는 게임을 만드는 곳입니다. 무슨 설명이 더 필요할까요.

**1편에 비해 [블레이드 2]의 장점은 무엇인지 소개해주세요.**
밸런스가 무척 좋아졌습니다. [블레이드 2]의 모든 이펙트가 엄청나게 화려하고 멋지다고 말할 수 없지만, 캐릭터, 배경, UI, 시네마틱 연출 등 각 분야별로 최상의 퀄리티를 유지할 수 있도록 밸런스에 큰 노력을 기울였다고 할 수 있습니다.
사실 이펙트는 게임 내 동적인 부분에 많은 영향을 미치는 요소입니다. 시스템 퍼포먼스를 많이 필요로 하는 분야이다 보니, 무작정 엄청난 리소스를 쏟아 넣을 수도 없습니다. 그래서 다른 팀의 콘텐츠들과 조율하면서 퀄리티를 위한 접점을 찾는 것이 어려웠던 것 같습니다. 모바일 기기라는 한계가 있지만, 선택과 집중에 의한 밸런스가 잘 적용된 게임이라고 볼 수 있습니다.

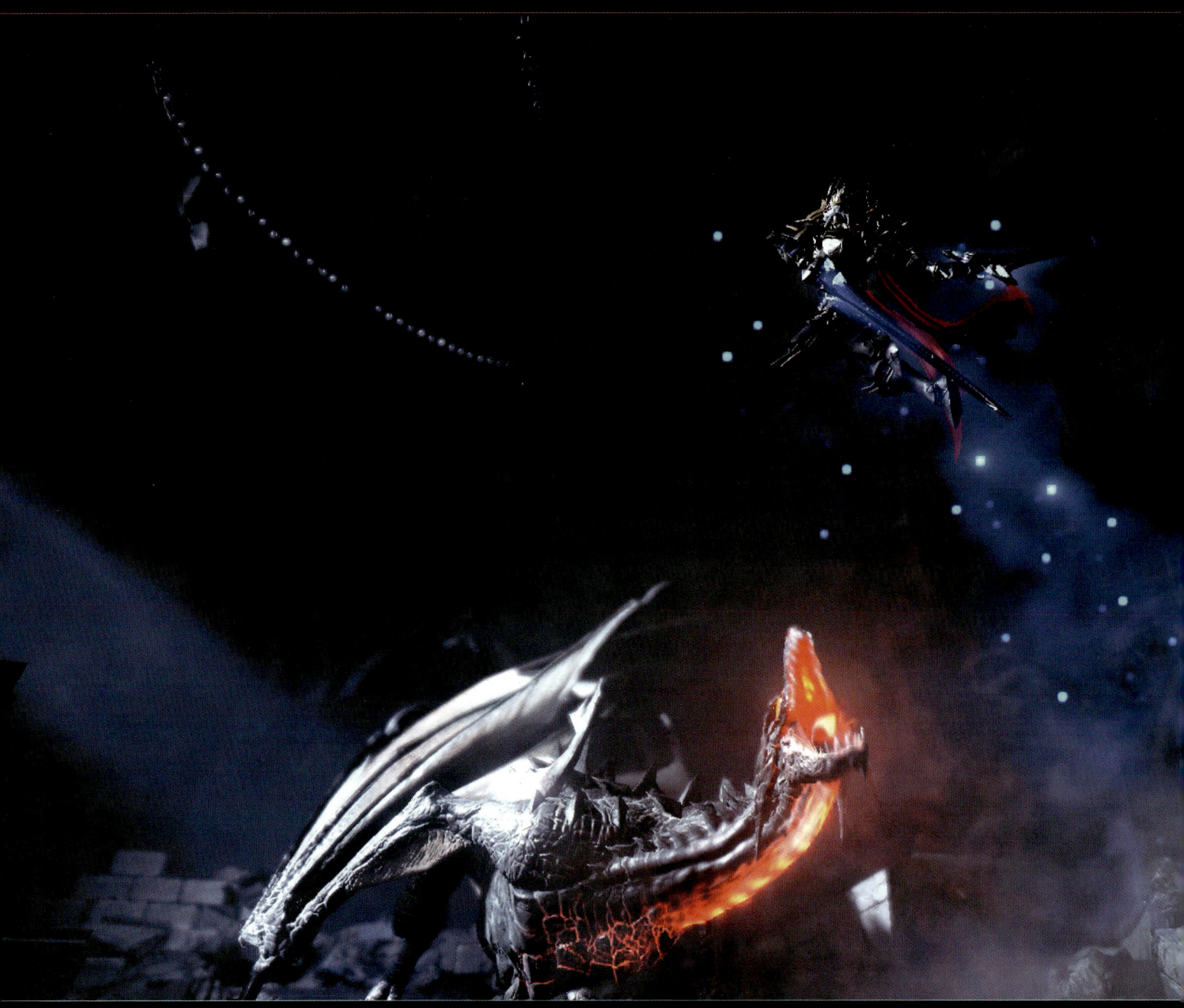

**캐릭터의 액션을 살려주기 위한 이펙트적인 특징이 있다면?**
특정 부분만 잘해야 하는 것이 아니라 모든 분야가 조화롭게 밸런스가 맞아야 액션성이 살아납니다. 캐릭터의 애니메이션도 확실한 움직임을 보여주어야 하고, 이에 따른 전반적인 연출력도 무시할 수 없습니다. 이펙트도 이런 부분에 잘 부합하는 컨셉으로 제작되어야 짜릿한 타격감의 액션을 즐길 수 있지 않을까 생각합니다. 아무리 이펙트가 화려하고 멋지더라도 캐릭터의 시야를 막거나 주요 영역을 가리면 플레이에 지장을 줄 수 있기 때문입니다.

[블레이드2]에는 검투사, 암살자, 마법사, 격투가 총 4개의 직군이 등장합니다.
검투사는 검을 이용하여 시원시원하고 화려한 무쌍이 일품입니다. 검의 궤적을 표현하여 시원시원한 액션의 여운을 남겨주는 효과에 신경을 썼습니다.
암살자는 단검을 이용한 빠른 액션이 특징입니다. 빠른 모션에 걸맞은 속도감을 위해서 검의 궤적을 모두 표현하기에는 생각보다 많은 퍼포먼스가 필요했습니다. 애니메이션 팀, 이펙트 팀, 연출 팀, AD가 모여서 많은 고민을 했고, 짧게 끊기면서 자연스럽게 이어지는 궤적 이펙트에 집중했습니다. 마법사는 우리가 알고 있던 불, 바람, 대지, 물 등의 원소를 이용한 마법과는 다르게, 마법의 링을 이용한 특정 에너지를 사용합니다. 불같아 보이지만 불이 아닌 특정 에너지를 사용하죠. 그리고 마법사는 고유의 청록 계열 컬러를 이용하다 보니 화염 같은 원소 마법과는 다르게 적용되었습니다.
주로 근접전을 하는 격투가는 빠르고, 묵직하고, 파워풀하고, 시원시원한 공격을 합니다. 검투사와 암살자의 장점이 골고루 섞여 있는 캐릭터입니다. 타격감을 살려줄 수 있는 이펙트 효과를 만들었습니다.

### 캐릭터의 이펙트를 만들 때 어려운 점이 있다면?

모바일 기반이다 보니 리소스 활용에 한계가 있다는 것이 조금 아쉽습니다. 이펙트 리소스를 좀 더 추가하면 훨씬 더 멋진 이펙트를 보여줄 수 있을 텐데 자칫하면 플레이에 지장을 줄 수 있기 때문에 아쉬울 때가 많습니다. 특정 이펙트 스킬을 사용할 때마다 매끄러운 플레이를 할 수 없고, 캐릭터나 몬스터를 가릴 수 있는 문제 등이 발생할 수 있기 때문입니다. 한정된 상황에서 퀄리티의 접점을 맞추는 과정이 어려웠던 것 같습니다.

### 게임의 이펙트는 어떻게 준비되고 완성되는 건가요?

먼저 게임의 기획과 세계관 그리고 해당 캐릭터의 컨셉을 잘 파악해야 합니다. 대부분의 공격 스킬들은 캐릭터의 컨셉에 의해 결정되는 경우가 많아서 스킬의 핵심이 어떤 것인지 잘 파악하고 이펙트를 디자인하는 것이 좋습니다. 예를 들어 암살자라면 단도술에 걸맞는 핵심 요소를 찾아 분석하고 1차 이펙트 프로토타입을 만듭니다. 그리고 꾸준한 R&D를 통해서 세분화시켜서 업그레이드합니다.

### 모바일 게임을 위한 이펙트의 최적화는 어떻게 접근하는 것이 좋을까요?

우선 많이 보고 직접 경험해보는 것이 좋습니다. 본인이 생각하기에 퀄리티가 좋다고 느끼는 게임을 계속 플레이해보고 관찰해보는 습관을 지니는 것을 추천합니다. 게임 한 두 개로는 파악하기 어렵겠지만, 다양한 게임을 하면서 최적화가 필요해보이는 구간이 어디였는지 연구해보고 체험해보는 것이 중요한 것 같습니다. 구체적인 수치는 프로젝트의 상황에 따라 다르므로 실무에서 경험으로 얻는 것이 가장 좋은 방법입니다.

엔진이 고급화되면서 최적화에 대한 비중이 점차 늘어나고 있는데 관련 정보를 찾기도 어렵고 공유되는 장도 없어서 최적화에 대한 대응은 참 어렵습니다. 아티스트들이 고급 기술을 쓰면서 만들어낸 결과물을 최대한 잘 구현할 수 있는 것에 대한 고민들이 늘고 있습니다. 그리고 약간의 경험으로 알게 된 최적화에 대한 정보를 일부 공개했습니다. 정답은 아니겠지만 최적화를 고려할 때 참고해보시면 조금은 도움이 될 수 있을 것입니다.

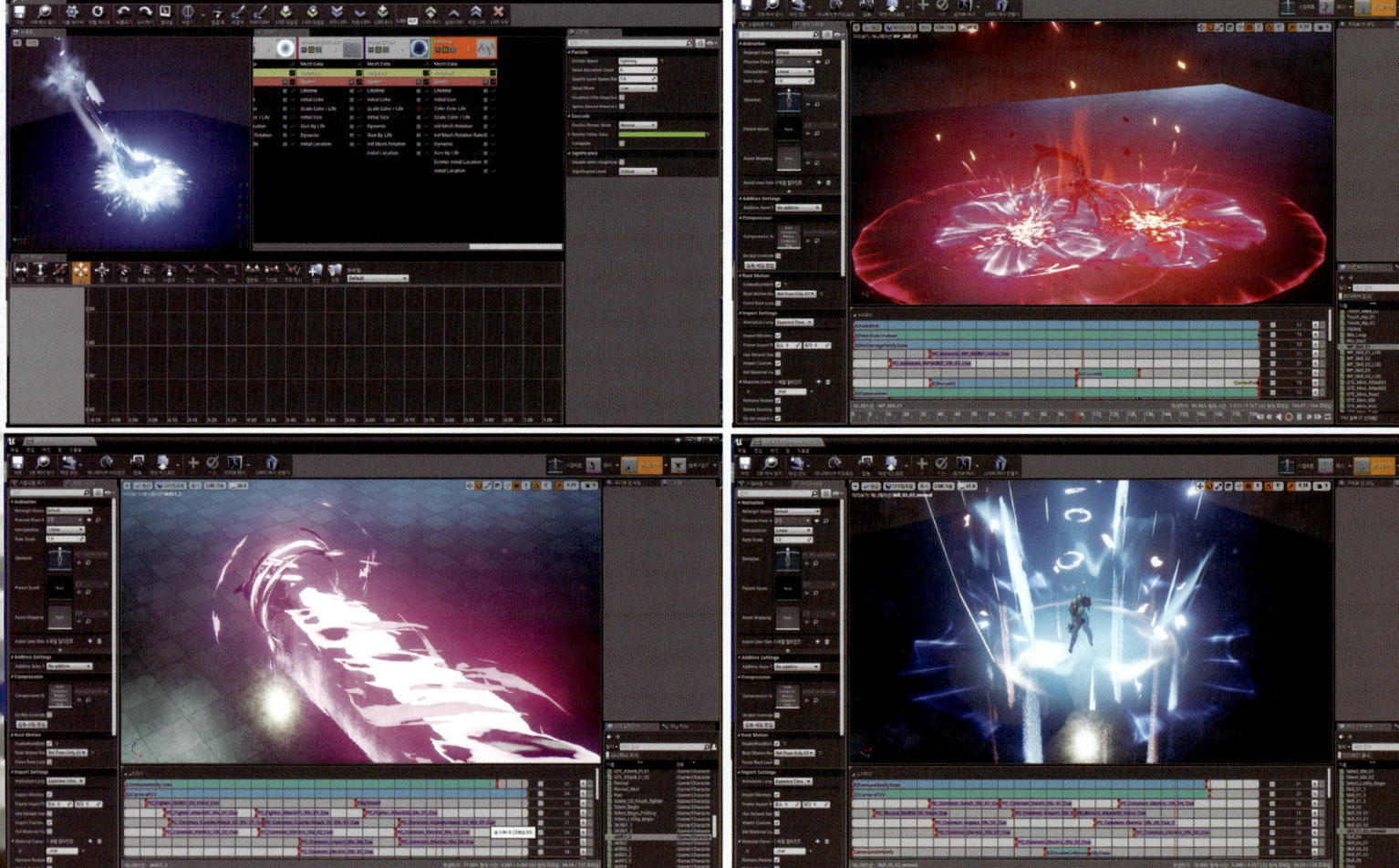

### 팀원의 결과물에 대한 조율은 어떻게 하십니까?

이 부분은 리더의 성향에 따라 다를 수 있겠지만, 전반적으로 팀원들이 결과물의 대한 시야를 크고 넓게 볼 수 있도록 도와주려고 합니다. 그냥 팀원을 방치하는 것이 아니라 그들의 능동적인 제작 능력을 끌어올리기 위한 좋은 방법이라고 생각합니다. 개인적으로 각자의 1차 결과물을 최대한 존중합니다. 개인별 작업 스타일에 대한 간섭을 최대한 배제하고, 게임의 컨셉과 방향성을 유지하는 결과물이 나올 수 있도록 조언하고 지원하는 편입니다. 리더가 지적하고 재수정을 요청하더라도 실제 본인이 직접 느끼지 못하면 받아들이기 힘들 수 있습니다. 그래서 가급적 본인이 직접 게임 내 테스트를 해보면서 결과물의 장단점을 직접 경험할 수 있도록 하고 있습니다. 결국 게임의 방향성에 맞는 멋진 이펙트가 완성되더군요.

### 이펙트 TA가 하는 일이 궁금하네요.

이펙트는 개발프로세스, 인력구성, 최적화, 개발속도, 퍼포먼스, 완성도, 아트 등의 게임 개발의 모든 부분과 연관되어 있다 보니, 다양한 개발이슈가 많은 편입니다. 후반 작업이 많은 이펙트 팀은 시간에 쫓겨서 기술적 이슈를 감당해야 하는 경우가 많은데, 이펙트 TA는 이런 이슈들에 대응할 수 있는 효율적인 프로세스를 구축하는 역할을 하는 것입니다. 그래서 초반부터 이러한 부분을 프로세스 화 시켜놓으면 개발하면서 정말 큰 도움이 될 수 있습니다.

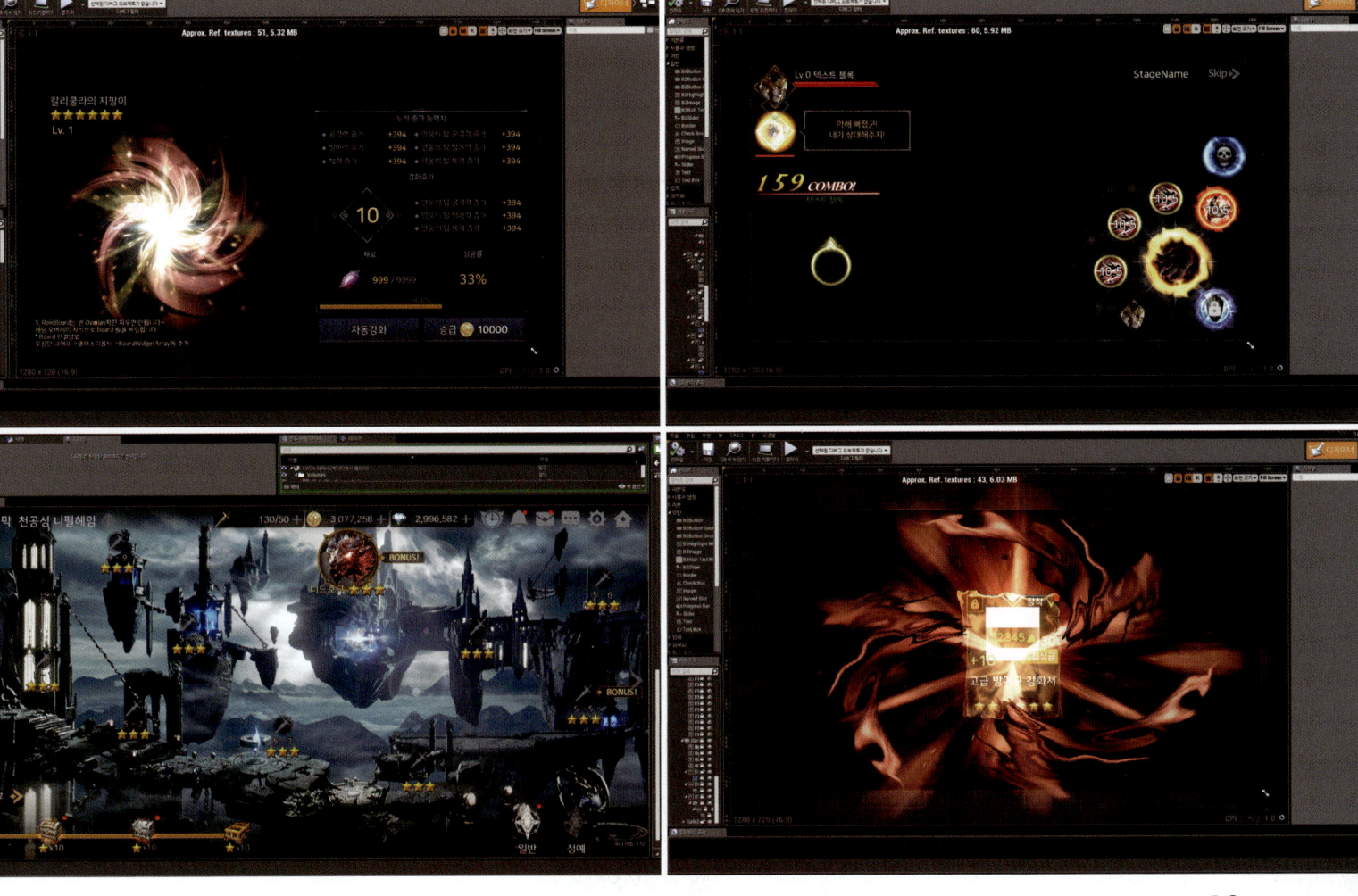

### 이펙터들도 드로잉 능력은 필수인가요?

프로젝트마다 다를 수 있겠지만, 과거에는 드로잉 능력을 필수로 요구하는 곳도 많았으나 지금은 툴의 기능으로 대부분 해결되는 경우가 많습니다. 그래서 드로잉 능력보다는 원하는 결과를 제대로 만들 수 있는 능력을 갖추면 된다고 생각하고 있습니다. 그리고 저희 팀은 3ds Max와 포토샵을 많이 사용합니다. 그리고 에프터 이펙트 같은 합성툴도 가끔 사용합니다. 물론 언리얼엔진4가 가장 기본이지요.

### 이펙트 아티스트가 되려면 무엇을 공부해야 합니까?

이펙트는 꾸준한 자기 계발이 이루어지지 않으면 힘든 분야라서 최신 기술에 민감하게 반응하고 R&D와 기술 개발에 거부감이 없어야 합니다. 요즘은 과거와 다르게 구글이나 유튜브, 페이스북, 트위터 등의 미디어들이 잘 활성화되어 있어서 정보를 얻을 기회가 다양해졌습니다. 이펙트는 단순히 리소스들의 조합으로 완성되는 것이 아니라, 실제 게임엔진에서 캐릭터와 애니메이션과 연출 등의 다양한 파트가 잘 조화되어야 합니다. 그래서 이펙트를 제작하는 단순한 스킬보다는 일차적으로 게임엔진에 대한 이해와 운용 능력이 우선입니다. 요즘 유니티와 언리얼엔진들이 워낙 잘 지원하고 있어서 조금만 공부해보면 정말 놀라운 결과물을 만들어 낼 수도 있습니다. 그 후에 맥스나 포토샵, 에프터 이펙트 등의 이펙트 툴을 공부하면 됩니다. 멋진 이펙트 효과가 맥스나 마야 등의 뷰포츠에서만 나오면 아무 소용없습니다. 실제 게임엔진에서 적용된 결과가 중요한 것입니다.

### 게임 개발자로서 이펙트 아티스트의 장점이 있다면?

이펙트는 타 분야에 비해 다루어야 할 툴도 많아서 진입장벽이 꽤 높은 편이지만, 게임 개발에 대한 전반적인 흐름을 보는 눈이 한층 넓어지고 깊어질 수 있는 분야이기도 합니다. 예를 들어 캐릭터의 스킬을 넣는다면, 캐릭터도 유심히 관찰해야 하고, 애니메이션과 연출도 잘 파악해야 합니다. 또한 UI, 배경, 프랍의 연동성 등 각종 인터렉션과 기획자와의 컨셉 논의, 개발 구현에 따른 최적화 이슈 등 이펙트가 많은 부분과 연관되어있다 보니 쉽게 경험하기 어려운 개발 프로세스에 대해서 상당히 이해할 기회가 되는 것 같습니다. 그래서 좋습니다.

### 앞으로의 계획이 궁금합니다.

당연히 [블레이드 2]의 성공입니다. 오랜 시간 동안 훌륭한 개발팀과 함께 할 수 있어서 영광이었고, 함께 땀 흘려서 만든 게임인 만큼 모두 좋은 성과를 봤으면 좋겠습니다. 그리고 차세대 기술적 트렌드에 밀려나지 않도록 꾸준한 자기 계발을 하는 개발자가 되고 싶습니다.

# interview

## 자이언트스텝이 내딛는
## 고품격 리얼타임 콘텐츠 연구소

### GIANTSTEP GX Lab

# 강성구 실장

취재 | 편집부    사진 | 연소하

CG를 다루는 관계자라면 누구나 한 번쯤 예상해보았을 것이다. 머지않아 프리 렌더드(Pre-Rendered)된 CG 콘텐츠와 실시간 렌더링 콘텐츠의 경계가 허물어질 것이라는 기대 말이다.

10년 전 CG 영상 퀄리티 수준이라고만 무시하고 치부해버렸던 실시간 렌더링 퀄리티들이 어느덧 현재의 CG 퀄리티 수준과 거의 비슷해지고 있다. 특히 2018년에 공개된 유니티와 언리얼엔진의 데모 프로젝트들을 보더라도 실사 / CG 이미지 / 게임을 구분하기 어려울 정도가 되어버렸고, E3 2018에서 발표된 유명 게임의 시네마틱들은 실시간 게임 엔진에서 직접 제작/연출한 사례들로 넘쳐나고 있다.

자이언트스텝은 2008년 설립된 이래, 국내 영상제작 최고의 실력파들이 CF, 영상 VFX 등을 제작해오고 있는 크리에이티브 스튜디오이다. 올해 초 자사에서 만든 [세븐나이츠2] CF 영상을 언리얼엔진으로 재구성하여 실시간 인터랙션이 가능한 고퀄리티의 테스트 영상을 공개했다. 물론 실제 CF 영상과의 퀄리티 차이는 있지만, 자세히 비교하지 않으면 구분하기 어려울 정도로 상당한 수준의 퀄리티를 보여준다. 이 테스트는 자이언트스텝 내의 GX Lab에서 제작된 것으로, CG 영상 콘텐츠의 리얼타임 인터랙티브화를 시도하는 좋은 사례라고 할 수 있다.

[the GAME GRAPHICS]는 자이언트스텝에서 [세븐나이츠 2] CF 영상을 언리얼엔진으로 재구성하는 프로젝트를 이끈 GX Lab의 강성구 실장을 만나서 CG 영상 콘텐츠와 리얼타임 콘텐츠 제작에 대한 여러 가지 이야기를 나누어 봤다.

Copyrights © 2018 Netmarble. All rights reserved.  www.giantstep.co.kr

### GX Lab과의 인연

GX Lab의 강성구 실장은 오랜 경력의 게임개발자였다. 애니메이터로 게임업계에 입문했고, 맥스 스크립트와 HLSL을 다루면서 리깅과 쉐이더를 개발하며 테크니컬 아티스트로 전직 했다.

군 제대 후 〈엔트리브 소프트〉에서 [팡야], [앨리샤] 등의 프로젝트에 참여했고, 에픽게임즈 코리아에서 약 6년간 근무하면서 언리얼 엔진의 국내 기술 서비스를 담당했다. 인디 게임 개발이 붐이었던 시절, 야심 차게 회사를 창업하여 게임개발을 시도했으나 아쉽게 실패를 맛보았고, 이후 〈자이언트 스텝〉의 이지철 실장(대표)의 권유로 리얼타임 콘텐츠를 연구하는 GX Lab에 합류했다.

CG 그래픽 콘텐츠를 개발하는 측면에서 보면, 게임보다 훨씬 깊은 디테일을 요구하는 곳이 CG 영상 스튜디오이다. 강 실장은 자이언트스텝이 크리에이티브에 대한 열정이 강한 사람들이 모인 곳이다 보니, 게임을 개발할 때 아쉬웠던 그래픽 디테일에 대한 갈증을 해소할 기회가 되고 있다고 했다.

"사실 처음에는 자이언트스텝에 대해서 잘 몰랐어요. 그런데 직접 와서 보니 정말 엄청난 회사이고, 어마어마한 아티스트 분들이 계신 곳이더군요. 게임개발을 할 때 쉽게 지나쳤던 디테일한 영역들에 대해서 많이 배우는 중입니다. 이런 분들과 함께 할 수 있어서 무척 감사하게 생각하고 있습니다. 제가 기존에 경험했던 가치들이 이곳에서 좋은 시너지로 발전되었으면 좋겠습니다."

## GX Lab 소개

[세븐나이츠 2]의 CF 영상을 언리얼엔진으로 재구성하여 선보인 GX Lab은 자이언트스텝에서 리얼타임 콘텐츠를 R&D하는 연구실이다. 유니티 엔진을 다루는 Team ALPHA와 언리얼엔진을 다루는 Team BETA으로 나누어져 있어서 프로젝트의 특성에 따라 다르게 활용하고 있다고 한다. 당장의 매출보다는 다양한 리얼타임 콘텐츠 분야를 연구하여 향후 회사의 미래 비전을 준비하는 곳이기도 하다.

남들이 잘 시도하지 않는 분야에 대한 도전과 노하우를 쌓는 중이라는 강 실장은 GX Lab에 대해 다음과 같이 소개했다.
"GX Lab은 CG 영상 콘텐츠와 리얼타임 콘텐츠와의 연계 방법에 대해서 다양한 연구를 하고 있습니다. 회사에서 모션캡처나 VR / AR 등 리얼타임 콘텐츠 개발에 필요한 R&D에 집중할 수 있는 환경을 전폭적으로 지원해주셔서 훌륭한 실력의 프로그래머 / 아티스트 분들과 함께 다양한 프로젝트들을 진행해보고 있습니다.
CG 영상 데이터를 언리얼/유니티 등의 리얼타임 엔진으로 활용하면, 렌더링 시간이 엄청나게 단축됩니다. 불필요한 반복 과정이 줄어드니 결과에 대한 피드백이 능동적이고 다각적인 제안도 가능해집니다. 이것은 곧 개발비용의 절감으로 이어지고 프로젝트의 다양성으로까지 확대될 수 있죠. 그러나 아직 영화나 CF 등의 퀄리티까지 리얼타임 그래픽으로 100% 소화하긴 어렵습니다. 그래서 가능성을 찾기 위해 [세븐나이츠 2] 영상의 언리얼 테스트도 해본 것입니다."

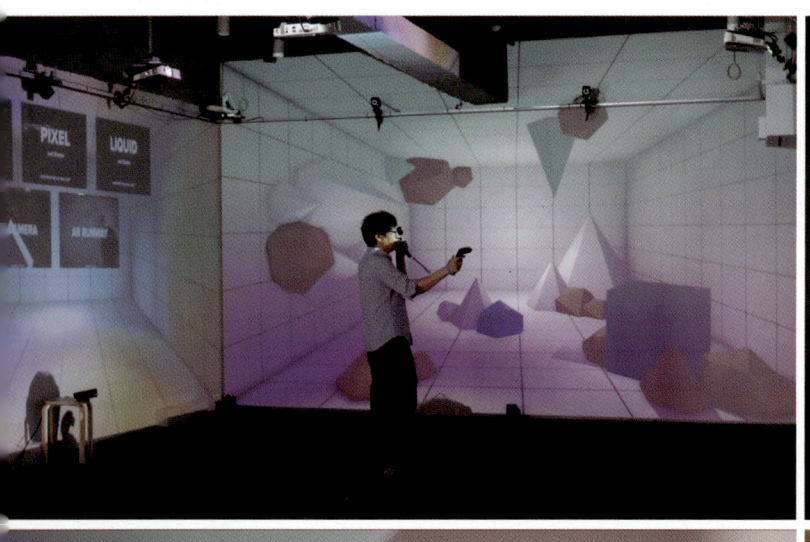

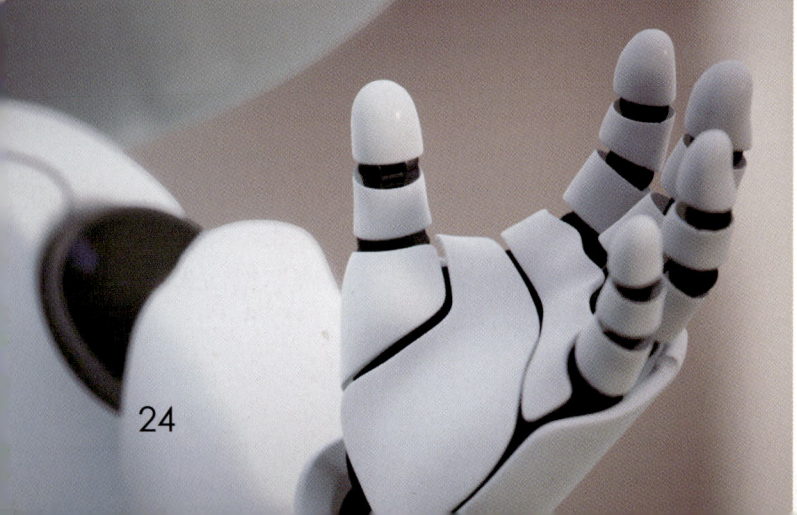

## [세븐나이츠2] CF 영상의 언리얼엔진 테스트

<[세븐나이츠 2] CF 영상의 언리얼엔진 테스트>는 강 실장이 2017년 GX Lab에 합류한 후에 진행한 첫 프로젝트였다. 기존 마야로 제작된 3D 그래픽 데이터를 언리얼엔진의 환경에 맞게 재 세팅한 후 각종 이펙트와 고급 쉐이더를 제작하여 상당한 퀄리티로 완성되었다.

이 프로젝트는 리얼타임 기반에서 포토 리얼리스틱한 CG 테크닉을 개발하기 위한 테스트 과정으로, 향후 실시간 엔진이 CG 업계에 가져다줄 변화에 대해서 빠르게 대응하기 위한 노력 중 하나라고 설명했다.

"[세븐나이츠2] 티저를 작업하기 전에, 꼭 해보고 싶었던 것 중 하나가 바로 영상 제작에 사용된 애셋과 재질을 그대로 언리얼엔진으로 가져오는 것이었습니다. 이때가 제가 막 입사했던 시기라 영상 업계에서 애셋을 어떻게 만드는지 잘 몰랐던 상태였어요. 그래서 옛말에 무식하면 용감하다고, 오히려 용감하게 짧은 시간에 도전하겠다는 생각을 한 것 같습니다. 사실 처음 시작할 때는 작업 시간이 오래 걸리지 않을 거라 생각했는데 생각보다 쉽지 않더군요. 대부분의 이슈들이 어려웠지만 하나씩 해결하면서 완성하다보니 아주 재미있었습니다. 덕분에 UDIM 같은 일반적인 이슈는 쉽게 해결할 수 있게 되었죠."

새로운 시도를 해볼 수 있다는 것은 개발자 입장에서 큰 즐거움이다. 물론 시도와 노력이 채택되지 않더라도 그 과정은 값진 의미를 가지기 때문이다.

"털 표현의 경우 XGen을 직접 실무에 사용해본 적이 없어서 내심 기대하고 있었어요. 원본의 털은 좀 더 뽀송뽀송한 느낌이었는데, 개인적으로는 갑옷처럼 좀 더 전장의 흔적이 묻어나는 더럽고 떡진 털을 만들고 싶어서 이런 저런 방법들을 연구했죠. 하지만 이때까지만 해도 퀄리티와 최적화에 대한 고정관념을 버리지 못해서 게임을 개발할 때의 리소스 사용량에 맞췄던 것 같아요.

결국 가장 효율이 좋았던 카드 헤어 방식을 선택하게 되었지만, 이후 다른 R&D를 진행하며 더 좋은 선택도 있었다는 것을 알게 되어서, 사실 이 부분은 이 프로젝트에서 아쉬운 부분 중 하나가 돼버렸어요. 그래도 XGen도 제대로 사용해보고, 카드 헤어를 제작하는데 필요한 여러 가지 스크립트와 툴을 제작하는 등 이후 다른 작업에 필요한 기초를 다질 수 있었던 점에서는 아주 뜻 깊은 작업이었습니다.

Copyrights © 2018 Netmarble. All rights reserved.    www.giantstep.co.kr

GDC 2017에서 라이언 브룩스가 언리얼 쉐이더에서 볼륨메트릭을 구현해서 시연한 것을 보며 적지않은 충격을 받았어요. 사실 라이언은 에픽게임즈 코리아에서 재직하며 소울 데모를 제작할 때 본사에서 저희와 함께 작업한 동료였어요. 물론 그때부터 저보다 훨씬 뛰어난 개발자라는 것은 알았지만, 내 게임을 만들어 보겠다고 몇 년 동안 개발에 집중한 사이에 그는 벌써 보이지 않을 만큼 까마득히 멀어진 느낌이었죠. 마음은 당장 라이언처럼 되고 싶었지만, 현실은 달랐어요. 그래서 볼륨메트릭을 넣기로 마음먹고 라이언의 쉐이더와 플러그인을 분석하기 시작했어요. 단순히 똑같이 만드는 게 아니라 라이언이 만든 쉐이더와 플러그인을 기반으로 제가 알고 있는 지식과 정보를 바탕으로 새롭게 업그레이드하는 것을 목적으로 R&D를 했습니다. 정말 많이 공부하며 배웠고 그것을 프로젝트에 멋지게 적용시켰습니다."

영상데이터를 리얼타임 데이터로 재구성하면서 느꼈던 점이 궁금했다.
"여기가 영상전문가들이 많이 모인 곳이다 보니, 확실히 아트에 접근하는 디테일의 정도가 달랐던 것 같습니다. 많은 부분이 있었지만, 몇 가지만 예를 말씀드리면, 실제 게임에서 사용하기 어려웠던 방식 즉, 레이어드 메트리얼을 마음껏 사용하면서 CG 수준의 고급 퀄리티를 얻었던 경험은 상당히 의미있는 성과였습니다. 그리고 영상 전문가의 눈높이에 맞춘 연출 노하우, 렌더링 결과물에 대한 세세한 크리틱 등도 얻을 수 있었습니다. CG 업계에서는 어떤 부분을 예민하고 민감하게 바라보는지에 대해서 많은 경험을 하고 있습니다.

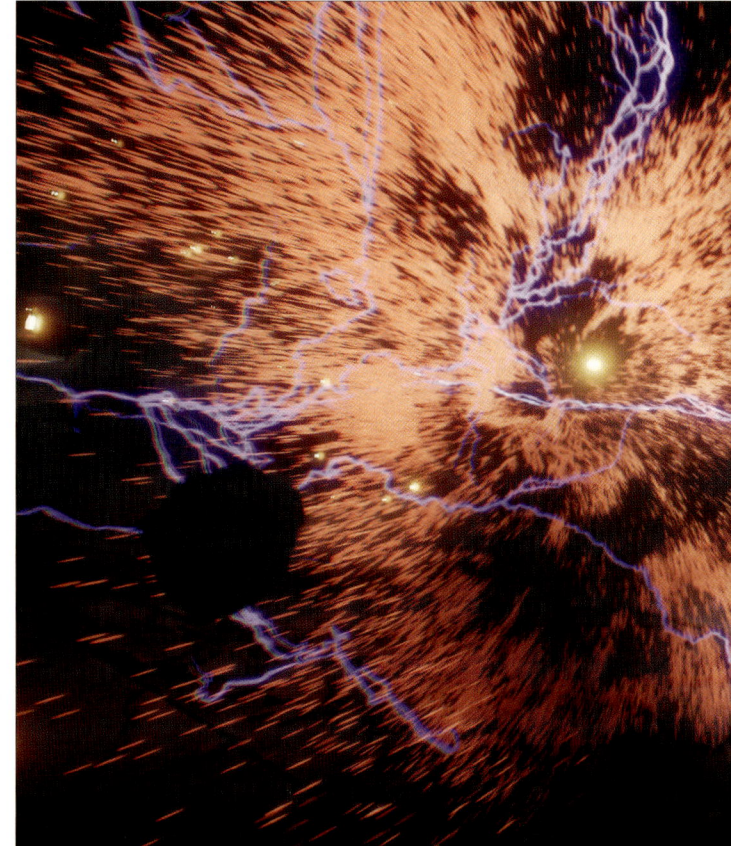

그리고 게임업계에 나름 잔뼈가 굵었다는 AD와 함께 만든 프로젝트 결과물을 보여줬더니, 누크 합성팀에서 우리 눈에는 보이지도 않았던 빛의 오류를 발견/ 체크해주셔서 놀라웠습니다. 그리고 실사와 비실사 오브젝트에 대한 쉐이딩과 빛의 반사도에 대한 디테일한 접근법, 엔진의 렌더링 파이프라인에서 발생할 수 있는 다양한 이슈들과 시네마틱 영상을 만들 때 각 컷 씬의 연결에 대한 논리적인 연출 기법 등 게임 개발할 때는 그냥 쉽게 지나쳤던 많은 부분에 대해서 정말 많이 배우고 있습니다. 특히 렌더링 파이프라인 면에서 상당히 든든한 지원군이 있다고 생각하니 오히려 좀 더 큰 책임감을 느끼고 있습니다."

아쉬웠던 점은 없었을까?
"프로그래머의 부재가 가장 아쉬웠습니다. 예를 들어 요즘 아무리 이미지 베이스드 렌더링(Image Based Rendering)의 DOF(Depth of Field) 알고리즘이 좋아졌어도 원하는 디테일을 맞추기에는 한계가 있는 편입니다. 이러한 부분을 극복하려면 직접 커스터마이징을 할 수밖에 없는 것 같아요. 반투명처리의 이슈도 마찬가지였습니다. 그리고 헤어 시뮬레이션도 다양하게 테스트해봤으나, 역시 플랜 기반의 헤어가 가장 확실한 퀄리티를 보여줬습니다. 아직은 그래픽스 프로그래머의 손길이 많이 필요합니다."

Copyrights © 2018 Netmarble. All rights reserved. www.giantstep.co.kr

## 국내 최초, CF 영상 제작에 리얼타임 렌더링 기술을 적용

GX Lab은 그간 개발했던 기술을 토대로 일본의 Mitsubishi 광고를 위한 CG 작업을 언리얼엔진으로 리얼타임 렌더링을 해서 CF에 필요한 모든 CG를 언리얼 엔진으로 제작하는 과감한 도전을 시도했고 성공적으로 마쳤다. 게임 제작에 주로 쓰이는 리얼타임 렌더링 기술을 상업용 광고에 Full CG로 실제로 쓰인 것은 국내 최초이다. 사전 디테일 체크를 통해 일본 대행사와 프로덕션 및 감독의 전폭적인 신뢰를 바탕으로 제작되었다고 한다.

이 프로젝트에서는 각종 피드백 과정과 결과가 리얼타임 렌더링으로 시각화되어 어떤 수정도 빠르고 정확하게 반영되어 확인할 수 있는 획기적인 공정으로 작업되었다. 사실적인 결과물을 구현함에 있어 실제 환경을 그대로 구현하고, 그 환경이 반영되는 재질을 만드는 것은 아주 중요한 요소이다. GX Lab에서는 360 카메라를 이용하여 현장의 환경이 실시간으로 엔진에 적용하는 기능을 개발 중이다. 이 기능을 통해 앞으로 360 카메라의 움직이는 소스를 이용해서 보다 높은 퀄리티로 실시간으로 배경에 적용되는 CG가 가능해질 것이다.

기존 리얼타임 렌더링이 가진 한계를 넘기 위해서는 완전히 새로운 방식의 파이프라인이 필요했다. 언리얼 엔진과 실사 합성 및 포스트 작업과의 연동할 때 발생할 수 있는 여러 문제들은 새로운 솔루션 개발과 파이프라인 구축을 통해 빠르고 정확하게 해결할 수 있었다고. (프로젝트에 대한 메이킹 영상은 자이언트스텝 홈페이지(www.giantstep.co.kr)에서 볼 수 있다.)

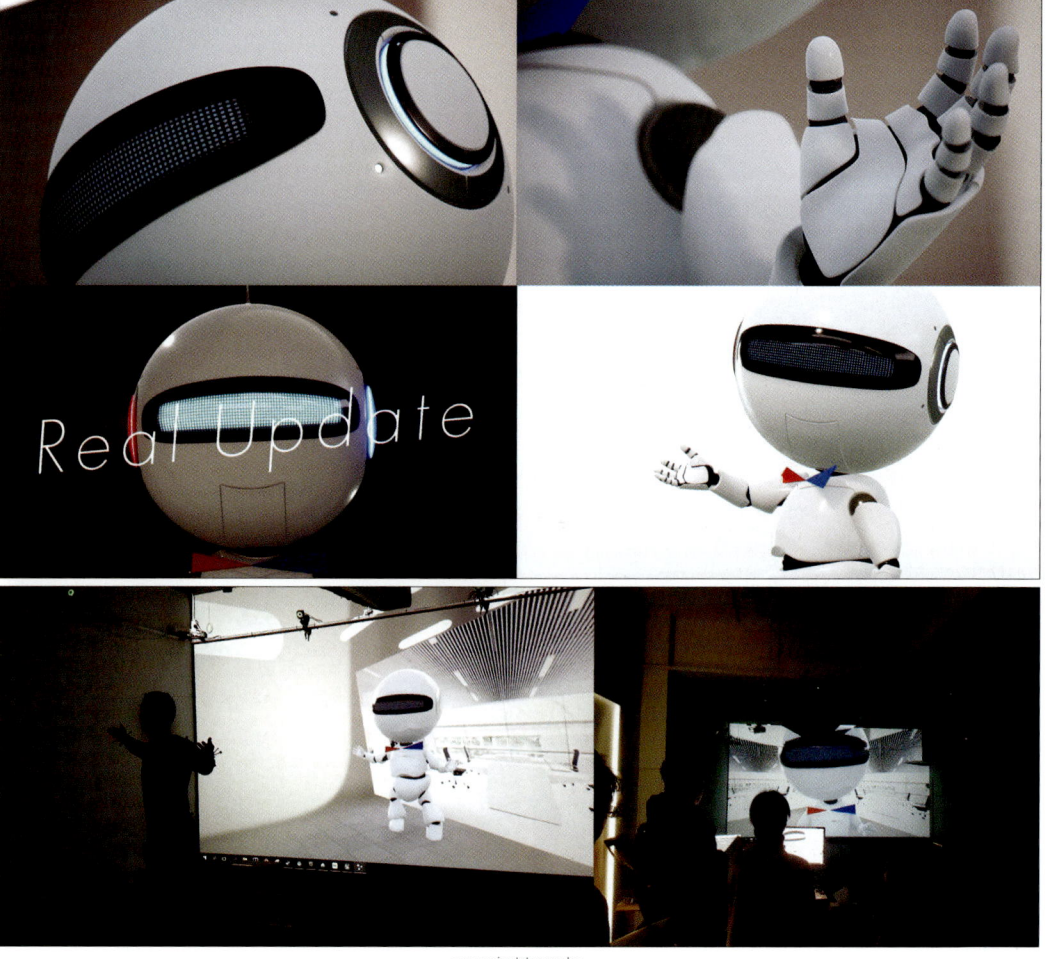

www.giantstep.co.kr

## GX Lab의 파트너

강 실장은 오랫동안 3dsMax를 다루었던 유저였지만, 이곳 CG 영상 콘텐츠들이 MAYA로 제작되다 보니 MAYA를 다시 공부했다. 그리고 MAYA와 언리얼엔진(유니티)이 연계되는 시스템을 갖추어 놓았다.

"MAYA를 공부하면서 이것저것 테스트해보니, MAYA의 확장성에 놀랐고, CG 관련 데이터의 호환성이나 페이셜 등의 고급 CG 기법에 대한 디테일한 제어를 할 수 있어서 좋았습니다. 그리고 사내에서 언리얼/유니티 엔진에 대한 교육을 꾸준히 병행해보니 영상 아티스트 입장에서는 본인이 만든 CG 데이터가 실제 컴퓨터에서 어떻게 연산 되고 응용되는지 알 수 있게 되어서 결과물에 대한 한층 수준 높은 접근이 가능해지더군요."

현재 프로그래머 4명, 기획자 2명, 그래픽아트는 6명이 있으며, 유니티/언리얼엔진 전문가는 꾸준히 모집 중이다. 특히 언리얼 엔진을 다루어 본 프로그래머가 절실하다.

"사실 기존 게임개발사에서 개발 경험이 있는 분들을 모시려고 했으나, 아무래도 영상 업계에 대한 선입견이 있는 것 같아요. 여기는 꽤 괜찮은 대우와 복지를 제공하고 있으니 이 분야에 관심 있는 개발자분들을 많이 만나고 싶습니다. 특히 언리얼엔진의 그래픽스 파이프라인에 대해서 잘 이해하고 계신 분이면 너무 좋겠네요."

## GX Lab의 지향

CG 스튜디오에서 리얼타임 콘텐츠에 관심을 가지는 이유는 이것이 개발비용(SW/HW 시스템, 일정, 인력)과 연결되는 것은 물론이고, 나날이 경쟁이 치열해지는 CG 영상 스튜디오의 새로운 비전과 대안이 될 수도 있기 때문이다.

이들의 리얼타임 콘텐츠에 대한 관심은 업계의 미래 비전을 위한 중요한 변곡점이 될 수 있다고 본다. 유니티와 언리얼 엔진 등이 발전하면서 CG 업계의 고민이 늘어난 것이 아니라 새로운 산업/시장의 탄생을 즐기고 대처하는 것이 훨씬 현명한 선택이 아닐까.

현재 GX Lab이 보여주고 있는 발자국은 자이언트스텝이 가진 영상 제작 노하우와 GX Lab의 모든 구성원이 땀 흘린 결과일 것이다. 너티독, DICE, ILM과 같은 세계적인 CG 개발 스튜디오와 어깨를 나란히 할 수 있는 곳으로 자이언트스텝의 큰 걸음이 시작되기를 기대해본다.

# the GAME GRAPHICS 쉐이더 & 이펙트 #1

## Tech Paper

01_ [3ds Max와 Thinking Particles을 이용한 건물 붕괴 시뮬레이션]
· 정덕문 _ VFX 아티스트

02_ [이펙트 아티스트를 위한 감마와 리니어 렌더링 이야기]
· 정종필 _ 청강문화산업대학 교수

03_ [Procedural Noise와 UV Distortion Shader]
· 김원기 _ 인터랙티브 그래픽스 아티스트

04_ [유니티 쉐이더와 스크립트를 활용한 전자 방어막 이펙트]
· 장홍주 _ 〈네오위즈〉 테크니컬 아티스트

05_ 노드 기반의 Multi Shader를 이용한 쉐이더 이펙트의 제작
· 한창범 _ 〈알리바바 게임즈〉 이펙트 아티스트

06_ [2D Raymarching(레이마칭)으로 사실적인 연기 기둥 만들기]
· 김대혁 _ 〈스마일게이트〉 이펙트 아티스트

[언리얼 엔진4의 모바일 이펙트 최적화]_07
· 이현철 _ 〈액션스퀘어〉[블레이드 2] 리드 이펙트

[후디니를 이용한 게임 메쉬 이펙트의 제작]_08
· 정만조 _ 게임 이펙트 아티스트

언리얼엔진(UE4)의 애니메이션 파이프라인_09
· 장민호 _ 〈네오위즈 블레스스튜디오〉 테크니컬 아티스트

[Ornatrix(오나트릭스)를 이용한 리얼타임 헤어 만들기]_10
· 송윤종 _ 3D 아티스트

표지 제작기-터치걸_11
· 김형일 _ 〈자이언트스텝 GX Lab〉 아티스트

CG 개발자가 알아두어야 할 PBR 가이드_12
· 빛과 재질 : 물리기반 렌더링과 쉐이딩에 대한 이론

the GAME GRAPHICS | 쉐이더 & 이펙트 #1

# 3ds Max와 Thinking Particles을 이용한
# 건물 붕괴 시뮬레이션의 제작

글_ 정덕문 | 펜셀 애니메이션 스튜디오 FX 팀장 | jungdukmoon@gmail.com

AZworks 스튜디오에서 [캡틴 하록선장] 등 다수의 Full 3D 전시 영상 및 애니메이션 프로젝트를 시작으로 CG 계에 입문했다. 이후 [명량], [타짜], [루시드드림], [몽키킹] 및 TV CF 등 국내외 VFX 영화, 애니메이션, 광고 프로젝트 작업을 통해 FX Artist 및 Technical Director를 담당했다. 현재는 Penxel 애니메이션 스튜디오에서 국내외 게임 시네마틱을 만드는 리더 및 FX 팀장으로 재직 중이다.

# 1. 3ds Max에서의 Effects 작업

3ds Max에서 이펙트 작업 방식은 [MAYA], [Houdini], [Cinema 4D] 등 자체적으로 이펙트와 시뮬레이션 등을 지원하는 툴과는 다르게, 3ds Max의 내부 기능과 외부 플러그인(Plug-ins) 등을 병행하여 Effects를 제작하는 형태를 취하고 있습니다.

### 3ds Max의 주요 이펙트 플러그인

3ds Max와 함께 사용되는 플러그인에는 여러 종류가 있습니다. Particle, Fluid, RBD, Simulation, Rendering 등 3ds Max의 모든 기능적 분야에 기술적인 도움을 주는 플러그인들은 여러 회사들이 개발 및 업데이트 작업을 통해 각각의 강력한 기능을 제공하고 있습니다. 이러한 플러그인들은 Effects에 대한 경험이 없는 유저들도 짧은 시간에 쉽고 간단히 Effects 효과를 제공해 준다는 장점이 있습니다.

#### 대표적인 주요 이펙트 플러그인

**플러그인 종류**

1. **Fume FX** : Fluid Simulation (불, 연기, 폭파) 작업에 효과적인 시뮬레이션 프로그램
2. **RayFire** : Geometry의 Crack, Fragment 등 깨지고 파괴하는 작업에 효과적인 시뮬레이션 프로그램
3. **Thinking particle** : Node 방식을 취하고 있는 강력한 Particle 툴. 물리 엔진과 연동해서 사용 가능한 프로그램
4. **Krakatoa** : 엄청난 양의 Particle을 렌더링하고, Particle 데이터를 효과적으로 관리할 수 있는 Particle Render 프로그램
5. **Stoke** : 다른 플러그인들의 필드 조작 및 재생산에 효과적인 파티클 시뮬레이션 프로그램
6. **Phoenix FD** : 유체 역학을 위한 오인원 솔루션입니다. 불, 연기, 물 등을 시뮬레이션 할 수 있는 프로그램

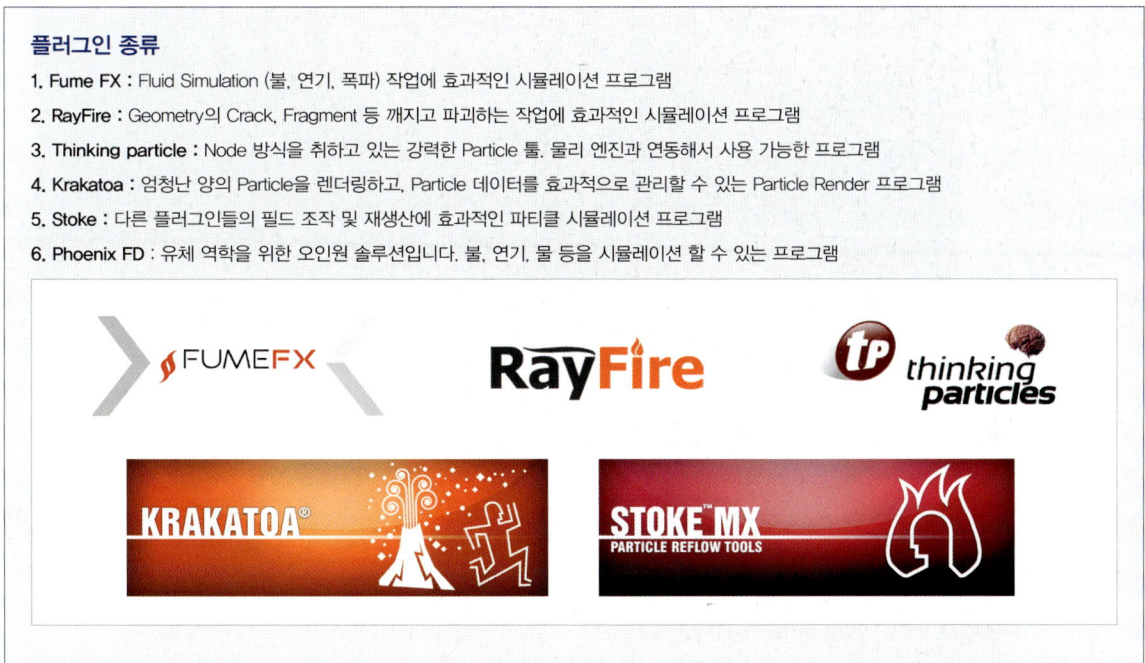

그 밖에 다른 여러 플러그인 (Frost, Xmesh, AfterBurn… 등)과 스크립트들이 있습니다. 또한 각 플러그인 사이의 연계성도 뛰어나서 서로의 데이터 정보를 사용하고 공유할 수 있다는 장점이 있습니다. 현재는 유료 프로그램들이 많지만, 학생들을 위한 데모버전이나 기간별 무료 테스트 버전 등이 많으니 인터넷 검색 등을 통해 쉽게 찾아볼 수 있을 것입니다.

#### 대표적인 주요 렌더링 플러그인

**V-Ra for 3ds Max** : 3ds Max에서의 이펙트 작업 시 대표적으로 같이 사용되는 렌더링 프로그램입니다.

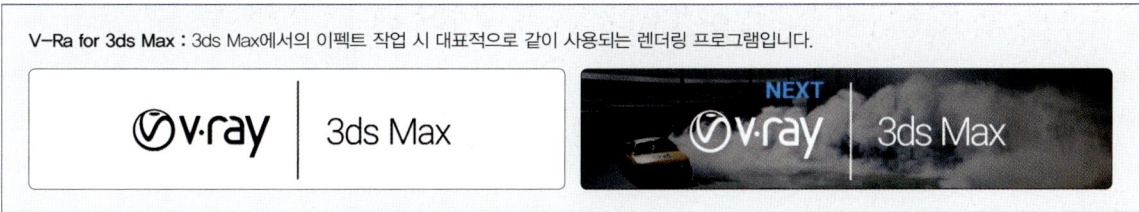

**Thinking Particle**

Thinking Particle은 'Cebas Visual Technology'에서 개발되고, 서비스되고 있는 Cebas의 강력한 플러그인 프로그램 중 하나입니다.

3ds Max 내부의 파티클 시스템(Particle Flow)의 한계를 뛰어넘는 혁신적인 파티클 툴로써, 여러 물리 엔진과 연동해서 사용이 가능합니다. 세계적으로도 실제 파괴 시뮬레이터로 널리 알려져 있으며, 최근 유체 시뮬레이션 기능의 확장에도 힘쓰고 있어서 앞으로의 발전 가능성이 크게 기대되는 플러그인입니다.

Thinking Particle (https://www.cebas.com)

현재 Thinking Particles 6.6까지 출시되었으며, [3ds Max], [Ciname 4D] 등 타 3D 프로그램과 연동하여 VFX 및 시각 효과 부분에서 '3ds Max와 Thinking Particles'이 활발하게 사용되고 있습니다. 이러한 파이프라인을 가지고 있는 대표적인 외국 유명 스튜디오로 [BLUR], [SCANLINE VFX] 등이 있으며, [AVENGERS], [BATTLESHIP], [2012] 등 많은 할리우드 스튜디오에서도 Thinking Particle이 사용되었습니다. 특히 재난 영화 [2012]에서는 사실적인 대규모 재난 장면, 건물 붕괴 및 파괴 장면 등의 CG 작업 과정이 소개되면서, 전 세계 CG 유저들에게 Thinking particles의 기술력을 인정 받았습니다.

출처 | https://www.cebas.com

**RayFire**

RayFire는 Geometry 오브젝트가 깨지고 갈라지는 Crack이나 Fragment를 파괴하는 Effects 플러그인으로 잘 알려져 있습니다. 또한 부서지는 애니메이션까지 빠르게 진행할 수 있어서 간편하고 효과적입니다.

Ray Fire (http://rayfirestudios.com)

또한 3ds Max 상에서 NVIDIA사의 PhysX 기술을 이용하여 실시간으로 물체가 부서지는 효과를 구현해주며, 오브젝트와 Texture를 이용하여 나무, 벽돌, 유리 등 여러 재질의 느낌을 살리면서 원하는 방향으로 작업하기에 효과적입니다. 현재까지 RayFire 1.81 버전까지 출시되었고 꾸준한 업데이트가 이어지고 있습니다.

출처 | http://rayfirestudios.com

## 본문으로 들어가기 전에

이번 호의 '이펙트' 파트의 집필을 준비하면서 어떤 부분의 이펙트를 소개하면 독자분들에게 잘 전달할 수 있을까에 대해서 고민을 했습니다. 간단하게 불, 연기 등의 Particle을 만들고 제어하는 방법을 소개하는 것보다는 좀 더 이펙트 아티스트의 노하우나 기술적인 부분들에 대해서 소개하는 것이 좀 더 좋을 것 같았습니다. 그래서 이펙트 아티스트들이 어렵게 생각하는 대규모 이펙트 작업 과정을 3ds Max에서 가장 큰 장점으로 삼고 있는 Destruction Simulation을 주제로 다루어 보려고 합니다.

미리 당부의 말씀을 드리면, 지면 관계상 이펙트의 모든 작업 과정 및 플러그인의 기능은 반드시 필요한 부분 외에는 가급적 생략하고 독자분들이 순차적이고 단계적으로 쉽게 이해할 수 있도록 설명해보려고 합니다. 국내에서 한글로 정리된 Thinking Particle 설명이 많지 않은 관계로, 저 역시 처음 Thinking Particle을 공부할 때 외국의 튜토리얼이나 제작 과정 영상을 따라 하면서 배울 수밖에 없었습니다. 그러다 보니, 부정확하게 알고 있는 부분이나 오역 또는 잘못된 부분이 있더라도 너그럽게 이해해주시길 바랍니다

(컴퓨터 사양 / 프로그램)
- CPU : Intel Core i7-5930k, Memory : 64GB, VGA : NVIDA GeForce GTX 960
- 3ds Max - Thinking particle / Ray Fire / VRay / Script : Advanced Fragments optimizer

완성된 최종 영상은 (https://vimeo.com/242543134)에서 확인할 수 있습니다.

the GAME GRAPHICS | 쉐이더 & 이펙트 #1

이번 챕터에서 만들게 될 시뮬레이션 시퀀스입니다.

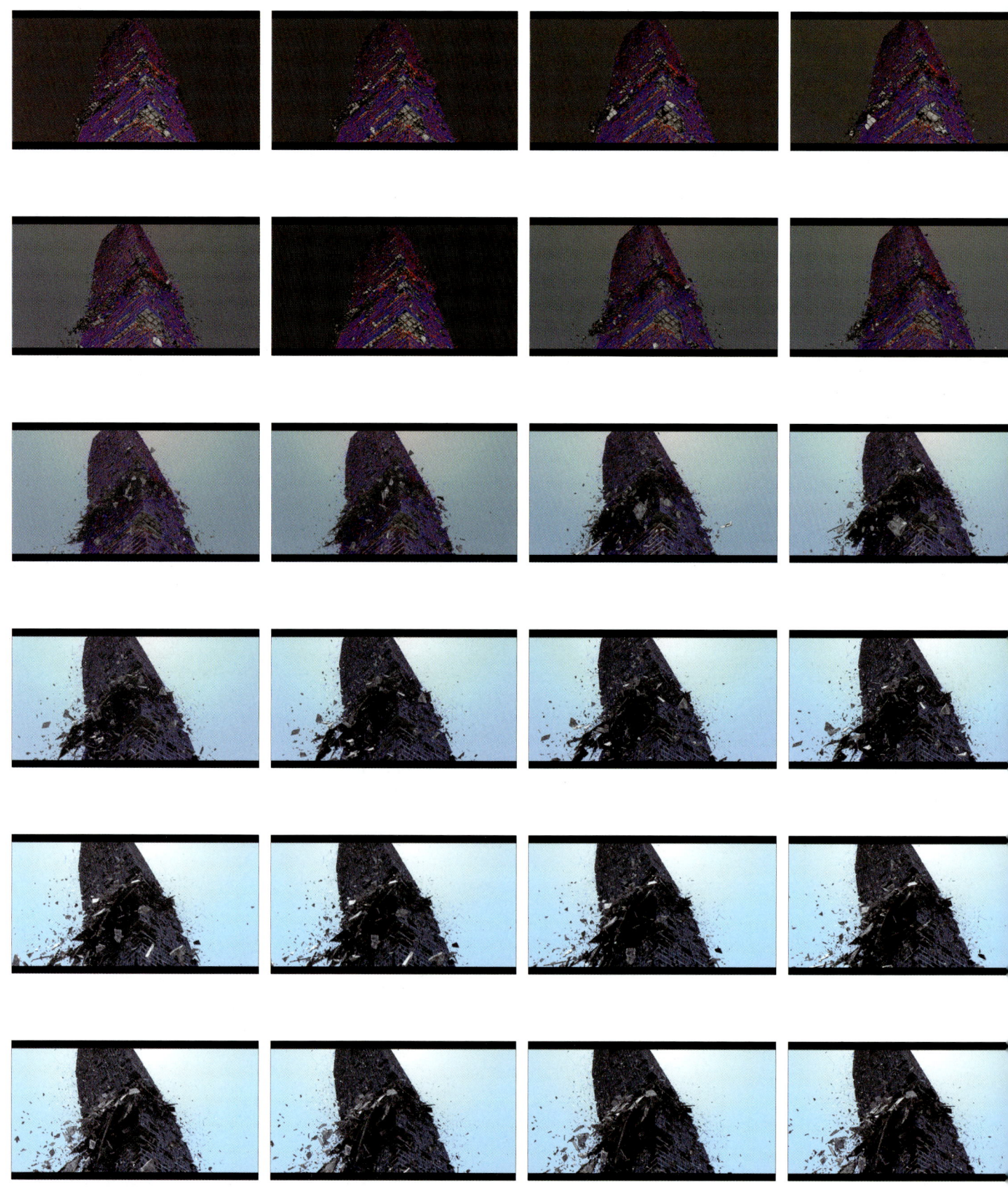

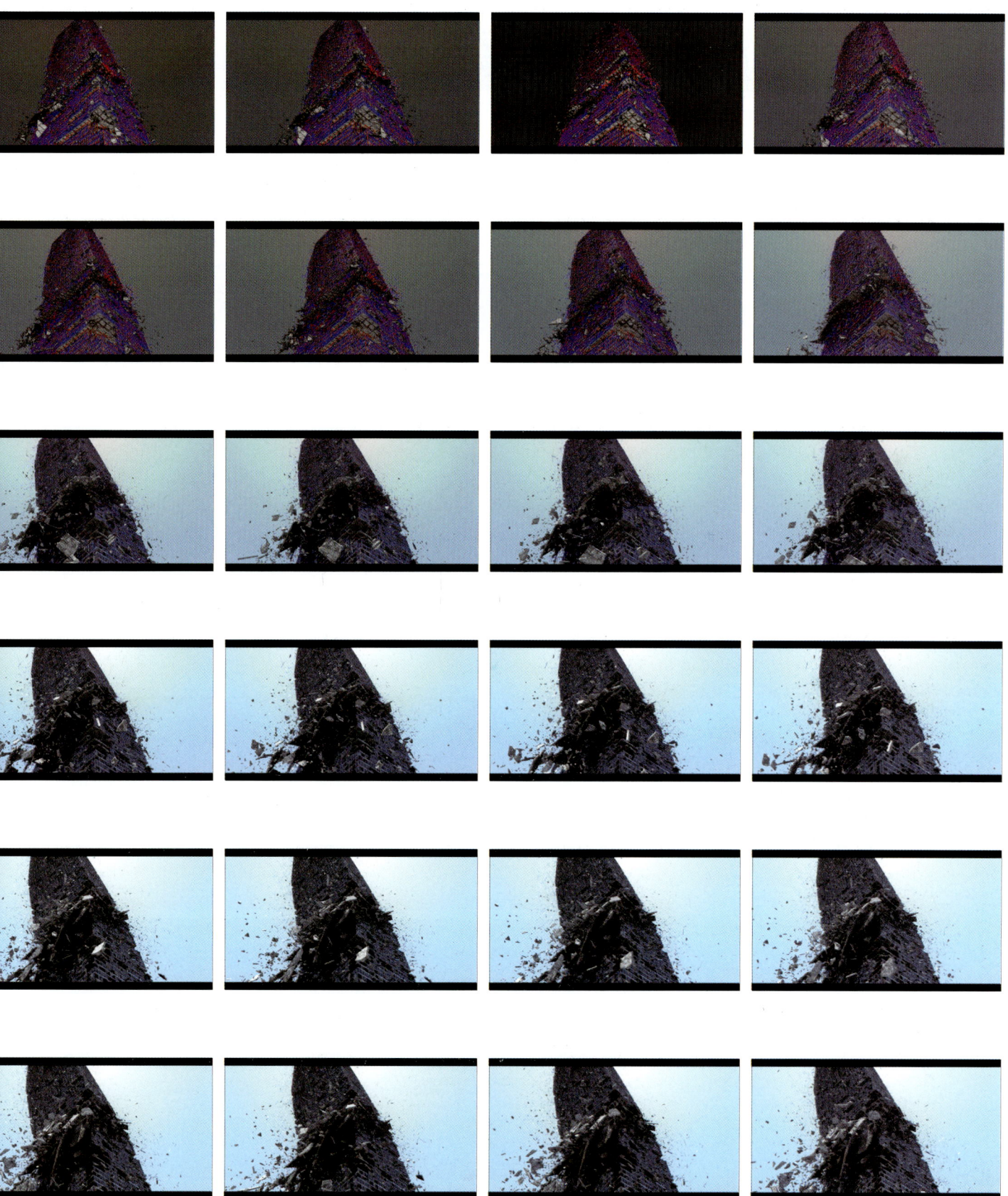

## 2. 컨셉 및 레퍼런스 설정

### 건물 붕괴 (Destruction Simulation)

FX는 표현하려는 컨셉과 레퍼런스가 매우 중요합니다. 건물을 부수는 Destruction Simulation 역시 무거운 오브젝트가 수천, 수백만 개로 나누어지고 부서져서 각 오브젝트들이 서로 독립적으로 반응하여 상호작용이 일어나므로 Simulation 역시 시간적인 비용과 물리적인 비용 즉, 시간과 컴퓨터 사양이 중요한 요소가 됩니다.

'VFX (Transformers)'

### 장면 구성

레이아웃 및 카메라의 움직임에 따라 설정되는 시뮬레이션의 비용 문제는 조금은 다른 부분의 이야기일 수도 있습니다.

어떠한 장면을 구성하느냐에 따라 전체를 모두 시뮬레이션하지 않고, 실제 보이는 부분들만 효과적으로 작업할 수 있습니다.

보통 건물이 부서지는 등의 Destruction Simulation의 장면은 하나의 Simulation 장면을 여러 각도의 카메라와 장면으로 보여주는 구성을 많이 연출합니다.

'VFX (Ironman2)'

## 컨셉 및 레퍼런스

실제 FX 작업에 들어가기 전에 여러 레퍼런스 자료를 통해서 컨셉과 방향성이 명확하게 결정되었다면 FX Simulation 작업할 때, 시간적, 물리적 비용을 많이 줄일 수 있을 것입니다. 예를 들면, 어떤 물체와 건물이 충돌해서 건물의 한 부분이 부서지는 레퍼런스를 참고 했을 때의 방향성과 화염이나 연기에 휩싸여서 서서히 무너지는 건물의 레퍼런스를 참고했을 때의 방향성은 다릅니다. 후자의 경우 무너지는 큰 움직임의 시뮬레이션만을 간단히 표현하고, FX의 요소 중 연기와 Particle 파편이 시뮬레이션 되어 움직임을 가려주는 방법 등으로 불필요하게 보이지 않는 시뮬레이션 시간을 줄여 주는 등의 최적화를 꾀할 수 있습니다. 이렇듯 어떠한 컨셉과 레퍼런스의 방향성을 참고하느냐에 따라서 시간적/물리적 비용을 줄일 수 있기 때문에 효과적인 작업 프로세스를 세울 수 있는 좋은 방법이 될 수 있을 것입니다. 아래 이미지는 제가 이번 작업에서 참고했던 레퍼런스 영상의 일부입니다.

'VFX (THE BUG)'

이제 본론으로 들어가서, 시뮬레이션에 사용될 건물 모델링 준비와, 3ds Max의 기본적인 환경설정을 통해서 본격적인 건물 붕괴 시뮬레이션을 진행해보겠습니다.

## 3. 준비 및 환경 설정

### 3ds Max에서의 환경설정 – Unit Setup

우선 3ds Max의 기본적인 환경설정을 맞추겠습니다.
[Customize > Units Setup > System Unit Setup] 에서 'Centimeters'로 되어있는지 확인합니다.

> 3ds Max FX 작업 시 Unit Setup은 보통, 특수한 경우를 제외 하고는 기준을 'Centimeters'로 작업해줍니다.

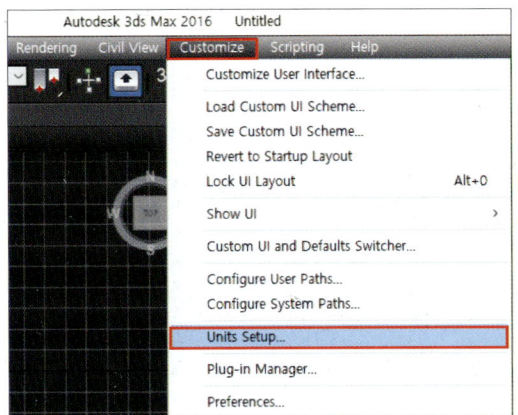
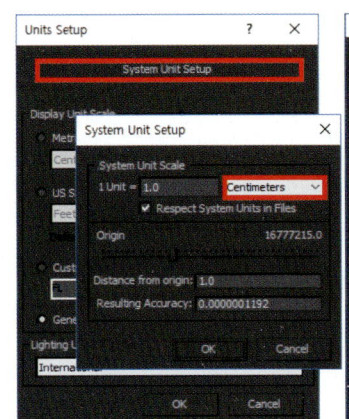
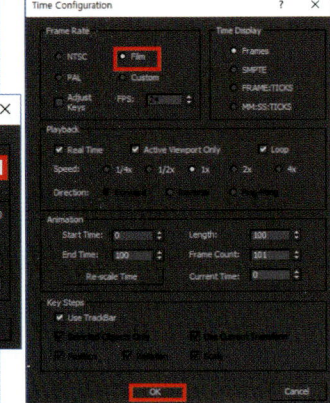

### 3ds Max에서의 환경설정 – Frame Rate

3ds Max 오른쪽 하단 부분 들어가서 [Time Configuration > Frame Rate > Film]을 설정합니다.

> 이번 작업에서는 실제 영화 Film 기준인 24F으로 설정합니다. FPS = 1초당 24F(프레임)

### 건물 모델링 준비 및 세팅

Google 검색을 통해 무료 3D 모델링 및 유료 건물 모델링들을 다운 받을 수 있습니다.

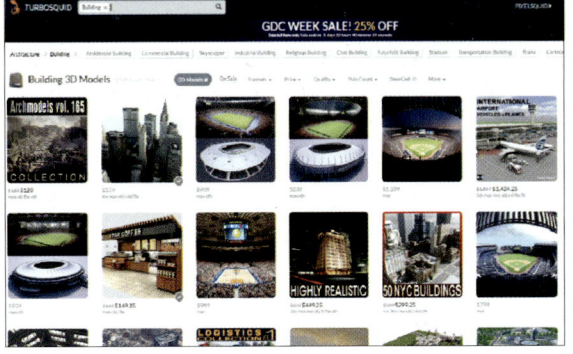
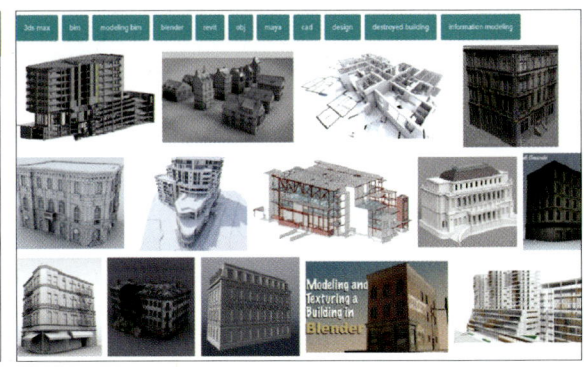

이번 설명에서는 제공해드린 예제데이터를 통해서 전체적인 설명을 할 것입니다.

예제데이터는 건물모델링의 FBX 파일 및 Scene 파일의 오브젝트 데이터가 많아서 따라 하기 어렵다면, 3D 상에서 건물 하부층의 오브젝트를 삭제하는 방법이나 건물의 오브젝트 타입과 종류별로 Layer를 분류해서 디스플레이 관리를 해준다면 View 상에서 느려서 버벅거리는 문제는 많이 해소될 수 있을 것입니다.

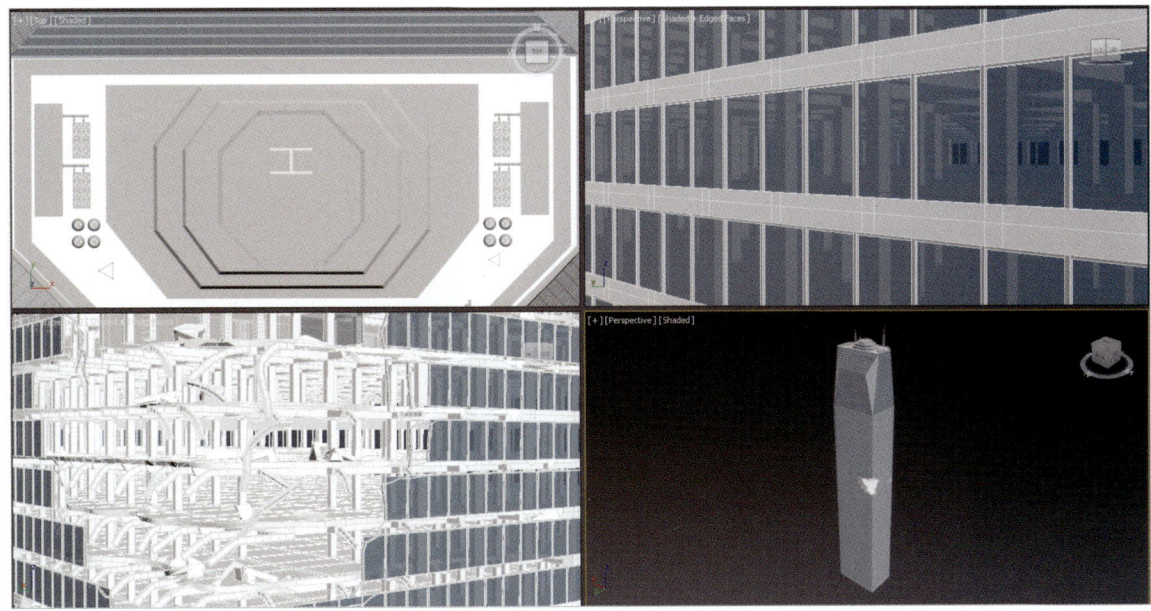

건물 붕괴 시뮬레이션을 위해서는 모델링 데이터를 체크하고 시뮬레이션에 맞게 수정하는 과정을 거쳐야 합니다.

나중에 다시 설명하겠지만, 시뮬레이션 과정을 불안하게 하거나 에러를 발생시키는 요인 중에는 모델링 데이터의 상태 체크도 중요한 부분이기 때문에 실제 작업에 들어가기 전에 사전 체크의 의미로 간단하게만 확인하고 넘어가겠습니다.

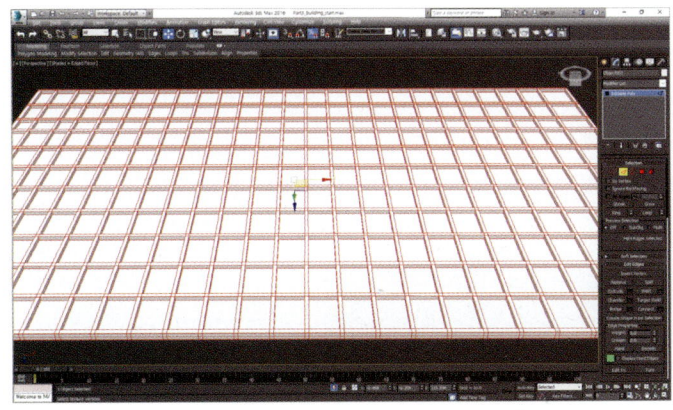
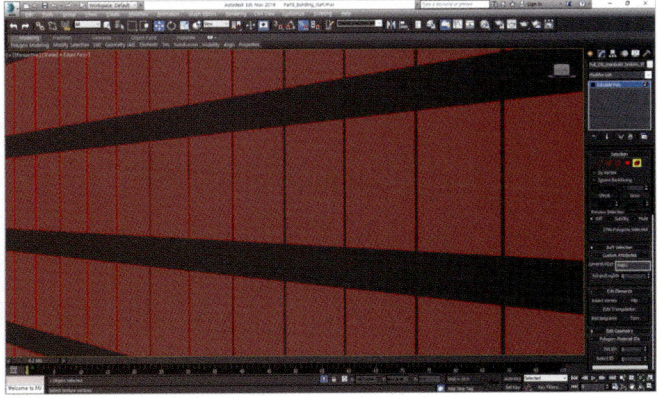

### 체크사항

1. Vertex, Edge가 떨어져 있는 상태가 아닌 하나의 오브젝트 상태여야 합니다.
2. Plane 이나 Face 형태가 아닌 사면이 닫혀 있는 오브젝트 상태여야 합니다.
3. Wire의 흐름은 최대한 깔끔하게 정리된 상태가 좋습니다.
4. Crack으로 늘어나는 파편 오브젝트의 숫자를 위해 오브젝트의 Face의 수는 적을수록 좋습니다.

### 건물 모델링의 Layer 관리

3ds Max를 실행시켜 다운로드 받으신 해당 건물 모델링을 시뮬레이션 환경에 맞는 Layer 관리 및 세팅에 관련된 설정 부분을 설명하겠습니다. 예제데이터 "Part3_building_start" 파일을 열어 'FBX'로 가져온 모델링 데이터들을 'Layer' 별로 정리해주기 위해 [Main Toolbar - Toggle Layer Explorer] 창을 열어줍니다.

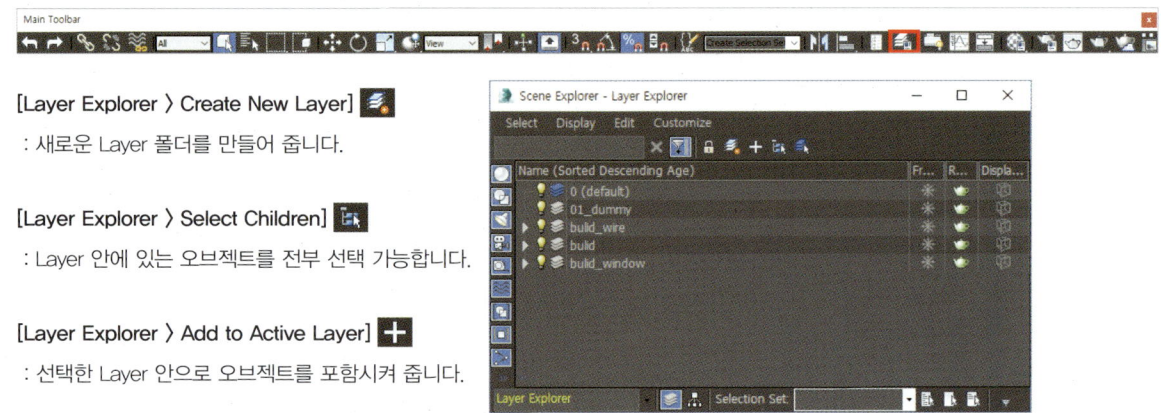

[Layer Explorer > Create New Layer]
: 새로운 Layer 폴더를 만들어 줍니다.

[Layer Explorer > Select Children]
: Layer 안에 있는 오브젝트를 전부 선택 가능합니다.

[Layer Explorer > Add to Active Layer]
: 선택한 Layer 안으로 오브젝트를 포함시켜 줍니다.

이 기능들을 이용해서 Layer를 타입별로 생성하여 오브젝트들을 관리해줍니다. 장점은 상황에 따라 작업에 필요한 부분만 나타나게 해서 뷰포트에서 오브젝트를 쉽게 제어할 수 있고 시뮬레이션을 할 때 오브젝트를 타입별로 정리할 수 있어서, 나중에 복잡해진 데이터를 좀 더 쉽게 관리할 수 있게 됩니다.

### 건물 모델링의 Scale 세팅

새로운 프로젝트 작업을 할 때마다 시뮬레이션의 기준이 없다면, 시뮬레이션 세팅 값은 항상 오브젝트 크기에 맞게 수정되어야 할 것입니다. 이런 방식은 시뮬레이션을 재사용할 때 매우 비효율적입니다. 이러한 비효율적인 방식을 피하고자, Grid 중심을 기준으로 모든 오브젝트들의 크기를 맞춰서 작업하는 방식을 사용하고 있습니다. 이 방식은 어떠한 모델링 데이터나 새로운 프로젝트를 진행하더라도, 한 번 세팅된 시뮬레이션 데이터로 상당히 효과적인 작업을 할 수 있을 것입니다.

**그럼 Dummy를 이용한 Scale 세팅 방법을 소개하겠습니다.**

[Command Panel > Create > Helpers > Dummy] 에서 Grid의 중심에 'Dummy'를 적당한 크기로 생성해줍니다.
그리고 위치를 (x:0.0, y:0.0, z:0.0) 중심으로 이동시킵니다.

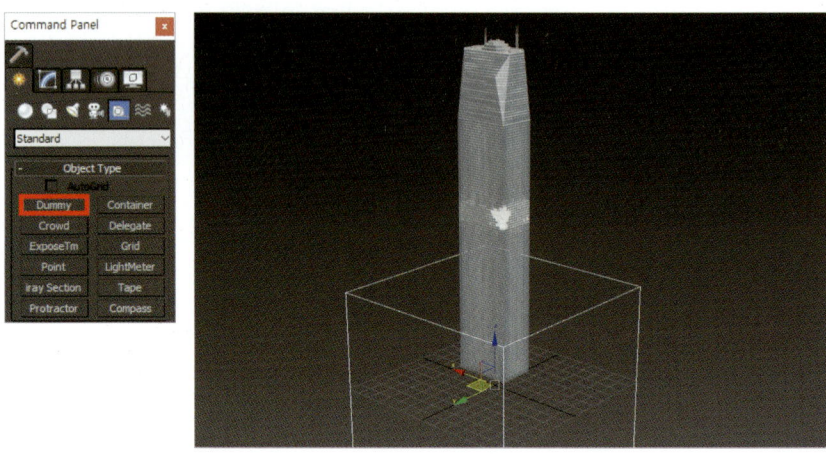

다음으로 [Main Toolbar - Schematic view (open) ] 창을 열어줍니다.

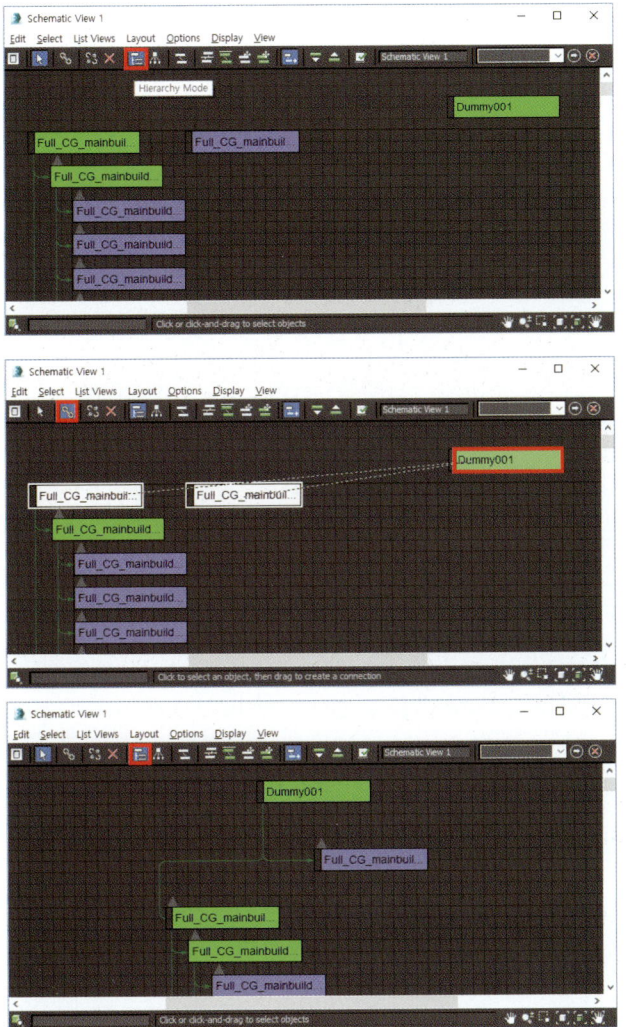

[**Schematic view - Hierarchy Mode** ]로 전환해주면, 오브젝트의 연결된 노드 구조의 형태 중 Child Node의 Parent Node 중 최상위 Parent Node가 가장 상위에 위치됩니다.

> Green Node : Point 혹은 Dummy 형태로, 이동/ 회전/ 스케일의 정보를 담고 있습니다.

Child Node의 Parent Node 중, 최상위 Parent Node가 가장 상위에 위치됩니다.

> References Mode는 Tree 구조로 최상위 Parent 밑으로 Node들이 펼쳐집니다.

가장 상위에 위치한 Node들을 드래그로 선택한 후 Connect 클릭하여 Dummy에 연결해줍니다.

> 이때 선택해야 할 Node가 많을 때는 단축키 [H]로 Select Parent에서 Dummy를 클릭하여 Link 버튼을 눌러서 연결됐는지 확인해줍니다.

이제 Dummy를 이용해서 전체 건물 오브젝트의 이동, 회전, 스케일 값을 조정하겠습니다.
단축키 [R](Scale)을 눌러서 (x : 400, y : 400, z : 400) 전체 Scale을 100 – 400, 4배로 키워 줍니다.

시뮬레이션이 모두 끝난 후 다시 원래의 크기와 위치로 되돌려야 할 때, 시뮬레이션된 오브젝트를 Dummy에 연결시켜서 크기/ 위치를 반대로 되돌리면 처음 건물 오브젝트가 위치한 그대로 다시 되돌릴 수 있습니다.

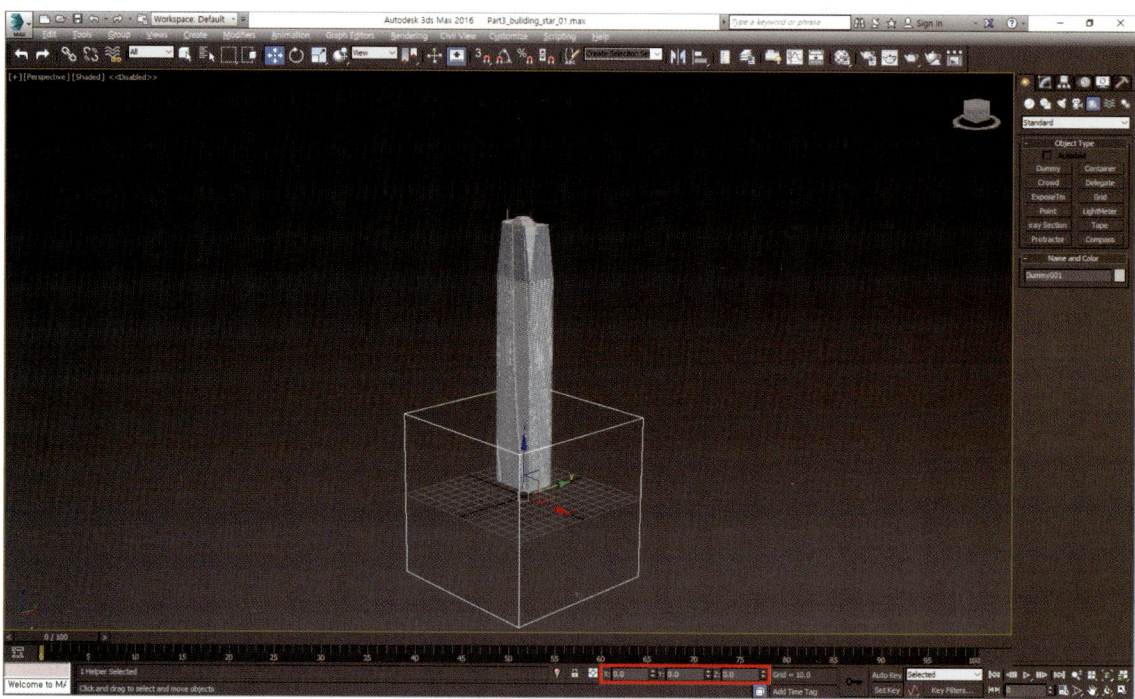

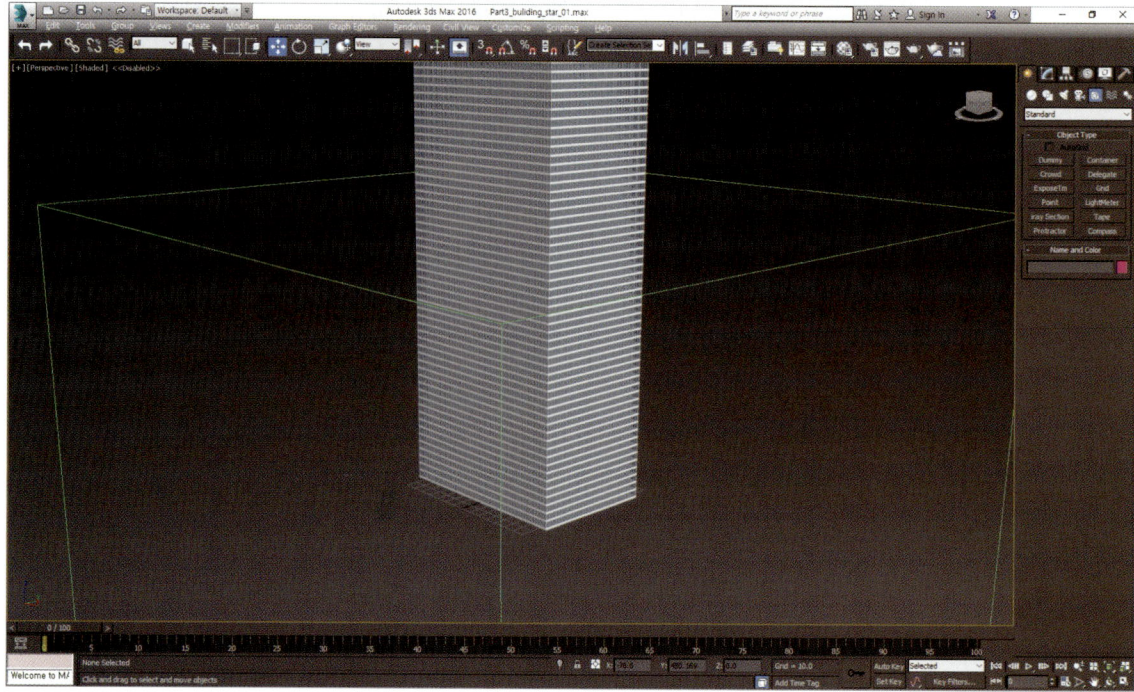

## 건물 모델링의 Material 세팅

건물의 재질(Material)을 시뮬레이션하기 전에 세팅하는 방법입니다.

건물이 깨지고, 부서지며 새로 생겨나는 면들이 생기면서, UV 역시 추가되고 바뀝니다.

### 문제점

만약 타 3D 프로그램 (ex : 3ds Max - Maya)으로 시뮬레이션 된 데이터를 전달할 때는 원래 있던 건물의 UV 정보 및 새로 생겨난 면들의 UV 정보 역시 적용, 포함되어야 합니다. UV 정보가 바뀌고 사라진다면 원래 UV 위치에 적용된 재질(Material)이 바뀌게 되고, 새로 생겨난 면들의 UV 정보 역시 정확하지 못해서 원하는 곳에 재질(Material)을 넣고 관리하는 작업이 불가능해져서 시뮬레이션 전의 원본 상태로 돌아가서 오브젝트의 Crack 및 Fragment 작업을 여러 번 해야 할 수도 있습니다.

우선 UV 확인 방법만 잠깐 설명하고, 보관 전달 방법은 다시 한번 설명하겠습니다.
[Command Panel > Modify > Modify List > Unwrap UVW]에서 'Unwrap UVW' > Edit UVs > Open UV Editor을 열고,
'Edit UVWS' 에서 UV가 제대로 정의되었는지 확인해줍니다.

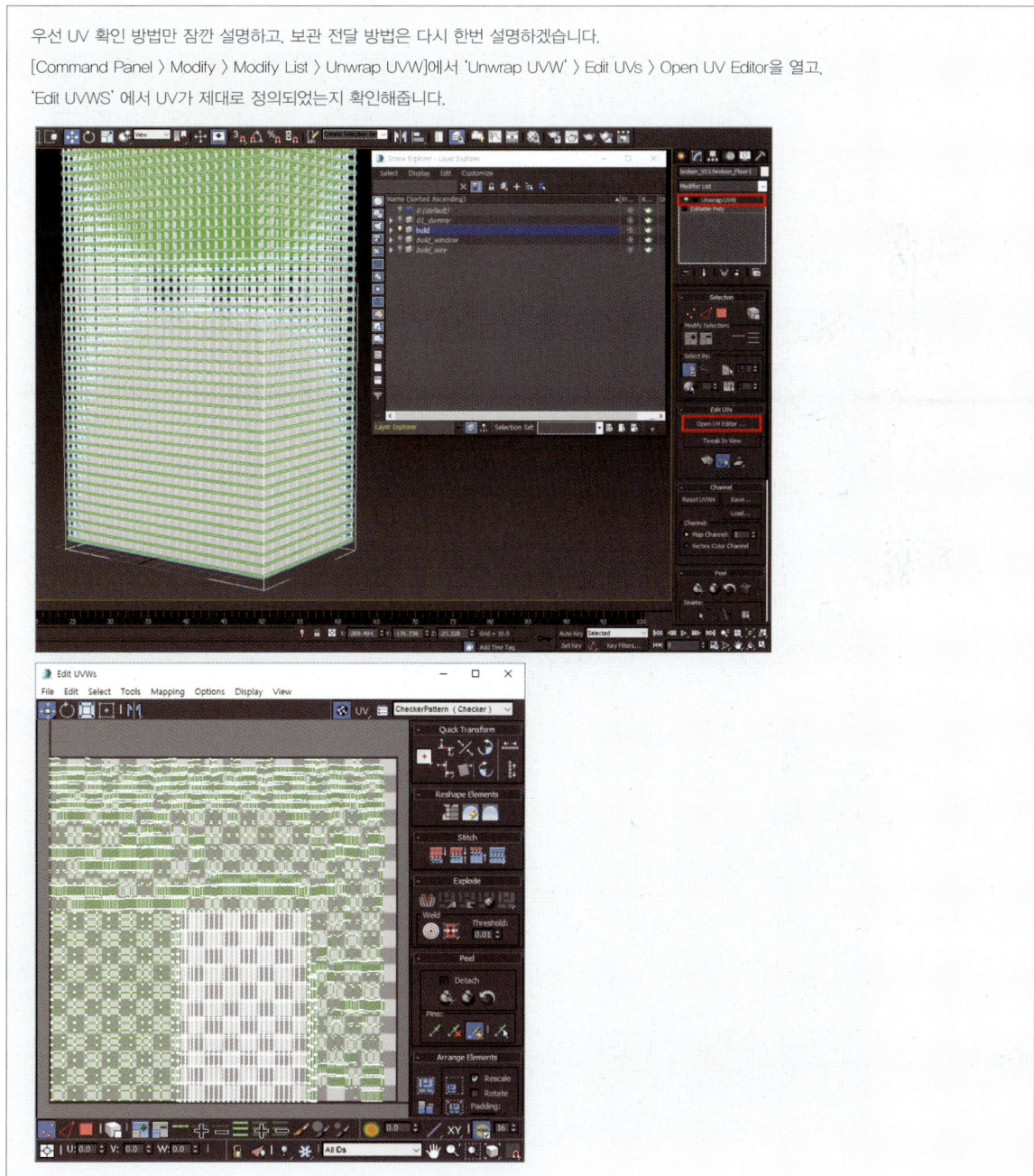

그렇다면, 이런 문제점들을 미리 확인하고 체크할 수 있는 방법에 대해 고민할 것입니다.
View 상에서 새로 만들어진 면들을 체크하면서 작업하는 방법에 대해 설명하겠습니다.
**3ds Max의 기능 중에는 'Material IDs'를 통해서 오브젝트 면들에 각각 다른 ID를 부여하여 Material에서 재질을 적용시켜 줄 수 있습니다.**

우선 [ Material Editor ] 창을 열고 만들어진 'Multi/Sub Object'에서 Set Number를 눌러 Material IDs를 2번까지 만듭니다.
그 안에 들어갈 재질을 ID 1번, 2번 안에 서로 비교할 수 있는 다른 색의 재질을 넣어줍니다.

ID 1 = 원래 들어갈 오브젝트의 재질  /  ID 2 = 새로 생겨날 단면의 재질

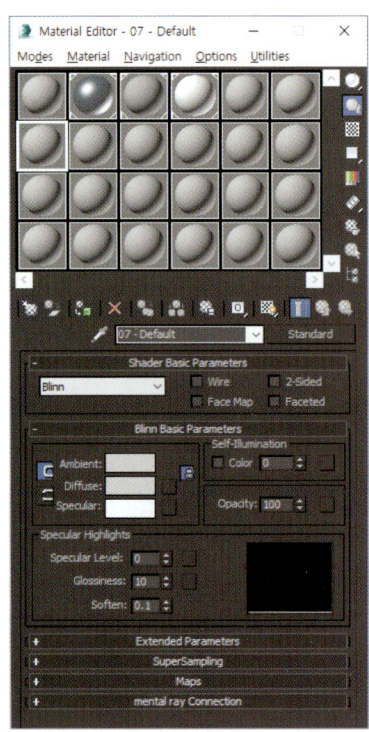

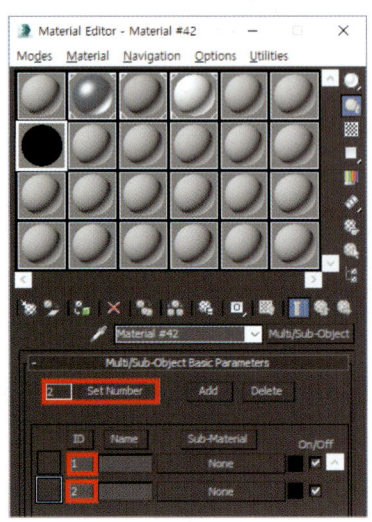

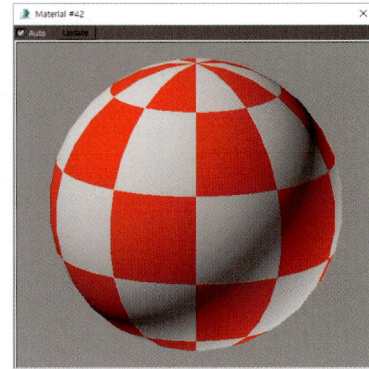

다음으로 build 빌딩 Layer 안에 있는 건물 오브젝트를 모두 선택한 후, Multi/Sub Object 재질을 넣어줍니다.
적용된 상태는 보이는 오브젝트 전체 컬러가 ID 1번에 적용된 회색 상태가 되어야 합니다.

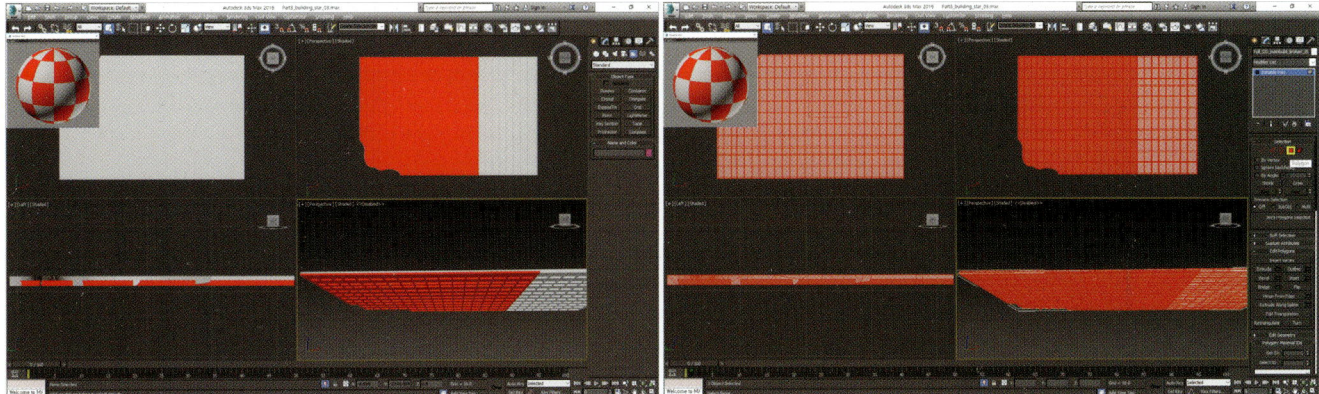

(그림 : ID 적용이 잘못된 예)

만약 오브젝트의 면들 중에서 문제가 있거나, 위의 그림처럼 미리 오브젝트에 지정된 ID가 있다면 제대로 적용되지 않습니다. 이러한 문제가 발생할 때 지정한 ID 번호로 오브젝트의 재질을 넣어주려면 면들의 ID 수정 작업이 필요합니다.

다음은 현재의 오브젝트 면들을 모두 ID 1번으로 만드는 과정입니다.

[Command Panel 〉 Editable Poly 〉 Selection 〉 Polygon]

Polygon 모드에서 모든 오브젝트 면들을 선택한 후 [Polygon 〉 Material ID's 〉 Set ID]를 1번으로 지정한 후 다시 Material 재질을 적용시키면 그림과 같이 모든 면들이 ID 1번에 적용된 색의 재질로 나타납니다.

 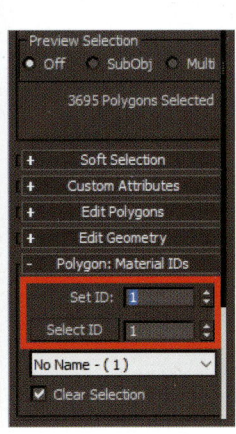 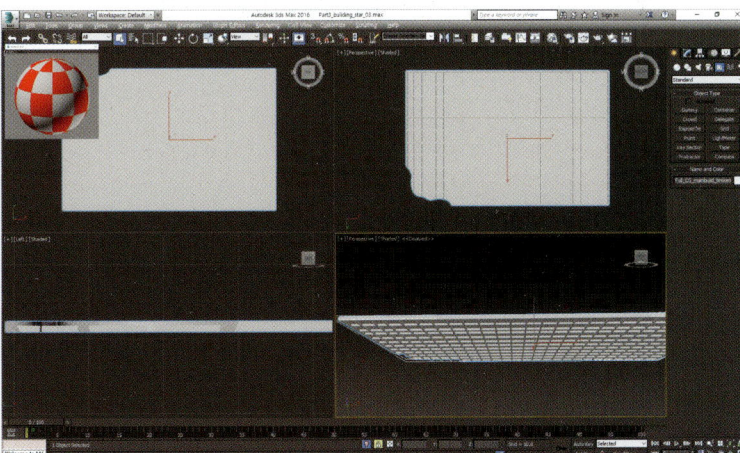

### 보충설명

중요한 점
1 UV 및 모델링 오류에 대한 사전 체크
2 3ds Max 기능 중 Material ID에 대한 이해
3 대규모 시뮬레이션 작업할 때 새로 생긴 단면에 많은 디테일을 줄 수 없으므로, 최소한의 Material ID 설정으로 재질을 적용시켜서 최종 Rendering 진행 과정의 이해를 돕기 위함.

다음에는 3ds Max의 플러그인들을 사용해서 실제 FX 작업을 진행해보겠습니다.

## 4. RayFire 이용한 건물 모델링 Crack 작업

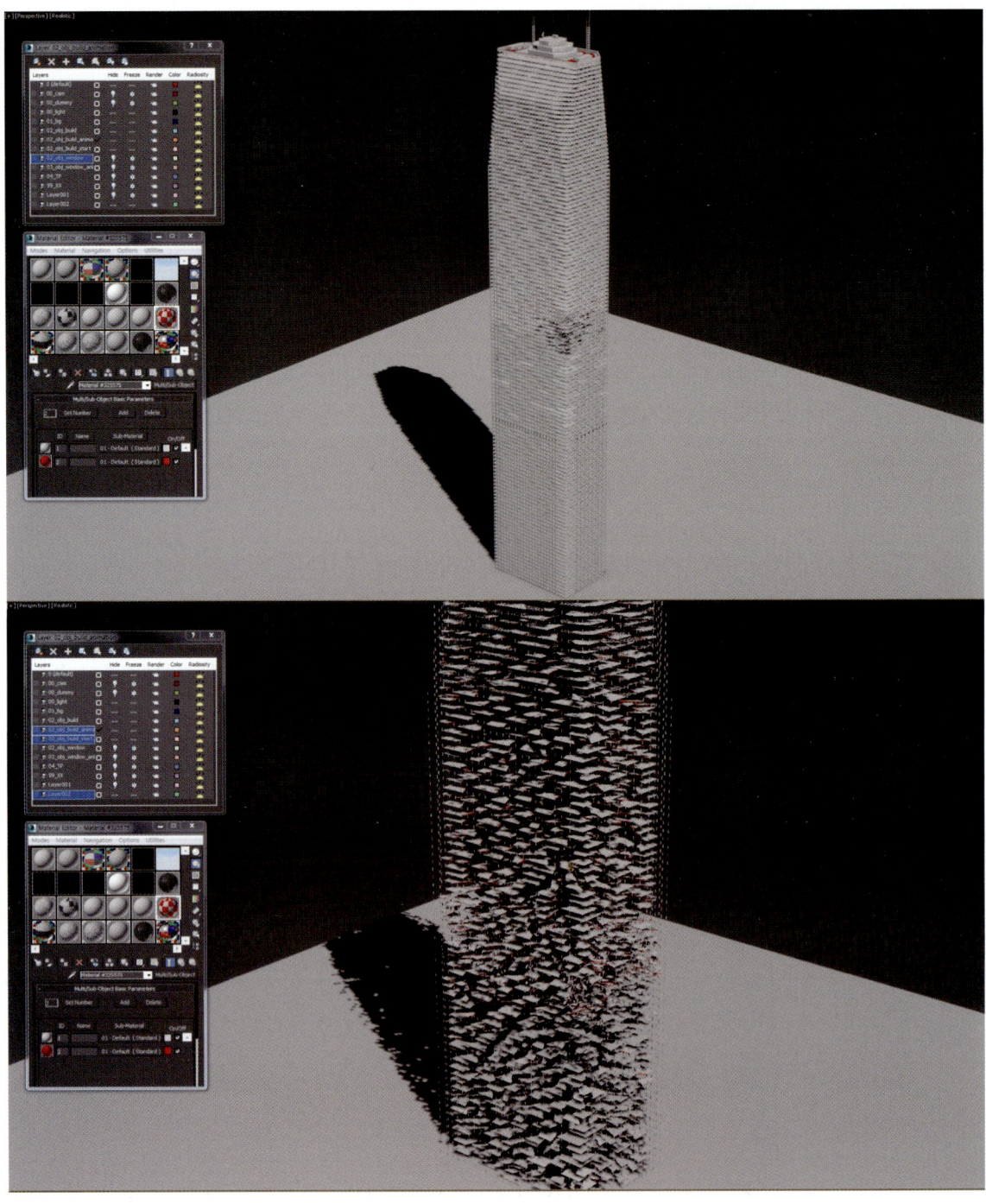

## RayFire 작업

**1** 3ds Max에서 Ray Fire를 이용한 Crack 작업 방식은 보편적으로 크게 2가지 방식이 있습니다.

1. RayFire Tool을 호출하는 방법
'RayFire Floater'를 선택 / 실행한 후 Ray Fire Tool 사용
[Command Panel 〉 Create 〉 Geometry 〉 RayFire]

2. 오브젝트를 생성한 후 Modify를 이용하여 RayFire의 기능을 Modifier List에 추가하는 방법
[Command Panel 〉 Modify 〉 RayFire voronoi 'Ray Fire Voronoi'를 추가]

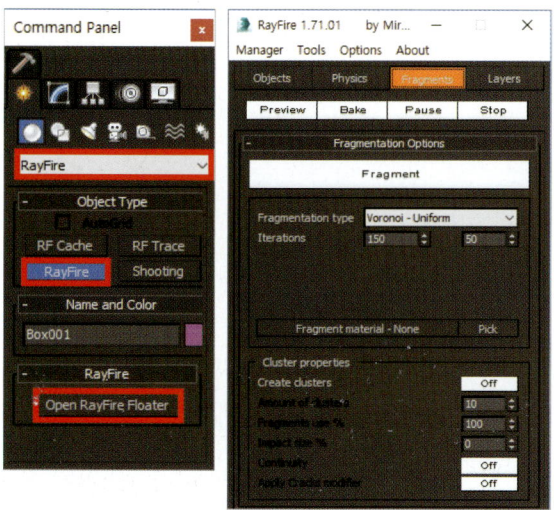

**2** Modify List의 그 밖의 RayFire의 기능들을 간단히 설명해 드리면,

1. Rayfire Aspenty – Crack 및 파편 오브젝트에 디테일 추가하여 훨씬 더 현실감 있게 만들어 줍니다.
2. Rayfire Bricks – 오브젝트를 빠르게 벽돌이나 돌로 조각낼 수 있습니다.
3. Rayfire Clusters – 간단한 조각을 좀 더 복잡한 클러스터로 그룹화해줍니다.
4. Rayfire Cracks – 굴절 물체 내부에 애니메이션 된 Crack의 균열을 수정, 관리합니다.
5. Rayfire Shatter – 4면체를 기반으로 오브젝트에 손상 및 파편의 형태를 줄 수 있습니다.
6. Rayfire Slice – 필요한 모든 기능을 갖춘 고급 슬라이스, 다중 슬라이스를 지원합니다.
7. Rayfire Voronoi – 실시간형, Vronoi 방식으로 여러 Crack 방식으로 Crack, 균열 등 작업 지원합니다.

> 예전 FrayFire 버전에서는 RayFire Fragment와 동일한 기능입니다.

8. RayFire Voxels – 기하학 볼륨을 사용하여 Voxel 을 만들어줍니다.

> 오브젝트의 정보를 가지고 Cube 형태로 전체를 Voxel 형태로 만듭니다.

좀 더 자세한 내용은 홈페이지 http://rayfirestudios.com에서 동영상을 참고해보세요.

### RayFire를 이용한 Detach

빌딩 건물의 안쪽은 바닥, 천장, 기둥 등으로 이루어져 있으며, 소재로는 콘크리트 골조와 유리, 철로 이루어져 있습니다. 그 밖에 창문과 틀 등으로 외부를 이루는 오브젝트로 감싸져 있습니다.

우선 건물의 Crack 작업을 위해 하나의 Element가 모여있는 오브젝트 들을 전부 개별적인 오브젝트로 만들어주는 작업을 진행하겠습니다. 여러 오브젝트들이 Poly의 형태로 어느 한 오브젝트 안에 포함되어 있다면, 각 오브젝트들의 Edit Poly 모드에서 모두 Detach로 분리시켜주어야 합니다. 이때 [RayFire 〉 Tools 〉 Detach by element selected] 의 기능으로 간단히 모두 분리시켜줄 수 있습니다.

먼저, 건물 내부 콘크리트의 오브젝트를 하나 선택해서 새로운 Layer를 만들고, 나머지 Layer의 오브젝트들은 💡 클릭해서 다른 오브젝트들을 Display에서 해제시킵니다.

[RayFire 〉 objects 〉 Dynamic / Impact objects]  Add  클릭해서 포함시켜 줍니다.
[RayFire 〉 Tools 〉 Detach by element selected] 클릭하면, 각각의 element 오브젝트들로 됩니다.

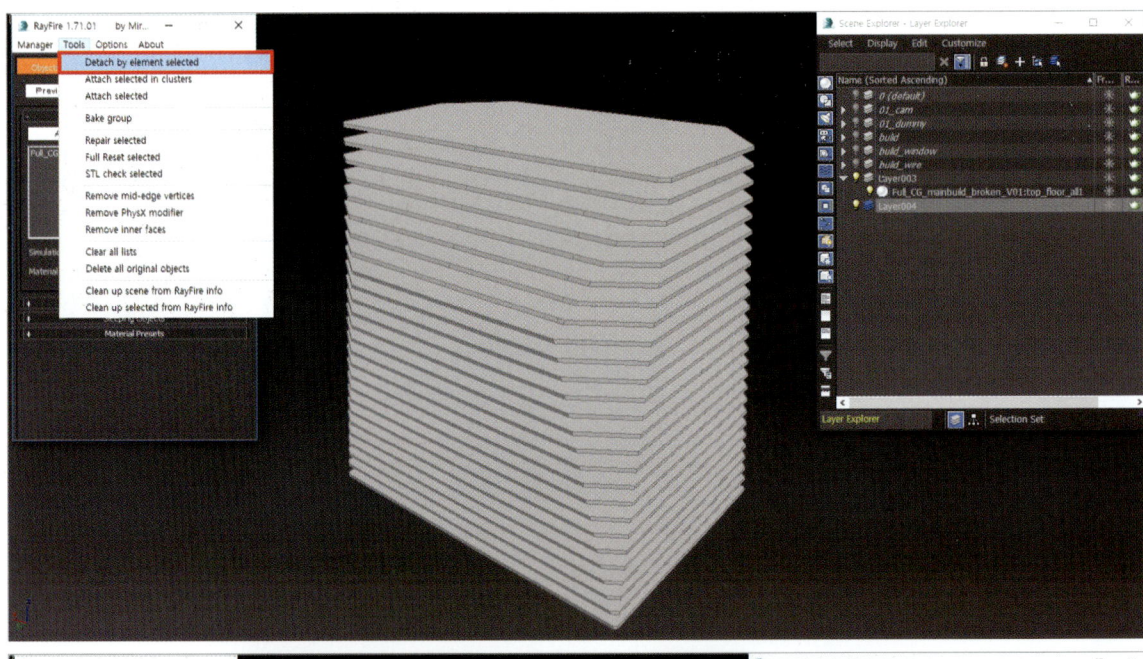

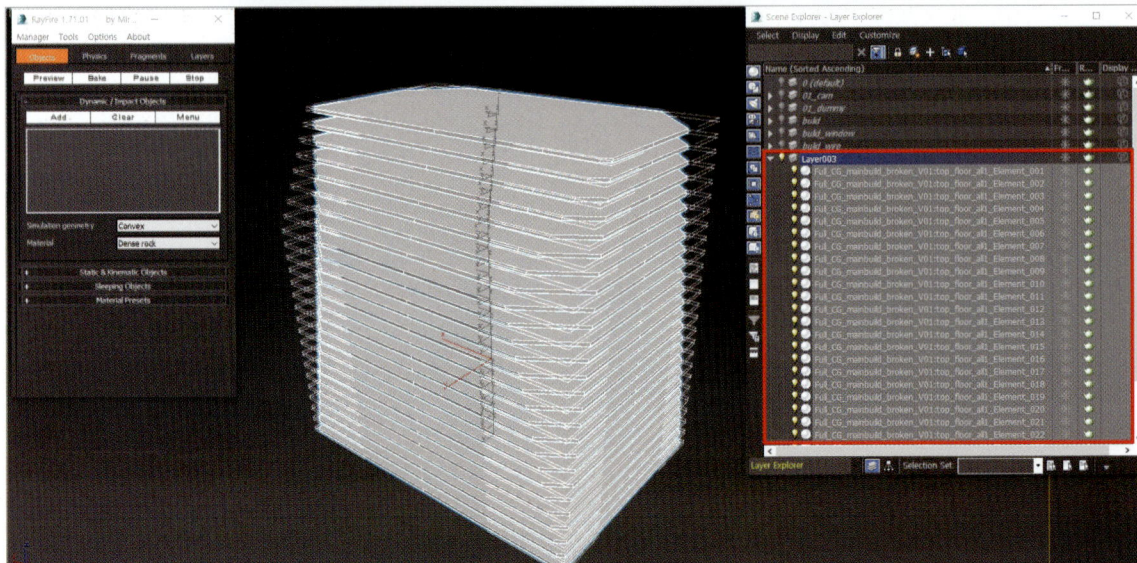

이러한 방식으로 콘크리트, 유리, 와이어 등 모두 각각의 element 오브젝트로 만들어 줍니다.

> 개별적인 오브젝트들의 수가 늘어나면서 데이터의 크기도 같이 증가합니다. Layer 관리를 통해서 필요한 부분만 Display 하는 방법으로 효율적인 작업을 하는 것이 좋습니다.

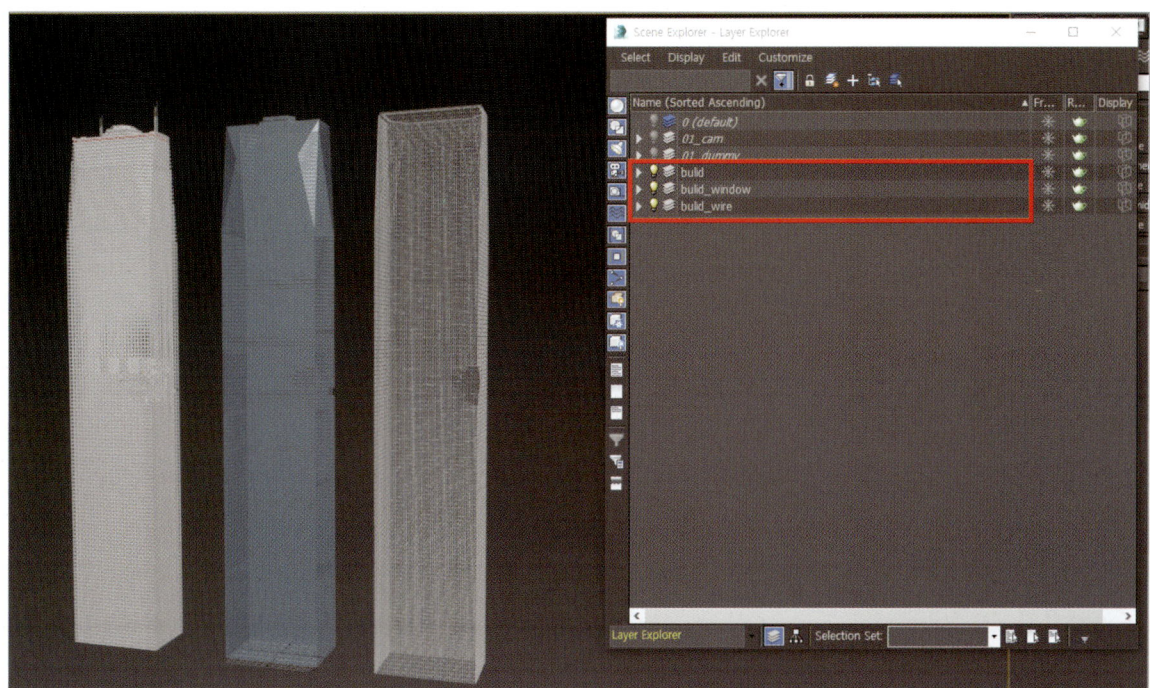

## RayFire 이용한 건물 Crack

앞에서 설명한 Detach 과정이 끝났다면, 이제는 RayFire Tool을 이용해서 재질의 종류, 크기별로 Crack 작업을 하겠습니다.

**1** [Objects > Dynamic/Impact Objects]에서 ADD를 눌러 Fragment 작업할 오브젝트를 넣어줍니다.
**2** Fragments 안에 있는 Fragmentation Options와 Advanced Fragmentation Options의 값을 조절해서 건물의 콘크리트의 Crack 형태를 작업해보겠습니다.

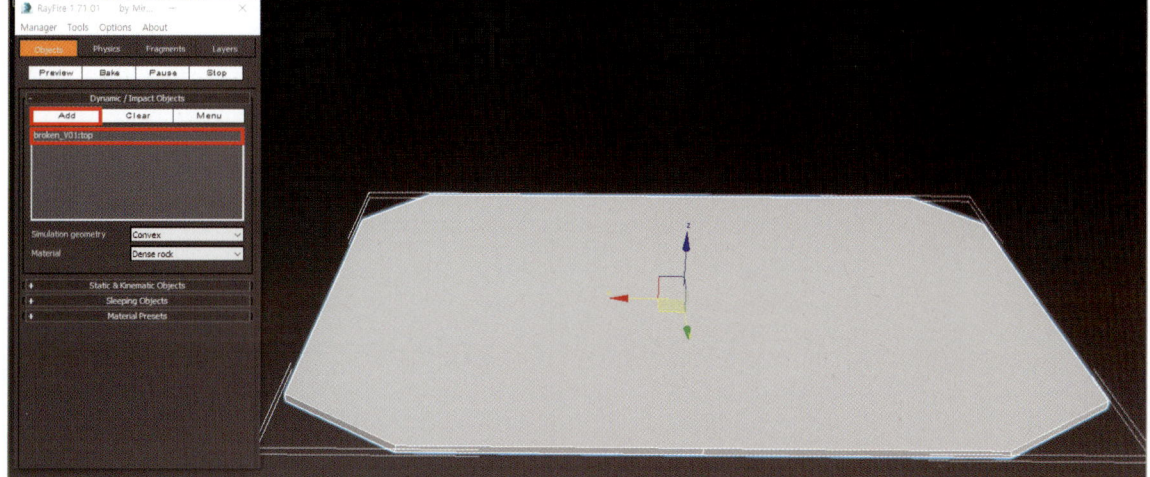

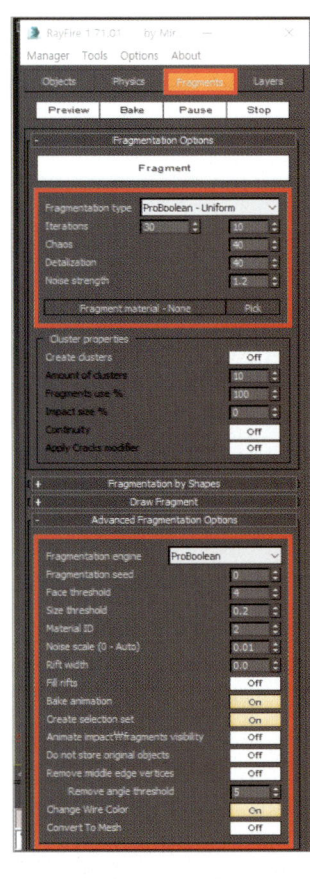

[Fragments 〉 Dynamic/Impact Objects]

1 Fragmentation type : 모든 작업 시 ProBoolean 〉 Uniform으로 지정해줍니다. 어떠한 방식으로 오브젝트를 Fragment를 해줄지 결정해 줍니다.

2 Iterations : Fragment 작업 시 나눠주는 횟수/랜덤 값을 지정해줍니다. 지정된 횟수로 새로운 오브젝트로 만들어 줍니다.

3 Chaos : 값이 올라갈수록 더욱더 불규칙한 형태가 됩니다. F값이 0에 가까울수록 정돈된 느낌이 듭니다.

4 Detailzation : 값이 올라갈수록 면의 숫자가 증가합니다. 새로 생긴 면의 증가값이 높을수록 무거워질 수 있습니다.

5 Noise strength : 값이 올라갈수록 면의 라인에 지글거리는 Noise 형태를 생성합니다. 새로 생긴 면이 생겨나는 면의 Noise 힘의 세기입니다.

[Fragments 〉 Advanced Fragmentation Options]

1 Material ID : 전 단계에서 설정해준 Multi/Sub Object의 ID 2번을 지정해 줍니다. 새로 생긴 면의 재질의 ID를 지정해 줍니다.

2 Noise scale (0 - Auto) : 0일시 Auto 지정해줍니다. 동일한 스케일 값을 위해 수치를 입력합니다. 새로 생긴 면의 Noise의 Scale 값을 설정해줍니다.

RayFire Tool 〉 Manager 〉 Delete를 눌러 Fragment 전의 형태로 되돌릴 수 있습니다.

건물의 골조를 이루는 콘크리트의 형태의 Crack의 적당한 수치 값을 찾아 Fragment 작업을 한 후 오브젝트 크기에 맞게 전체적인 Size의 통일감을 줍니다.

3 다음으로 입력값을 넣어준 후 [Fragment] 버튼을 눌러 오브젝트를 Fragment 해줍니다.

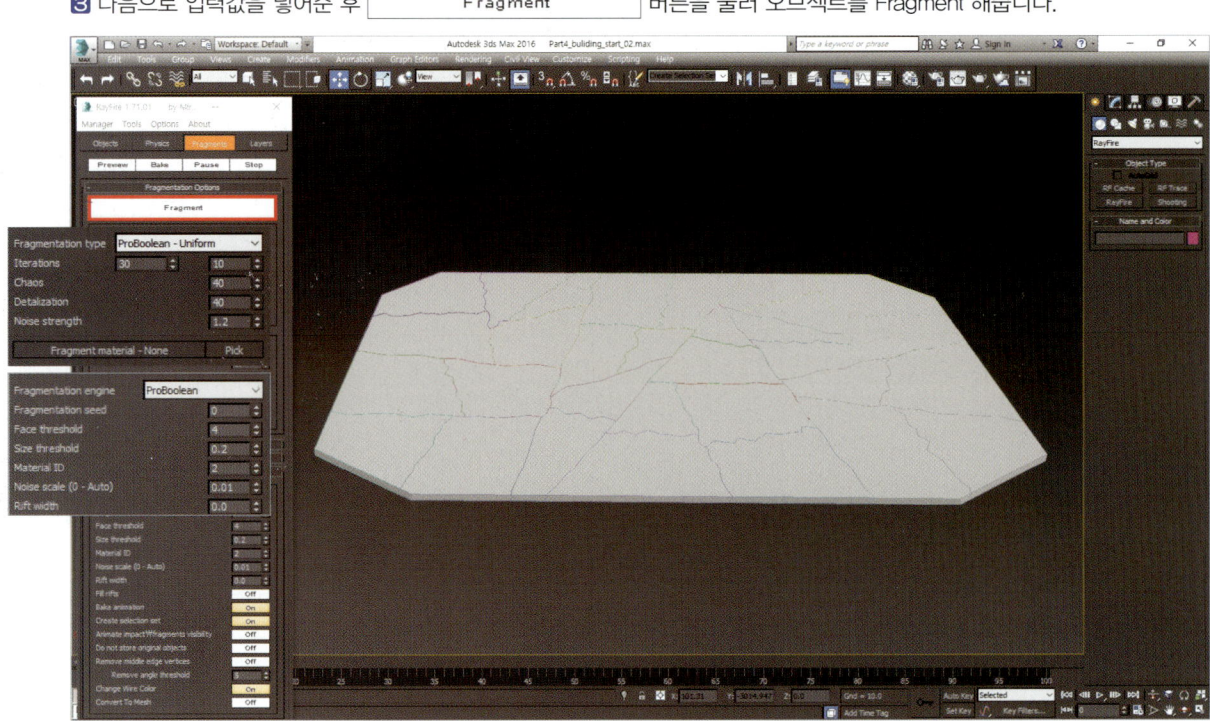

이때 새로 생겨난 오브젝트들은 미리 지정된 Layer와 RayFire Tool에 나타나고 원래 오브젝트는 Hide 됩니다. (오류나 에러를 방지하고자 따로 모아 보관해주길 추천합니다.)

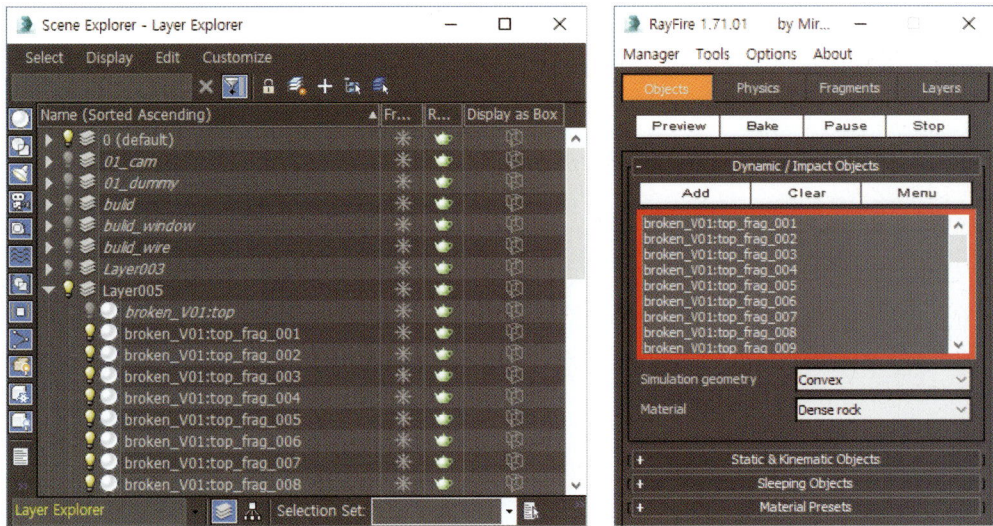

**4** Script 〉 Fragment advanced_fragmenter

Fragment 과정 후 새로 생겨난 수많은 오브젝트의 형태를 확인하기 위해 하나하나 체크/확인하는 방법은 비효율적이므로, 여기서는 3ds Max에서 사용할 수 있는 'Script'(맥스 스크립트)를 사용하겠습니다.

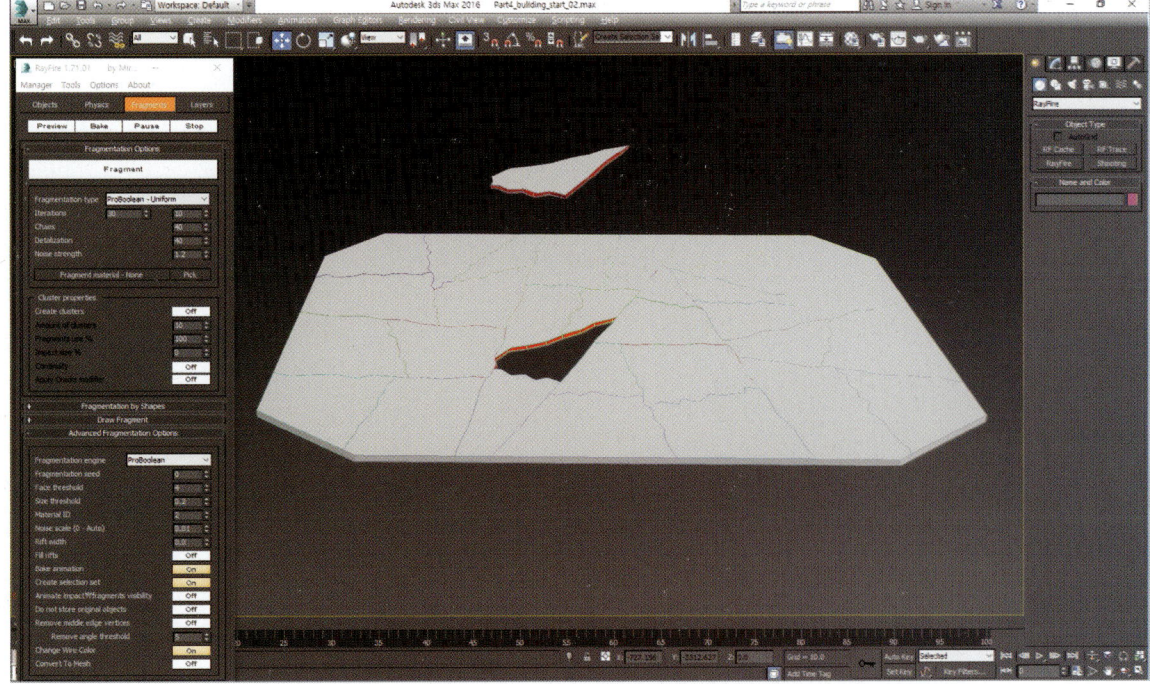

(그림 : 비효율적인 예)

53

### Script > Advanced_fragmenter

Advanced_fragmenter는 RayFire 기능과 유사하며 오브젝트들을 Fragment 할 수 있는 Script 파일입니다. 첨부된 예제의 스크립트 파일을 설명에 맞게 폴더에 넣어주면 됩니다. 제대로 적용되었다면 3ds Max를 Open 할 때마다 실행됩니다. 만약, 적용 과정을 생략하고 싶다면, [Main Toolbar > Scripting > Run Script]를 실행시켜 advanced_fragmenter_v1.0.Mse 파일을 선택합니다.

Script가 실행되었다면 메뉴 중 [advanced_fragmenter > Post Tab] 들어가서 드래그로 오브젝트들을 선택해줍니다.

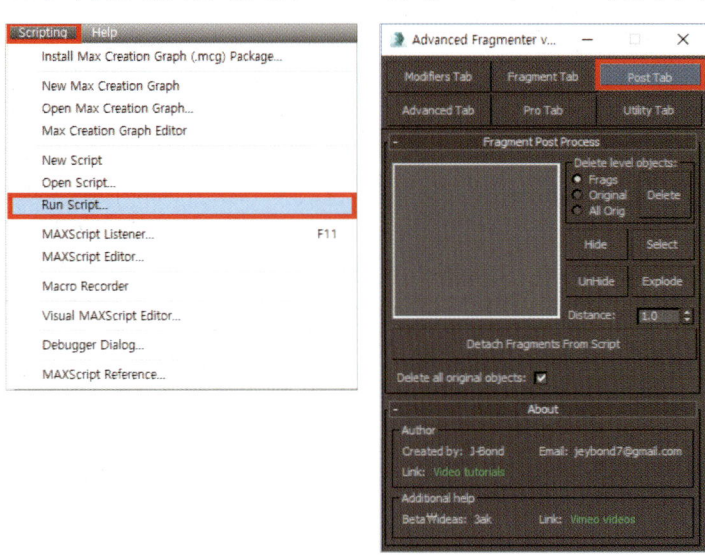

이제 Select 된 상태에서 [Post Tab - Select] 아이콘을 클릭하고 Explode를 클릭해주면, 그림처럼 펼쳐진 상태의 단면들로 형태를 쉽게 확인할 수 있습니다. 원래대로 되돌아가려면 Explode를 다시 비활성화해주면 됩니다.

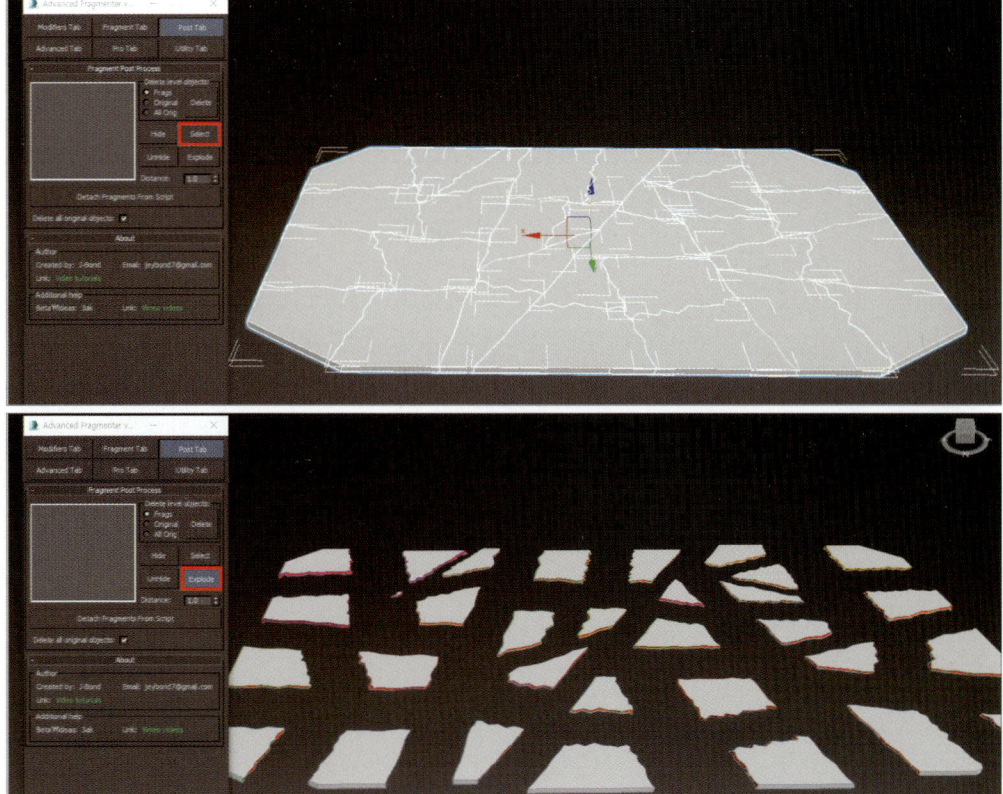

**RayFire와 Script를 사용해서 같은 방식으로 빌딩의 콘크리트를 이루는 건물 부분들을 모두 Fragment 해줍니다.**

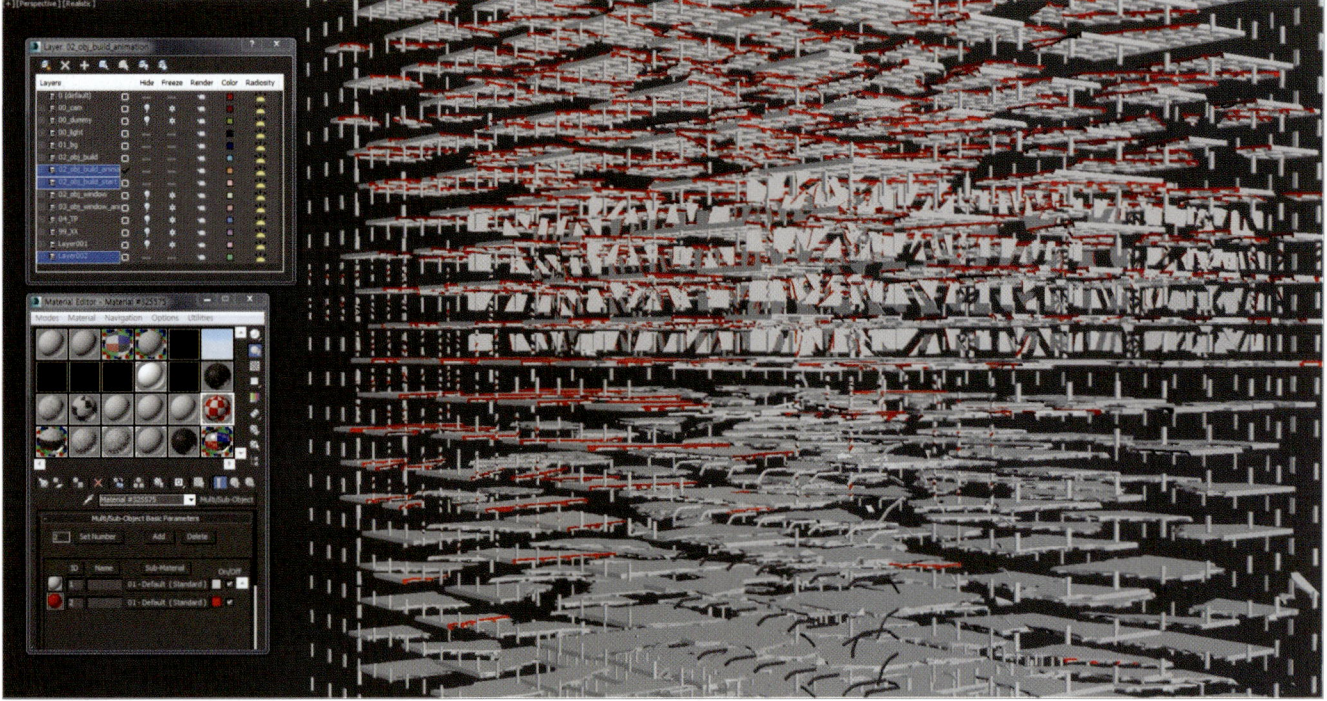

## RayFire 이용한 건물 유리, 와이어 Crack

건물 유리의 Crack 작업은, 건물 Fragment의 Size를 참고해서 넓은 띠 형태의 유리들을 같은 방법으로 작업해주면 됩니다. 다만 유리는 새로 생기는 면의 수를 적게 설정해주는 것이 좋습니다. 그 밖의 작은 창들은 차후에 시뮬레이션 부분에서 부수도록 하겠습니다. 건물 와이어의 Crack 작업 역시, 길고 넓은 와이어 부분의 Fragment 작업을 해 줍니다.

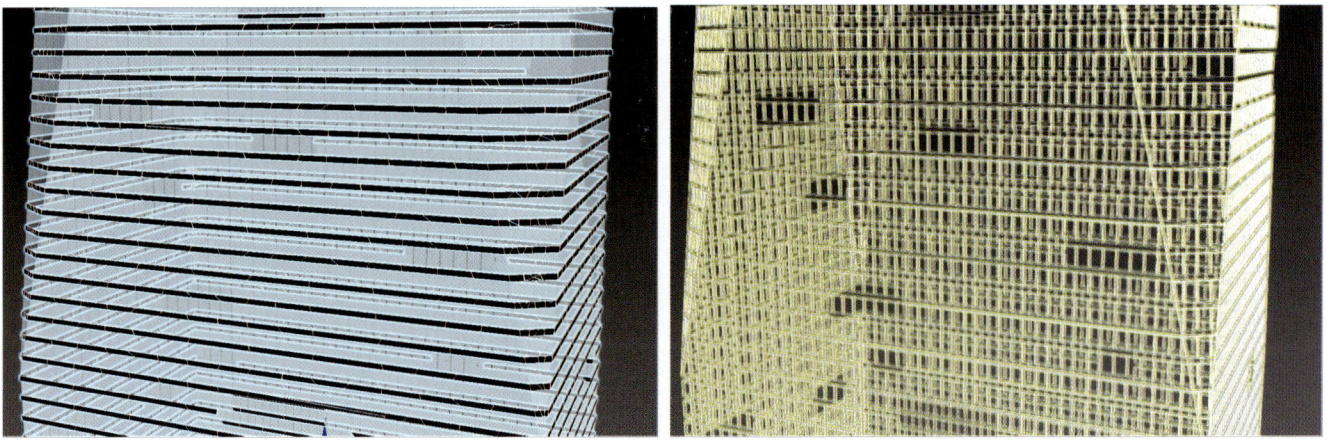

유리와 와이어 부분의 작은 오브젝트들을 RayFire로 Crack을 해 주지 않는 이유는 후에 Thinking Particle의 Volume Break을 이용해서 시뮬레이션을 통한 효과적인 Crack 작업을 하기 위해서입니다.

## Simulation을 하기 전, Type에 따른 Crack 분류 및 Attach 작업

지금까지의 순서대로 진행되었다면, Simulation을 위한 기본 Fragment 작업은 끝난 것입니다.

3ds Max에서 Camera와 Layout을 설정해 줍니다.

메인 이미지와 같은 연출을 위해서, 처음에는 건물 일부가 조금씩 무너지면서 점차 건물의 위와 아래가 절반으로 끊어져서 무너져 내리는 효과를 만들 것입니다. 그러기 위해 [Start 영역], [기울어지는 건물의 윗부분], [건물의 아랫부분] 등 총 3가지 Type으로 나누어 작업할 것입니다.

## 1 건물의 Start 영역

전체적으로 부서지는 Start 영역을 설정하기 위해 유리와 와이어 부분을 제외한 건물의 기본 콘크리트의 외곽 부분만 Drag로 영역을 설정해줍니다. 이렇게 선택된 오브젝트들은 구분을 위해서 Wire의 색을 Red 붉은색으로 지정해줍니다.

Red 붉은색으로 지정된 Start 영역의 오브젝트들은 전체 건물들과 시뮬레이션 진행할 때 Start 부분에서 Type 별다른 수치 값을 지정해서 진행할 예정이므로 구분을 지어줍니다. 구분된 오브젝트들 중 하나를 선택해서 Attach를 통해 나머지 오브젝트를 모두 포함시켜 하나의 오브젝트로 만들어 줍니다. Attach List를 통해서 리스트에서도 선택해서 포함시킬 수 있습니다. 이때 나머지 오브젝트는 Hide를 하거나, Freeze로 설정해서 Attach 할 때 다른 오브젝트들이 선택되지 않도록 해줍니다.

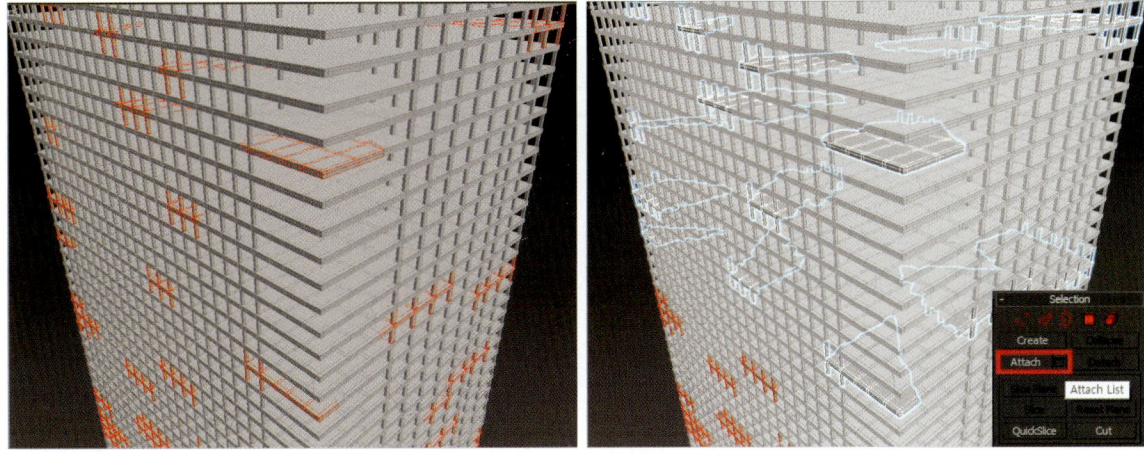

Start 영역 역시 건물의 윗부분과 아랫부분과 같이 위와 아래 두 그룹으로 나누어 지정해줍니다.

### 2 건물의 윗부분(기울어지는 영역)

다음으로 무너지면서 기울어지는 건물의 윗부분 영역에 대한 설정을 해주겠습니다.

건물의 위와 아래를 나누는 기준은 우선 Camera View에서의 기준으로 건물의 중심 영역을 간단히 반으로 나누어 주겠습니다. 그런 다음 측면과 정면의 View를 참고해서 그림과 같이 드래그를 사용하여 건물이 무너지며 부서질 때의 모습이 비슷하게 뜯어지는 모습을 상상하며 영역을 나누어 줍니다. 그리고 나누어 준 윗부분과 아랫부분은 Attach를 통해 동일한 방법으로 각각 하나의 오브젝트로 만들어주면 됩니다.

> 건물이 나누어지는 중심 영역에서, 아래보다 위의 Start 영역의 오브젝트를 많이 Attach로 포함시켜준 이유는 건물의 위가 기울어지면서 그 아래를 받치고 있는 아래 영역에 부딪혀 시간이 지남에 따라 부서지는 형태로 작업하기 위해서입니다.

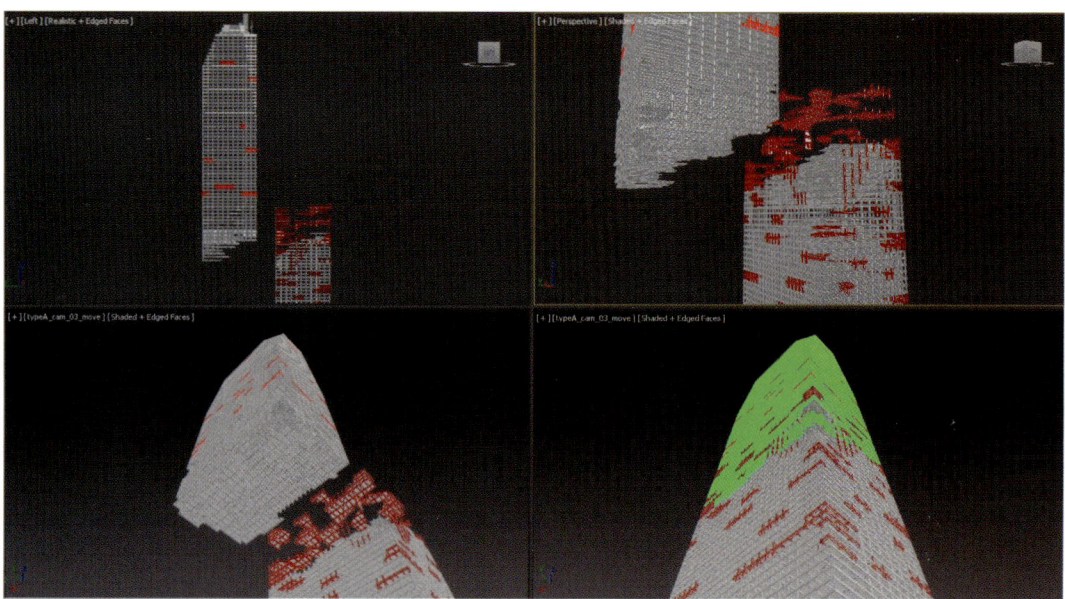

### 3 건물 아랫부분(건물을 받치고 있는 영역)

건물의 맨 아랫부분은 Camera에서 보이지 않으므로 Delete 해주는 것이 좋습니다.

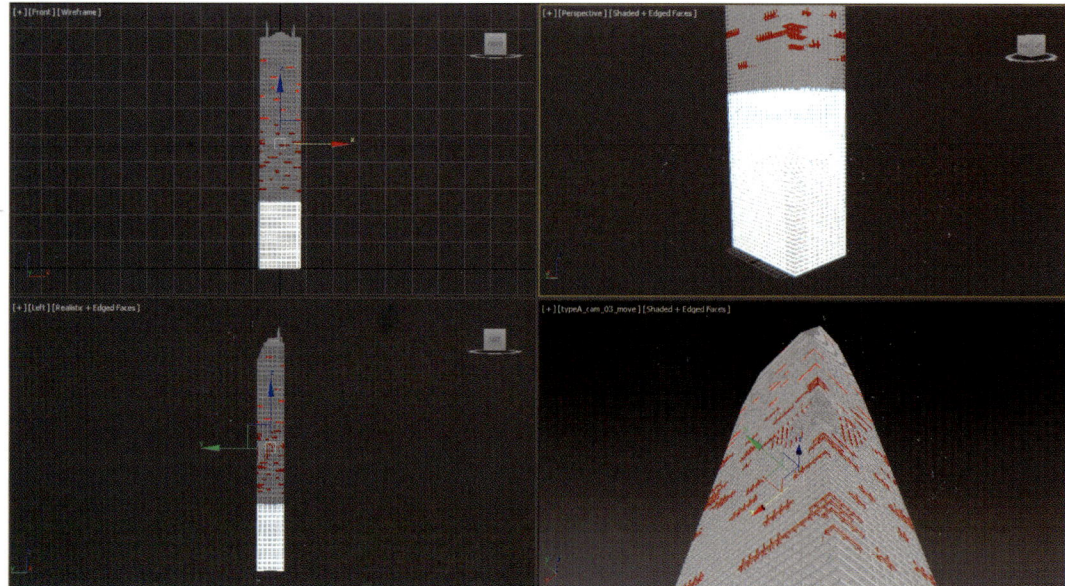

## Simulation을 하기 전, Animation 세팅

이제는 Simulation을 진행하기 전 단계로써, 건물이 무너지는 듯한 Animation을 설정해주는 단계입니다. 앞의 단계에서 Attach를 이용해서 건물이 처음부터 조금씩 무너져 내리는 Start 영역, 전체 건물의 위, 아래 영역으로 분류해주었습니다. 이렇게 영역별로 분류된 부분 중에서 건물이 기울어지면서 무너지는 연출을 위해 건물의 윗부분의 Animation을 설정해주겠습니다. View 상에서 영역별로 구분하기 쉽도록 각각 다른 컬러를 지정해주었습니다.

우선 건물 윗부분 Pivot의 Center 축을 수정해줍니다.

그 이유는 건물이 기울어지며 무너지는 연출에서 건물의 중심을 기준으로 Animation을 설정해주기 위해서입니다. 이제 해당 오브젝트를 선택한 후 [Command panel > Hierarchy > Affect Pivot Only]에서 그림과 같이 중심축을 아래 중심 부분으로 설정해줍니다.

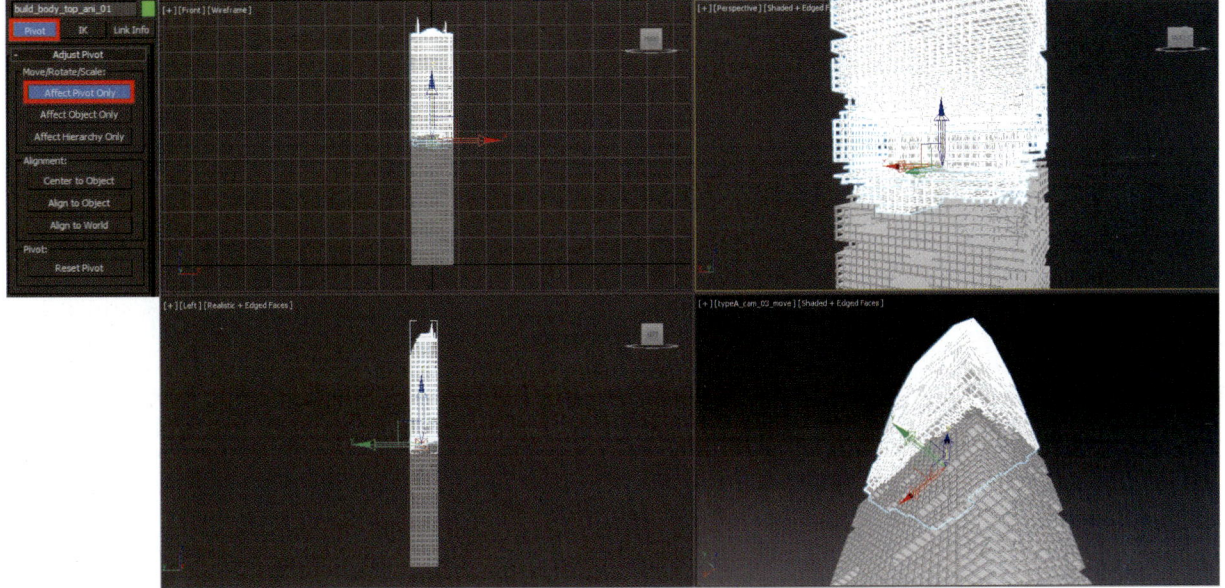

그런 다음에 Animation 구간을 설정해주는 단계로 넘어가겠습니다.

전체 시뮬레이션 구간은 [1f ~ 300f]로 설정해줍니다. 처음 [1f ~ 80f] 구간은 건물의 부분부분이 조금씩 무너지는 Start 영역으로 지정하겠습니다. 그리고 본격적으로 건물의 중심이 분리되며 기울어지는 단계는 [80f ~ 300f] 구간으로, 이때부터 건물 윗부분의 중심축을 기준으로 기울어지는 Animation의 이동(Transform), 회전(Rotation)의 Animation Key를 아래 그림처럼 천천히 기울어지며 무너지는 듯한 연출을 해주겠습니다.

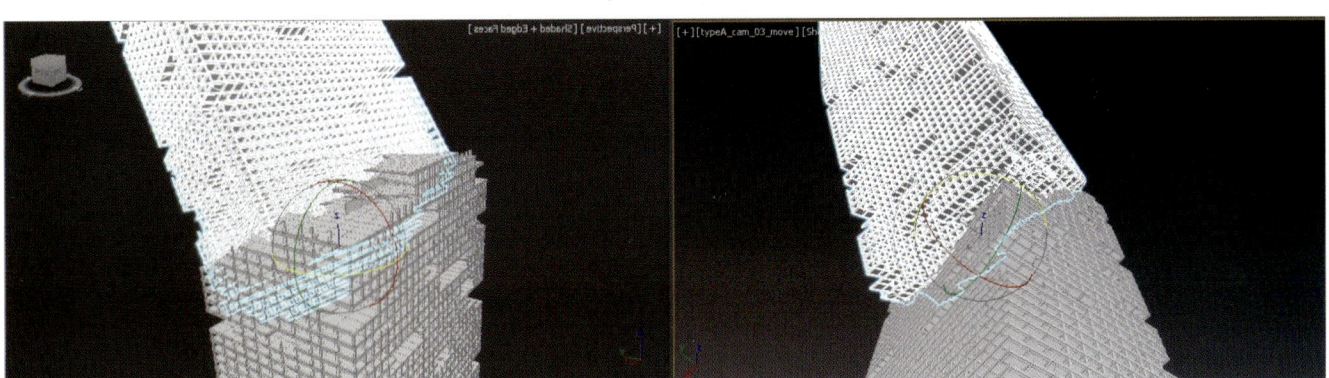

### Simulation을 하기 전, Animation 세팅과 오브젝트(유리, 와이어) 연결

건물이 기울어지는 Animation 설정을 해주었다면, 이제 건물의 외형을 이루고 있는 디테일(유리, 와이어) 부분들을 연결시켜 주겠습니다.
유리창과 와이어의 디테일 부분 역시 앞 건물의 위, 아래의 영역을 잡는 방식과 동일한 방식으로 영역을 지정해준 후 각각 위, 아래의 Animation된 오브젝트와 연결시켜 줍니다.

[Main Toolbar 〉 Schematic view (open) ] Schematic view에서 유리, 와이어의 Node들을 드래그해서 Connect 클릭 한 후 건물 오브젝트에 연결시켜 줍니다.

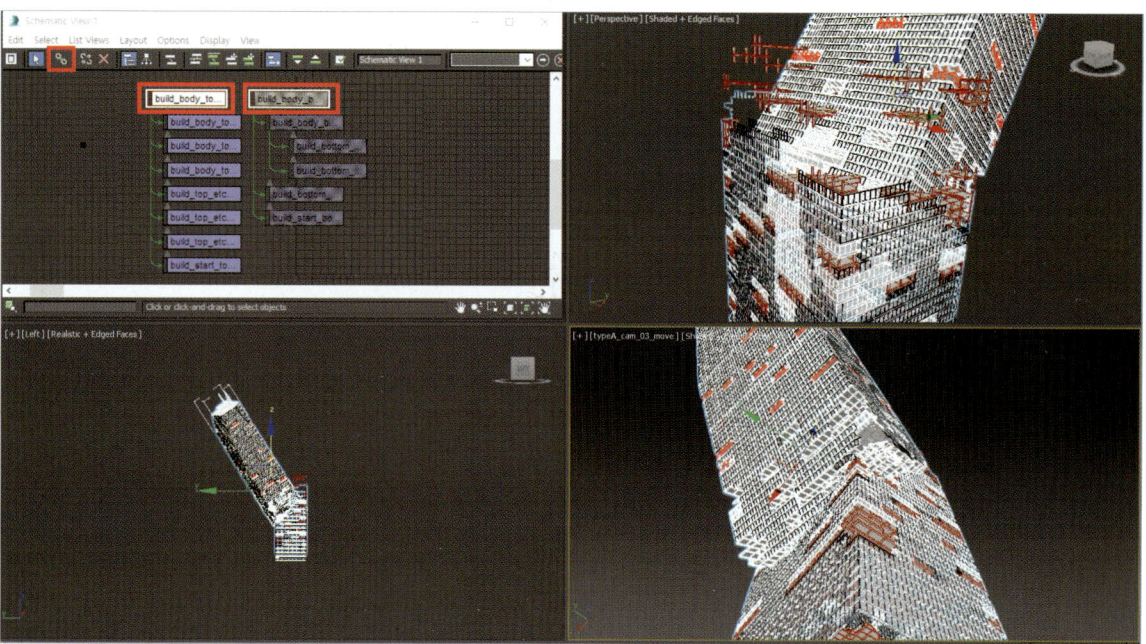

건물의 위, 아래 오브젝트에 유리와 와이어 부분을 연결시킨후, Start 영역에 포함된 디테일 부분들은 삭제합니다. 그 이유는 건물이 기울어지 기 시작하는 80f부터 디테일들이 떨어지는 시뮬레이션 연출을 위해서입니다.

### Simulation 하기 전, 오브젝트의 정리 및 Layer 작업

이제 본격적으로 시뮬레이션 작업을 위한 과정이므로 지금까지 작업한 오브젝트들을 Layer 별로 깔끔하게 정리해줍니다.

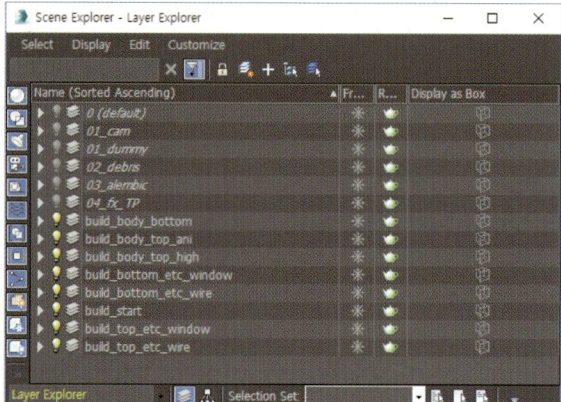

## 5. Thinking particle을 이용하여 Simulation 작업하기

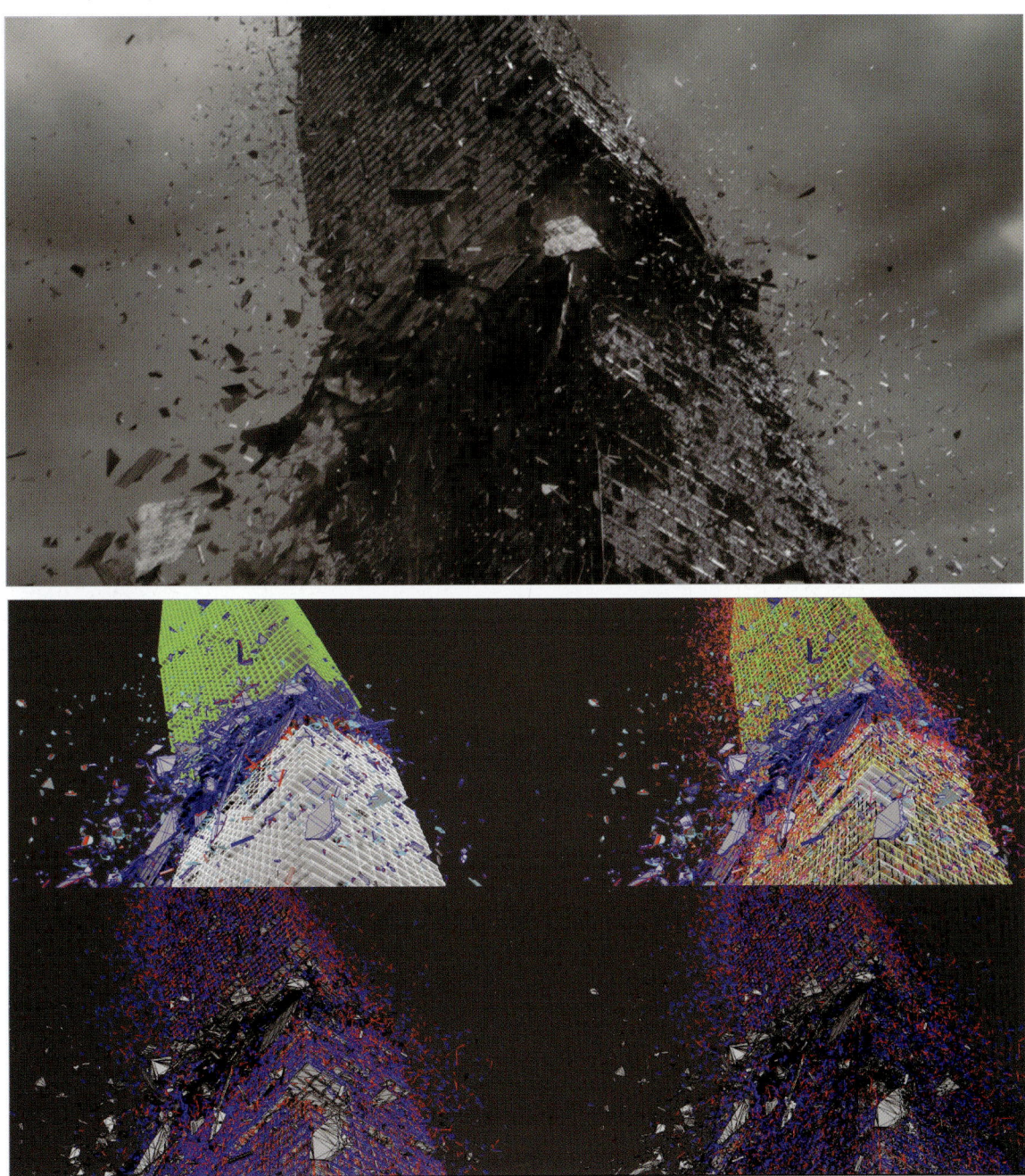

## 본문으로 들어가기 전에

이제는 지금까지 앞단계에서 준비했던 과정들을 가지고, Thinking Particle을 이용해서 Simulation 하는 과정을 소개하겠습니다. 다만, Thinking Particle을 처음 사용하는 분들이나 FX 작업이 생소한 분들은 조금 어려운 내용이 될 수도 있습니다. 그래서 Thinking Particle의 기본적인 인터페이스와 기초 메뉴얼에 대해서 먼저 설명을 하겠습니다.

특징적으로 연결시켜 주는 명령어들이 Node 구조 형태를 취하고 있기 때문에, Node의 활용 경험이 부족하다면 다소 어렵게 느껴질 수도 있습니다. 하지만, 각 기능보다는 전체적인 작업의 흐름을 파악하면서 본다면 조금은 도움이 되지 않을까 생각합니다. 그리고 3ds Max의 Particle Flow(PF)와는 또 다른 재미요소가 있을 것입니다.

간략하게 작업 과정을 소개하자면, 앞으로 진행될 모든 Simulation 명령은 Thinking Particle(TP) 내부에 있는 Properties에서 이루어집니다. 우리는 이때 TP에서 사용되는 Node들을 서로 연결시켜서 건물이 부서지는 명령어까지 도달해서 전체 과정을 Cache(데이터화) 시키는 작업 공정을 진행합니다. 그리고 앞단계에서 준비했던 오브젝트들은 TP 내부에서 이동, 회전값의 데이터 정보를 고스란히 받아들여 Simulation 작업을 위해 TP의 파티클 속성으로 바꾸어 오브젝트를 내부에서 작업할 수 있도록 해줍니다. 이때 Attach를 통해 합쳐진 내부의 각 오브젝트 정보 역시 유지되므로, TP에서 내부 정보를 바탕으로 부서지는 Node를 이용해서 Attach 된 내부의 오브젝트를 분리시키고 부술 수 있습니다. Start 영역, 건물의 위, 아랫부분은 각각 Group을 만들어서 서로 다른 입력 값을 지정하여 서로 반응하는 시뮬레이션을 진행해주는 과정으로 되겠습니다.

그럼 이제 Thinking Particle에 대해서 알아보겠습니다.

### Thinking particle 작업

**1** 시작하기

1. [Command Panel > Create > Particle Systems > Thinking] 항목에 들어가서 Thinking 버튼을 선택한 후 View 화면에 아이콘을 생성해줍니다. (줄여서 TP라고 부릅니다.)

2. 아이콘이 생성되면 그림처럼 Properties 항목이 활성화됩니다. 그럼 실행하겠습니다.

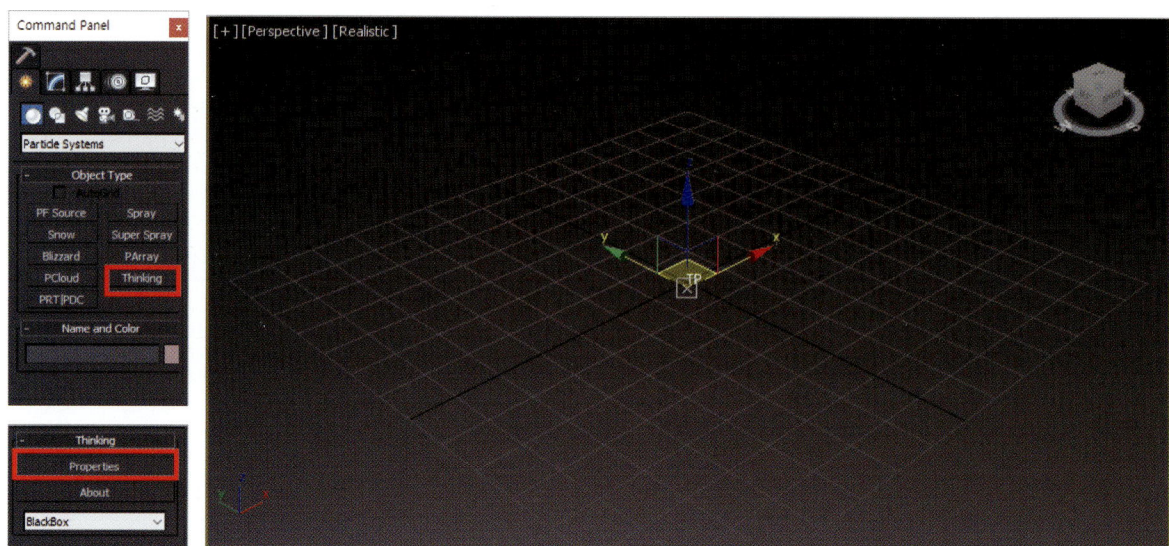

## 2 Properties의 구성

TP의 기본적인 인터페이스와 옵션들에 대해 간단히 설명하고 진행하겠습니다.

(참고자료 : https://blog.naver.com/vmsystem/)

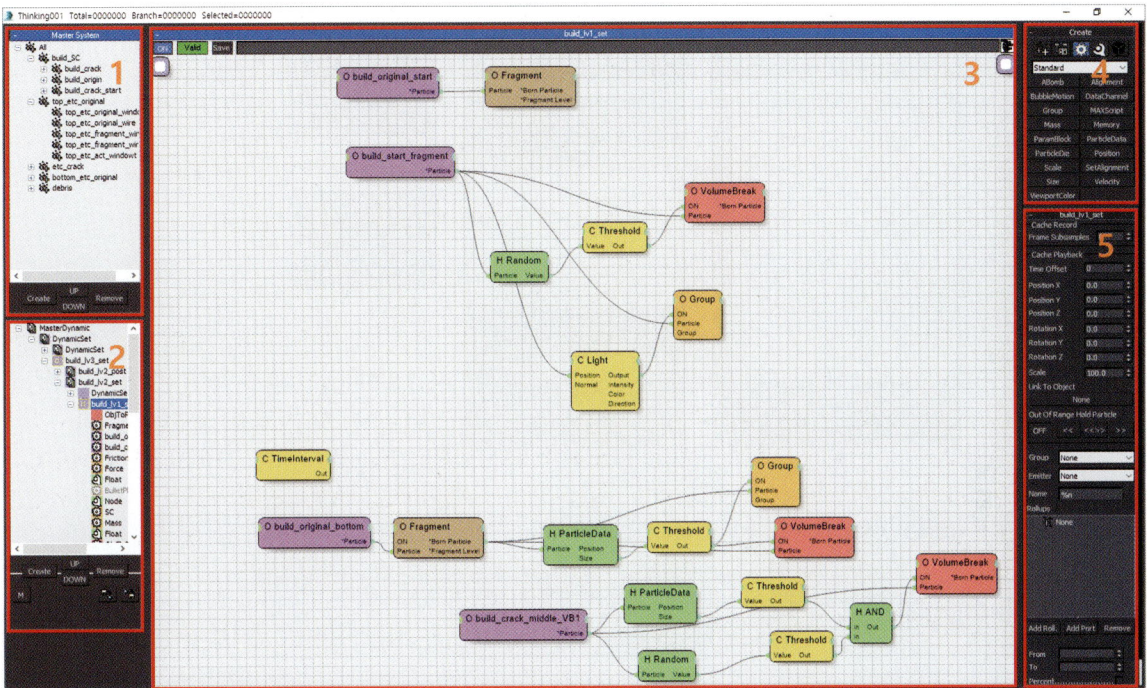

### 1. Master System

Group을 만들어서 TP 시뮬레이션할 때 배치할 수 있습니다. Create > Remove 버튼으로 그룹을 생성하거나 삭제할 수 있습니다. 그룹을 선택하고 Create를 누르면 선택한 그룹의 하위 그룹이 생성됩니다. 이렇게 생성된 그룹은 각각 상위 그룹에 속하게 되는데, 그림에서 보이는 각 그룹들은 All 그룹에 속하게 되는 것입니다.(All 그룹은 기본적인 최상위이므로 삭제할 수 없습니다.) 3ds Max의 Layer 개념과 비슷하게 생각하면 됩니다. 그룹을 생성하고 소속되며 명령을 수행합니다.

원본 오브젝트 Group - 나눠진 Group - 부서진 Group 등 단계별로 진행 과정을 만들 수 있습니다.

### 2. Master Dynamic

Master System의 Group처럼 Dynamic Set / TP의 작업 영역을 만들 수 있습니다.

Create/Remove 버튼으로 Dynamic Set(화면 작업 영역)을 생성할 수 있으며, Master System처럼 하위 영역 생성이 가능합니다. TP의 작업 영역이 모이는 곳이며, Node들을 스택(Stack) 구조로 분류합니다. 또한 Cache(데이터화)를 해줄 수 있는 부분입니다.

### 3. Dynamic set

TP에서 제공하는 Node 및 오퍼레이터를 생성하는 영역 모든 Node는 이곳에서 생성됩니다. 이곳에서 보이는 Node와 오퍼레이터는 좌측 하단의 Master Dynamic(2번)에도 표시됩니다. TP의 Node를 연결시키는 등 전체 과정이 이루어지는 곳입니다.

### 4. Rollout Panels

그룹, Dynamic set 및 작업 영역에서 선택된 다양한 Node와 오퍼레이터의 메뉴가 있습니다. Dynamic set 에서 단축키 Tap을 누른 후 Rollout Panels의 Node를 검색할 수 있습니다. TP의 모든 Node를 보여주고 생성해주는 부분입니다.(Dynamic Set에서 Tap 버튼으로 생성해줄 수도 있습니다)

### 5. Parameter Rollout Menu

이곳에서는 특정한 Node or 오퍼레이터와 관련된 변수(Parameter)를 수정할 수 있습니다.

### 3 Master System

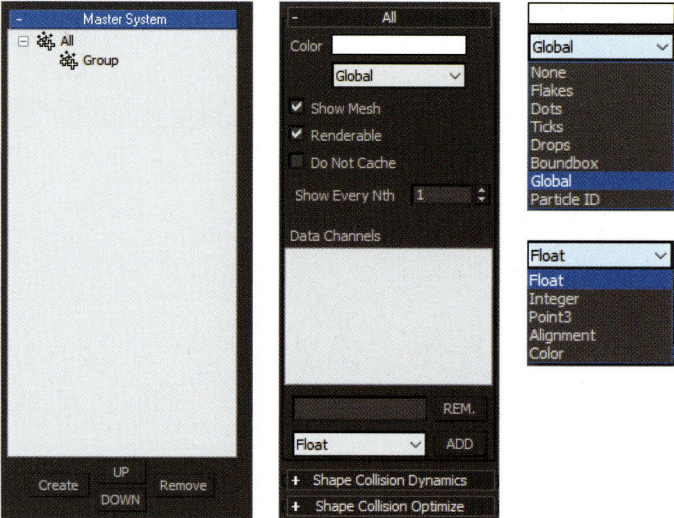

Master System의 Group을 선택하면 오른쪽 패널에 나타나는 메뉴들입니다.

1. **Color** : Group에 포함된 Particle의 색상을 지정할 수 있습니다.
2. **Drop Down 메뉴(Global)** : Viewport 상에 보여지는 Particle의 모양을 지정할 수 있습니다.

> 기본 Setting은 Global로 설정되며 Dots, Ticks 등 Particle의 모양을 나타내줍니다.

3. **Show Mesh** : 항목을 체크 할 경우, Particle에 Instance Shape(ex:오브젝트)이 지정되어 있다면, Viewport 상의 Particle 은 각각의 Instance Shape로 나타납니다.

> TP와 연결된 오브젝트를 Viewport 에 보여줄 것인지에 대한 체크 항목입니다. 체크가 해제되어 있다면 Drop Menu에서 지정한 모양으로 나타납니다.

4. **Renderable** : 항목을 체크하면 Rendering 할 때 Particle이 Rendering 됩니다.

> 체크 해제하면 이 그룹에 속한 Particle은 Rendering 되지 않습니다.

5. **Data Channels(Float)** : 아래 Drop Down 메뉴를 통해 데이터의 성질을 결정하며, ADD를 눌러주면 이 그룹 Node에 아웃풋을 생성합니다.

> 이번 설명에서는 다루지 않으며, 기본 Setting인 Float에서 변경하지 않겠습니다.

6. **Shape Collision Dynamics / Shape Collision Optimize**
이 그룹에 속한 Particle(or Instance Shape)의 충돌에 관한 수치를 지정할 수 있습니다.

> 뒤에 진행할 Simulation을 통해 부서지는 파편의 크기별 Group을 생성해서 탄성, 마찰에 대한 입력 값을 주는 부분입니다.

### 4 Master Dynamic

 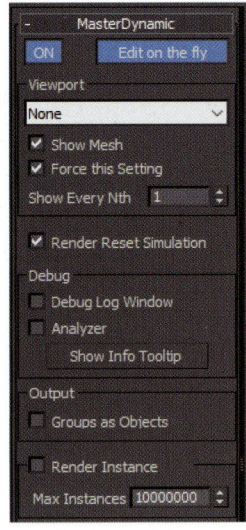 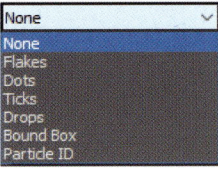

TP의 Properties 창 Master Dynamic 그룹을 선택할 때 오른쪽 패널에 나타나는 메뉴들입니다.

1. **ON** : Master Dynamic을 ON/OFF 시켜 줍니다.

> OFF 상태에서는 해당 Dynamic 셋의 Node는 Viewport 상에 나타나지 않습니다.

2. **Edit on the fly** : 활성화되었다면, Viewport 상의 Particle 상태가 즉각적으로 반영되지 않습니다.

> 반대로 비활성화는 Viewport 상에 즉각적으로 반영하게 됩니다. 즉, 상태 변화를 보기 위해서 애니메이션을 재생하지 않아도 현재 프레임에서의 결과가 즉시 나타납니다.

3. **Viewport Drop Down 메뉴** : Viewport 상에 보여지는 Particle의 모양을 정할 수 있습니다.
4. **Show Mesh** : 활성화되면 Particle이 Mesh(ex : 오브젝트 Shape) 형태로 보여집니다.

> 항목의 체크가 해제되어 있다면 Viewport Drop Menu에 정한 모양으로 나타납니다.

5. **Force this Setting** : 항목의 옵션이 체크되어 있다면, 모든 Particle 그룹들이 각 세팅과 상관없이 TP의 기본적인 세팅을 따르게 됩니다.
6. **Group as Object** : 항목을 체크하면, Master System에서 지정해 준 그룹별로 속해 있는 오브젝트를 생성할 수 있습니다.

> TP의 시뮬레이션 된 오브젝트를 FBX, Alembic 등 Cache를 가지고 있는 확장자의 오브젝트로 출력하지 않고 바로 적용할 수 있어 편리한 기능입니다. TP_Pgroup로 표시되며 시뮬레이션 된 오브젝트의 정보를 가지고 Fume FX와 연동해서 Fluid 시뮬레이션 작업 시 유용합니다.

## Thinking Particle을 이용한 건물 Destruction 세팅

이번 순서부터는, 앞에서 설명해드린 Properties의 기능들을 참고해서 건물의 오브젝트를 Thinking Particle에 적용하는 과정에 대해서 설명하겠습니다. 우선, Master System에서 시뮬레이션 단계별로 Group을 생성해준 후, '건물(Start, 위, 아래)'의 기본 형태 부분부터 작업해주겠습니다. 그리고 Dynamic Set에서 Node를 사용해서 건물이 부서지는 단계까지의 시뮬레이션 과정에 대해서 설명하겠습니다.

### 1 Master System에서의 Group 세팅

#### 1. Group 생성

3ds Max에서 Layer를 이용해서 오브젝트를 분류해주는 것처럼, 여기서는 Group으로 시뮬레이션의 분류를 설정하겠습니다. Create 버튼을 눌러서 Master System과 Dynamic 부분에 Group을 생성하고 아래와 같은 Group 이름을 지정해줍니다.

> 이름을 변경할 때 이름 위에 커서를 위치시키고, 마우스 왼 버튼을 2번 클릭해주면 원하는 이름으로 바꿀 수 있습니다.

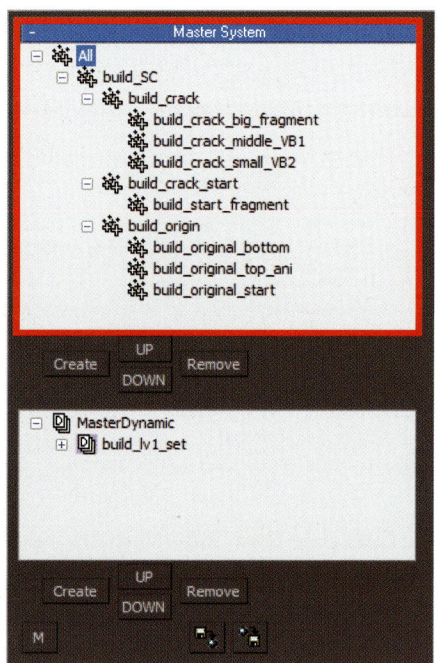

#### 2. Group 구조

① "build SC"

Master system의 구조 중 최상위로 모든 건물의 Group들을 포함하고 있습니다. "build _SC" Group으로 설정해 주었습니다.

> 시뮬레이션 시 전체에 영향을 주는 Group입니다. 뒤에 설명에서 SC 부분에 사용됩니다. SC는 건물이 붕괴될 때 충돌과 관련된 부분을 다루는 Node로 사용됩니다.

② build _SC – "build _original"

build _original의 Group은 오리지널 오브젝트를 TP에 넣어주는 공간으로, 앞에 RayFire를 통한 건물의 애니메이션 된 Top 부분과 아래 Bottom 그리고 Start 영역의 Group을 만들어 줍니다.

> build_original
>     build_original_start – 건물의 start 영역의 오브젝트 Group 입니다.
>     build_original_top_ani – 건물의 Animation Key를 가진 윗부분 영역의 오브젝트 Group 입니다.
>     build_original_bottom – 건물의 아랫부분 영역의 오브젝트 Group 입니다.

여기서부터 설명할 Group들부터는 'crack'이라는 용어를 붙여, 시뮬레이션을 진행한 정보를 전달해주는 공간으로 설정해주 겠습니다. 즉, TP를 통해 불러온 건물의 오브젝트들을 original Group으로 지정해준 후, original Group들을 TP의 부서지게 하는 Simulation Node들을 연결시켜서 "오브젝트 분리 – 1차 crack – 2차 crack" 등 순차적인 Simulation의 연출을 위해 단계별 Group을 설정해주는 공간입니다.

③ build _SC – "build _crack _Start"

build_crack_start 영역은 건물의 위, 아랫부분의 Group에 같이 포함시켜주지 않습니다. 그 이유는 디자인적으로는 건물의 겉 부분의 작은 파편 덩어리들 위주로 분류했기 때문에 따로 1차 – 2차 crack 작업이 필요하지 않기 때문이고, 기능적으로는 1f – 80f까지만 분리(fragment) 작업이 이루어지고, 80f 이후로는 건물의 위, 아래의 crack 작업의 Simulation만 진행시켜 효율성을 높이기 위해서입니다.

> **Tip** build_original_start
>
>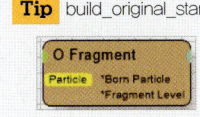
>     build_crack_start – start의 Group 별 분류를 위한 상위 구조
>     build_start_fragment – 건물 오브젝트를 Attach 해준 부분들을 TP의 Node 중 "O Fragment"를 사용하여 분리 작업을 해
>         준 결과들이 저장되는 영역입니다.

④ build _SC – "build _crack"

build_crack의 Group은 건물의 위, 아래 부분을 '오브젝트 분리 – 1차 crack – 2차 crack' 즉, 파편을 big, middle, small 등 단계별 파괴 Simulation 작업을 진행시키기 위한 상위 Group으로 가장 많은 파편 오브젝트들을 처리해주는 중요한 영역입니다.

> **Tip** build_original_top_ani
>     build_original_bottom
>         build_crack
>
>

## 2 Master Dynamic에서 세팅

이번 순서에서는 앞에서 설명한 Master System에서 생성한 Group들과 TP의 Node 들을 생성하고 연결시켜 실제 시뮬레이션 결과물들을 만드는 방법을 설명하겠습니다. 지금부터 Master Dynamic에서의 몇 가지 기능들에 대해서 알아보겠습니다.

### 1. Master Dynamic에 Set 생성

Master Dynamic을 선택한 후 Create를 눌러서 하위에 새로운 Set을 생성합니다.

> Master Dynamic에 마우스 우클릭하면 해당 영역은 모두 비활성화됩니다.

### 2. Master Dynamic

: 마우스를 우클릭하면 몇 가지 기능들이 나옵니다.

① Cache Play : TP에서 시뮬레이션 된 Cache를 Play 해줍니다.
② Cache Record : TP에서 해당 Dynamic Set의 시뮬레이션 Cache 작업을 해줍니다.
③ Cache Unset : TP에서 Record 되어 연결된 cache 파일을 연결 해제합니다.
④ Set Cache Filename : Cache 폴더 및 파일을 변경해줄 수 있습니다.
⑤ : Merge in thinking Particle System.
⑥ : TP의 작업내용들을 Save / Load 해줄 수 있습니다.

## 3 Dynamic set에서 Node 세팅

지금부터 건물 오브젝트를 TP에서 불러오기 위해 Master Dynamic Set에서 Node를 생성해주겠습니다.
우선, "O objToParticle" Node를 키보드의 [Tap] 키로 검색해서 생성해줍니다. 오브젝트를 TP의 Particle로 변환해주는 Node 입니다. 이어서 Node에 대해서 간략히 설명하겠습니다.

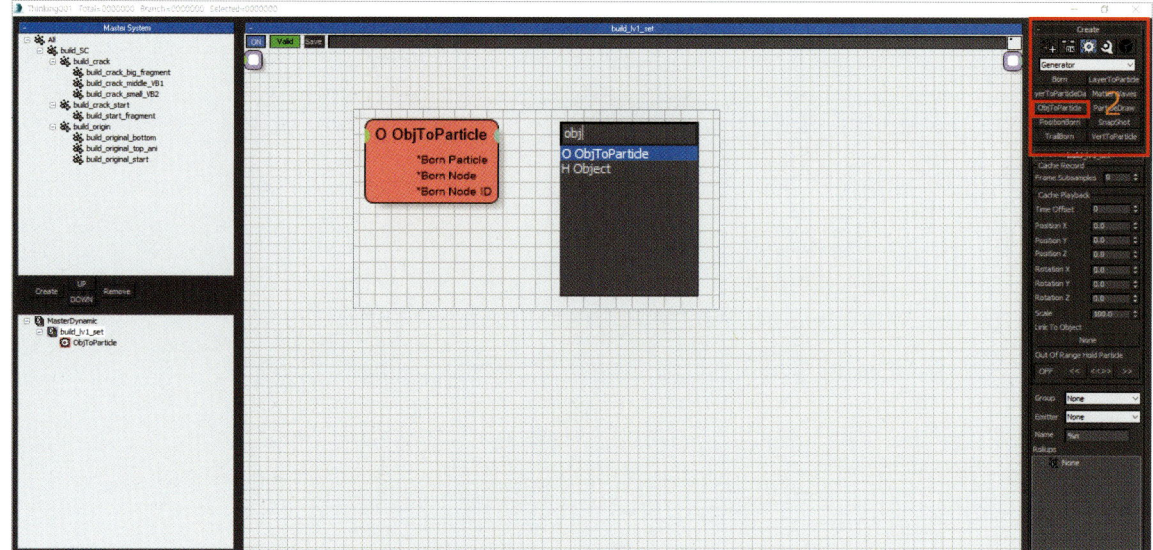

## 1. ObjToParticle 생성

(Operators – Generator – ObjToParticle)

Obj To Particle Node는 오브젝트를 Particle로 변환하여 사용하는 방식입니다.

① Pick : 오브젝트를 선택하면 오브젝트의 Gizmo 위치에 Particle이 생성됩니다.

> 여러 개의 오브젝트를 등록할 수 있습니다.

② Up/Down : 리스트에서 항목의 순서를 바꿔 줍니다.
③ Rem. : 리스트에서 선택된 항목을 제거합니다.

> 한꺼번에 여러 개의 오브젝트를 등록할 경우 하나씩 Pick 할 필요 없이, 단축키 [H] 버튼을 누르고 Select From Scene 창을 통해 오브젝트를 선택한 후 등록해줍니다.

④ Group : Pick으로 선택된 오브젝트를 Particle로 전환해준 후 이 동시킬 Master System의 Group으로 연결시켜 줍니다.
⑤ Rem. : 리스트에서 선택된 항목을 제거합니다.

⑥ Track : 트랙은 총 4가지로 구성되어 있습니다.
- None : Particle이 생성될 때 원본의 형태를 그대로 가져오지만, 생성된 이후 원본의 애니메이션 Key 값에 영향을 받지 않습니다.
- ObjToParticle : Particle이 시간이 지남에 따라 원본 오브젝트의 애니메이션에 영향을 받고, 원본 오브젝트의 위치 값을 따라 이동합니다. (애니메이션 재생)
- Particle To Object : Particle이 원본 오브젝트의 애니메이션을 영향을 받아 동일한 Shape을 가지게 되고, 원본 오브젝트는 애니메이션 키가 잡혀 있더라도 Particle의 포지션을 따라 다닙니다.
- Initial Velocity : 생성될 당시의 원본 오브젝트의 애니메이션 값을 그대로 상속합니다. 생성 이후의 프레임에서는 원본의 영향을 받지 않습니다.

⑦ Instance Shape : 생성된 Particle에 등록한 오브젝트의 Shape을 적용합니다. 체크가 비활성화되어 있다면 Particle은 TP의 기본설정을 따릅니다.
⑧ Use Sub tree : 등록된 오브젝트의 하위 항목의 사용유무입니다.
⑨ Hide : Pick된 오브젝트 원본을 Viewport 상에서 숨겨줍니다.
⑩ Change Affect All : 버튼을 누르면 Node 안에 선택된 항목에 대한 변경 사항을 반영합니다.

위의 설명들을 참고해서 건물의 Start, 위(Top), 아래(Bottom) 세 가지 영역의 O objToParticle을 생성해서 아래 그림과 같이 설정해줍니다. 그리고 Particle로 전환된 오브젝트들을 각각의 이름의 Group으로 선택해주면 됩니다.

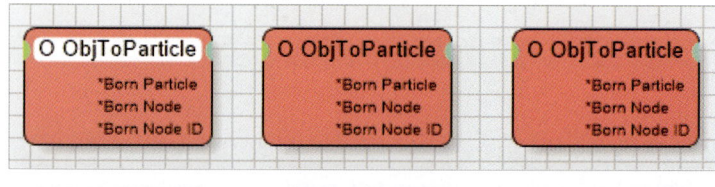

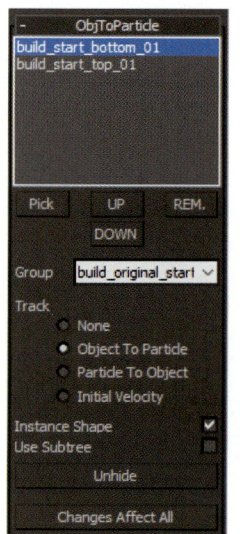 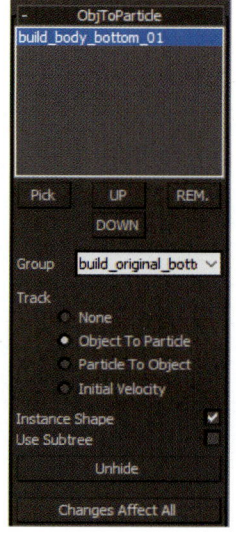 

## 2. O Group 생성

ObjToParticle에서 각각 연결시켜준 Original Group의 Node를 클릭해서 Set에 생성해줍니다.(Group Node는 보라색)

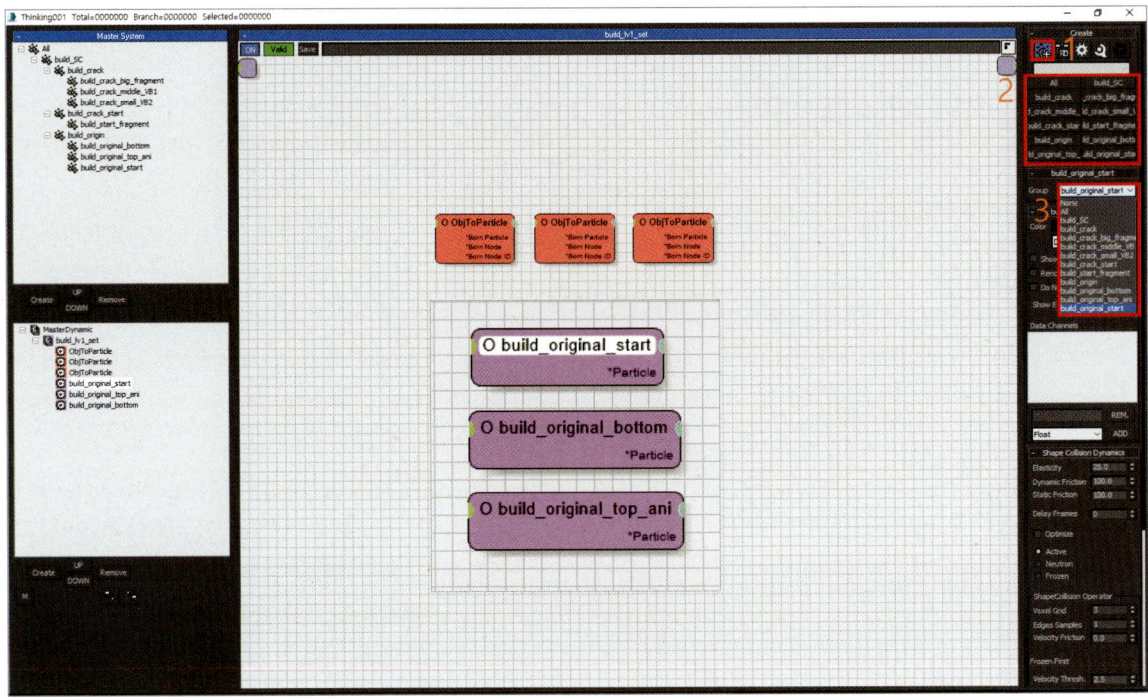

## 3. O Fragment 생성  (Operators – Fragmenter – O Fragment)

① 먼저 O Fragment의 Node를 생성해준 후 각각의 Original 건물 Group Node에 Particle을 O Fragment의 Particle Node에 연결해줍니다. 다음으로 각 Node의 속성에 따른 입력값에 대해서 알아보겠습니다.

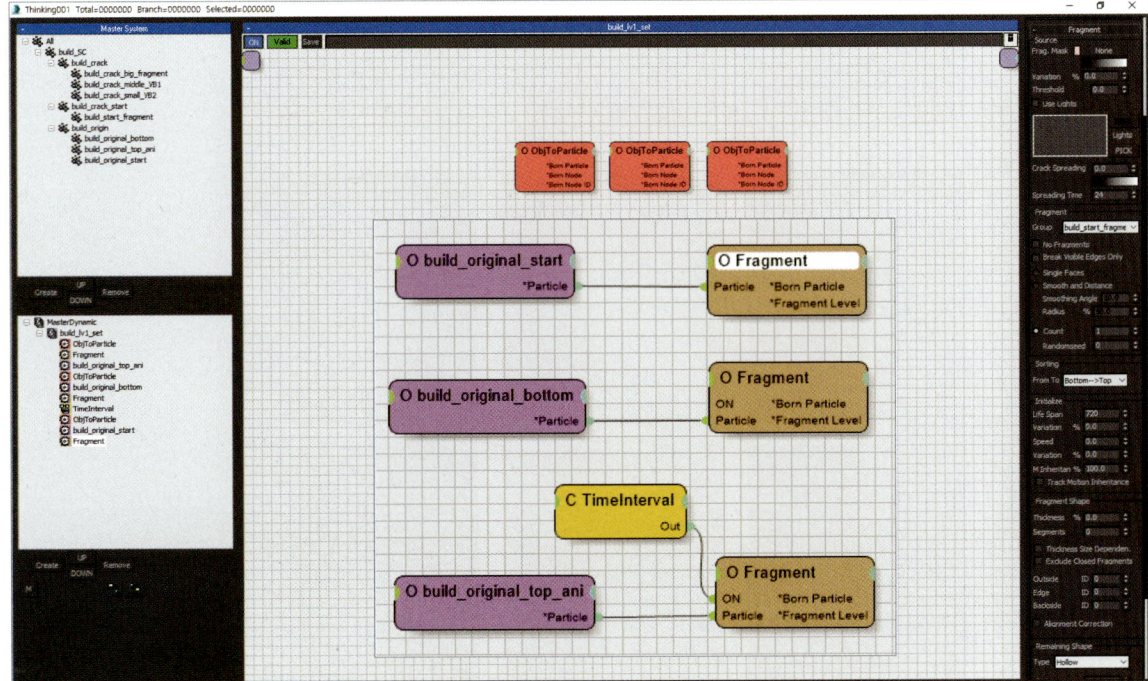

O Fragment Node는 앞서 RayFire를 통해 Fragment 한 후 Attach 한 오브젝트들을 각각의 개별 오브젝트로 다시 분리시켜 주는 작업에 이용됩니다. 여기서부터는 Type 별로 시뮬레이션 세팅을 다르게 설정해줍니다.

오브젝트 분리시에는 O Fragment에서 3ds Max의 Light를 이용합니다.

(Original Start)

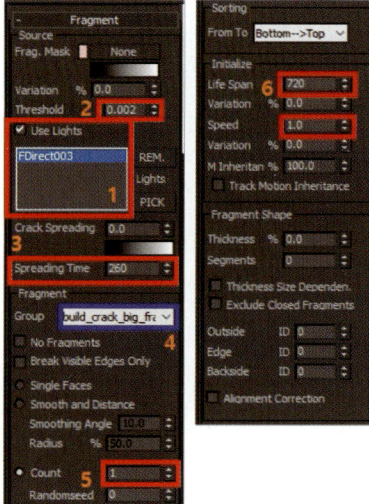
(Original Bottom)

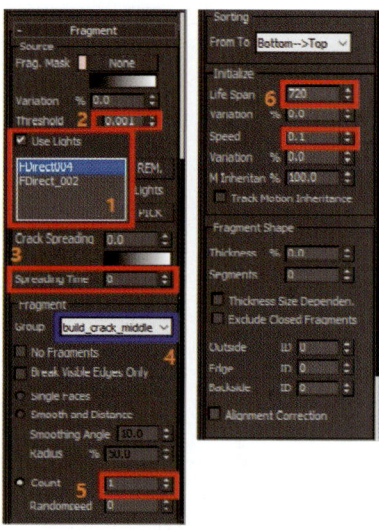
(Original Top)

② O Fragment의 Type에 따른 세팅 값

**Fragment (Source).**

1. [Use Light]
Start : 뒤에 C Light Node를 통해 영역을 잡아주겠습니다.
Bottom : 건물 아랫 부분을 Light로 Fragment 영역 설정을 해 줍니다.
Top : 건물 윗부분을 Light로 Fragment 영역 설정을 해줍니다.

적용 받는 Light의 수치 범위가 크지 않습니다.

2. Threshold : 0(블랙)과 1(흰색)의 값. 지정된 수치 범위에 도달 시 흰색 부분 조각의 영역이 먼저 분리가 진행됩니다.

3. Spreading Time : Light를 통해 지정된 반경에 도달할 때까지, 영역을 완전히 포함하는데 걸리는 시간을 지정하는 부분입니다.

**Fragment (Fragment).**

4. [Group]
Start : start _Fragment 그룹으로 이동시켜 줍니다.
Bottom : 순차적 1차 crack 작업을 위해 crack _big _fragment 그룹으로 이동시켜 줍니다.
Top : 작은 Sized의 crack 작업을 위해 crack_middle_VB1 그룹으로 이동시켜 줍니다.

big – middle – small 순으로 Crack 작업을 해줍니다.

5. Count : 해당 오브젝트 Particle을 몇 개 생성할지 결정합니다. (조각 수 설정) 만약 1 이상일 경우, 같은 영역에서 여러 번 오브젝트가 나오게 될 것입니다.

6. Fragment (Initialize).
Life Span : Fragment 연산자의 입자 수명을 설정합니다.
Speed : Fragment 연산자의 입자 속도를 설정합니다.

3ds Max 상의 Light를 이용해서 건물이 부서지는 영역을 설정해보겠습니다. Light 영역을 확인하면서 보면 좀 더 쉽게 이해 될 것입니다.

③ Create Light

3ds Max 상에서 기본 Light 인 [Command Panel – Create – Lights – Standard – Target Direct] Target Direct 만들어 줍니다. 생성된 Light는 건물의 영역을 설정하는 역할이므로 Box 형태인 Directional로 변경해줍니다.

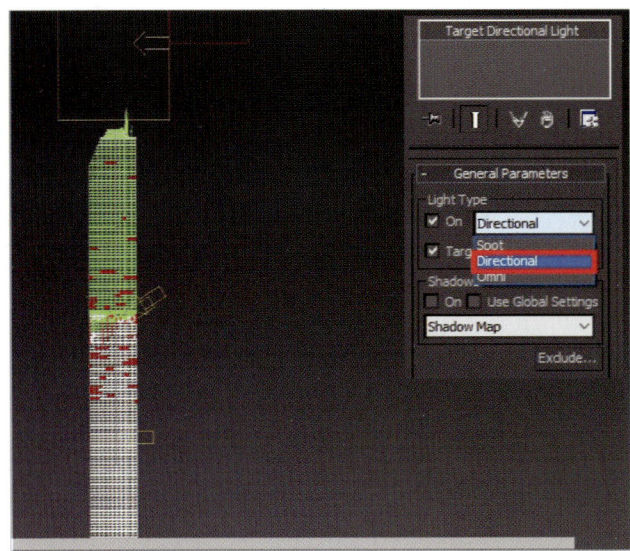

그리고 Start 1 f에서 Viewport를 보면서 건물을 포함하는 정도의 크기로 조절해줍니다.

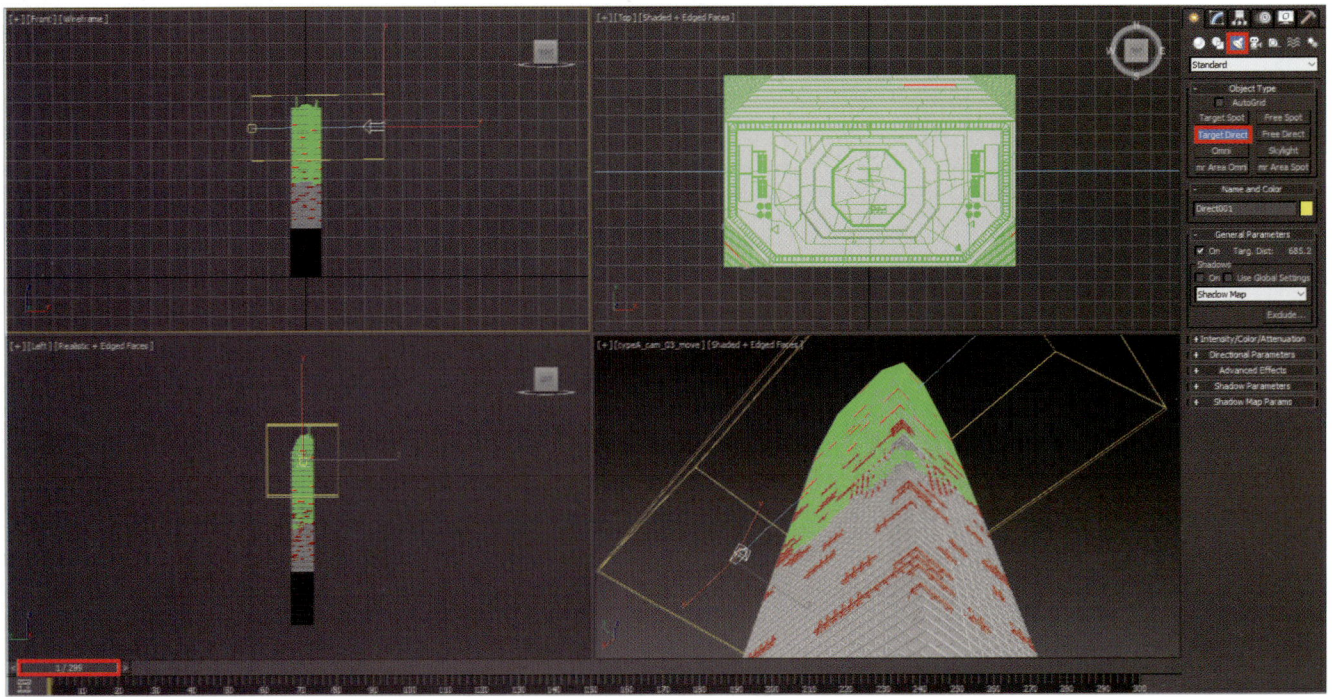

## Create Light (Start 영역설정)

아래의 이미지에서 Red를 띄고 있는 부분들이 Start의 영역입니다. 대체로 건물의 전체 외곽 영역을 포함하고 있습니다. 그러므로 Start 영역의 crack 작업을 위해서 건물의 가장 윗부분부터 아랫부분까지 천천히 무너지는 연출을 위해 Light Animation Key를 설정해주도록 하겠습니다.

첫 프레임 (1f)에서는 건물의 가장 윗부분보다 위에서부터 내려오도록 설정해줍니다.

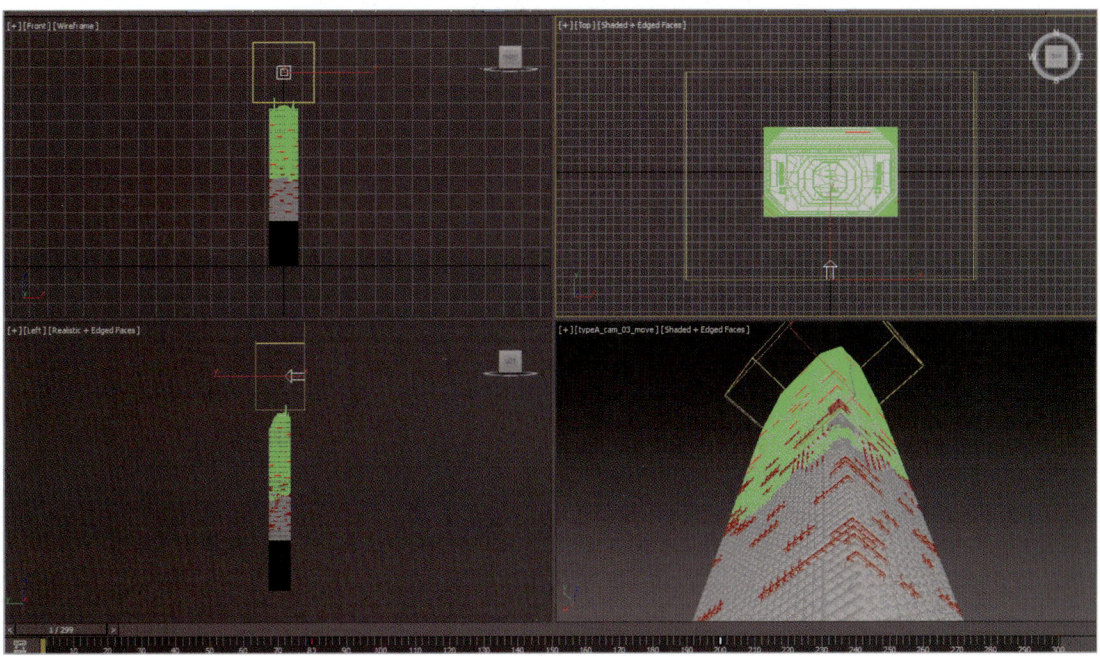

마지막 프레임 (300 f)에는 건물의 제일 아랫부분까지 Animation Key를 설정해줍니다. 그리고 중간 구간인 80f - 200f까지는 건물의 위아래가 나누어 기울어지는 구간이므로 건물의 윗부분이 기울어지는 타이밍에 맞춰 천천히 내려가도록 구간을 따로 설정해줍니다.

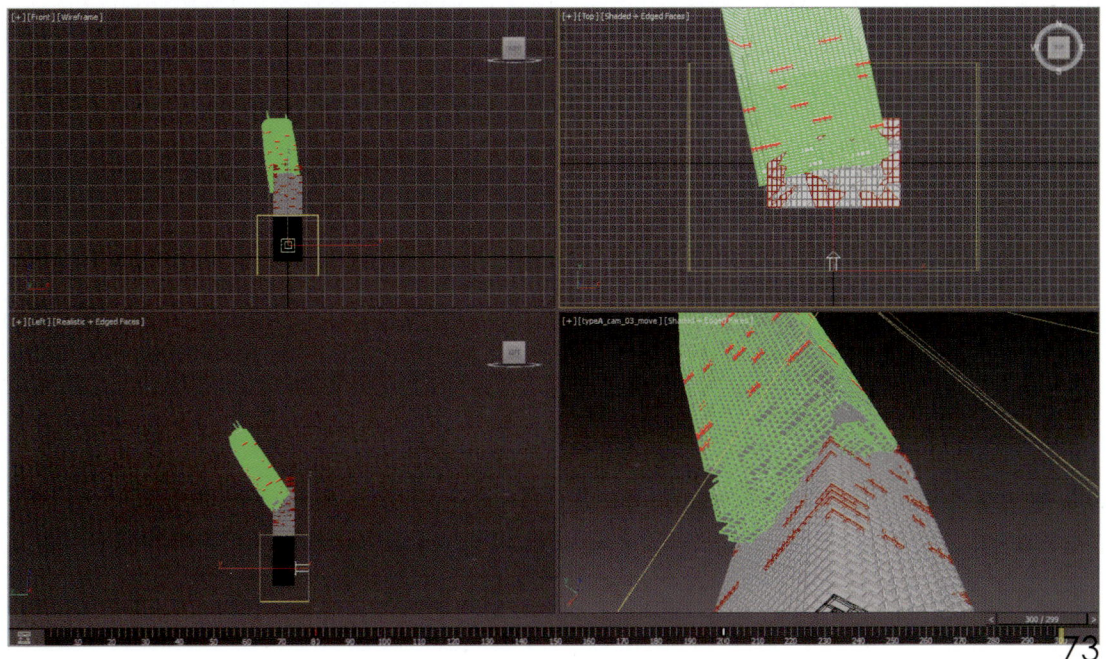

### Create Light (Bottom 영역설정)

건물이 기울어지면서 무너질 때, 위를 받치고 있는 아랫부분의 경계면을 기준으로 건물의 Bottom 부분의 부서지는 연출을 위해서 Light 영역의 Animation Key 설정을 해주겠습니다.(이때 연출적으로 건물 아랫부분의 오브젝트를 위를 받치는 힘 때문에 밑으로 내려가는 듯한 Animation Key를 설정해준다면 좀 더 무너지는 느낌을 줄 수 있을 것입니다.)

첫 프레임 (1f)에서는 건물 경계면의 위치에 Light를 이동시켜 줍니다.

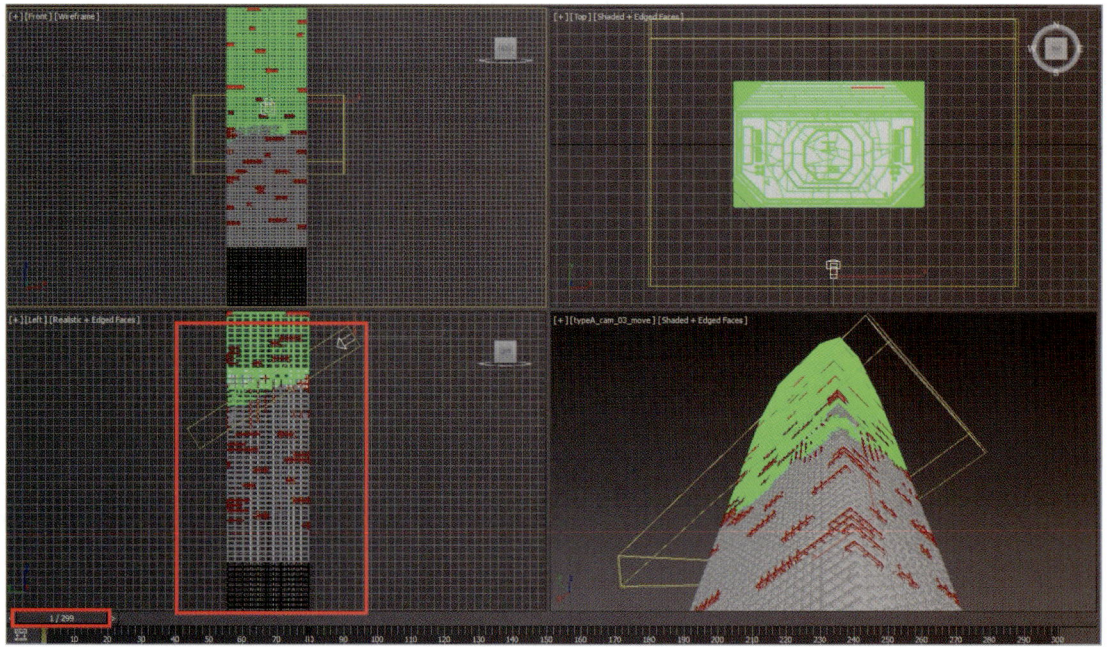

마지막 프레임 (300f)에는 건물의 윗부분이 기울어지는 타이밍에 맞춰서 경계면을 기준으로 천천히 아래로 내려가게 Light 의 Animation Key를 설정해줍니다.

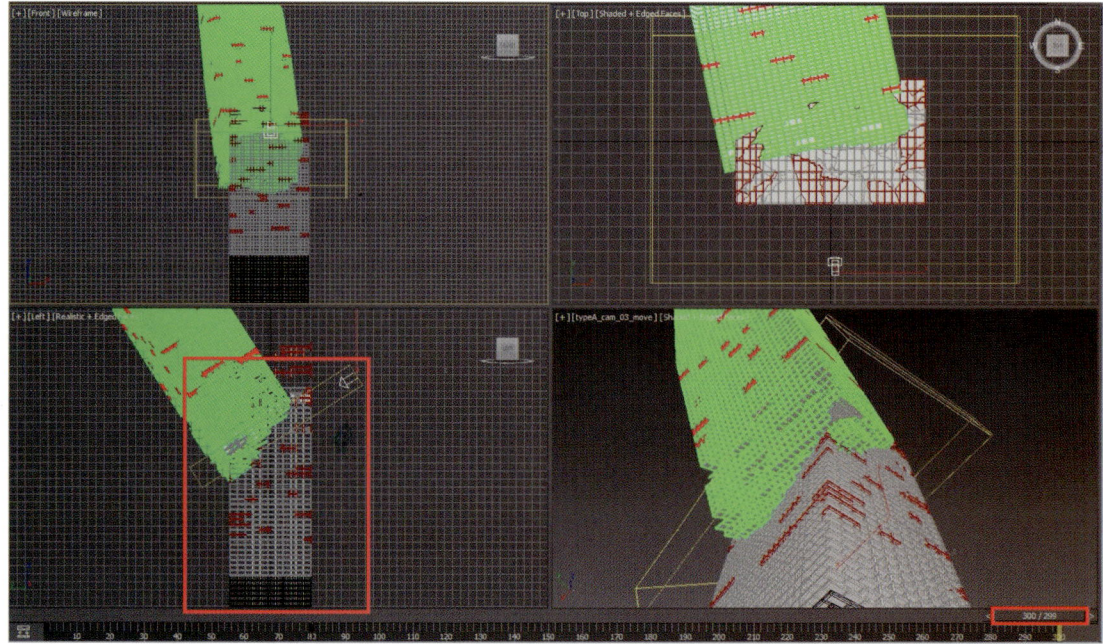

## Create Light (Top 영역설정)

건물이 기울어지면서 무너질 때, 경계면을 기준으로 부서지며 기울어지는 건물 Top 부분의 부서지는 연출을 위해서 Light 영역의 Animation Key 설정을 해주겠습니다.

첫 프레임 (1f)에서는 건물 경계면의 위치에 Light를 이동시켜 줍니다.

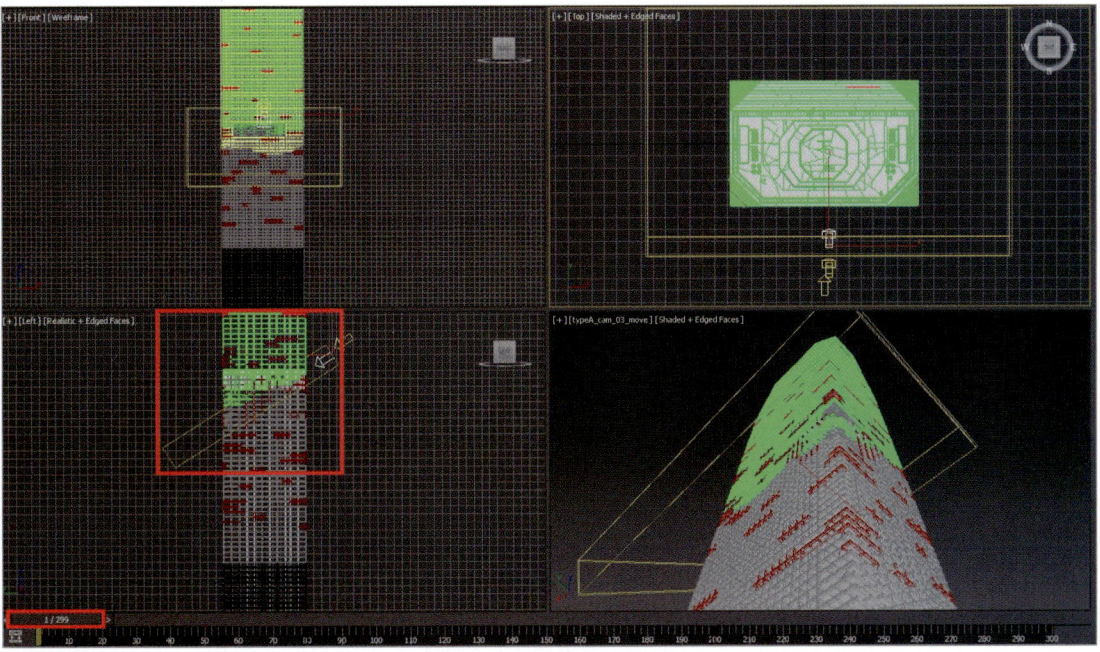

마지막 프레임 (300f)에는 건물의 윗부분이 기울어지는 타이밍에 맞춰서 경계면을 기준으로 천천히 위로 올라가게 Light의 Animation Key를 설정해줍니다.

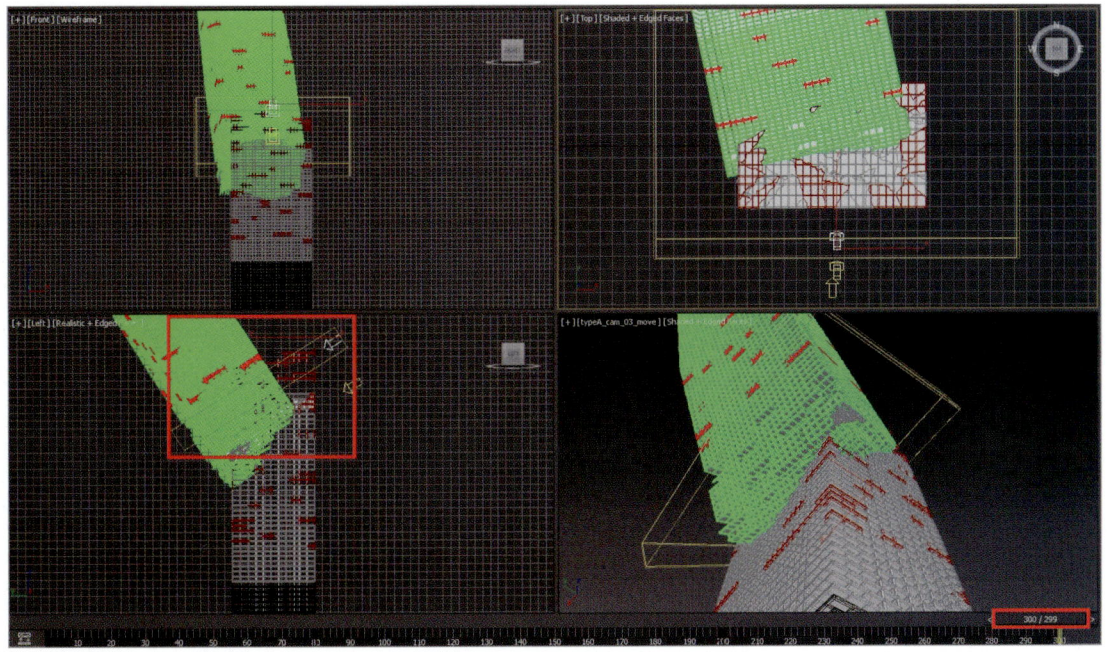

Create Light (Top 추가 영역 설정)
건물의 윗부분이 기울어지면서 무너질 때, 포함되지 않은 영역 및 해당 영역에 들어오면 부서지는 설정을 위해서 추가로 움직이지 않는 Light 영역을 설정해주겠습니다.

건물 아랫부분에 영역에 Light를 하나 생성해줍니다.

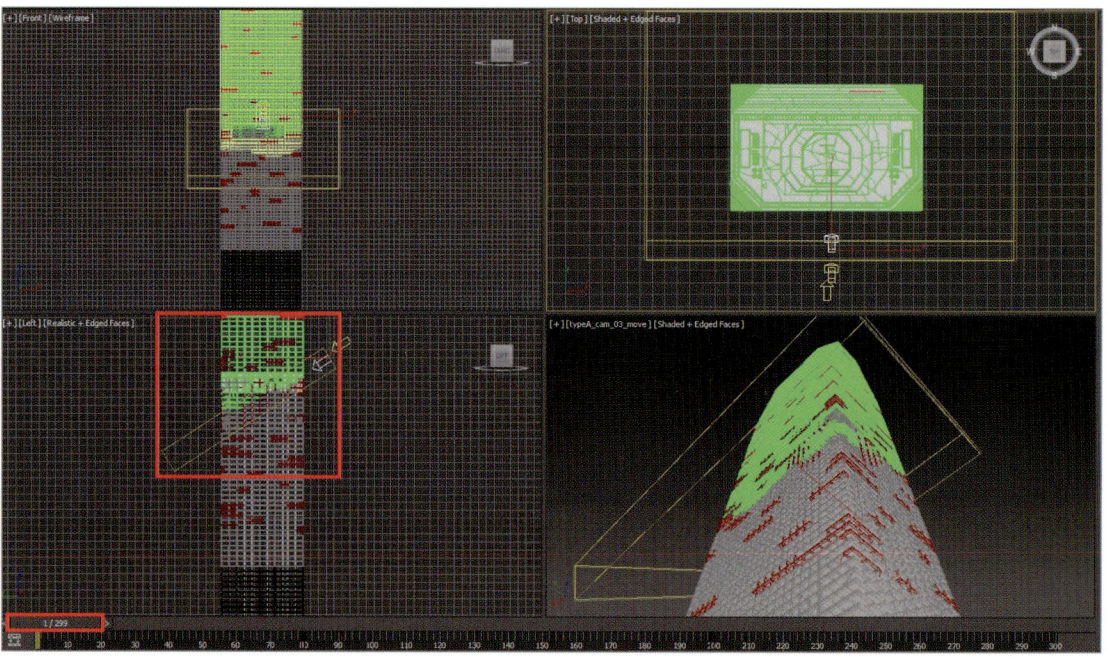

이번에는 Light의 Animation Key를 설정해주지 않습니다. (고정된 Light 영역)

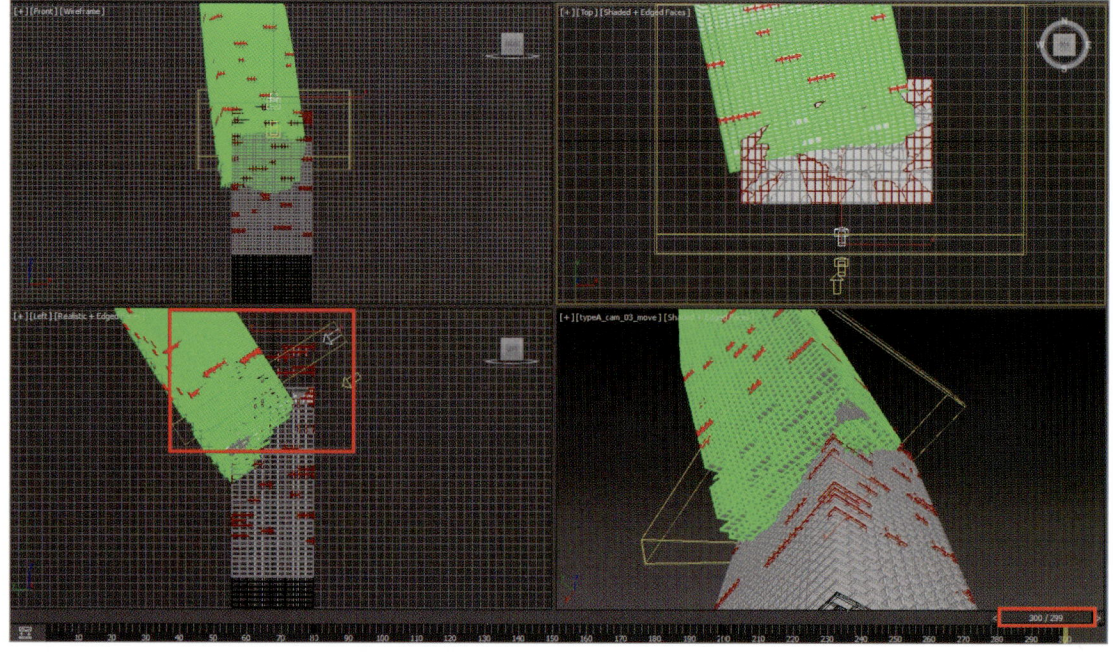

지금까지 Light를 사용해서 영역을 생성해주고 O Fragment의 Node를 연결시켜주는 작업 과정을 실행해주었습니다.
이때 건물의 윗부분(Top)은 기울어지기 시작하는 시작 프레임(80f)부터 작업을 수행하기 위해서 추가 명령을 설정해줍니다.

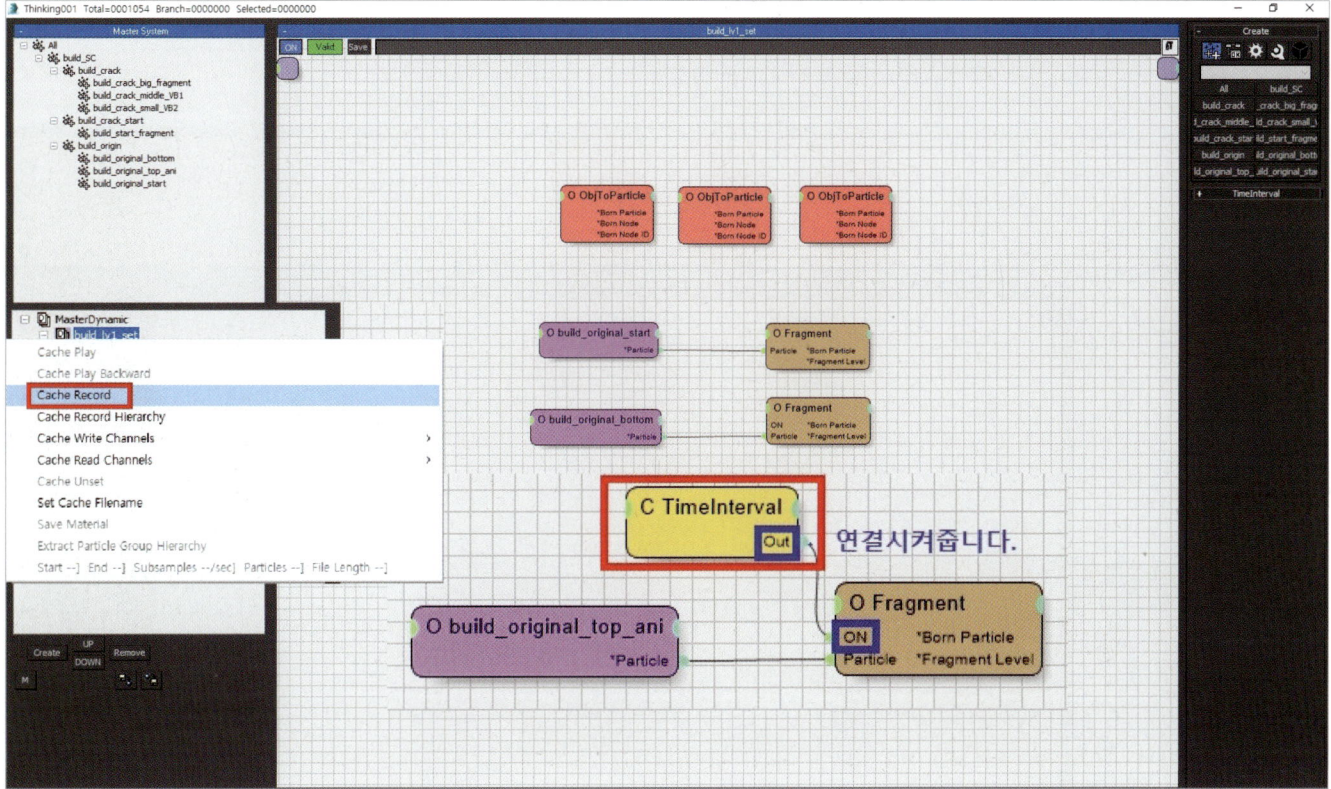

④ Time Interval

어떤 일이 발생할 수 있는 시간의 범위를 정의하는 데 사용됩니다.

Time Interval의 Out을 O Fragment Node의 On에 연결시켜 명령을 수행합니다.

- Start : 시작 프레임 (80f)
- End : 마지막 프레임 (300f)

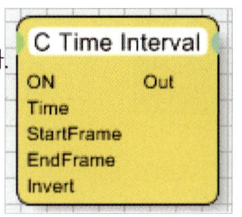

(Conditions - Standard - Time Interval)

[Master Dynamic - Cache Record] Simulation Cache
현재까지 진행된 과정을 Master Dynamic의 Dynamic Set에서 Cache Record를 사용해서 Cache 작업을 해보겠습니다.
아직까지는 SC Node를 적용시켜 서로 간의 반응이나, 중력 등을 설정해주지 않아서 분리되는 현상만 확인할 수 있을 것입니다. 지금 단계에서는 타이밍에 맞춰 Light의 영역을 적용하는 데까지만 간단히 확인하면 됩니다.

### 4. O Volume Break

(Operators – Volume Breaker – Volume Break)

Volume Break은 TP 기능 중 하나로, Particle을 통해 전달된 오브젝트의 정보를 바탕으로 오브젝트를 부수는 Break 연산 작업을 해주는 Node 입니다. 현재까지 건물 오브젝트를 Light 영역에 따라 O Fragment Node에 적용시켜 주었습니다.

> O Volume Break은 파편이 분리되어 나누어지는 형태가 디테일하진 못합니다. 하지만 단면이 단순하고 가벼워서 파편이 많이 생성되는 대규모 작업에 유용합니다.

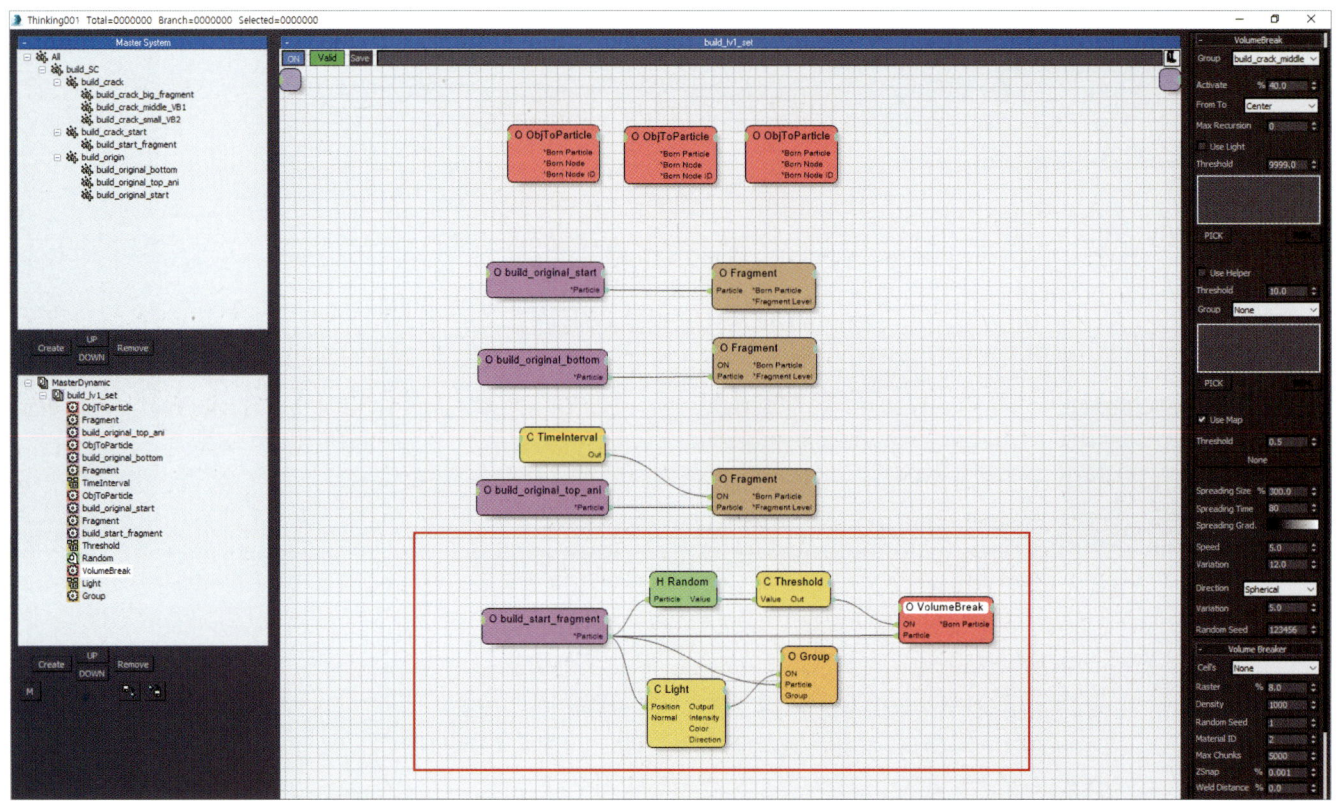

Master System의 Group 간의 이동은 각각의 건물의 original Group에서 각각의 fragment Group으로 이동되었습니다.

① O build start fragment - O VolumeBreak

O Volume Break의 Node를 연결해주기 위해 우선 start Fragment Group Node를 Set 화면에 생성해주도록 하겠습니다. 이때 중간 과정에 함께 사용되는 Node의 설명도 같이하겠습니다.

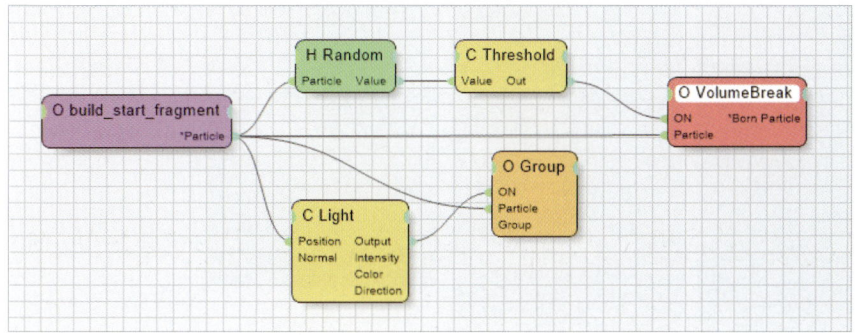

O VolumeBreak ( TP Node 설명 )
(Operators - Volume Breaker - Volume Break)

O VolumeBreak 연산자는 VolumeBreaker를 기반으로 하는 볼륨 지오메트리 분할 도구로, 모든 메쉬 내의 하위 지오메트리를 즉시 생성합니다. VolumeBreaker는 거의 모든 mesh에 적용될 수 있습니다. 열린 모서리와 같은 메쉬 내의 모든 오류 또한 보완하려고 합니다. 생성된 하위 지오메트리는 가능한 모든 연산자에 의해 TP 내에서 액세스 가능한 개별 조각 입자로 출력됩니다. (위 Node는 VFX 아티스트와 협의하여 요구 사항을 충족시키기 위해 개발되었습니다.

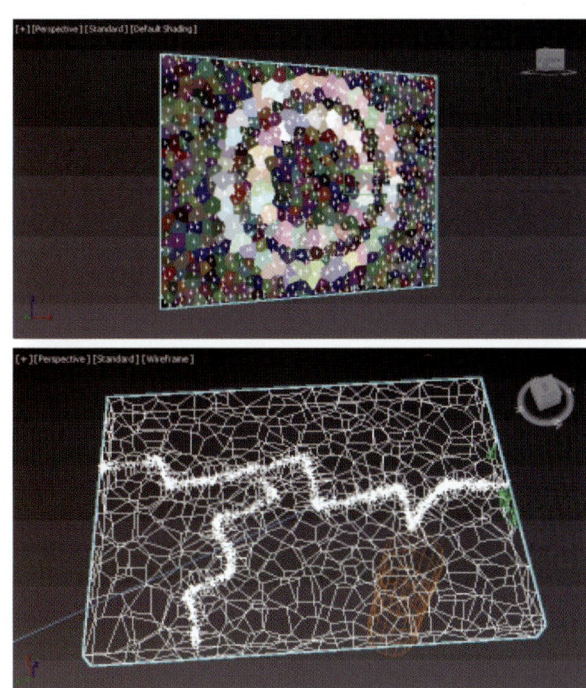

O Volume Break (입력 값)

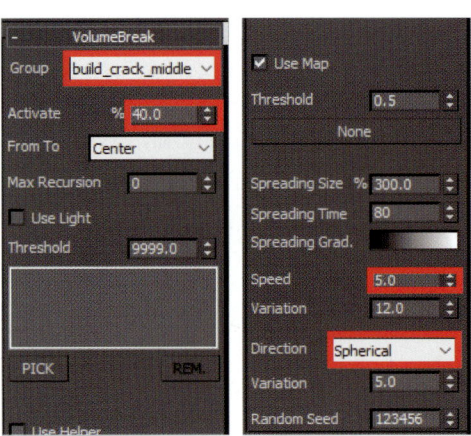

[Group]
Activate : 40%만이 Crack _middle 그룹으로 넘어갑니다.

[Spreading]
Spreading Size : 반경에 영향을 주는 요소로, 점진적인 파괴 효과가 생성됩니다.

> 시간에 따라 크기가 증가하며, Time에 따라 제어됩니다.

Spreading Time : 반경이 커져가는 시간에 대한 부분입니다.

> 3ds Max 상의 Frame 단위입니다.

Speed : 조각이 분리된 후 일정한 속도를 가지게 됩니다.

> Variation으로 변동값을 주어서 속도의 차이가 커집니다.

Direction : Spherical 방향으로 조각이 벗어나는 방향을 정의합니다.

> X, Y, Z 축 등 그 밖의 선택 할 수 있는 몇 가지 옵션이 더 있습니다.

[Cell]
Rater : Cell의 크기를 제어, 값이 적을수록 더 작고 많은 분리된 오브젝트를 생성해 줍니다.

> 낮게 % 설정하기 전 5~10% 범위로 Test를 하는 것이 좋습니다.
> 계산 시간이 오래 걸릴 수 있음을 주의하세요.

Density : Raster 크기로 정의된 중심을 기준으로 배치되는 셀 수를 제어합니다. 이것은 생성된 셀의 크기와 분포를 변경합니다.

Material ID : Volume Break에 의해 생성된 모든 내부 면의 재질 ID를 2번으로 설정해 줍니다

> 앞 재질 부분에서 'Multi/Sub Object'에서 Red 부분을 ID 2번으로 지정해주었습니다.

Max Chunks : 생성될 최대 Cell 수를 정의합니다. 조밀한 오브젝트를 생성할 때 오랜 계산 시간을 피하기에 유용합니다.

## O build start fragment - O VolumeBreak (추가 TP Node 설명)

**C Light** (Condition - Standard - Light).

Light condition은 3ds Max 있는 Light로부터 빛을 받으면 True(참) Output(아웃풋)을 생성합니다.

Threshold : 연산자가 True Output 조건을 생성할 수 있는 illumination level을 설정할 수 있습니다. Particle을 Light로부터 더욱 혹은 덜 민감하게(sensitive) 만들 수 있습니다.

**O Group** (Operators - Standard - Group)

Group 연산자는 Particle을 하나의 그룹에서 다른 그룹으로 변경하거나 전송할 수 있게 합니다.

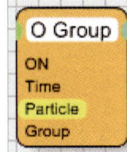 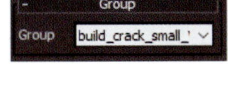

**H Random** (Helper - Math - Random)

Random Helper는 사용할 랜덤 숫자 값을 생성합니다. Particle 인풋, 데이터와 함께 랜덤 값은 이 인풋에 연결한 각각의 단일 Particle에 고유한 값을 주게 합니다.

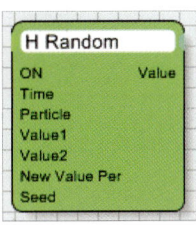 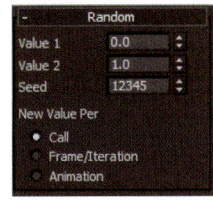

Value1 : Helper에서 생성할 수 있는 최소 랜덤 숫자를 설정합니다.
Value2 : Helper에서 생성할 수 있는 최대 랜덤 숫자를 설정합니다.
Speed : 랜덤 숫자에 사용되는 seed 값을 설정합니다.
Call : 이 연산자에 Call 할 때마다 새로운 랜덤 값을 생성합니다.

**C Threshold** (Condition - Standard - Threshold)

Threshold는 TP에서 가장 다용도로 사용되는 Condition Node 중 하나입니다. 보통 입력되는 값이 규칙으로 만들어진 값의 범위에 도달해야 값이 참이 되도록 하는 데 사용됩니다.

(threshold1): 범위 의 낮은 부분으로 사용됩니다. (threshold2): 범위의 높은 부분으로 사용됩니다. Inside - 이 옵션이 체크되면, 값의 범위가 Threshold 1과 Threshold 2 설정 사이에 놓여 있어 참(True) 조건을 생성하게 됩니다

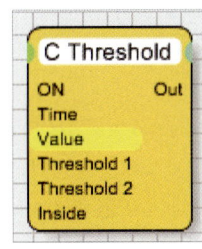 

---

### 간단정리

build_start _fragment에서 H Random - C threshold 통해 일정 %의 Particle 오브젝트들이 O VolumeBreak으로 전달되어 볼륨브레이크가 발생하고, build_crack_middle_VB1의 Group으로 넘어갑니다. 또한 C Light의 지정된 Threshold % 값에 영향을 받는 Particle 오브젝트들은 O Group으로 보내지게 됩니다. 이렇게 C Light를 통해 보내진 오브젝트들은 build_crack_small_VB2의 Group으로 넘어갑니다.

② O build fragment (건물 아랫부분) - O VolumeBreak

build_bottom_original - build_crack_big_fragment의 Group으로 이동되었습니다. 이번에는 start 영역과는 다르게 O Fragment에 O VolumeBreak를 연결시켜 주도록 하겠습니다.

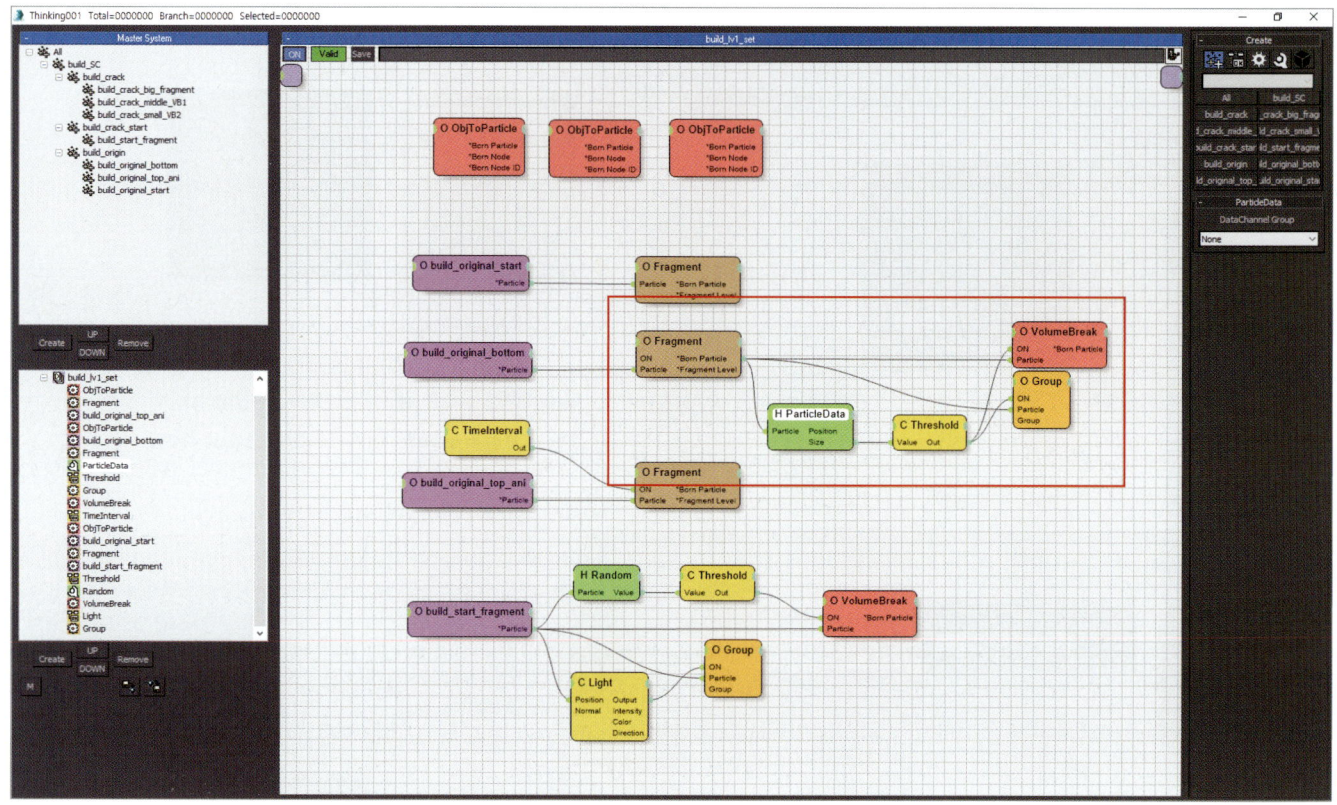

O VolumeBreak (입력 값)

bottom fragment - (build_crack_big_fragment - build crack middle VB1)

기능적인 부분은 앞에서 대부분 설명했으니 생략합니다. 다만, Activate 항목을 보시면 100% 모두 build_crack_middle_VB1 의 Group으로 넘어갑니다. 또한 Spreading Size를 0으로 따로 설정해주지 않습니다. Speed 역시 0이니 VolumeBreak가 진행될 때 어떠한 움직임 없이 전부 crack_middle 그룹으로 전달했다고 보면 됩니다.

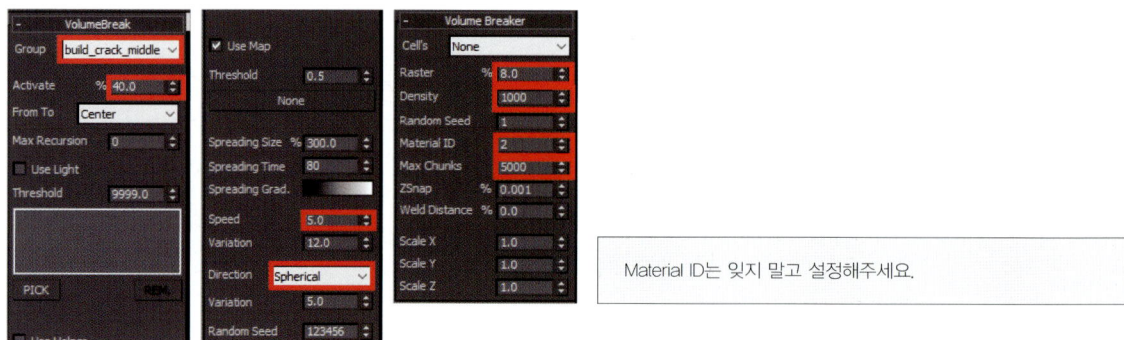

bottom fragment - O VolumeBreak (추가 TP Node 설명)

현재 선택된 Particle 그룹이 가진 많은 데이터들을 가져오기 위해 사용됩니다. 그리고 이 정보는 다른 연산자들이나 조건들로 전달됩니다.

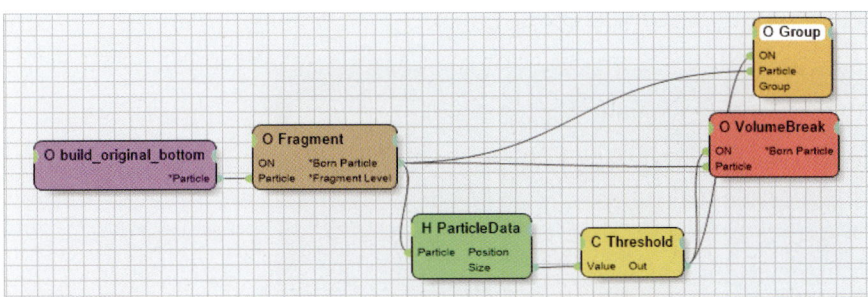

### 간단정리

build_bottom_fragment에서 H Particle Data – C threshold를 통해서 이번에는 일정 %가 아닌 Size의 Threshold 값으로, 임의의 35 ~ 999사이의 Particle은 VolumeBreak로 넘어가서 볼륨브레이크가 발생하고 영향을 받은 Particle 오브젝트들은 build_crack_middle_VB1의 Group으로 넘어갑니다.

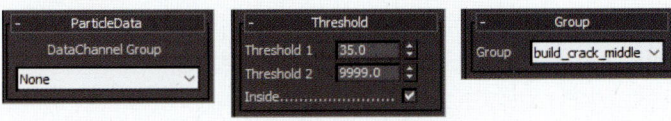

③ middle VB1 (1차 crack) – O VolumeBreak

앞서 start 영역과 Bottom 영역의 VolumeBreak된 파편들을 build_crack_middle_VB1의 Group으로 전달되었습니다.
다만, build_original_top_ani (건물 윗부분)의 VolumeBreak 구간이 따로 없는 이유는 O Fragment에서 곧바로 middle VB1 구간으로 보내주었기 때문입니다. 이번에는 앞서 설명해 드린 파면을 %를 통해서 분류하는 방법과 Size를 비교해서 분류하는 방법을 H AND라는 Node를 함께 사용해서 VolumeBreak 작업을 해주는 2차 Crack 작업을 해보겠습니다.

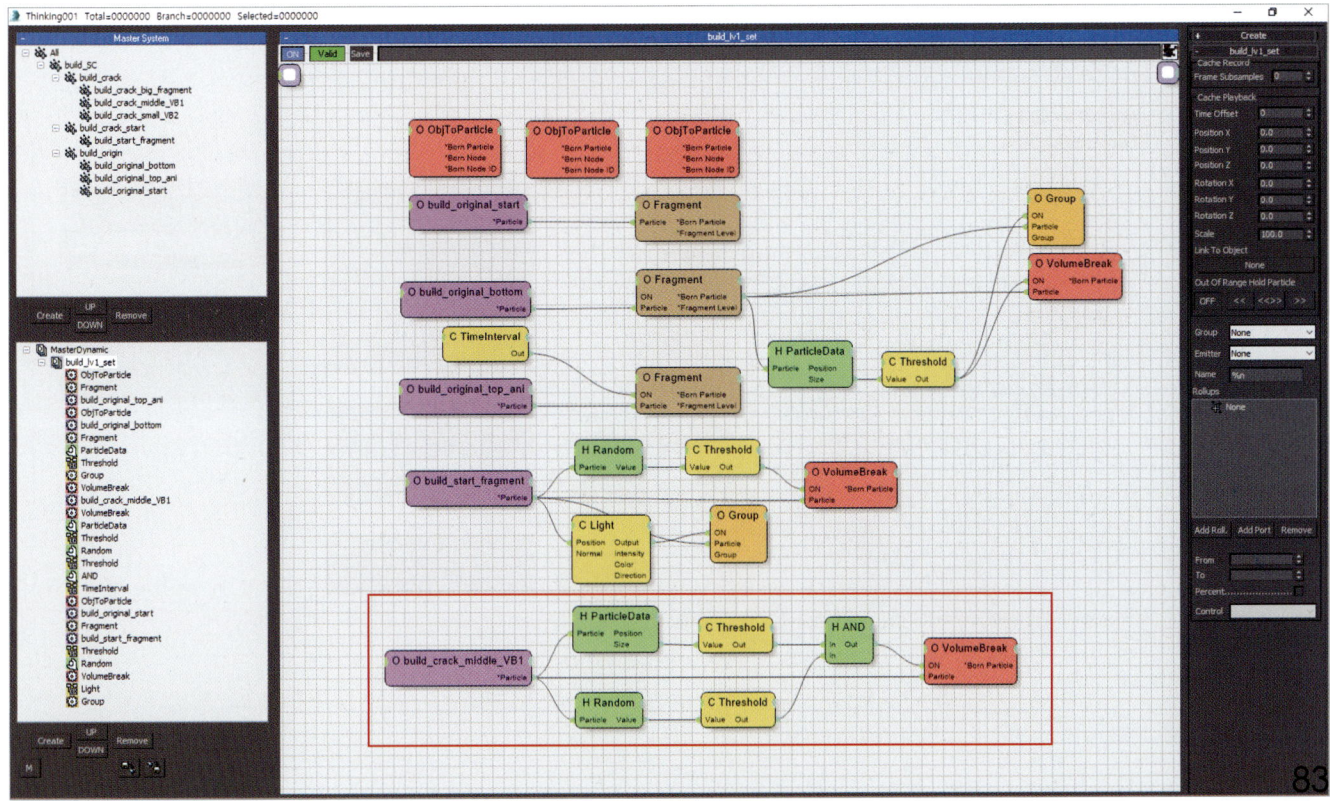

middle VB1 – O Volume Breaker (입력 값)

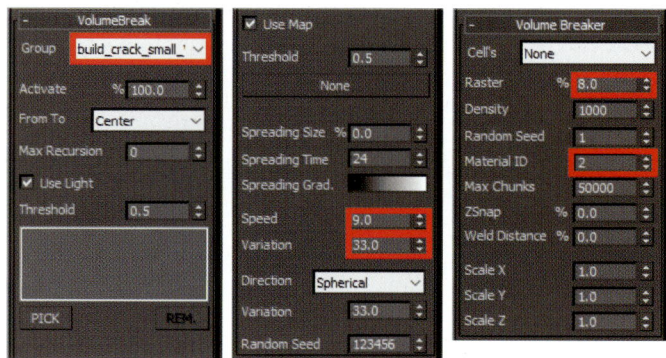

middle VB1 – O Volume Breaker (추가 TP Node 설명) (Helper – Math – AND)

두 개 이상의 인풋 데이터 간에 이진 계산을 합니다. 논리 함수로 모든 인풋이 True로 값이 나오게 되면 True 조건을 생성합니다. Num AND : 기본적으로 1의 값을 가집니다.

하나의 값을 다른 하나의 값과 비교한다는 의미입니다.

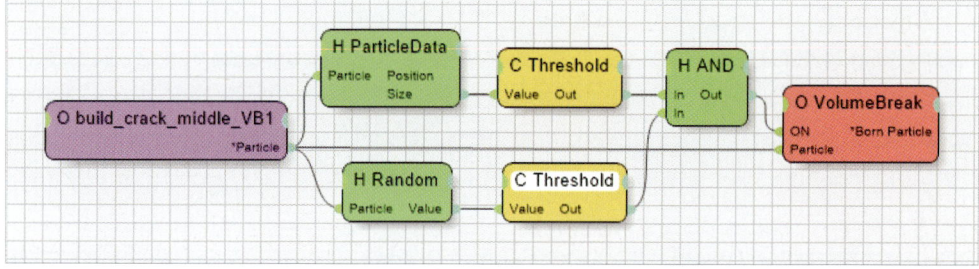

### 간단정리

crack_ middle_VB1에서 H Random – C threshold 통해 일정 %의 Particle 오브젝트들이 H AND의 첫 번째 in에 연결되고, H Particle Data – C threshold 통해 Size의 Threshold 값이 H AND의 두 번째 in에 연결되어서, H AND 두 인풋의 Particle 오브젝트 데이터를 volume Break로 넘겨서 2차 Crack 볼륨 브레이크가 발생합니다.

그리고 영향을 받은 Particle 오브젝트들은 crack_small_VB2의 Group으로 전달됩니다. 다만, Random – New Value Per – Animation 옵션은 단일 랜덤 값이 생성되고, 전체 애니메이션에서 사용되도록 남아 있게 됩니다. 결과적으로 모든 Particle들은 아웃풋 데이터에 값을 갖게 될 때 항상 하나의 랜덤값을 가집니다.

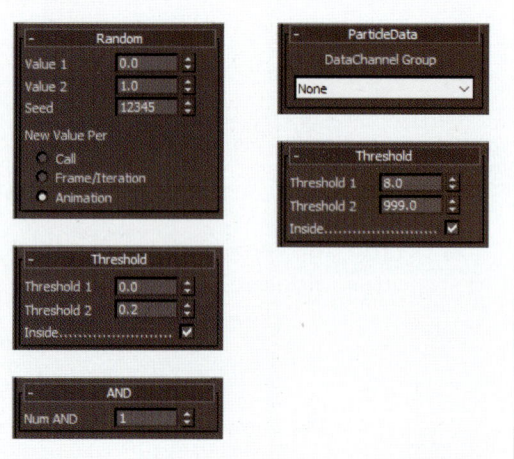

④ Dynamics

Fragment를 통해 분리하고, Volume Break에서 Crack 해 준 Particle 오브젝트들의 그룹에 Node들을 추가해서 중력, 마찰력 등 시뮬레이션의 반응들을 설정해주겠습니다.

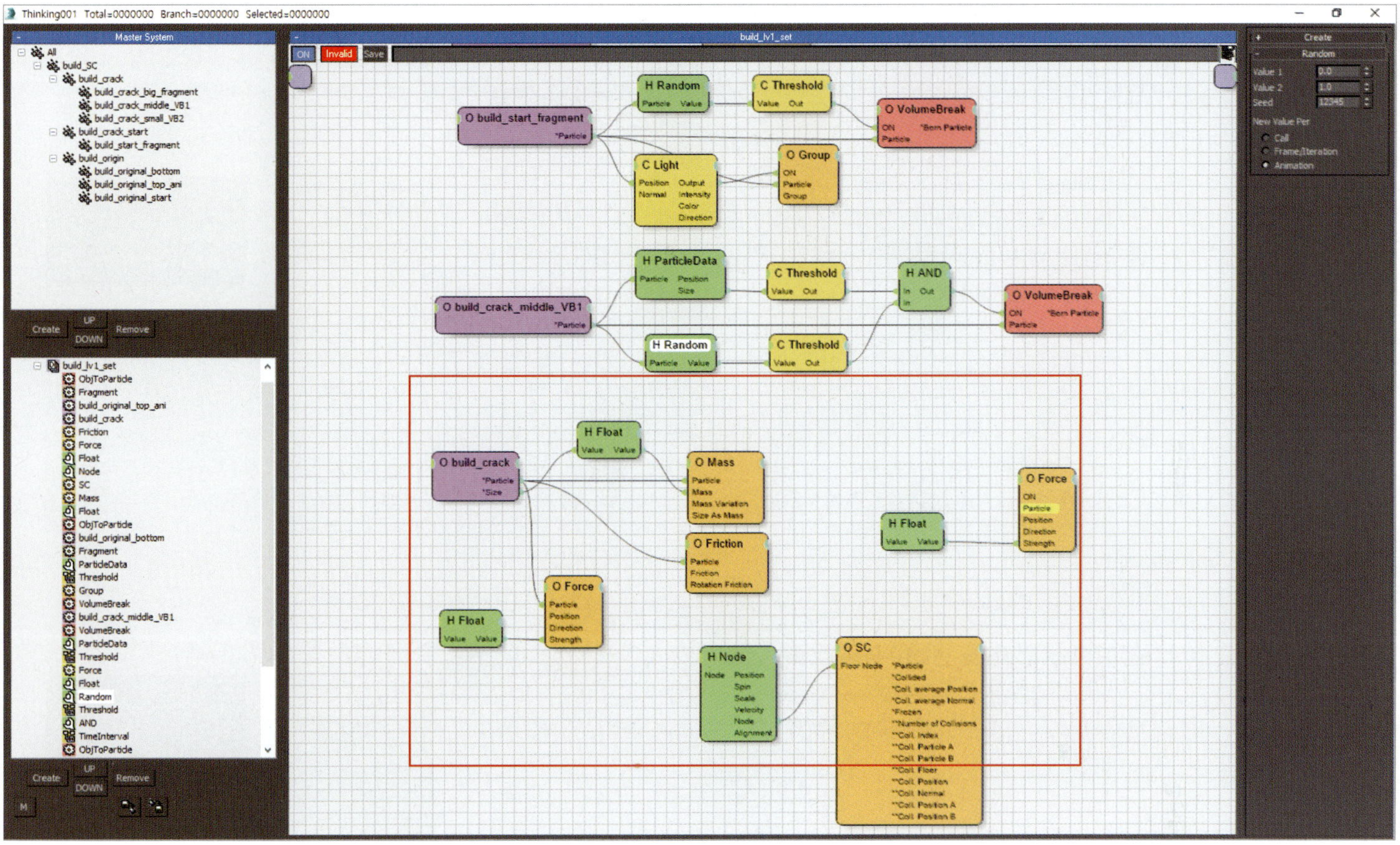

Dynamics (추가 TP Node 설명)

**O Force** (Operators – Dynamics – Force)

3ds Max의 Warp system을 사용하는 대신, TP의 Force Node는 더 나은 바람 또는 중력 효과를 생성하기 위한 사용할 수 있습니다. 가장 큰 장점은 내부 컨트롤 및 다른 장면 효과와는 완전한 격리로 인해 유연성을 얻을 수 있습니다.

Strength : Force의 Strength 필드의 강도를 설정하는 부분입니다. (초당-Strength)

Variation : Strength 필드 값에 랜덤 값을 지정해 줍니다.

[Type]

Direct : 제공된(연결된) 방향 벡터를 사용하여 Strength 필드 효과를 적용할 때 선택하는 옵션입니다. 여기서 Strength의 값이 0인 이유는 Force – Strength의 값을 H Float라는 Node를 사용하여 컨트롤하기 위해 따로 입력 값을 넣지 않았습니다.

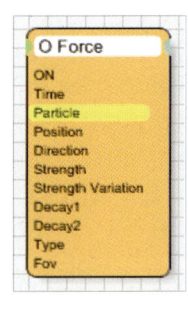
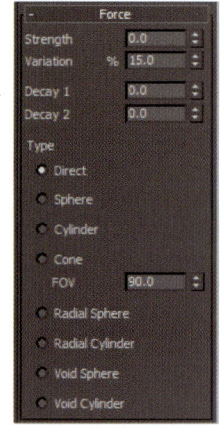

### H Float (O Force 연결) (Helper – Math – Float)

연산자나 조건에 특정한 값을 설정하고 싶을 때 유용합니다. 기존 3ds Max 기능을 통해 이 값을 애니메이션 할 수 있습니다.

Value : 입력된 실수 값은 Value 아웃풋으로 전송됩니다.

Added : 이 옵션이 선택되면, Value 인풋 데이터에 연결된 값에(+) 추가됩니다.

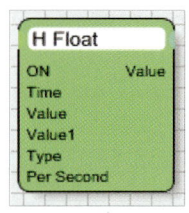 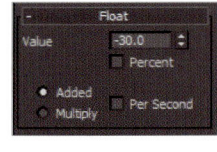

### O Mass (Operators – Standard – Mass)

물리적으로 정확한 입자 동역학은, 정확한 동적 솔루션을 계산하기 위해 정확한 값을 가져야 합니다. Mass 연산자는 입자에 특정 질량 값을 할당하는 데 사용됩니다.

Mass : 이 매개 변수는 입자 입력 데이터 Stream 포트에 연결된 각 단일 입자의 질량을 설정합니다. 이 값은 치수가 없는 값이라는 점에 유의하세요.

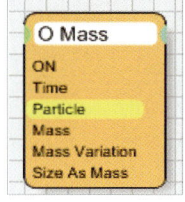 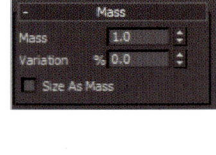

> 이 값은 특정 측정 단위(ex: 파운드, 킬로그램 등)에 해당하지 않습니다. 오히려 그것은 상대적인 값입니다. –2의 질량을 가진 무언가는 1의 질량을 가진 다른 입자보다도 두 배 무겁습니다. 질량이 2인 물체는 질량이 1인 또 다른 입자보다 두 배나 무거울 것입니다.

O Mass의 Mass 부분은 Force와 마찬가지로 H Float을 사용해서 따로 컨트롤해주겠습니다.

### H Float (O Mass 연결) (Helper – Math – Float)

Value : 입력된 실수값은 Value 아웃풋으로 전송됩니다.

Multiply : 이 옵션이 선택되면, Value 인풋 데이터에 연결된 값에( * ) 곱해집니다.

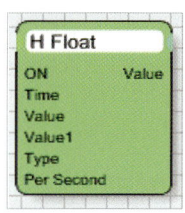 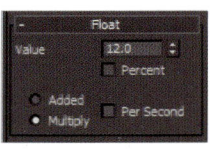

### O Friction (Operators – Dynamics – Friction)

마찰 연산자를 사용하면 입자에 마찰을 가해 입자가 서로 동적으로 반응하고, 충돌하는 모든 것에 반응하게 할 수 있습니다. 마찰 효과는 어떤 입자 그룹에도 할당될 수 있으며, 어떤 입자 그룹에서도 마찰 효과를 제거 할 수 있습니다.

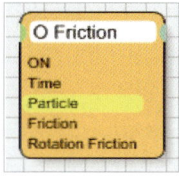 

Friction : Particle 그룹에 적용되는 전방 운동량을 줄이는 역할을 합니다. 이 효과는 실제 세계에서와 동일합니다. 입자가 움직이는 각 단계에서 입자가 완전히 멈출 때까지 지속적인 에너지 손실이 발생합니다. 값이 크면 입자의 전진 속도가 더 빨라집니다.

### 간단정리

build_crack 그룹을 생성 시뮬레이션 된 Particle 오브젝트들에 Dynamic 효과를 주도록 합니다. 해당 그룹을 생성 연결시켜주는 이유는 (crack_big_fragment, crack_middle_VB1, crack_small_VB2) 등을 모두 포함하고 있기 때문입니다. 또한 O Force를 통해 중력값을 할당해 줍니다. Force의 중력에 Strength 입력 값은 H Float를 통해 컨트롤해줍니다. 그리고 Mass 연산자를 추가해서 질량 값을 할당해줍니다. Mass 역시 Mass 입력 값에 H Float를 통해 컨트롤해주었습니다. 여기에 O Friction의 Particle 오브젝트를 연결시켜 마찰력을 줌으로써, 실제 붕괴 시뮬레이션이 진행되면서 중력에 따라 질량을 가진 파편이 떨어지면서 서로 간의 마찰력을 가질 수 있게 됩니다.

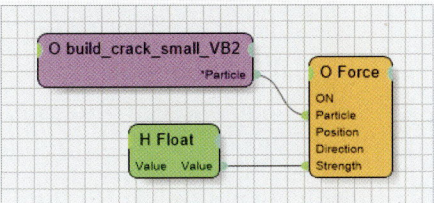

2차 Crack으로 수많은 오브젝트들이 생겨서 시뮬레이션이 무거워졌을 경우 가장 Particle 오브젝트들의 수가 많은 crack_small_VB2의 그룹을 Master System의 Group에서 새로운 Group을 만들어 build_crack 그룹과는 별개로 Force를 설정해줍니다. 이러면 눈에 잘 보이지 않는 작은 파편들은 따로 이 마찰력과 질량을 가지지 않으므로 좀 더 가벼운 시뮬레이션이 될 것입니다.

⑤ SC

이번에 설명할 부분은 Dynamic RBD 입니다. SC Node는 TP에서 Master System의 Group에 포함된 Particle 오브젝트의 정보를 바탕으로 모든 파편 오브젝트간의 상호반응 작용을 설정해줄 수 있습니다. 그러므로 해당 Node를 연결해서 부서지는 프레임으로 이동 시 컴퓨터가 많은 데이터를 갑자기 처리하는 현상이 일어날 수 있습니다. 이런 경우에는 2차 crack의 명령 실행을 멈춰 주거나, 부서지는 파편의 Size를 많지 않게 해서 시뮬레이션 전체 수행을 간단히 해주면 됩니다.

Dynamic RBD는 기본적으로 O SC, O Buillet Physics 등을 사용합니다. 이번에는 SC Node를 사용해서 진행해보겠습니다.

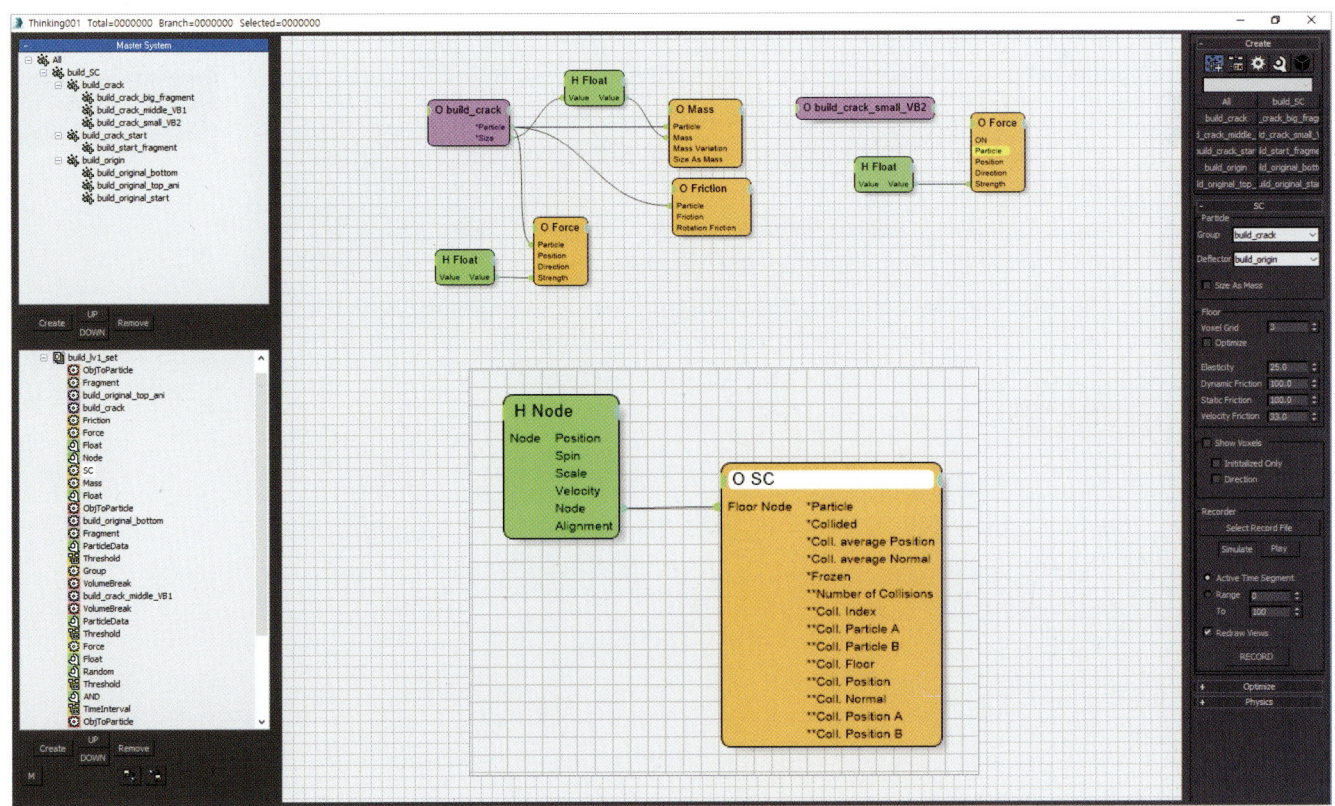

SC(입력 값)

### O SC

O SC Node는 TP의 파괴 시스템과 함께 사용하는 데 큰 도움이 되며, 실제 입자의 동적, 충돌 감지 엔진에 고유한 특징을 가집니다. Dynamic Set의 여러 형태의 충돌 연산자를 사용할 수 있으나, 이 연산자는 가급적 적게 사용하는 것이 좋습니다. 메모리 요구사항이 매우 크며 해당 연산자 유형이 추가될 때마다 증가합니다.

[Particle]
Group : 해당 목록은 바닥 또는 입자 간 충돌에 대한 입자 충돌 파트너를 선택합니다. 모든 물리 기반 매개변수는 입자 그룹 자체 내에서 설정되고 제어됩니다.

Deflector : Deflector 객체를 선택하는 데 사용합니다. 중요한 점은 이러한 개체는 로컬 물리 설정과 관계없이 항상 부동의 상태로 처리된다는 것입니다. 한 가지 사용은 기록된 입자를 Deflector로 사용하는 것입니다. 기본 SC Node 세팅은 유지하며, Master System의 어떤 그룹 간의 상호 충돌 작용이 일어날 것인지를 설정해주겠습니다

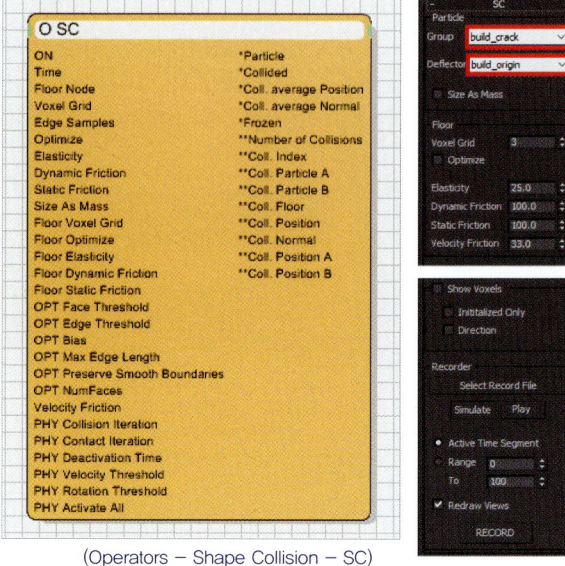
(Operators – Shape Collision – SC)

O SC – (추가 TP Node 설명)

### H Node

3ds Max 에 있는 오브젝트를 정의하는데 사용됩니다. objects, spline, lights, helpers 등 여러 다른 연산자들은 이 Node를 통해 지원되는 아웃풋 데이터를 가지고 작업할 수 있습니다.
Node : 오브젝트에서 지원되는 정보를 매 프레임마다 사용합니다. 그래서 이 오브젝트를 움직이거나, 크기를 변경, 회전시켜서 Particle 시스템 내의 다른 Parameter 들을 조종할 수 있습니다.

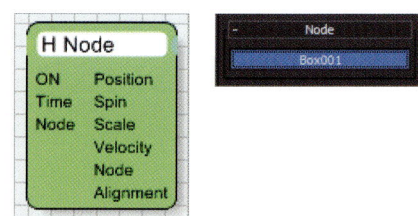
(Helper – Standard – Float)

### 간단정리

O SC Node를 생성해준 후 입자 간의 충돌을 일으킬 Group과 Deflector를 설정해 줍니다. 즉, Group에 연결된 build _crack의 내부 하위 그룹들., big, middle, small 등의 crack 파편들은 입자 간의 충돌이 일어나고, 부딪혀지는 영역인 Deflector에 build _original 오브젝트 Group을 연결함으로써 Group 부분이 – Deflector에 반응한다는 공식이 성립되는 것입니다. 여기에 H Node를 생성하고, 파편이 떨어져 지면에 닿는 Center Grid 부분에 Box를 만들어서 최종 도착지점을 만들어 준 후, 'H Node의 node' – 'O SC의 Floor node'를 서로 연결시켜 Deflector의 역할을 추가로 설정해줍니다.

⑥ Shape Collision Dynamics

앞서 SC를 통해 충돌에 대한 부분을 설정해 주었습니다. 하지만 SC를 모두 하나의 Group에 대한 Setting 값을 가지므로, 파편의 크기 별로 좀 더 디테일 한 충돌 값을 주기에는 부족합니다. 그래서 Master System에서 해당되는 각각의 Group을 선택한 후 TP 우측에 Shape Collision Dynamics의 항목의 입력 값들을 통해 조절해 줍니다.

**Shape Collision Dynamics**

Elasticity(탄성) : 파편들끼리 부딪혔을 때 서로 반응하는 부분에 관련된 부분입니다. 입력 값의 크기가 클수록 튕겨 나가는 힘이 약하게 설정하였습니다.

Dynamic Friction(마찰) : 파편들끼리의 마찰력에 관련된 부분입니다. 입력 값의 크기가 작을수록 마찰되는 힘이 없도록 설정하였습니다.

Static Friction(정지마찰) : 파편들끼리의 정지 마찰력에 관련된 부분입니다. 입력 값의 크기가 작을수록 마찰이 정리되려는 힘이 없도록 설정하였습니다.

이렇게 shape collision Dynamics의 입력 값들을 Group 별로 따로 설정함으로써, 공통되는 SC의 설정을 수행하면서 각각의 고유한 성질을 가질 수 있습니다.

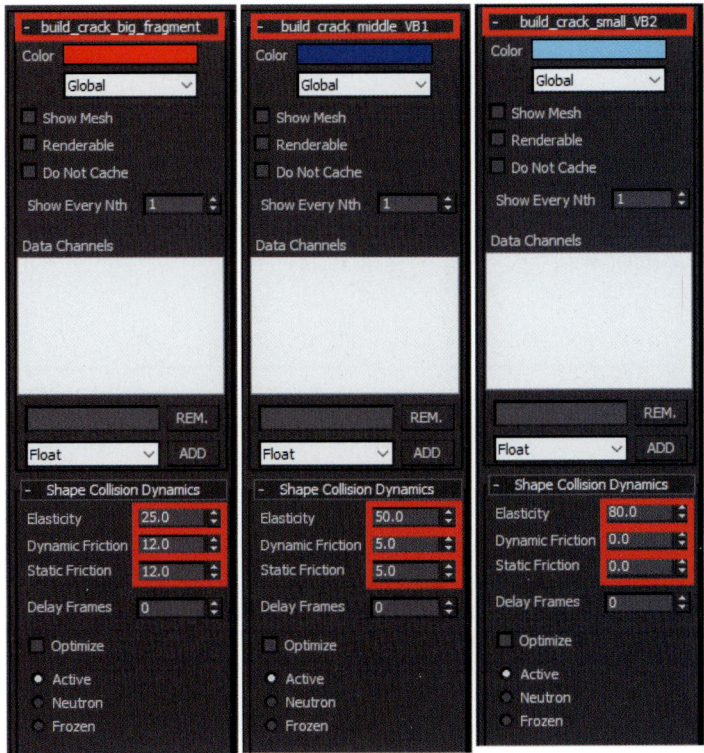

⑦ Simulation

이제 건물의 기본적인 Simulation 세팅 과정이 끝났습니다. 그럼 현재까지의 과정을 Master Dynamic의 Cache Record를 통해서 시뮬레이션 Cache 작업을 해주겠습니다.

파편의 크기와 숫자가 많으면 SC의 메모리 요구사항이 커지므로 Simulation 중간에 멈추는 현상이 생길 수도 있습니다. 이럴 때는 다시 한번 Node들이 제대로 연결되었는지 확인하거나, Simulation을 좀 더 원활하게 수정해주면 됩니다. 시뮬레이션 과정이 끝나고 Cache의 Play를 통해서 시뮬레이션 결과를 확인할 수 있습니다.

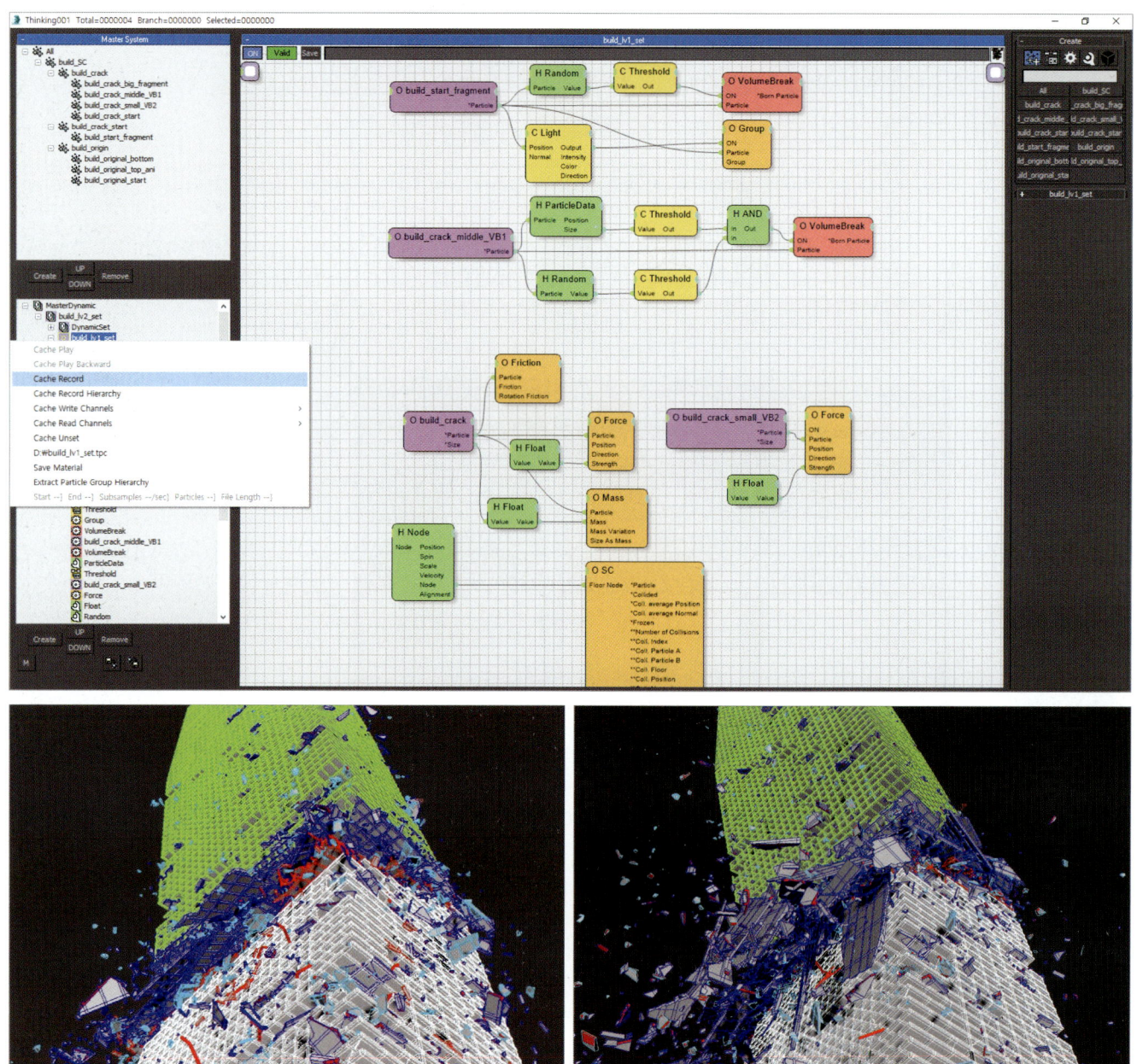

⑧ Delete

시뮬레이션 후 Preview 작업을 통해 무너지는 장면을 보다 보면, Light 영역이 차마 포함을 시켜주지 못한 부분이나, 에러 등 불규칙 적인 움직임을 가지는 파편들이 생길 수 있습니다. 이럴 때 다시 시뮬레이션 작업을 하기에는 너무 시간적 비용이 많이 소비되므로 간단한 방법으로 불필요한 파편들을 삭제하는 방법을 설명하겠습니다.

실제 삭제한다기보다 Scale Node를 사용해서 오브젝트의 Size를 0으로 만들어 주는 것입니다.

Master Dynamic에서 Cache 작업을 진행한 build_lv1_set 위 build_lv2_set이라는 상위 구조의 Set을 만들어 줍니다.
lv2에 포함되는 Set 그룹을 하나 더 만들어서 새로운 Node들을 추가합니다.

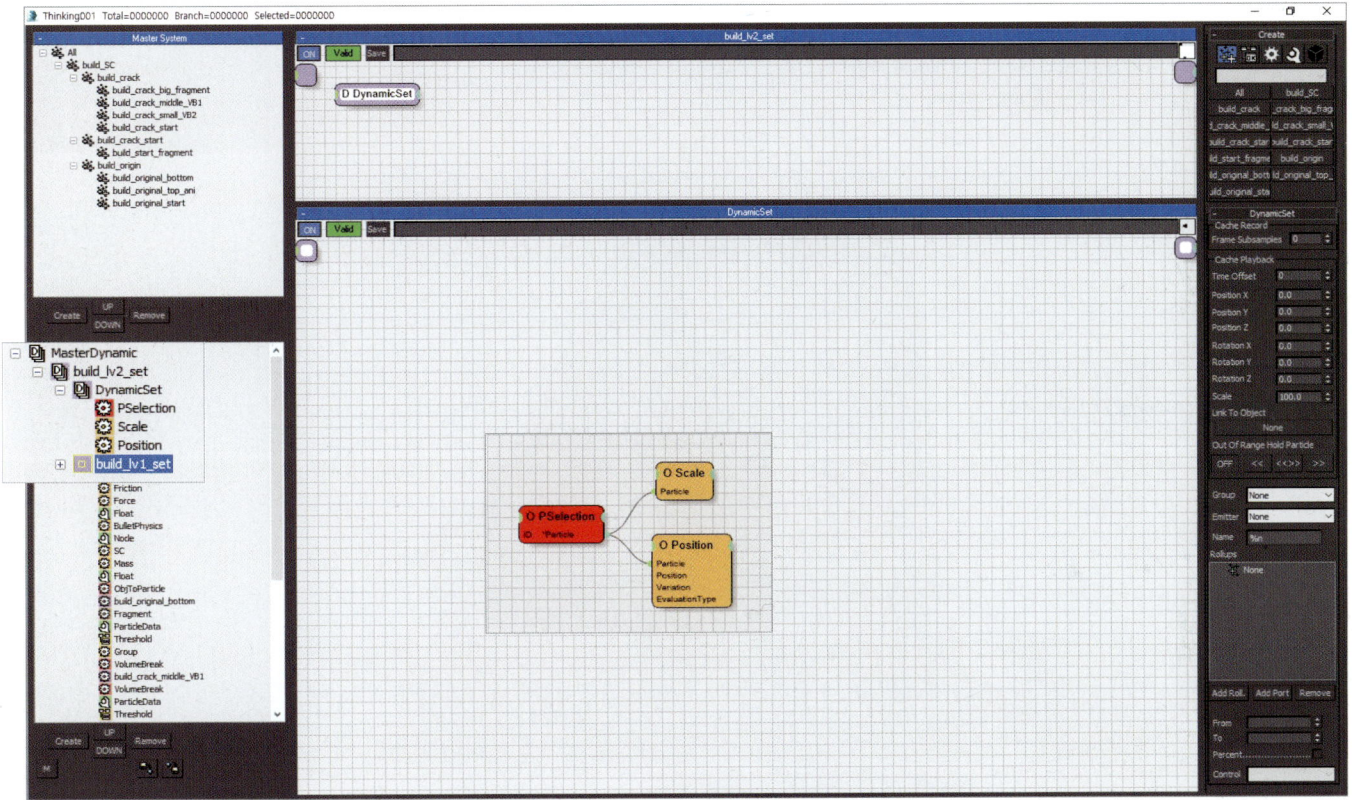

Delete (추가 TP Node 설명)

**O PSearch** (Operators – Initiator – PSelection)

O PSearch Node는 여러 용도가 있지만 이번에는 시뮬레이션 된 Particle 오브젝트들을 선택하는 용도로 사용하였습니다. PICK 버튼을 눌러 Viewport에 해당 파편을 마우스로 가지고 가면 Particle ID가 나타납니다. 지워줄 파편을 클릭하면 이렇게 PSelection에 포함됩니다.

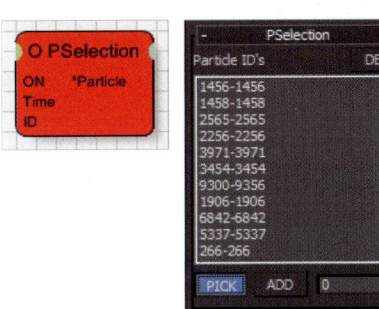

**O Position**  (Operators – Initiator – PSelection)

O PSearch Node로 가지고 온 Particle 오브젝트의 포지션 위치 값을 가져오기 위해 O Position Node를 추가해서 연결시켜 주었습니다.

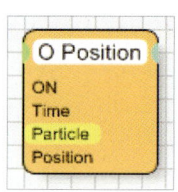 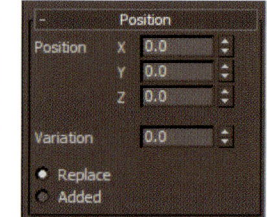

**O Scale**  (Operators – Standard – Position)

O Scale Node 부분에서 O PSearch Node로 가지고 온 particle 오브젝트의 Size를 Scale 항목에서 0 값을 설정해줌으로써 Size를 삭제시키는 효과를 줍니다.

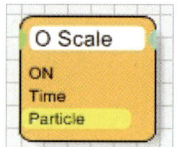 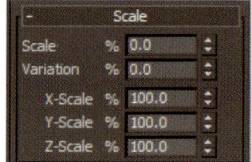

## Thkinking Particle을 이용한 건물 유리창, 와이어 Simulation 세팅

이제 건물 외곽을 이루는 유리창, 와이어 부분의 오브젝트를 건물의 Simulation을 해준 Dynamic Set의 Cache 상위에 새로운 Set을 만들어서 작업을 해주겠습니다. 그리고 Master System 역시 새롭게 이번 Simulation을 위한 Group 설정을 해주겠습니다.

앞에서 설명했던 부분 중 중복 부분은 생략하고 간단히 진행 과정에 대해서 설명하겠습니다.

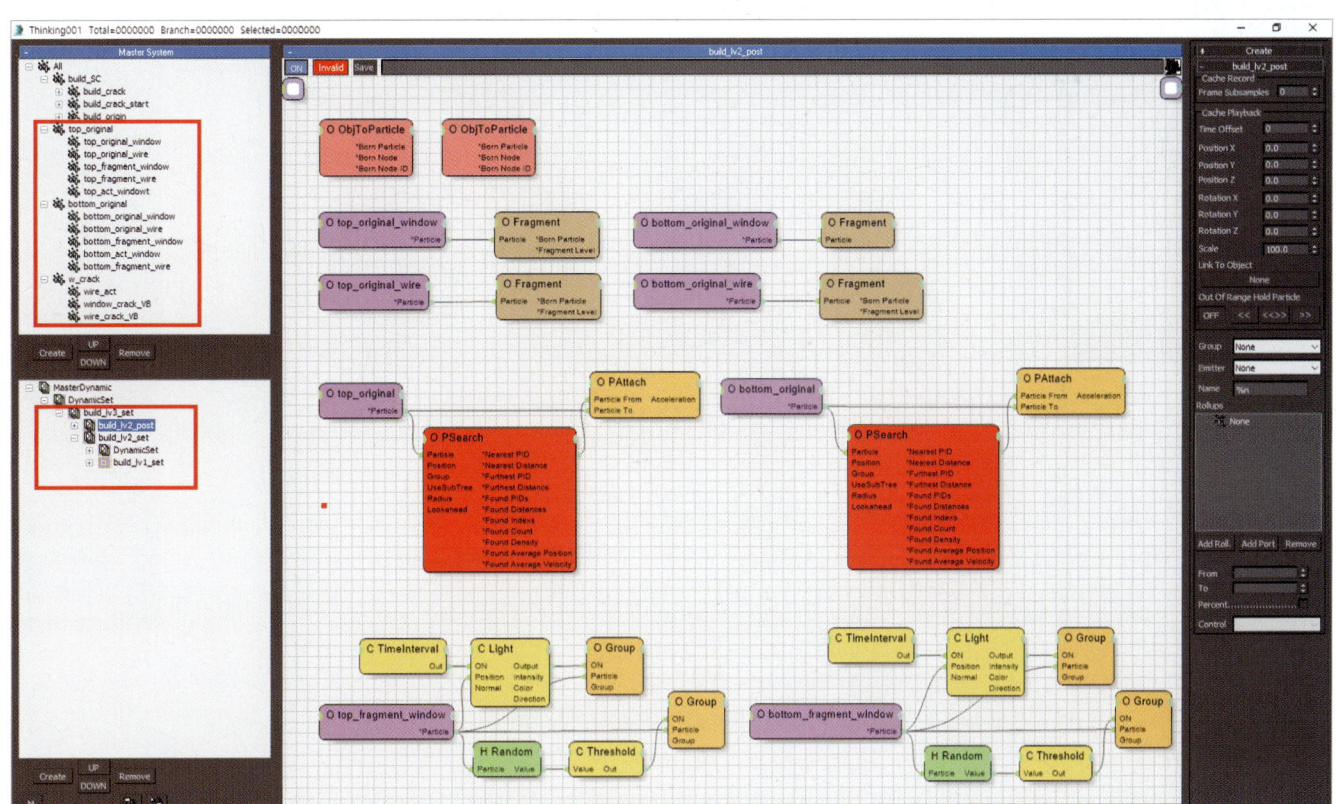

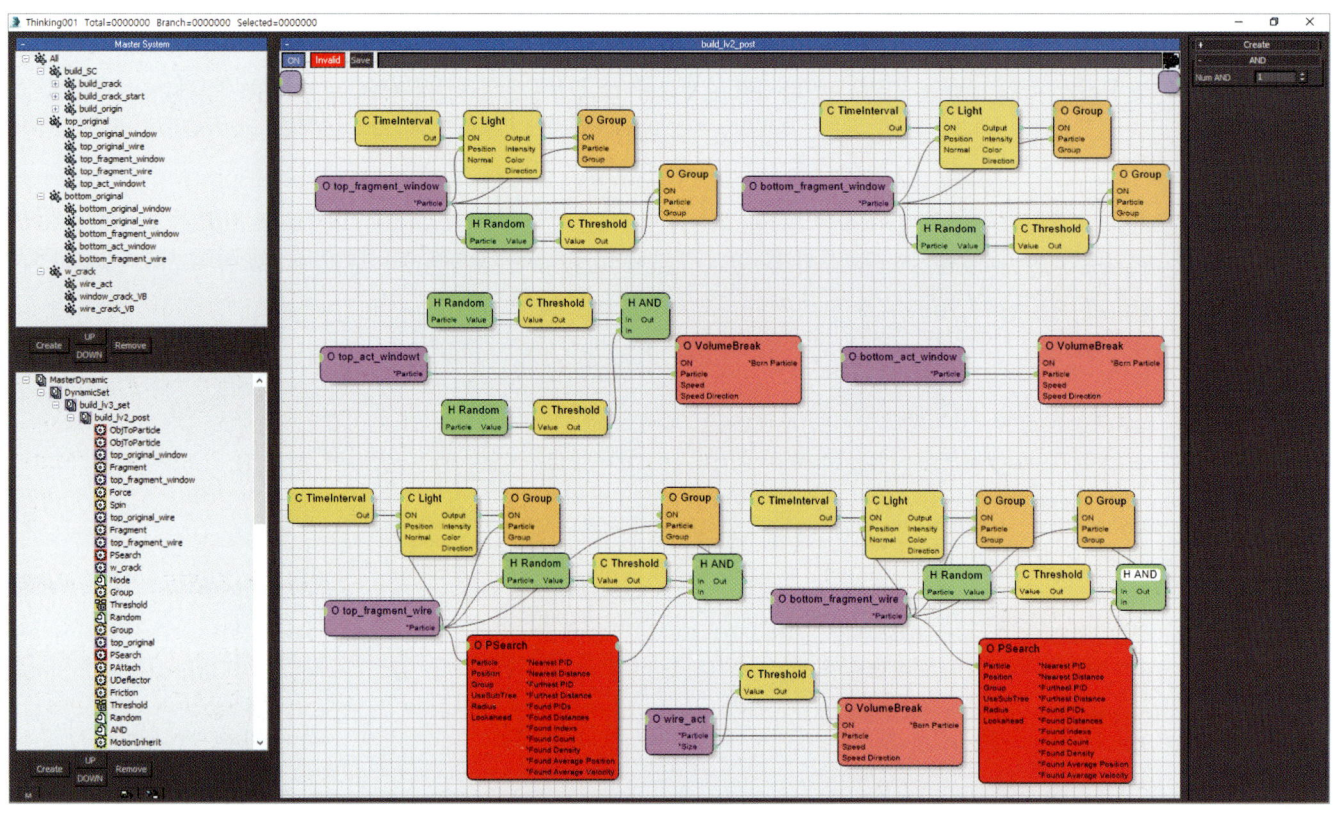

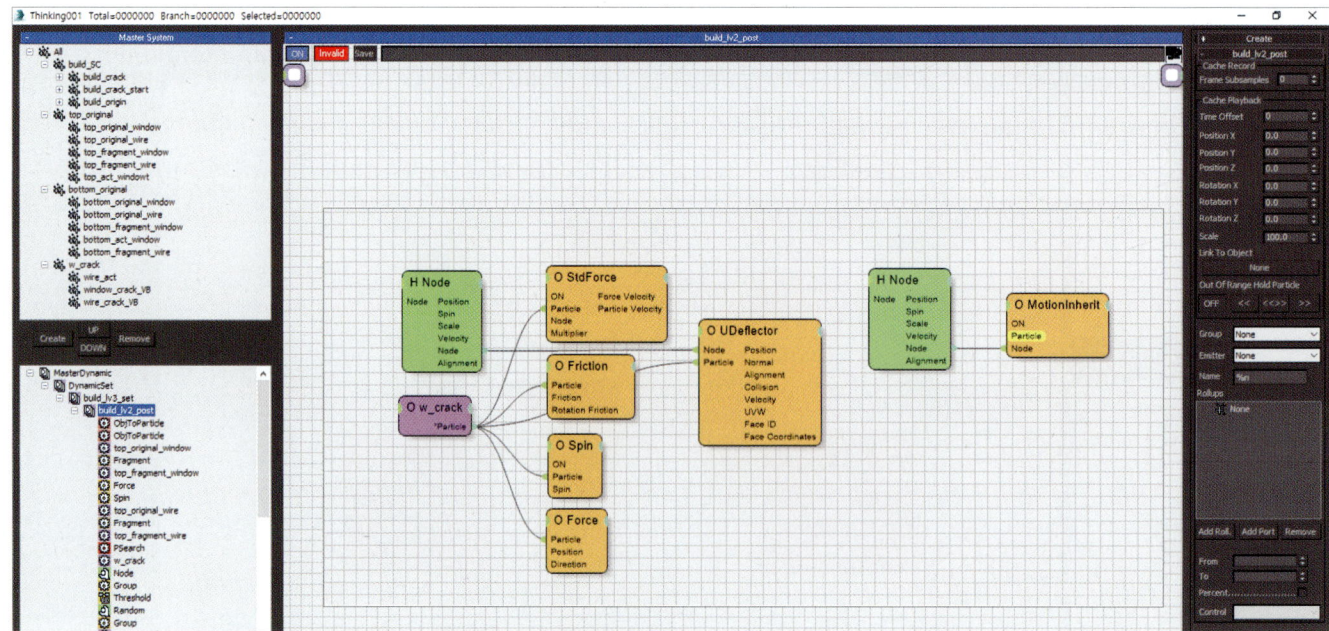

위의 그림들은 앞으로 설명할 이번 Simulation 과정입니다. 다소 과정이 많아 보이지만 앞의 내용들과 중복되는 내용들이 많습니다. 그럼 천천히 새로운 Node들의 기능들 위주로 설명을 하겠습니다.

이번 Silmulation의 세팅을 위한 Master System의 Group과 Master Dynamic의 Set 생성에 대해 알아보겠습니다.

### 1 Master System에서의 Group 세팅

TP에서 시뮬레이션 시 어떻게 전체 시뮬레이션 작업을 진행할까에 대한 구상을 먼저 해야 합니다. 건물 전체를 시뮬레이션하는 경우와 건물의 내부를 우선 시뮬레이션으로 부수고 Cache화 해준 뒤, 유리와 와이어 등 디테일 부분을 건물 시뮬레이션 Cache 위에 다시 한번 시뮬레이션하는 방법 등이 있습니다.

이번 설명에서는 Dynamic Set의 Cache 데이터 위에 상위 Dynamic Set과 Node를 추가하여, 시뮬레이션을 하는 방법에 대해서 설명하겠습니다. 이러한 방식은 TP의 장점으로 Type별로 나누어서 디테일한 작업을 하기에 용이합니다. 그리고 전체를 계속해서 다시 시뮬레이션하지 않아도 되므로, 시간 절약도 할 수 있습니다.

또한 이번 순서에서는 앞의 TP 세팅과는 다르게 SC Node를 사용하지 않고, Dynamic의 Force 등 새로운 Node들로 Dynamic 작업을 하겠습니다. 그 이유는 수많은 유리와 와이어 부분을 건물과 반응하는 시뮬레이션을 진행한다는 것은 비효율적이며, 오브젝트에서 떨어지며 퍼지는 형태의 시뮬레이션을 세팅한다면 굳이 모든 건물의 파편과 반응하지 않아도 되므로, SC Node를 사용하지 않아도 효과적인 시뮬레이션 작업을 할 수 있습니다.

우선 Master System에서 유리창과 와이어가 되는 부분의 Group들을 그림처럼 만들어 줍니다. SC를 따로 만들거나 소속시키지 않으므로 위, 아랫부분의 오리지널 Group과 Crack 되는 Group을 따로 만들어 줍니다.

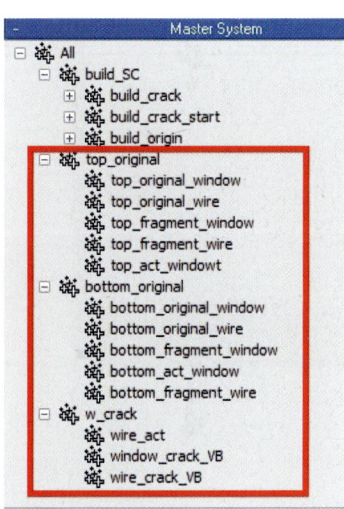

### 2 Master Dynamic에서의 세팅

**Master Dynamic에 Set 생성**

Master Dynamic에서 앞의 과정처럼 build_lv2_set 위에 build_lv3_set 이란 상위 구조 Set 그룹을 만들어 줍니다. lv3에 포함되는 Set 그룹을 하나 더 만들어서 새로운 Node들을 추가합니다.

### 3 Dynamic set에서의 Node 세팅

**1. O ObjToParticle / Group / O Fragment**

O ObjToParticle과 O Fragment 등의 Node 세팅은 앞의 build_lv1_set의 세팅을 참고해서 건물의 위, 아랫부분을 Group과 연결합니다. (유리, 와이어는 앞의 건물의 Start 영역은 따로 없습니다.)

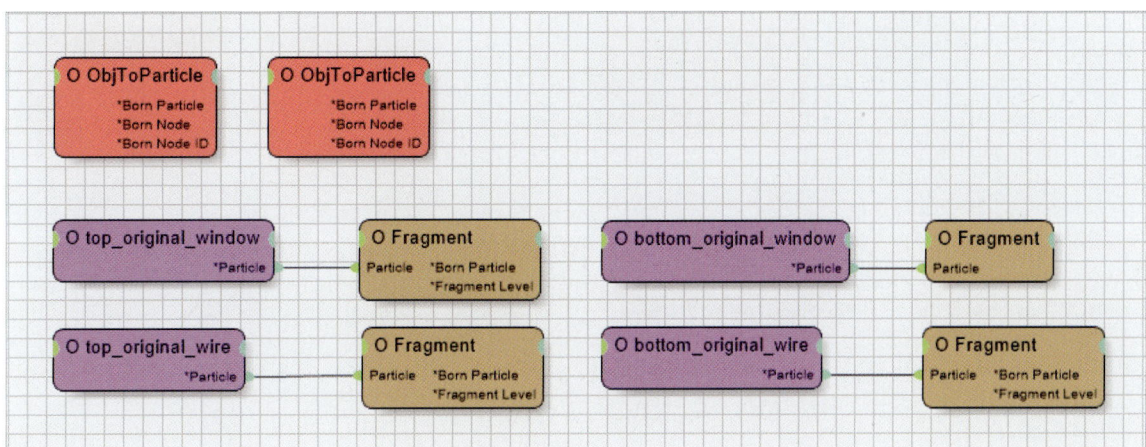

## 2. O Psearch (추가 TP Node 설명)

유리창, 와이어 Simulation에서는 앞의 세팅과 다르게, O Psearch 라는 Node가 추가로 사용됩니다. 이 Node는 건물의 위, 아래의 유리, 와이어들이 전의 건물의 애니메이션 움직임을 따라가기 위해 설정해 주는 Node입니다.

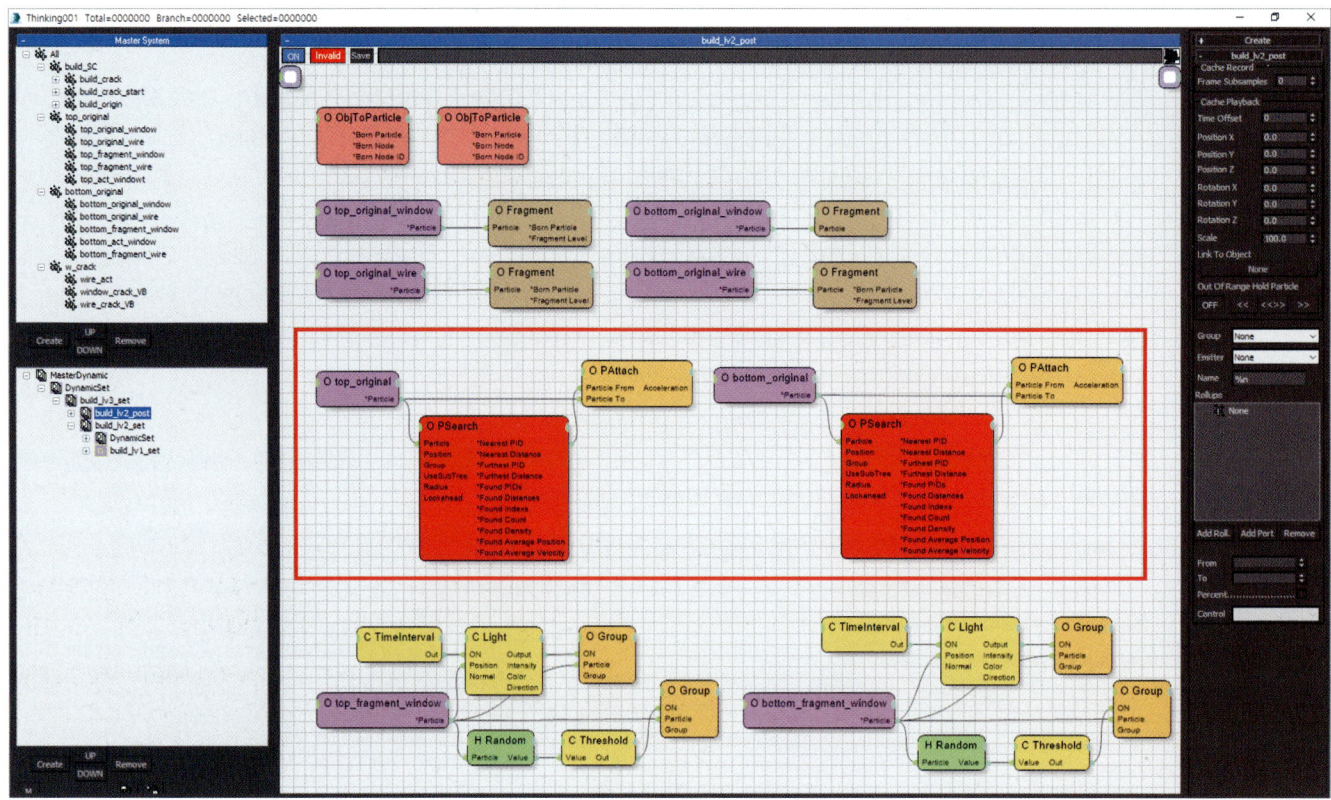

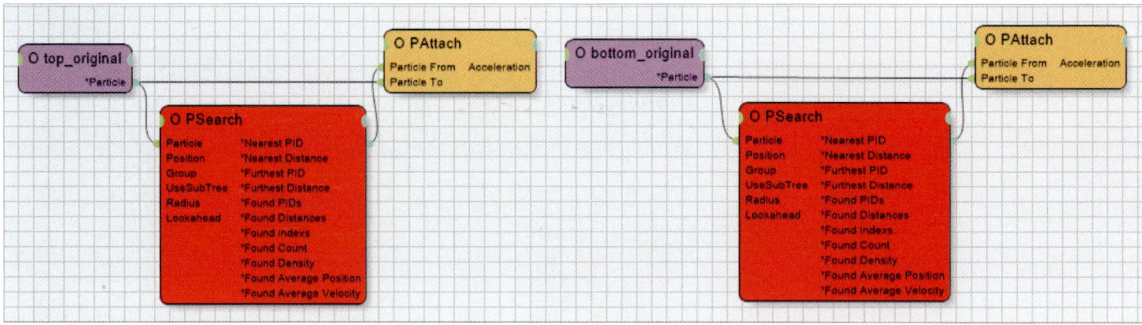

① O Psearch

PSearch Node는 검색 범위 내에서 가장 가까운 입자 또는, 가장 먼 입자를 찾아야 할 때 사용할 수 있습니다.
Group : 검색할 입자 그룹을 선택할 수 있습니다.
Use SubTree : 전체 계층적 입자 그룹 구조를 사용하여 반경 내에서 가장 가까운 또는 가장 먼 입자를 검색할 수 있습니다.
Radius : 제공된 위치 주변을 검색할 검색 반경을 지정합니다.

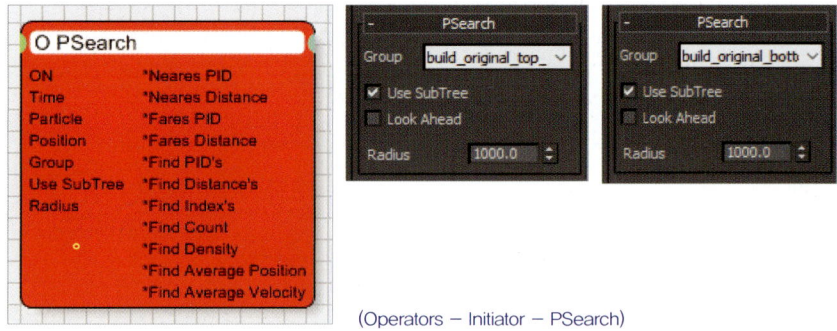

(Operators – Initiator – PSearch)

② O PAttach

PAttach는 한 입자를 다른 입자에 '붙일 수' 있게 해 주는 매우 유용한 동적 연산자입니다.
From/To 관계에 대해 가장 쉽게 생각할 수 있는 방법은 Child, Parent 관계로, 여기서 'From'는 자식이고 'To'는 부모입니다. 이것은 부모의 위치 / rotation .scale이 링크된 모든 아이들에게 직접적인 영향을 미치는 표준 최대 계층적 연결 접근 방식을 따릅니다.

SC 및 Shape Collision과 함께 Pattach를 사용하면 원치 않는 오류가 발생할 수 있습니다.

Absolute : 객체를 직접 링크하려면 이 옵션을 선택합니다.
Relative : 원래 위치에 상대적으로 변환이 이루어집니다.

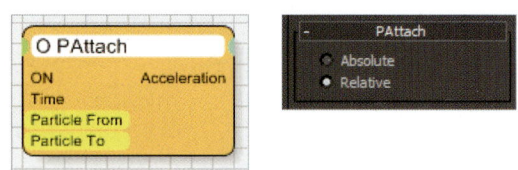

PFlow 사용자의 경우, PAttach가 Lock.Bond 연산자와 유사합니다.

### 3. O volume Break

앞의 Volume Break 작업을 다시 생각해보면, (Start, 건물 위, 아래 등) 위치적인 분류로 Group을 생성한 후, Fragment 작업을 통해 Group 간 이동을 수행합니다. H Random – C threshold 통해 일정 %의 Particle 오브젝트들이 O VolumeBreak로 넘어가서 Volume Break가 발생하고, C Light의 지정된 Threshold % 값에 영향을 받는 Particle 오브젝트들은 다른 Group으로 전달되었습니다.

하지만 이번에는 위, 아래 등 위치의 분류와 유리와 와이어 등 요소의 분류를 따로 설정해주고, Fragment Group에서 바로 Volume Break을 발생시키지 않고, act란 Group을 새롭게 만들어서 다른 Node 간의 명령으로 Volume Break로 전달해준 후, Volume Break를 발생시키도록 하겠습니다.

좀 더 자세히 설명하면, 요소적인 유리 부분에서는 C Time Interval – C Light – O Group를 통해 Light 영역으로 지정된 부분에 대한 Group 작업과 H Random – C Threshold를 통해 일정 %의 Particle 오브젝트들의 Group 작업을 해줍니다. 그리고 act _window 하는 Group을 추가해서 다시 한번 H Random – C Threshold를 이용하여 O Volume Break 작업을 해줍니다.

와이어 부분에서도 동일하게 C Time Interval – C Light – O Group을 통해 Light 영역으로 지정된 부분에 대한 Group 작업과 H Random – C threshold를 통해 일정 %의 Particle 오브젝트들의 Group들을 H AND – O Psearch를 통해 유리 파편들의 움직임을 찾아가게 해줍니다. 그리고 wire_act 라는 Group을 추가해서, 다시 한번 C Threshold를 이용해서 O VolumeBreak 작업을 해줍니다.

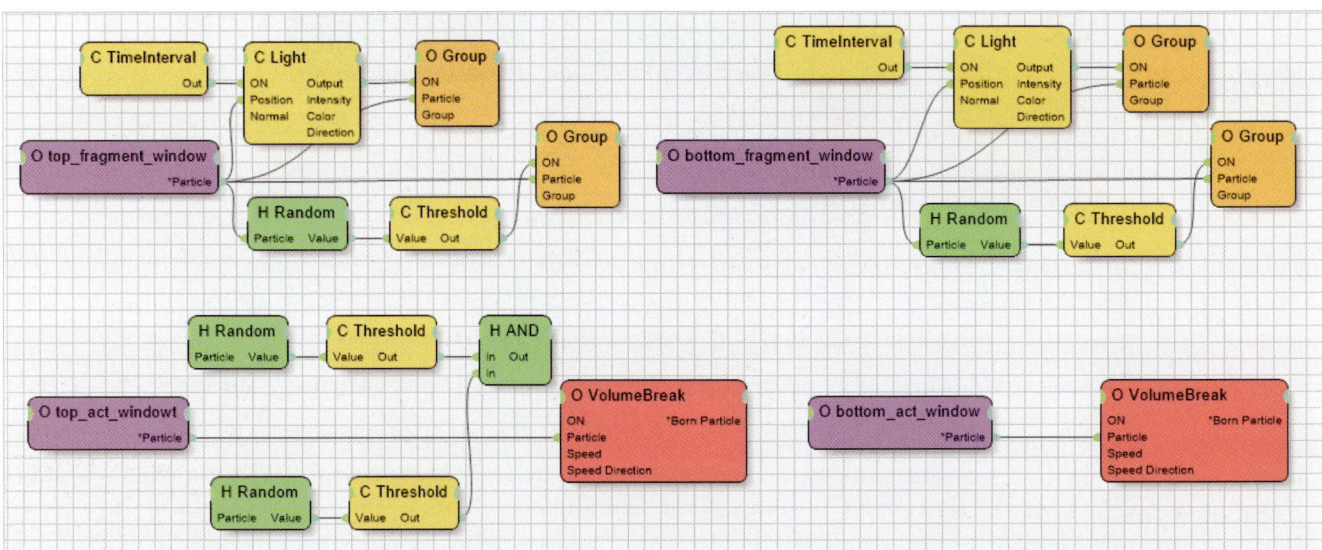

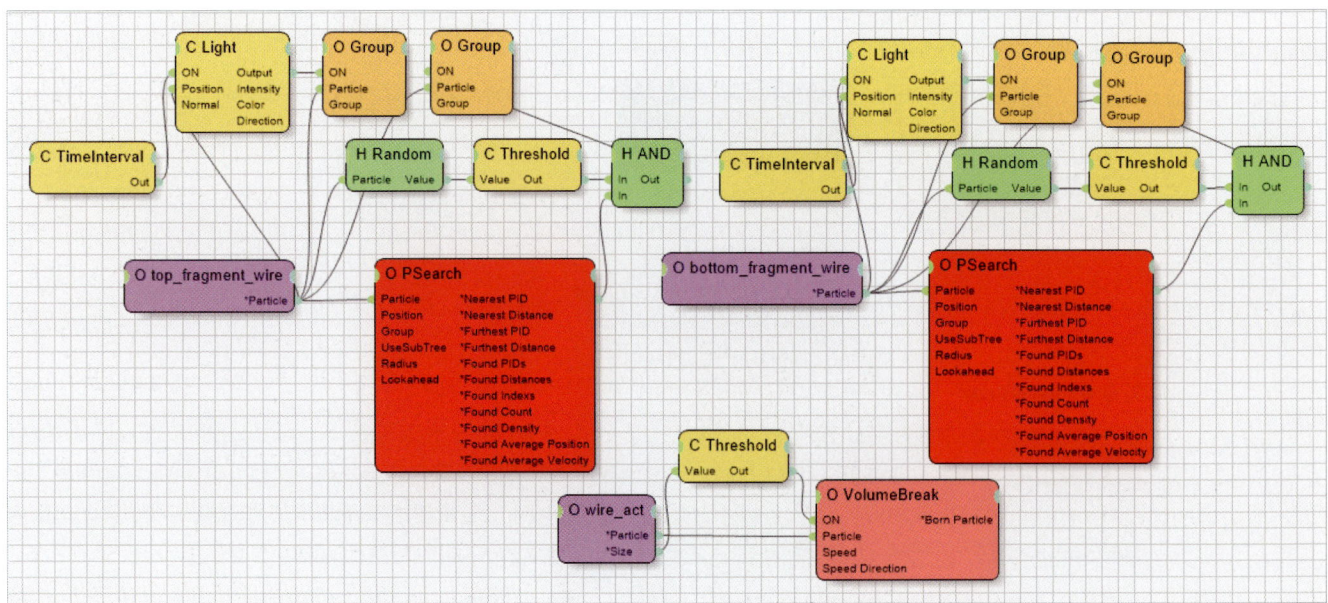

## 4. Dynamics (추가 TP Node 설명)

### ① O Force (Operators – Dynamics – Force)

바람 또는 중력 효과를 생성하기 위해 사용할 수 있습니다.

• Strength : Force의 Strength 필드의 강도를 설정하는 부분입니다.

(초당-Strength)

> 따로 H Float로 값을 주지 않고 바로 Force에 입력 값 -6을 입력해준 후, 아래로 떨어지는 중력을 주었습니다.

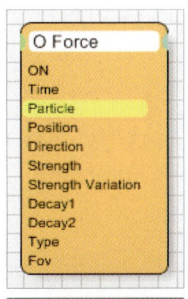

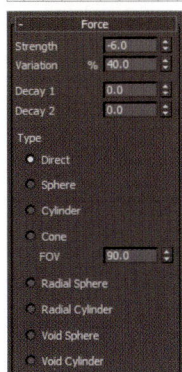

### ② O Spin (Operators – Dynamics – Spin)

Particle 오브젝트의 회전값을 줄 수 있습니다.

즉, 어떤 축을 중심으로 회전 운동을 생성합니다.

• Attack Time : 입자가 전체 회전 속도에 도달하기 전에 입자에 약간의 반응 시간을 주기 위해 값을 증가시킵니다. 값은 프레임 단위로 설정됩니다.

• Spin Time [s] : 입자에 대해 360도 회전에 걸리는 시간을 설정합니다.

• Variation % : 각 입자에 다른 회전 속도를 할당하려면 이 값을 늘려줍니다. 값이 비쌀수록 입자 사이의 회전 속도가 더욱 다양해질 것입니다.

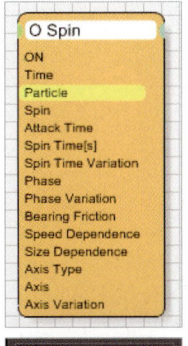

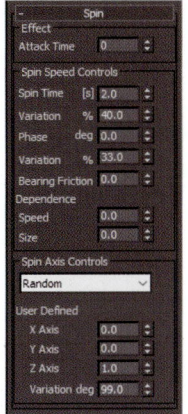

### ③ Friction (Operators – Dynamics – Friction)

마찰 연산자입니다. 입자에 마찰을 가해 입자가 서로 동적으로, 반응하고 충돌하는 모든 것에 반응하게 할 수 있습니다. 마찰 효과는 어떤 입자 그룹에도 할당될 수 있으며, 또한 어떤 입자 그룹에서도 마찰 효과를 제거할 수 있습니다.

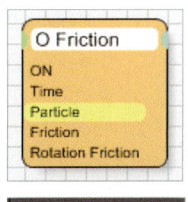

• Friction : 그룹에 적용되는 전방 운동량을 줄이도록 합니다. 입자가 움직이는 시간 간격마다 입자가 완전히 멈출 때까지 일정한 에너지 손실이 있습니다. 값이 높을수록 입자의 회전 속도가 빨라집니다.

• Rot. Friction : 입자에 적용되는 회전 속도를 줄입니다.

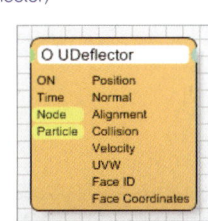

### ④ Udeflector (Operators – Dynamics – UDeflector)

UDeflector 연산자를 사용하면 입자 그룹이 상호 작용할 수 있도록 장면의 기하학적 개체를 Deflector로 사용할 수 있습니다.

• Bounce : 입자가 선택한 물체의 표면에 부딪힐 때 튀는 양을 제어합니다. 1.0보다 큰 값은 각 Bounce 시에 에너지를 생성하는 반면, 1.0보다 낮은 값은 바운드 리당 에너지를 감소시켜 줍니다.

• Variation [%] : Bounce 파라미터 내에서 변동 값을 설정합니다. 값이 증가하면 더 많은 입자가 다르게 반사됩니다.

• Energy Depend : 값이 증가함에 따라 입자 속도가 느린 입자보다 더 빠르게 이동합니다.

• Surface [%] : 충돌이 발생한 후에 "스프링 오프" 각도를 제어합니다. 이 값이 높을수록 각도가 개체의 표면 쪽으로 기울어집니다. 100%에서는 입자가 곡면 아래로 물이 흐르는 것처럼 표면에 달라붙어 있는 것처럼 보일 것입니다.

• Chaos [%] : 값이 증가하면, Bounce 오프 각도는 더욱 무작위가 됩니다. Chaos 값이 0일 때, Bounce 오프 각도는 물리적으로 올바른 규칙에 기초합니다(들어오는 각도= 나가는 각도). 이는 모든 방향으로 입자가 튕겨 나가는 불규칙한 지형을 시뮬레이션 할 수 있는 좋은 기능입니다.

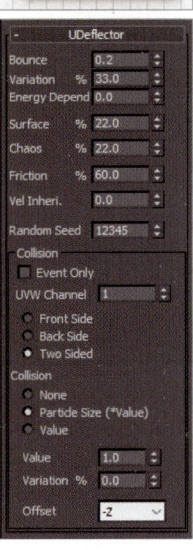

- Friction [%] : 값을 증가시켜 선택한 물체 표면을 따라 충돌하고 미끄러지도록 하는 입자에 일정한 마찰을 추가시킵니다. 값이 크면 물체 표면에 미끄러질 때 입자가 매우 빠르게 느려질 것입니다.

- Vel Inherit : 입자에 적용되는 속도 상속 양을 설정합니다. 3ds Max의 자체 UDeflector와 달리, Thinking Particles의 UDeflector는 움직이지 않는 입자로 작업할 수 있고 그들에게 신호를 전송할 수 있습니다.

- Random Seed : Udeflector 설정이 서로 다르게 보이도록 이 값을 변경합니다.

[Collision]

- Two Sided : 버튼이 활성화된 경우, 충돌 엔진은 두 개의 측면 충돌 시험을 수행합니다. 표면에 충돌할 때마다 두 개의 표면 테스트가 발생하여 시뮬레이션과 설정 속도가 느려집니다.

- Particle Size (*Value) : 버튼이 활성화되면 입자 크기는 입자와 선택한 물체 표면 사이의 충돌을 감지하기 위한 방사형 거리로 사용됩니다.

⑤ Node   (Helper – Standard – Float)

H Node에서 Udeflector를 통해 반응할 건물의 아랫부분을 선택해줍니다.
건물 위의 유리, 와이어 파편들은 부서지는 동시에 공중에 날리게 되므로 SC Node가 없는 상태에서 건물 아랫부분의 오리지널 오브젝트를 Udeflector에 반응할 건물로 지정합니다.

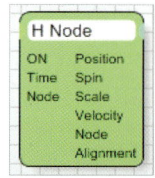
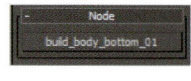

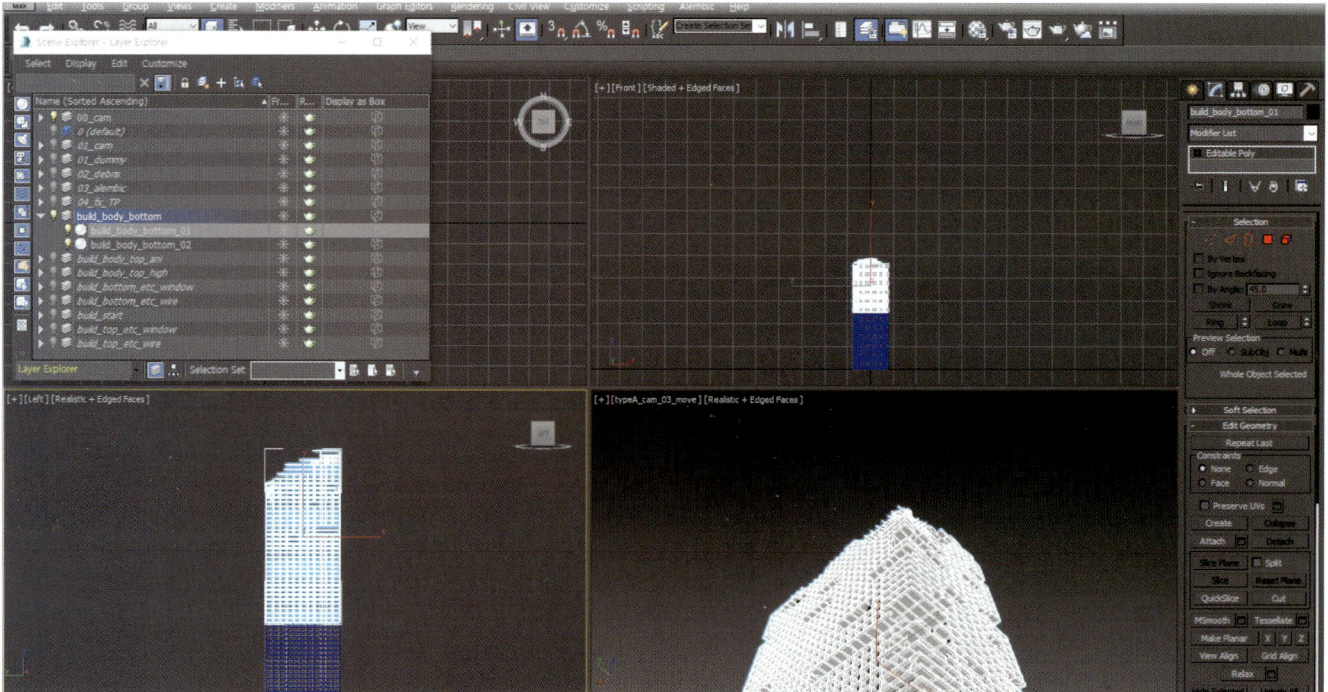

⑥ StdForce

Thinking Particles는 Gravity 및 Wind와 같은 3ds Max Space Warps를 모두 지원합니다.

- Activate : 영향을 줄 것입니다.
- Deactivate : 영향을 미치지 않습니다.

내부에서 wind가 표시되려면 먼저 Bind to Space Warp 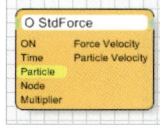 버튼을 사용하여 Viewport에서 Thinking Particles 아이콘에 바인딩해야 합니다.

 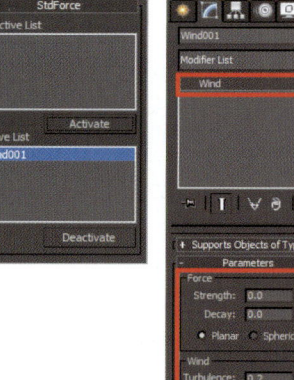 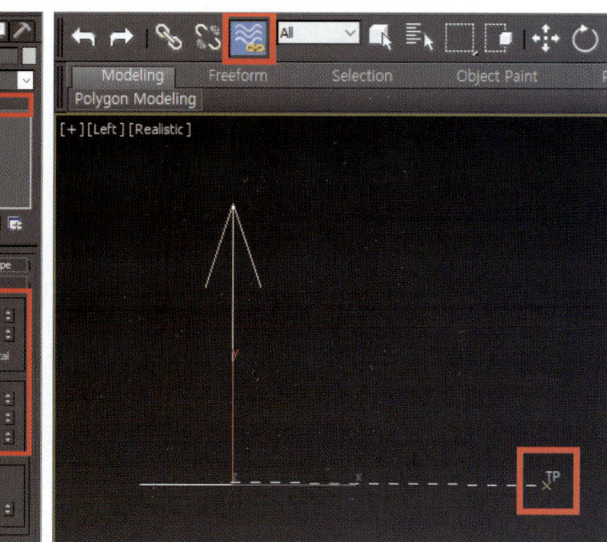

## 5. Dynamics

앞의 Volume Break를 통해 전달된 w_Crack의 Group을 Dynamic들과 연결시켜 줍니다.

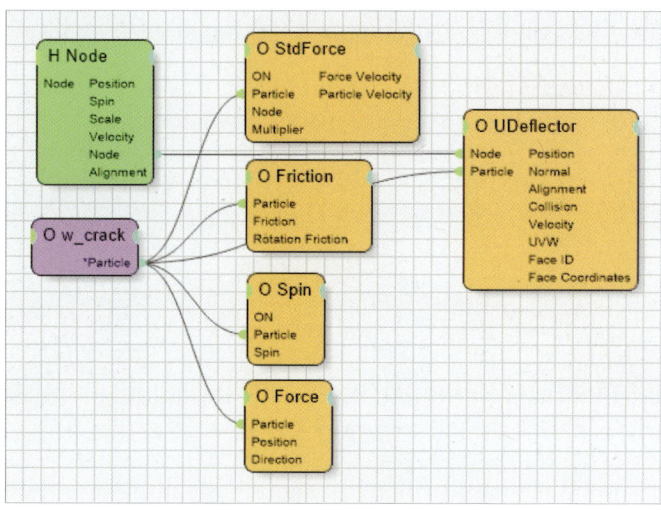 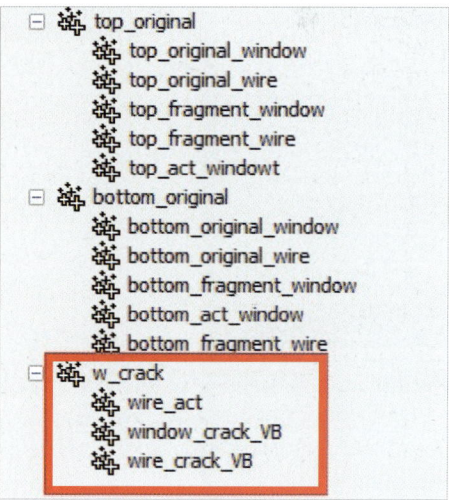

### 6. Simulation

현재까지의 과정을 Master Dynamic에 해당하는 Set에서 Cache Record를 통해 시뮬레이션을 해주도록 합니다.
시뮬레이션 과정이 끝나고 나서 Cache의 Play를 통해 시뮬레이션 결과를 확인할 수 있습니다.

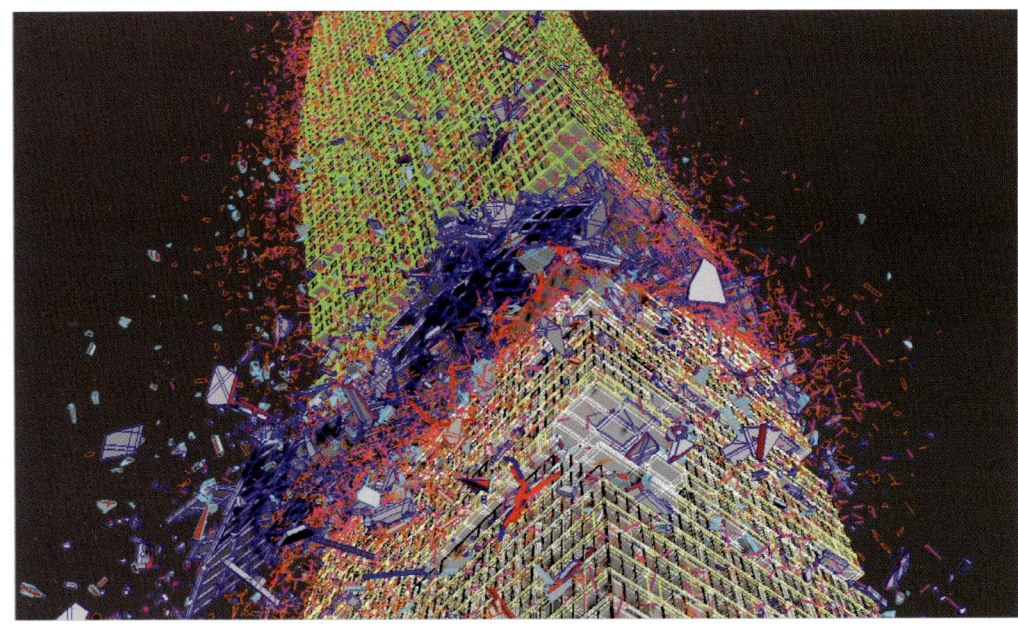

### 7. Delete

시뮬레이션 후 Preview 작업을 통해 무너지는 장면을 보면서 에러 등 불규칙적인 움직임을 가지는 불필요한 파편들을 삭제해 줍니다.

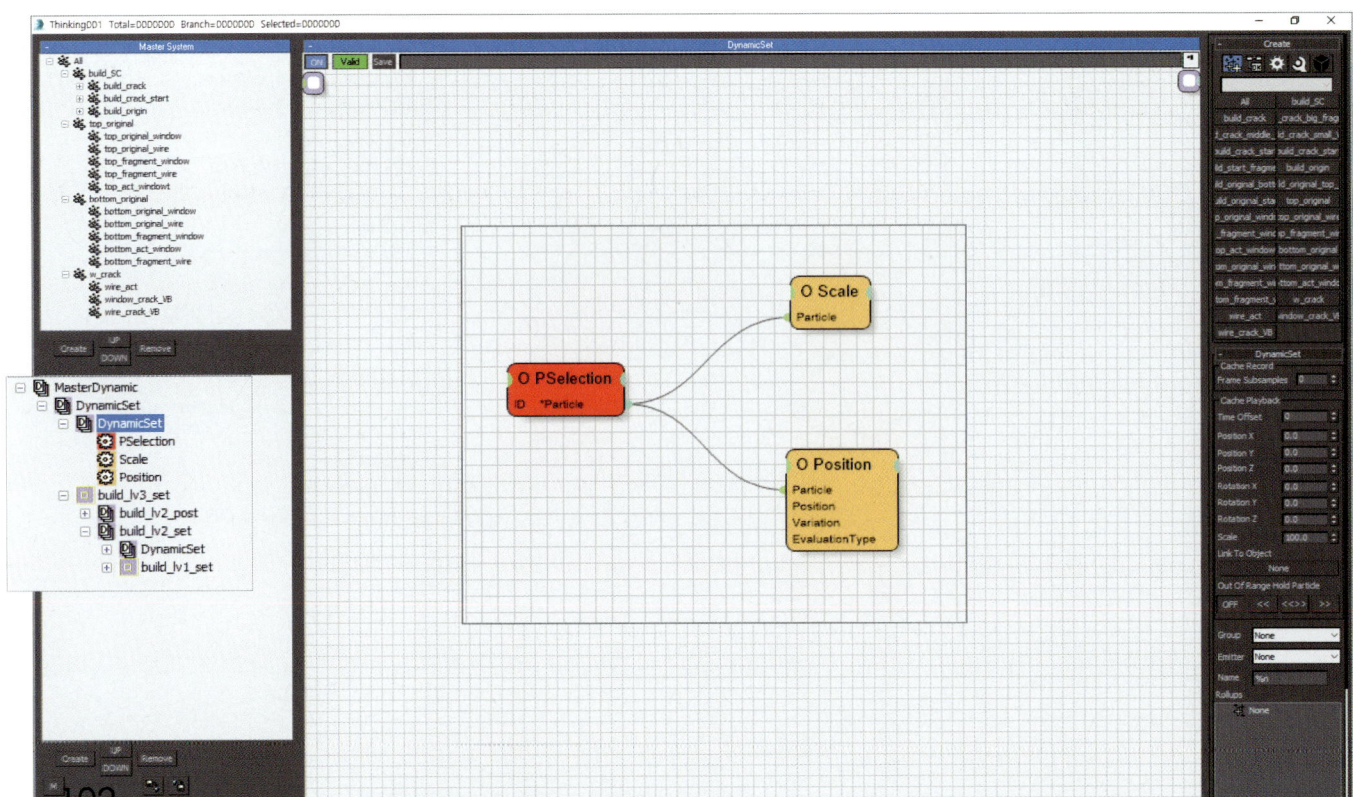

## 8. 추가 Bonus 설명

'예제 데이터' 안에는 앞의 설명과 또 추가로 Debris 세팅 부분이 포함되어 있습니다. 이 부분은 추가적으로 VolumeBreak을 진행하면서 지정해준 추가 Material ID에서 Deboris를 생성하는 Node 세팅을 첨부했습니다. 지면 관계상 모든 설명을 전부 설명해 드리지 못했지만, 지금까지의 설명을 참고해서 예제데이터를 공부하신다면 이해하실 것입니다.

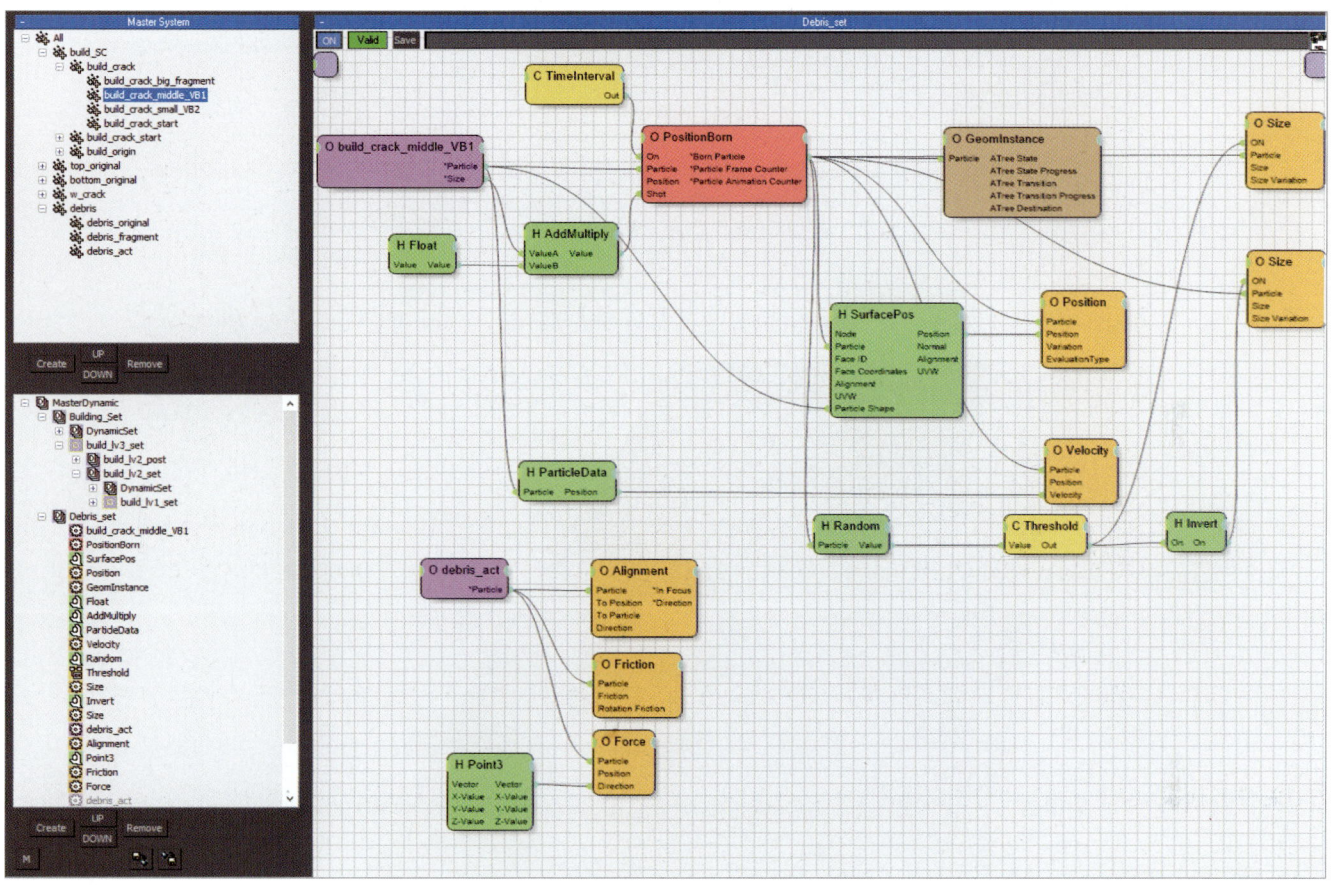

https://www.cebas.com/manual/thinkingParticles/ Manual을 참고하면 각 Node 별 사용법들을 좀 더 자세히 공부할 수 있습니다.

## Thkinking Particle의 Material 세팅

Master Dynamic의 최상위 구조에 Material_Set을 만들어 줍니다. 그리고 Master System의 최상위 Group인 All Group에 O ShapeMaterial 을 연결시켜 줍니다.

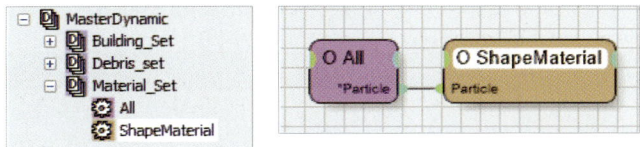

기본적으로 TP에서 Material을 설정해주지 않아도, 3ds Max 내의 오브젝트 재질이 그대로 사용되지만, 추가로 다른 Material을 사용해주고 싶을 때 사용하면 됩니다.

아래와 같은 렌더링을 위해서 "예제데이터 정덕문 〉build_Vray_render_set.max' 파일과 texture를 첨부했습니다.

# 6. Thinking Particle에서 Export 하기

## Thkinking Particle에서 Group 별로 오브젝트 Export 하기

TP에서 시뮬레이션 Cache 작업이 끝난 후, 오브젝트들을 Master System의 Group 별로 Export 하는 방법을 설명하겠습니다.

> Master System의 Group별 분류로 Export 작업을 해준다면, 건물의 전체 부분을 유리, 와이어 등 각각의 재질의 종류에 따라 제작할 수 있어 간편하게 재질을 넣어줄 수 있습니다.

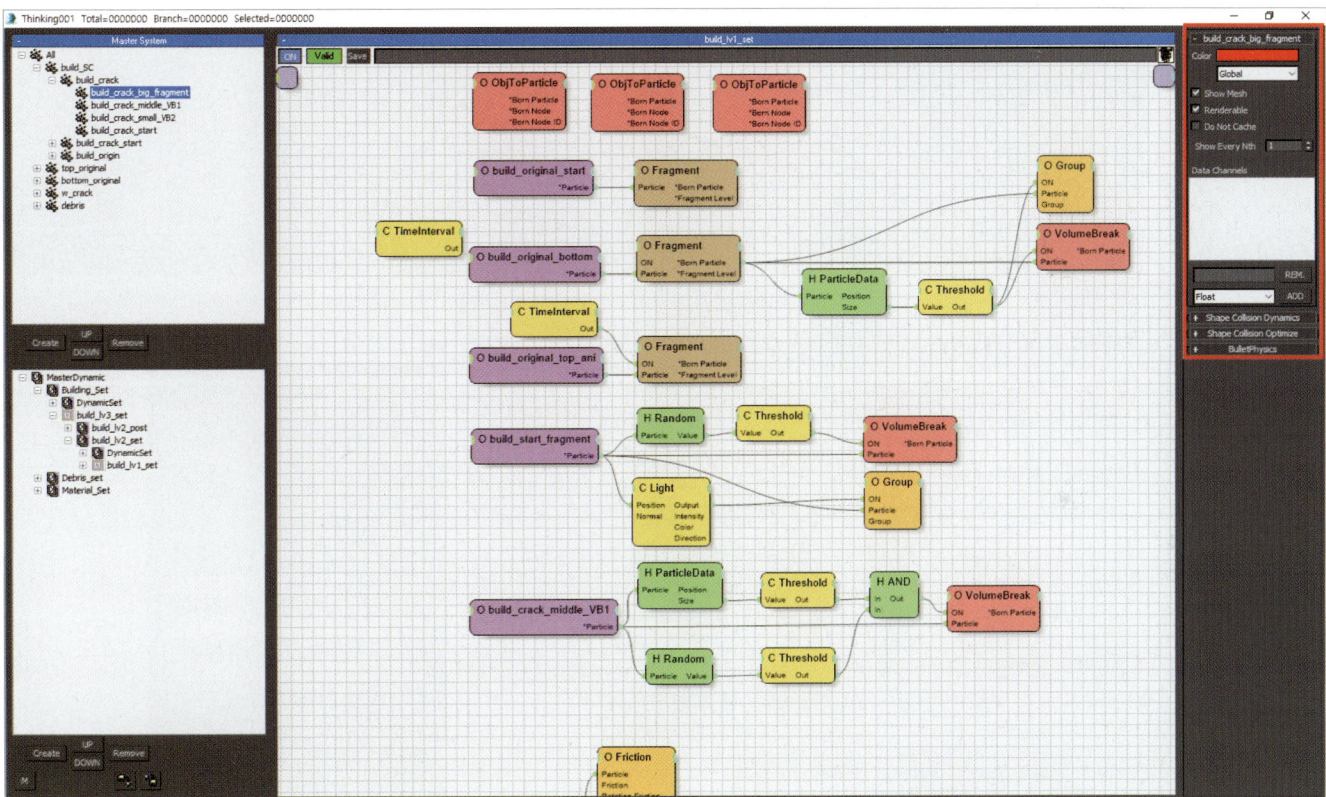

Export 작업을 진행해 줄 Group 별로 Show Mesh / Renderable를 체크하면 됩니다. 이 때 해당 Group을 포함하고 있는 상위 Group 역시 체크해야 합니다.

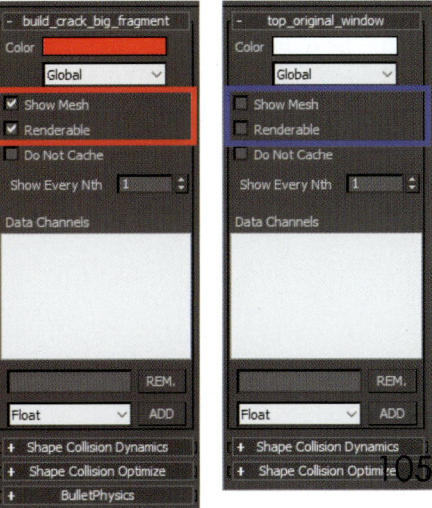

> 만약 유리, 와이어를 제외한 건물의 콘크리트 부분만을 Export 할 때는 나머지 유리, 와이어 Group 부분의 Show Mesh / Renderable의 체크를 모두 해제해야 합니다. 반대 상황일 때도 마찬가지입니다. 다소 귀찮을 수도 있지만 이러한 과정은 Alemic을 통한 Export 작업할 때 유용합니다.

### Thkinking Particle에서 Alembic 오브젝트로 내보내기

TP에서 시뮬레이션 된 Cache 오브젝트를 Export 하는 방법 중 대규모 시뮬레이션을 Export 할 때 가장 추천하는 방법입니다. Export 할 Group 들을 종류별로 체크한 후 Alembic으로 Export 하면 됩니다.

#### 1 Export

[Main Toolbar - Alembic - Alembic Export] 항목에서 Export를 선택합니다. 이때 Viewport나 Layer에서 반드시 TP를 선택한 후 Alembic으로 Export 해야 합니다.

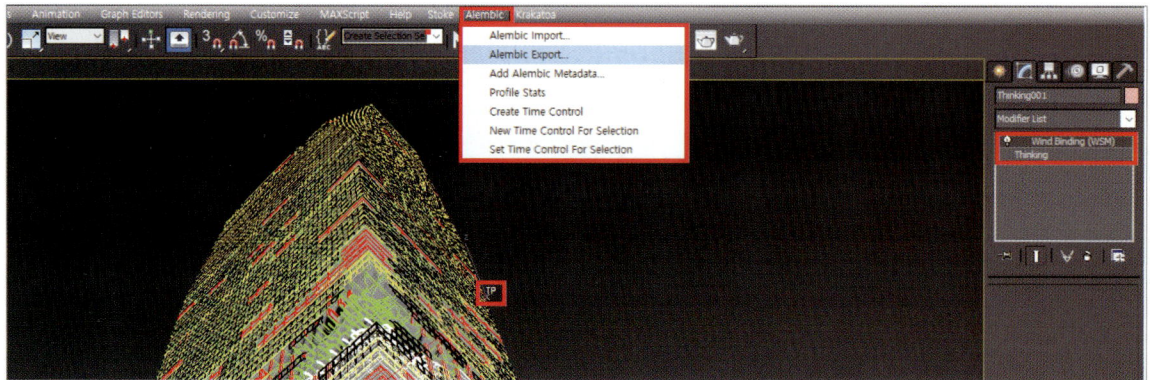

Alembic Export Settings의 체크 항목에 대해 알아보겠습니다.

Export 시, 기본 설정에서 몇 가지 부분을 수정해 줍니다.

**[Particle System Export Method]**

1. Automatic Instancing에서 - Merged Mesh로 변경해줍니다.
Merged Mesh로 Export 시 선택된 오브젝트 Group들이 하나의 Mesh 오브젝트로 각 Frame 별 Alembic Cache를 가집니다.

2. Flatten Hierarchy - 체크를 해제합니다.
Material Ids / UVS : Export 시 Alembic Data에 포함해 줍니다.

3. 아래 왼쪽의 Export 버튼을 클릭하면 됩니다.

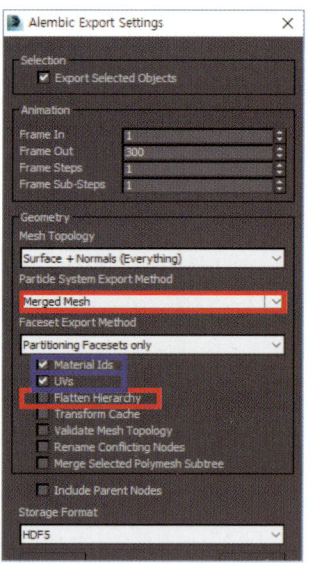

#### 2 Import

Alembic Import 항목에서 Import를 클릭한 후 Export 된 Alembic Cache를 불러옵니다.

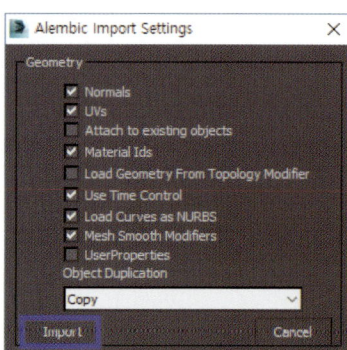

## Thkinking Particle에서 Export 작업 오브젝트로 내보내기

TP에서 시뮬레이션 된 Cache 오브젝트를 각각의 key를 가진 오브젝트로 Export 하는 방법을 설명하겠습니다.
Master Dynamic의 최상위 구조에 Export _Set을 만들어 줍니다. 그리고 Export 작업할 Group을 생성하고 O Export를 연결시킵니다. Quality의 입력 값이 100일 때 모든 오브젝트들이 생성됩니다.

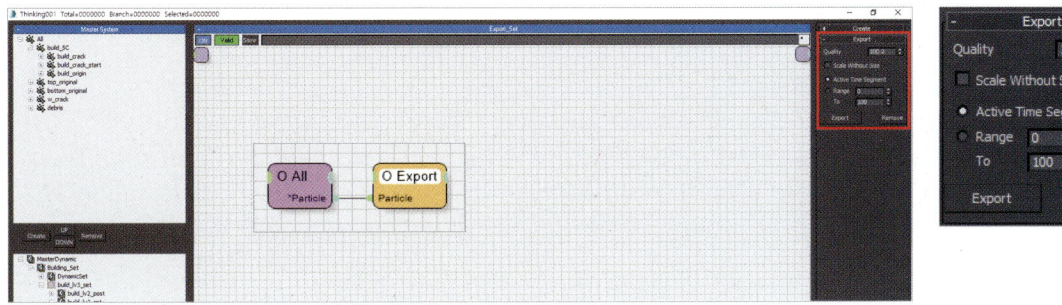

Active Time Segment가 체크되어 있어야 3ds Max 내에 설정된 Frame대로 Export 됩니다.

이런 대규모 시뮬레이션 작업에서 이렇게 각 Key를 가진 오브젝트를 Export 한다면, 엄청난 수의 오브젝트들이 생성되어 Scene 데이터가 비약적으로 늘어날 수 있어서 Viewport를 움직이지도 못할 수 있는 상황이 생길 수도 있으니 주의하시기 바랍니다.

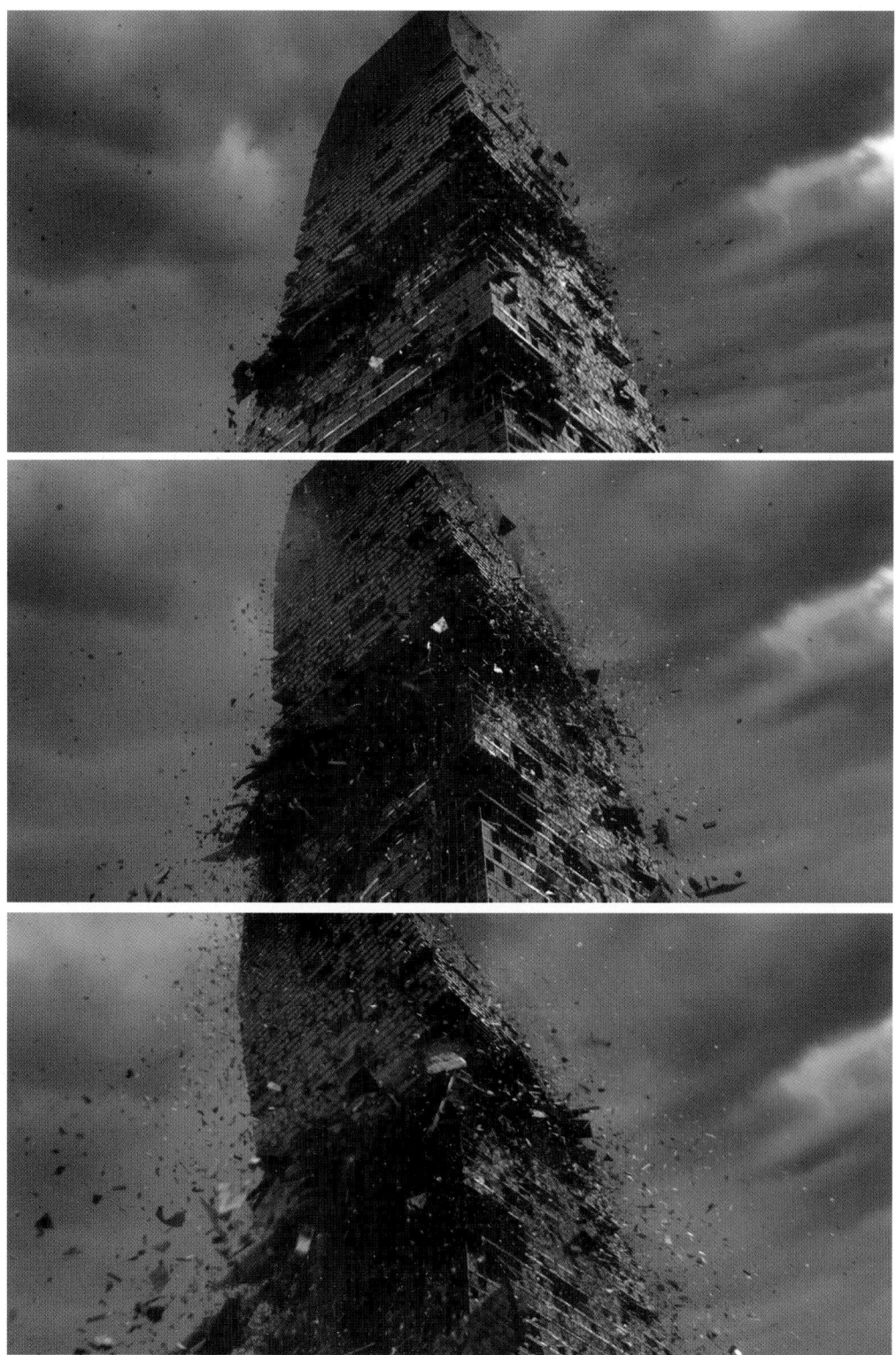

예제데이터 > 정덕문 폴더를 보면 관련된 예제데이터를 보실 수 있습니다.
완성된 최종 영상은 (https://vimeo.com/242543134)에서 확인할 수 있습니다.

이번에 Thinking Particle을 이용한 건물 붕괴 시뮬레이션에 대한 집필을 준비하며 개인적으로는 이펙트 관련 서적에서 다루지 않는 부분에 대해 설명해보면 어떨까 하는 생각에서 출발하게 되었습니다. 또한 이 책의 독자분들이 3ds Max와 Thinking Particle을 이용한 FX 워크플로우와 장점들을 보시면서 FX에 좀 더 쉽게 접근했으면 하는 바람으로 준비해보았으나, 알고 있는 정보를 글과 그림으로 표현하고 설명하는 과정은 정말 쉽지 않았습니다.

너무 방대한 주제를 설명 위주로 소개하지 않았나 하는 아쉬움도 있었지만, 이러한 설명들이 어딘가에는 조금이라도 도움이 될 것이라는 생각으로 계속해서 집필을 이어나갔습니다. 설명 과정 중 이해하기 어려운 부분도 있고, 설명의 순서가 조금 혼란스러운 부분도 있을 것입니다. 그럴 땐 다시 전 단계로 돌아가서 한 번 더 천천히 흐름을 살펴본다면 조금이나마 쉽게 해결될 수 있으리라 생각합니다. 필자 역시 수십 번 반복하면서 하나의 기능보단 전체적인 흐름을 배우며 여러 번의 재작업을 통해서 지금의 과정을 설명드릴 수 있었습니다. 완성된 예제데이터를 다운로드한 후 TP의 기능들을 직접 구현해보면서 연구와 분석을 한다면 좀 더 쉽게 이해될 것이라 믿습니다.

개인적으로는 좀 더 많은 정보와 설명을 전하고 싶었지만 한정된 짧은 지면으로 소개해야 하다 보니 아쉬움이 많이 남습니다. 이번 설명을 통해 3ds Max와 Thinking Particle의 강력한 FX에 대한 흥미와 재미를 느끼셨다면 저 역시 많은 보람을 느낄 것 같습니다. 이번 원고를 집필하면서 도움을 주신 박민수 님, 이혁 님께 감사의 말씀을 전합니다.

마지막으로, 복잡하고 지루한 설명들을 읽어주신 독자분들께 감사의 말씀을 드립니다. 앞으로도 다양한 정보 공유 매체에서 작업했던 프로젝트나 영상으로 계속 찾아뵙겠습니다. 감사합니다. the GAME GRAPHICS

# 이펙트 아티스트를 위한
# 감마와 리니어 렌더링 이야기

감마(Gamma)는 이펙트 아티스트뿐만이 아닌 모든 그래픽 영역에서 중요한 내용입니다. 캐릭터나 배경에서 높은 품질을 만들려면 감마 코렉션(Gamma Correction)을 고려해야 한다는 말도 들어봤을 것입니다.

또한, 이펙트 아티스트는 다른 그래픽 영역보다 특히 감마(Gamma)와 리니어(Linear)에 좀 더 밀접한 관계를 맺고 있는 영역이기도 합니다. 이펙트와 쉐이더는 눈으로 보이는 것 만이 아닌, 수치와 데이터로 작업해야 하는 경우가 다른 직종보다 상당히 많으며 대부분 알파 블렌딩으로 제작되기 때문에 색상의 블렌딩에 대해서도 민감하게 고려해야 하기 때문입니다. 실제 개발자들은 이것이 '중요하다'라는 것은 들어서 알고 있지만, 세부적인 내용에 대해서는 정확히 모르고 있는 경우가 꽤 있어서 실제 감마 코렉션의 효과를 적절하게 사용하지 못하는 경우도 현장에서 심심치 않게 볼 수 있었습니다.

따라서, 여기서는 이펙트 아티스트를 중심으로 이 부분을 쉽게 풀어서 해석해 보고, 실무에서 적용하는 이유와 방법에 관해서 설명해 보겠습니다.

**글_정종필(대마왕)** | 청강문화산업대학 교수 | jpcorp@hanmail.net

1992년 친구들과 아마추어 게임개발팀 HQ Team에서 [충무공전]을 제작한 후, [임진록] 시리즈와 [천년의 신화] 등에서 그래픽 팀을 이끌었다. 이후 [군주] 제작에 참여한 후 [아틀란티카]에서 테크니컬 아티스트로 전직하면서 [삼국지를 품다]의 제작에 참여했다. 〈엔도어즈〉에서 테크니컬 아트 디렉터로 활동했으며, 현재는 청강문화산업대학에서 게임개발 강의에 전념하고 있다. 명저 〈유니티 쉐이더 스타트업〉의 저자이자, '대마왕'이라는 닉네임으로 유명한 게임개발자이기도 하다.

# 01. 감마 보정 (감마 코렉션 : Gamma Correction)

### 베버의 법칙

감마 보정을 설명하기 위해서는 먼저 베버의 법칙(Weber's law)에 대해 알아보는 것이 좋습니다. 생리학자인 E. 베버가 발견한 이 법칙은 다음과 같이 설명되어 있습니다.

> '자극을 받고 있는 감각기에서 자극의 크기가 변화된 것을 느끼려면 처음에 약한 자극을 주면 자극의 변화가 적어도 그 변화를 쉽게 감지할 수 있으나 처음에 강한 자극을 주면 자극의 변화를 감지하는 능력이 약해져서 작은 자극에는 느낄 수 없으며 더 큰 자극에서만 변화를 느낄 수 있다는 법칙이다.'
>
> [네이버 지식백과] 베버의 법칙 [Weber's law] (두산백과)

위의 설명을 읽어 보았지만 이해하기 쉽지 않으니, 좀 더 쉽게 해석해봅시다.

여기 완전히 검은 화면이 있습니다.

사실은 방이지만 조명이 하나도 없는 상태여서 이렇게 보이는 것입니다. 인쇄 실수처럼 보이지만 의도된 검은 화면입니다.

여기에 조명을 1개 설치해 봤습니다.

갑자기 조명이 설치되니 인상이 확 바뀌었습니다. 감각적으로도 주목되어 시선이 쏠리게 됩니다. 어두운 곳에서 빛을 만나면 굉장히 반갑죠.

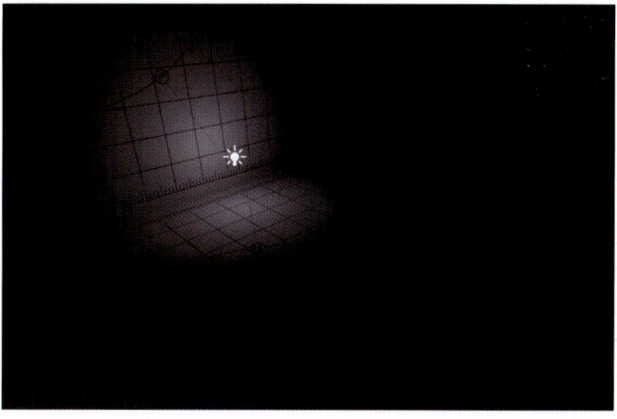

111

조명을 하나 더 늘려 보았습니다. 아까만큼은 아니어도 여전히 인상적으로 변화가 느껴집니다.

이렇게 완전히 검은 화면에서 빛이 한두 개 추가되면 인간은 감각적으로 그 부분을 인상적으로 집중하게 됩니다. 그래서 이런 주목 효과는 영화나 사진에서 굉장히 많이 쓰이는 기법이기도 합니다.

그렇지만 이 감각은 서서히 무뎌지기 시작합니다. 빛이 0개에서 1개, 2개로 늘어날 때는 확연히 바뀌었던 이 느낌이, 10개에서 11개, 12개로 늘어날 때에는 그 변화를 눈치채기 힘듭니다.

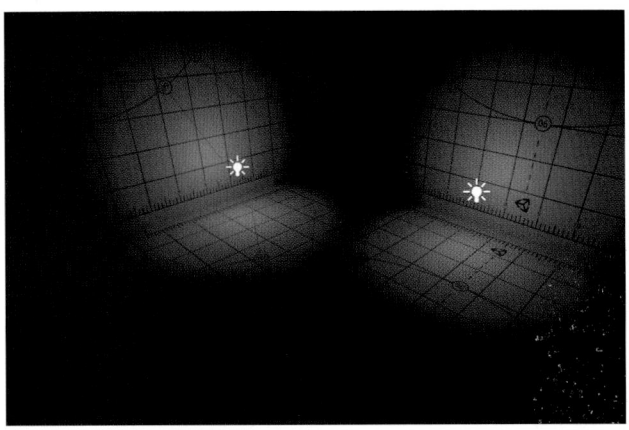

이번엔 10개의 빛이 있는 장면입니다.

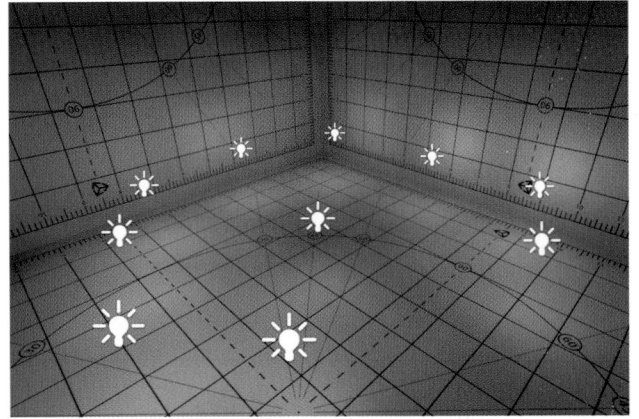

이것은 11개 있는 장면입니다.

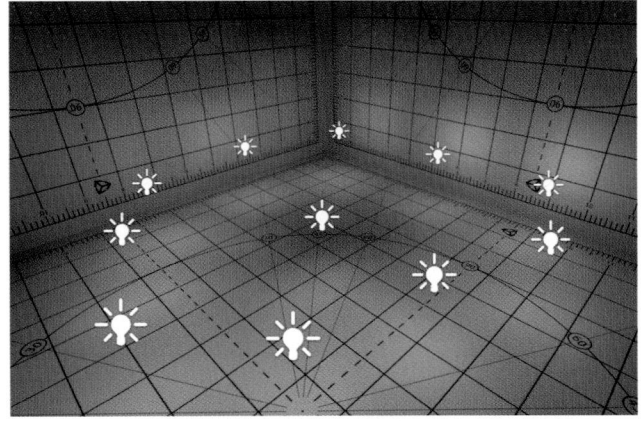

이것은 빛이 12개 있는 장면입니다.
놀랍게도 전체적인 차이가 별로 느껴지지 않습니다.

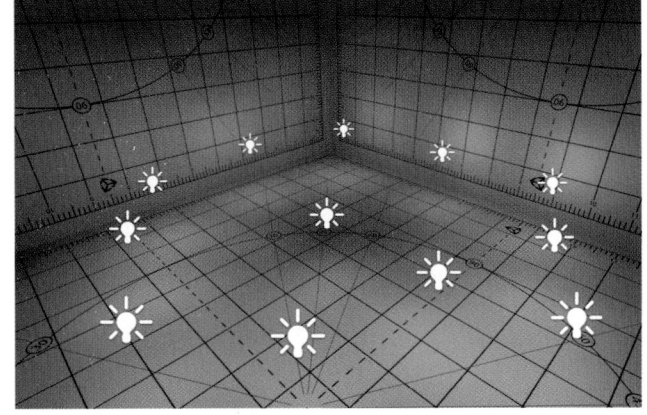

실제 인간에게 이런 감각의 역치(閾値. Threshold value. 일반적으로, 반응 그 밖의 현상을 일으키기 위해 가하지 않으면 안 되는 최소의 에너지 값)는 자주 일어나게 됩니다. 군대 훈련소 시절에 몰래 먹었던 소중한 건빵 한 봉지와 진수성찬을 먹고 났을 때 추가로 먹는 고급 햄 한 조각의 느낌 차이, 조용한 도서관 안에서 들리는 헛기침 소리의 감각과 시끄러운 공연장에서의 친구의 말소리 차이 등등

**인간은 '자극이 없는 상황에서 추가된 작은 자극'은 민감하게 느끼면서, '이미 많은 자극이 있는 상태에서 추가되는 자극'은 둔감하게 느낀다는 것입니다.**

## 모니터에서의 감마 보정

그리고 이번에는 우리가 가지고 있는 모니터로 생각해보겠습니다.
아래 그림은 정확한 그라데이션을 그리고, 밝기에 따라 64단계로 나누어 본 그림입니다.

인쇄와 모니터의 출력 방식은 전혀 달라서 위 그림이 제대로 인쇄되어 나올 것인지 걱정스럽습니다만, (모니터는 RGB에 의한 가산 혼합이고 인쇄는 CMYK에 의한 감산 혼합인 것은 모두 알고 계실 겁니다. 그러므로 분명 위의 저 이미지는 제대로 안 나올 겁니다!! ). 위에서처럼 선형(리니어)으로 그려진[1] 그라데이션을 모니터로 본다고 했을 때, 밴딩현상[2]이 드러나는 부분은 어두운 부분쪽에 집중되어 있음을 볼 수 있습니다. 밝은 부분도 밴딩현상이 일어나고 있을 것입니다만, 우리 눈에는 잘 느껴지지 않지요.

이렇게 모니터를 보는 사람의 눈도 베버의 법칙에 따라, 어두운 부분의 색상 변화가 밝은 부분의 색상 변화보다 더 민감하다는 것을 알 수 있습니다. 물론, 모니터에서 64단계의 밝기로 화면을 표현할 리는 없으니 밴딩 현상이 위 그림처럼 심하게 보이지는 않을 겁니다. 그렇지만 일반적으로 우리가 사용하는 모니터에 출력되는 각 채널의 밝기는 0~255 단계 (8bit) 입니다. 이 정도의 단계도 사실 밴딩현상을 완벽히 숨기기에는 무리가 있습니다.[3] 거기다가 사람의 눈은 [베버의 법칙]에서 설명했던 것과 같이, 어두운 부분에서 밝은 영역까지 공평한 비율로 증가하도록 늘어나도록 (리니어하게) 배치하면 그것을 공평하게 증가한다고 느끼지 못하고 어두운 부분에서 갑자기 밝아진다고 느끼게 됩니다. 위 그림을 다시 보면, 어두운 부분이 충분히 많지 않고, 밝은 부분으로 급격하게 변한다고 느끼실 수 있으실 겁니다

그래서 우리가 가지고 있는 모니터는, 이렇게 인간의 감각에 맞춰 어두운 부분의 변화도를 늘여 버리는 시도를 하게 됩니다.
즉 '사람의 눈이 어두운 부분의 변화에 민감하니, 어두운 쪽에 출력 단계를 집중시키고 밝은 부분은 띄엄띄엄 처리하도록 하자!' 라는 것입니다. 이것을 '감마 영역' 이라고 합니다.

즉, 아래와 같은 이미지를,

〈원본 이미지 : 리니어 상태 〉

아래처럼 어둡게 출력하는 것입니다.
이전보다 뭔가 어두운 이미지가 밝아지는 비율이 자연스러워진 것 같지 않나요?[4]

〈감마 영역의 모니터 출력 이미지〉

---

1. 그래픽 아티스트 분들에게 '선형으로 그려졌다' 라는 말은 매우 낯선 말일 것입니다. 그저 '정확한 비율로 증가하는 그라데이션'이라고 생각하면 됩니다. 그라데이션을 그래프로 표현하면 직선으로 그려지기 때문에 선형(Linear) 라고 부릅니다. 여기서는 '리니어(Linear. 선형)'라 부르겠습니다.
2. 줄무늬 현상
3. 밴딩현상이 보이지 않으려면 11비트 이상이 필요하다고 합니다.
4. 계속 말씀드리지만, 모니터와 인쇄는 전혀 다른 출력 결과를 나타내기 때문에 책으로 이 내용을 전달하는 것은 한계가 있음을 알려 드립니다.

이렇게 하면 이미지의 출력의 상당 부분이 어두운 부분에 집중되므로, 어두운 부분의 변화에 민감한 디스플레이를 만들 수 있습니다. 하지만 결과적으로 모니터에 나오는 이미지는 원래 이미지보다 어둡게 출력되게 됩니다. 이 내용을 그래프로 보면 다음과 같습니다.

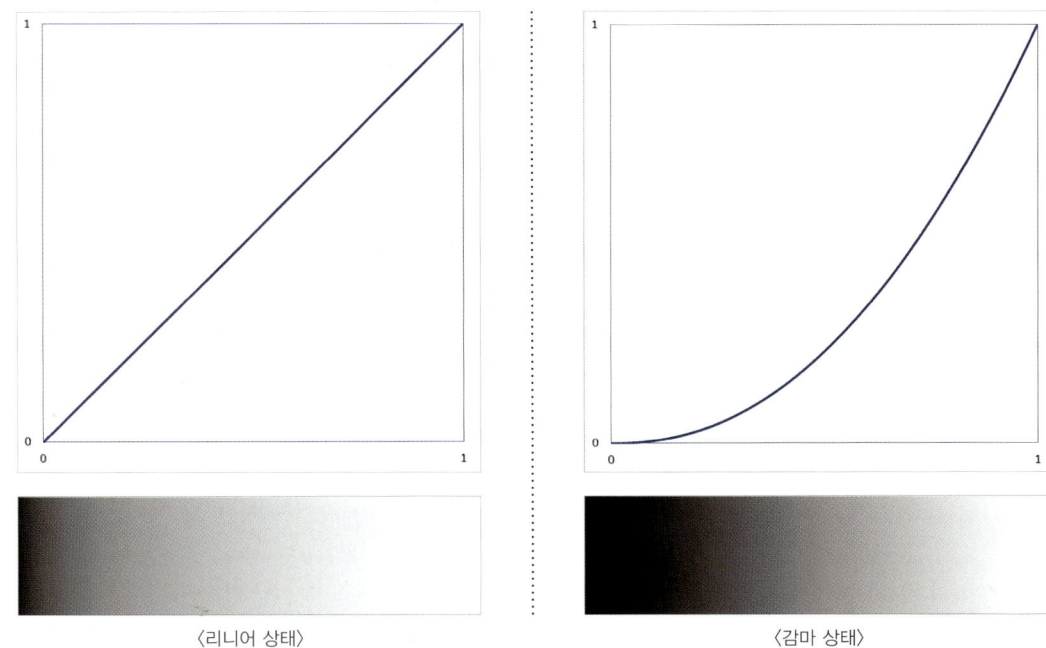

〈리니어 상태〉　　　　　　　　　　　　　　　〈감마 상태〉

이렇게 모니터의 출력을 사람의 감각 역치에 따라 비선형적으로 보정하는 색 공간을 감마 공간이라고 부릅니다.

밴딩 현상을 없애려는 많은 노력을 하고 있지만, 밴딩 현상은 여전히 TV 등 우리 주변에서 심심치 않게 볼 수 있곤 합니다. 특히 어두운 장면이나, 하늘처럼 넓은 그라데이션 부분을 집중해서 보면 잘 보이곤 합니다.

〈 Steve F. https://www.geograph.org.uk/photo/1068397. The Foston by pass on the A1 North〉

여러분은 이제 대마왕의 저주에 걸렸습니다.
이제 TV 등을 볼 때 저 밴딩 현상이 자꾸 신경쓰여서 편안하게 볼 수 없게 될 것입니다.

## 이미지의 sRGB 공간

이제 모니터가 어둡게 화면을 출력한다는 것을 알게 되었을 것입니다.
그럼 이번에는 이미지 그 자체에 대해서만 생각해보겠습니다.

단순히 모니터가 화면을 원래보다 어둡게 출력한다는 것은, 사진이나 그림도 우리가 원하는 것보다 어둡게 출력된다는 것으로 생각되지 않겠습니까? 이제 이것은 너무나도 당연한 것입니다.

만약 우리가 강아지 사진을 찍었다고 생각해 보겠습니다.
이 이미지는 어쨌거나 우리가 원하는 이미지입니다. 그리고 이것을 리니어하다라고 부를 수 있습니다. 우리 느낌으로는 말이죠

```
output = pow( Input , 1);
```

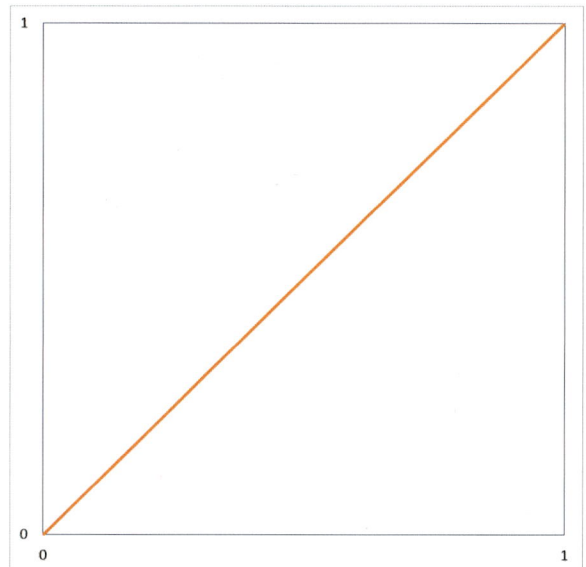

〈단비. 말티즈 ♂. 8세. 귀엽다고 해주세요 〉

이 사진을 그대로 모니터에 출력한다면 지금까지 설명했던 것처럼 모니터는 어둡게 출력하므로 다음과 같이 출력될 것입니다. 이렇게 어둡게 만드는 행위를 '감마 영역으로 이동한다.' 라고 합니다.

```
output = pow( Input , 2.2);
```

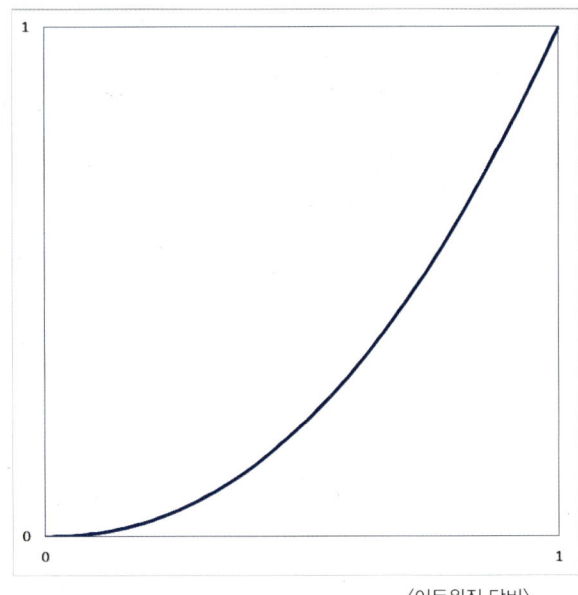

〈어두워진 단비〉

그렇지만 만약 우리가 사진을 찍었는데 저렇게 어둡게 화면에 나오게 된다면, 아마도 우리는 카메라나 모니터 중 무언가가 고장 났을 것이라고 생각했을 것입니다. AS센터에 전화를 걸지도 모르죠. 그래서 사실 컴퓨터에서는, **우리가 사진을 찍으면 그 이미지가 저장되는 순간 이미지를 '밝게' 바꾸어 저장해 둡니다.** 우리는 전혀 알아채지 못하지요. 하지만 예전부터 지금까지 계속 우리 몰래 일어났고, 현재도 일어나고 있는 일입니다. 그리고 이 밝아진 이미지를 우리는 '**sRGB 공간에 있다**'라고도 말합니다.

```
output = pow( Input , 0.45);
```

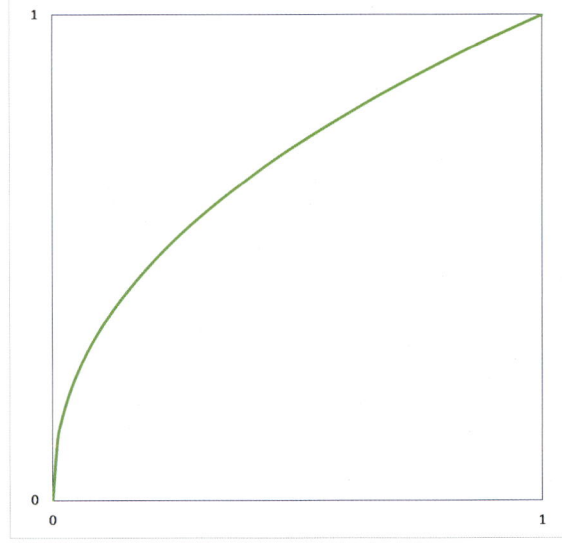

〈밝아진 단비〉

이렇게 이미지를 밝게 만들면 – sRGB 영역으로 이미지를 저장하면 – 모니터에서는 감마로 어두워질 테니, 결론적으로 원래 우리가 보던 것과 같은 밝기를 가진 이미지를 볼 수 있게 되는 것입니다. 결국 우리의 메모리카드나 하드디스크에는 밝아진 이미지가 저장되어 있지만, 우리는 모니터를 통해서 이렇게 다시 어두워진 이미지를 볼 수밖에 없었으니 그동안 눈치를 챌 수 없었던 것입니다.

〈사진 찍기 전 원래의 귀여운 단비〉

〈사진에 찍혀서 메모리카드에 저장된 밝아진 귀여운 단비〉

〈모니터에서 다시 어두워져서 제 밝기를찾은 귀여운 단비〉

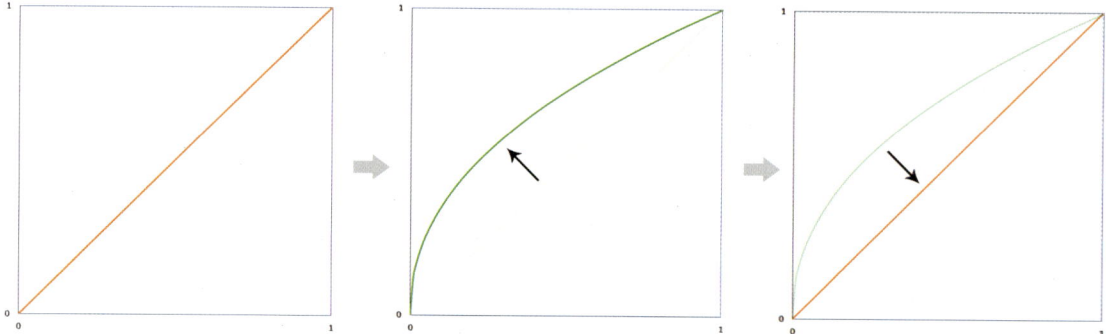

언뜻 생각해 보면 원래 이미지를 밝게 만들고 , 그걸 다시 어둡게 만들어서 제자리로 돌아오게 만들었으니 별 쓸모없는 일을 한 것이 아닐까? 라는 생각이 듭니다만, 저 그래프는 '눈에 들어오는 밝기' 만을 생각한 것이고, 사실 여전히 모니터는 어두운 부분을 더 정밀하게 출력하는 상태는 그대로이므로 결과적으로는 **'밝기 차이는 그대로이지만, 사실은 결과적으로 밝기는 그대로 두면서 어두운 부분만 더 정밀하게 출력하고 있는 상태'가 된 것입니다.** [5]

그러므로 우리는 사진에서 '원래보다 더 밝게 저장하고, 모니터는 어둡게 보여줘서 결국에는 원래 밝기로 보이게 된다'라는 것을 알게 되었습니다.

---

5. 당연히 상대적으로 밝은 부분의 정밀도는 떨어진 상태입니다. 어쨌거나 8비트라는 낮은 대역폭으로 좋은 품질의 화면을 전송할 수 있게 되었다는 데 의의가 있습니다.

그렇다면 우리가 포토샵에서 그림을 그린다면 어떨까요? 사진이 아닌, 컴퓨터에서 그린 그림은 어떻게 된 상태일까요?

포토샵으로 이러한 그림을 그렸다고 생각해 봅시다.
우리는 모니터를 통해서 이 그림을 보고 있고, 이 상태로 그렸습니다. 우리가 마음에 드는 색감과 밝기임에 틀림없습니다. 이 이미지는 우리에게는 리니어(Linear)한 이미지입니다.

그렇지만 이것 역시 저장은 밝게 되어 있습니다. 우리 몰래 말이지요.

우리 눈에 보이는 그림은 무조건 모니터 때문에 어두워진 상태이고, 그럼에도 불구하고 정상으로 보이는 이유는 내부적으로는 무조건 밝게 저장된 상태(sRGB)이기 때문입니다.

〈하드디스크 내부에 진짜로 저장된 상태〉　　　　〈우리 눈에 보이는, 어두워진 상태〉

하지만 우리는 이런 상황을 직접 볼 수 없습니다. 말 그대로 모니터를 통해 볼 수밖에 없는 우리는, 하드디스크 안에 들어 있는 이미지를 볼 수 없으므로 이렇게 짐작할 수밖에 없습니다. 그리고 그동안 우리는 전혀 불편함을 느낄 수도 없었고, 알 필요도 없었으며, 이런 내용을 모르고 살아도 아무 문제 없었던 것입니다.

## 데이터로 제작한 이미지

이렇게 '모니터가 어둡게 출력하므로 사실 이미지는 밝게 저장하고 있었다' 라는 것은 알겠지만, 그동안 불편한 점은 없었습니다. 중간에 밝아졌다 어두워졌든 말든 우리가 그린 그림은 어쨌거나 같은 느낌으로 최종 이미지로 잘 나왔기 때문입니다.

그렇지만 이제 그건 옛날이야기입니다.
특히 그래픽 아티스트가 '데이터'로 이루어진 이미지를 다룰 때 이 감마가 문제를 일으키게 됩니다.

바로 예를 들어 보겠습니다.

포토샵에서 그라디언트 툴을 이용해 그린 그라데이션입니다.
검은색부터 흰색까지, 수학적 계산에 의해 정확하게 그려진 것입니다. 그렇지만 정말로 저게 정확한 그라데이션일까요?

한 번 증명을 해보겠습니다.
일단 그라데이션이라면 왼쪽이 0 오른쪽이 255, 가운데가 128일 겁니다. 가운데는 완벽한 회색이지요. 계산을 통해 만들어진 이미지이므로, 정확하지 않을 리가 없습니다.
스포이드로 찍어 보면 확실히 128이라고 나옵니다.

그럼 이제 모니터를 믿을 수 없으니 진정한 회색을 만들어 보겠습니다.
진짜 회색을 만드는 법은 다음과 같습니다.

**1** 포토샵에서, 검은색과 흰색을 한 픽셀씩 번갈아 가면서 찍어줍니다. 검은색과 흰색은 감마나 리니어 어느 상황이라도 불변하기 때문입니다.

**2** 화면의 확대축소를 반드시 100%로 해 줍니다. 애매한 비율이 되면 모아레 현상이 생기면서 정확한 색상이 보이지 않을 수 있습니다. 이 부분을 주의하는 것이 중요합니다.

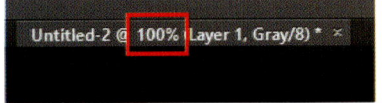

**3** 이제 이 흑백을 한 픽셀씩 번갈아 찍은 이미지를 조금 멀리에서 보면, 병치혼합(併置混合)으로 인해 두 색이 공평하게 섞인, 회색이 보이게 될 것입니다. (눈을 가늘게 뜨고 보는 것도 좋습니다.)

이 이미지와 RGB 수치와 비교를 해 보면 다음과 같습니다. 책에서는 사람의 눈으로 모니터를 본 것과 비슷하게 나오지 않을 가능성이 크기 때문에 굳이 그 결과를 사진으로 찍어서 올려놓았습니다.

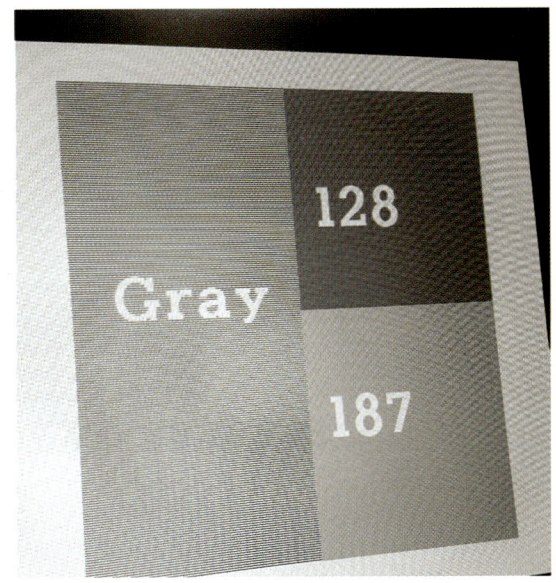

해당 데이터는 파일은 예제데이터 Gray.png 파일로 제공해드렸습니다. 직접 포토샵을 이용해 모니터에서 100% 크기로 이미지를 확인해 보세요.

포토샵에서 그린 이론적 회색인 128은, 흰색과 검은색을 한 줄씩 섞어서 만든 '진짜' 50% 회색보다 상당히 어두운 것을 알 수 있습니다. 오히려 굉장히 밝다고 생각되는 187이 진짜 회색이 가깝다는 것도 볼 수 있군요. (인쇄는 모니터와 전혀 다르기 때문에 책으로는 절대 제대로 보이지 않습니다. 직접 파일을 받아 모니터에서 테스트해보거나, 포토샵에서 만들어서 확인해 보세요)

즉, 포토샵에서 만든 이 색은 '실제 회색보다 어두운색' 이라는 겁니다. 지금부터 그 이유를 다시 보도록 하겠습니다.

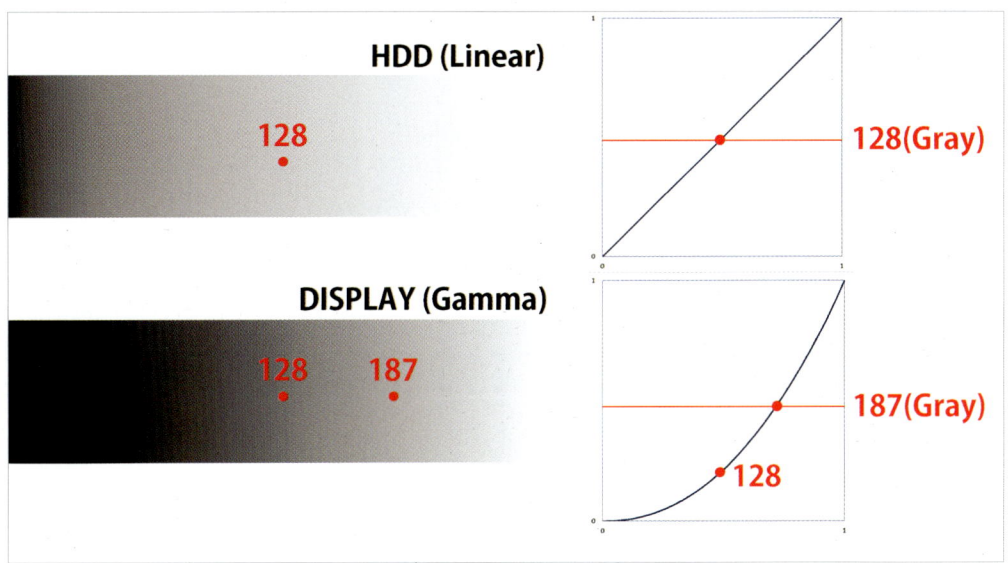

우선 컴퓨터에서 계산되면서 HDD에 저장되는 이미지는 리니어 합니다. 우리가 눈으로 보면서 그린 것이 아니라 순수하게 계산으로 나온 이미지이기 때문에 정확할 수밖에 없습니다. 그것이 128이 회색인 이미지 (위쪽 HDD) 입니다.

그렇지만 모니터에는 Gamma 영역으로 어둡게 이동되어 보이기 때문에, 결국 눈으로 보는 128은 제대로 된 회색이 아닌, 매우 어두운 색이 될 수밖에 없는 것입니다. (아래쪽 DISPLAY)

이렇게 문제는 '데이터로 생성된 이미지' 일 때 일어나곤 합니다. 일반적인 그림 이미지들은 sRGB로 처리해도 괜찮습니다만 – 우리가 원하는 밝기로 보면서 만들었기 때문이지요 – 데이터로 생성된 이미지들은 이렇게 그냥 일반적인 sRGB로 처리하게 되면 정확하지 않은 데이터가 되어 버려서 문제가 생기게 됩니다.

그렇다면 데이터로 처리되는 텍스쳐는 어떤 것이 있을까요?

- **Normal Map** : 노멀맵은 완벽한 '데이터 이미지' 입니다. 각 픽셀의 색상은 벡터 방향을 의미하고 있기 때문에 처음 생성될 때부터 툴을 통해 수학적으로 생성되며, 당연히 Linear RGB로 생성됩니다.

- **Mask Map** : Metallic이나 Roughness, Smoothness, Height 등의 맵은 텍스쳐라기 보다는 일종의 데이터 파일입니다. 쉐이더나 이펙트에서 제어용으로 자주 쓰이는 Rampmap / Flowmap 등도 마찬가지입니다.

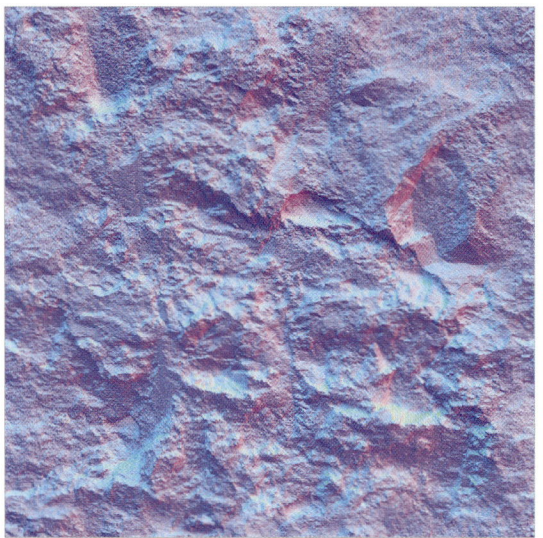

그렇기 때문에 쉐이더나 이펙트를 다루는 사람들은, 이 이미지가 데이터로 제작된 리니어 이미지인지, 텍스쳐 리소스용으로 제작된 sRGB 이미지인지 정확하게 파악하고 있어야만 합니다.

### 요점정리

감마란, 인간의 인지적 특성에 따라 모니터가 어둡게 출력하는 현상(Gamma)을 말하며, 모든 텍스쳐는 감마 공간으로 화면에 보여야 하므로, 우리가 원하는 이미지보다 밝게 저장되어 있다(sRGB). 그래서 우리가 원하는 밝기로 모니터에 나오는 것이다.

그렇지만 노멀맵이나 마스크 맵 등 수학적으로 생성된 텍스쳐들은 더 밝게 저장되지 않고 그대로 저장되기 때문에 (Linear), 이러한 텍스쳐들은 그냥 출력하게 되면 제대로 된 값보다 어둡게 나오게 되어서 틀린 결과가 나오게 된다. 즉, 모니터에 출력되는 이미지는 우리가 원하던 결과물이 아니라는 것을 알아야 한다.

# 02. 리니어 파이프라인 (Linear Pipeline)

감마(Gamma)가 무엇인지, sRGB 이미지와 리니어 이미지가 무엇인지에 대해서도 배웠습니다.
이번에는 여기에 맞게 실제 엔진에서 사용하는 법을 알아보겠습니다.

## 리니어 렌더링( Linear Rendering) 적용하기

우선 설명해야 하는 것은 리니어 렌더링 입니다.
유니티의 경우를 보면, Edit / Project Settings / Player에서

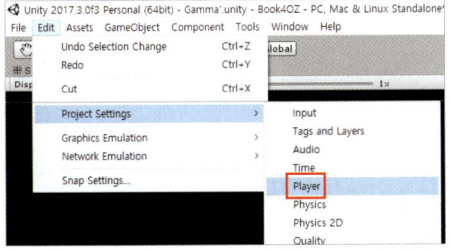

Other Setting에서 Color Space를 Gamma에서 Linear로 바꿔 주면 됩니다.

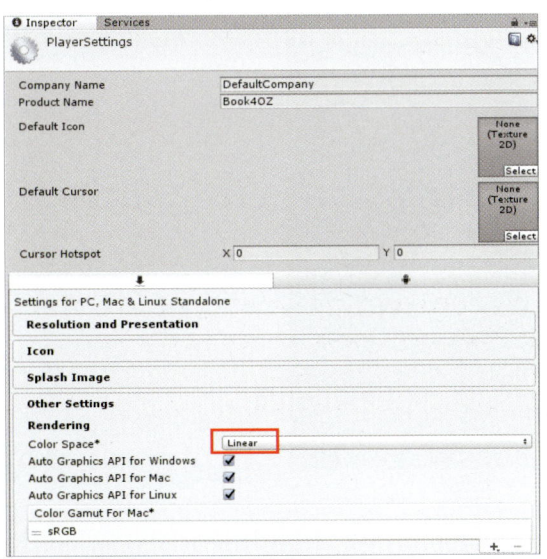

하지만 안드로이드라면 좀 더 귀찮은 작업을 해야 합니다.
일단 안드로이드 메뉴에서 Linear로 바꾸면, 경고문이 같이 뜨는 것을 볼 수 있습니다.

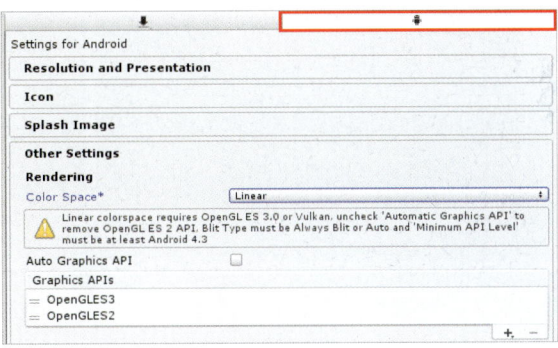

경고문이 나오는 이유는 이것입니다.
리니어 렌더링은 안드로이드에서 Tier 2 이상의 기기, 즉 OpenGL ES 3 이상이나 Vulkan에서만 지원합니다. 갤럭시로 따지면 갤럭시 S3에서는 안 되고, 갤럭시 노트 3부터 가능하다는 말이 되겠지요. 그래서 모바일에서 리니어 렌더링을 지원하려면 낮은 기기의 지원을 포기하는 옵션으로 다음과 같이 바꿔야 합니다.

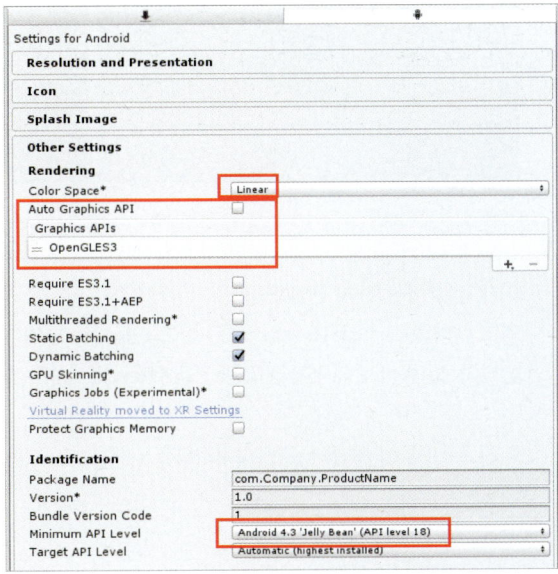

일단 Auto Graphic API를 꺼서 그래픽 API를 수동으로 바꿔줍니다.
그리고 리니어가 지원되지 않는 OpenGL ES 2를 지워줘서 OpenGL ES 3만 남겨줍니다.
또한 Minimum API Level을 4.3 이상으로 올려줍니다.

이렇게 되면 OpenGL ES 2까지만 지원하는 기기에서는 구동되지 않지만, 안드로이드에서 리니어 렌더링이 가능하게 됩니다. 마찬가지로 IOS에서도 메탈 API와 함께 IOS 버전 8 이상으로 강제 지정해주어야 리니어 렌더링을 지정할 수 있게 됩니다.
이렇게 리니어 렌더링을 적용하면, 이제부터 조명의 결과가 달라집니다.

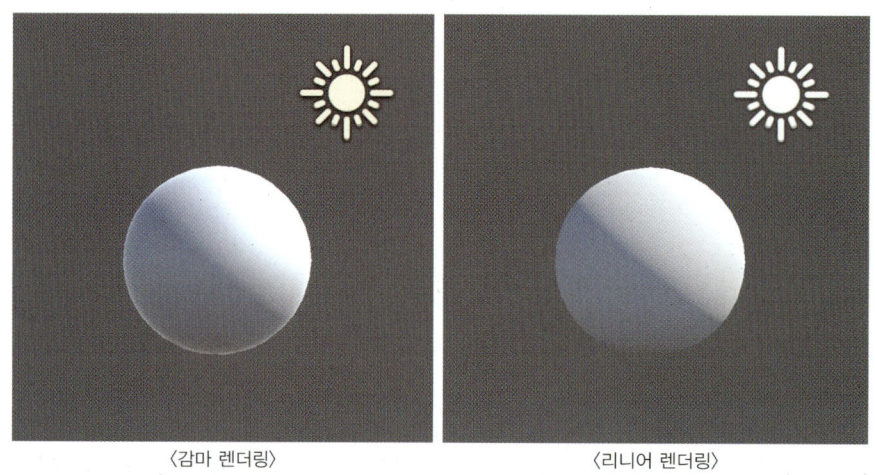

〈감마 렌더링〉　　　　　　〈리니어 렌더링〉

둘의 결과는 묘하게 차이가 있습니다.
환경광을 제거하고, 순수하게 라이팅 결과만으로 다시 비교해 본 것은 아래와 같습니다.

〈감마 렌더링〉　　　　　　〈리니어 렌더링〉

이제 좀 더 확실하게 구별됩니다.
감마 렌더링(Gamma Rendering)은 빛이 어둠으로 넘어가는 경계선 (terminator) 부분이 명쾌하지 않고, 중간 부분이 좀 더 어둡습니다. 그에 비해 리니어 렌더링(Linear Rendering)은 경계선 부분이 좀 더 명쾌하고, 중간 부분이 충분히 드러납니다.

어떤 것이 좀 더 사실과 같은 것일까요?

아래 공과 비교해 보면, 감마 렌더링보다 리니어 렌더링이 좀 더 사실과 비슷하다는 것을 알 수 있습니다. 실제로 조명을 받은 공은 중간 부분이 감마 렌더링처럼 어둡지도 않고, 경계 부분도 좀 더 명쾌하게 끊어지는 것을 볼 수 있습니다.

즉, 리니어 렌더링이 좀 더 사실적인 결과물을 보여준다는 것을 알 수 있습니다. 물론 사실적인 결과물과 아름다운 결과물은 같은 것이 아니지만, 어쨌거나 정확한 결과는 아름다운 결과물을 내기 위한 기본과 같습니다.

⟨https://commons.wikimedia.org/wiki/File:Pallo_valmiina.jpg⟩

## 감마 파이프라인(Gamma Pipeline)과 리니어 파이프라인 (Linear Pipeline)

확실히 감마보다 리니어 라이팅이 제대로 사실적인 연산을 출력한다는 것을 알게 되었습니다.
그렇다면 어째서 이렇게 되는지 간단하게 알아보겠습니다.

일단 조명 연산은 쉐이더를 공부하신 분이라면 쉽게 알고 있는 dot(N,L) 공식과 결과입니다.

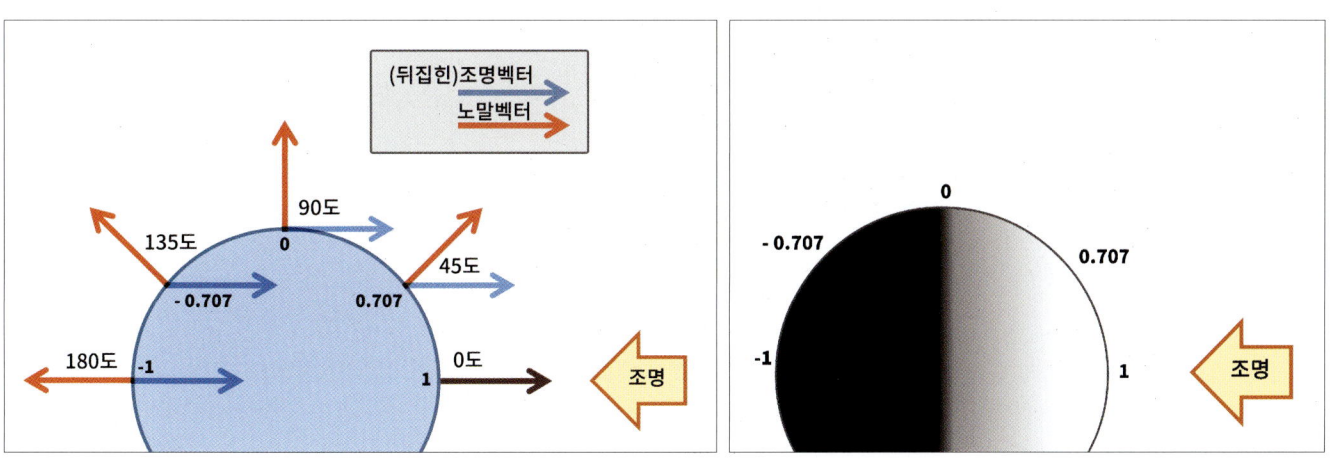

⟨[유니티 쉐이더 스타트업], 비엘북스⟩

〈옳은 결과물. 리니어한 상태〉

이것은 정확한 결과물입니다. 라이팅(쉐이딩)이란 정확한 계산으로 나온 결과이기 때문에 감마의 영향을 받지 않고 리니어(Linear) 하기 때문이지요. 그렇지만 이것이 모니터에 출력되게 되면, 모니터의 감마 영역 때문에 어두워지게 될 것입니다. 그리고 이렇게 출력되어 버리면 결국 옳지 않은 결과가 될 것입니다.

즉, 다음과 같은 상황이 됩니다.

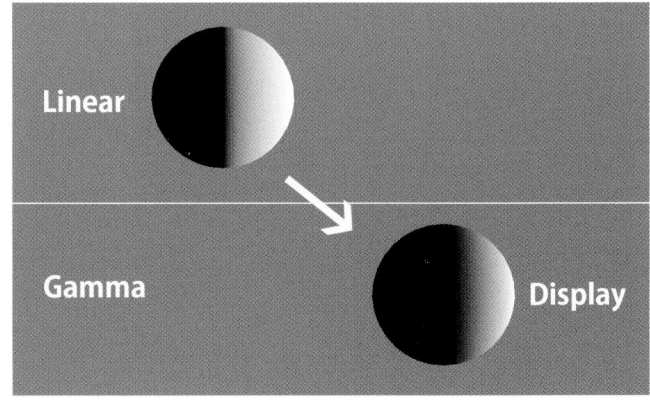

〈감마 파이프라인〉

하지만 우리는 이렇게 모니터에 출력되는 결과물이 잘못되어 있다는 것을 알고 있습니다. 그래서 모니터에 정확히 리니어의 결과를 출력하고 싶은 욕구가 생겼습니다.

그럼 어떻게 하면 될까요?
그렇습니다. 바로 엔진에서 모니터로 결과를 보내기 전, 강제로 sRGB 공간으로 밝게 만들어서 보내는 것입니다. 그럼 모니터에서는 어두워지면서, 원했던 정확한 리니어의 결과물이 출력될 수 있습니다. 이것을 리니어 파이프라인(Linear Pipeline)이라고 합니다.

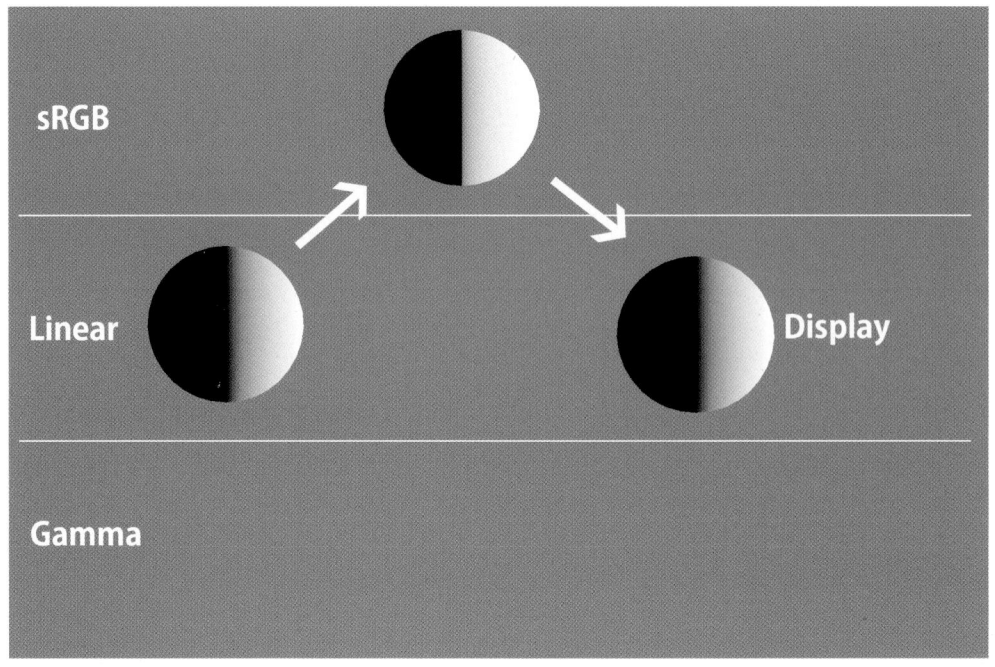

〈리니어 파이프라인〉

그렇지만 여기에 텍스쳐가 들어간다면? 조금 더 복잡해집니다. 일단 아래와 같은 텍스쳐를 포토샵에서 만들었다고 생각해 봅시다.

이것은 포토샵에서 만든 텍스쳐이므로, 사실 저장될 때 밝게 저장되어 있을 것입니다. 이렇게 말이지요.

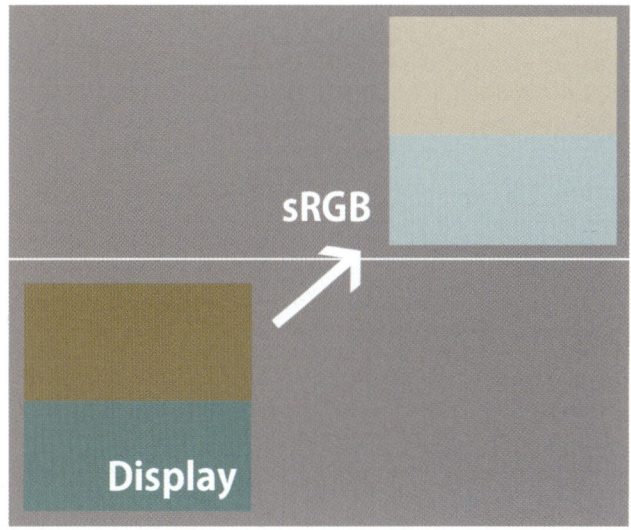

그러나 우리 눈에는 이렇게 밝게 보이지 않습니다. 그렇지만 이제 우리도 이 이미지가 우리 눈에 보이는 것보다 밝게 저장되어 있다는 것쯤은 알고 있습니다. 하지만 우리가 보고, 우리가 원했던 색상은 sRGB에 올라가기 전, 모니터(Display)에서 보이는 이미지일 것입니다. 즉, 저 우리 눈에 보이는 이미지는 우리에게는 제대로 된 데이터란 말입니다.

그렇다면 이 이미지가 감마 파이프라인(Gamma Pipeline)에 들어가면 어떻게 될까요?

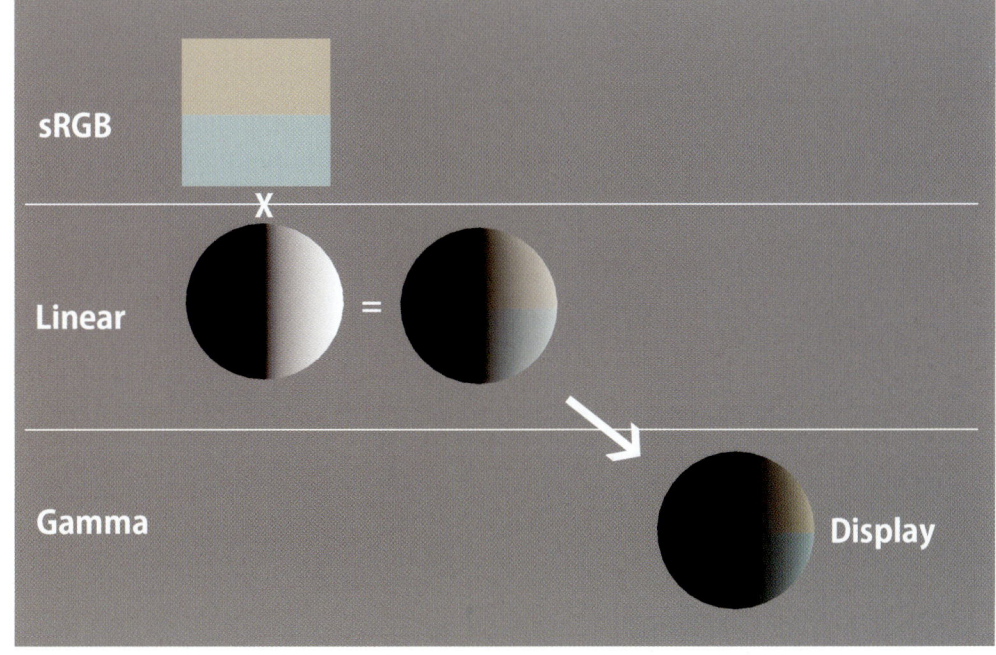

〈감마 파이프라인〉

쉐이더에 대해 조금 공부해보신 분은 아시겠지만,
라이팅과 텍스쳐는 서로 곱셈 연산(Multiply)이 됩니다. 그런데 감마 파이프라인에서 계산되는 라이팅과 텍스쳐의 연산을 보면,
라이팅 연산 결과물은 리니어 상태이고 텍스쳐는 sRGB 상태인 것을 볼 수 있습니다.
이렇게 서로 다른 공간인 상태에서 연산이 되고, 그 결과물이 Gamma 연산이 되어 모니터에 출력됩니다.

이것은 뭔가 이상하고 뒤죽박죽입니다. 서로 다른 공간의 색끼리 연산 되기 때문에 문제가 많이 있을 수밖에 없고 정확하지도 않습니다.

이제 이 계산을 다시 리니어 파이프라인(Linear Pipeline)으로 제대로 연산하게 된다면 어떻게 될까요?

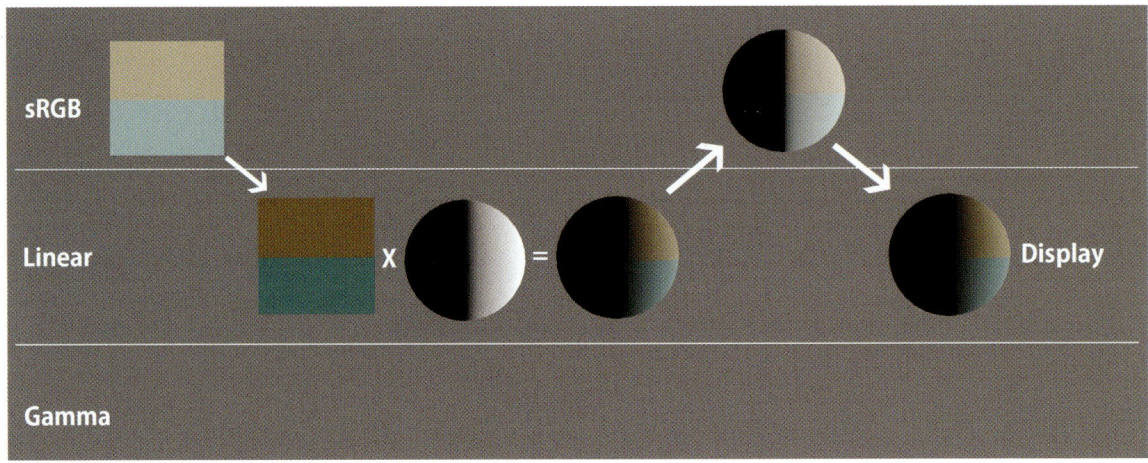

〈리니어 파이프라인〉

뭔가 긴 여정이 되었습니다. 위의 그림을 차근차근히 한 단계 한 단계 설명해보겠습니다.
먼저, sRGB 공간에 있던 밝은 텍스쳐를 감마를 거쳐서 어둡게 (리니어 공간으로) 만들어 줍니다. 그러면 이제 이 텍스쳐도 Linear 공간이 되었습니다. 심지어 리니어 파이프라인을 지원하는 하드웨어에서는 이 과정이 공짜입니다.

이제 리니어 공간이 된 텍스쳐와 라이팅을 서로 연산해 줍니다. 일반적으로 곱셈 연산입니다. 라이팅 연산도 리니어 공간이고, 텍스쳐도 리니어 공간이므로 적절한 계산입니다. 그리고 모니터에도 이 결과물이 그대로 보이게 하기 위해서 이 연산 결과물을 다시 sRGB 공간으로 밝게 만들어 모니터로 출력합니다.

그러고 나면 마지막에 제대로 된, 리니어한 결과물의 텍스쳐와 라이팅 연산이 감마 연산이 되어 모니터에 출력되는 것입니다.

> **요점정리**
>
> **감마 파이프라인은**
> sRGB 텍스쳐 * 리니어 라이팅 결과와 연산 〉 감마 공간으로 어둡게 〉 모니터에 어둡게 출력하고,
>
> **리니어 파이프라인은**
> sRGB 텍스쳐 〉 다시 리니어 영역으로 내림 * 리니어 라이팅 결과와 연산 〉 결과물을 다시 sRGB 영역으로 인코딩함 〉 감마 공간으로 어둡게 〉 모니터에서 리니어한 결과로 출력하는 것입니다.

## 03. 이펙트 아티스트가 사용하는 감마와 리니어 렌더링

감마 보정은 꽤 어려운 내용 중 하나로 분류되곤 합니다. 이론은 대충 알더라도 구체적으로 내가 그걸 어떻게 사용하는지, 그리고 왜 사용해야 하는지 실무에서 알아채려면 꽤 능숙한 경험을 가지고 있어야 하기 때문입니다. 이미 많은 페이지에 걸쳐 감마 보정과 리니어 렌더링에 대해 설명했지만, 여전히 어렵게 느끼는 분들도 있을 것입니다.

그래서 이펙트 아티스트가 만나게 될 감마 보정과 리니어 렌더링에 대한 실무적인 사용 예와 적용법에 대해 알아보겠습니다.

### 컬러 이미지 이펙트 리소스의 블렌딩 사용법

일단 다음과 같은 이펙트 리소스가 있다고 생각해보겠습니다.
붉은색의 원형 이펙트 리소스입니다. 그리고 푸른색의 원형 이펙트 리소스를 준비해 보았습니다.

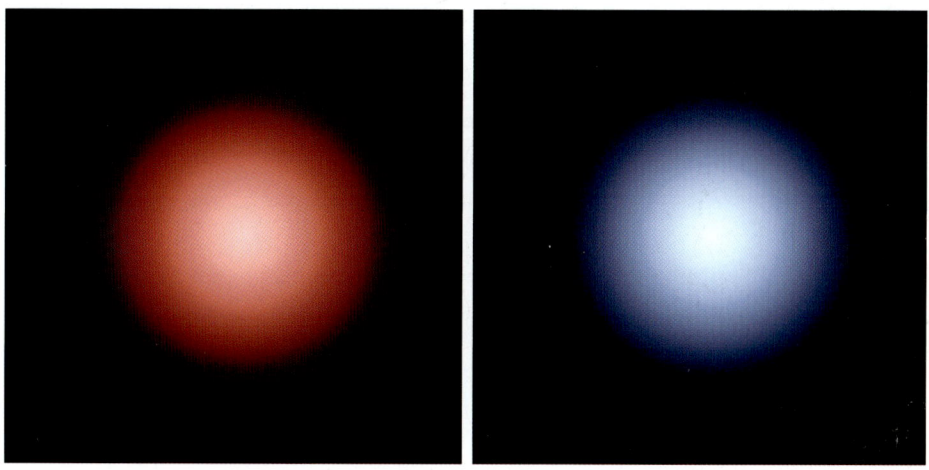

이 이펙트 두 개를 엔진에서 서로 겹쳐 보겠습니다.
쉐이더에서는 블렌딩 옵션이 One One으로 되도록 세팅했습니다. 그러면 Additive (더하기) 옵션으로 동작하게 될 것입니다.[6]

```
SubShader {
  Tags { "RenderType"="Transparent" "Queue"="Transparent"}
  LOD 200
  blend One One
```

---

[6] 유니티에 내장된 파티클 쉐이더는 감마와 리니어 방식을 비교하는데 어울리게 고려된 쉐이더가 아니어서 여기서는 새로 작성하였습니다. 쉐이더 작성에 대한 내용은 [유니티 쉐이더 스타트업] 도서를 참고하시기 바랍니다.

그리고 이 겹쳐진 상태를 감마 렌더링 상태와 리니어 렌더링 상태에서 비교해 보겠습니다.[7]

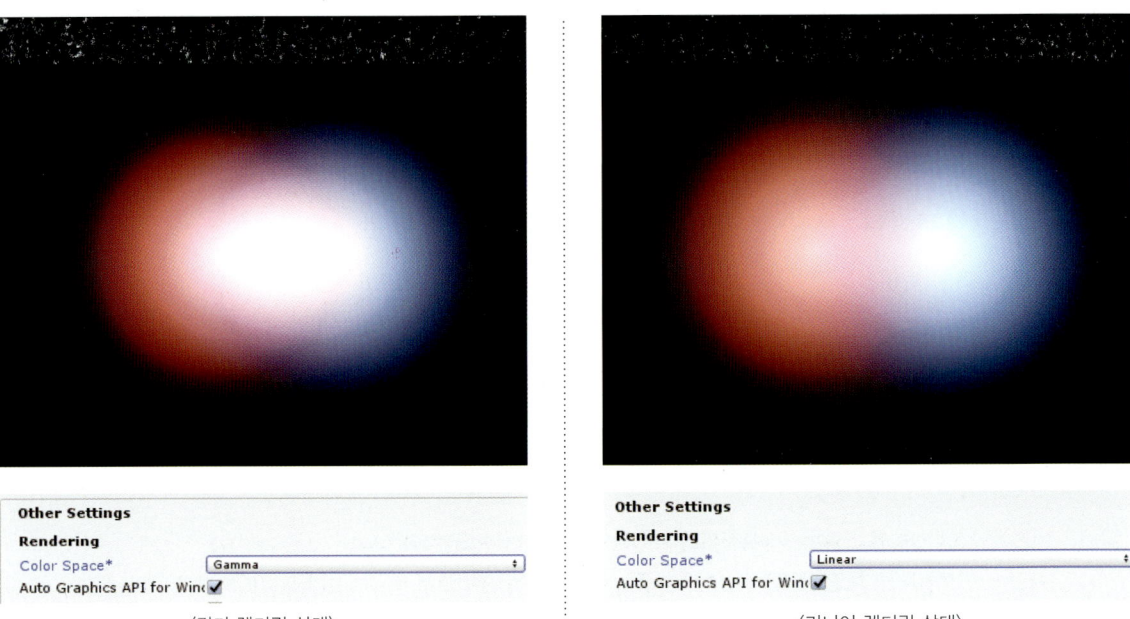

〈감마 렌더링 상태〉　　　　　　　　　〈리니어 렌더링 상태〉

결과가 확실히 다르게 나왔습니다.

느낌으로 설명해 보면, 감마 렌더링 상태에서는 두 이펙트가 겹치는 부분이 뭔가 하얗게 날라가는 부분이 매우 큰 것을 볼 수 있습니다. 아티스트들은 일명 이것을 '떡졌다' 또는 '타버렸다'라고 부르는 결과물입니다.

그에 비해 리니어 렌더링 상태에서는 두 이펙트가 겹치는 부분이 매우 정상적으로 나온 것을 알 수 있습니다.

어째서 이런 결과가 나오게 된 것일까요?

이제까지 살펴본 내용으로 설명하면 쉽게 이해 할 수 있습니다. 단, 이번에는 라이팅 연산이 관여되지 않기 때문에 텍스쳐 블렌딩만으로 생각해봅시다.

그러면 우선 감마 렌더링 상태에서 저렇게 나오는 이유를 생각해봅시다.

일단 텍스쳐는 우리가 눈으로 보는 것과는 다르게, sRGB 공간으로 밝게 저장되어 있습니다.

7. 결과를 깨끗하게 비교하기 위해서 배경을 검은색으로 만들었고, 텍스쳐는 압축하지 않았으며 Game 뷰에서 카메라를 거친 이미지로 확인하였습니다.

그리고 감마 렌더링 상태에서는, sRGB 상태로 저장된 텍스쳐를 전혀 고려하지 않기 때문에 이 밝아진 상태 그대로 연산에 들어가게 됩니다.

당연히 밝아진 이미지들끼리 연산하였기 때문에 결과물도 훨씬 과하게 밝아집니다. 즉 흰색 이상의 영역이 너무 많아집니다.

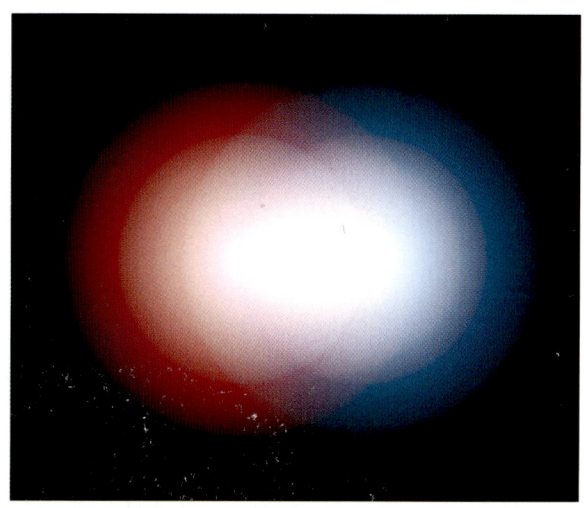

이 결과물을 모니터에 출력하면서 다시 감마 공간으로 어두워집니다.
그렇지만 이미 흰색으로 '날아가버린' 부분은 회복되지 않고 그대로 남아 있게 됩니다.

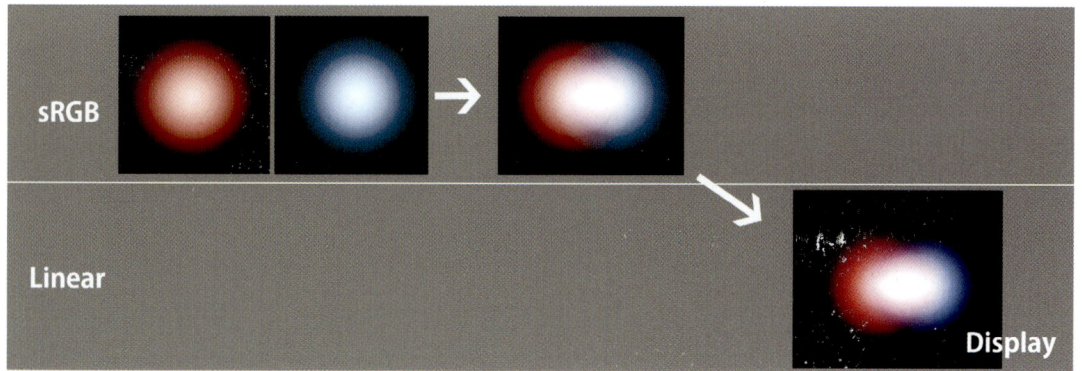

그래서 다음과 같은 결과물이 나오는 것입니다.

그럼 리니어 렌더링 상태에서의 결과물은 어떤 과정을 거칠까요?

리니어 렌더링 상태에서는, 쉐이더 연산 이전에 sRGB로 밝아진 이미지를 다시 리니어 공간으로 이동시키는 샘플링이 진행됩니다.

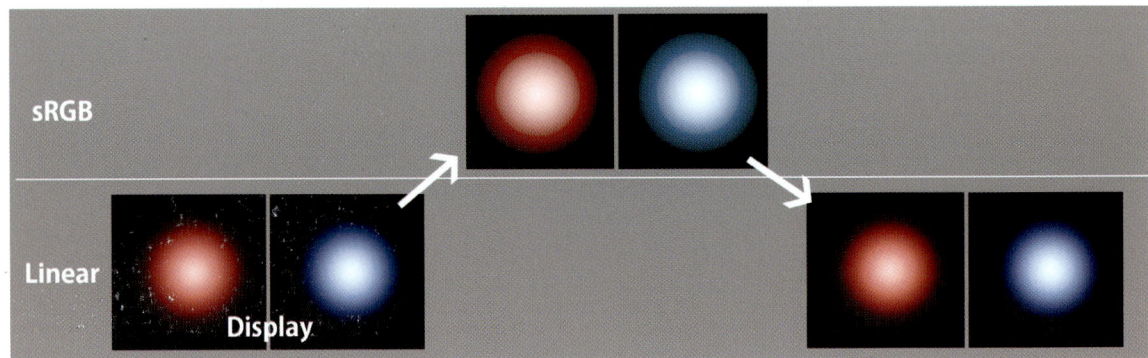

그러면 이제 이 두 이미지는 리니어 공간에서 연산하게 되므로 정확한 연산이 됩니다. 그리고 이 연산된 결과물을 가지고 모니터에 출력을 하기 전에 sRGB 공간으로 옮기기 때문에, 모니터에서 감마가 적용되어 어두워져도 정확한 결과물이 나오는 것입니다

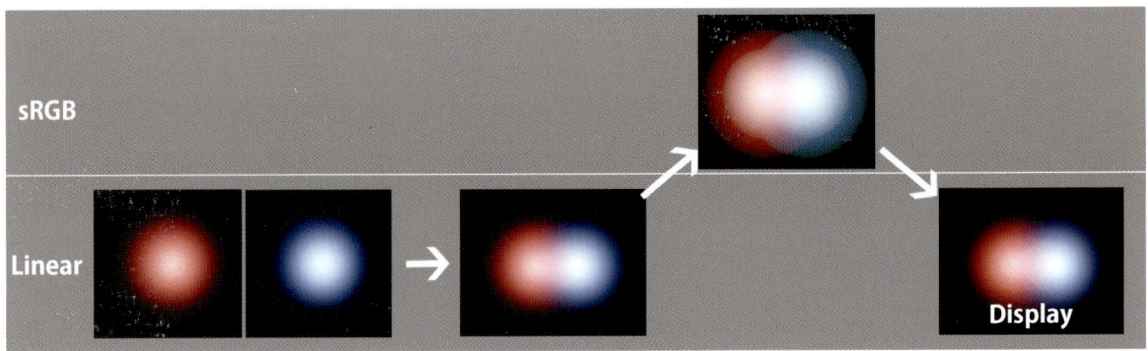

여기에서 중요한 것은, '**이미지의 연산을 sRGB 공간에서 하느냐 리니어 공간에서 하느냐**'의 차이입니다. 그리고 당연히 리니어 공간에서 연산하는 것이 정확한 결과물을 표현해 줍니다.

여태까지 설명했던 이 두 과정을 이미지로 한 번에 붙여서 정리하면 다음과 같습니다.
아래 그림에서. 이미지를 연산하는 공간의 차이를 확인해 보시기 바랍니다.

〈감마 렌더링에서의 이미지 블렌딩 파이프라인〉

이펙트 아티스트를 위한 감마와 리니어 렌더링 이야기

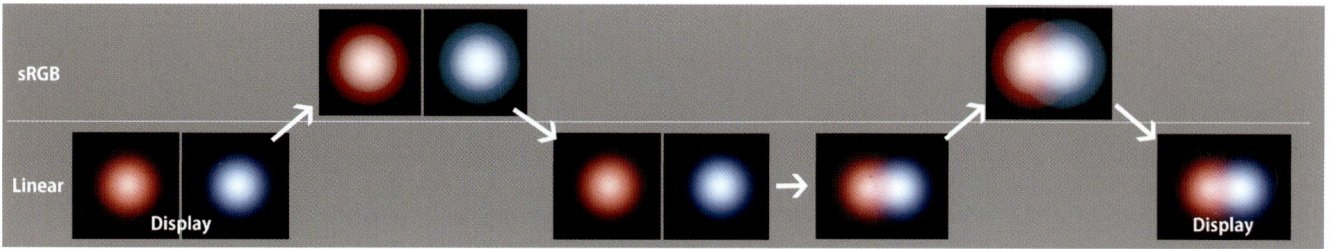

〈리니어 렌더링에서의 이미지 블렌딩 파이프라인〉

이렇게 이펙트에서 사용되는 이미지의 블렌딩은, 감마 공간과 리니어 공간에서의 연산 차이가 매우 클 수밖에없었습니다. 그리고 여기에 덧붙여서 게임에서 이펙트가 블렌딩 될 때에는 적어도 2~3장씩 연산되는 경우가 많으며, 게다가 지금은 검은 화면에서 블렌딩을 했지만 실제 게임에서는 여러 배경이나 캐릭터와 함께 블렌딩 된다는 것입니다.

즉, 실제 게임에서는 배경 이미지까지 연산 되면서 여태까지 설명한 것보다 훨씬 더 극단적인 결과가 나오게 됩니다. 감마 렌더링에서는 이펙트가 과도하게 '떡지거나' '타 버린다'고 부르는 결과물이 나오고, 리니어 렌더링에서는 정상적인 결과물이 나오게 됩니다.

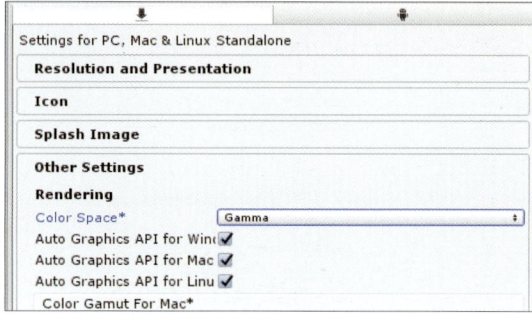

〈감마 렌더링에서의 배경과 이펙트 블렌딩 결과〉

〈리니어 렌더링에서의 이펙트 블렌딩 결과〉

133

그러므로 감마 렌더링을 유지한 상태에서 이 문제를 해결하기 위해서는 우리가 원하는 이펙트 이미지보다 일부러 더 어둡게 그려주면서 게임에서 블렌딩 결과를 확인하면서 작업하는 등의 이상한 방법으로 해결할 수밖에 없습니다. 정확하지 않고 감각적인 해결을 하는 방법입니다. 물론 정확하지도 않고, 완전히 해결되지도 않으며, 작업하기도 무척 어렵습니다.

즉, 여기서 우리가 알아야 할 것은,
이펙트를 이용한 칼라 텍스쳐 블렌딩은 기본적으로 밝아진 상태에서 계산이 이루어지기 때문에, 리니어 렌더링 상태에서 정확한 결과물이 나온다는 것입니다.

> **요점정리**
>
> 감마 렌더링 파이프라인에서 이펙트를 블렌딩 할 때는 원래보다 밝아진 상태에서 연산하기 때문에 심하게 밝아진 결과물이 나올 확률이 높습니다.
> 이것을 피하고 제대로 된 색감이 나오게 하려면, 밝아진 이미지를 다시 돌려서 계산하는 리니어 렌더링 파이프라인에서 작업하는 것이 좋습니다.

## 데이터용 이미지의 감마 공간과 리니어 공간에서의 사용법

이번에는 컬러 이펙트 리소스가 아닌, 데이터로 사용되는 이미지들의 이펙트에서의 사용법입니다.

여기서 말하는 데이터 이미지란, 마스크 맵을 포함하여 '수치 적용을 위해 사용되는 이미지들'을 의미하고 있습니다. 만약 캐릭터 모델이나 배경 모델이라면 Normal Map, Roughness, Metallic, Smoothness 등을 제어하는 이미지들이 이런 데이터용 이미지일 것입니다. 이 이미지들은 색상으로 보는 이미지가 아니기 때문에 중요한 것은 '수치' 입니다.

또한 여러 툴을 이용해서 수학적으로 생성하는 경우도 많기 때문에, 다른 일반 텍스쳐와는 구분을 지어야 할 필요가 있습니다.

마스크맵에서 사용법과 이펙트에서 사용하는 데이터 이미지에서의 사용법은 사실 거의 같지만, 여기에서는 이펙트와 쉐이더에서 사용되는 데이터용 맵에만 한정해서 이야기하겠습니다.

이론은 이미 위에서 여러 번 얘기했으므로, 실제 사용 예를 통해서 사용법에 대해 알아봅시다.

```
Shader "Custom/eff1" {
    Properties {
        _MainTex ("Albedo (RGB)", 2D) = "white" {}
        _UVMove("UVDistortion", 2D ) = "black"{}
    }
    SubShader {
        Tags { "RenderType"="Transparent" "Queue"="Transparent"}
        LOD 200
        blend SrcAlpha OneMinusSrcAlpha

        CGPROGRAM

        #pragma surface surf nolight keepalpha
        #pragma target 3.0

        sampler2D _MainTex;
        sampler2D _UVMove;

        struct Input {
            float2 uv_MainTex;
            float2 uv_UVMove;
        };

        float4 Lightingnolight(SurfaceOutput s , float3 lightDir, float atten){
            float4 finalColor;
            finalColor.rgb = s.Emission;
            finalColor.a = s.Alpha;
            return finalColor;
        }

        void surf (Input IN, inout SurfaceOutput o) {

            float4 uvMove = tex2D(_UVMove, IN.uv_UVMove);
            fixed4 c = tex2D (_MainTex, IN.uv_MainTex + uvMove.r);
            o.Emission = c.rgb;
            o.Alpha = c.a;
        }
        ENDCG
    }
    FallBack "Transparent"
}
```

앞의 코드는 간단한 알파 블렌딩 쉐이더로, 두 번째 텍스쳐의 R 채널을 이용해 UV를 이동시켜주는 간단한 쉐이더입니다. 이 코드에 의하면, 두 번째 텍스쳐에 넣는 이미지의 R 채널 그레이 값에 의해 UV가 이동됩니다. 지금은 간단하게 표현했지만, 여러 가지 게임에서 이펙트 텍스쳐의 Distortion 효과를 위해 자주 사용되는 기능입니다.

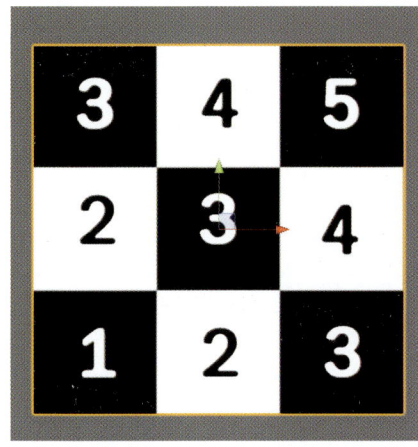
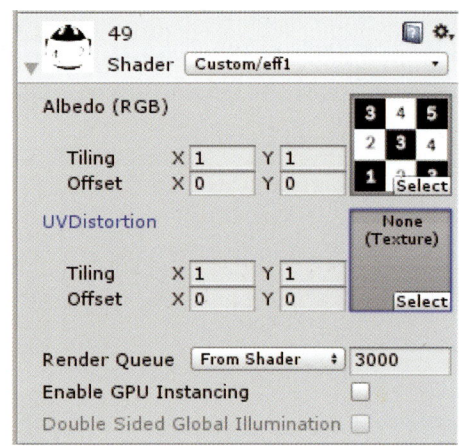

이 쉐이더를 이용하면 예상되는 효과는 아래와 같습니다.

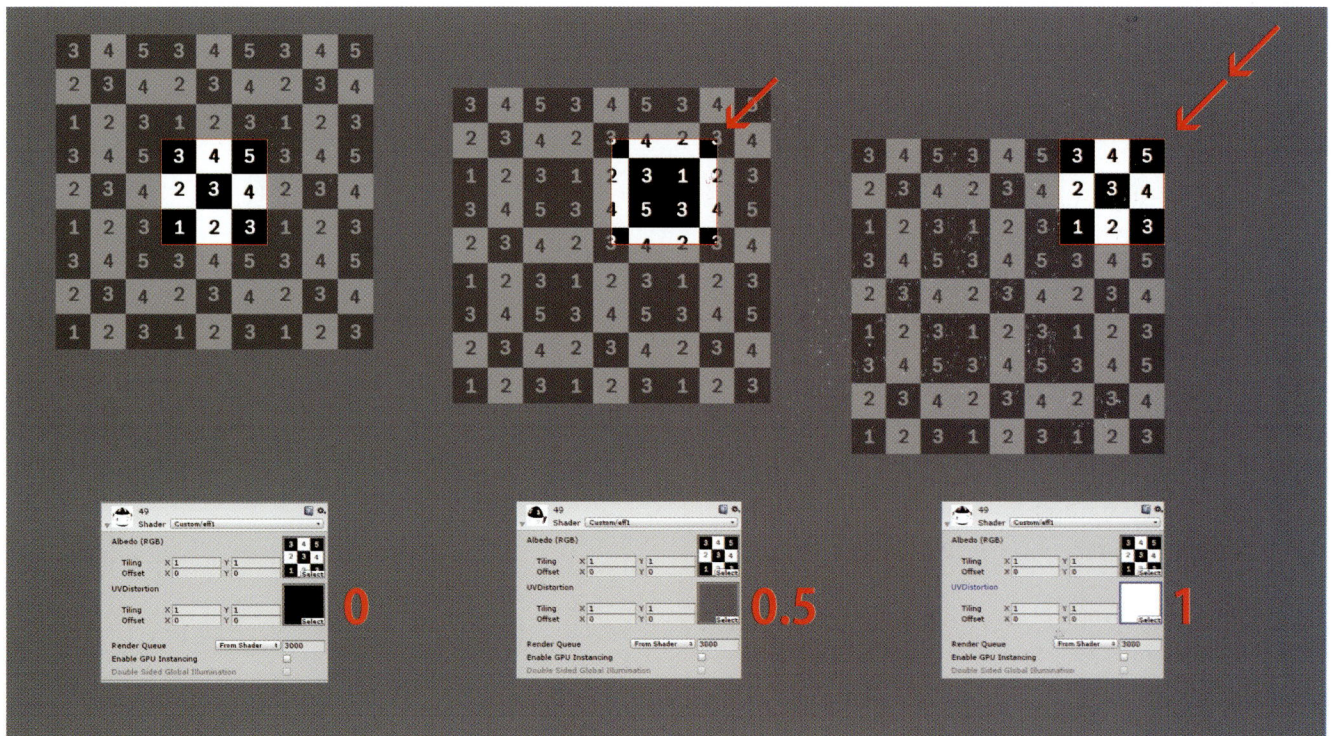

검은색, 0 값을 넣으면 변화가 없고,

회색, 0.5 값을 넣으면 50% 정도 왼쪽 아래로 UV가 이동하고,

흰색, 1 값을 넣으면 100% 왼쪽 아래로 UV가 이동한다는 내용입니다.

이상적인 생각으로는 이렇게 하면 그대로 될 것 같습니다.
그래서 포토샵에서 128,128,128로 회색을 만들어 저장하였고, 기대하기로는 0.5 즉, 50%만큼 이동하게 되리라고 생각할 수 있을 것입니다.

그래서 적용해 보면, 이렇게 결과가 나올 것이라 예상되어야 합니다.

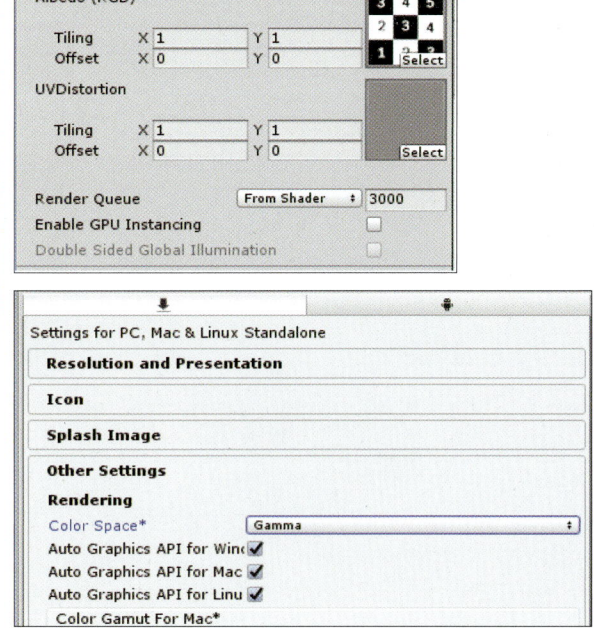

그리고 감마 렌더링에서 이 기능은 제대로 동작합니다. 실제로 회색을 넣으면 0.5만큼 이동하므로, 사실상 아무런 신경을 쓰지 않아도 괜찮습니다.

이미 여러 번 설명했던 것처럼,
우리가 포토샵에서 '수치만으로' 128의 회색을 그리면, 모니터에는 실제 회색이 아닌, 어두워진 회색이 보입니다. 그렇지만 하드디스크에는 128의 진짜 회색이 저장됩니다.

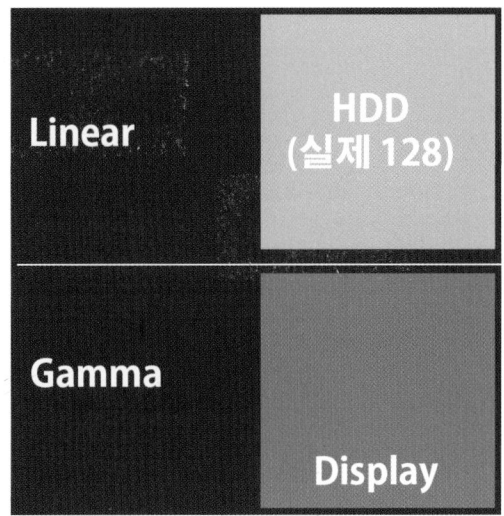

이 경우에는 HDD에 저장된 상태가 올바른 상태이기 때문에 연산해도 아무 문제가 없다는 것입니다. 하지만 이런 데이터 텍스쳐는 리니어 렌더링 상태에서는 문제가 발생하게 됩니다.

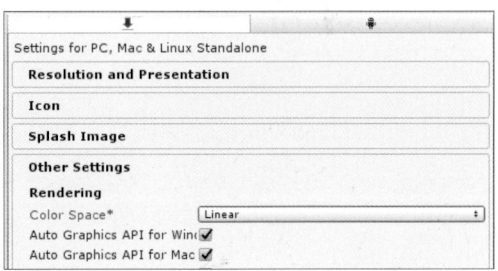

리니어 렌더링 상태에서 이렇게 회색 데이터 이미지를 사용하면 실제 결과는 아래처럼 나옵니다.
분명히 회색을 넣었고, 0.5 만큼 이동해야 하는데 그것보다 덜 이동했습니다. 이게 어떻게 된 일일까요?

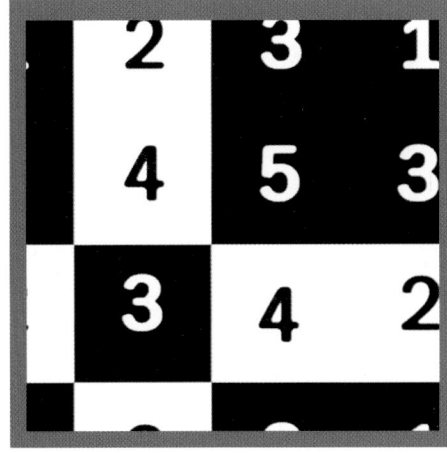
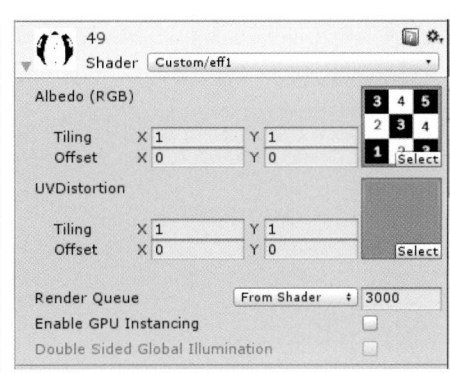

이전에 설명했던 리니어 렌더링의 텍스쳐 처리 파이프라인을 다시 생각해봅시다.

처음에 이미지를 만들면 밝게 저장되고, 그것을 제대로 연산하기 위해 다시 리니어로 되돌려 샘플링하고, 그 데이터로 연산하는 것이 리니어 파이프라인이었습니다.

그래서 여기에서 문제가 생길 수밖에 없습니다.
꽤 복잡한 부분이지만 리니어 파이프라인의 근본 원리를 차근차근 생각해봅시다.

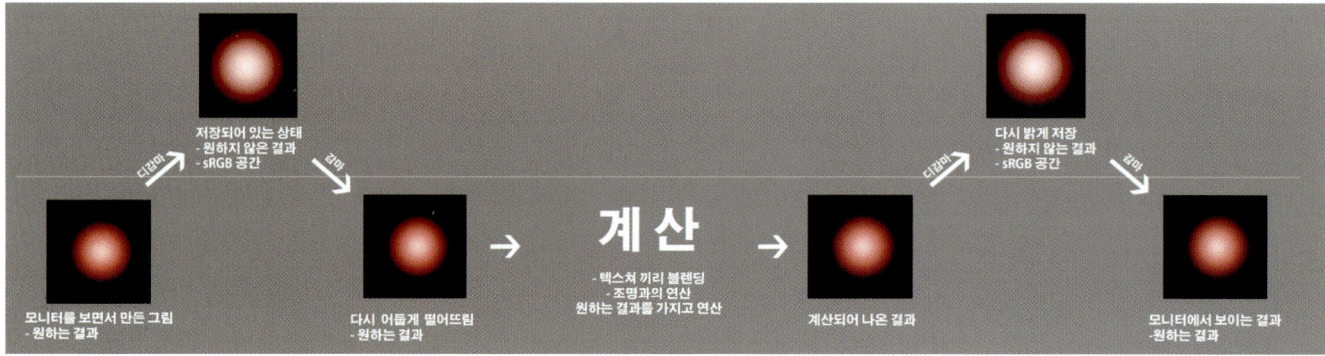

〈컬러 텍스쳐의 리니어 파이프라인〉

컬러 텍스쳐의 리니어 파이프라인은 이렇습니다. 처음에 모니터를 보면서 그릴 때, 그 색이 우리가 원하는 색입니다. 그렇지만 저장은 밝게 저장됩니다. 그래서 올바른 계산을 위해서는 색을 다시 어둡게 돌려놓고 계산을 하는 것이 핵심이었습니다.

〈데이터 텍스쳐의 리니어 파이프라인〉

그렇지만 데이터 텍스쳐의 리니어 파이프라인은 한 가지 다른 점이 있습니다.
그건 '눈으로 보이는 것'이 아니고 '눈에는 보이지 않지만 HDD에 저장된 값'이 우리가 원하던 올바른 데이터라는 것입니다.[8]

하지만 리니어 파이프라인에서는, 'HDD에 저장된 값은 우리가 보고, 원하고 있는 값보다 사실은 밝은 값이다'라는 가정으로 작동하기 때문에, 올바른 값이 들어 있는 HDD 데이터를 강제로 어둡게 하는 '잘못된' 연산이 작동하게 됩니다. 즉, 우리가 원하던 것보다 값이 적게 들어가는 것입니다.

리니어 렌더링 상태에서, 컬러 텍스쳐는 분명 지금의 리니어 렌더링 프로세스에 맞게 텍스쳐를 처리하면 아무 문제 없습니다. 그렇지만 데이터 텍스쳐는 만들어질 때 이미 정상적인 데이터이기 때문에, 계산 전에 어둡게 값을 떨어뜨리는 계산을 하게 되면 오히려 비정상적인 데이터로 변하게 된다는 것입니다.

사람이 눈으로 보면서 좋은 느낌을 찾는 컬러 텍스쳐와 수치를 보고 만드는 데이터용 텍스쳐의 차이는 이와 같습니다.[9]

물론 이에 대한 해결책이 있습니다. 바로 '이 텍스쳐는 sRGB로 저장된 텍스쳐가 아니다'라고 알려주는 것입니다.
그렇게 해서 '다시 어둡게 만들어 계산으로 넘기는' 부분을 패스하게 만들어 줍니다.

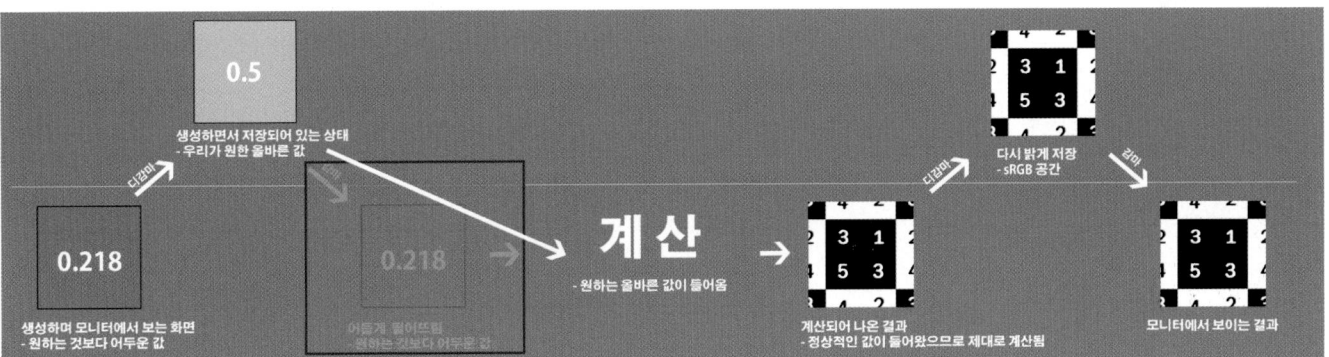

〈리니어 렌더링 파이프라인에서 데이터 텍스쳐를 처리하는 방법〉

---

8. 우리가 회색(128,128,128) 을 만들 때, 눈으로 보면서 적합한 회색을 만드는 것이 아니라 수치를 보면서 만들기 때문입니다.
9. Mask 텍스쳐라고도 합니다.

## 데이터용 텍스쳐의 리니어 공간에서의 세팅법

그러면 이와 같은 데이터용 텍스쳐를 리니어 파이프라인에서 사용하는 방법을 알아보겠습니다.
일단 데이터용 텍스쳐 중 대표적인 것은 노멀맵입니다.

노멀맵은 전형적인 '데이터형 텍스쳐' 입니다. 우리가 노멀맵의 색상이 예뻐서 저렇게 그린 게 아니라, 원하는 수치만으로 출력하다 보니 저런 색상이 나왔기 때문입니다.

일반적으로 노멀맵은 그래서 대부분의 엔진에서 자동으로 리니어로 처리해 줍니다. 특별한 일을 하지 않아도, 노멀맵이라고 설정을 정해 놓으면 자동으로 감마 처리를 하지 않고 계산으로 넘기게 됩니다.[10]

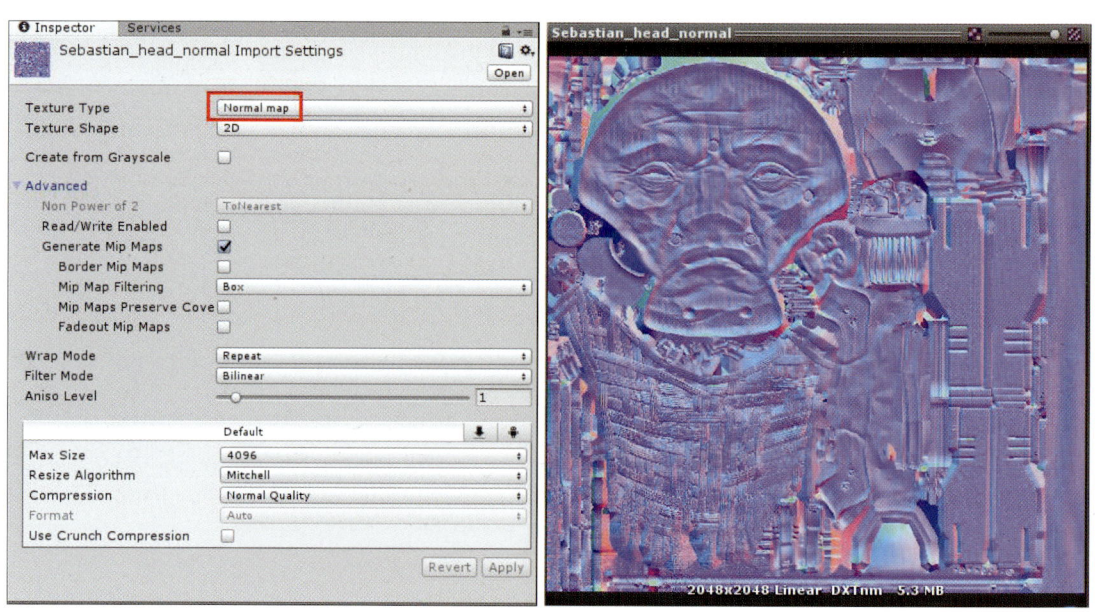

10. 노멀맵은 단순히 색상 처리 말고도 벡터 연산을 위해 전처리 해야 할 것이 더 있기 때문이기도 합니다. 물론 그것까지 전부 자동 처리해 줍니다. 물론, 노멀맵 셋팅을 하지 않고 텍스쳐로 설정해 준 다음에 수동으로 모든 전처리를 해주는 방법도 있습니다.

이렇게 일반적으로 노멀맵은 신경 쓸 필요가 없곤 합니다.

그렇지만 문제는 우리가 예로 들었던 것 같은, 데이터용 텍스쳐입니다. 이런 텍스쳐들은 엔진에서 칼라 텍스쳐인지, 데이터용 텍스쳐인지 구별할 수가 없기 때문에 수동으로 설정해 줘야 합니다.

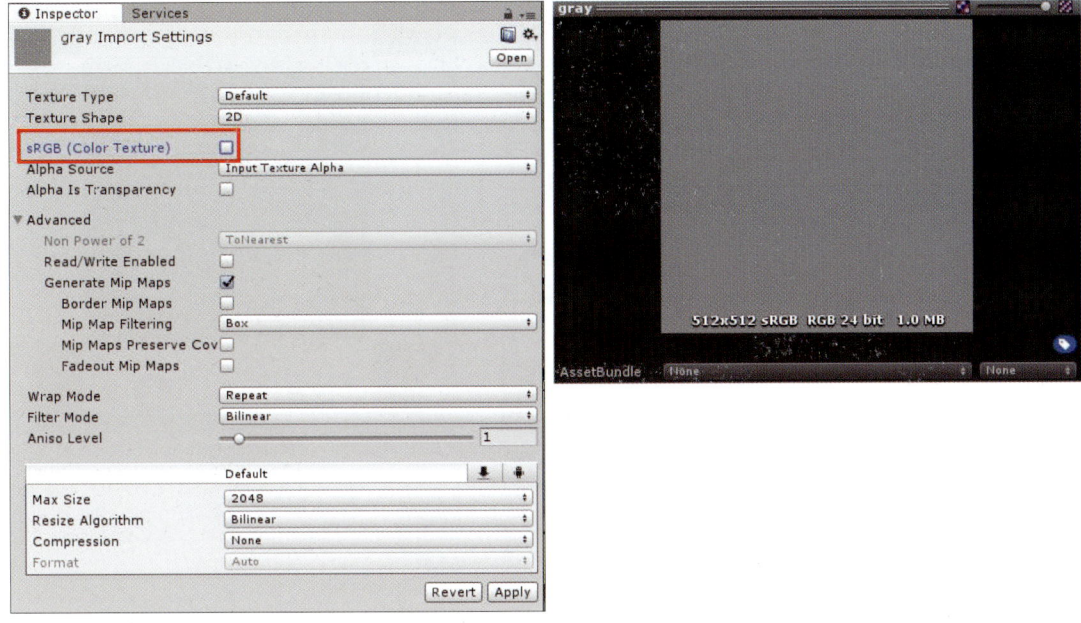

그래서 이 텍스쳐가 회색 이미지를 화면에 그리기 위한 녀석이 아닌, '0.5'를 나타내는 데이터로 사용하고 싶다면 텍스쳐 메뉴에 있는 sRGB 옵션을 꺼주면 됩니다. 그러면 엔진에서는 이 텍스쳐가 데이터 텍스쳐임을 인지해서, 감마로 값을 떨어뜨리는 행위를 건너뛰게 됩니다.

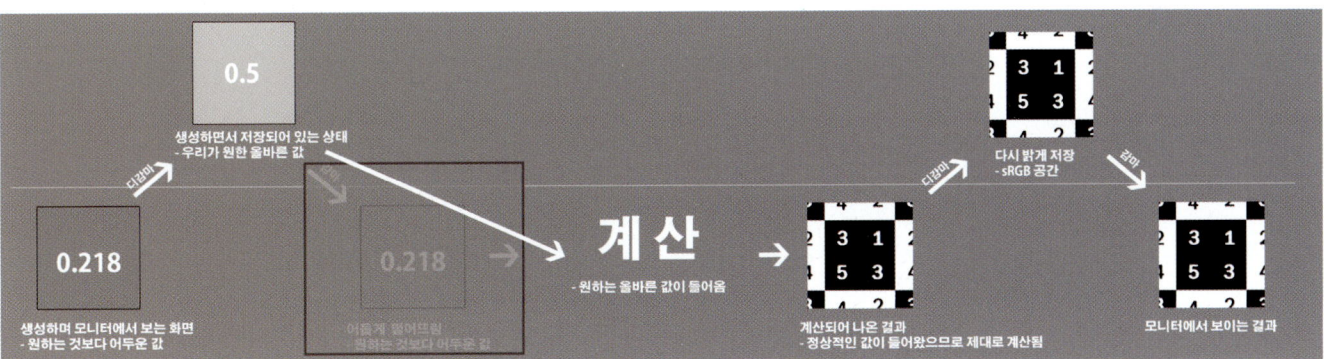

〈리니어 렌더링 파이프라인에서 데이터 텍스쳐를 처리하는 방법〉

이렇게 되면 원래의 값이 그대로 유지된 채 계산되므로, 리니어 렌더링 파이프라인에서 데이터 텍스쳐에 정상적인 값 – 보이는 것보다 밝은 값 – 들어 갑니다.

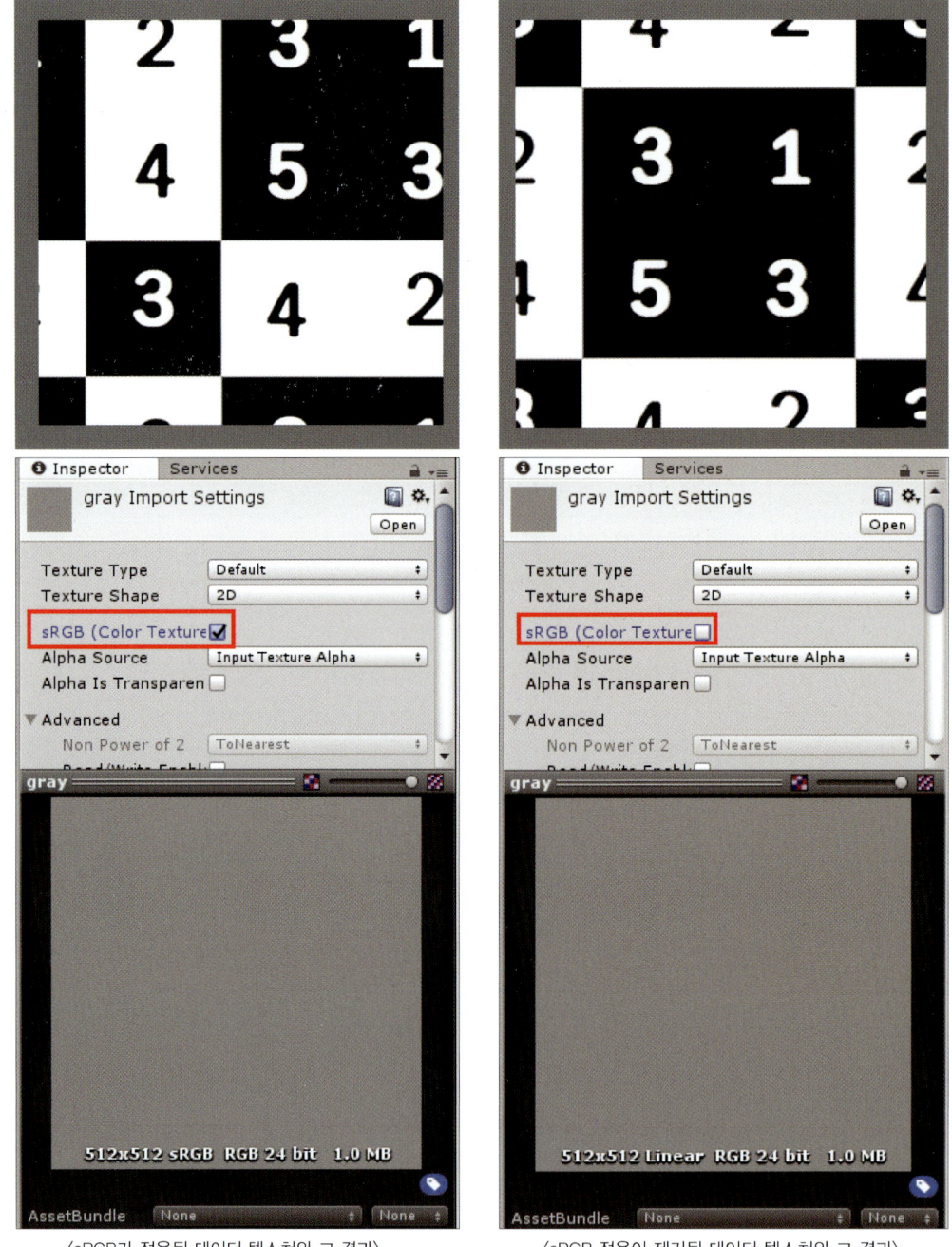

〈sRGB가 적용된 데이터 텍스쳐와 그 결과〉　　〈sRGB 적용이 제거된 데이터 텍스쳐와 그 결과〉

즉, 리니어 렌더링 파이프라인에서 작업할 때 사용하는 데이터 텍스쳐(마스크 텍스쳐)들은 sRGB 옵션을 제거해야 제대로 된 결과가 나온다는 것입니다.

> **요점정리**
> 
> 이미지용 텍스쳐가 아닌 데이터용 텍스쳐는, 리니어 렌더링 파이프라인 상태일 때에 한해서 제대로 된 결과를 얻으려면 sRGB 옵션을 꺼줘야 합니다.

이 글은 유니티 엔진을 기반으로 쓴 글입니다만, 재미있게도 언리얼 엔진을 사용하신다면 이런 옵션을 거의 신경 안 쓰셔도 됩니다. 언리얼 엔진은 기본적으로 리니어 공간에서 계산/작동되기 때문에, 마스킹 텍스쳐류(이미지의 색상보다는 값이 중요한 이미지들)들을 Masks(No SRGB)로 세팅해 주는 것만 주의하면 되기 때문입니다.

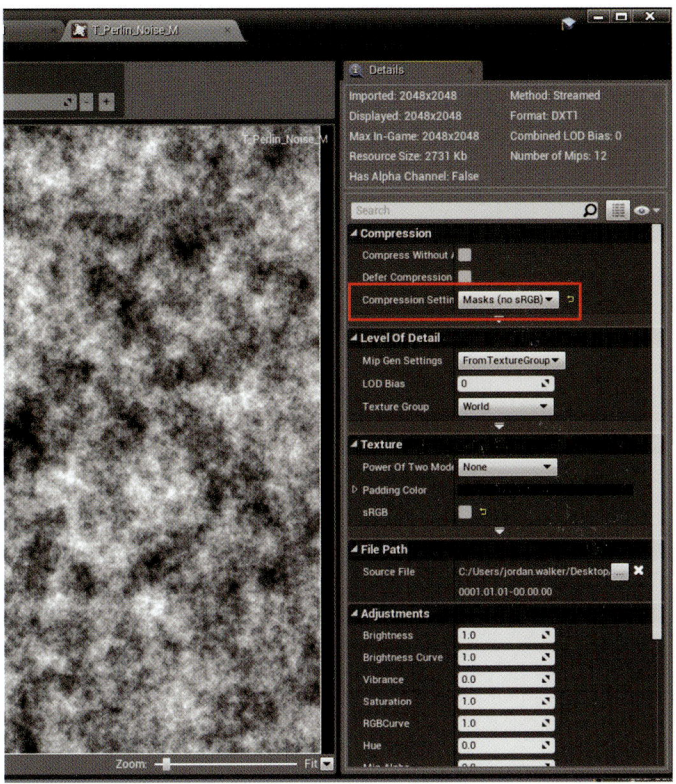

즉, 유니티 엔진은 기본적으로 감마 공간에서 계산되기 때문에 이번에 소개한 글처럼 리니어 공간으로 직접 수정해야 합니다. 이것은 이펙트만이 아니라, 유니티 엔진으로 개발하는 프로젝트 전체의 그래픽 퀄리티를 높여 주기 위해서 반드시 먼저 해야 하는 작업입니다. 하지만 애석하게도 이 작업을 프로젝트 후반에 이 과정을 진행하면 그동안 작업했던 텍스쳐와 조명의 느낌이 완전히 달라질 수 있으니 프로젝트 극초반에 고려하여 진행하는 것을 권합니다. the GAME GRAPHICS

# Procedural Noise와 UV Distortion Shader

글_ 김원기 | 인터랙티브 아티스트 | crter@naver.com

전시미디어와 인터랙티브 콘텐츠 개발자. 현재 뉴질랜드에서 VR/AR 디자인과 개발을 병행하는 Generalist로 재직 중이다. 쉐이더 개발을 통해 다양한 인터랙티브 리얼타임 그래픽스 표현에 대해 고민하고 발전시키는 것을 즐긴다.

Procedural Noise와 UV Distortion Shader

Procedural Texturing란 이미지 파일을 사용하지 않고 코딩을 활용하여 텍스쳐를 만드는 방식입니다. 많은 양의 연산에 탁월한 GPU의 쉐이더 프로그래밍을 활용하여 성능에 큰 부담을 주지 않고 다양한 이미지를 만들어낼 수 있습니다.

Procedural 방식의 장점을 정리하면 다음과 같습니다.

- 화면의 픽셀 단위로 계산이 이루어지기 때문에 확대/축소에 따른 손실과 낭비가 전혀 없다.
- 즉, 대상을 무한히 확대해도 해상도가 떨어질 일이 없다.
- 수 KB 단위의 용량으로 무한대의 텍스쳐 표현이 가능하다.
- 텍스쳐의 모든 요소에서 유연한 조작과 실시간 인터랙션이 가능하다.

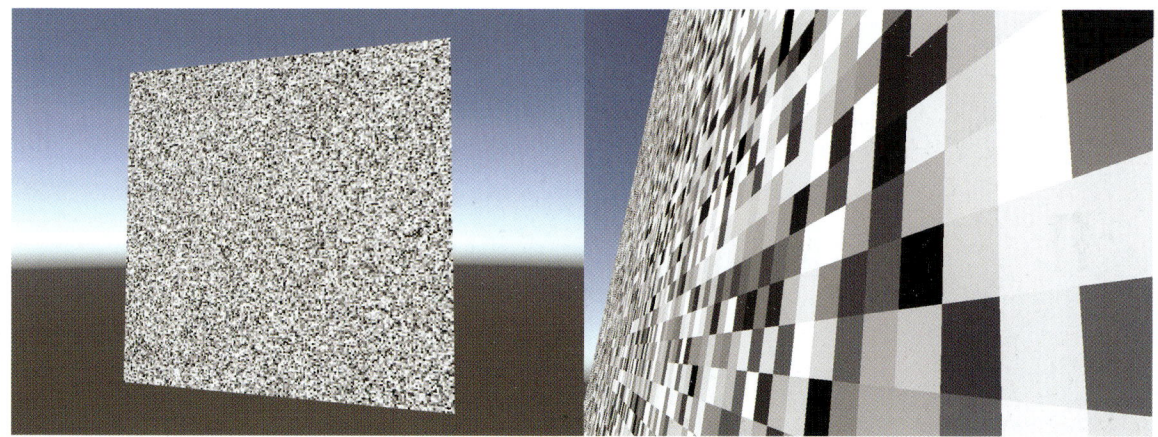

〈무한히 확대해 본 Procedural Texture 이미지〉

이번 지면을 통해서 쉐이더로 이미지를 표현하는 것에 대한 간단한 소개와 모든 이미지 생성의 초석(?)이라고 할 수 있는 노이즈 생성에 대해서 다루어 볼 것입니다. 그리고 효과를 위해 GrabPass Texture와 UV distortion을 사용하겠습니다.
아래는 함께 만들어 볼 내용입니다.

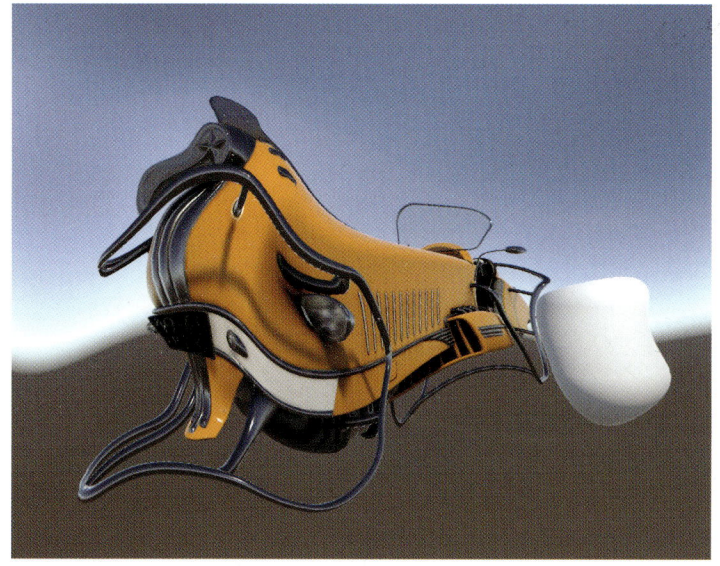

〈Noise 값을 이용한 UV Distortion, GrabPass를 사용〉

〈쉐이더를 위한 Noise 텍스쳐〉

145

# 1. 기본 씬 세팅

시작하기 전에 기본적으로 씬을 세팅해 봅시다.

기본 도형으로만 작업하기 심심하니까 모델링 에셋을 하나 넣어보겠습니다. (그냥 기본 도형만 넣어도 됩니다.)

에셋 스토어에서 Dieselpunk Hovercraft 01 PBR이라는 모델을 가져왔습니다.

https://assetstore.unity.com/packages/3d/vehicles/dieselpunk-hovercraft-01-pbr-65872

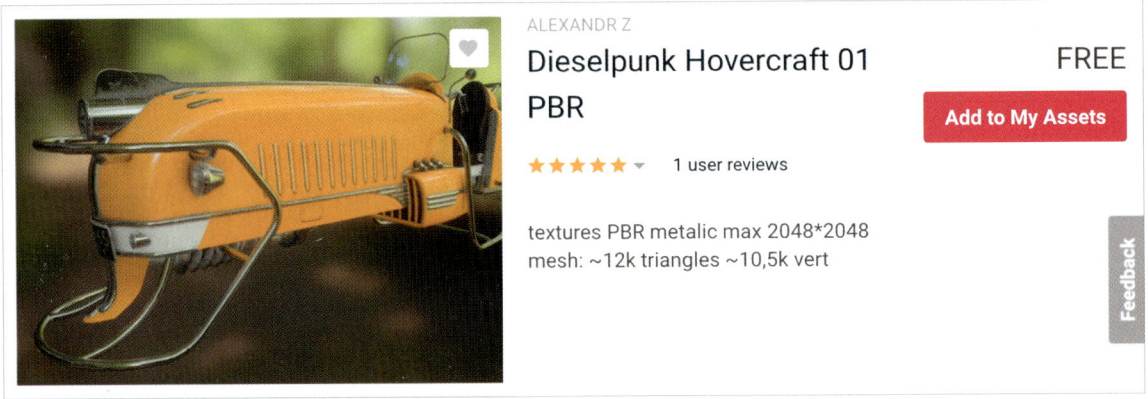

〈Dieselpunk Hovercraft 01 PBR〉

1️⃣ 해당 에셋의 DP2_LP 프리팹을 화면에 위치 (0, 0, 0)으로 각도 (0, 200, 0)으로 배치하였습니다.

2️⃣ 기본 도형 Capsule도 하나 불러 왔습니다. 위치 (1, 0.5, -0.5), 크기 (0.5, 0.5, 0.5)로 배치하였습니다.

3️⃣ 다음은 쉐이더를 적용할 기본 도형 Quad를 생성하고 위치 (0, 1, -3), 크기 (4, 4, 4)로 배치해줍니다.

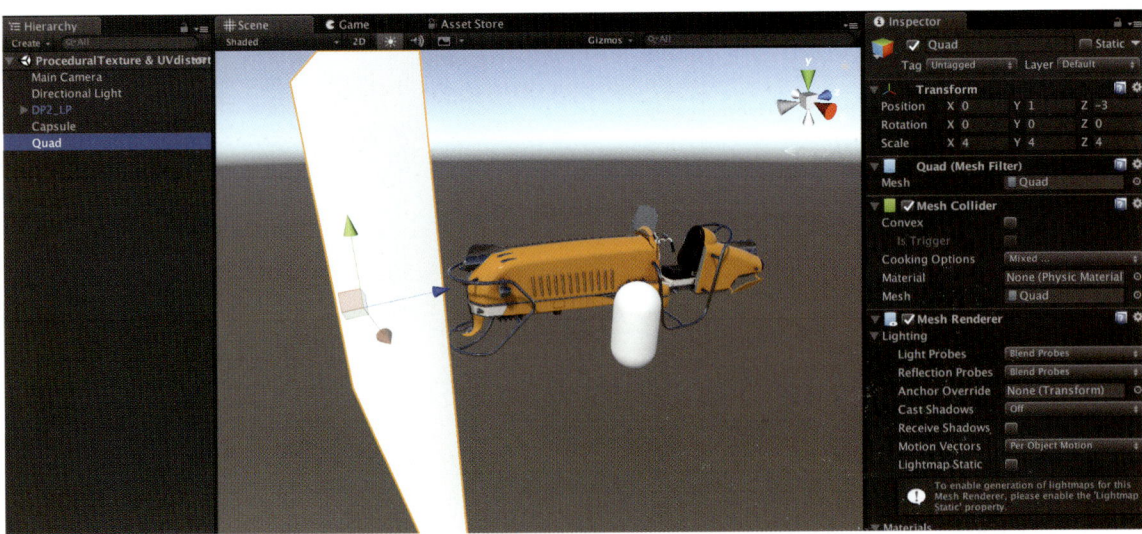

〈간단한 씬 배치〉

# 2. 기본 쉐이더 생성

여기서는 Surface Shader를 기반으로 쉐이더를 제작해볼 것입니다.
Surface Shader는 복잡하고 반복적인 작업을 생략하여 아티스트들도 쉐이더를 편하게 제작하고 사용할 수 있도록 제공하는 유니티 쉐이더입니다. 매우 짧은 줄의 코드로도 쉐이더 표현이 가능하며 앞으로 쓰일 View Direction이나 Screen Position의 경우도 별다른 작업 없이 매우 간단히 가져올 수 있습니다.

## Shader 생성과 적용

1. Project 창에서 우클릭 후 Create 〉 Shader 〉 Standard Surface Shader에서 쉐이더 파일을 생성합니다. (이름은 자유롭게.)
2. 쉐이더 파일을 우클릭 후 Create 〉 Material로 Material을 생성합니다.
3. 해당 Material 파일을 Quad에 적용해줍니다.

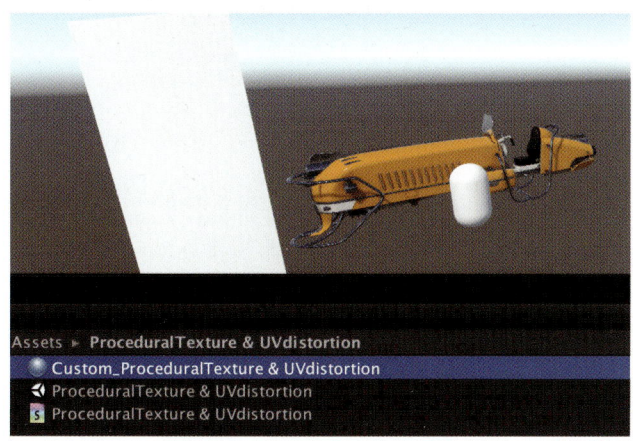

〈Custom Shader가 Quad에 적용된 화면〉

## 기본 쉐이더 작성

아무런 조명 연산이 없는 기본으로 사용할 쉐이더입니다.
쉐이더의 각 부분에 대한 설명은 기존 자료들을 참고하시기 바랍니다.

```
Shader "Custom/ProceduralTexture & UVdistortion" {
    Properties {
    }
    SubShader {
        Tags { "RenderType"="Opaque" "Queue"="Transparent"}

        CGPROGRAM
        #pragma surface surf NoLight noambient
        #pragma target 3.0

        struct Input {
            float4 color : color
        };

        void surf (Input IN, inout SurfaceOutput o) {
            o.Albedo = 1;
            o.Alpha = 1;
        }

        fixed4 LightingNoLight(SurfaceOutput s, float3 lightDir, float atten){
            fixed4 col; col.rgb = s.Albedo; col.a = 1;
            return col;
        }

        ENDCG
    }
}
```

〈조명 연산이 없는 서피스 쉐이더〉

# 3. GrabPass Texture

GrabPass Texture는 화면의 이미지를 텍스쳐로 가져와 사용할 수 있게 합니다.

GrabPass Texture는 유니티에서 기본적으로 쉐이더에 제공해주며 Screen Position을 UV 좌표로 이용하게 됩니다. 오브젝트를 통해 화면이 그대로 표현되어야 하기 위함 입니다. GrabPass Texture에 대한 공식 문서는 아래 주소에서 확인하실 수 있습니다.

https://docs.unity3d.com/kr/current/Manual/SL-GrabPass.html

```
 4      SubShader {
 5          Tags { "RenderType"="Opaque" "Queue"="Transparent"}
 6          GrabPass { "_GrabTexture" }
 7
 8          CGPROGRAM
 9          #pragma surface surf NoLight noambient
10          #pragma target 3.0
11
12          struct Input {
13              float4 screenPos;
14          };
15
16          sampler2D _GrabTexture;
17
18          void surf (Input IN, inout SurfaceOutput o) {
19              fixed4 grabTex = tex2Dproj(_GrabTexture, IN.screenPos);
20              o.Albedo = grabTex;
21              o.Alpha = 1;
22          }
```
〈GrabPass Texture의 사용〉

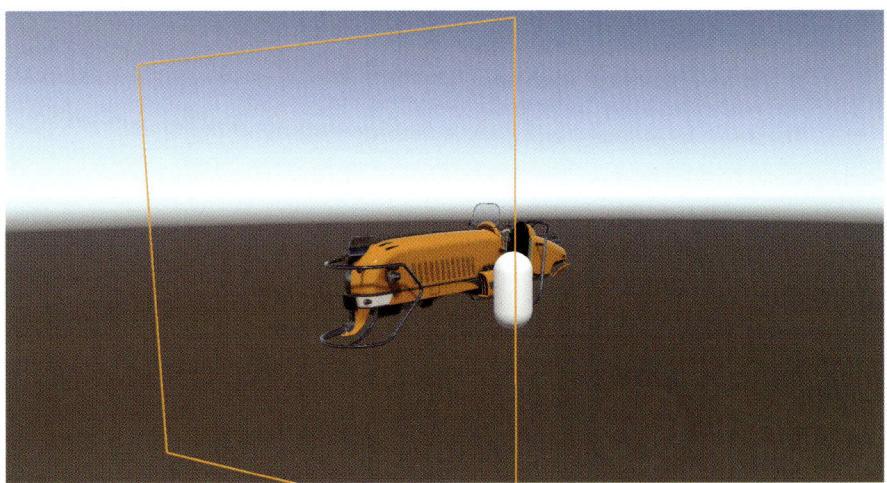

〈GrabPass Texture 출력 (화면을 그대로 출력하고 있기 때문에 마치 아무것도 없는 것 같습니다.)〉

[6번 라인] `GrabPass { }`를 통해 GrabPass Texture를 가져옵니다. { }안에 가져올 텍스쳐 이름을 지정합니다.
  (기본값은 "_GrabTexture"입니다. 기본값은 명기하지 않아도 되지만, 여기서는 참고를 위해 표시해 놓았습니다.)

[13] `struct Input { }`에는 기존의 불필요한 color를 없애고 Screen Position을 가져오기 위한 screenPos를 입력해 넣었습니다. 별다른 작업 없이 'screenPos'라는 이름을 통해 Surface Shader에서 Screen Position을 Input 구조체에 담아 줍니다.

[16] 이름 "_GrabTexture"는 sampler2D 지정 시에 그대로 사용하여야 합니다.

[19] GrabPass Texture를 샘플링해 주고 해당 값을 (20번 줄) Albedo에 담아 줍니다.

# 4. UV로부터 Random 생성하기

노이즈를 만들기 전에 무작위로 값을 출력해주는 Random() 함수를 먼저 만들겠습니다.
Quad의 화면에 그려줄 것이므로 Quad의 UV를 가져와서 이용하겠습니다.

### 오브젝트의 UV 값을 가져오기

아래와 같이 UV값을 가져와서 화면에 출력해 봅니다.

```
2      Properties {
3          _MainTex ("Main Texture", 2D) = ""{}
4      }
5      SubShader {
6          Tags { "RenderType"="Opaque" "Queue"="Transparent"}
7          GrabPass { "_GrabTexture" }
8
9          CGPROGRAM
10         #pragma surface surf NoLight noambient
11         #pragma target 3.0
12
13         struct Input {
14             float4 screenPos;
15             float2 uv_MainTex;
16         };
17
18         sampler2D _MainTex;
19         sampler2D _GrabTexture;
20
21         void surf (Input IN, inout SurfaceOutput o) {
22             float2 uv = IN.uv_MainTex;
23             fixed4 grabTex = tex2Dproj(_GrabTexture, IN.screenPos);
24             fixed3 col = float3(uv.x, uv.y, 0);
25             o.Albedo = col;
26             o.Alpha = 1;
27         }
```

〈UV를 가져오는 코드〉

〈UV를 출력한 화면〉

### sin(x) 값 출력하기

Random 함수를 만들기 전에 UV의 x좌표를 이용해 sin 값을 시각화해보겠습니다.

sin은 2Pi를 주기로 (대략 3.14 * 2) −1 ~ 1 까지의 값을 출력합니다. UV의 값은 0~1까지이므로 10 정도를 곱해서 화면에 그려봅니다.

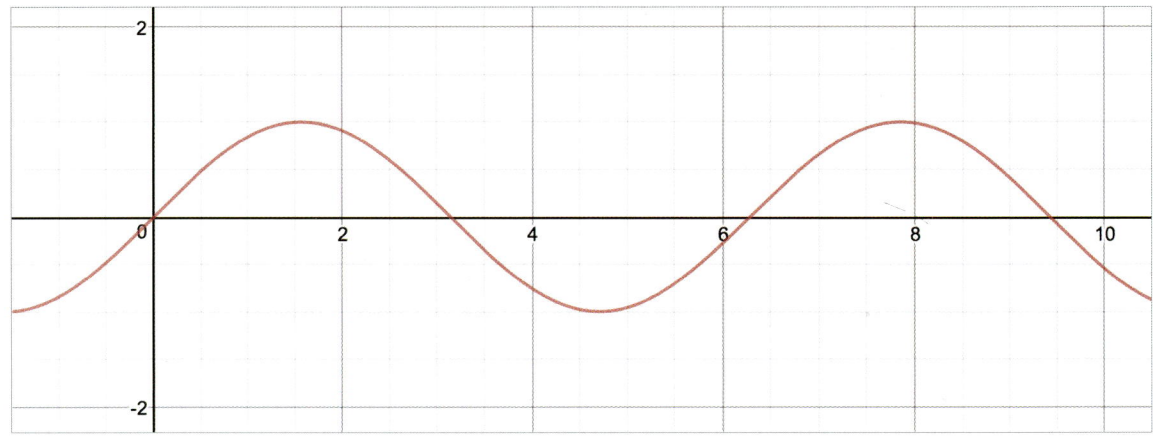

⟨sine 웨이브⟩

```
21      void surf (Input IN, inout SurfaceOutput o) {
22          float2 uv = IN.uv_MainTex;
23          fixed4 grabTex = tex2Dproj(_GrabTexture, IN.screenPos);
24          fixed3 col = sin(uv.x*10);
25          o.Albedo = col;
26          o.Alpha = 1;
27      }
```

⟨sin(uv.x*10)를 입력합니다.⟩

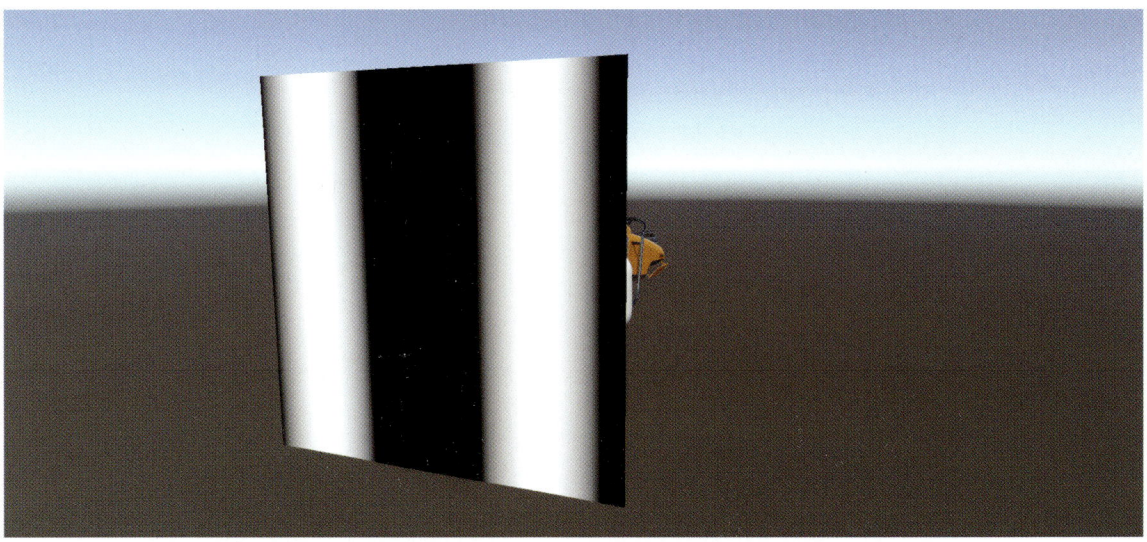

⟨sin()에 0~10의 값을 입력하였으므로 대략 한번 반 정도의 주기가 출력된 모습입니다.⟩

## frac() 함수를 이용해 값의 소수 부분만 출력하기

frac()는 입력된 값의 정수를 제외한 소수 부분만 출력해줍니다(Fractional part).
유니티와 HLSL에서는 함수명을 frac()으로 사용합니다. GLSL에서는 fract()로 사용하기 때문에 참고하면 되겠습니다.

앞서 만든 sin() 값을 frac()에 넣어 주었습니다.
−1~1의 값에서 소수 부분만 출력되었는데 제법 이상한 이미지가 되었습니다.

```
24          fixed3 col = frac(sin(uv.x*10));
```
〈sin() 값을 frac()에 입력합니다.〉

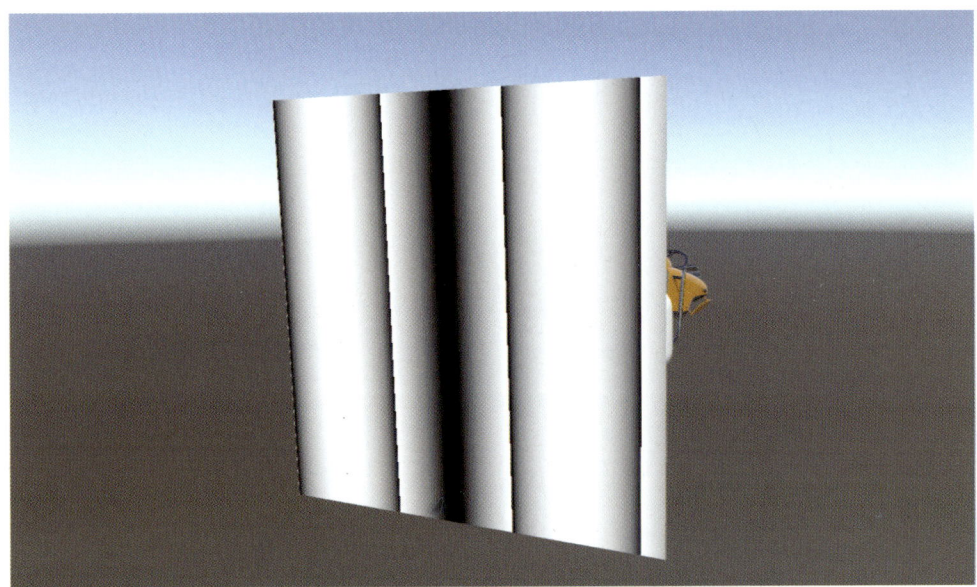

〈소수 부분만 출력된 모습〉

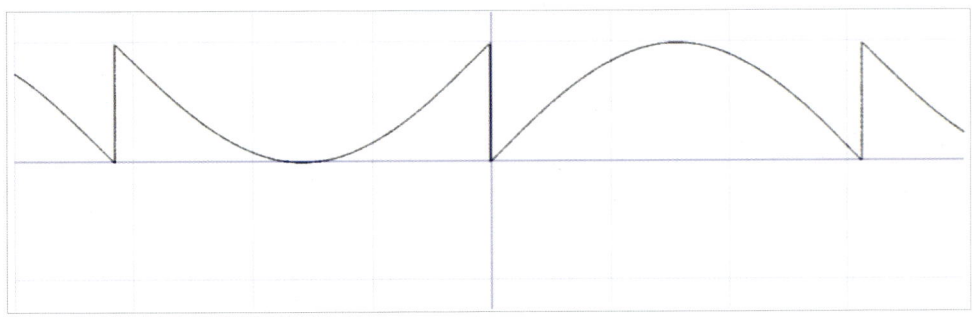

〈frac(sin()) 값의 그래프 시각화〉

이미지 출처 및 참고
The Book of Shaders
https://thebookofshaders.com/glossary/?search=fract

## sin 값을 늘려 화면 대역폭을 넘겨버리기

이 frac() 명령을 주기 전 sin(x)에 엄청나게 큰 숫자를 곱해보겠습니다.
100 단위에서는 주기와 패턴이 보이던 것이 1만 단위의 숫자로 가니 무작위의 픽셀들처럼 보이기 시작합니다.

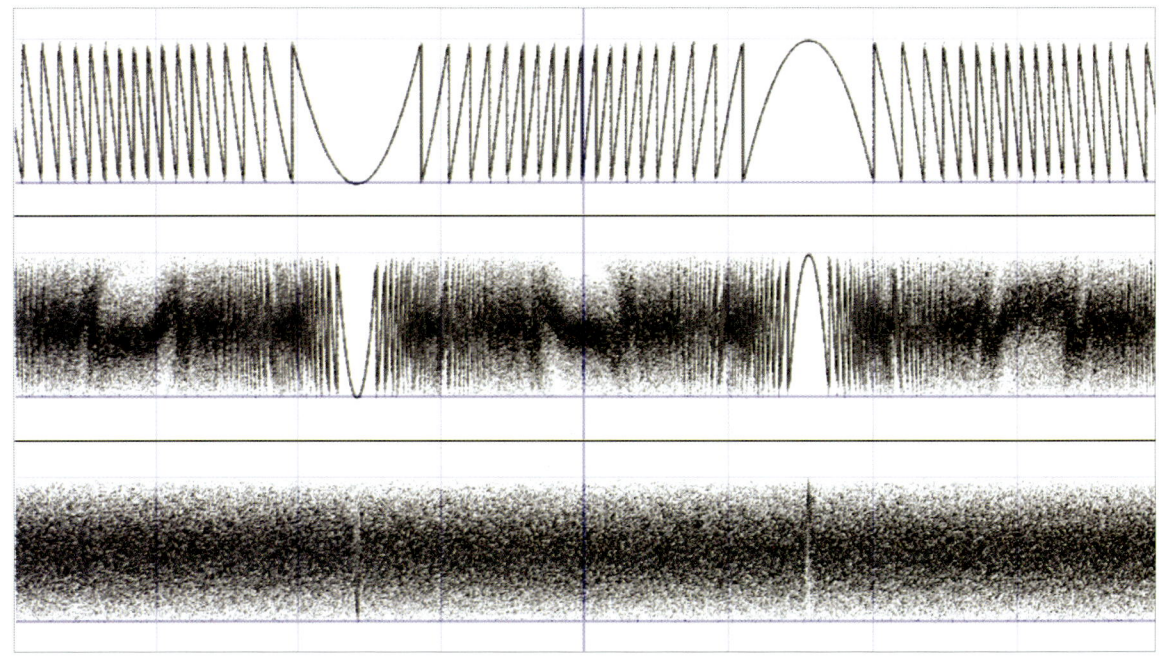

〈10을 곱했을 때, 100을 곱했을때, 10,000을 곱했을 때〉

```
24              fixed3 col = frac(sin(uv.x*10)*79797.97);
```
〈큰 값을 곱해 줍니다.〉

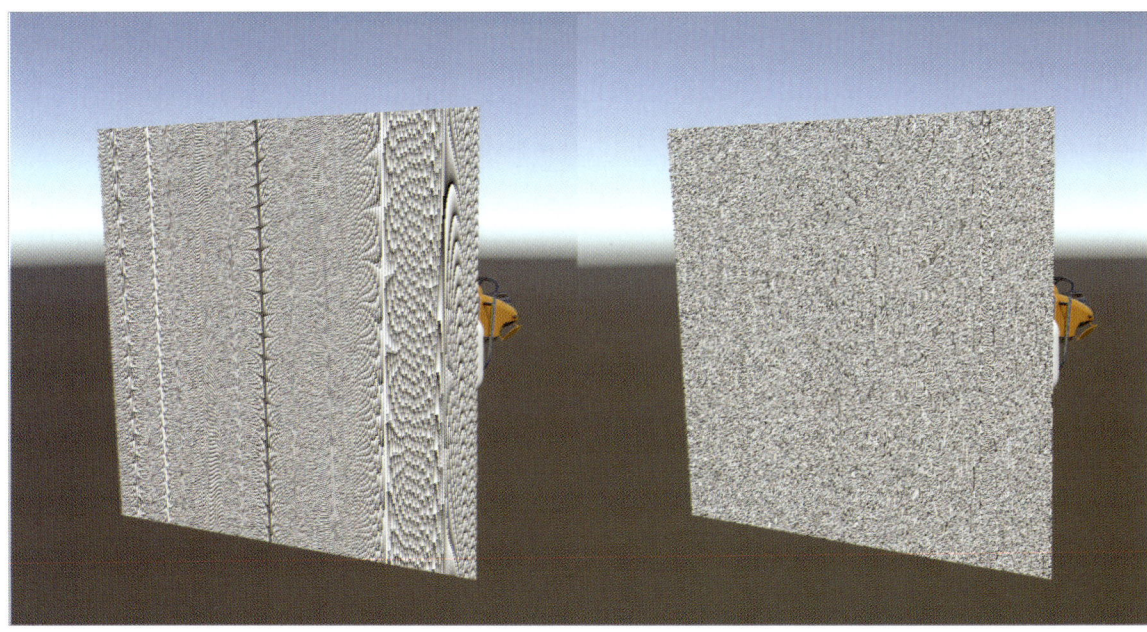

〈100 단위로 곱했을 때와 10,000 단위로 곱했을 때. 큰 값으로 폭을 키우니 주기성이 사라집니다.〉

## Random 함수로 정리하기

〈세로로 남아있는 주기성〉

하지만 x 좌표만으로는 세로줄의 주기성만 나타납니다.

UV의 y좌표까지 활용하여 이를 없애고 Random() 함수로 만들겠습니다.

x 좌표와 y 좌표를 하나의 값으로 합치는 방법은 내적(dot product)를 사용하겠습니다. UV에 내적할 값은 임의의 숫자입니다.

```
18      sampler2D _MainTex;
19      sampler2D _GrabTexture;
20
21      float Random(float2 p){
22          float r = dot(p, float2(21.12, 84.86));
23          r = frac(sin(r)*79797.97);
24          return r;
25      }
26
27      void surf (Input IN, inout SurfaceOutput o) {
28          float2 uv = IN.uv_MainTex;
29          fixed4 grabTex = tex2Dproj(_GrabTexture, IN.screenPos);
30          fixed3 col = Random(uv);
31          o.Albedo = col;
32          o.Alpha = 1;
33      }
```

〈Random() 함수를 생성〉

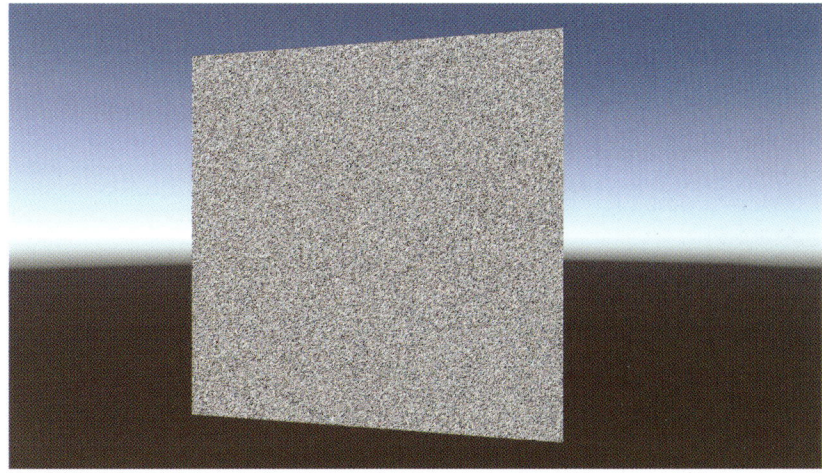

〈모든 픽셀이 Random한 값을 가집니다.〉

# Random 값을 이용한 Noise 생성

이번에는 Random 값을 이용해서 Noise를 생성해보도록 합니다.
격자 형태의 몇 개의 Random 값을 이용하여 서로 부드럽게 보간하여 만드는 매우 기본적인 방법입니다. 아래는 결과물입니다.

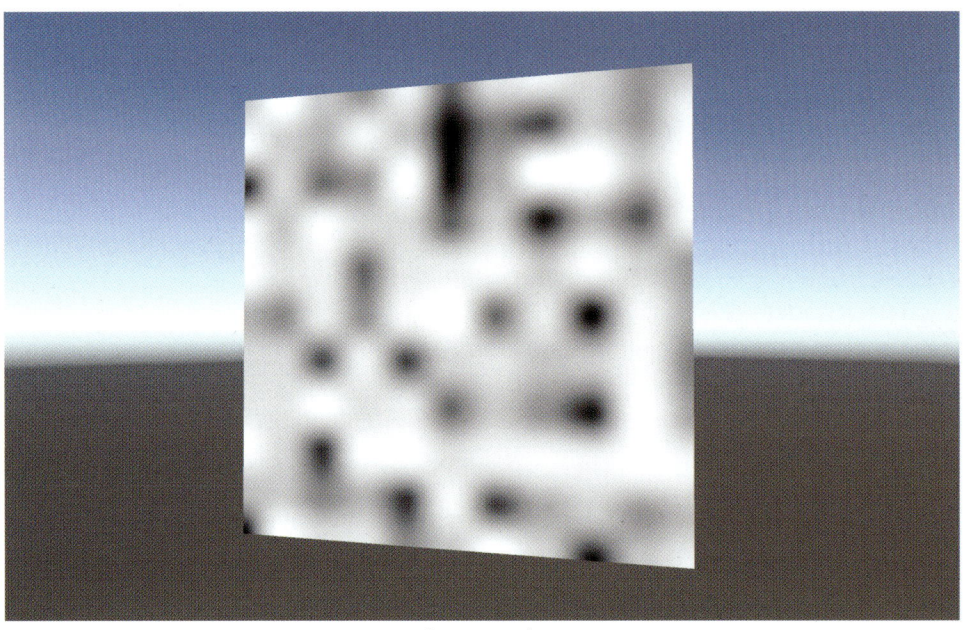

〈Value Noise〉

## `floor()`를 이용하여 Random 한 격자 만들기

우선 모든 픽셀이 아닌 몇 개만의 Random 한 값을 갖기 위해 `floor()` 함수를 이용하겠습니다.
`floor()`는 입력받는 값의 내림 값을 가집니다. 즉, 소수 부분을 없애고 정수 값을 출력하게 됩니다. 예를 들어 `floor()`에 0~2의 값을 입력해 넣으면 0, 1, 2의 값만 출력하게 됩니다.

아래 코드에서는 0~1의 값을 갖는 UV 값에 10을 곱하여 0~10으로 만든 다음 이 값을 `floor()`에 넣을 것입니다. 즉, Random(UV)에서 0~10이라는 무수한 숫자들의 랜덤이 아닌 Random(floor(UV*10))을 통해 (0-, 1-, 2-, 3-, 4-, 5-, 6-, 7-, 8-, 9-, 10) 이라는 10개 부분의 Random 값만이 화면에 나타납니다. (사실 x, y 각 10개씩이므로 10 * 10=100개의 블럭입니다.)

```
27    float Noise(float2 p){
28        float2 i = floor(p);
29        return Random(i);
30    }
31
32    void surf (Input IN, inout SurfaceOutput o) {
33        float2 uv = IN.uv_MainTex;
34        fixed4 grabTex = tex2Dproj(_GrabTexture, IN.screenPos);
35        fixed3 col = Noise(uv*10);
36        o.Albedo = col;
37        o.Alpha = 1;
38    }
```

〈`Noise()` 함수를 만들어 `floor()` 값을 출력하였습니다.〉

Procedural Noise와 UV Distortion Shader

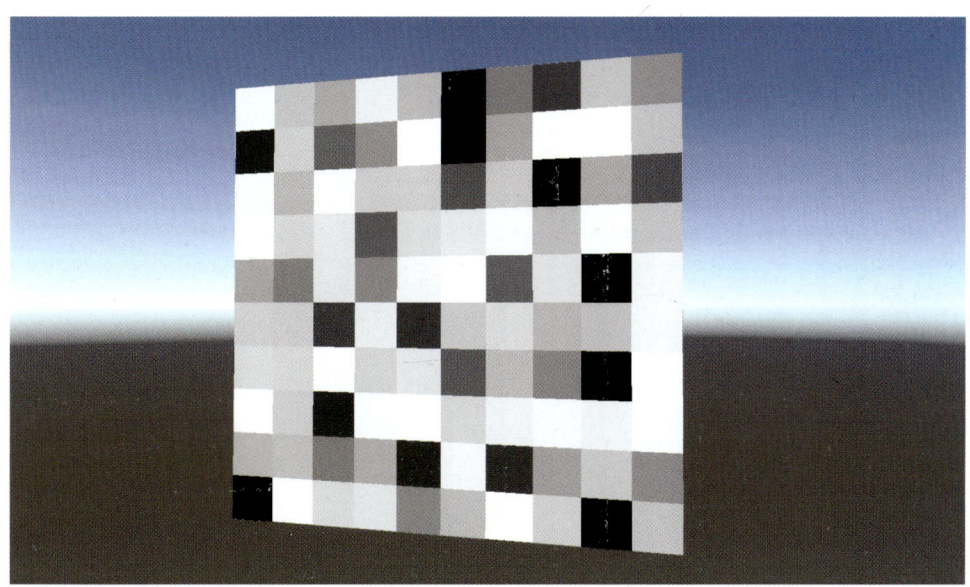

〈눈으로 보며 코드를 떠올려봅니다. R(0)−, R(1)−, R(2)−, R(3)−, R(4)−, R(5)−, R(6)−, R(7)−, R(8)−, R(9)−〉

## 격자의 값 보간하기

[floor()를 이용하여 Random 한 격자 만들기] 편에서 만들었던 격자 이미지가 있습니다.
이 격자를 x방향, y방향으로 한 칸씩 옮기고 이를 x, y 방향으로 각각 보간(interpolation)하여 부드럽고 Random 하게 섞인 Noise를 만들 수 있습니다. 아래 이미지를 참고해봅시다.

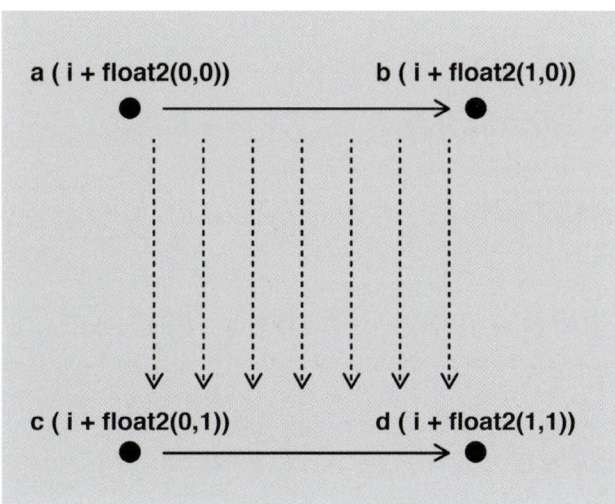

〈점 a,b,c,d의 x방향, y방향 보간〉

점 a, b, c, d가 있다고 가정합니다. (사실은 화면 전체의 이동입니다만, 이해를 돕기 위해 점으로 추상화하였습니다.)
각각의 값은 a를 기준으로 b우측(1, 0), c하측(0, 1), d우하측(1, 1)으로 이동된 값입니다. (물론 좌표계에 따라 그 방향은 다릅니다. 본 이미지는 이해를 돕기 위해 직관적인 방향으로 설정하였습니다.)
x방향의 a와 b 그리고 c와 d를 각각 x방향으로 보간해줍니다.
이렇게 보간된 a, b와 c, d는 선과 같은 이미지로 떠올려보면 됩니다. 이 ab와 cd를 y방향으로 보간합니다.

보간에 이용할 값은 `frac()`을 활용하여 줍니다. 다음 그림을 참고해주세요.

〈`frac(p)`의 x와, y〉

0~10인 UV 값을 `frac()` 함수로 소수값만 남긴 결과입니다. 즉, 0~10이 0~1, 0~1, 0~1….이 된 상태입니다. 이미지는 2차원인 `frac(UV*10)` 결과물을 x와 y 값으로 각각 출력하여 시각화한 것입니다.

```
27      float Noise(float2 p){
28          float2 i = floor(p);
29          float2 fr = frac(p);
30
31          float a = Random(i + float2(0,0));
32          float b = Random(i + float2(1,0));
33          float c = Random(i + float2(0,1));
34          float d = Random(i + float2(1,1));
35
36          float ab = lerp(a,b, fr.x);
37          float cd = lerp(c,d, fr.x);
38          float abcd = lerp(ab, cd, fr.y);
39
40          return abcd;
41      }
```

〈`Noise()` 함수〉

[29] 보간을 위한 `frac()` 값을 만듭니다.

[31-34] 같은 Random 값이 한 칸씩 이동한 a, b, c, d를 만듭니다.

[36-37] a와 b, c 와 d 값을 각각 x방향으로 보간해 줍니다. 보간은 `lerp()`를 사용하였습니다. `lerp()`의 세 번째 인자에 29번 라인에서 만들었던 `frac().x` 값을 사용하였습니다.

[38] ab와 cd를 y 방향으로 보간해줍니다.

[40] abcd 값을 최종출력합니다.

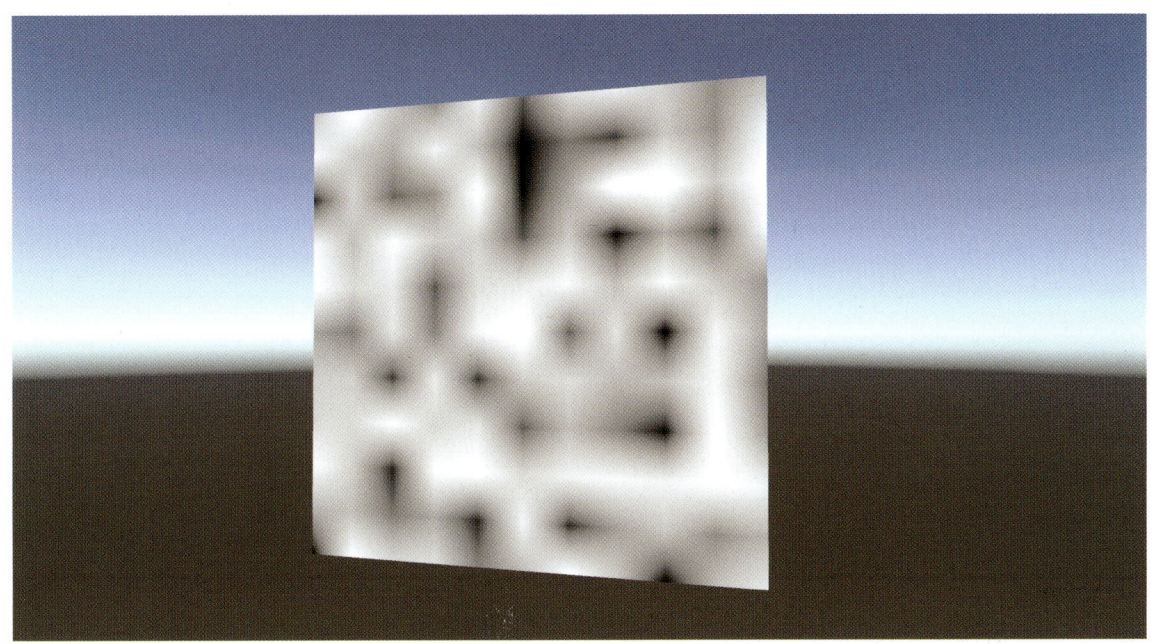
⟨Noise() 결과⟩

## 격자의 값을 smoothstep으로 보간하기

그다지 이쁘지도 않고 특히나 저 각 모서리의 십자 모양이 무척 거슬립니다. 단순히 선형 보간(linear interpolation)을 했기 때문입니다.

`smoothstep()`을 사용해서 부드럽게 이어지도록 수정하겠습니다.

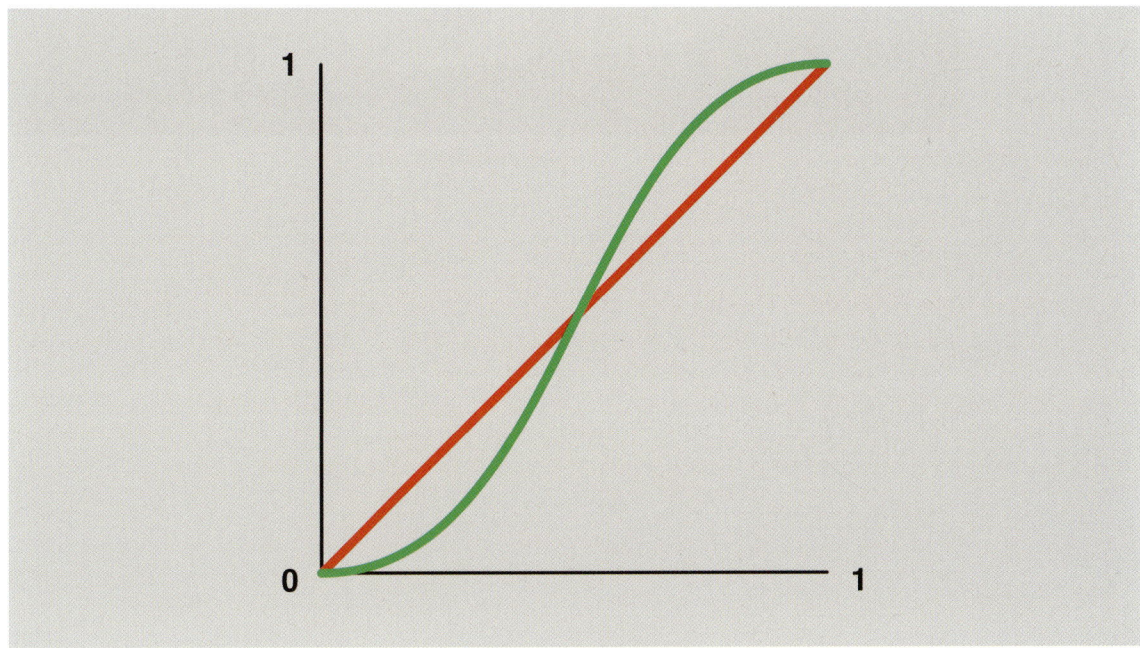
⟨Linear와 Smooth의 차이⟩

157

```
27        float Noise(float2 p){
28            float2 i = floor(p);
29            float2 fr = frac(p);
30
31            float a = Random(i + float2(0,0));
32            float b = Random(i + float2(1,0));
33            float c = Random(i + float2(0,1));
34            float d = Random(i + float2(1,1));
35
36            float2 u = smoothstep(0,1,fr);
37
38            float ab = lerp(a,b, u.x);
39            float cd = lerp(c,d, u.x);
40            float abcd = lerp(ab, cd, u.y);
41
42            return abcd;
43        }
```

〈보간에 smoothstep을 사용〉

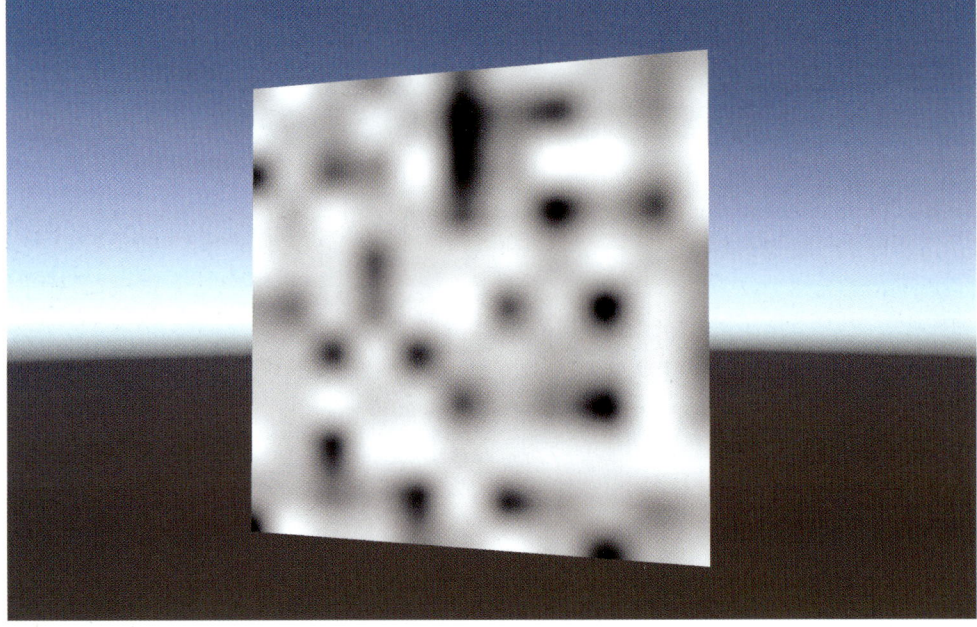

〈Value Noise〉

# Screen Position에 noise를 더하여 Distortion 효과 주기

### UV에 Noise로 일그러짐을 적용하기

GrabPass Texture의 UV로 쓰인 Screen Position에 noise를 더해보겠습니다.
0~1의 값을 갖던 노이즈에 0.2를 곱해줌으로써 0~0.2의 값으로 만들어 줍니다. `screenPos`의 x, y에 noise를 0~0.2만큼 더한 결과로 화면의 일그러짐을 만들 수 있습니다.

```
45      void surf (Input IN, inout SurfaceOutput o) {
46          float2 uv = IN.uv_MainTex*10;
47          float noise = Noise(uv);
48          float4 sp = IN.screenPos;
49          sp.xy += noise*0.2;
50
51          fixed4 grabTex = tex2Dproj(_GrabTexture, sp);
52
53          fixed3 col = grabTex;
54          o.Albedo = col;
55          o.Alpha = 1;
56      }
```

〈Distortion이 적용된 코드〉

〈Distortion이 적용된 결과〉

코드에 조금 변화가 있습니다.

[46] UV에 Noise 스케일인 *10을 미리 넣어주었습니다.

[47] noise 변수를 만들어 `Noise()` 값을 담아주었습니다

[48] sp라는 `float4` 변수를 만들어 `screenPos`를 담아주었습니다.

[49] `screenPos`의 x, y에 noise 값을 더해주었습니다. 더하는 noise 값에 0.2를 곱해주어 일그러지는 정도를 줄여 주었습니다.

[51] noise가 더해진 `screenPos` 즉, sp를 GrabPass Texture의 UV로 사용합니다.

[53] grabTex를 최종 출력합니다.

## UV에 time을 더해서 Noise 애니메이션을 적용하기

UV의 y방향으로 time을 더해서 흐르는 듯한 Distortion 애니메이션을 적용합니다.
time은 유니티에서 _Time.xyzw의 형식으로 제공합니다. 초 단위이며 _Time.(t/20, t, t*2, t*3)의 속도입니다.

아래 코드를 적용한 후 Distortion 애니메이션이 되는지 확인합니다.

```
46              float2 uv = IN.uv_MainTex*10;
47              uv += float2(0, _Time.y);
```

⟨UV에 float2(0, time)을 더해줍니다.⟩

애니메이션을 보기 위해 씬을 Play 시킬 필요는 없습니다. 혹시 Scene 뷰에서 애니메이션 되는 것이 보이지 않는다면 toggle effects에서 Animated Materials를 체크해주면 됩니다. (그림 참고)

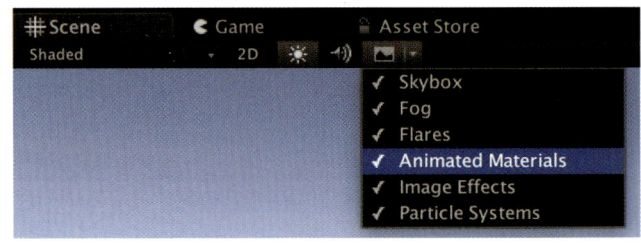

⟨Animated Materials가 체크되었는지 확인⟩

## 다른 움직임을 가지는 두 개의 노이즈를 겹쳐서 애니메이션 복잡화 표현하기

단순히 한 방향으로 흐르다 보니 움직임이 조금 단조롭습니다. 서로 다른 움직임의 Noise()를 겹쳐서 조금 더 복잡한 움직임을 만들어보겠습니다. UV를 각각 UV1, UV2로, Noise를 각각 noise1, noise2로 만들어 반반씩 더해주겠습니다.
(점점 코드가 길어지므로 가독성을 위해 줄바꿈을 넉넉히 사용하였습니다.)

```
45          void surf (Input IN, inout SurfaceOutput o) {
46
47              float2 uv1 = IN.uv_MainTex*10;
48              uv1 += float2(_Time.y,    _Time.y*2);
49              float2 uv2 = IN.uv_MainTex*10;
50              uv2 += float2(_Time.y*-1, _Time.y*2);
51              float noise1 = Noise(uv1);
52              float noise2 = Noise(uv2);
53
54              float noise = (noise1+noise2)*0.5;
55
56              float4 sp = IN.screenPos;
57              sp.xy += noise*0.2;
58
59              fixed4 grabTex = tex2Dproj(_GrabTexture, sp);
60
61              fixed3 col = grabTex;
62              o.Albedo = col;
63              o.Alpha = 1;
64          }
```

⟨서로 다른 방향으로 움직이는 noise들을 더해줍니다.⟩

[48] x방향에도 time을 더해 주었습니다.
[50] uv1과 달리 uv2의 time에 -1을 곱해주어 반대반향으로 흐르도록 해 주었습니다.
[54] 두 Noise 값을 더하면 (0~1) + (0~1) = (0~2) 가 됩니다. * 0.5를 해주어 (0~1)의 값으로 만들어 주었습니다.

애니메이션의 변화를 직접 확인해 보시기 바랍니다.

## cos, sin으로 일그러지는 방향을 회전시키기

Distortion의 움직임을 관찰해보면 대각선 방향으로만 왔다 갔다 하는 것이 보입니다. x, y에 같은 noise 값을 더했기 때문입니다. 그래서 x, y가 향하는 대각선 방향으로 일정하게 움직이게 됩니다. 게다가 noise가 0~1의 값이기 때문에 +방향으로만 움직입니다.

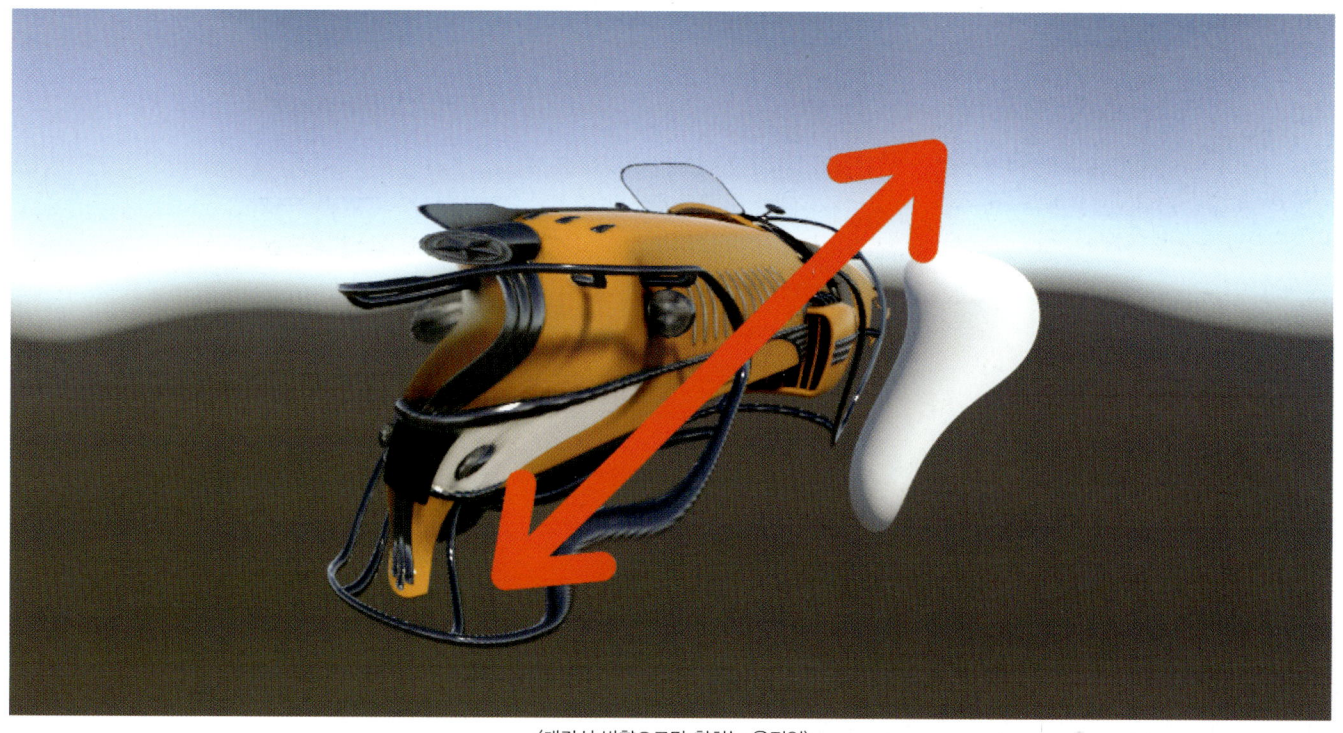

〈대각선 방향으로만 향하는 움직임〉

이를 해결하기 위해 noise 값을 -1~1로 바꾸어 준 후 `screenPos`의 x, y에 각각 다른 정도의 noise를 겹쳐서 더해주는 등의 방식이 있겠습니다.

여기서는 `cos(t)`, `sin(t)`을 이용하여 원형의 움직임을 만들려고 합니다.
`cos()`는 원형에 있어서 각도에 따른 x좌표값을 가집니다. `sin()`는 각도에 따른 y좌표 값을 가집니다. 360도의 각도 t는 호도법에 따라 0~2Pi(약 3.14*2)로 표현할 수 있습니다.

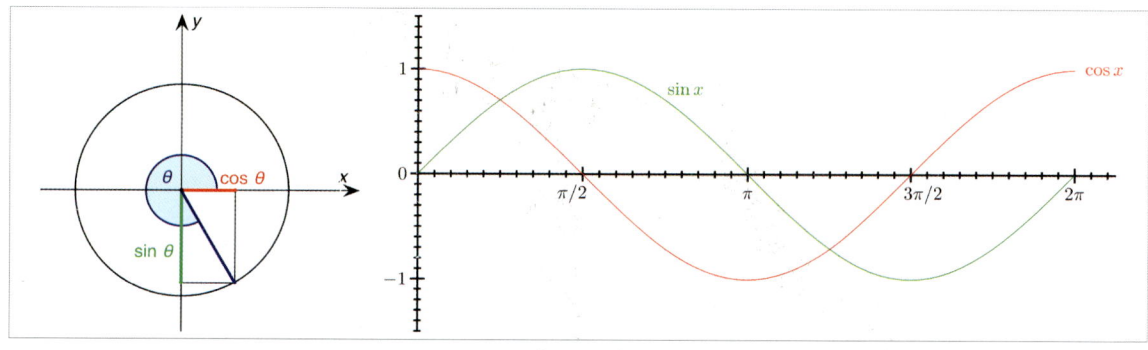

〈cos과 sin〉

```
45      float2 NoiseToAngle(float t){
46          t = t*2-1;
47          float theta = t * 3.141592 * 2;
48          float x = cos(theta);
49          float y = sin(theta);
50          return float2(x,y);
51      }
52
53      void surf (Input IN, inout SurfaceOutput o) {
54
55          float2 uv1 = IN.uv_MainTex*10;
56          uv1 += float2(_Time.y,    _Time.y*2);
57          float2 uv2 = IN.uv_MainTex*10;
58          uv2 += float2(_Time.y*-1, _Time.y*2);
59          float noise1 = Noise(uv1);
60          float noise2 = Noise(uv2);
61
62          float noise = (noise1+noise2)*0.5;
63
64          float4 sp = IN.screenPos;
65          sp.xy += NoiseToAngle(noise)*0.1;
66
67          fixed4 grabTex = tex2Dproj(_GrabTexture, sp);
68
69          fixed3 col = grabTex;
70          o.Albedo = col;
71          o.Alpha = 1;
72      }
```

〈NoiseToAngle() 함수를 생성하여 noise 값을 변형시킵니다.〉

[45] `NoiseToAngle()` 함수를 생성합니다. noise 받을 `float` 값을 인자로 받으며 출력은 원형의 x, y값을 출력할 `float2` 값을 return 합니다.

[46] 0~1의 값인 noise의 값을 -1~1로 바꾸어 줍니다. 양쪽으로 회전시키기 위함입니다.

[47] -1~1의 값을 -2Pi~2Pi 값으로 만들어 양쪽으로 360도씩 회전의 영향을 받도록 만들어 줍니다. 즉, 최초로 입력받은 `noise` 값이 0일 때는 -360도, 1일 때는 360도의 회전을 하게 됩니다. (결과적으로는 65번 라인에서 * 0.1을 해주므로 -36~36도의 회전 값을 가집니다.)

[48-49] x에는 `cos(t)` 값을, y에는 `sin(t)` 값을 줍니다.

[65] 생성한 `NoiseToAngle()` 함수로 distortion 값을 바꾸어 줍니다.

〈원형의 움직임을 나타냅니다.〉

## 거리를 이용하여 외곽으로 갈수록 영향을 안 받도록 조절하기

Distortion 효과가 외곽으로 갈수록 줄어들도록 조절하겠습니다.

UV 좌표상의 중앙으로부터의 거리 값을 이용하겠습니다. 다시 말해 screenPos에 더해주는 distortion 값에 부분적으로 0을 곱해주면 아무런 영향을 주지 않는 것이 됩니다. 거리값을 이용해 중심부터 Quad의 가장자리로 갈수록 0의 값을 만들어 곱해주려고 합니다.

거리 값은 distance(a, b)를 통해 구할 수 있습니다.

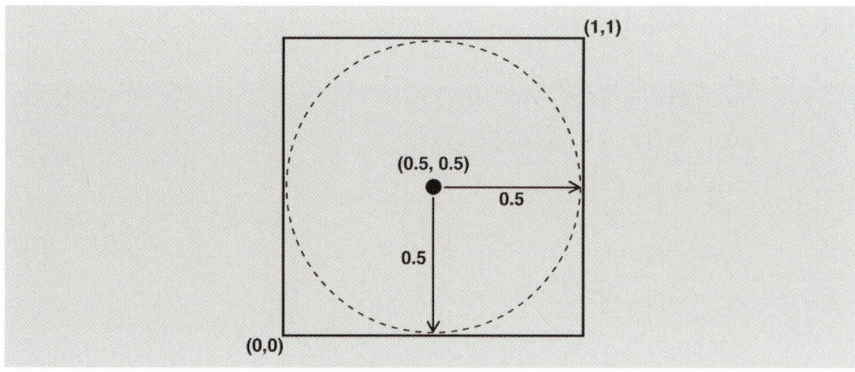

〈중심(0.5, 0.5)으로부터 UV의 거리값〉

```
64    float dist = distance(IN.uv_MainTex, float2(0.5,0.5));
65    dist = saturate(1-(dist*2));
66
67    float4 sp = IN.screenPos;
68    sp.xy += NoiseToAngle(noise)*0.1;
69
70    fixed4 grabTex = tex2Dproj(_GrabTexture, sp);
71
72    fixed3 col = dist;
73    o.Albedo = col;
74    o.Alpha = 1;
```

〈거리값을 구해서 화면에 출력해봅니다.〉

[64] UV 좌표와 중심점(0.5, 0.5)의 거리를 구합니다.

[65] 원하는 범위는 0~1이기 때문에, 외곽까지 0.5의 거리를 *2 해서 2배로 만들어 줍니다. 단, 중심으로부터의 거리이기 때문에 중앙이 0, 외곽선까지 점점 1이 되게 됩니다. 1-dist를 통해 값을 거꾸로 돌려줍니다. 즉, 중심이 1, 외곽까지가 0이 됩니다. 그리고 이렇게 뒤집었을 때 0을 넘는 지점에서 음수값이 발생하여 거꾸로 distortion이 적용되는 결과가 만들어집니다. saturate()를 통해서 0~1 이외의 값을 잘라내도록 합니다.

〈거리값을 화면으로 확인합니다.〉

거리값을 확인하였으면 이를 screenPos에 적용하여 최종 grabTex 화면을 그려줍니다.

```
67              float4 sp = IN.screenPos;
68              sp.xy += NoiseToAngle(noise)*0.1*dist;
69
70              fixed4 grabTex = tex2Dproj(_GrabTexture, sp);
71
72              fixed3 col = grabTex;
73              o.Albedo = col;
74              o.Alpha = 1;
```

〈구한 dist 값을 distortion 값에 곱해서 거리에 따라 영향력을 줄여줍니다.〉

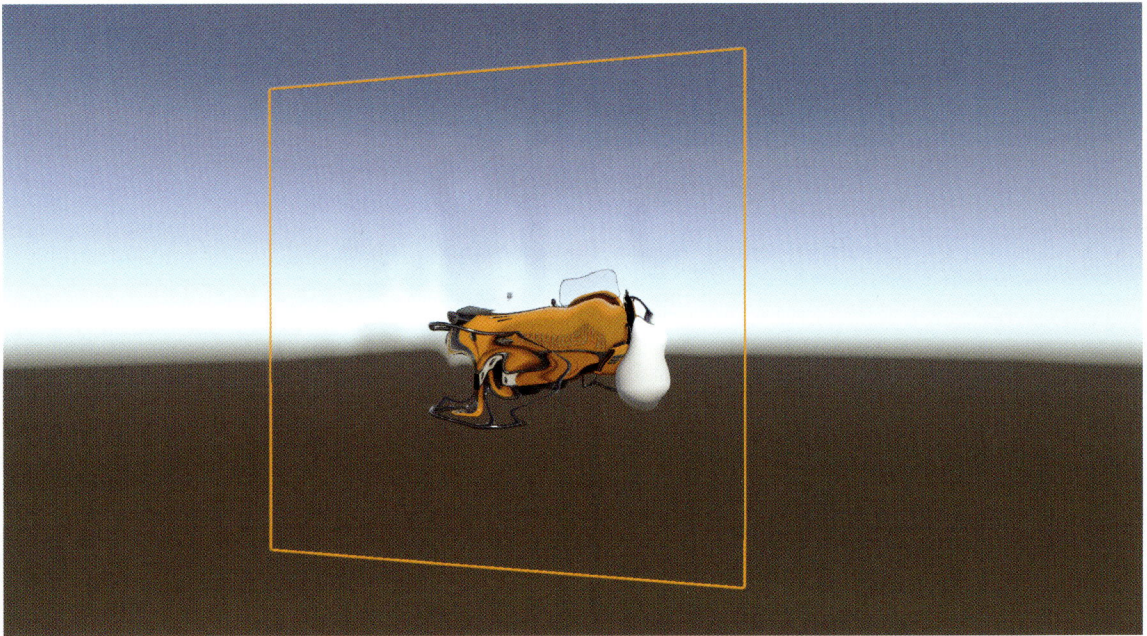

〈Quad의 외곽으로 갈수록 일그러짐 효과가 줄어들었습니다.〉

## 각 요소에 슬라이더를 만들어 조절하기

distortion 효과를 자유롭게 조절하기 위해 몇 가지 슬라이더를 만들어 넣도록 하겠습니다.
Noise의 크기, distortion의 정도, distortion의 속도, 세 가지를 조절할 수 있는 요소로 정하였습니다.

```
2       Properties {
3           _NoiseScale("Noise Scale", float) = 10
4           _DistortWeight("Distortion Weight", float) = 1
5           _DistortSpeed("Distortion Speed", float) = 1
6           _MainTex ("Main Texture", 2D) = ""{}
7       }
```

〈슬라이더를 넣기 위한 Properties〉

```
21          sampler2D _MainTex;
22          sampler2D _GrabTexture;
23
24          float _NoiseScale;
25          float _DistortWeight;
26          float _DistortSpeed;
27
28          float Random(float2 p){
29              float r = dot(p, float2(21.12, 84.86));
30              r = frac(sin(r)*79797.97);
31              return r;
32          }
```

〈각 슬라이더의 값을 쉐이더 변수로 지정〉

```
60          void surf (Input IN, inout SurfaceOutput o) {
61
62              float time = _Time.y * _DistortSpeed;
63
64              float2 uv1 = IN.uv_MainTex * _NoiseScale;
65              uv1 += float2(time,    time*2);
66              float2 uv2 = IN.uv_MainTex * _NoiseScale;
67              uv2 += float2(time*-1, time*2);
68              float noise1 = Noise(uv1);
69              float noise2 = Noise(uv2);
70
71              float noise = (noise1+noise2)*0.5;
72
73              float dist = distance(IN.uv_MainTex, float2(0.5,0.5));
74              dist = saturate(1-(dist*2));
75
76              float4 sp = IN.screenPos;
77              sp.xy += NoiseToAngle(noise)*0.1*dist * _DistortWeight;
78
79              fixed4 grabTex = tex2Dproj(_GrabTexture, sp);
80
81              fixed3 col = grabTex;
82              o.Albedo = col;
83              o.Alpha = 1;
84          }
```

〈각각의 값에 슬라이더를 적용〉

이제 Material을 보면 입력한 슬라이더들이 보입니다. 이 값들을 바꿔보며 변화를 관찰해봅니다.

이 외에도 더 다양하고 세밀한 요소들에도 실시간으로 변화를 줄 수 있습니다. Noise와 Distortion을 구성하고 있는 요소들에 자유롭게 접근하여 다양한 값들을 맵핑하여 활용하고 조절할 수 있습니다. 이것이 Procedural 방식의 장점 중 하나라고 볼 수 있습니다.

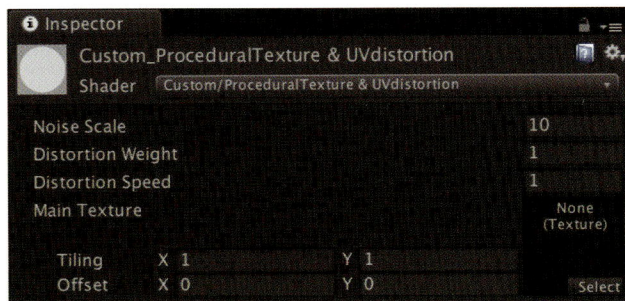

〈Material에 생긴 슬라이더들〉

〈Noise Scale을 조정하였을 때〉

〈Distortion Weight를 조정하였을 때〉

# 7. 좀 더 예쁜 Noise를 만들어 보자

지금까지 구현한 Noise는 굉장히 기본적인 Noise 방식입니다. 3ds Max나 Substance 같은 툴의 Noise를 참고해보면 다양한 종류의 Noise 들을 볼 수 있을 것입니다. 지면 관계상 몇 가지 보완된 Noise만 짧게 소개하고 넘어가겠습니다.

## Gradient Noise 만들기

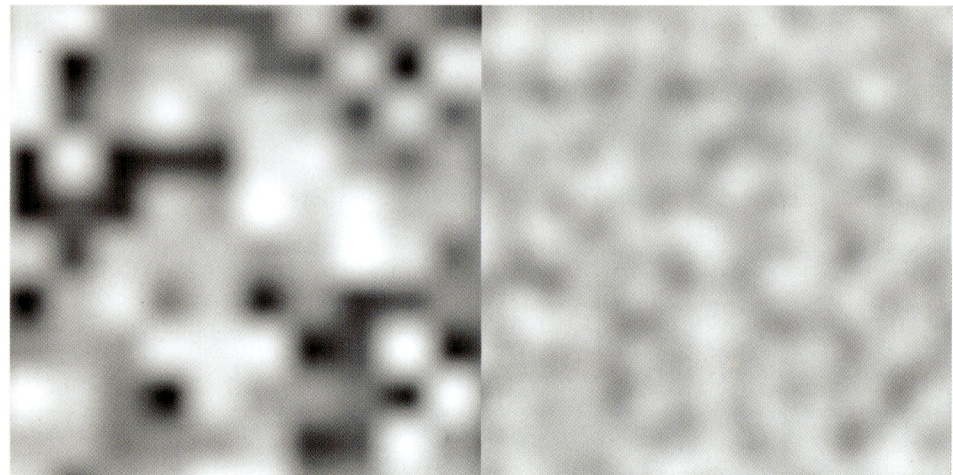

〈Value Noise와 Gradient Noise〉

지금까지 구현한 Noise, 즉 Value Noise의 형태를 보면 사각 블럭의 형태들이 남아있습니다. 격자 모양의 Random을 보간했기 때문입니다. Gradient Noise는 격자 모양을 나타내는 1차원 Random이 아닌 방향과 같은 느낌의 2차원 Random을 사용하여 조금 더 부드러운 느낌의 Random을 나타냅니다.

```
33  float2 Random2(float2 p){
34      p = float2(dot(p, float2(127.1, 311.7)),
35                 dot(p, float2(269.5, 183.3)));
36      float2 r = frac(sin(p)*43758.5453123);
37      return r*2-1;
38  }
```

〈2차원 Random〉

```
58      float GradientNoise(float2 p){
59          float2 i = floor(p);
60          float2 fr = frac(p);
61
62          float2 u = smoothstep(0,1,fr);
63
64          float2 a = float2(0.0, 0.0);
65          float2 b = float2(1.0, 0.0);
66          float2 c = float2(0.0, 1.0);
67          float2 d = float2(1.0, 1.0);
68
69          float ab = lerp(dot( Random2(i+a), fr-a ),
70                          dot( Random2(i+b), fr-b ), u.x);
71          float cd = lerp(dot( Random2(i+c), fr-c ),
72                          dot( Random2(i+d), fr-d ), u.x);
73
74          float abcd = lerp(ab, cd, u.y);
75
76          return abcd*0.5+0.5;
77      }
```

〈Gradient Noise〉

```
88      void surf (Input IN, inout SurfaceOutput o) {
89
90          float time = _Time.y * _DistortSpeed;
91
92          float2 uv1 = IN.uv_MainTex * _NoiseScale;
93          uv1 += float2(time,    time*2);
94          float2 uv2 = IN.uv_MainTex * _NoiseScale;
95          uv2 += float2(time*-1, time*2);
96          float noise1 = GradientNoise(uv1);
97          float noise2 = GradientNoise(uv2);
98
99          float noise = (noise1+noise2)*0.5;
100
101         float dist = distance(IN.uv_MainTex, float2(0.5,0.5));
102         dist = saturate(1-(dist*2));
103
104         float4 sp = IN.screenPos;
105         sp.xy += NoiseToAngle(noise)*0.1*dist * _DistortWeight;
106
107         fixed4 grabTex = tex2Dproj(_GrabTexture, sp);
108
109         fixed3 col = grabTex;
110         o.Albedo = col;
111         o.Alpha = 1;
112     }
```

〈Gradient Noise 적용〉

## 3차원으로 Noise를 만들어 조금 더 자연스러운 애니메이션 만들기

현재의 Noise 애니메이션은 UV에 따라 단순히 가로세로로 흐를 뿐이어서 풍부하고 자연스러운 Noise의 변화로 느껴지지 않습니다. Gradient Noise를 만들었던 방식으로 3차원의 Noise를 만들어 준 후 UV의 x, y 값만이 아닌 3차원의 z 값에 변화를 주겠습니다.

GradientNoise도 3차원의 보간을 해주어야 합니다.

3차원 보간의 느낌은 아래와 같습니다.

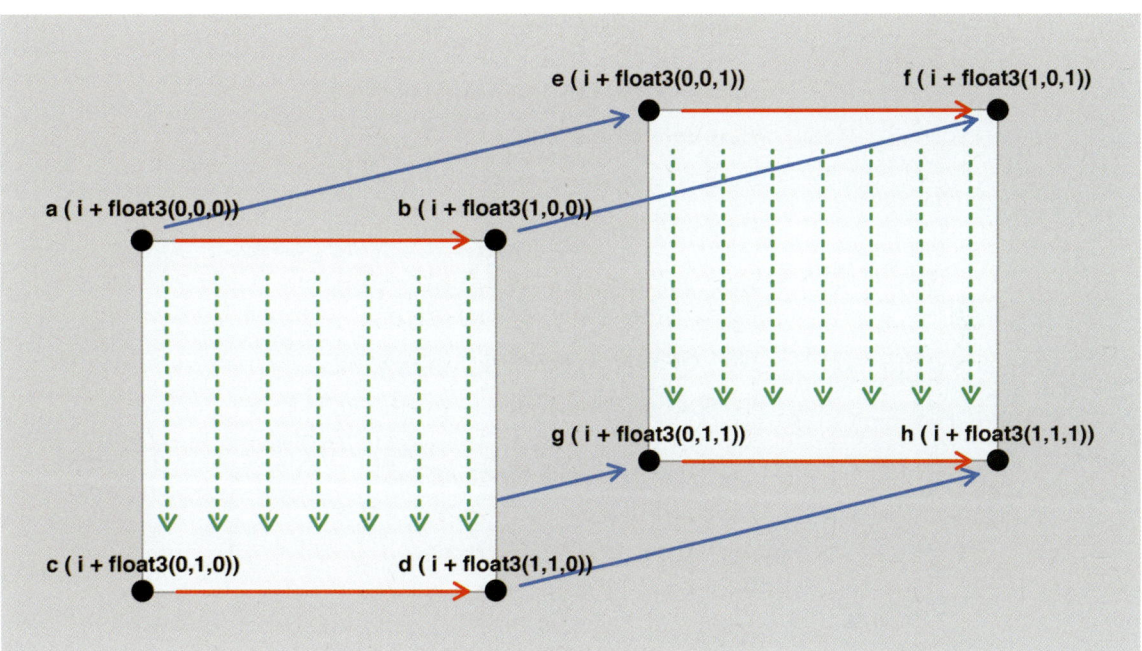

〈3차원 보간〉

1. 3차원 형태로 a, b, c, d, e, f, g, h의 여덟 점이 있습니다.
2. a와 b, c와 d, e와 f, g와 h의 두 점을 각각 x 방향으로 보간합니다.
3. a-b와 c-d, e-f와 g-h 의 두 선을 각각 y 방향으로 보간합니다.
4. a-b-c-d와 e-f-g-h 의 두 면을 z 방향으로 보간합니다.

코드는 아래와 같습니다.

```
39      float3 Random3(float3 p){
40          p = float3(dot(p, float3(127.1, 311.7, 349.2)),
41                     dot(p, float3(269.5, 183.3, 579.3)),
42                     dot(p, float3(349.3, 531.2, 981.0)));
43          float3 r = frac(sin(p)*43758.5453123);
44          return r*2-1;
45      }
```

〈Random 3D (랜덤한 숫자 넣기가 가장 힘들었습니다..)〉

```
86      float GradientNoise3(float3 p){
87          float3 i = floor(p);
88          float3 fr = frac(p);
89
90          float3 u = smoothstep(0,1,fr);
91
92          float3 a = float3(0.0, 0.0, 0.0);
93          float3 b = float3(1.0, 0.0, 0.0);
94          float3 c = float3(0.0, 1.0, 0.0);
95          float3 d = float3(1.0, 1.0, 0.0);
96          float3 e = float3(0.0, 0.0, 1.0);
97          float3 f = float3(1.0, 0.0, 1.0);
98          float3 g = float3(0.0, 1.0, 1.0);
99          float3 h = float3(1.0, 1.0, 1.0);
100
101
102         float ab = lerp(dot( Random3(i+a), fr-a ),
103                         dot( Random3(i+b), fr-b ), u.x);
104         float cd = lerp(dot( Random3(i+c), fr-c ),
105                         dot( Random3(i+d), fr-d ), u.x);
106         float ef = lerp(dot( Random3(i+e), fr-e ),
107                         dot( Random3(i+f), fr-f ), u.x);
108         float gh = lerp(dot( Random3(i+g), fr-g ),
109                         dot( Random3(i+h), fr-h ), u.x);
110
111         float abcd = lerp(ab, cd, u.y);
112         float efgh = lerp(ef, gh, u.y);
113
114         float abcdefgh = lerp(abcd, efgh, u.z);
115
116         return abcdefgh*0.5+0.5;
117     }
```

〈3차원으로 보간한 Gradient Noise〉

```
128     void surf (Input IN, inout SurfaceOutput o) {
129
130         float time = _Time.y * _DistortSpeed;
131
132         float3 uv = 0;
133         uv.xy = IN.uv_MainTex * _NoiseScale;
134         uv += float3(0, time*2, time);
135
136         float noise = GradientNoise3(uv);
137
138         float dist = distance(IN.uv_MainTex, float2(0.5,0.5));
139         dist = saturate(1-(dist*2));
140
141         float4 sp = IN.screenPos;
142         sp.xy += NoiseToAngle(noise)*0.1*dist * _DistortWeight;
143
144         fixed4 grabTex = tex2Dproj(_GrabTexture, sp);
145
146         fixed3 col = grabTex;
147         o.Albedo = col;
148         o.Alpha = 1;
149     }
```

〈z offset값에 time을 이용해 애니메이션 적용〉

Noise 값이 3차원이기 때문에 텍스쳐로는 구현하기 어려운 Noise 애니메이션이 구현됩니다. 이런 풍부한 표현력 또한 Procedural 방식의 장점일 수 있겠습니다. 결과물은 애니메이션 형태만 다르기 때문에 이미지를 첨부하진 않았습니다.

## 자기유사 반복을 통한 Fractal Noise 구현하기

마지막으로 소개할 Noise는 Fractal Noise(프랙탈 노이즈) 입니다. Fractal은 무한한 자기유사성을 나타내며 자연의 형태와 현상에서도 많이 발견되는 구조입니다. Fractal Noise는 스케일을 달리하는 여러 Noise를 반복해서 겹쳐줌으로써 그 모양을 표현할 수 있습니다.

〈Fractal Noise〉

아래와 같이 코드로 옮길 수 있습니다.

for 문으로 반복되는 동안 스케일은 2배씩 커집니다. 그리고 스케일이 줄어들수록 겹쳐지는 정도는 반씩 줄어듭니다.

```
119    float FractalNoise(float3 p, int iteration){
120        float scale = 1;
121        float weight = 0.5;
122        float noise = 0;
123        for(int i=0; i<iteration; i++){
124            noise += GradientNoise3(p*scale) * weight;
125            scale *= 2;
126            weight *= 0.5;
127        }
128        return noise;
129    }
```

〈Fractal Noise〉

```
140            void surf (Input IN, inout SurfaceOutput o) {
141
142                float time = _Time.y * _DistortSpeed;
143
144                float3 uv = 0;
145                uv.xy = IN.uv_MainTex * _NoiseScale;
146                uv += float3(0, time*2, time);
147
148                float noise = FractalNoise(uv, 6);
149
150                float dist = distance(IN.uv_MainTex, float2(0.5,0.5));
151                dist = saturate(1-(dist*2));
152
153                float4 sp = IN.screenPos;
154                sp.xy += NoiseToAngle(noise)*0.1*dist * _DistortWeight;
155
156                fixed4 grabTex = tex2Dproj(_GrabTexture, sp);
157
158                fixed3 col = grabTex;
159                o.Albedo = col;
160                o.Alpha = 1;
161            }
```

〈Fractal Noise 적용〉

이상으로 Procedural 방식으로 여러 가지 Noise를 제작하고 이를 Distortion으로 활용하는 방법을 알아보았습니다.
물론 Procedural 방식이 익숙하지 않다면 진입장벽이 있고 머리 아픈 작업이 될 수도 있을 것입니다. 다만, 기본적인 몇 가지만 익히게 되면 무척이나 자유롭고 다양하게 응용/활용할 수 있습니다. 특히 인터랙티브한 그래픽을 제작할 때 Procedural 방식은 표현력과 자유도가 무한하다고 할 수 있을 것입니다.

Shadertoy나 GLSL Sandbox같은 사이트를 보면 많은 아티스트들의 작업과 낙서들을 찾아볼 수 있습니다. 코딩만으로 표현해내는 이 무한한 세계들을 보면 쉐이더 프로그래밍이 어렵더라도 무척 재미있고 도전적인 것이라고 느껴집니다. (두 사이트의 이름이 놀이터, 장난감 같은 표현을 썼다는 부분이 어떤 부분에서 공감이 됩니다.)

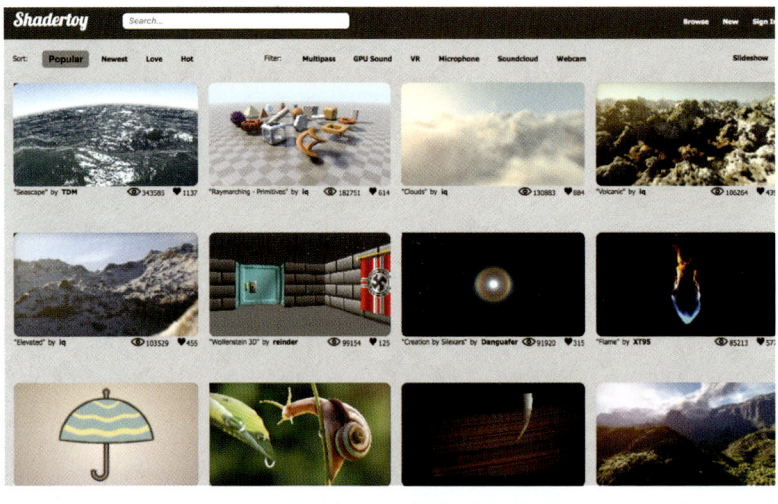

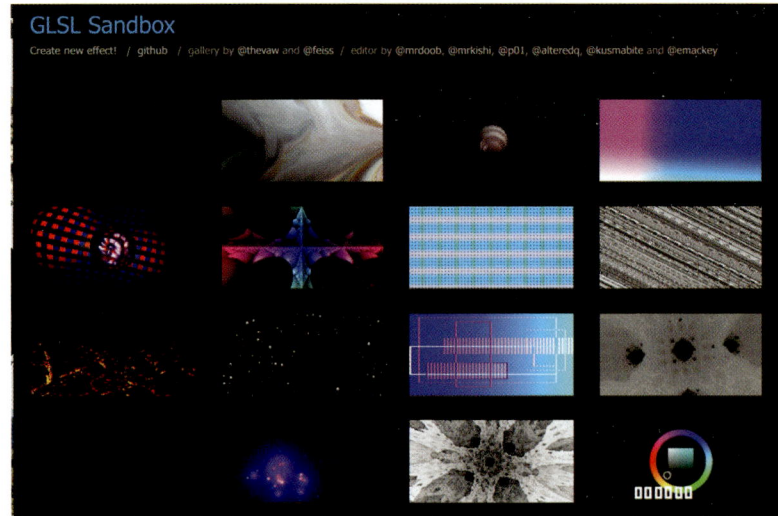

**Shadertoy** : https://www.shadertoy.com/
**GLSL Sandbox** : http://glslsandbox.com/

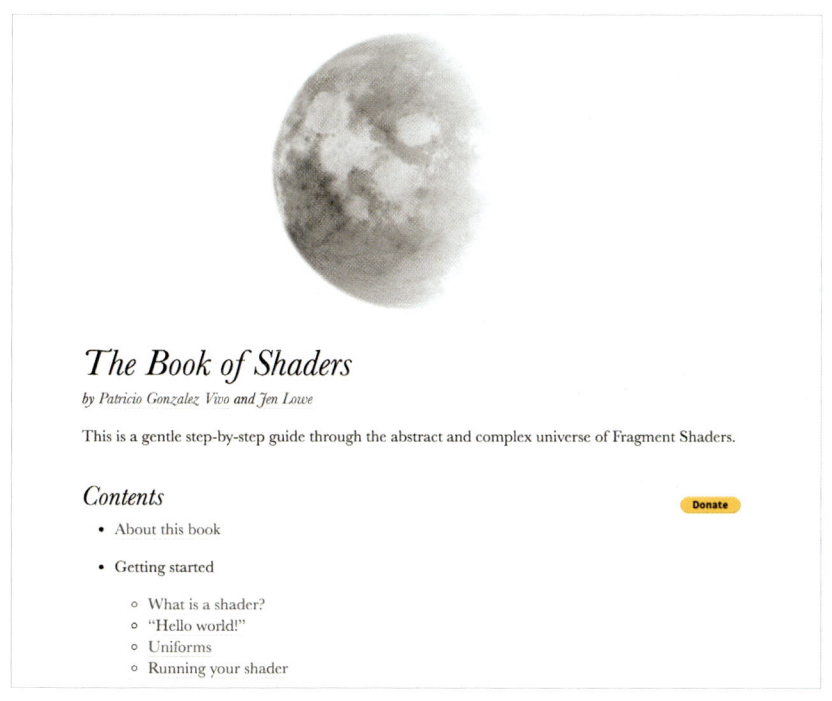

The Book of Shaders   http://thebookofshaders.com/

필자 또한 공부 중인 입장이다 보니 인터넷에서 많은 분들과 소통하며 다양한 자료들의 주고받고 있습니다. 특히 이번 내용을 소개할 때는 [The Book of Shaders]가 대부분의 참고가 되었습니다. 본 지면을 빌어 많은 것을 알려주시고 지도해주신 최승준 교수님께 감사의 마음을 전합니다.

부족함이 많은 글이지만 하시는 작업에 좋은 영감과 보탬이 되었으면 좋겠습니다. 감사합니다. **the GAME GRAPHICS**

# 유니티 쉐이더와 스크립트를 활용한
# 전자 방어막 이펙트의 제작

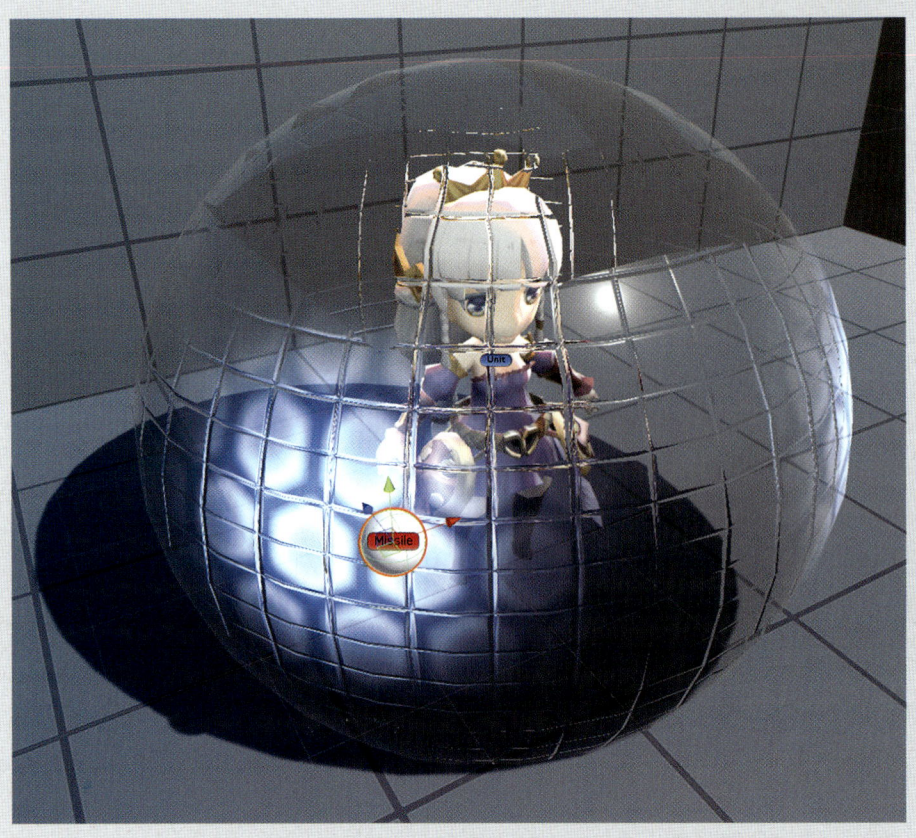

글_ 장홍주 | 〈네오위즈〉 3D 아트팀 테크니컬 아트 디렉터 | ateliersera@naver.com

2000년 부터 [창세기전3 Part II] 개발을 시작으로 현재 〈네오위즈〉의 테크니컬 아티스트로 재직 중이다. 2017년 집필한 〈게임 비주얼 이펙트 테크니컬 입문 with Unity〉를 시작으로 접하기 어려웠던 쉐이더와 이펙트의 응용 분야에 대한 노하우를 공유해 보려고 한다.

# "이 게임에 나오는 이펙트는 어떻게 만든 거지?"

게임 개발 기술은 나날이 발전하고 있고, 게임 이펙트 역시 발전하고 있습니다. 과거에는 드로잉과 애니메이션 능력이 중요했다면 지금은 Shader와 프로그래밍으로 만드는 이펙트가 발전하고 있습니다. 그래픽 아티스트이지만 기술을 이해하고 있어야 만들 수 있는 VFX들로 인해 게임 이펙트 제작 난이도도 함께 상승하고 있습니다.

이번 챕터에서는 쉐이더만으로 제작하는 이펙트가 아닌, 쉐이더와 스크립트 그리고 게임 엔진의 Collider 연동으로 자동 반응하는 마법 장벽 이펙트 제작 방법을 소개하겠습니다. 모든 기반은 유니티3D(Unity3D) 엔진을 활용할 예정입니다.

### 표현 방향 정하기

전자 방어막 이펙트는 지금까지 볼 수 없었던 이펙트는 아닙니다. 해외에서는 Force Field라는 미래적 느낌의 방어막 이펙트 이미지가 많지만 이 챕터에서는 캐릭터가 입고 있는 의상이나 사물, 구체, 갑옷 등 어디에나 응용 할 수 있는 이펙트입니다.

PS4 게임으로 유명한 [호라이즌 제로 던]에 등장하는 최강 갑옷인 실드 위버는 옷 주변에 전자식 방어막 효과를 나타내는 이펙트가 표시되고 있습니다. 이 이펙트는 충전 중이거나 데미지를 받을 때에도 발동됩니다. 아쉬운 점은 타격 시 전체적으로 표현될 뿐, 타격점을 특정해서 알아낼 수는 없습니다.

〈호라이즌 제로 던 : 실드 위버 갑옷 보호막 발동〉

이번에 제작하는 이펙트는 의상의 타격 점을 찾아서 해당 오브젝트 표면에 보호막 발동 효과가 나타나는 이펙트를 소개해보겠습니다.

이번에 제작할 이펙트는 다음과 같은 목표를 가지고 있습니다.

| 목표 | 내용 |
| --- | --- |
| Mesh 적용 범위 | 다양한 형태의 3D Mesh에 적용 가능한 범위 |
| 표면 타격 점 처리 | 데미지를 입는 부위에 보호막 효과 이미지를 발생시킵니다.<br>월드 좌표의 어디라도 처리할 수 있어야 합니다. |
| 동시 타격 표현 | 같은 시간에 여러 방향에서 타격이 발생 할 경우 각각의 좌표에서 모두 이펙트가 표현되어야 합니다. |

모바일 기기라면 Multiple Material을 잘 사용하지 않지만 Pc 혹은 Console 기기라면 이 방법으로 다양한 오브젝트에 Shader를 적용할 수 있습니다. Static Mesh라면 Decal 생성이나 Projection 기능으로 표현할 수 있지만, Skinned Mesh Renderer에서는 사용하기 어려움이 있습니다. 특히 움직이는 오브젝트의 버텍스(Vertex) 좌표는 동적이기 때문에 충돌 이벤트와 분리해서 제작해야 할 필요도 있습니다.

동시에 여러 표면의 타격을 허용할 경우 몇 개의 이펙트 발생 지점이 동시에 발동 가능한지에 따라 Shader와 스크립트에서의 표현 용량을 같도록 설계해 주어야 합니다.

> VFX를 제작하기 전에, 먼저 무엇을 만들 것인지 결정하는 것이 가장 중요합니다. 원하는 표현 방법에 따라 전혀 다른 방법의 구현 기술을 요구하기 때문입니다. 표현하려는 목표가 정해지면 그에 가장 적합한 형식의 테크닉을 결정할 수 있습니다.

# 1. 오브젝트의 노멀(Normal)과 포지션 알아보기

오브젝트의 표면에 좌표 값을 정의할 수 있는지 알아보기 위해,
오브젝트의 노멀 값에 X, Y, Z의 각 축에 벡터 값을 더해서 RGB 컬러로 출력해보는 코드를 작성해봅니다.

코드 생성은 유니티 엔진의 Project 창에서 마우스 우측 버튼을 누른 후 Create > Shader > Unlit Shader를 선택해서 새로운 쉐이더를 생성한 후 Step1_NormalColor라는 이름을 지어 봅니다.

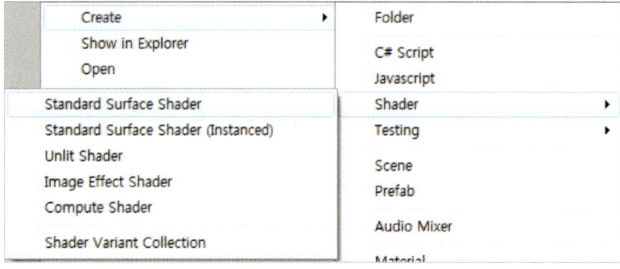

〈Unlit Shader의 메뉴 위치〉

다음 [코드 1-1]을 참고하여 쉐이더 코드를 작성해줍니다.

### [코드 1-1] Step1_NormalColor.shader

```
Shader "VielBooks/Step1_NormalColor"
{
    Properties
    {
        _FXPos("Position Add", Vector) = (0.0,0.0,0.0,0.0)
    }
    SubShader
    {
        Tags { "RenderType"="Opaque" }
        LOD 100


        Pass
        {
            CGPROGRAM
            #pragma vertex vert
            #pragma fragment frag
            #include "UnityCG.cginc"

            struct appdata
            {
                float4 vertex : POSITION;
                float3 normal : NORMAL;
            };

            struct v2f
            {
                float4 vertex : SV_POSITION;
                float3 normalDir : TEXCOORD0;
            };

            float4 _FXPos;

            v2f vert (appdata v)
            {
                v2f o;

                o.vertex = UnityObjectToClipPos(v.vertex);
                o.normalDir = v.normal;

                return o;
            }

            fixed4 frag (v2f i) : SV_Target
            {
                float3 col = ceil(i.normalDir.rgb + _FXPos.rgb);
                return fixed4(col,1);
            }
            ENDCG
        }
    }
}
```

텍스쳐 출력 대신 오브젝트의 노멀 값에 _FXPos 값을 더해서 각 표면이 어떻게 변화되는지 알아보는 쉐이더 입니다.

```
float3 col = ceil(i.normalDir.rgb + _FXPos.rgb);
```

최종 컬러인 col에서 ceil을 사용한 이유는 명확하게 변하는 값을 확인하기 위함입니다. 사용하지 않을 경우 부드럽게 변하는 컬러 값을 볼 수 있습니다.

ceil 함수는 다음과 소수점 이상의 값을 올려서 정수를 반환하는 특징이 있습니다. 소수점 이하는 모두 삭제해버리는 floor와는 비슷한 함수입니다. 값의 변화에 따라 색이 변하는 오브젝트를 확인할 수 있습니다.

〈좌측부터 순서대로 0.0, -0.5, 0.5 값을 주었을 때의 색상 변화〉

## 2. 포지션 좌표와 노멀(Normal) 값으로 그라디언트(Gradient) 만들기

오브젝트와 충돌이 일어난 좌표로부터 이펙트를 생성하기 위한 첫 단계로, 임의의 좌표 값을 받아와서 그라디언트(Gradient)를 그려주는 쉐이더를 작성해봅니다. 앞의 쉐이더에 컬러와 그라디언트 스케일을 변경할 수 있는 값을 프로퍼티에 추가하였습니다.

[코드 1-2] Step2_Gradient.shader

```
Shader "VielBooks/Step2_Gradient"
{
    Properties
    {
        _ColorBase ("Base Color", Color) = (1,1,1,1)
        _FXPos("Collision Point", Vector) = (0.0,0.0,0.0,1.0)
        _GradientSize("GradientSize",float) = 2.0
    }
    SubShader
    {
        Tags { "RenderType"="Opaque" }
        LOD 100

        Pass
        {
            CGPROGRAM
            #pragma vertex vert
            #pragma fragment frag
            #include "UnityCG.cginc"

            struct appdata
            {
                float4 vertex : POSITION;
                float3 normal : NORMAL;
            };

            struct v2f
            {
                float4 vertex : SV_POSITION;
                float3 normalDir : TEXCOORD0;
                fixed4 objPos : TEXCOORD1;
            };

            float4 _FXPos;
            fixed4 _ColorBase;
            fixed _GradientSize;

            v2f vert (appdata v)
            {
                v2f o;
```

```
                o.vertex =  UnityObjectToClipPos(v.vertex);
                o.normalDir = v.normal;

                o.objPos = v.vertex;

                return o;
            }

            fixed4 frag (v2f i) : SV_Target
            {
                fixed3 GraD = 0;
                fixed Dist = distance(_FXPos.xyz , i.objPos.xyz);
                GraD += max(0, (1- Dist * _GradientSize) * _FXPos.w);

                fixed3 col = GraD * _ColorBase.rgb;
                return fixed4(col,1);
            }
            ENDCG
        }
    }
}
```

각각의 노멀 값과 버텍스 값을 RGBA 값으로 사용할 수 있게 변환한 다음 frag에서 최종 가공을 합니다.

```
fixed Dist = distance(_FXPos.xyz , i.objPos.xyz);
```

distance는 두 값의 거리가 클수록 값이 커집니다. 임의의 충돌 좌표(_FXPos.xyz)와 오브젝트의 Vertex 좌표와의 거리를 구하게 됩니다.

GraD 값은 max를 이용해서 0 이하의 값이 나오지 않도록 값을 보정하고 있습니다. Max를 사용하지 않을 경우 saturate 함수를 사용할 수도 있습니다.

```
(1- Dist * _GradientSize) * _FXPos.w
```

거리 값을 반전시키고 그라디언트 사이즈와 전체의 값 조절을 위해 FXPos의 W 값을 곱했습니다.

FXPos는 Vector4 형식의 값 XYZW을 가지고 있지만 RGBA 값을 가지고 있다고 보아도 무방합니다. _FXPos.xyz로 사용하고 있지만 _FXPos.rgb 로 값을 사용할 수도 있습니다.

```
fixed3 col = GraD * _ColorBase.rgb
```

최종 출력될 컬러는 프로퍼티에서 정의한 _ColorBase 값을 곱해서 출력합니다.

앞서 제작한 구체 혹은 제작한 3D 오브젝트에 메터리얼을 적용 후 테스트하면 FXPos의 값에 따라 Gradient가 생성되거나 사라지는 효과를 확인할 수 있습니다.

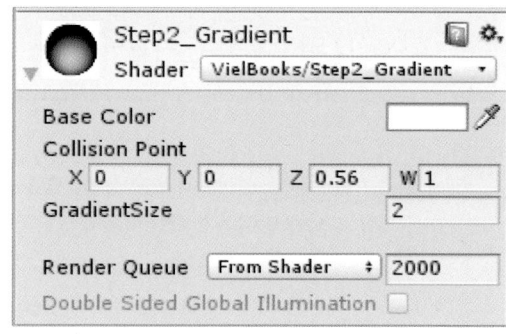

〈Step2_Gradient 쉐이더의 프로퍼티.〉

프로퍼티의 값을 변경하면 3D Mesh의 로컬 좌표를 따라서 그대로 적용됩니다.
오브젝트의 Transform 값의 Scale이 변하게 되면 변하는 모습 그대로 그라디언트 값이 늘어나거나 줄어듭니다.

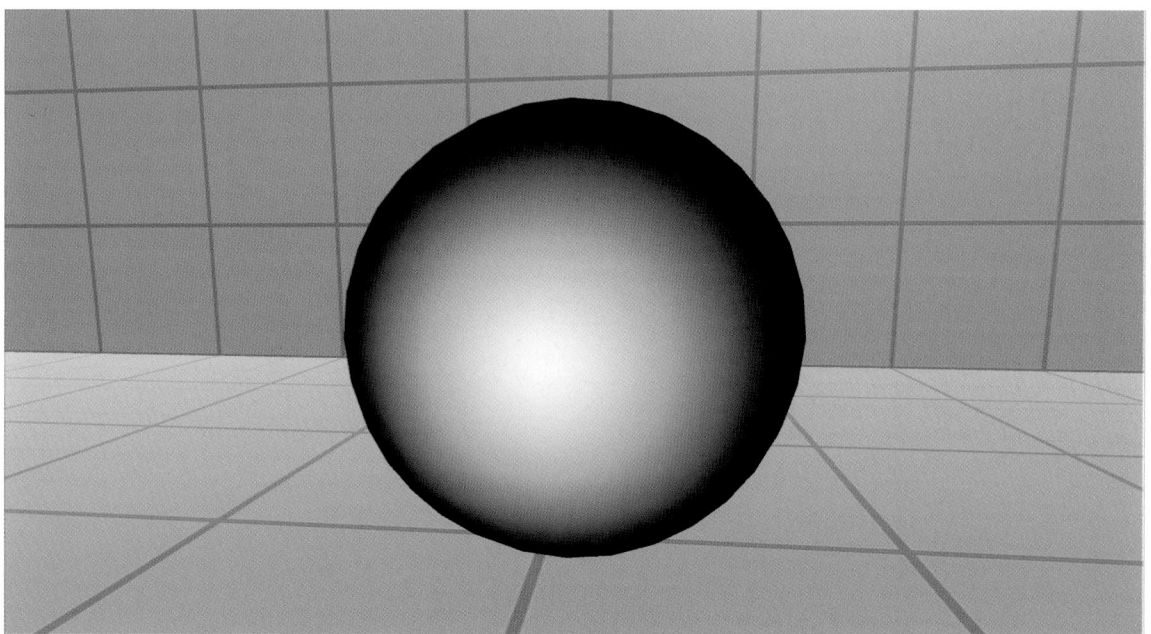

〈Step2_Gradient 쉐이더가 적용된 모습〉

# 오브젝트의 충돌(Collision) 좌표 값 적용하기

유니티 엔진에서 오브젝트의 충돌 좌표를 알아내려면 Collider와 Rigidbody가 적용되어 있어야 합니다.
마법 방어막에 화살이나 매직 미사일 혹은 충돌하는 유닛이 있다면 해당 충돌 좌표를 마법 방어막 쉐이더에 전송해야 합니다.

다음 스크립트는 오브젝트의 충돌 좌표를 알려주는 간단한 예제입니다.
C# 스크립트는 Project 창에서 마우스 우측 버튼을 누른 뒤 create 〉 c# Script 버튼을 눌러서 생성합니다.

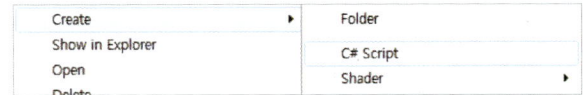

〈C# Script가 있는 메뉴〉

이제 [코드 1-3]에 있는 Viel01_ColPosition.cs를 만들어서 미사일 오브젝트 혹은 타깃이 되는 방어막 오브젝트에 컴포넌트(Component) 등록을 합니다.

[코드 1-3] Viel01_ColPosition.cs

```csharp
using UnityEngine;

public class Viel01_ColPosition : MonoBehaviour {

    void OnCollisionEnter(Collision coll)
    {
        foreach (ContactPoint contact in coll.contacts)
            Debug.Log ("Point" + contact.point + "- Normal" + contact.normal );
    }
}
```

OnCollisionEnter는 다른 오브젝트의 Rigidbody나 Collirder가 접촉할 때 호출됩니다.
해당 함수에 대한 설명은 유니티 엔진의 docs 문서를 참고하세요.
https://docs.unity3d.com/ScriptReference/MonoBehaviour.OnCollisionEnter.html

contact.point는 충돌된 포인트의 월드 좌표를 표시하고, contact.normal은 충돌된 오브젝트의 노멀 좌표를 표시합니다.
유니티 엔진의 플레이 버튼을 누른 후 Viel01_ColPosition.cs 스크립트가 붙은 미사일(Missile) 또는 방어막(Shield) 오브젝트를 움직여서 다른 오브젝트에 충돌시킬 경우 Console 창에서 충돌 시 로그를 확인할 수 있습니다.

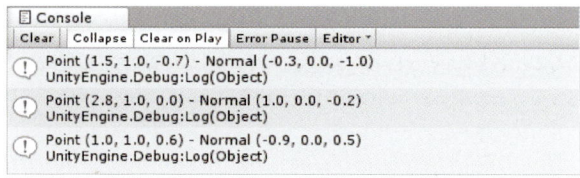

〈오브젝트 충돌 시 나오는 Console 메시지〉

```
ContactPoint contact in coll.contacts
```

ContactPoint로 검출된 충돌된 좌표는 Vector3 형식이며 월드 좌표 기준의 값을 반환합니다.

```
gameObject.transform.InverseTransformPoint (contact.point)
```

InverseTransformPoint 는 World 포지션 좌표를 Local 좌표로 변경하는 기능이 있습니다.

해당 기능은 gameObject 뿐만 아니라 MeshFilter 데이터에서도 사용할 수 있습니다.
아래 그림은 월드 좌표에서의 충돌과 로컬 좌표로 변경한 충돌 좌표에 대한 로그를 출력하는 모습입니다.

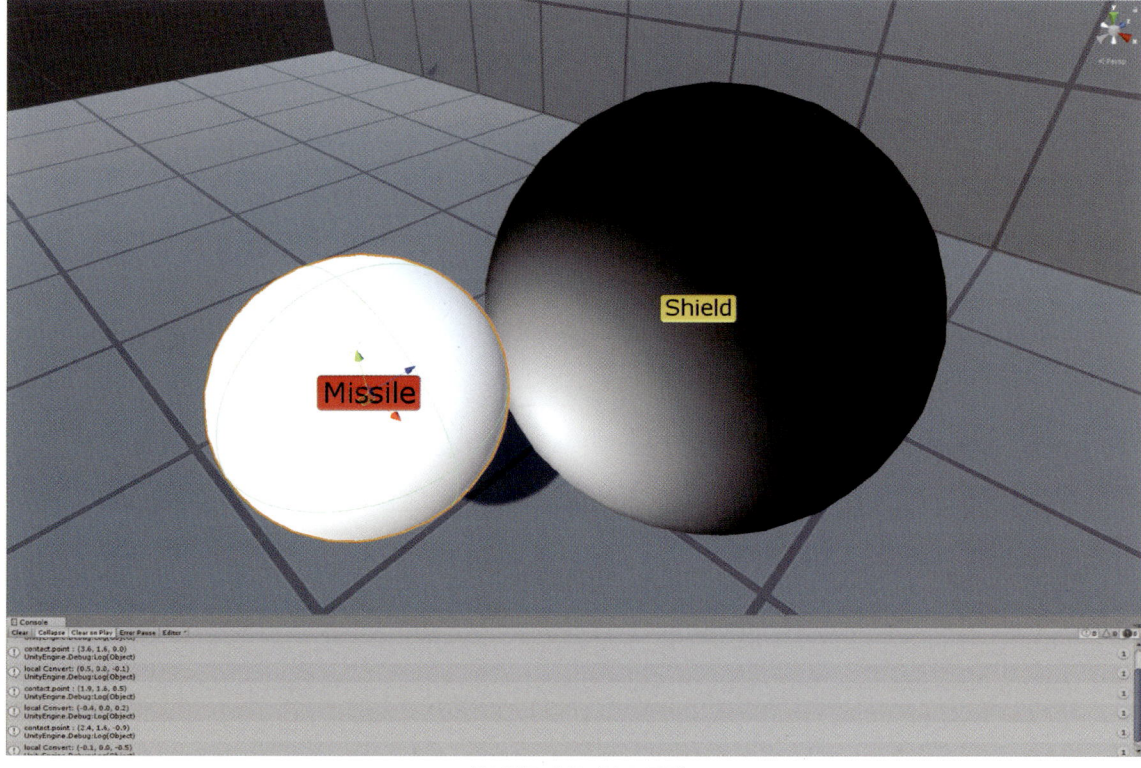

〈오브젝트 충돌 테스트 장면〉

최종적으로 충돌한 좌표를 다른 함수로 전달하는 코드를 작성합니다.

```csharp
void OnCollisionEnter(Collision coll)
{
    foreach (ContactPoint contact in coll.contacts) {
        Vector3 HitLocalPoint = fxObject.transform.InverseTransformPoint (contact.point);
        Debug.Log ("Hit LocalPoint", HitLocalPoint);
        ColHit (HitLocalPoint);
    }
}
```

좌표를 알아냈으니 값을 전달하는 코드를 작성합니다. 메터리얼(Material)의 값을 변경하기 위해서는 게임 오브젝트에 적용되어 있는 메터리얼의 정보를 가져오고, 변경해야 할 값의 이름을 알아야 합니다.

프로퍼티(Properties)로 설정된 값의 경우 이름(string)을 사용해서 변경 할 수 있습니다.

벡터(Vector)값의 변경을 위해서는 메터리얼.SetVector("String이름", Value); 를 사용해서 변경합니다. 앞서 쉐이더에서 이름인 _FXPos 를 넣고 작성 하면 쉐이더의 벡터값을 변경할 수 있습니다..

다음 코드1-4는 방어막 오브젝트에 있는 메터리얼 값을 충돌 좌표 값으로 변경하는 코드 입니다.

**[코드 1-6]** Vie102_ChangeShaderVel.cs

```csharp
using System.Collections;
using System.Collections.Generic;
using UnityEngine;

public class Vie102_ChangeShaderVel : MonoBehaviour {
    private GameObject fxObject;
    public Material fxMaterial;

    private Vector4 HitPosition;

    void OnEnable()
    {
        fxObject = this.gameObject;
        fxMaterial = fxObject.GetComponent<Renderer> ().material;
    }


    void OnCollisionEnter(Collision coll)
    {

        foreach (ContactPoint contact in coll.contacts) {
            Vector3 HitLocalPoint = fxObject.transform.InverseTransformPoint (contact.point);
            Debug.Log ("Hit LocalPoint" + HitLocalPoint);
            ColHit (HitLocalPoint);
        }
    }
```

```
    void ColHit(Vector3 hitPos)
    {
        HitPosition = hitPos;
        HitPosition.w = 1.0f;
        fxMaterial.SetVector("_FXPos",HitPosition);
    }
}
```

앞의 코드를 방어막 오브젝트에 적용한 후 다시 플레이 버튼을 눌러서 미사일 오브젝트를 움직여가며 충돌 테스트를 진행하면 충돌한 좌표 지점에 그라디언트의 중심점이 생기는 것을 확인할 수 있습니다. 구체뿐만 아니라 다른 형태의 오브젝트도 테스트하면서 정상적으로 작동하는지 확인하시기 바랍니다.

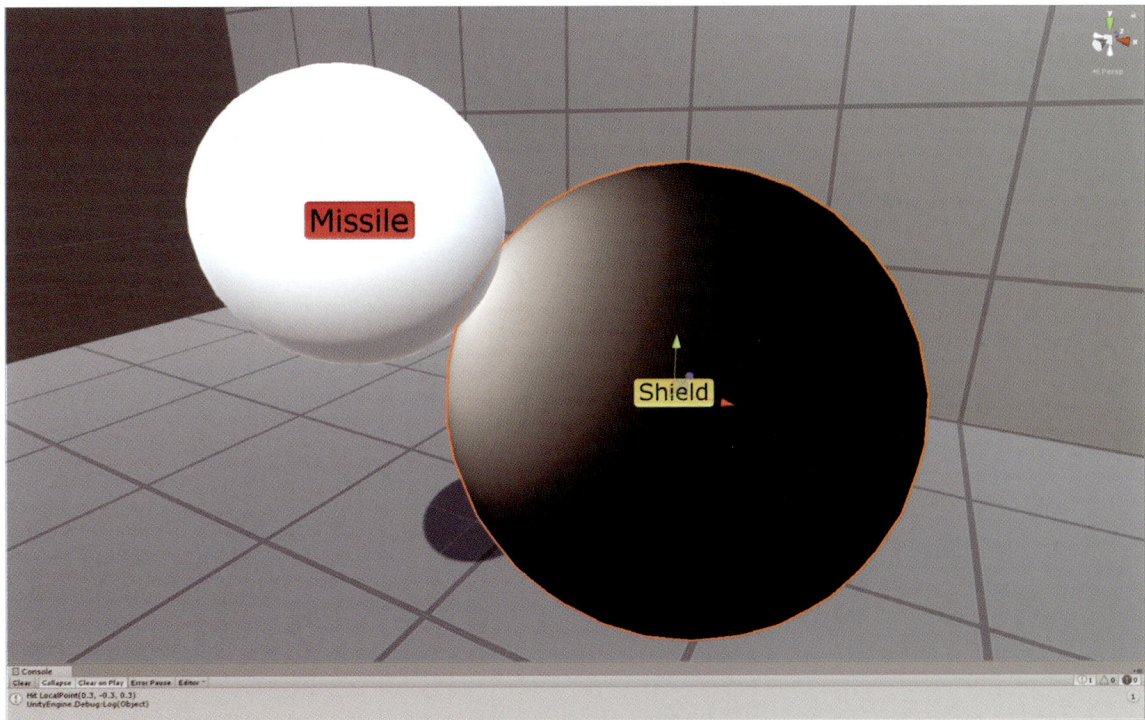

〈충돌 지점에 그라디언트가 생성되는 장면〉

충돌 좌표와는 정반대되는 방향에 그라디언트가 생성되게 하려면 다음과 같은 코드를 통해 역전시킬 수 있습니다.
HitLocalPoint = Vector3.zero - HitLocalPoint;로 음수 값을 만들어 주거나,
HitLocalPoint.x를 변경해서 한 축으로만 변경할 수도 있습니다.

## 다중 충돌(Multiplex Collision) 처리하기

앞서 제작한 Step2_Gradient에서는 쉐이더 프로퍼티에 있는 _FXPos 하나만 존재하고 있어서 다중 충돌이 발생할 경우 이전에 생성되었던 충돌은 사라지는 문제가 있습니다.

이를 보완하려면 다중 충돌에 대한 포지션 작업을 쉐이더와 스크립트에 모두 반영해야 합니다.
Step3_MultiplePoint 쉐이더는 프로퍼티에 있던 벡터를 삭제하고 내부에 직접 다수의 벡터 변수를 정해서 사용하는 예제입니다.

[코드 1-5] Step3_MultiplePoint.shader

```
Shader "VielBooks/Step3_MultiplePoint"
{
    Properties
    {
        _ColorBase ("Base Color", Color) = (1,1,1,1)
        _GradientSize("GradientSize",float) = 3.0
    }
    SubShader
    {
        Tags { "RenderType"="Opaque" }
        LOD 100

        Pass
        {
            CGPROGRAM
            #pragma vertex vert
            #pragma fragment frag
            #include "UnityCG.cginc"

            struct appdata
            {
                float4 vertex : POSITION;
                float3 normal : NORMAL;
            };

            struct v2f
            {
                float4 vertex : SV_POSITION;
                float3 normalDir : TEXCOORD0;
                fixed4 objPos : TEXCOORD1;
            };

            fixed4 _FXPos0;
            fixed4 _FXPos1;
            fixed4 _FXPos2;
            fixed4 _ColorBase;
            fixed _GradientSize;
```

```
v2f vert (appdata v)
{
    v2f o;

    o.vertex = UnityObjectToClipPos(v.vertex);
    o.normalDir = v.normal;

    o.objPos = v.vertex;

    return o;
}

fixed4 frag (v2f i) : SV_Target
{
    fixed4 Target[3];
    Target[0] = _FXPos0;
    Target[1] = _FXPos1;
    Target[2] = _FXPos2;
    fixed3 GraD = 0;

    for(int j = 0 ; j < 3 ; j ++)
    {
        fixed Dist = distance(Target[j].xyz, i.objPos.xyz);
        GraD += max(0, (1- Dist * _GradientSize) * Target[j].w);
    }

    fixed3 col = GraD * _ColorBase.rgb;
    return fixed4(col,1);
}
ENDCG
    }
}
```

전에 있던 쉐이더에서 프로퍼티로 있었던 부분 중 _FXPos 부분을 삭제하고 _FXPos0부터 _FXPos2까지 모두 세 개의 변수를 선언하였습니다. 이는 세 개의 이펙트 지점에 발생하는 그라디언트 생성을 위한 부분입니다. 만약 세 개가 아니라 그 이상의 개수를 지원하려면 해당 숫자만큼 변수와 계산을 늘려주어야 합니다.

다음은 프래그먼트 부분의 변경된 코드 부분입니다.

```
fixed4 Target[3];      // Target 이라는 배열 3개를 선언합니다.
Target[0] = _FXPos0;
Target[1] = _FXPos1;
Target[2] = _FXPos2;
fixed3 GraD = 0;

for(int j = 0 ; j < 3 ; j ++)   // 배열 개수 만큼 for 문을 실행합니다.
{
    fixed Dist = distance(Target[j].xyz + i.normalDir , i.objPos.xyz);
    GraD += max(0, (1- Dist * _GradientSize) * Target[j].w);
}
```

추가된 포지션 값의 수만큼 for 문을 통해서 각각 포지션값에 따라 그라디언트 값을 계산하고 있습니다.
이전에 프로퍼티에서 받던 _FXPos.xyz 대신 Target[j].xyz 라는 배열 값을 사용하고 있습니다.

쉐이더가 변경되었으니 스크립트도 변경해야 합니다.

다음 [코드 1-6]을 참고하여 작성한 후 이전의 코드와 교체하여 적용합니다.

[코드 1-6] Viel03_MultiplTarget.cs

```csharp
using System.Collections;
using System.Collections.Generic;
using UnityEngine;

public class Viel03_MultiplTarget : MonoBehaviour {

    private GameObject fxObject;
    public Material fxMaterial;

    public int impacter = 3; // 쉐이더에서 최대 세 개의 포지션 값을 사용합니다.
    public int[] fxShaderID; //쉐이더 변수의 ID를 저장합니다.
    public Vector4[] HitPosition; //충돌된 포지션의 벡터 값
    int CurrentPos = 0;

    [Header("VFX Setting")]
    public string FXPosition = "_FXPos";

    void OnEnable()
    {
        fxObject = this.gameObject;
        fxMaterial = fxObject.GetComponent<Renderer> ().material;

        fxShaderID = new int[impacter];

        for (int i = 0; i < impacter; i++) {
            fxShaderID [i] = Shader.PropertyToID (FXPosition + i.ToString ());
        }
        HitPosition = new Vector4[impacter];
    }

    void OnCollisionEnter(Collision coll)
    {
        foreach (ContactPoint contact in coll.contacts) {
            Vector3 HitLocalPoint = fxObject.transform.InverseTransformPoint (contact.point);
            ColHit (HitLocalPoint);
        }
    }

    void ColHit(Vector3 hitPos)
    {
        HitPosition[CurrentPos] = hitPos;
        HitPosition[CurrentPos].w = 1.0f;
            fxMaterial.SetVector(fxShaderID [CurrentPos] ,HitPosition[CurrentPos]);

        CurrentPos++;
        if (CurrentPos >= impacter) {
            CurrentPos = 0;
        }
    }
}
```

OnEnable()에서 쉐이더의 변수값을 fxShaderID에 저장하게 됩니다.

```
for (int i = 0; i < impacter; i++) {
        fxShaderID [i] = Shader.PropertyToID (FXPosition + i.ToString ());
}
```

Shader.PropertyToID는 STATIC FUNCTION PropertyToID(NAME : String):int로 쉐이더 속성 이름의 고유 식별자를 가져옵니다. 쉐이더 속성의 각각의 이름에는 Unity에서 고유한 정수가 할당되는데, 이를 알아내기 위한 기능입니다.

충돌 이벤트를 담당하고 있는 OnCollisionEnter() 부분의 계산은 그대로지만 충돌 좌표 처리를 하는 ColHit()의 계산은 충돌이 발생할 때마다 쉐이더 아이디를 변경해가며 처리하게 됩니다.

```
fxMaterial.SetVector(fxShaderID [CurrentPos] ,HitPosition[CurrentPos]);
```

SetVector는 string 타입의 프로퍼티 이름을 찾아서 변경할 수도 있지만 쉐이더의 정수형 ID 값을 참고해서 값을 변경할 수도 있습니다. 이 코드는 고유 식별자로 부여된 정수를 바탕으로 값을 할당하는 코드입니다. 이전에 있었던 직접 변수의 이름(string)을 할당해서 값을 할당할 수도 있습니다.

```
fxMaterial.SetVector("_FXPos"+CurrentPos ,HitPosition[CurrentPos]);
```

string 타입의 _FXPos와 int 형 CurrentPos이 더해지면 string 타입으로 값이 변경됩니다.

Play 버튼을 누르면 그림처럼 각 쉐이더의 ID 값이 fxShaderID에 부여되는 것을 알 수 있습니다. 이 ID 값은 동작하는 환경에 따라 값이 변할 수 있습니다.

fxShaderID와 HitPosition 모두 현재는 Public으로 선언되어 있어서 실행 후 값의 변화를 확인 할 수 있습니다.

변경되는 값을 확인하는 쉬운 방법 중 하나가 Public으로 변수를 선언 하는 것이고, 다른 하나는 변수 위쪽에 [SerializeField]를 선언하는 방법입니다.

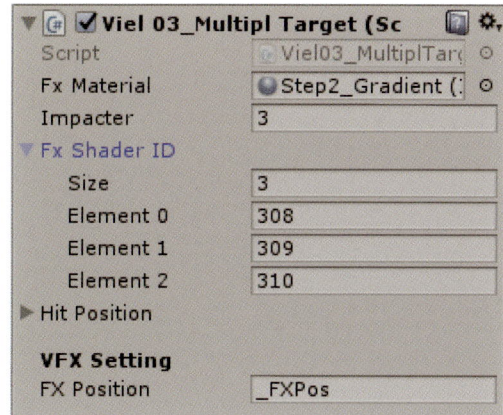

〈fxShaderID[] 에 부여된 쉐이더의 ID 값〉

```
[SerializeField]
int[] fxShaderID;
```

이렇게 [SerializeField]를 선언하게 되면 public이 아니어도 변경되는 값을 확인할 수 있습니다.

제작된 쉐이더와 스크립트를 다시 방어막 오브젝트에 적용한 후 플레이 버튼을 눌러서 미사일 오브젝트와 충돌시킵니다. [그림과 같이 최대 세 개의 그라디언트가 생성되면 정상적으로 작동하는 것입니다.

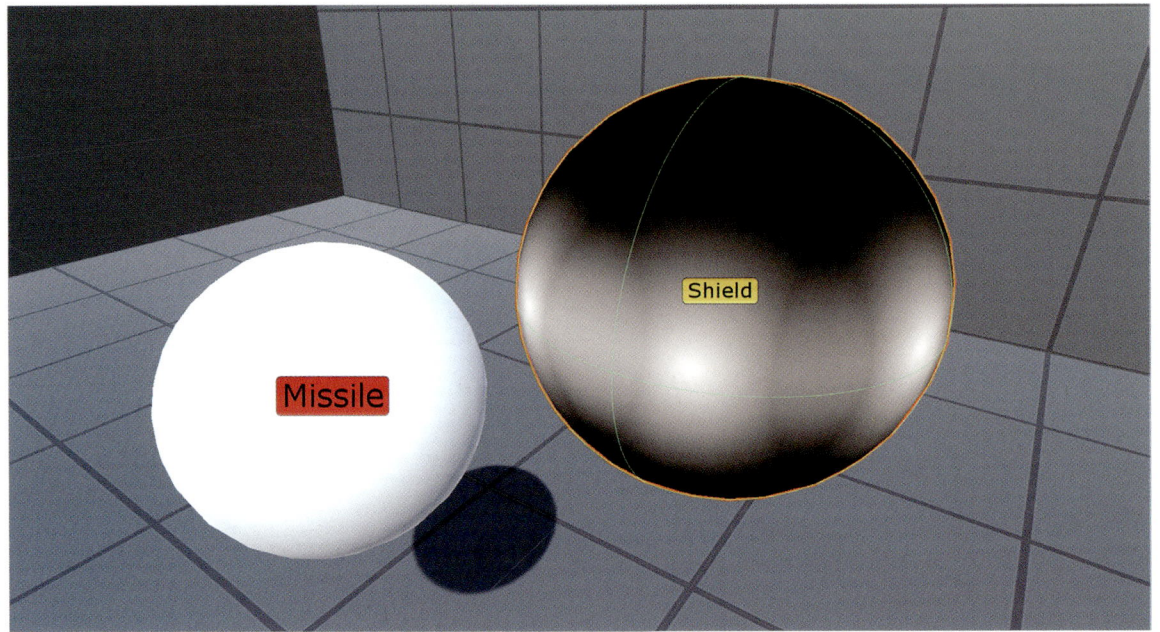

〈충돌 후 3개의 그라디언트가 생성된 이미지〉

쉐이더의 프로퍼티에서 선언한 _GradientSize 값을 변경하면 보다 작거나 큰 그라디언트 값을 생성할 수 있습니다. _ColorBase 값을 변경할 경우 흰색으로만 생성되던 그라디언트 이미지의 색이 변경되는 것을 확인할 수 있습니다.

# 그라디언트(Gradient) 애니메이션과 텍스쳐(Texture) 블렌딩

생성된 그라디언트를 시간의 흐름에 따라서 보이거나 사라지게 만들고 충돌 지점과 가까울수록 농도의 차이를 비례하지 않게 만들 수도 있습니다.

Power와 같은 함수를 이용하면 충돌 지점으로부터 충돌 시 해당 지점에서 방어막 형태의 텍스쳐 이미지를 함께 출력하여 준다면 단순한 원형 그라디언트보다 멋진 효과를 나타낼 수도 있습니다.

이펙트가 나타나는 표면의 경우 원본의 3D Mesh 보다 조금은 떨어져서 생성되어야 하기에 각각의 버텍스를 노멀 방향으로 이동시켜 줄 필요도 있습니다. 버텍스를 많이 떨어뜨리면 3D Mesh 위치보다 더 떨어진 부분에서 이펙트가 표현되도록 제작할 수도 있습니다.

다음 [코드 1-7]을 참고해서 쉐이더를 작성하고 적용해 줍니다.

[코드 1-7] Step4_PowerBlendMap.shader

```
Shader "VielBooks/Step4_PowerBlendMap"
{
    Properties
    {
        _ColorBase ("Base Color", Color) = (1,1,1,1)
        _ShieldTex ("Magic Shield Texture" ,2D) = "" {}
        _Offset("Offset",float) = 0.01
        _GradientSize("GradientSize",float) = 3.0
        _GradientPower("Gradient Pwr",float) = 2.0
    }
    SubShader
    {
        //Tags { "RenderType"="Opaque" }
        Tags { "Queue"="Transparent" "RenderType"="Transparent" }
        Blend One One Cull Off Lighting Off    ZWrite Off

        Pass
        {
            CGPROGRAM
            #pragma vertex vert
            #pragma fragment frag
            #include "UnityCG.cginc"

            struct appdata
            {
                float4 vertex : POSITION;
                float3 normal : NORMAL;
                float2 uv : TEXCOORD0;
            };

            struct v2f
            {
                float4 vertex : SV_POSITION;
                float2 uv : TEXCOORD0;
                float3 normalDir : TEXCOORD1;
                fixed4 objPos : TEXCOORD2;
            };
```

```hlsl
fixed4 _FXPos0;    fixed4 _FXPos1;    fixed4 _FXPos2;    fixed _Offset;
fixed4 _ColorBase; sampler2D _ShieldTex; float4 _ShieldTex_ST;

fixed _GradientSize; fixed _GradientPower;

v2f vert (appdata v)
{
    v2f o;
    v.vertex.xyz += v.normal * _Offset;

    o.vertex = UnityObjectToClipPos(v.vertex);
    o.uv = TRANSFORM_TEX(v.uv, _ShieldTex);

    o.objPos = v.vertex;
    o.normalDir = v.normal;

    return o;
}

fixed4 frag (v2f i) : SV_Target
{
    fixed4 Target[3];
    Target[0] = _FXPos0;
    Target[1] = _FXPos1;
    Target[2] = _FXPos2;
    fixed3 GraD = 0;

    for(int j = 0 ; j < 3 ; j ++)
    {
        fixed Dist = distance(Target[j].xyz + i.normalDir * _Offset , i.objPos.xyz);
        GraD += max(0, (1- Dist * _GradientSize) * Target[j].w);
    }

    GraD = saturate(pow(GraD,_GradientPower));

    fixed4 sd_Tex = tex2D(_ShieldTex,i.uv);
    fixed3 col = (GraD * sd_Tex.rgb) + (GraD * _ColorBase);
    return fixed4(col,1);
}
ENDCG
}
}
}
```

이번 쉐이더에서는 텍스쳐 소스를 1개 사용하고 있습니다.
보호막이 되는 마법 방어벽의 이미지를 등록해서 원형 그라디언트와 함께 사용합니다.

```
_ShieldTex ("Magic Shield Texture" ,2D) = "" {}
_Offset("Offset",float) = 0.01
_GradientPower("Gradient Pwr",float) = 2.0
```

프로퍼티에(Properties) 등록된 변수들입니다.

방어막 이미지를 위한 _ShieldTex 는 2D 텍스쳐로 등록되어 있으며 _Offset은 3D Mesh의 버텍스 값을 변경하기 위해 등록합니다. _GradientPower는 제작된 그라디언트 값을 변경하기 위해 등록하였습니다.

텍스쳐가 추가되었기에 uv 좌표를 위한 부분도 `appdata`와 `v2f`에도 등록합니다.

```
struct appdata
{ . . .
    float2 uv : TEXCOORD0; // appdata에 추가된 uv

    struct v2f
{ . . .
    float2 uv : TEXCOORD0; //v2f에도 동일하게 추가된 uv
```

3D Mesh의 버텍스들을 노멀 방향으로 크기를 키우거나 줄이기 위해서 버텍스 쉐이더 부분에서 가공해야 합니다. 또한 텍스쳐가 등록되었기에 이 부분도 제작하여 줍니다.

```
v2f vert (appdata v)
{ . . .
    v.vertex.xyz += v.normal * _Offset; // 버텍스를 노멀 방향으로 이동 시킵니다.
    o.uv = TRANSFORM_TEX(v.uv, _ShieldTex); // 텍스쳐 사용을 위해 추가된 부분
. . .
```

마지막으로 프래그먼트에서는 등록된 텍스쳐와 그라디언트, 컬러 등을 조합하여 최종 출력될 이미지를 가공하였습니다.

```
fixed4 frag (v2f i) : SV_Target
{ . . .
    GraD = saturate(pow(GraD,_GradientPower)); // 그라디언트를 Pow를 적용합니다.
    fixed4 sd_Tex = tex2D(_ShieldTex,i.uv); // 텍스쳐를 적용합니다.
    fixed3 col = (GraD* sd_Tex.rgb) + (GraD * _ColorBase); // 텍스쳐 컬러의 rgb를 가공하는 부분입니다.
    . . .
```

최종 텍스쳐 컬러는 만들어진 그라디언트에 맞춰서 둥근 형태로 출력되게 됩니다.
해당 텍스쳐에 변경된 컬러의 원형 그라디언트가 더해져서 최종 이미지를 생성합니다.

만약 최소한의 텍스쳐의 RGB 컬러를 보장하고 싶다면 (`GraD* sd_Tex.rgb`) 부분의 공식을 다음과 같이 변경합니다.

```
fixed3 col = ((GraD * 0.9 + 0.1)* sd_Tex.rgb) + (GraD * _ColorBase);
```

0부터 1의 값을 가지는 그라디언트(GraD) 값에 0.9를 곱함으로써 0~0.9의 값의 변화를 지니도록 만들고, 0.1 을 더하면 값의 범위가 0.1~1 이 됩니다. `sd_Tex.rgb`의 각 채널의 값 역시 0~1의 값을 지니게 됨으로 최소 0.1의 값은 보장받을 수 있습니다.

193

텍스처와 그라디언트의 가공은 되었지만 다른 오브젝트와 충돌이 생긴 자리의 충돌 이펙트가 시간이 지날수록 사라지게 하는 것은 스크립트에서 처리해야 합니다.

다음 코드는 메터리얼에 등록된 그라디언트 값을 시간이 지나감에 따라 사라지도록 만드는 스크립트입니다.

[코드 1-8] Vie104_LerpGradient.cs

```csharp
using System.Collections;
using System.Collections.Generic;
using UnityEngine;

public class Vie104_LerpGradient : MonoBehaviour {

    private GameObject fxObject;
    public Material fxMaterial;

    public int impacter = 3;

    [SerializeField]
    int[] fxShaderID;
    public Vector4[] HitPosition;
    int CurrentPos = 0;
    float CurrentTime = 0;


    [Header("VFX Setting")]
    public string FXPosition = "_FXXPos";
    public float DecreaseTime = 1.0f;
    public float ActionSpeed = 0.1f;


    void OnEnable()
    {
        fxObject = this.gameObject;
        fxMaterial = fxObject.GetComponent<Renderer> ().material;

        fxShaderID = new int[impacter];

        for (int i = 0; i < impacter; i++) {
            fxShaderID [i] = Shader.PropertyToID (FXPosition + i.ToString ());
        }
        HitPosition = new Vector4[impacter];

    }

    void OnCollisionEnter(Collision coll)
    {
        foreach (ContactPoint contact in coll.contacts) {
            Vector3 HitLocalPoint = fxObject.transform.InverseTransformPoint (contact.point);
            ColHit (HitLocalPoint);
        }
    }
```

```
void ColHit(Vector3 hitPos)
{

    if (CurrentTime >= ActionSpeed) {
        HitPosition[CurrentPos] = hitPos;
        HitPosition[CurrentPos].w = 1.0f;

        fxMaterial.SetVector (fxShaderID [CurrentPos], HitPosition [CurrentPos]);

        CurrentTime = 0.0f;

        CurrentPos++;
        if (CurrentPos >= impacter) {
            CurrentPos = 0;
        }
    }
}


void Update()
{
    CurrentTime += Time.deltaTime;
    FxMask ();
}

void FxMask()
{
    for (int i = 0; i < impacter; i++) {
        if (HitPosition [i].w > 0.0f) {
            HitPosition [i].w = Mathf.Lerp (HitPosition [i].w, 0.0f, Time.deltaTime * Decrease-
Time);
            fxMaterial.SetVector (fxShaderID [i], HitPosition [i]);
        }
    }
}
```

새로 추가된 변수에 대해서 알아보겠습니다.

```
float CurrentTime = 0;   // 시간이 흐른 값을 체크하기 위한 변수입니다.
public float DecreaseTime = 1.0f; // 이펙트가 지속되는 시간입니다.
public float ActionSpeed = 0.1f; // 다음 충돌까지 필요한 시간입니다.
```

변수를 등록했으니 시간이 지남에 따라 메터리얼이 변하도록 코드를 작성합니다.
앞서 제작한 코드와 조금씩 다른데, 먼저 void ColHit(Vector3 hitPos) 부분의 코드 차이입니다.

전과 다른 점은 이펙트가 발생했으므로 현재 시간을 초기화하는 값이 추가되었으며,
CurrentTime이 ActionSpeed 보다 크거나 같을 때만 충돌 이벤트에 대한 이펙트를 발생하도록 변경되었습니다.

```
if (CurrentTime >= ActionSpeed) { // CurrentTime이 ActionSpeed 값 보다 크거나 같을 때에만 실행합니다.
...
CurrentTime = 0.0f; // 앞에서 선언한 현재의 시간을 0으로 초기화합니다.
```

Collision에서 충돌이 발생하였을 경우 시간을 초기화함으로써, 이후에 있을 다음 충돌과의 시간 내에서는 또 다른 충돌이 발생하지 않도록 만드는 데 사용됩니다. 충돌 이벤트가 발생하면 다시 CurrentTime을 초기화시켜 줍니다.

void Update()에서는 지속적인 현재의 시간 계산과 마스크맵(Mask Map)에 대한 계산을 합니다.

```
CurrentTime += Time.deltaTime; // 매 프레임마다 지난 시간 만큼 더합니다.
FxMask ();   // 해당하는 함수를 매 프레임마다 실행합니다.
```

유니티 엔진에서 Update 함수는 프레임마다 한 번씩 실행하는 함수입니다. 프레임마다 계산을 실행하며 발생한 모든 이펙트 포인트 지점에 대해서 FaidOut 효과를 발생하도록 만듭니다.

```
for (int i = 0; i < impacter; i++) {
  if (HitPosition [i].w > 0.0f) {
     HitPosition [i].w = Mathf.Lerp (HitPosition [i].w, 0.0f, Time.deltaTime * DecreaseTime); // 알파값
이 0보다 클 경우에 시간이 지날수록 0이 되어 갑니다.

     fxMaterial.SetVector (fxShaderID [i], HitPosition [i]); // 해당 값을 메터리얼에 적용합니다.
  }
}
```

for 문을 사용해서 생성된 모든 이펙트 충돌 지점에 대해서 값을 계산하게 됩니다.
HitPosition [i]의 값은 xyzw의 float4의 형태인데, 쉐이더에서 치면 RGBA 채널에 해당합니다. 그래서 HitPosition[i].w 라는 값은 알파값을 변경하는 연산입니다.

다시 한번 제작된 스크립트와 쉐이더를 Shield 오브젝트에 적용하고 오브젝트를 움직여서 충돌시켜 봅니다.

충돌 지점마다 지정된 텍스쳐 부분이 밝게 빛났다가 시간이 지날수록 감소하게 되면 성공입니다.

제작한 스크립트에서 Decrease Time 값이 클수록 빠르게 감소합니다. 이펙트가 보다 오래 남도록 하려면 값을 줄여서 적용하시기 바랍니다.

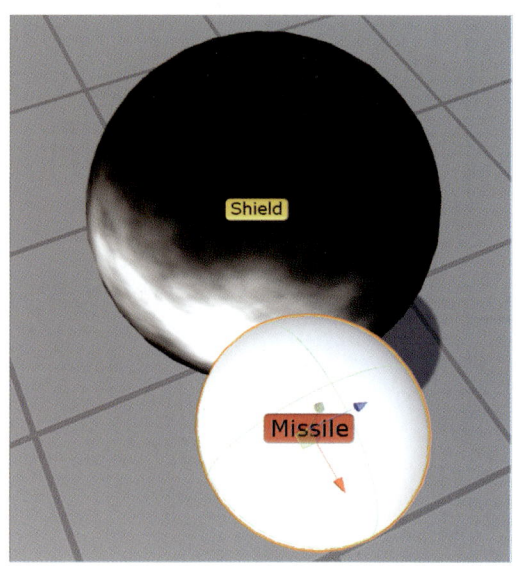

〈지정된 텍스쳐와 그라디언트가 시간에 따라 변하는 모습〉

쉐이더의 테스트를 위해서 포토샵의 필터 Cloud로 제작한 맵을 적용하였습니다.

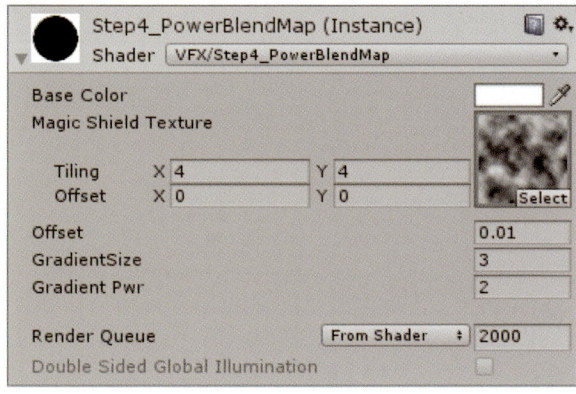

〈Shield 오브젝트에 적용된 메터리얼 정보〉

Base Color를 변경하면 충돌 지점에 생기는 색상을 다른 색상으로 변경되어서 표시됩니다.
ShieldTex에 들어가는 이미지는 현재 흑백 컬러로 제작된 텍스쳐 입니다. 블렌드 모드를 Addditive로 변경하면 배경 색에서 더해지는 효과로 변경됩니다.

> 코드 제작에 따라 Additive ,Transparent, Screen 등의 합성 효과를 제작할 수 있으니 변형하면서 테스트해보시기 바랍니다.
> Transparent의 경우 알파값을 사용하도록 쉐이더 코드를 수정해주어야 합니다.

# Collider와 다중 메터리얼(Multiple Material)

지금까지는 Sphere Collider를 지닌 오브젝트에 충돌 실험을 했지만 인간형 유닛에게도 적용이 가능합니다.
아래 그림은 인간형 오브젝트에 지금까지 제작한 쉐이더와 스크립트를 적용한 예제입니다.

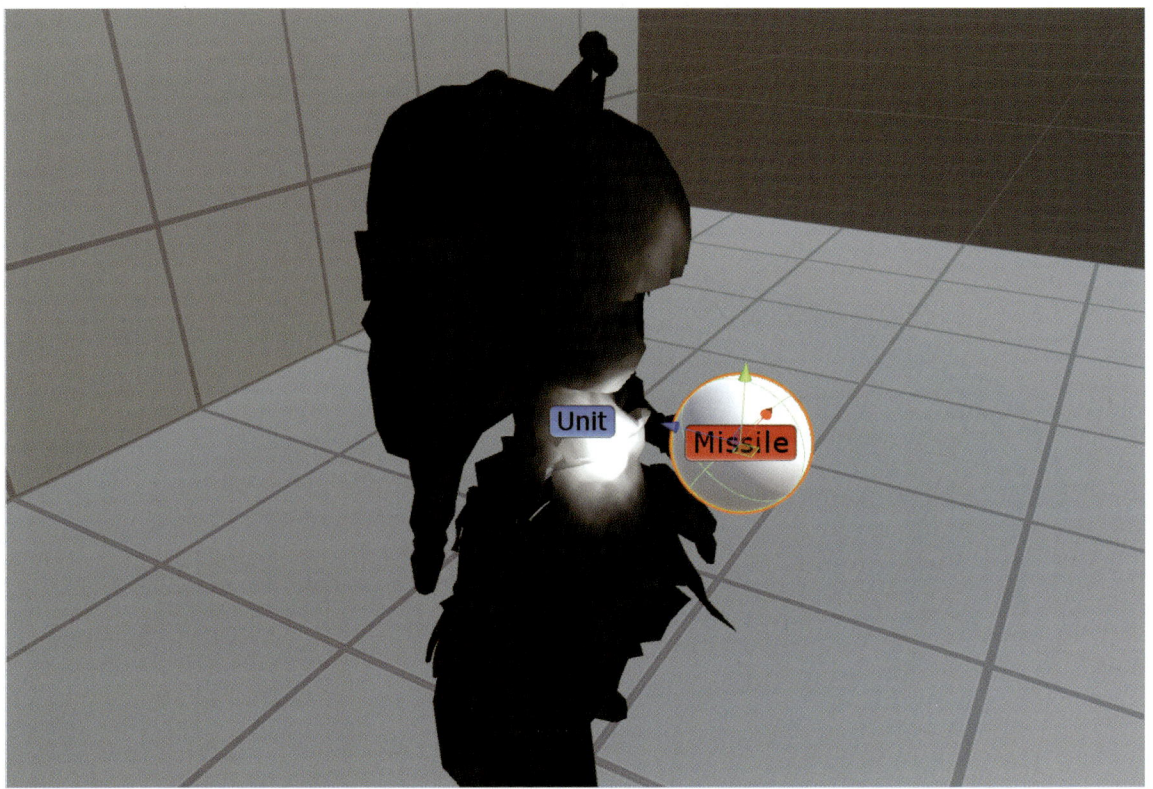

〈인간형 유닛에게 충돌 테스트 이미지〉

위의 예제에서는 Mesh Collider를 사용했습니다.
정확한 유닛 표면의 충돌 지점에 대한 표현을 하고 싶다면 Mesh Collider를 적용해야 합니다. 하지만 Sphere나 Box Collider를 사용하여도 정밀하지는 않지만 충돌 이벤트를 적당하게 표현할 수도 있습니다.

Mesh Collider는 상단의 Component 〉 Physics 카테고리에 있습니다.

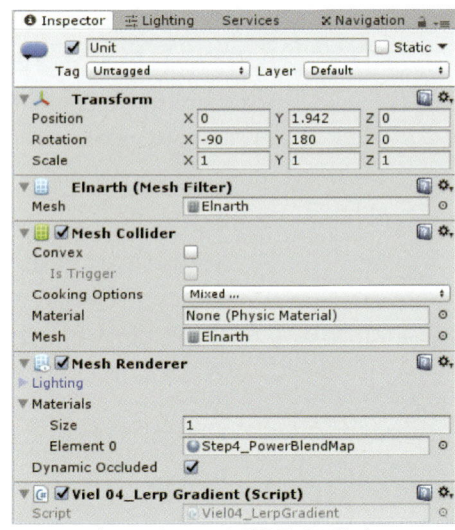

〈Mesh Collider가 적용된 오브젝트〉

Mesh Collider를 적용할 때 Mesh Filter의 Mesh와 동일한 데이터라면 정확한 충돌 체크가 가능합니다. 하지만 최적화를 위해 기본 도형의 Collider를 사용하거나 LOW Mesh를 활용해서 Collider로 활용할 수도 있습니다.

앞에서 언급한 Multiple Material은 인스펙터(Inspector)에서 Mesh Renderer 부분의 Materials 컴포넌트의 Size를 확장시키면 가능합니다. 기본 Size는 1이지만 2를 입력하면 두 개의 메터리얼을 동시에 적용할 수 있습니다.

다음은 텍스쳐가 적용된 캐릭터에게 Additive로 처리된 예제 쉐이더를 적용한 이미지입니다.

〈Multiple Materials가 적용된 유닛 이미지〉

미사일 오브젝트를 움직여서 캐릭터와 충돌하면 해당 지점이 밝게 빛나다가 사라지게 됩니다. Mesh Collider의 적용으로 캐릭터의 어떠한 부분과 충돌을 하건 해당 지점을 중심으로 보다 정밀하게 그라디언트가 생성됩니다.

예제에 사용된 메터리얼은 Step4_PowerBlendMap.shader가 사용되었습니다.
스크립트 역시 Viel04_LerpGradient를 그대로 사용하고 있습니다.

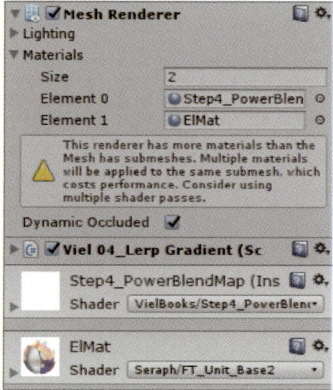

〈Inspector의 Mesh Renderer 정보〉

현재 제작된 스크립트에서는 첫 번째로 적용된 메터리얼에 대해서만 컨트롤하고 있음으로 원래 제작되었던 캐릭터 메터리얼은 Element 1 번에 등록하고 테스트해야 합니다. 앞에서 제작한 메터리얼을 Element 1번에 등록할 경우 정상적으로 작동하지 않습니다.

〈Shader의 Offset과 ColorBase를 조절한 이미지〉

위 그림은 컬러와 보호막 이펙트의 Offset이 적용된 결과입니다.
메터리얼의 ColorBase의 값을 변경하면 충돌 지점의 그라디언트 값이 변합니다.
쉐이더 옵션 중 Offset 값을 조절하면 캐릭터의 표면보다 먼 곳에 이펙트가 생성되도록 조절할 수도 있습니다. Offset에 마이너스 값이 적용되면 3D Mesh 안쪽으로 이펙트가 파고들 수 있으므로 주의해서 사용해야 합니다.

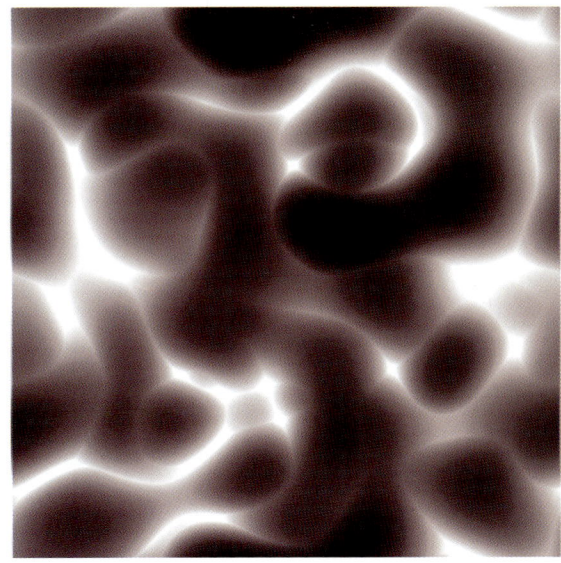

〈VFX_Shield01.PNG〉

〈VFX_Shield02.PNG〉

텍스쳐 이미지는 알파값을 사용하지 않고 Additive 합성을 하기 때문에 RGB 채널로만 이루어져 있습니다.
현재까지 제작된 쉐이더는 텍스쳐의 알파 채널을 사용하고 있지 않습니다. 알파 채널을 사용하고자 한다면 그에 맞게 쉐이더 코드를 수정해야 합니다.

다음 이미지는 굴절 효과가 적용된 구체에 적용된 방어막 이펙트입니다.

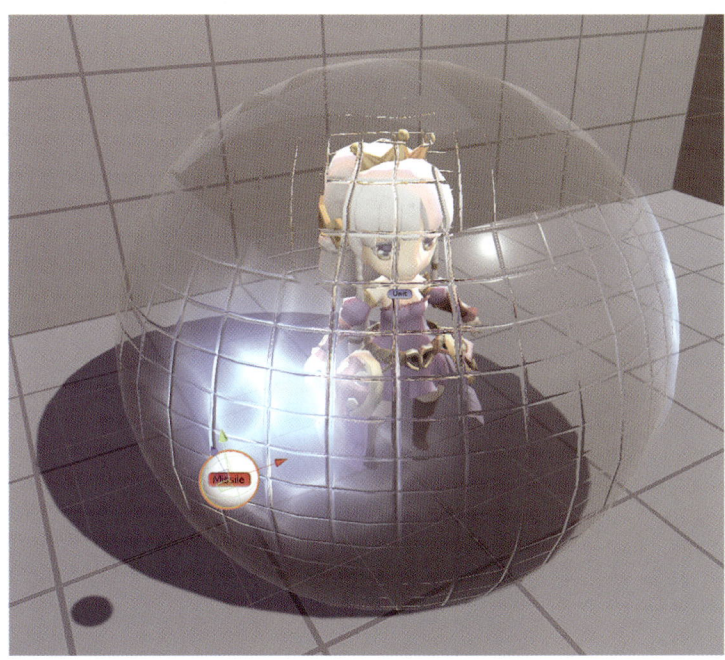

〈VFX_Shield01.PNG를 적용한 Sphere 방어막〉

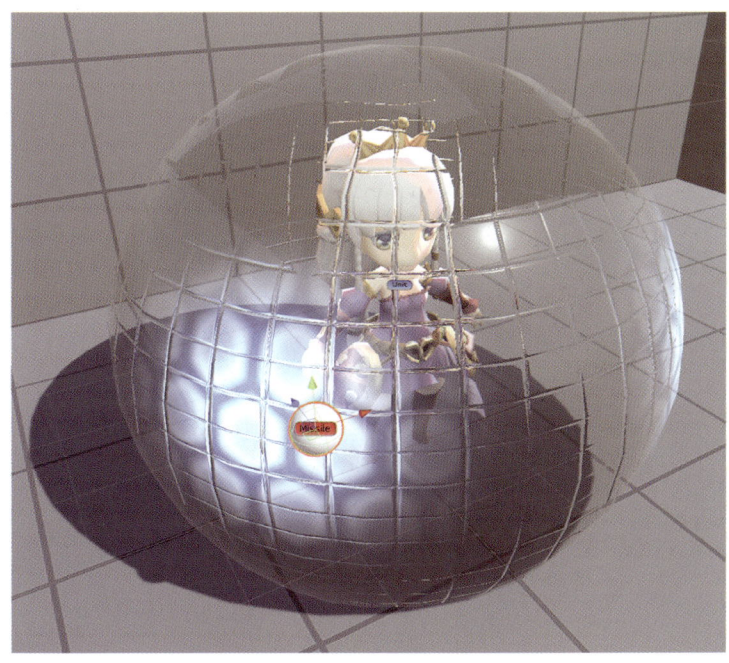

〈VFX_Shield02.PNG를 적용한 Sphere 방어막〉

# 7. Time을 활용한 UV Panning

텍스쳐의 UV 채널은 0부터 1 사이의 값을 가지고 있습니다. 각각 X, Y 채널 혹은 R, G 채널에 해당하는 값에 대응하고 있습니다. 쉐이더 코드 작성 시 _Time을 활용하면 UV 채널 값에 영향을 주도록 설정할 수 있습니다.

시간이 지나갈수록 값이 점점 더 커지기 때문에 0~1 사이의 값만 갖도록 가공한다면 좀 더 쉽습니다.
0~1 사이의 특정 값만 갖도록 하는 함수로는 Frac이 있습니다.
uv 채널 역시 r, g 채널로 각각 컨트롤 할 수도 있습니다.

**[코드 1-9]** Step5_PanningShield.shader

```
Shader "VielBooks/Step5_PanningShield"
{
    Properties
    {
        _ColorBase ("Base Color", Color) = (1,1,1,1)
        _ShieldTex ("Magic Shield Texture" ,2D) = "" {}
        _Offset("Offset",float) = 0.01
        _GradientSize("GradientSize",float) = 3.0
        _GradientPower("Gradient Pwr",float) = 2.0
        _USpeed ("USpeed", Range(-2, 2)) = 0
        _VSpeed ("VSpeed", Range(-2, 2)) = 0
    }
    SubShader
    {
        //Tags { "RenderType"="Opaque" }
        Tags { "Queue"="Transparent" "RenderType"="Transparent" }
        Blend One One Cull Off Lighting Off    ZWrite Off

        Pass
        {
            CGPROGRAM
            #pragma vertex vert
            #pragma fragment frag
            #include "UnityCG.cginc"

            struct appdata
            {
                float4 vertex : POSITION;
                float3 normal : NORMAL;
                float2 uv : TEXCOORD0;
            };

            struct v2f
            {
                float4 vertex : SV_POSITION;
                float2 uv : TEXCOORD0;
                float3 normalDir : TEXCOORD1;
                fixed4 objPos : TEXCOORD2;
            };
```

```
            fixed4 _FXPos0;      fixed4 _FXPos1;     fixed4 _FXPos2;      fixed _Offset;
            fixed4 _ColorBase; sampler2D _ShieldTex; float4 _ShieldTex_ST;

            fixed _GradientSize; fixed _GradientPower;

            uniform float _USpeed; uniform float _VSpeed;

            v2f vert (appdata v)
            {
                v2f o;
                v.vertex.xyz += v.normal * _Offset;

                o.vertex = UnityObjectToClipPos(v.vertex);
                o.uv = TRANSFORM_TEX(v.uv, _ShieldTex);

                o.objPos = v.vertex;
                o.normalDir = v.normal;

                return o;
            }

            fixed4 frag (v2f i) : SV_Target
            {
                fixed4 Target[3];
                Target[0] = _FXPos0;
                Target[1] = _FXPos1;
                Target[2] = _FXPos2;
                fixed3 GraD = 0;

                for(int j = 0 ; j < 3 ; j ++)
                {
                fixed Dist = distance(Target[j].xyz + i.normalDir * _Offset , i.objPos.xyz);
                GraD += max(0, (1- Dist * _GradientSize) * Target[j].w);
                }

                GraD = saturate(pow(GraD,_GradientPower));

                float2 UVPanning = float2((i.uv.r+frac(_Time.g*_USpeed)),(i.uv.g+frac(_Time.g*_VSpeed)));
                fixed4 sd_Tex = tex2D(_ShieldTex,UVPanning);
                fixed3 col = (GraD * sd_Tex.rgb) + (GraD * _ColorBase);
                return fixed4(col,1);
            }
            ENDCG
        }
    }
}
```

Step5_PanningShield.shader는 지금까지 제작된 쉐이더에 UV 채널을 제어하는 코드가 추가 되었습니다.

프로퍼티에 두 개의 Slider 타입을 추가 하였습니다.

```
_USpeed ("USpeed", Range(-2, 2)) = 0
_VSpeed ("VSpeed", Range(-2, 2)) = 0
```

U 채널은 가로 축, V채널은 세로 축을 담당하고 있습니다.
Range로 지정된 값은 Inspector에서 Slider 형태로 편집할 수 있습니다.

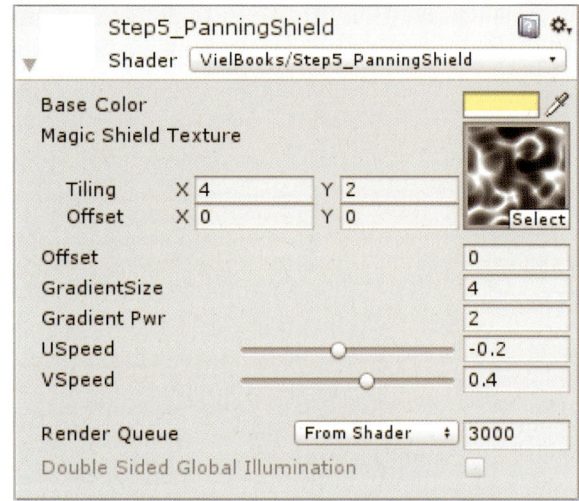

〈USpeed, VSpeed 프로퍼티가 추가된 Inspector〉

프로퍼티에서 Range로 지정된 값을 변경하면 Inspector의 최대. 최소값 역시 변경할 수 있습니다.

```
fixed4 frag (v2f i) : SV_Targe {
...
float2 UVPanning = float2((i.uv.r+frac(_Time.g*_USpeed)),(i.uv.g+frac(_Time.g*_VSpeed)));
fixed4 sd_Tex = tex2D(_ShieldTex,UVPanning);
```

UVPanning은 _Time 값을 가공해서 기존의 uv 값에 각각 더하고 있습니다.

i.uv.r+frac(_Time.g*_USpeed)

시간이 흐를 수록 계속 커지기 때문에 frac 함수를 사용해서 0~1 사이의 값만 가지도록 가공하고 있습니다.

변경된 쉐이더를 적용하고 Play 버튼을 눌러서 미사일 오브젝트를 충돌시키면 ShieldTex로 지정된 이미지가 움직이는 것을 볼 수 있습니다.

〈Step5_PanningShield.shader가 적용된 이미지〉

지금은 쉐이더의 Time 함수를 이용해서 UV를 제어하고 있지만, C# 스크립트를 이용해서 제어할 수도 있습니다.

이번 예제의 쉐이더는 기본적인 그라디언트 생성과 색상 제어이지만, 만들어진 그라디언트를 버텍스 제어에 적용할 수도 있습니다. Offset 대신 그라디언트 값을 적용하면 미사일 오브젝트와 충돌하는 곳의 Vertex를 제어할 수 있습니다.

> 예제데이터 〉 장홍주 폴더를 보면 관련된 예제데이터와 제작 영상을 보실 수 있습니다.

쉐이더만으로 표현하기 어려운 부분을 스크립트와 연계하여 표현할 수 있습니다. 이 예제가 앞으로 제작하게 될 수많은 게임 이펙트 제작에 조금이나마 도움이 되었으면 좋겠습니다. 감사합니다. the GAME GRAPHICS

# 노드 기반의 Multi Shader를 이용한
# 쉐이더 이펙트의 제작 for 유니티 & 언리얼

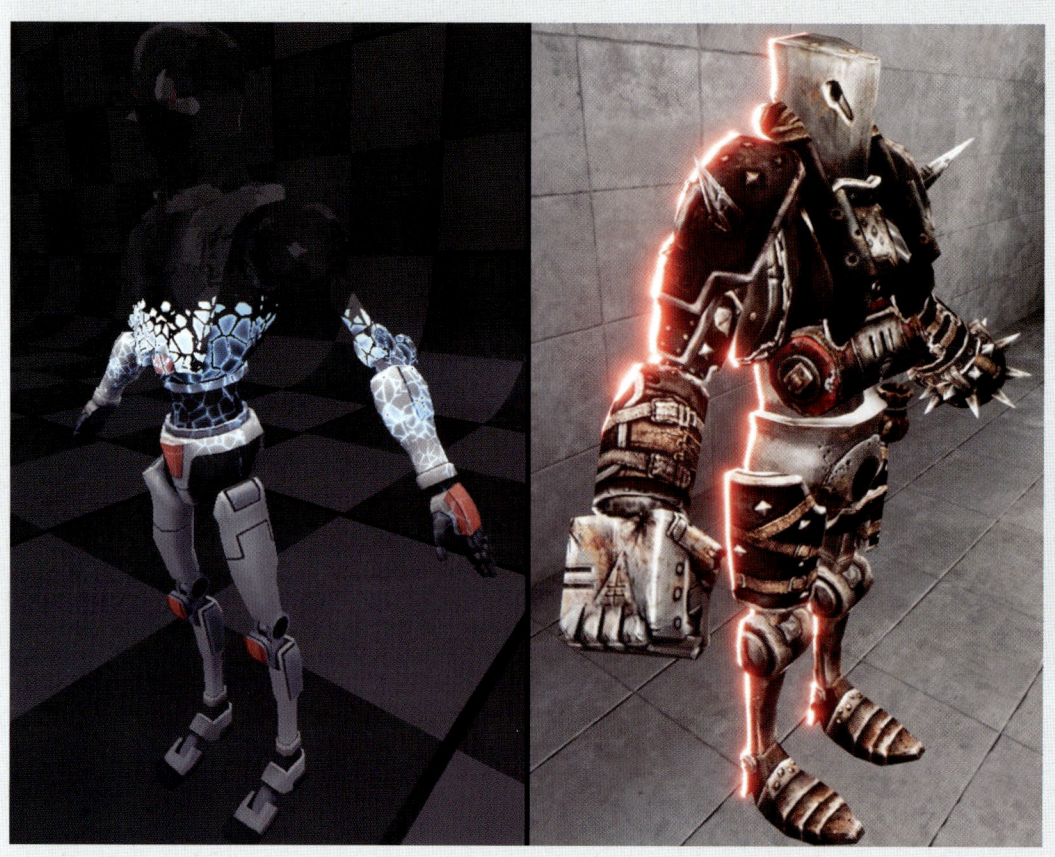

**글_한창범(kandol55) | 알리바바 게임즈 이펙트 아티스트 | http://blog.naver.com/kandol55**

2000년부터 나래 디지털, FX Digital 스튜디오에서 이펙트 영상을 제작하며 CG업계에 입문했다. 이후 엔씨소프트, 네오위즈, 스마일게이트 등에서 굵직한 게임 개발 프로젝트에 참여하면서 3D 게임이펙트 아티스트로 활동해왔다. 2015년 중국의 넷이즈(NetEase)로 이직하며 중국의 3D 모바일 게임개발에 참여했고, 현재는 알리바바 阿里巴巴 게임즈에서 이펙트 아티스트로 활동 중이다. 2012년 게임 이펙트를 전문적으로 다룬 도서 [게임 비주얼 이펙트 테크닉 / (비엘북스 / 2012]에서 공동 저자로 참여한 바 있으며, '깐돌오'라는 닉네임으로 게임이펙트 블로그도 운영 중이다.

먼저, 중국의 모바일 게임의 이펙트들의 스타일을 살펴보고, 유니티와 언리얼엔진에서 노드 기반의 Multi Shader를 이용하여 쉐이더 이펙트를 제작하는 과정에 대해서 알아보겠습니다.

# 01 중국 모바일 게임과 이펙트 스타일

중국에서 3년 넘게 게임개발에 참여하면서, '중국 게임은 어떤 이펙트를 추구하고 있는지', '중국 게임 이펙트 퀄리티는 어디까지 지인지'에 대해서 조사한 적이 있는데, 이 부분을 잠깐 소개해보겠습니다.

중국 게임 이펙트는 우리가 흔하게 말하는 붉은색에 채도가 높은 촌스러운 이펙트로 생각하시는 분들이 있습니다. 필자도 그런 생각을 가진 적도 있지만, 실제 중국에서 작업할 때는 그런 촌스러운(?) 이펙트를 찾아보기 어려웠습니다. 퀄리티 측면에서 보면, 중국의 게임 이펙트가 한국 게임 이펙트보다 다소 떨어지는 편은 맞습니다. 그럴 수밖에 없는 이유는 중국 모바일 인구의 절반이 저가폰(안드로이드)이기 때문입니다. 저가폰을 사용하는 유저들이 많다 보니 자연스럽게 언리얼 엔진 4 기반의 개발을 기피하게 되는 것입니다. 거기다 개발사의 수익 문제도 있기 때문에 쉽게 변경할 수 있는 문제는 아닙니다.

하지만 최근 게임 업계에 큰 이슈였던 [배틀 그라운드]가 중국의 텐센트에 의해 모바일 버전으로 출시되었습니다. 출시 후 또 하나의 이슈가 되었던 것은 이 게임이 언리얼 엔진 4를 사용해서 제작된 게임이라는 점입니다. 앞서 이야기했던 것처럼, 저가폰이 많은 중국에서 이런 선택을 했다는 것은 아주 큰 사건입니다. 이번 일을 계기로 중국에서도 언리얼 엔진 4를 사용하는 게임이 많이 제작되었으면 하는 바람입니다.

(모든 이미지 출처: 바이두 검색 / 텐센트 모바일 게임:绝地求生:刺激战场)

일단, 중국 게임 이펙트를 알아보기 위해서, 2018년 3월 기준 중국 모바일에서 상위권에 있는 게임과 이펙트 평가를 받고 있는 게임 중 이펙트에 대해서 알아보겠습니다.

### (2018년 3월 기준) 중국 모바일 게임 1위는 [왕자영요(王者荣耀)]

[LoL(League of Legend)]과 같은 MOBA 방식의 게임이 큰 인기를 얻게 되자, 텐센트에서도 [왕자영요(王者荣耀)]를 출시하게 됩니다. 이펙트는 [LoL]처럼 오밀조밀하며, 캐릭터 특징에 맞게 스킬이펙트도 잘 표현되어 있습니다.

(모든 이미지 출처: 바이두 검색 / 텐센트 모바일 게임: 왕자영요(王者荣耀).)

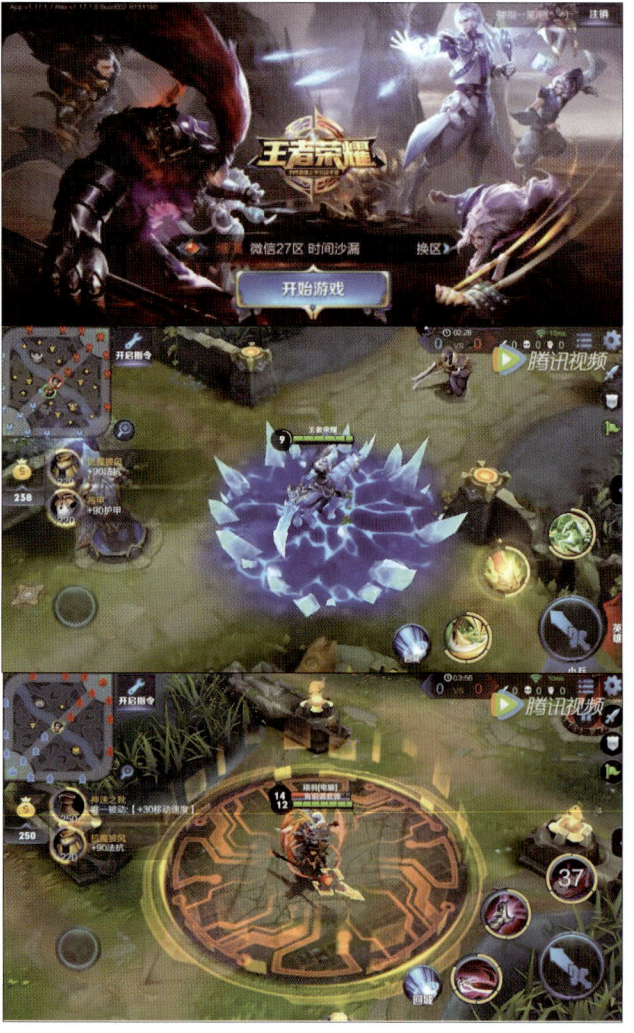

### 광명대륙(火影忍者)

광명대륙은 [WoW. 월드 오브 더 워크래프트]와 비슷합니다. 이펙트는 [WoW]보다는 좀 더 깔끔하고 디테일도 좋은 편입니다.

(모든 이미지 출처: 바이두 검색 / 넷이즈 모바일 게임 : 광명대륙(火影忍者)

## 결전! 평안경(決战! 平安京)

[LoL]의 인기는 넷이즈 게임개발에도 영향을 미쳤습니다. 하지만 텐센트의 점유율이 너무 크기 때문에 출시 후 큰 효과는 얻지 못한 상태입니다. 하지만 최근에 출시한 게임이므로 이펙트는 최신 수준이라고 보시면 됩니다. 이펙트 스타일은 음양사의 카툰 느낌과 [LoL]의 실사 느낌을 잘 조합시켜 구현했습니다.

(모든 이미지 출처: 바이두 검색 / 넷이즈 모바일 게임: 결전!평안경(決战!平安京).)

## 나루토(火影忍者 手游)

게임은 횡스크롤 방식으로 진행되며, 카툰 애니메이션 느낌이 물씬 풍기는 게임입니다. 유명 IP로 제작된 게임인지라 이펙트 또한 애니메이션을 보는 느낌이 듭니다. 이펙트는 플래쉬로 작업된 스프라이트 이미지 사용이 많은 편입니다.

(모든 이미지 출처: 바이두 검색 / 텐센트 모바일 게임: 나루토(火影忍者 手游).)

### 천녀유혼(倩女幽魂)

실사 스타일 RPG 게임이며, 중국에서 많이 사용하는 쿼터뷰 방식으로 구현되어 있습니다. 이펙트는 쿼터뷰 방식으로 나온 게임 중에 수준급에 속하는 실사 이펙트입니다.

(모든 이미지 출처: 바이두 검색 / 넷이즈 모바일 게임: 천녀유혼(倩女幽魂).

### 천하(天下)

실사 스타일의 스타일리쉬한 액션 RPG 게임입니다. 출시 (2015년 후반) 당시만 해도 실사 스타일에 이펙트가 많지 않았지만, 출시 이후에 이런 이펙트들이 많이 제작되었습니다.

(모든 이미지 출처: 바이두 검색 / 넷이즈 모바일 게임: 천하(天下).)

### 붕괴3(蹦坏3)

미소녀 스타일에 스타일리쉬한 액션 RPG 게임입니다. 이펙트는 카툰 스타일로 느낌이 정말 좋습니다. 중국 이펙트 디자이너들이 많이 선호 하는 카툰 이펙트입니다.

(모든 이미지 출처: 바이두 검색 / miHoYo 모바일 게임: 붕괴3(蹦坏3).)

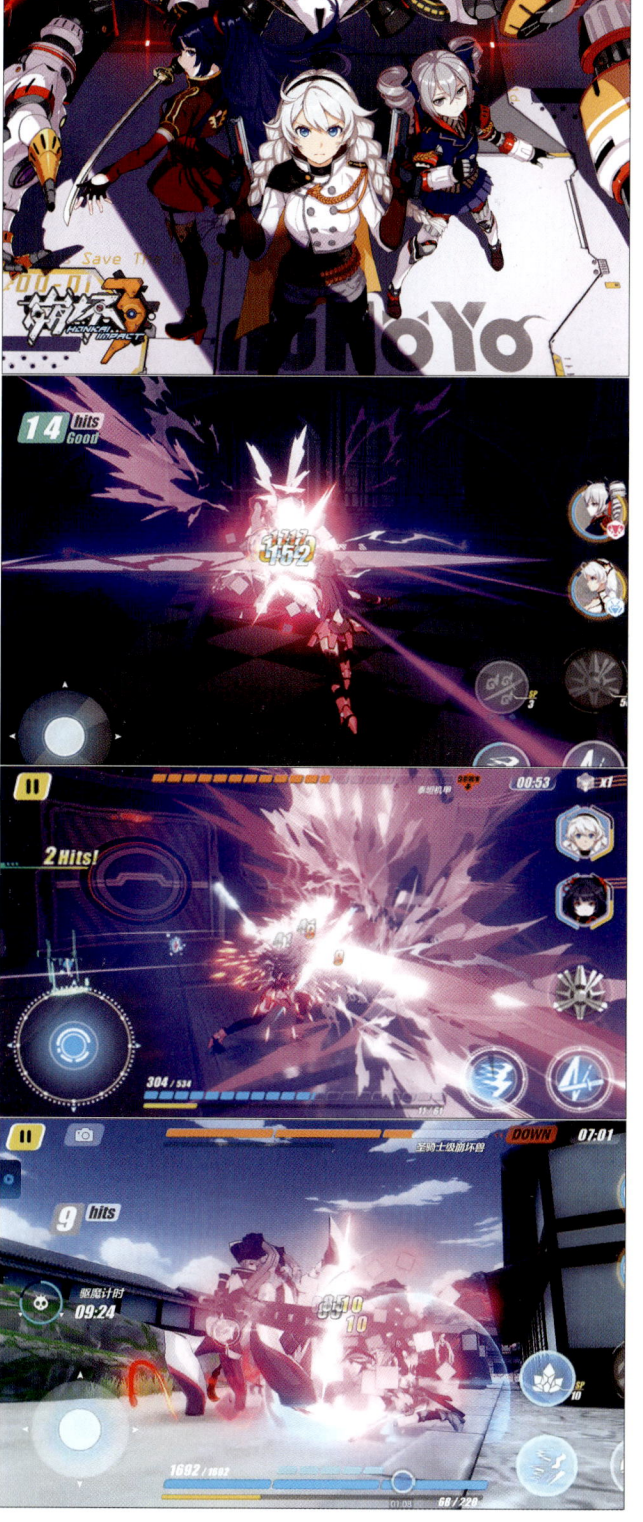

### 음양사(阴阳师)

음양사는 일본 스타일을 그대로 접목한, 턴 방식 게임입니다. 넷이즈에서 좋은 평을 받은 게임이라서, 이후 하나의 IP로 되어 [결전! 평안경(决战!平安京)]으로 다시 출시하게 됩니다. 이펙트는 게임 스타일과 너무 잘 맞고, 깔끔하게 만든 이펙트입니다.

(모든 이미지 출처: 바이두 검색 / 넷이즈 모바일 게임: 음양사(阴阳师).)

# 02 중국 게임 이펙트 커뮤니티

## http://bbs.cgwell.com

cgwell은 중국 최대 이펙트 커뮤니티 사이트입니다.(http://bbs.cgwell.com)
중국 이펙트 관련 정보는 대부분 이곳에서 소개되고 공유됩니다. 이곳에는 이펙트 전문가들도 많이 볼 수 있는데, 여기서 프리랜서처럼 활동하면서 수익을 얻고 있습니다. 질 좋은 튜토리얼은 유료 강좌 신청을 해야만 볼 수 있습니다.

- **이펙트 소스 공유** : 무료로 공유되는 Effects Texture 입니다.(256 * 256)
- **이펙트 관련 튜토리얼 및 강좌 공유** : 다양한 이펙트 튜토리얼 강좌와 동영상 강좌가 있습니다. 하지만 일부만 공개하고, 나머지는 유료 강좌입니다.
- **이펙트 관련 레퍼런스 공유** : 중국 이펙트 디자이너들의 작품 또는 본인들이 알게 된 정보를 공유하는 곳입니다.
- **이펙트 외 게임 관련 공유** : 기타 원화 정보입니다.

중국에서 이펙트를 特效[특효]라고 하며, 읽을 때는 "터시아오" 라고 읽습니다. 중국 바이두 검색 창에 "特效" 입력하면, 중국 이펙트 정보를 검색 하실 수 있습니다. CGWELL 사이트에는 소스 공유, 튜토리얼 및 강좌 공유, 레퍼런스 공유 등이 있습니다.

(모든 이미지 출처: http://bbs.cgwell.com / https://www.cgjoy.com )

# http:// www.cgjoy.com

cgjoy는 중국 CG 관련 강좌를 소개하는 사이트입니다.
각 분야의 전문가들이 본인 강좌를 소개하기 위해 많은 작품을 등록한 곳입니다. 한국에서는 강좌를 볼 수 없지만, 여기에 올라온 작품들을 모아두면 추후 작업에 많은 도움이 될 것으로 보입니다.

# 03 노드 기반의 Multi Shader 이펙트 for 유니티

아래 그림은 여기서 제작해 볼 Multi Shader 이펙트의 예제 결과입니다.
유니티 엔진의 ShaderForge에서 Multi Shader를 제작하여 쉐이더 이펙트를 적용한 후, 언리얼엔진에서도 동일한 방법으로 쉐이더 이펙트를 적용해 볼 것입니다.

# 01. 유니티의 'Shader Forge'를 이용하여 Shader 제작하기

### WorldPosition Shader 제작하기

유니티를 실행해서 Sphere를 선택합니다.

만들어진 Sphere의 방향을 확인합니다. [X(R), Y(G), Z(B)]

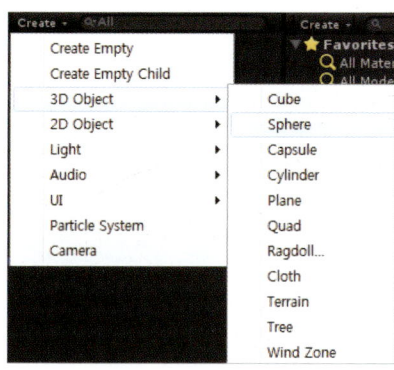
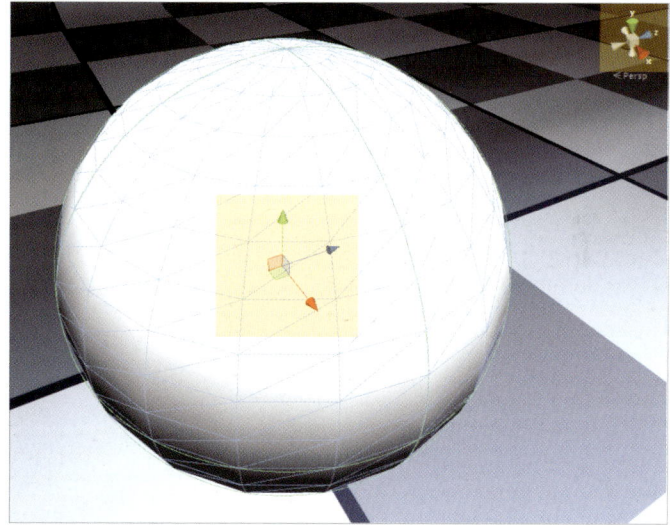

Shader Forge에서 WorldPosition 함수를 이용하여, 특정 object의 생성과 소멸이 가능하게 제작합니다.

축 이동이 가능하도록, Subtract에 WorldPosition과 외부 입력 Value를 연결합니다. 그리고 방향을 설정할 수 있도록 Dot에 외부 입력 RGB를 연결합니다.

Multiply 연결은 흑.백의 범위를 설정합니다. 이렇게 하면, 나중에 경계선의 넓이(범위)를 설정 할 수 있습니다.

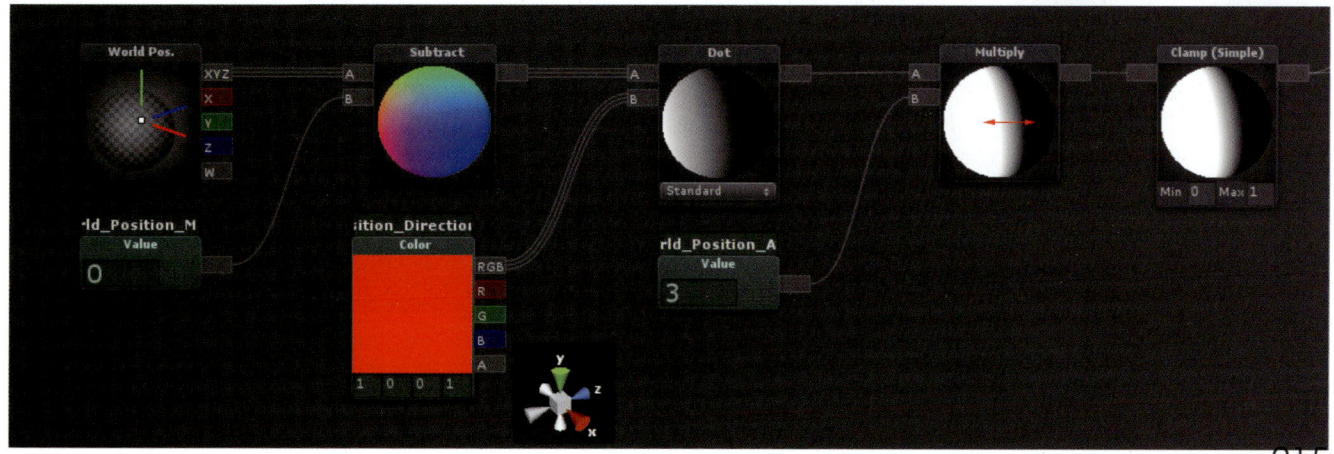

**Dot Product :** "벡터의 내적"이라고 하며, 수학적으로는 a • b = |a| |b| cosθ 라고 표현합니다.

예) 두 벡터 a, b가 이루는 각의 크기가 θ일 때 a • b = |a| |b| cosθ를 두 벡터 a, b의 내적이라고 합니다.

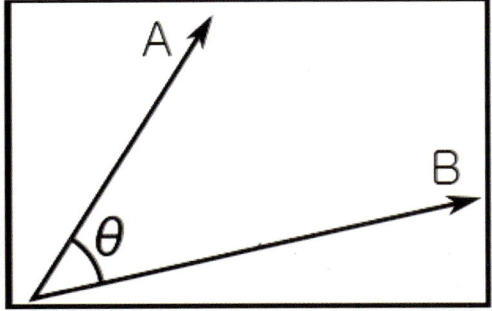

수학적인 내용이다 보니 쉽게 이해되긴 어렵습니다. 그래서 Dot는 방향성과 관련된 함수와 연결하는 경우가 많습니다.
(아래 [그림]을 참고하세요.)

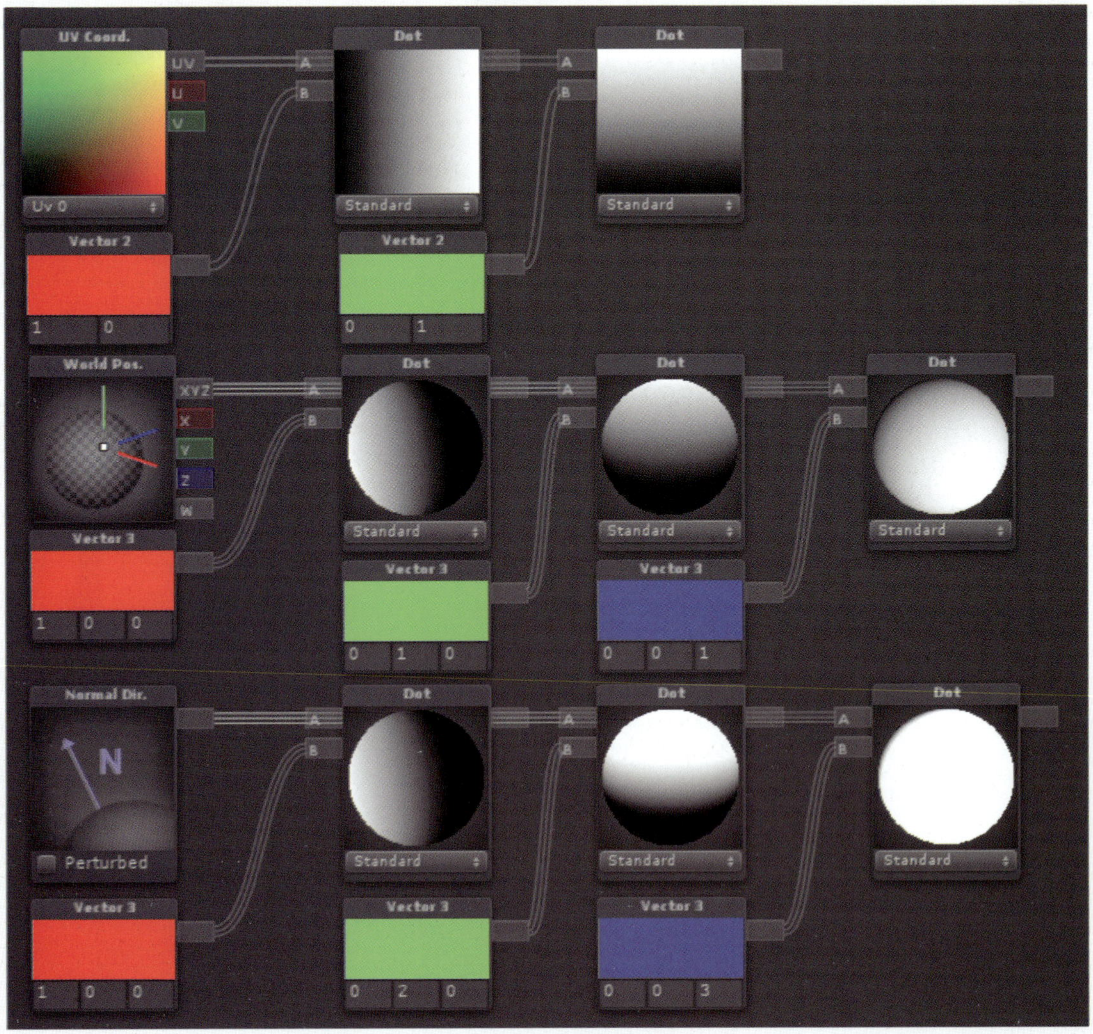

2개의 Texture을 이용하여 울렁이는 Noise 효과를 제작합니다.
이 울렁이는 Noise는 생성과 소멸 효과가 발생할 때, 중요한 경계선이 되는 부분입니다.

Multiply에 UV Coord와 외부 입력 Value를 연결하여 UV Tiling을 설정합니다.
Rotator를 이용하여 Texture가 회전하며, 외부 입력 Slider를 이용하여 회전 속도 조절이
가능합니다.

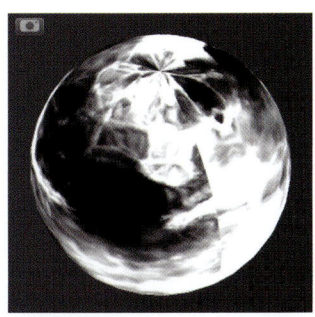

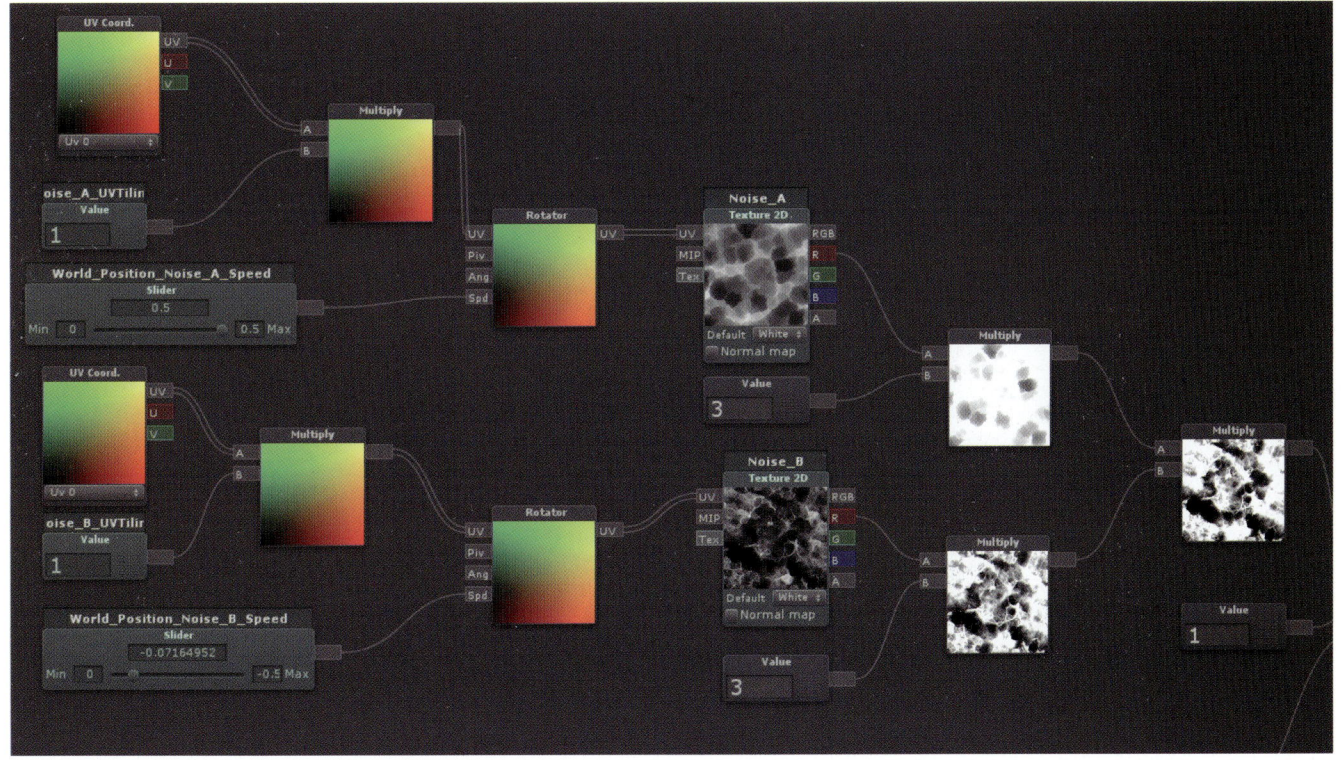

WorldPosition 설정과 울렁이는 Noise 설정을 연결하여 경계 부분을 흑.백으로 나눠 줍니다. 이렇게 되면 자연스럽게 울렁이는 경계선이 만들어집니다.

Lerp에 울렁이는 Noise와 WorldPosition을 합쳐 줍니다.
If는 경계선을 매끄럽게 또는 굴곡 있게 만들 때 사용합니다. Slider로 조절이 가능합니다.

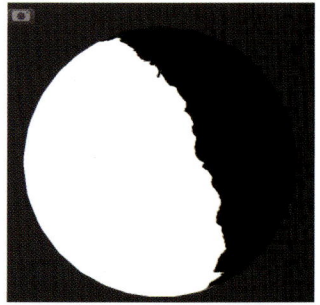

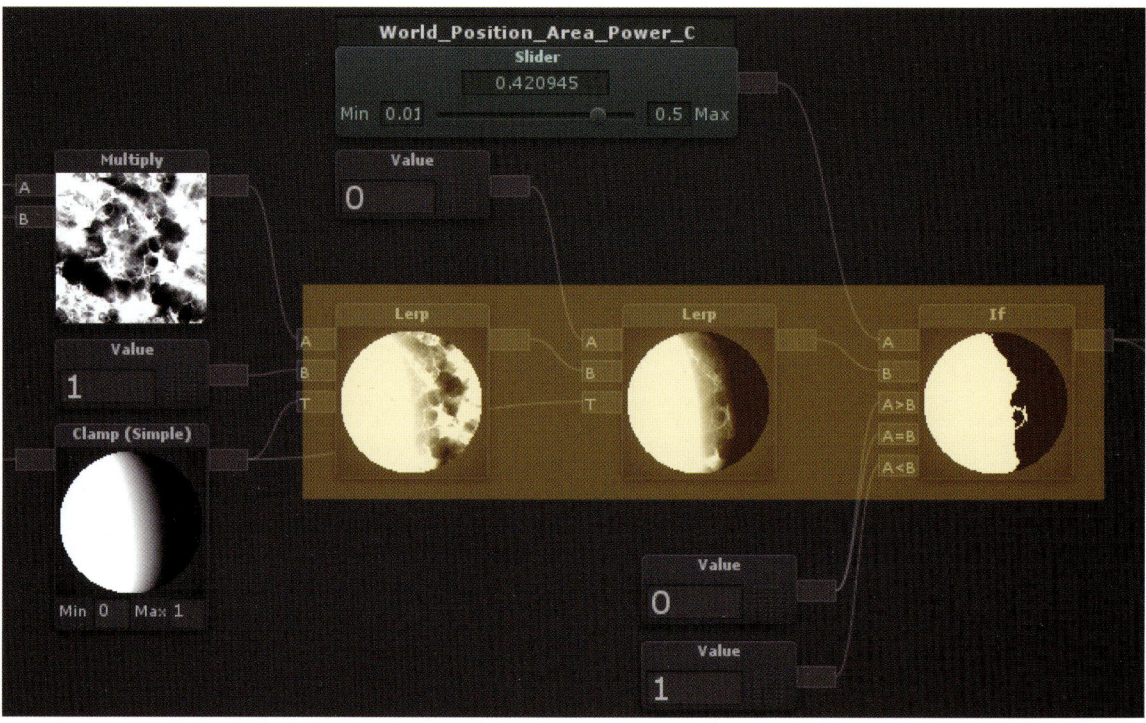

Lerp / If 대신 Add 〉 Multiply 〉 Step(A〈=B) 〉 One Minus를 사용해도 비슷한 결과가 나옵니다.

Clamp / Clamp(Simple) : 입력되는 수치 범위 설정 또는 0~1사이에서의 범위 고정 설정

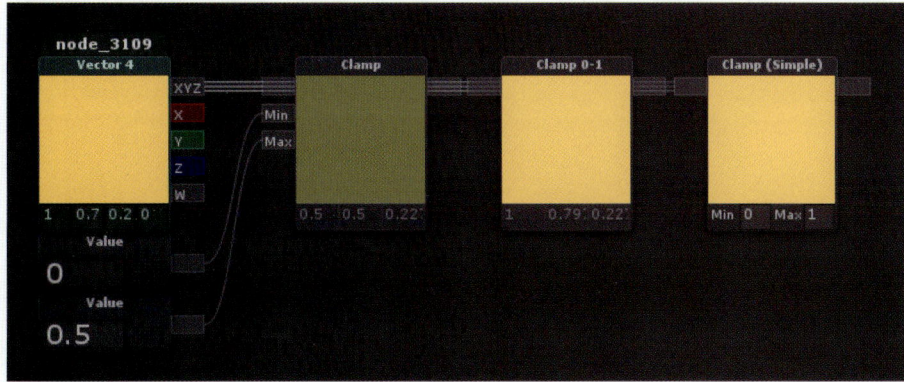

Lerp : 2개의 입력값을 합치는 설정. 조절은 "T"로 들어오는 입력 값으로 설정 가능

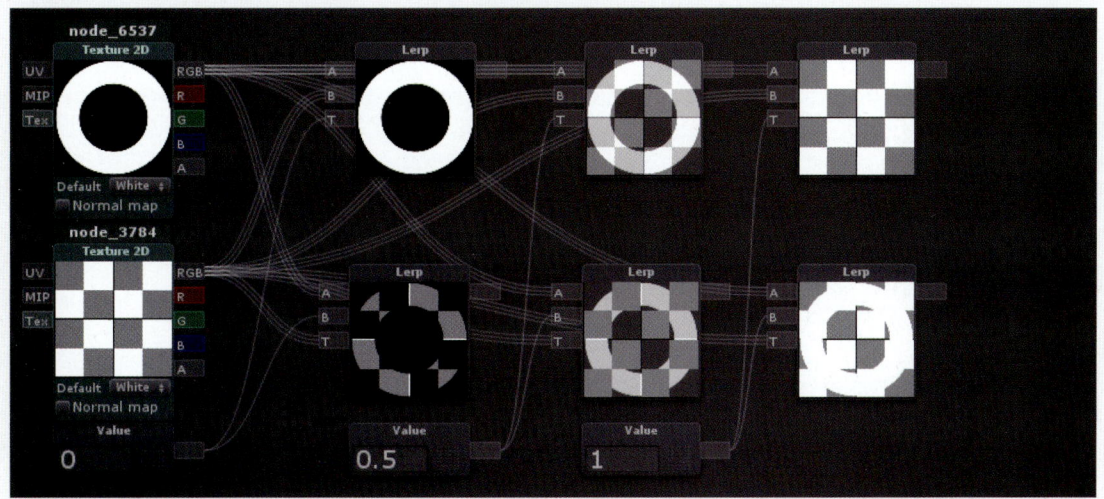

IF : A, B의 입력 값에 따라 결과 변경 설정

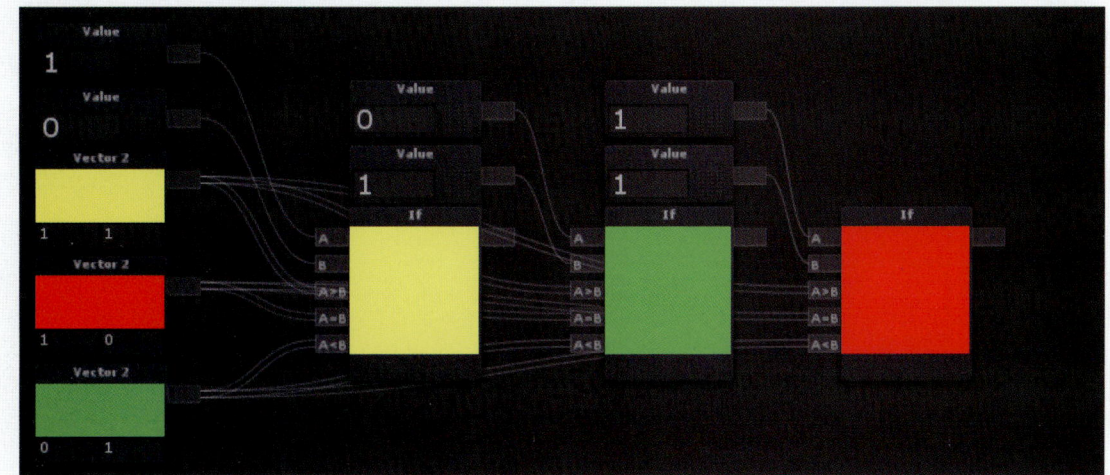

UV Tiling을 Shader Forge에서 설정하지 않고, Unity Texture 옵션에서(Tiling) 설정해도 무방합니다.

기본 Diffuse로 사용될 2장의 Texture에 Alpha가 적용될 수 있도록 IF와 연결합니다.
Texture_A와 IF와 연결, Texture_B와 IF 〉 One Minus와 연결

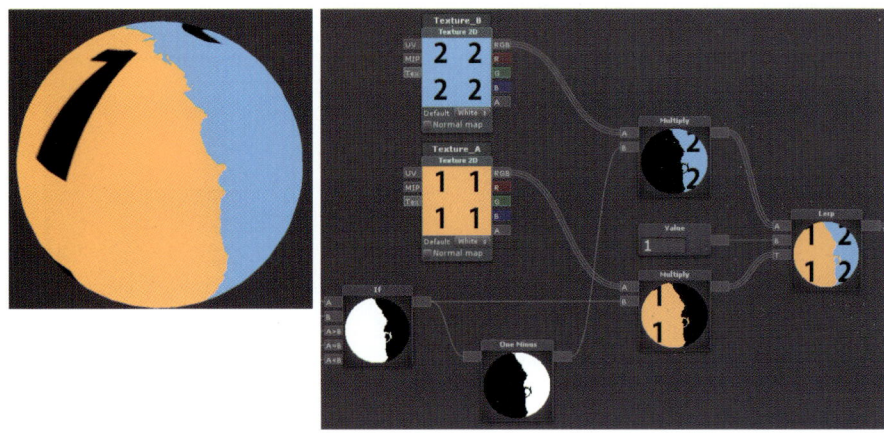

WorldPosition Shader 결과물입니다.

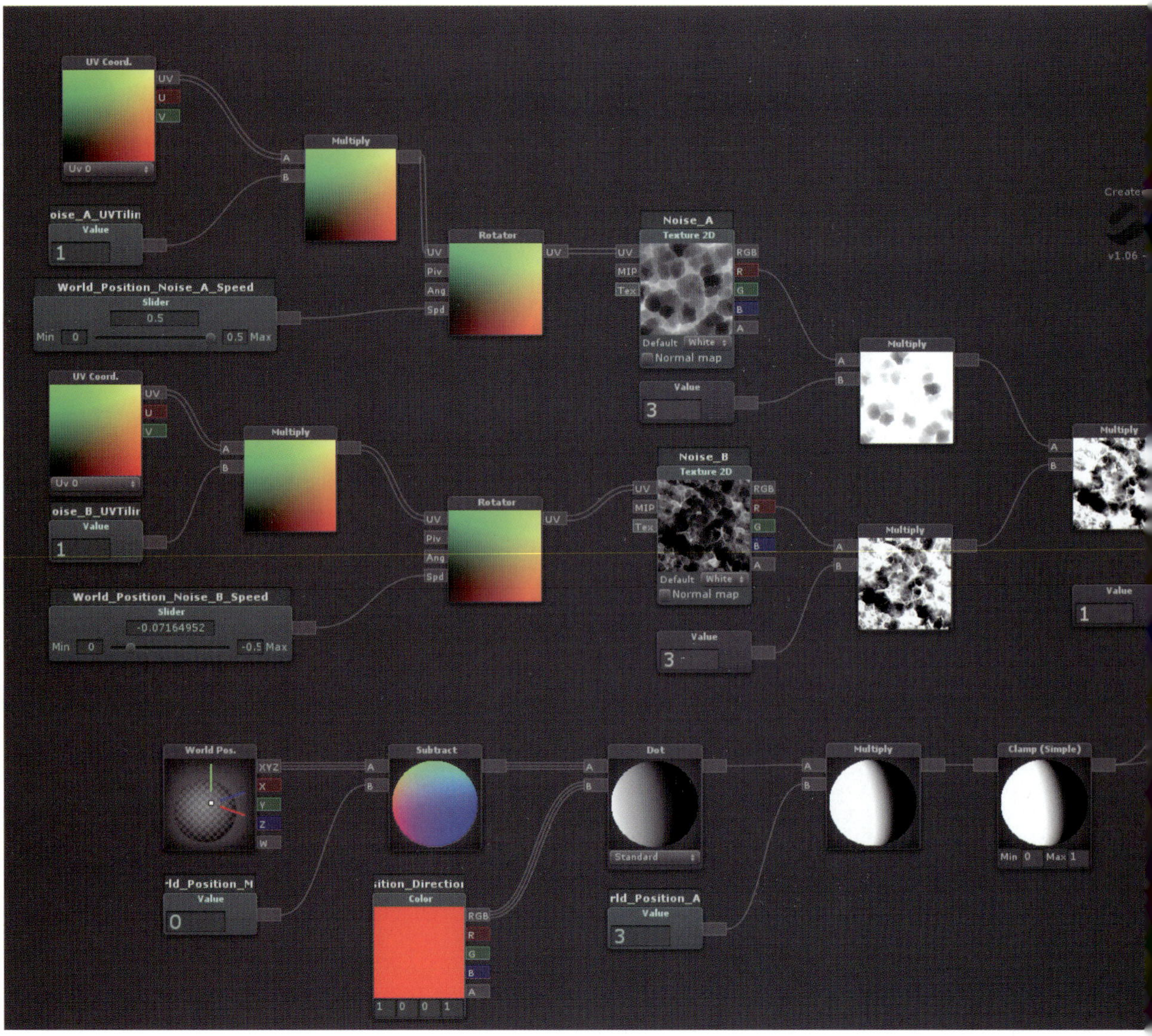

노드 기반의 Multi Shader를 이용한 쉐이더 이펙트의 제작 for 유니티 & 언리얼

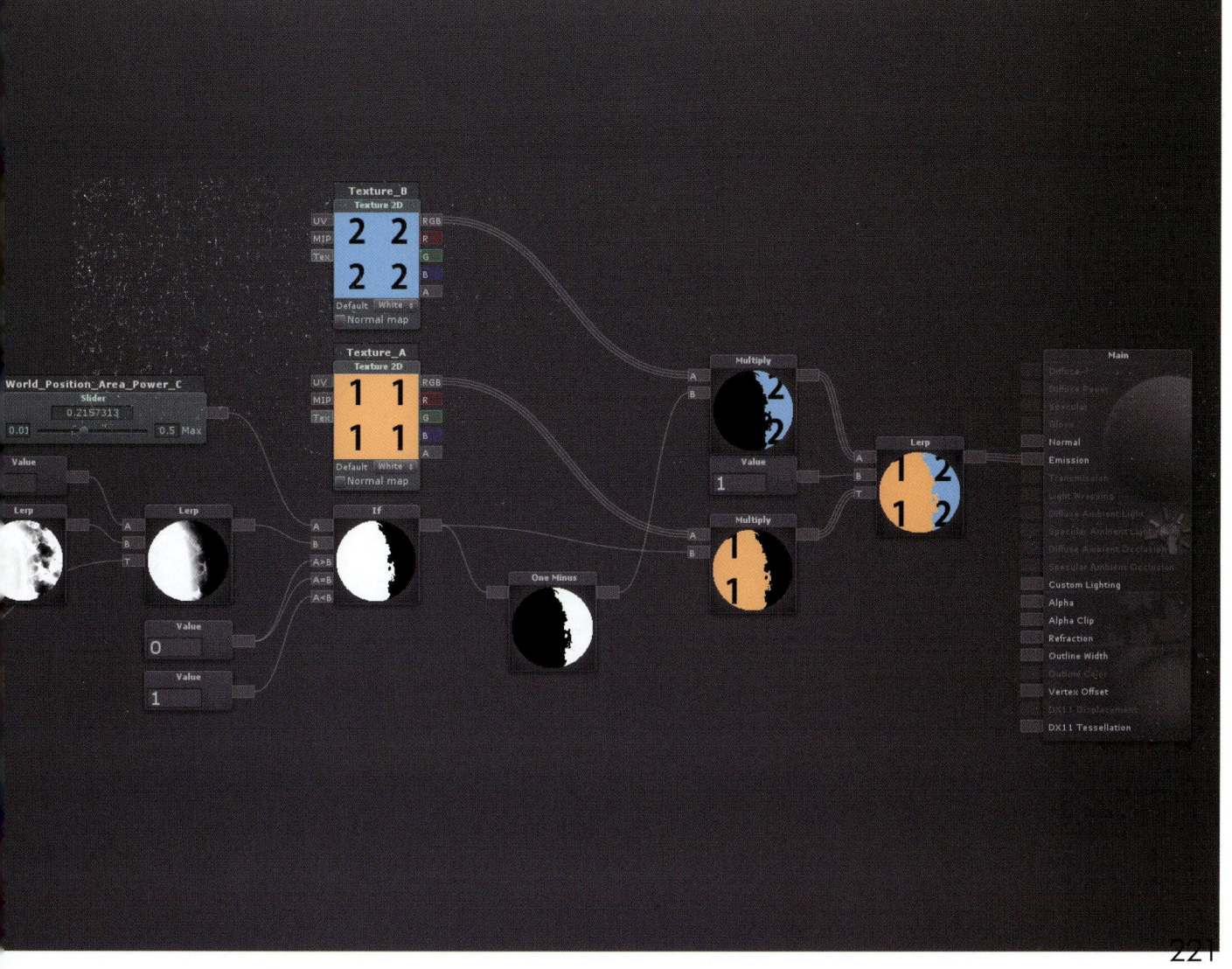

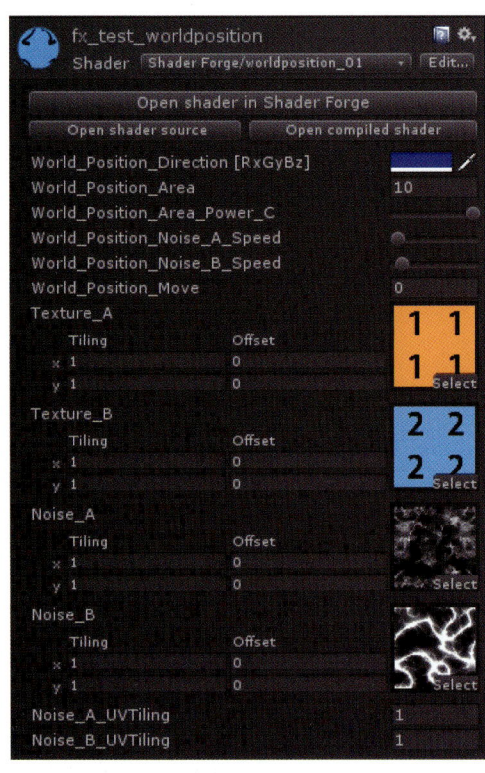

### 옵션 설명

**World_Position_Direction [RxGyBz]** : BGB 컬러로 방향 축을 설정

**World_Position_Area** : 경계선의 범위를 설정

**World_Position_Area_Power_C** : 경계선의 범위를 설정

**World_Position_Noise_A_Speed** : 경계선의 Noise 회전 애니메이션을 설정

**World_Position_Noise_B_Speed** : 경계선의 Noise 회전 애니메이션을 설정

**World_Position_Move** : 경계선 이동 애니메이션을 설정

## LocalPosition Shader 제작하기

LocalPosition Shader는 WorldPosition Shader와 연결 방법이 동일합니다.
여기에 LocalPosition으로 변경하려면 2가지 함수를 추가로 적용하면 됩니다.
(ObjectPosition / TransForm을 추가)

**TransForm함수를 미사용(오브젝트의 회전축을 인식하지 못합니다.)**

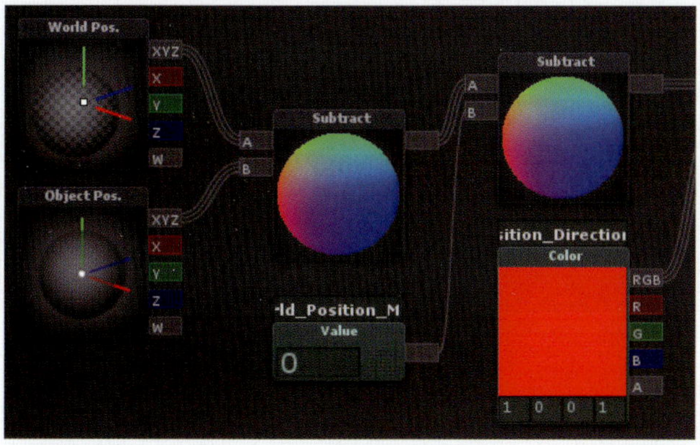

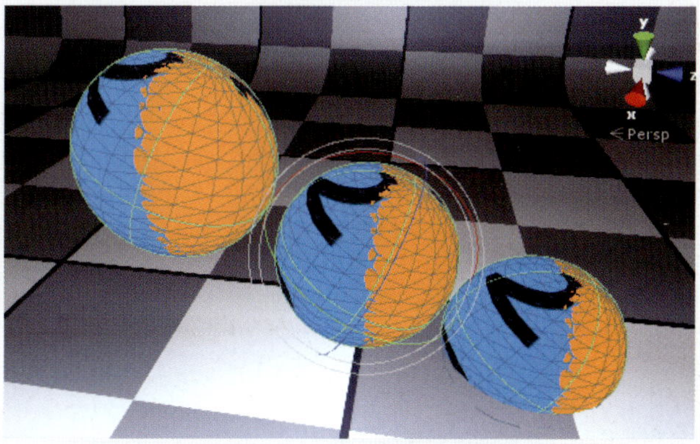

**TransForm함수를 사용(오브젝트의 회전축을 인식합니다.)**

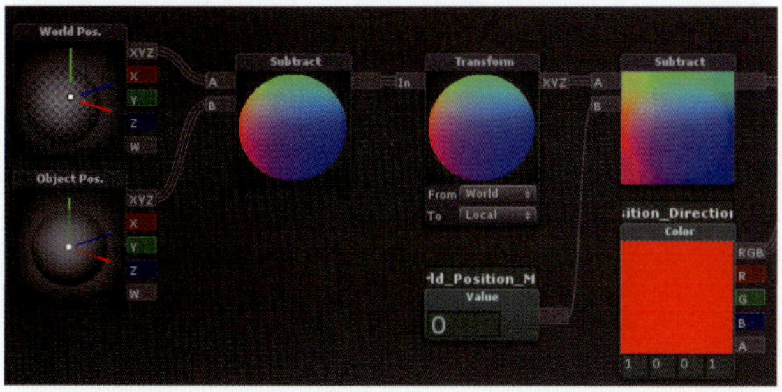

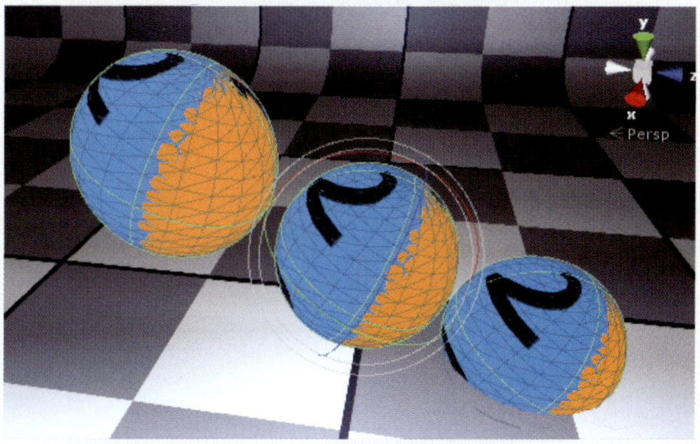

LocalPosition Shader 결과물입니다.

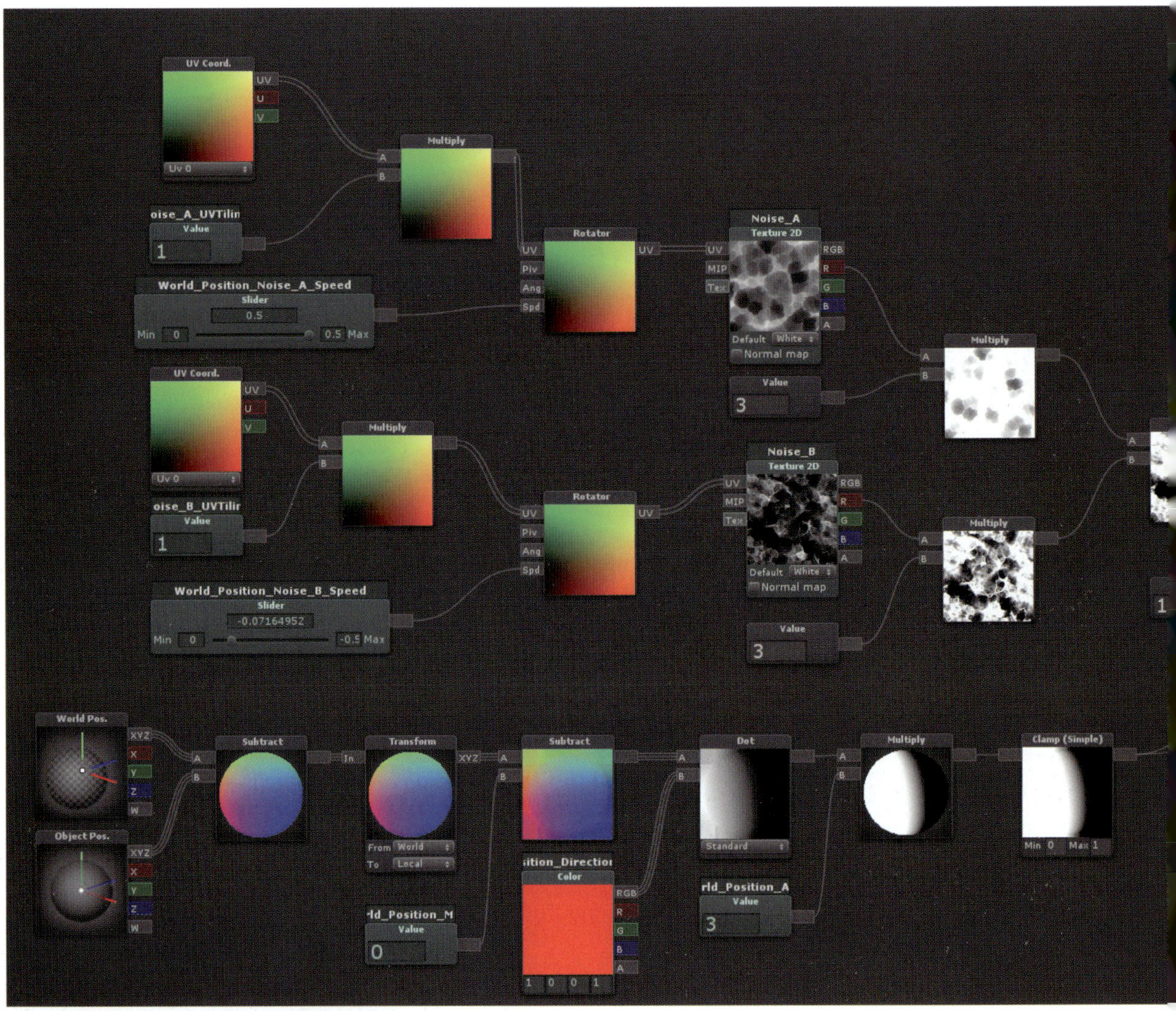

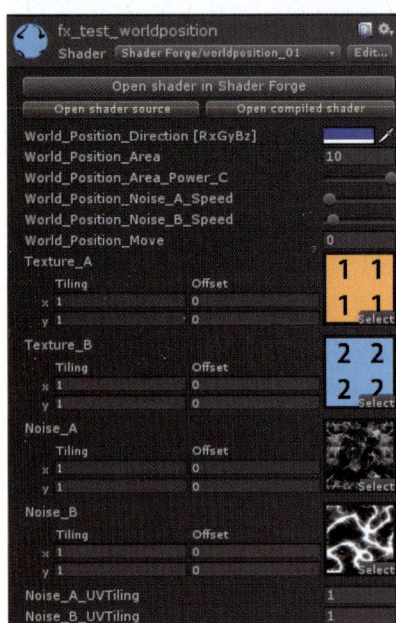

### 옵션 설명

옵션은 WorldPosition Shader와 같습니다.

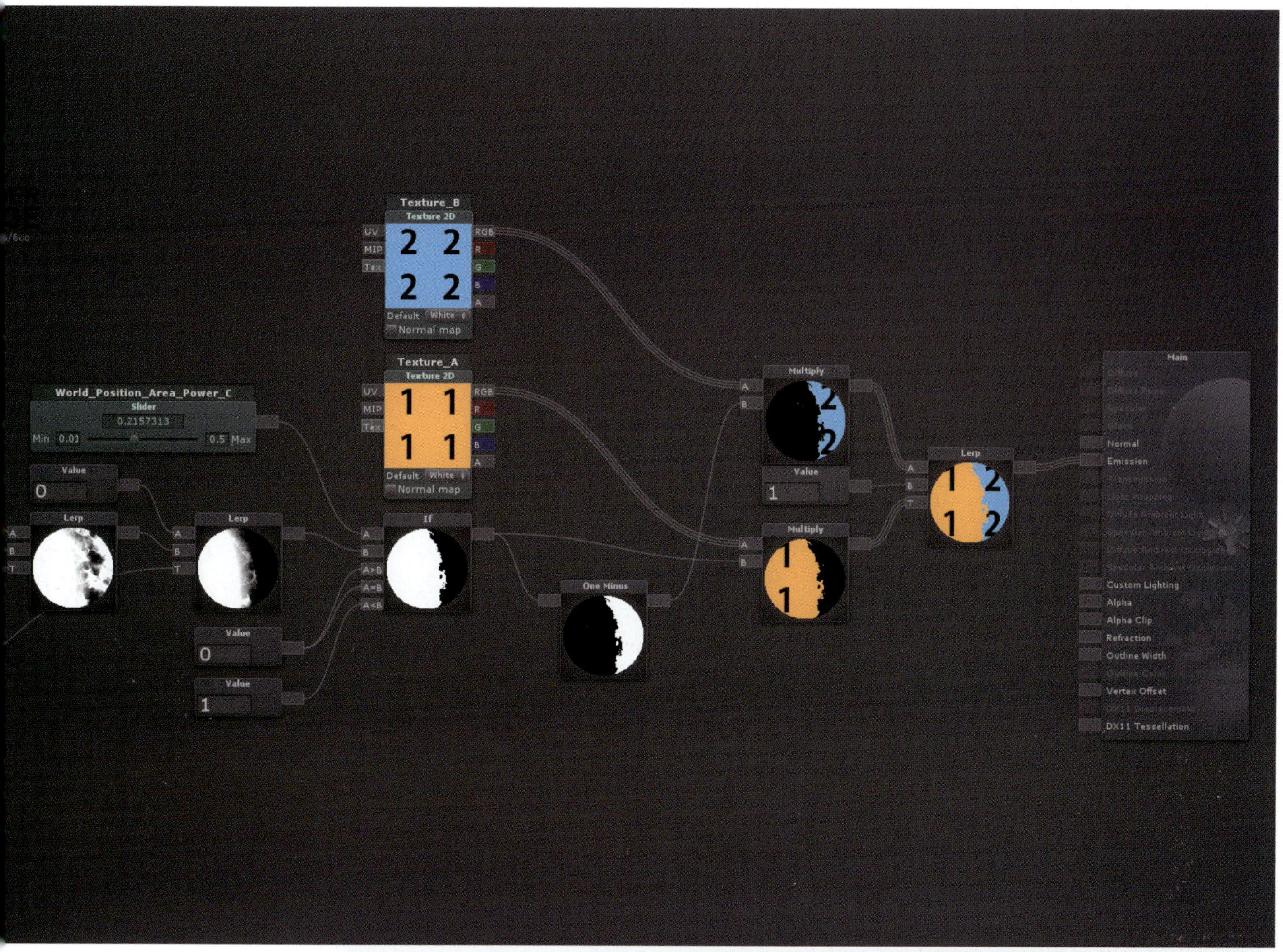

노드 기반의 Multi Shader를 이용한 쉐이더 이펙트의 제작 for 유니티 & 언리얼

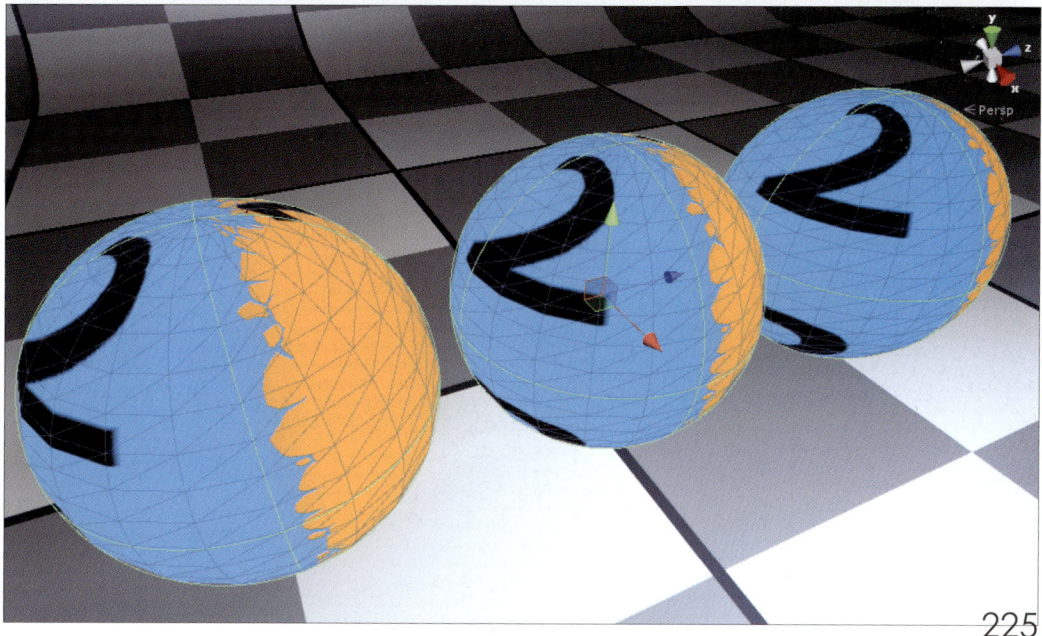

225

## Fresnel Shader 제작하기

Shader Forge에서 Fresnel 함수를 사용합니다.

Multiply와 Power를 이용하여 Fresnel의 범위를 디테일하게 설정해줍니다.

One Minus는 외각에서 내각으로 변경합니다.(Switch 함수를 이용하여 선택 가능)

Fresnel에서 Texture 적용 시 옵션 (Blending 설정 : "Opaque")

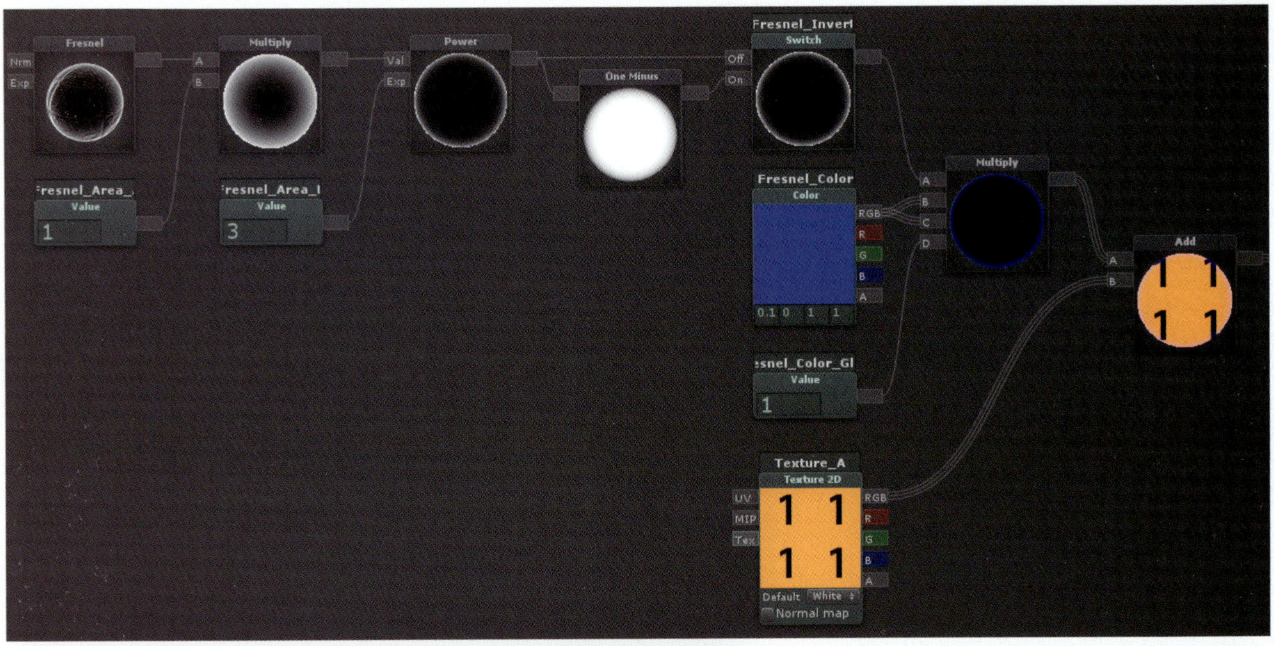


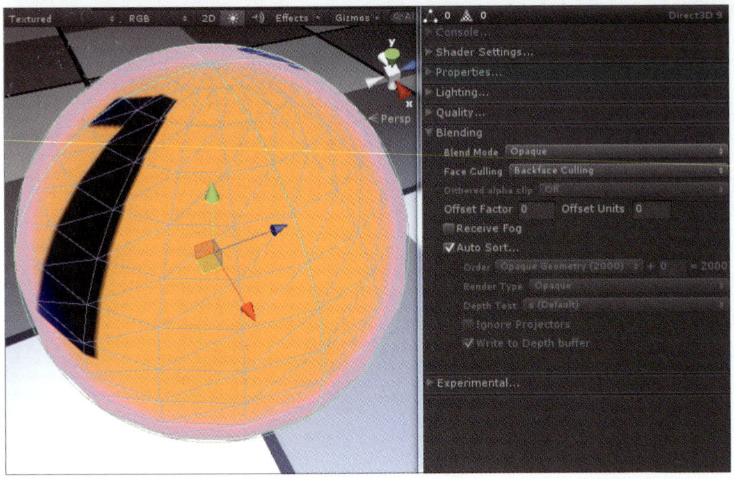

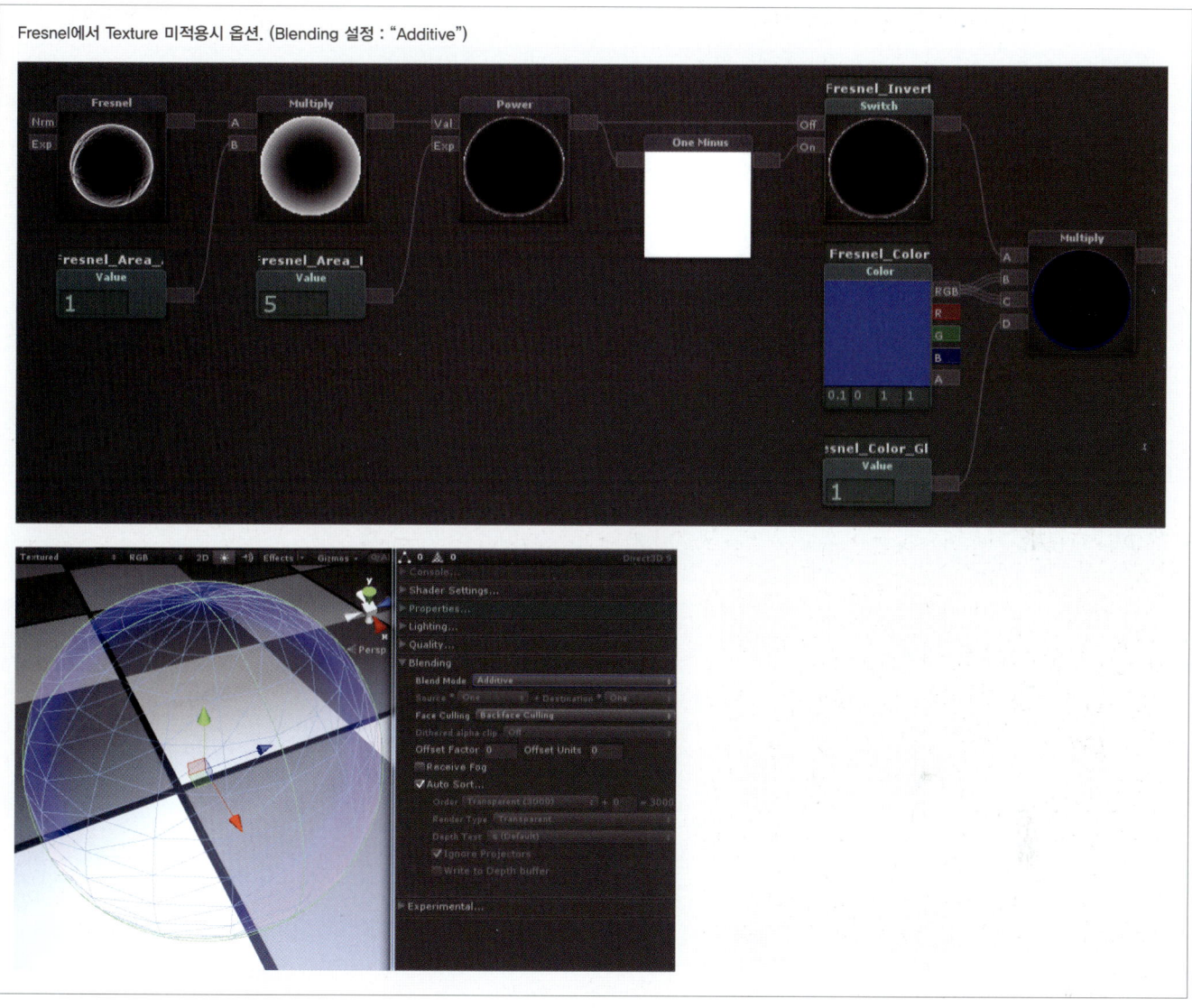

Fresnel Shader 결과물입니다.

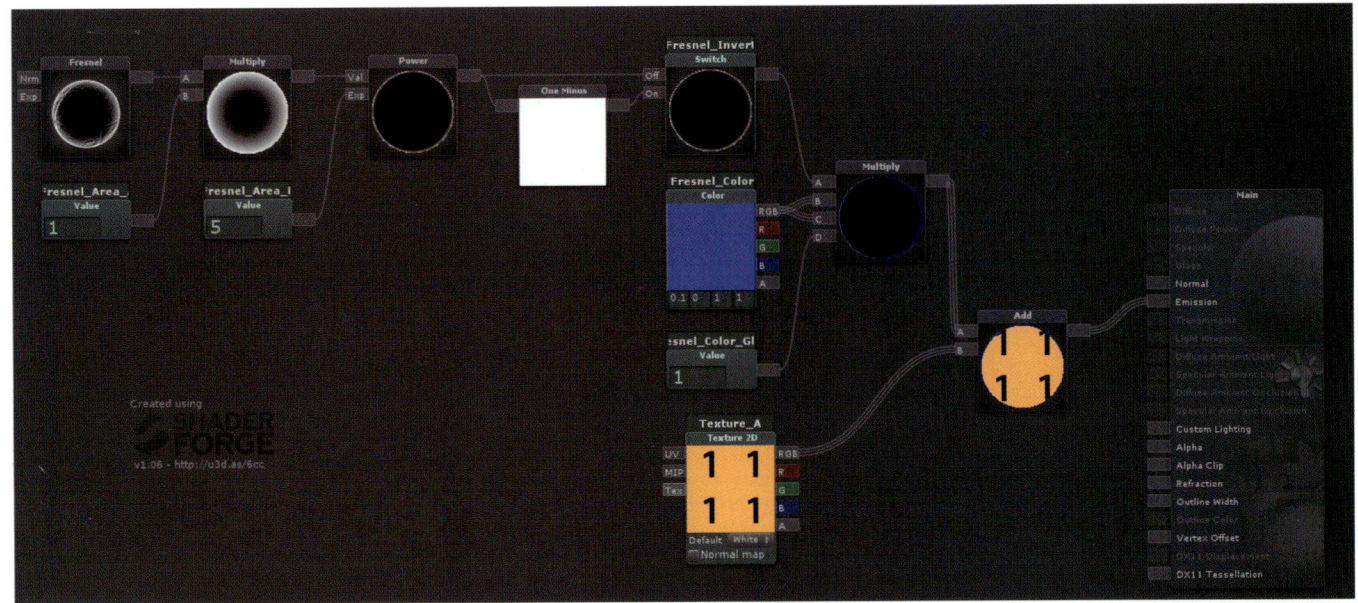

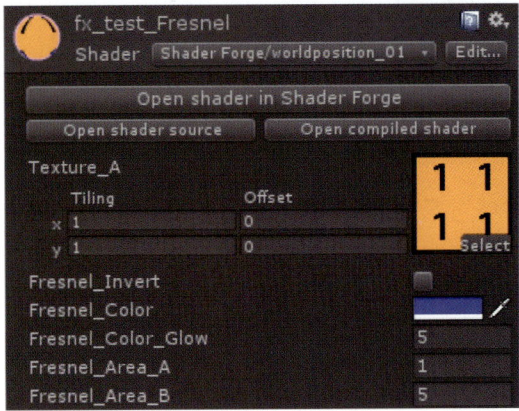

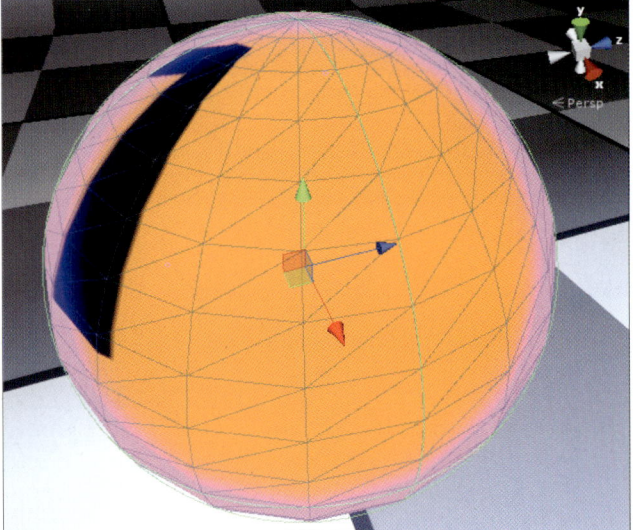

**옵션 설명**

**Fresnel_Invert :** Fresnel 인 / 아웃 선택

**Fresnel_Color :** Fresnel 컬러 변경

**Fresnel_Color_Glow :** Fresnel Glow 보다는 밝기의 강도

**Fresnel_Area_A :** Fresnel 범위 디테일 A

**Fresnel_ Area_B :** Fresnel 범위 디테일 B

## Refraction Shader 제작하기

UV Coord > Rotator 굴절에 움직임을 추가해줍니다.(일렁이는 느낌)
Refraction Texture는 Normal map 또는 일반 Texture map을 사용해도 무방합니다.
Comp.Mask에서 RG 또는 RB를 켜고 연결해야 Refraction 연결이 가능합니다.

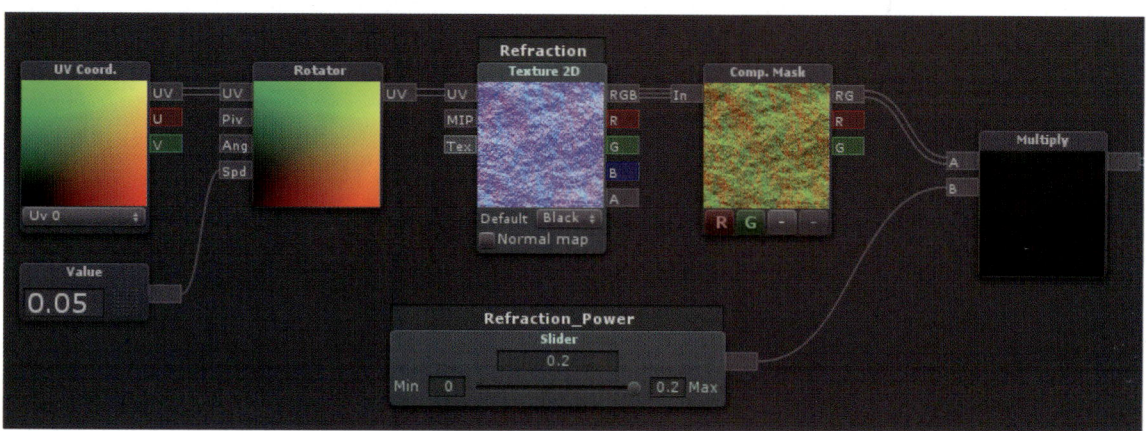

굴절 효과를 적용하기 위해서는, Alpha에 "1" 또는 검정색(검정은 알파가 없다는 의미)을 연결합니다.

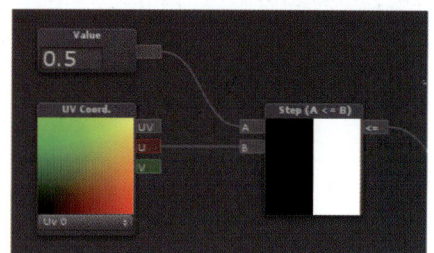

Refraction 적용 시 Alpha 값에 따른 결과

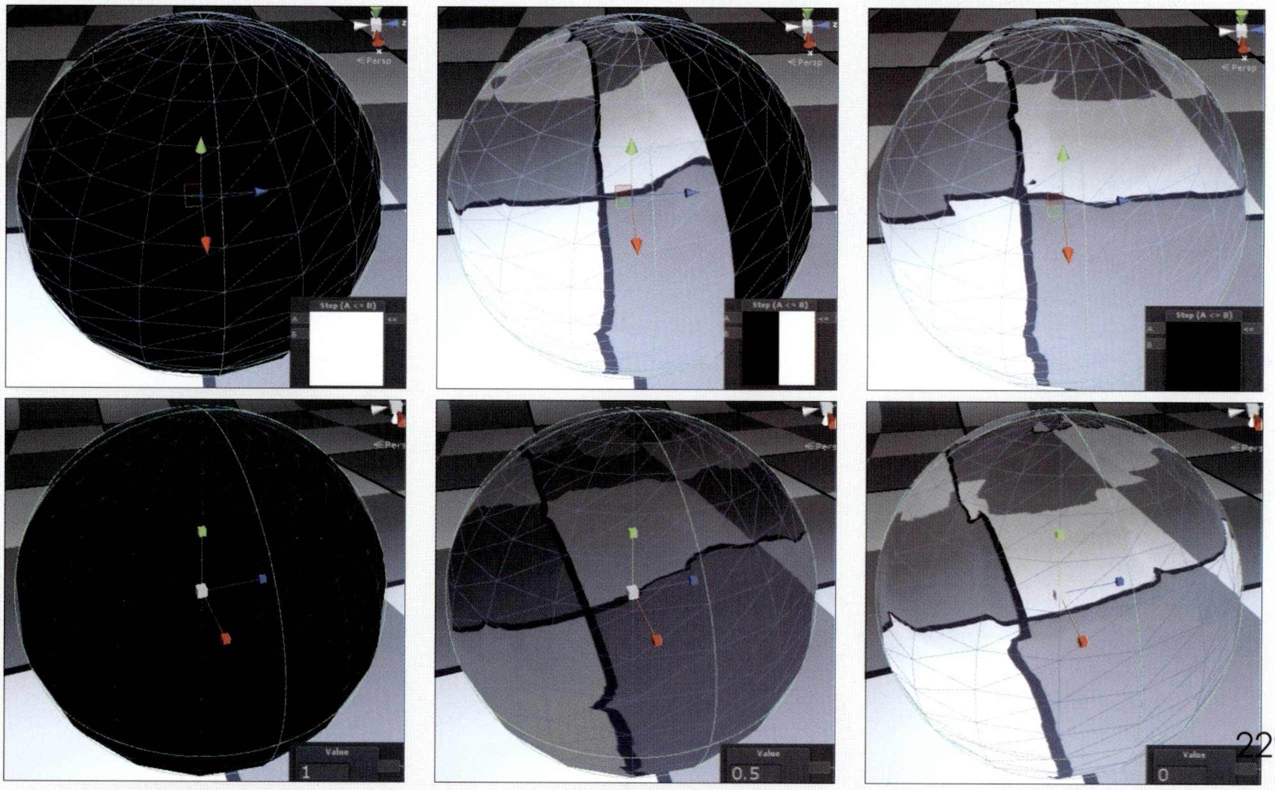

Refraction Shader 결과물입니다.

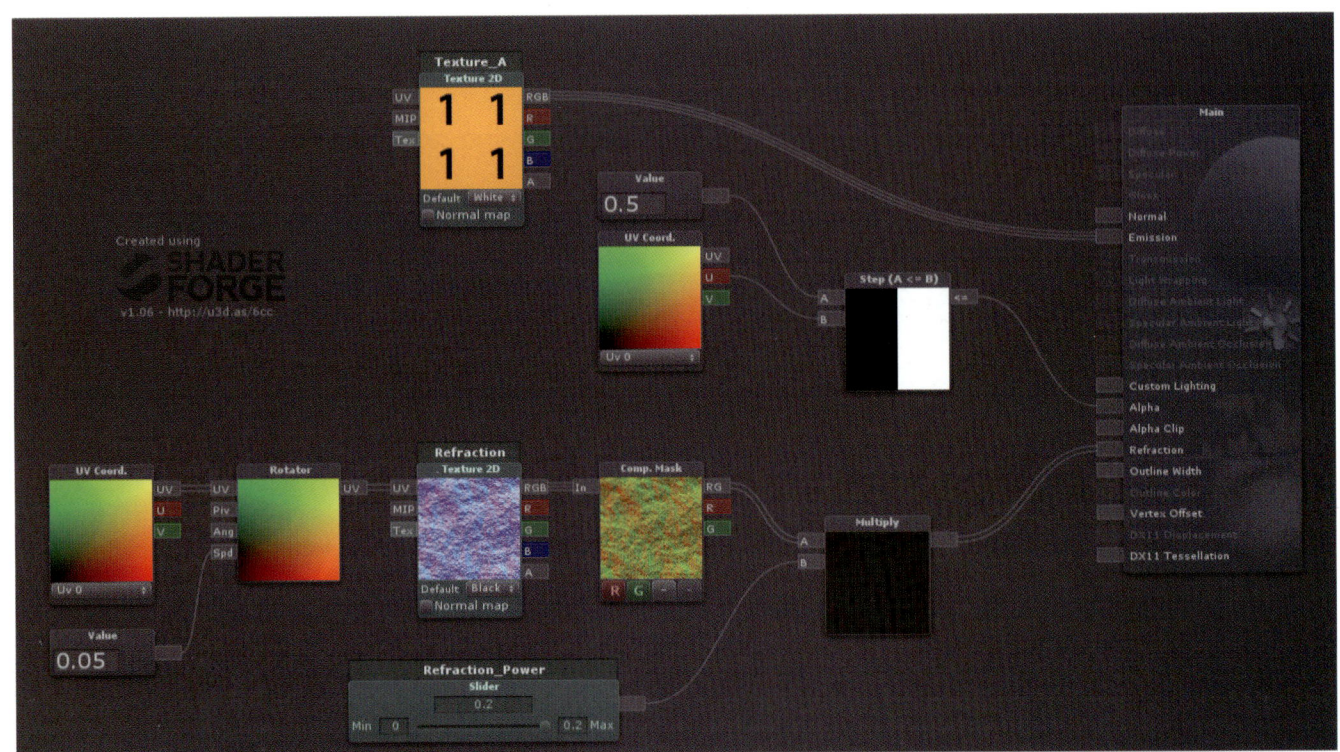

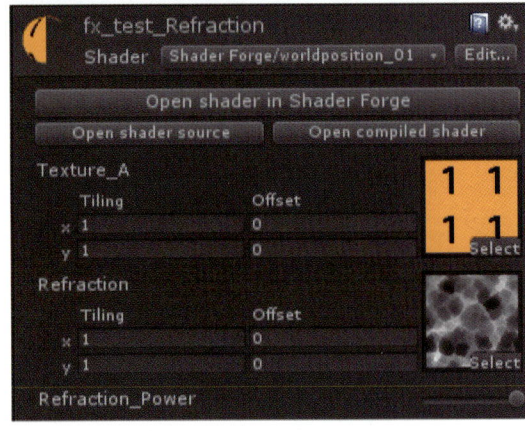

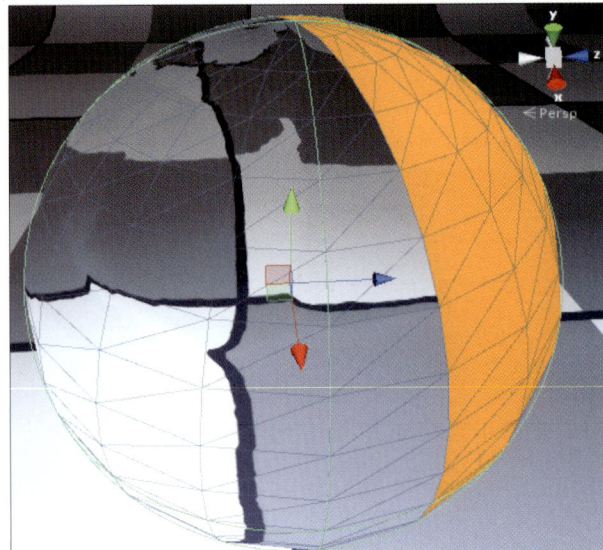

옵션 설명

Refraction_Power : 굴절의 강도(값이 크면 확실하게 보임)

## Dissolve Shader 제작하기

Noise_A, Noise_B는 WorldPosition 설정에서 사용된 울렁이는 Noise 설정과 같습니다. 사라지는 것은 Slider로 조절할 수 있습니다.

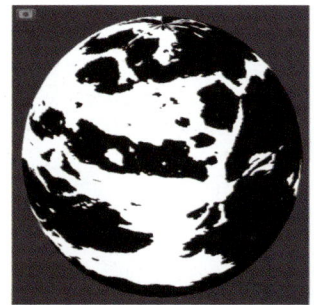

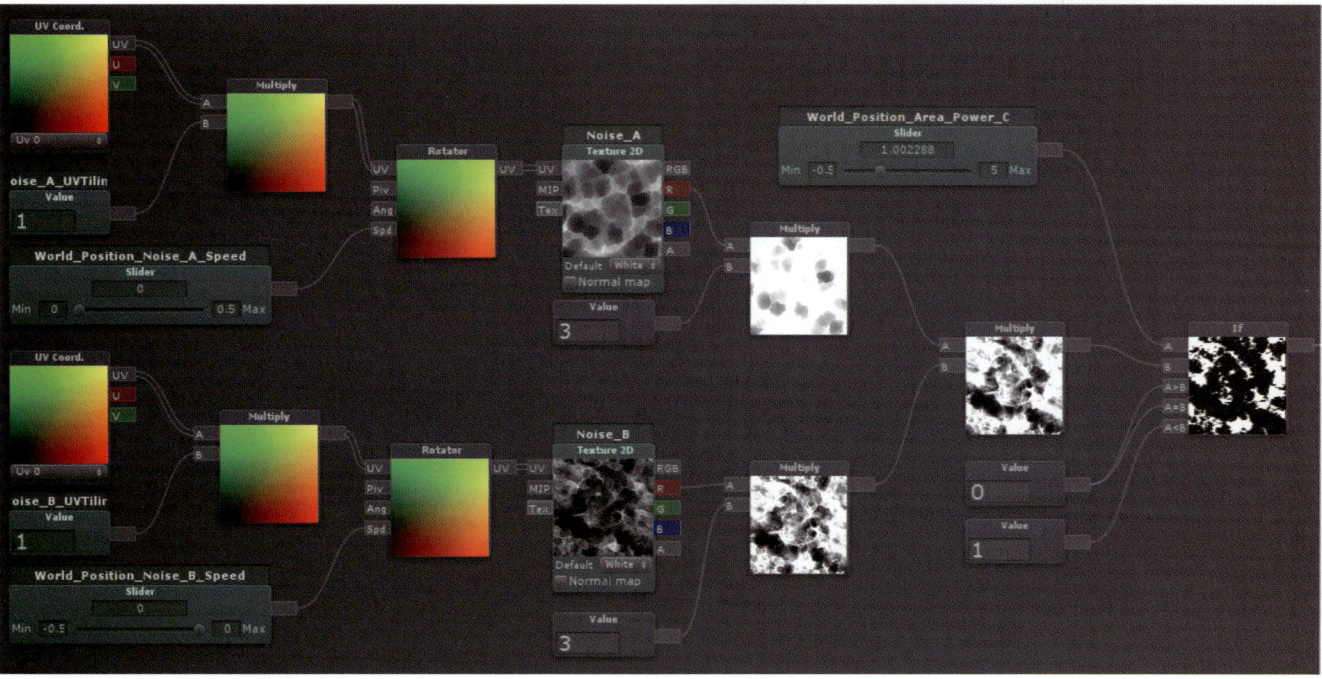

Dissolve Shader 결과물입니다.

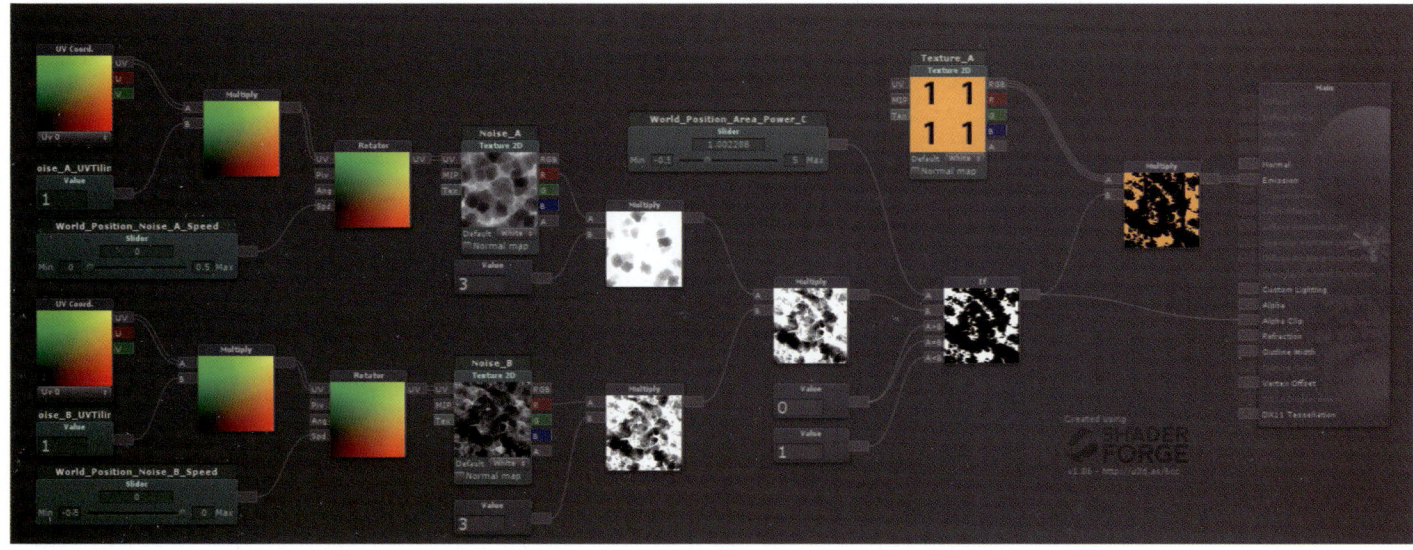

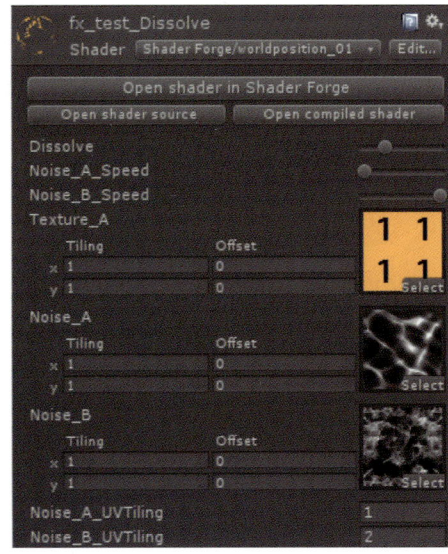

**옵션 설명**

Dissolve : 생성 / 소멸 조절

Noise_A_Speed : 일렁이는 속도 A

Noise_B_Speed : 일렁이는 속도 B

Noise_A _UVTiling : Noise_A Tiling

Noise_B_UVTiling : Noise_B Tiling

## Distortion Shader 제작하기

Distortion 효과를 적용하려면 Lerp 함수를 이용해서 UV Coord와 Texture를 결합합니다.
그리고 외부 입력 Value로 Distortion의 강도를 조절할 수 있습니다.

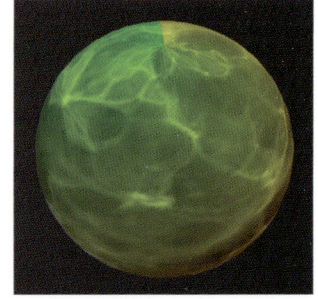
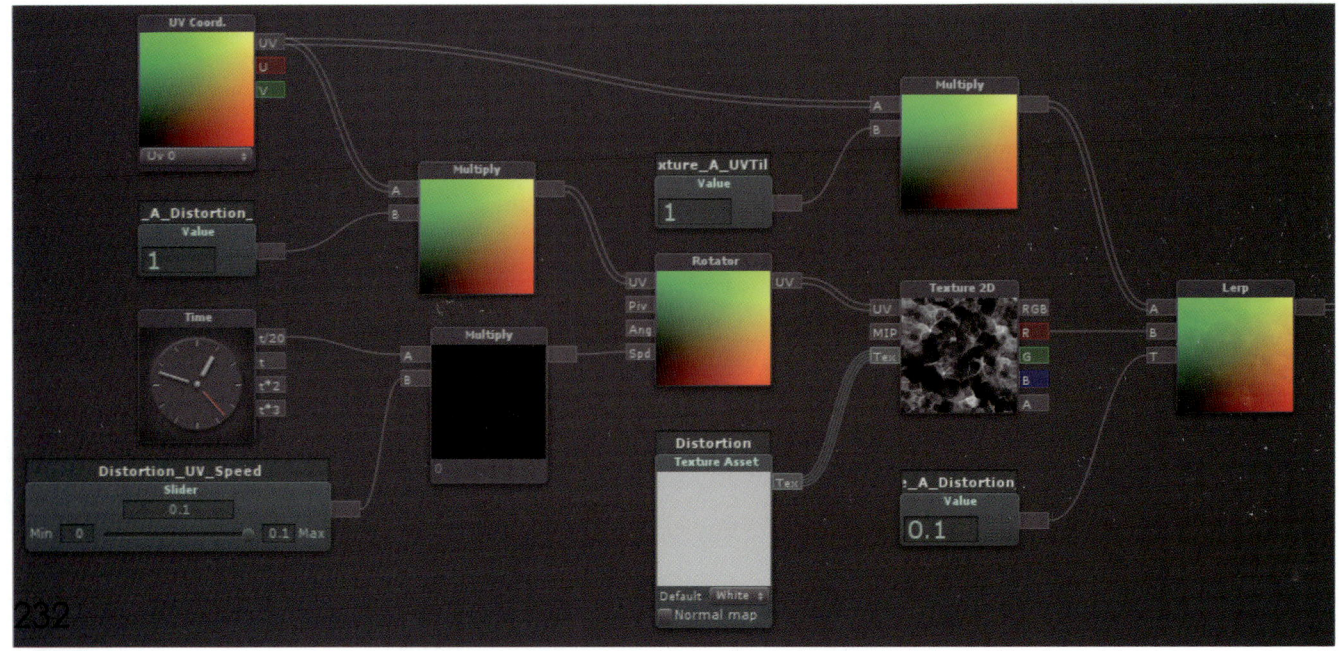

노드 기반의 Multi Shader를 이용한 쉐이더 이펙트의 제작 for 유니티 & 언리얼

**Distortion Shader 결과물입니다.**

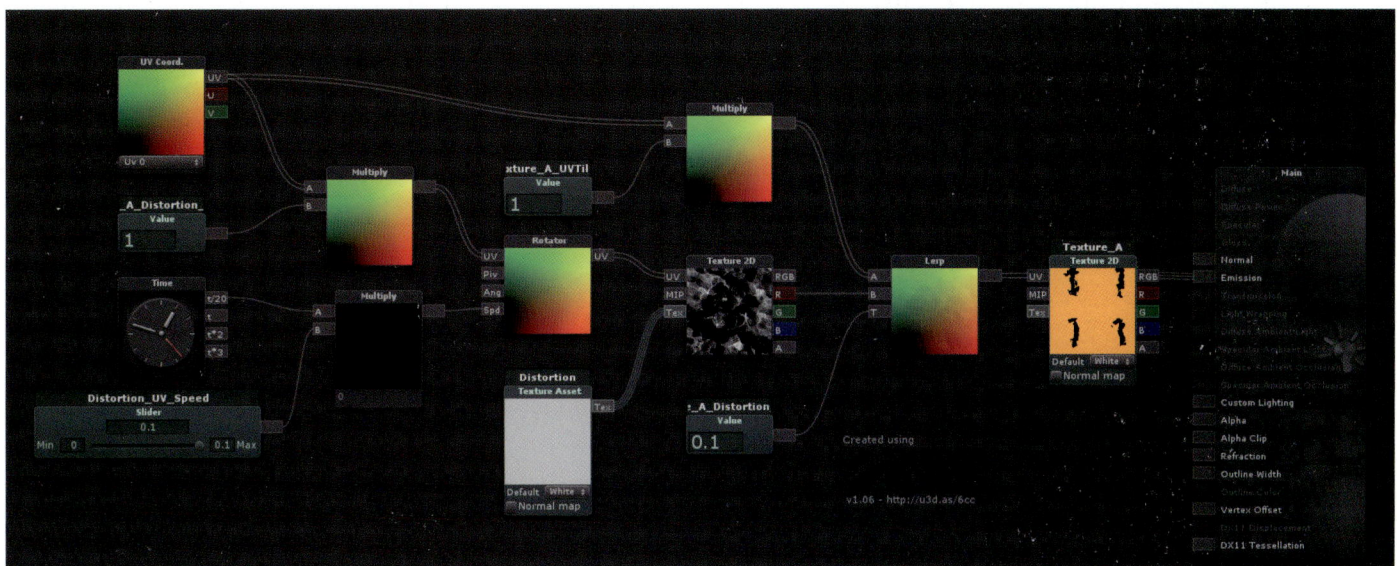

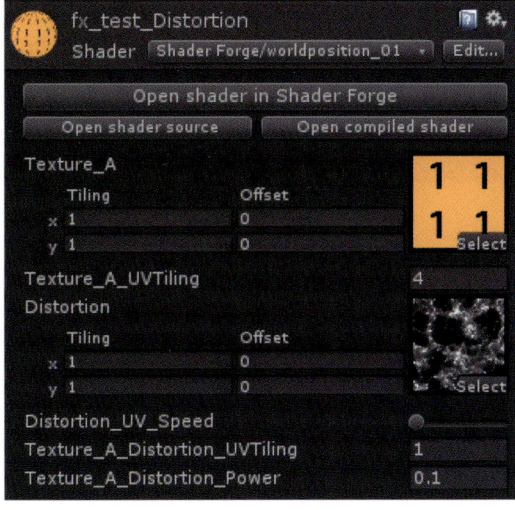

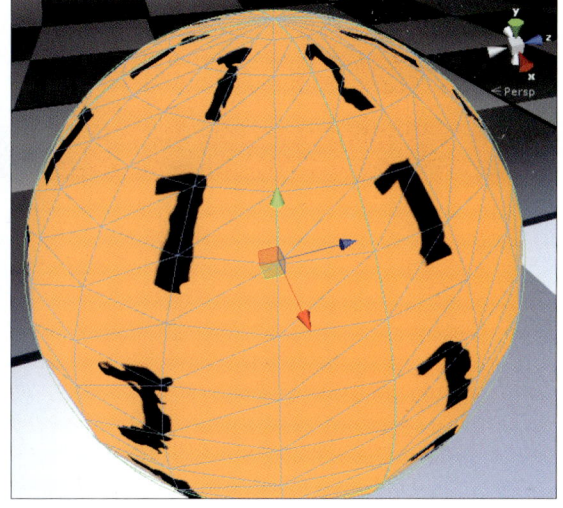

**옵션 설명**

**Texture_A_UVTiling :** Texture_A Tiling

**Distortion_UV_Speed :** Distortion Texture 회전 Speed

**Texture_A_Distortion_UVTiling :** Distortion _A Tiling

**Texture_A_Distortion_Power :** Distortion 강도

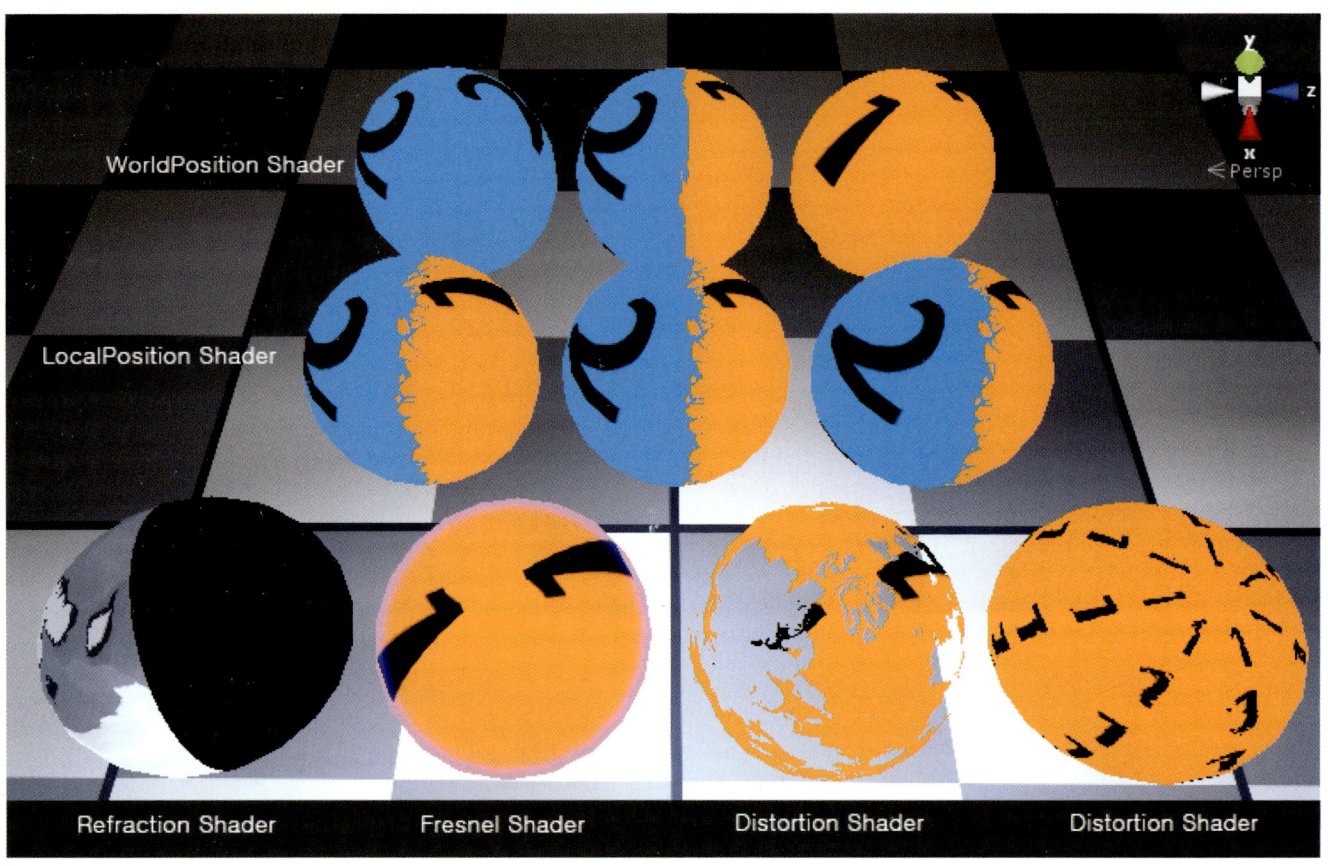

# 02. 완성된 여러 Shader를 하나로 결합하여 Multi Shader 제작하기

앞서 작업했던 Shader를 Switch 함수, Multiply 함수, Add 함수를 이용하여 서로 연결해줍니다.

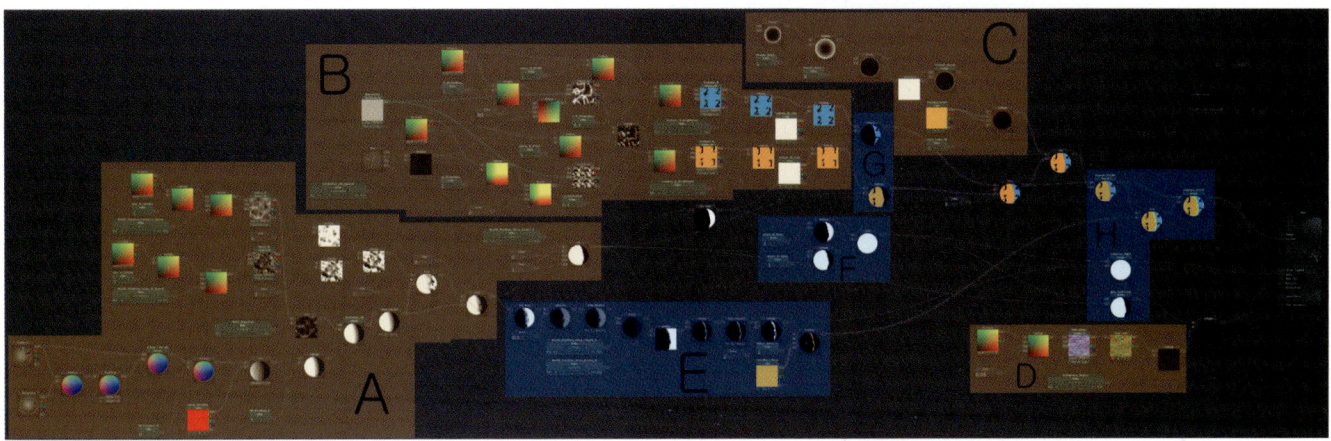

- **A** : WorldPosition Shader, LocalPosition Shader, Dissolve Shader
- **B** : Distortion Shader
- **C** : Fresnel Shader
- **D** : Refraction Shader

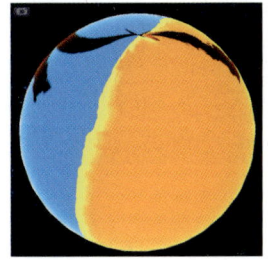

**E** : 경계선(ScanLine)을 제작하는 부분으로 흑.백의 겹치는 부분을 이용하여 제작합니다. 경계선의 넓이는 Value 함수를 이용하여 조절할 수 있습니다.

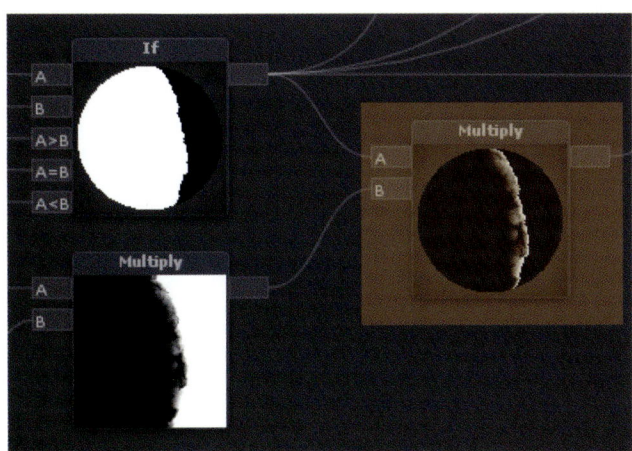

**F** : Alpha를 선택합니다.(Texture_A / Texture_B의 Opacity 조절 가능)

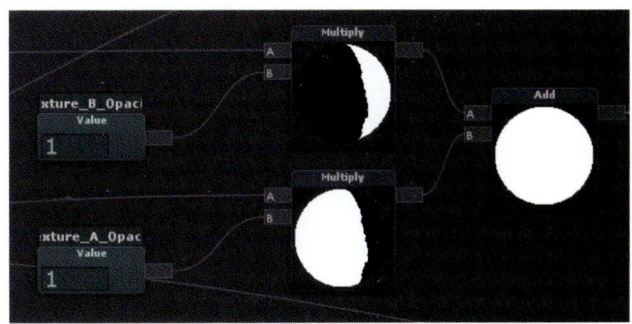

**G** : 이 부분은 Texture_A / Texture_B 분리할 때 사용합니다.

**H** : Switch 함수 이용하여, Shader기능(Fresnel, ScanLine, Refraction) 사용 여부를 선택할 수 있습니다.

## 옵션 설명

**Off=World Axis/On=ObjectAxis** : WorldPosition / LocalPosition 선택

**ONIY_Random_OFF/ON** : 무조건 Dissolve 방식 선택

**ONIY_Random** : Dissolve 애니메이션 설정

**ScanLine_OFF/ON** : 경계선만 선택

**ScanLine Alpha** : 경계선 Alpha만 선택

**World_Position_Direction [RxGyBz]** : BGB 컬러로 방향 축을 설정

**World_Position_Color** : 경계선 컬러 설정

**World_Position_Color_Glow** : 경계선 컬러 밝기 설정

**World_Position_Area** : 경계선의 범위를 설정

**World_Position_Area_Power_A** : 경계선의 디테일 범위를 설정 A

**World_Position_Area_Power_B** : 경계선의 디테일 범위를 설정 B

**World_Position_Area_Power_C** : 경계선의 디테일 범위를 설정 C

**World_Position_Noise_A_Speed** : 경계선의 Noise 회전 Speed 설정

**World_Position_Noise_B_Speed** : 경계선의 Noise 회전 Speed 설정

**World_Position_Move** : 축 애니메이션 설정

**Texture_A_Color** : Texture_A_컬러 설정

**Texture_B_Color** : Texture_B_컬러 설정

**Texture_A_UVTiling** : Texture_A Tiling 설정

**Texture_B_UVTiling** : Texture_B Tiling 설정

**Texture_A_brightness** : Texture_A 밝기 설정

**Texture_B_brightness** : Texture_B 밝기 설정

**Texture_A_Opacity** : Texture_A 밝기 설정

**Texture_B_Opacity** : Texture_B 밝기 설정

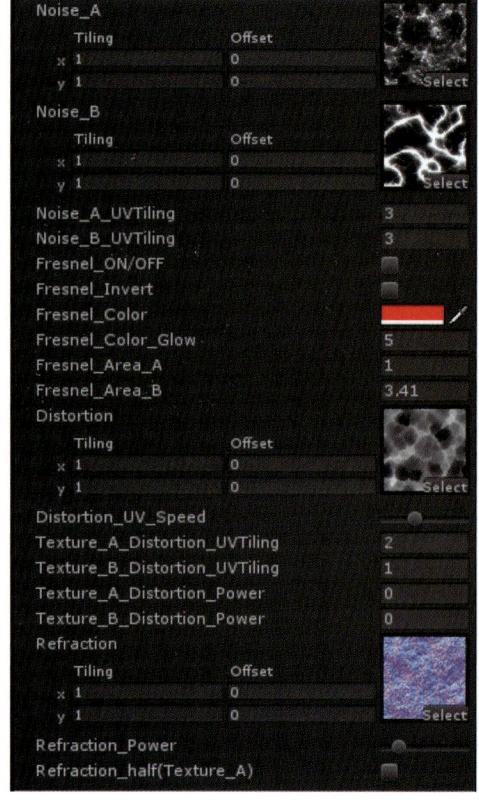

## 옵션 설명

**Noise_A_UVTiling** : Noise_A_UVTiling 설정

**Noise_B_UVTiling** : Noise_B_UVTiling 설정

**Fresnel_ON/OFF** : Fresnel 선택

**Fresnel_Invert** : Fresnel 인 / 아웃 선택

**Fresnel_Color** : Fresnel 컬러 변경

**Fresnel_Color_Glow** : Fresnel Glow 보다는 밝기의 강도

**Fresnel_Area_A** : Fresnel 범위 디테일 A

**Fresnel_Area_B** : Fresnel 범위 디테일 B

**Distortion_UV_Speed** : Distortion Texture 회전 속도 설정

**Texture_A_UVTiling** : Texture_A_UVTiling 설정

**Texture_B_UVTiling** : Texture_B_UVTiling 설정

**Texture_A_Distortion_Power** : Distortion 강도

**Texture_B_Distortion_Power** : Distortion 강도

**Refraction_Power** : 굴절 강도

**Refraction_half(Texture_A)** : 굴절을 반만 설정

# 03. Multi Shader(WorldPosition)를 이용한 이펙트

함선의 기본 Texture를 다른 Texture로 교체하는 Shader.

함선의 기본 Texture를 투명(Refraction)하게 교체하는 Shader

함선의 Texture 위에 ScanLine이 흐르게 하는 Shader

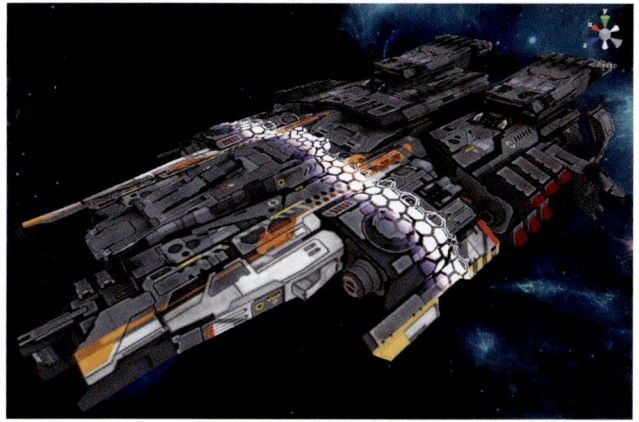

함선의 Texture 생성/소멸(X,Y,Z) Shader

함선의 Texture 생성/소멸(Random) Shader

함선의 투명(Refraction)하게 생성/소멸(X,Y,Z) Shader

# 04. Multi Shader(LocalPosition)를 이용한 이펙트

로봇의 기본 Texture를 다른 Texture로 교체하는 Shader
로봇의 기본 Texture를 투명(Refraction)하게 교체하는 Shader

로봇의 기본 Texture 위에 ScanLine 흘러가는 Shader
로봇의 기본 Texture 생성/소멸(X,Y,Z) Shader

로봇의 생성/소멸(Random) Shader
로봇의 투명(Refraction) Fresnel 효과로 생성/소멸(X,Y,Z) Shader

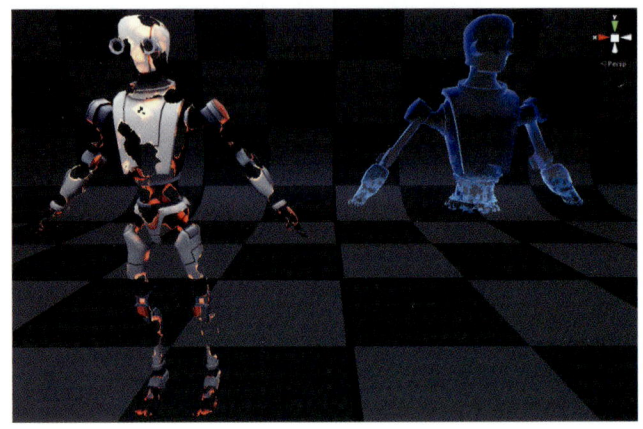

로봇의 Texture 위에 Fresnel 효과가 생성/소멸(X, Y, Z) Shader

# 05. Multi Shader를 이용한 이펙트

3ds Max에서 오브젝트를 제작합니다

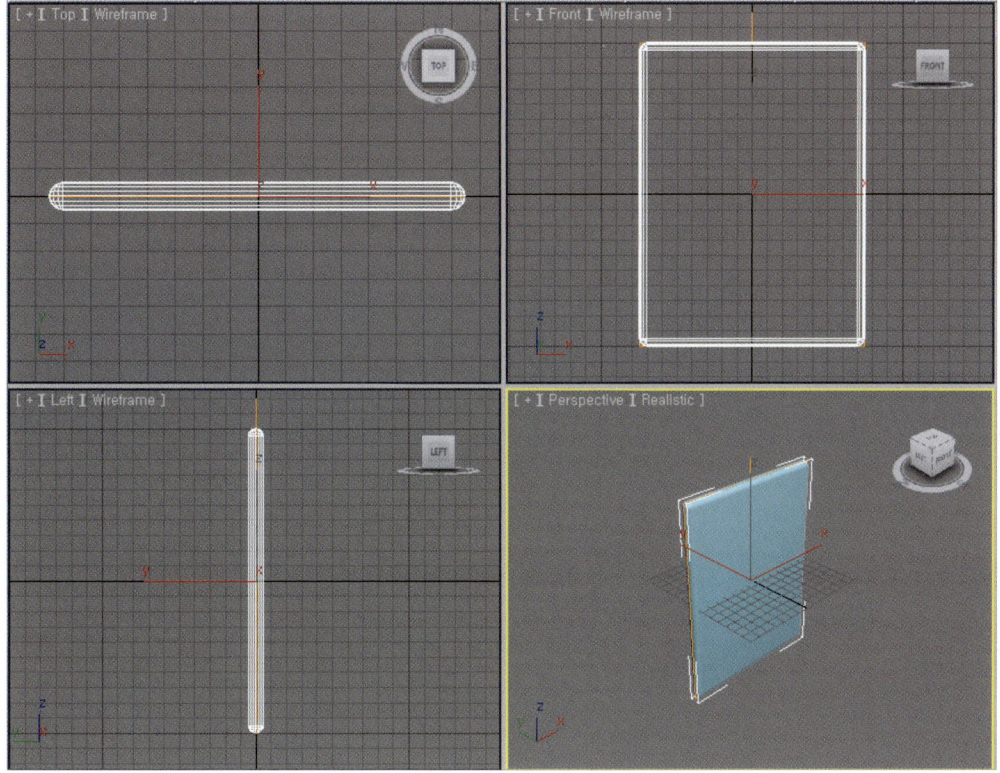

아래의 맥스 스크립트를 이용해서 오브젝트를 여러 형태로 쪼개주고, 쪼개진 오브젝트들의 애니메이션을 잡아주었습니다.

- **FractureVoronoi_v1.1** : Ray Fire와 비슷하게 오브젝트를 쪼개줍니다.
  Script 실행 → Pick Object 클릭 → 오브젝트 선택 → 수치 조절 → Break in 10 클릭 → 오브젝트 쪼개짐 완성.

- **KABOOM-MassFX-alpha** : 쪼개진 오브젝트에 애니메이션 생성.
  Script 실행 → 파편 오브젝트 선택 → Selection > Rigid Bodies 클릭 → Select Bomb 클릭 → BOMB 수치 조절(Bomb range 폭파 범위를 먼저 조절)(범위 밖은 부서지지 않습니다.) → KABOOM 클릭 완성. → 오브젝트 애니메이션 완성. → Stop sim 클릭. (애니메이션 재설정: Stop sim → Reset Animation 클릭)

- **skinLink_onetouch** : 쪼개진 오브젝트에 Skin을 적용.
  파편 오브젝트 선택 → Editable Poly 변경 → Script 실행 → 파편 오브젝트 선택 → list mesh 클릭 → 수치 조절 → Skin 클릭(list bone에 보여줌) → 오브젝트 Skin 작업 완성.

---

FractureVoronoi_v1.1 / KABOOM-MassFX-alpha / skinLink_onetouch 스크립트는 아래 링크를 참고하세요.

http://www.scriptspot.com/3ds-max/scripts/fracture-voronoi
http://loran-cg.blogspot.com/2011/10/kaboom-massfx.html
http://blog.naver.com/anijunkie/220201141890

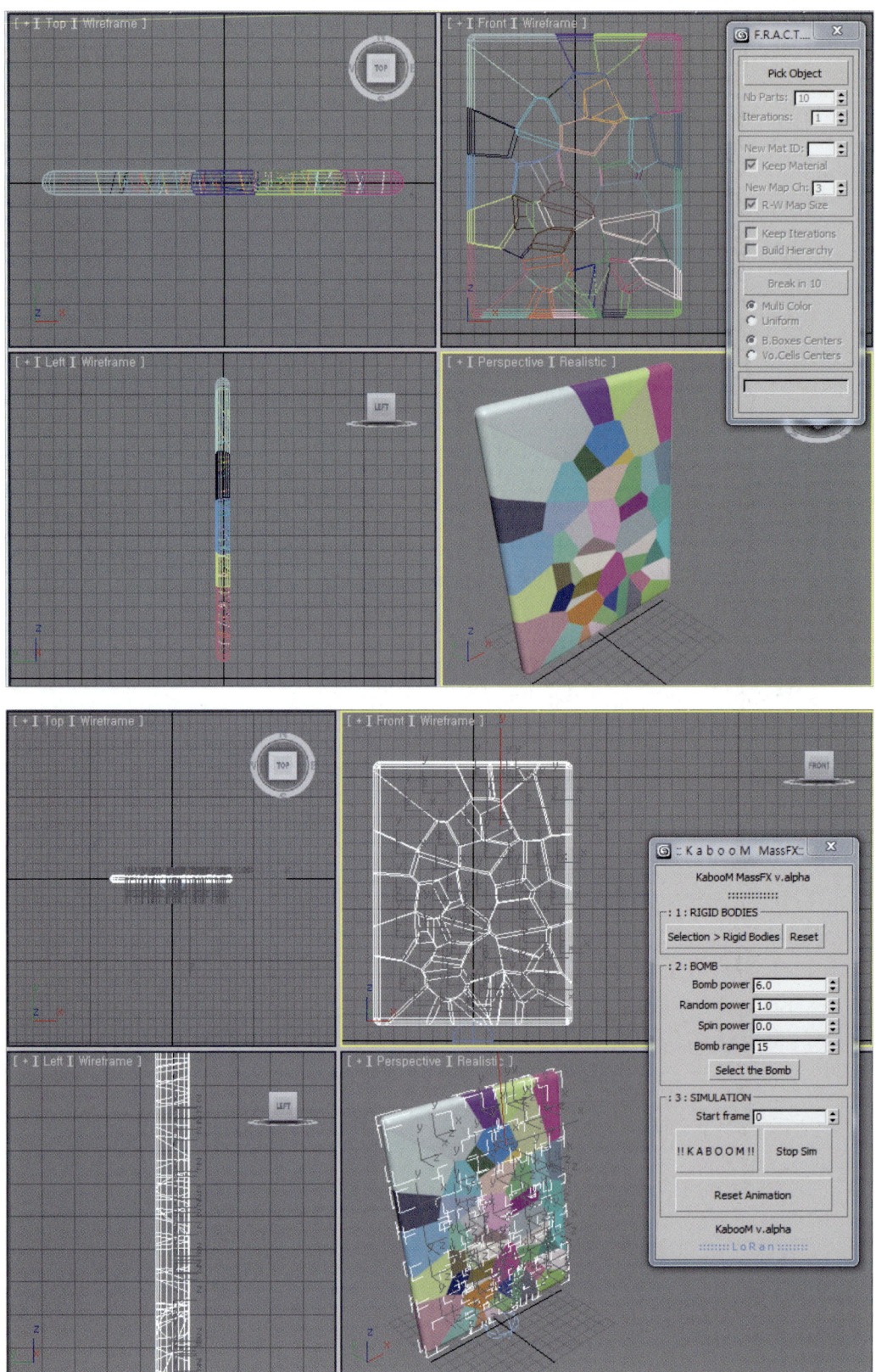

노드 기반의 Multi Shader를 이용한 쉐이더 이펙트의 제작 for 유니티 & 언리얼

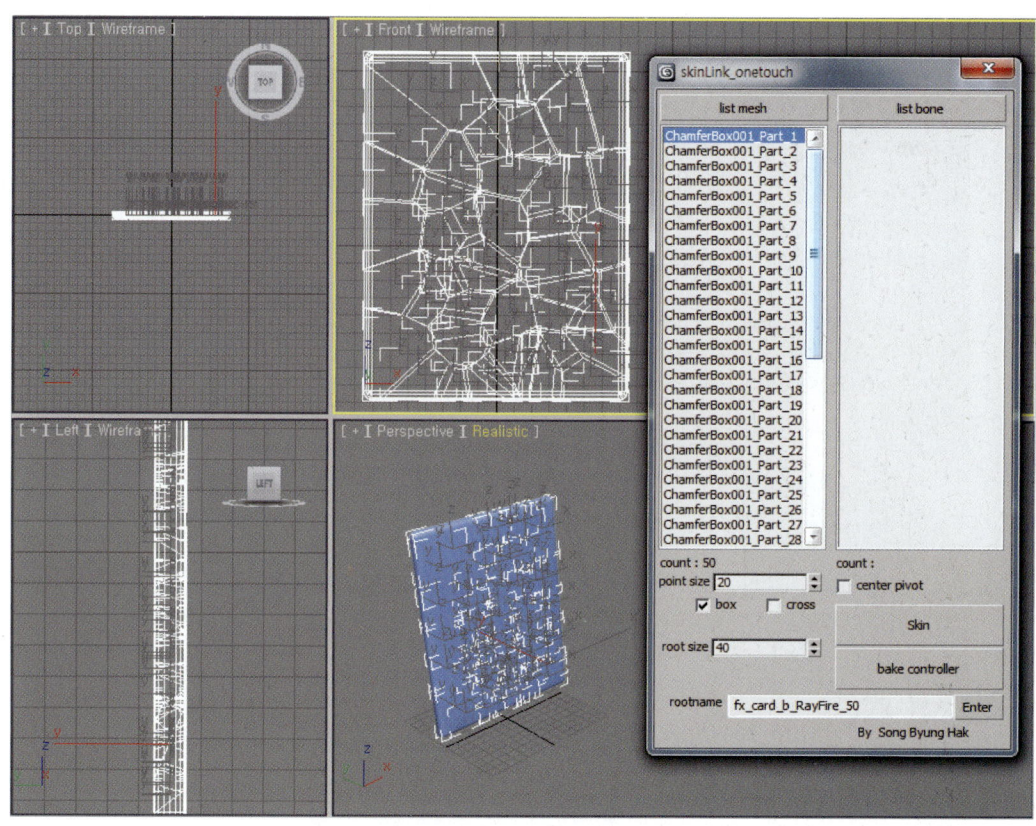

오브젝트는 유니티에서 사용할 수 있도록 FBX 파일로 export 합니다.

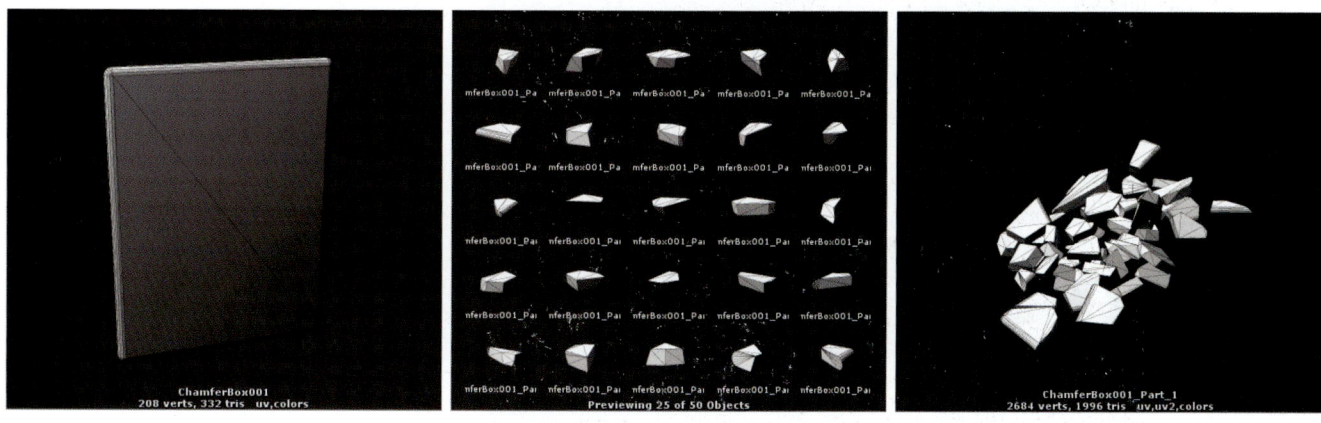

오브젝트에 Shader를 적용합니다.

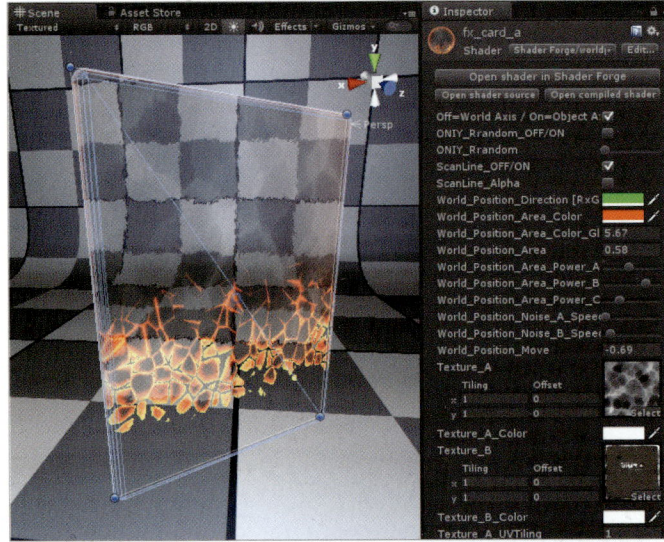

투명 오브젝트(직사각형 기둥)가 생성되는 효과

오브젝트(직사각형 기둥)가 떨어지면서 깨지는 애니메이션

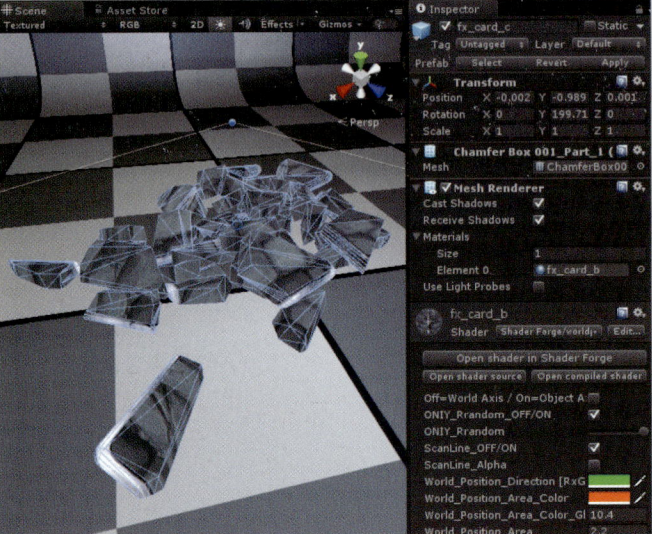

쪼개진 오브젝트(직사각형 기둥)에 Dissolve 효과

노드 기반의 Multi Shader를 이용한 쉐이더 이펙트의 제작 for 유니티 & 언리얼

작업이 완료되면 3개의 오브젝트에 위치 및 애니메이션 작업을 합니다.

애니메이션 오브젝트 진행 과정입니다.

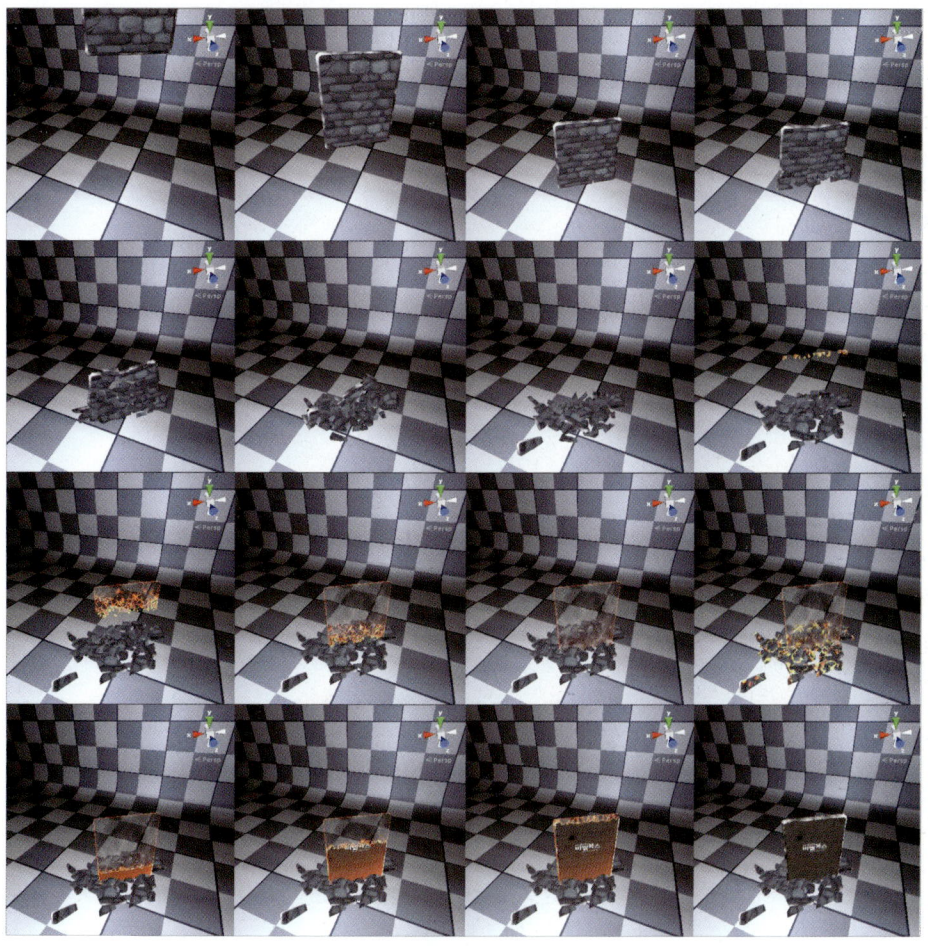

243

애니메이션 오브젝트가 바닥 충돌할 때 발생하는 바닥 흔적 이펙트도 제작해줍니다.
여러 Quad 오브젝트에 바닥에 흔적 Texture를 적용합니다.

애니메이션 오브젝트에 바닥 흔적 이펙트를 적용합니다.

애니메이션 오브젝트가 바닥에 충돌할 때 발생하는 연기 Particle과 돌이 튀는 Particle을 제작합니다.
Particle 작업에 "Limit Velocity over Lifetime"과 "Force Over Lifetime"을 사용하면, 응축되어 터지는 효과와 서서히 퍼지는 효과 작업에 도움이 됩니다.

- Limit Velocity over Lifetime 적용(날아가는 Particle을 느리게 또는 멈춤 때 사용)
  Separate Axis : 축 설정 / Dampen : "1"이면 바로 멈춤(날아가는 저항값) / Speed : Dampen 적용 이후의 Speed 값.
- Force Over Lifetime 적용(Particle의 당기는 힘(미는 힘), 또는 속도의 제어할 때 사용)
  XYZ : 방향으로 제어 / Space : 축 설정. / Randomize : 범위 내외에서 발생함.

애니메이션 오브젝트(+ 바닥 흔적 이펙트)에 Particle 이펙트를 적용합니다.

최종 완성된 이펙트(바닥 흔적 이펙트, particle 이펙트 )를 애니메이션 오브젝트에 적용합니다.

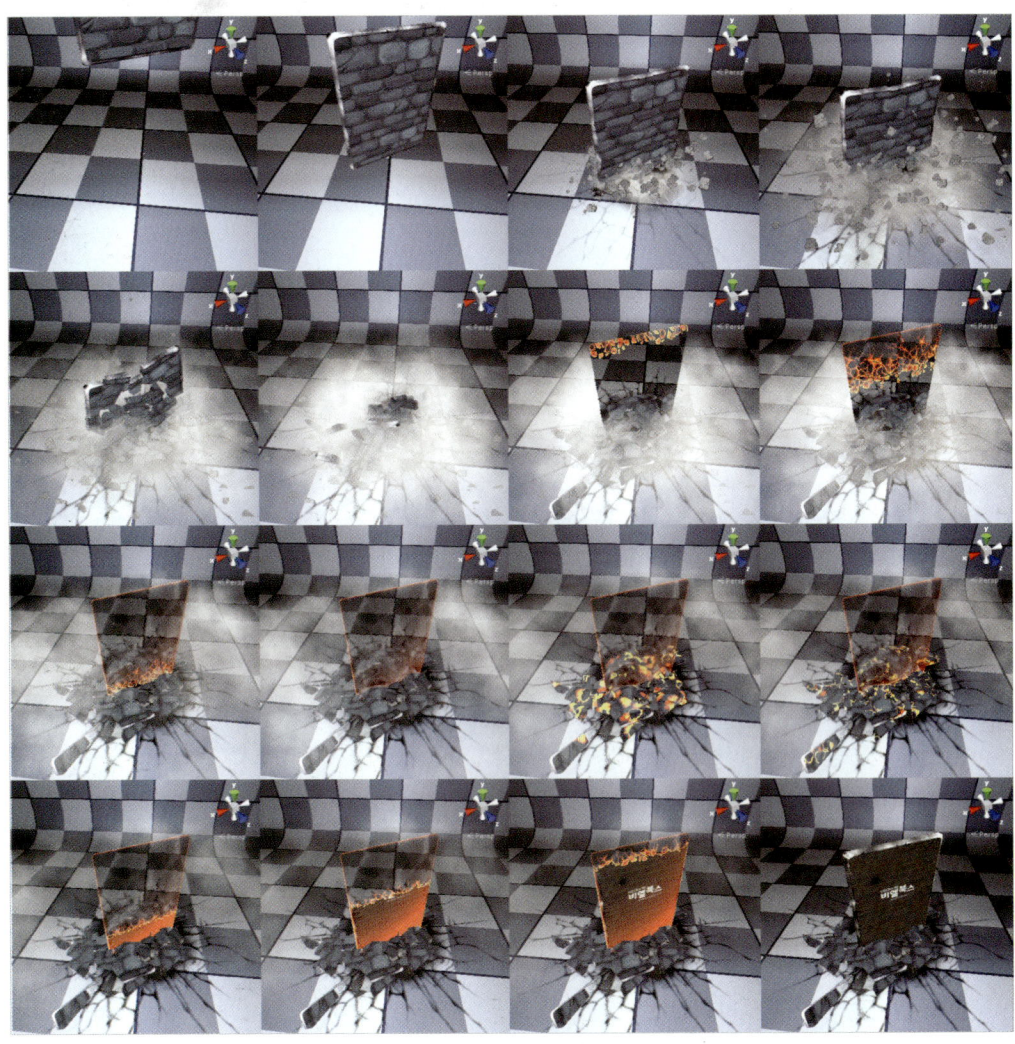

최종 결과물입니다. 예제데이터의 gif 영상을 참고하세요.

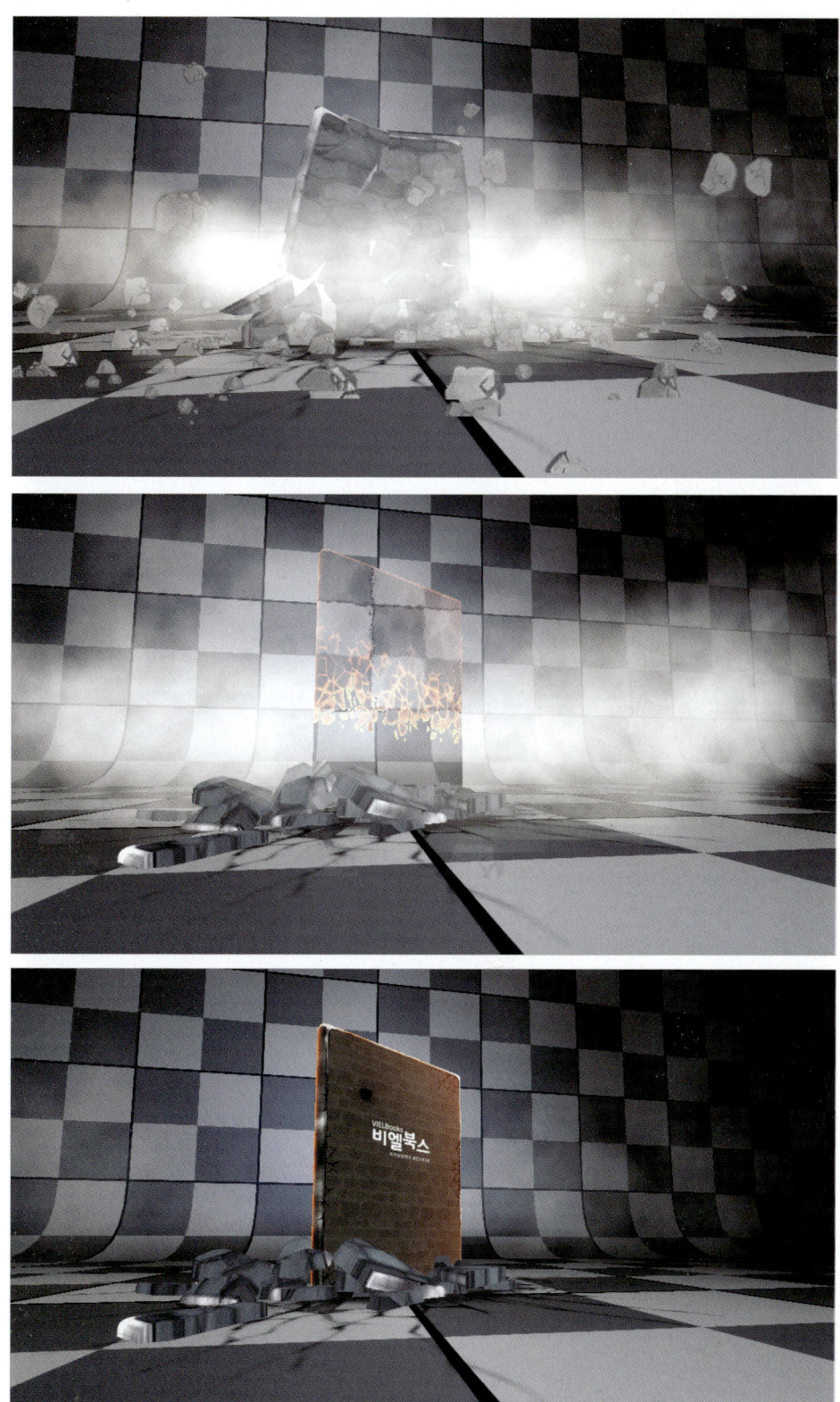

# 04 노드 기반의 Multi Shader 이펙트 for 언리얼

유니티에서 제작된 'Multi Shader'를 언리얼엔진4(4.18.3)에서 사용할 수 있는 Multi Shader(Material)로 다시 제작했습니다. 함수도 대부분 비슷해서 크게 문제 되는 것은 없으므로 과정 중간의 링크 연결과 옵션 조절만 잘 해주면 됩니다.

유니티를 기준으로 작업하다 보니, 굴절(Refraction) 부분에서 언리얼엔진 4와의 차이가 발생합니다. 언리얼엔진에서 일반적인 구(sphere)에 적용할 때와 캐릭터 모델링에 적용할 때, sort 방식에 문제가 발생하는데 이 문제는 일반적으로 메쉬 이펙트 작업할 때 간혹 발생하는 부분이니 참고만 해두시기 바랍니다.

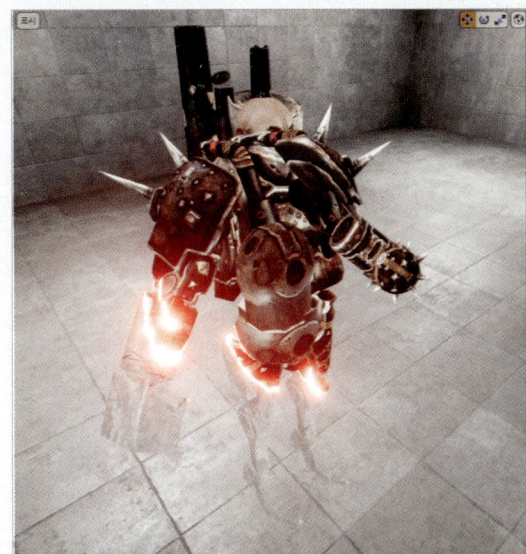
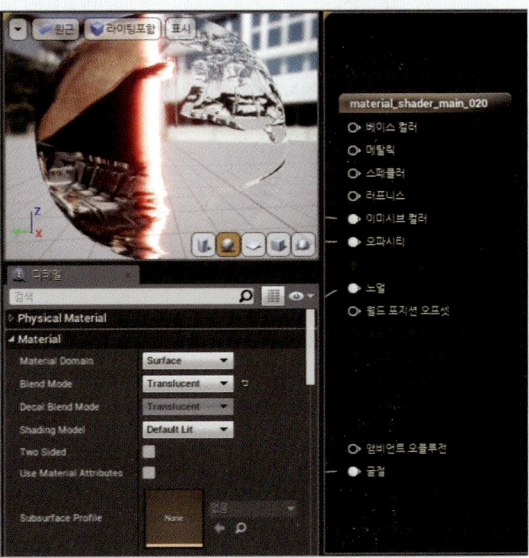

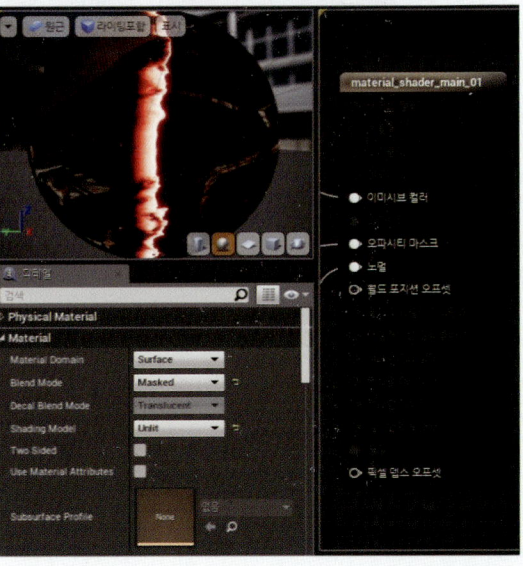

이미지 왜곡과 스캔라인에 사용되는 Noise Texture 입니다.

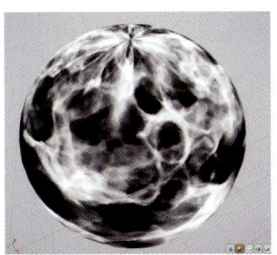

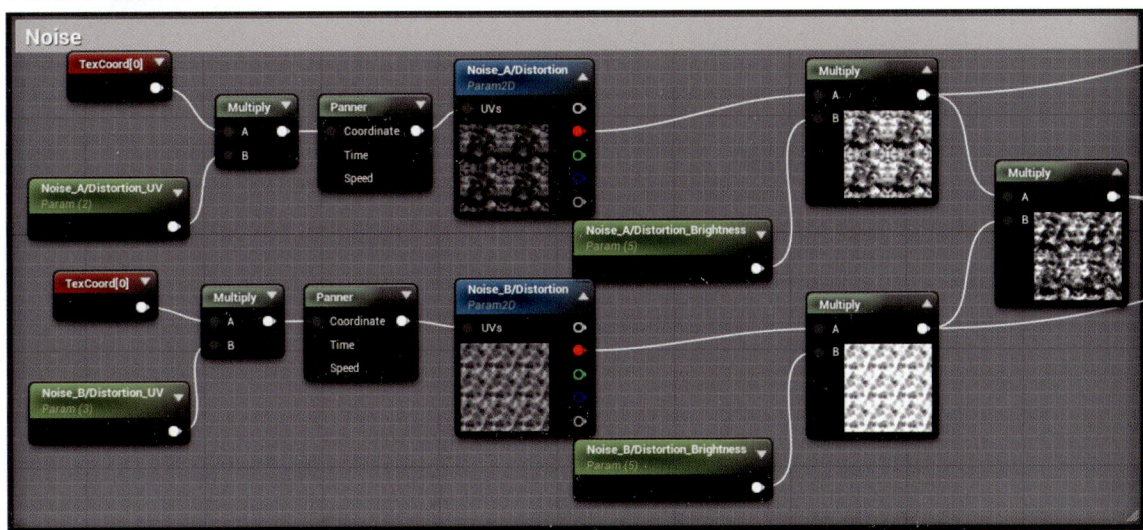

World / Local을 선택하고 축 방향은 RGB(xyz) 컬러를 사용합니다. (녹색 컬러를 파라미터로 변환하면 축 설정이 가능)

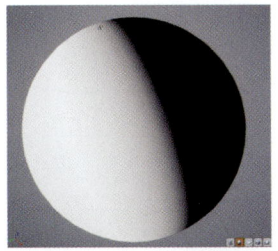

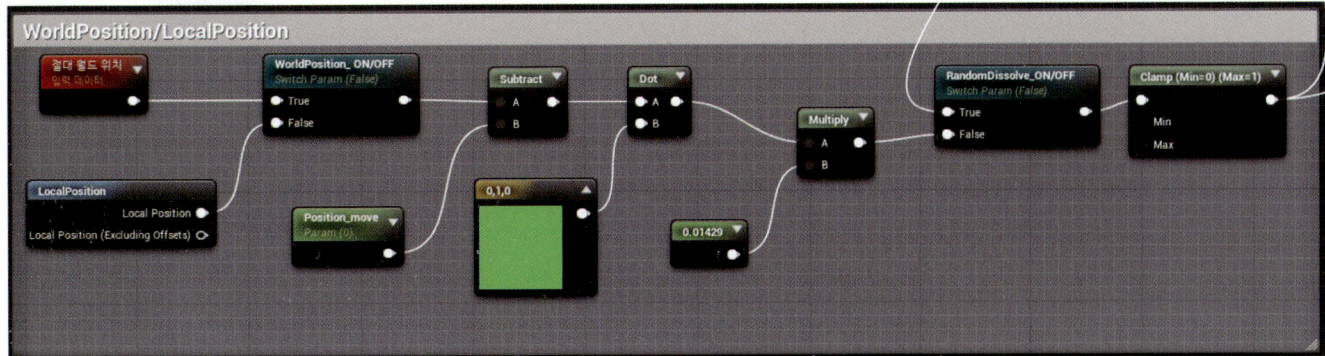

기본 Texture 설정과 왜곡 설정을 합니다.

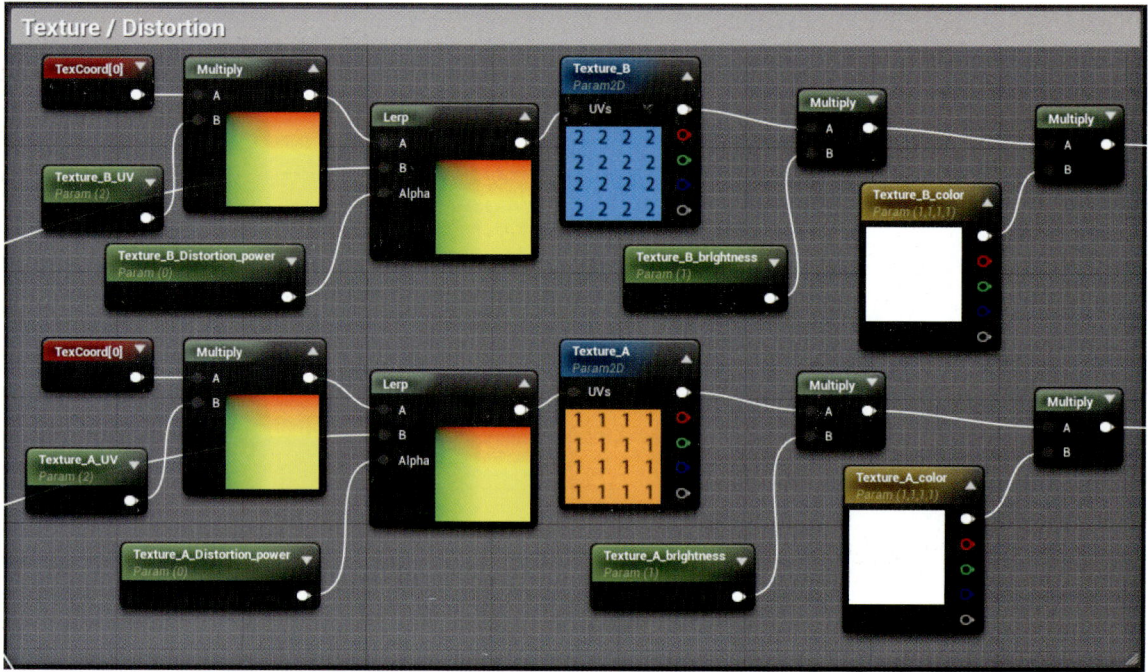

Mesh에 외각 라인을 제작합니다.

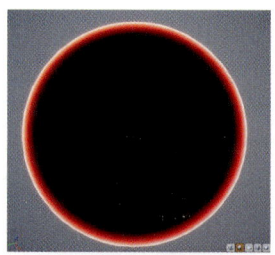

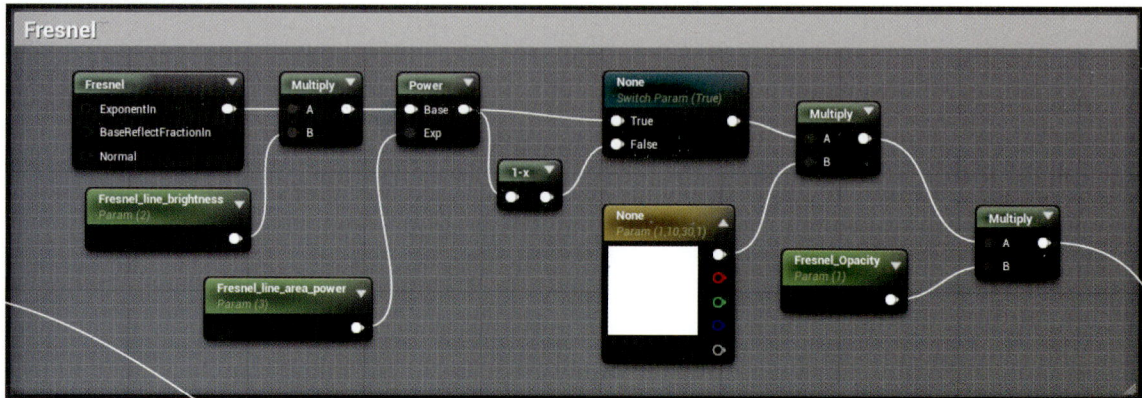

Noise Texture로 스캔라인을 제작합니다.

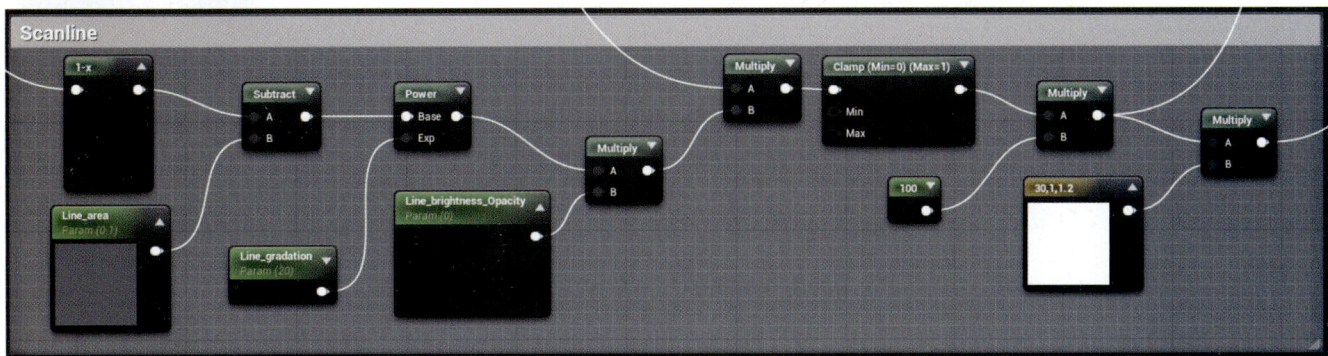

Refraction을 제작합니다.

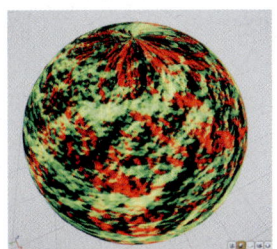

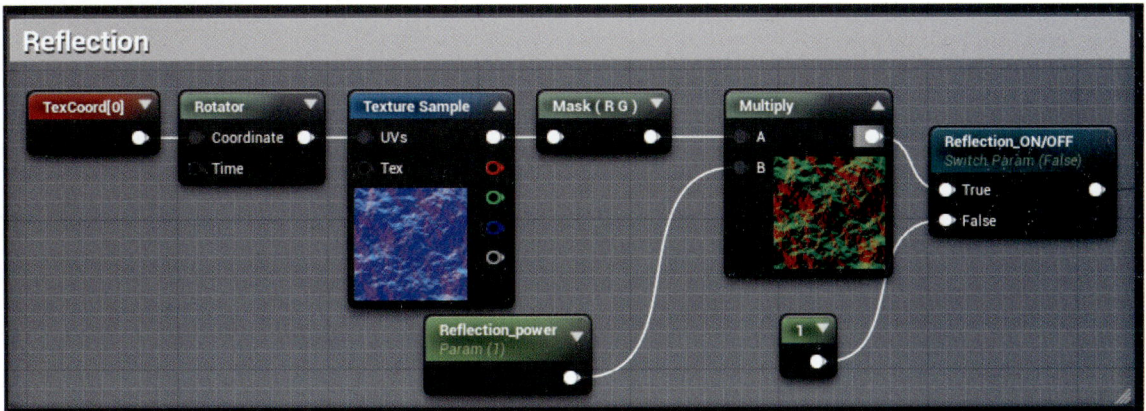

전체 Material 노드는 다음과 같습니다.

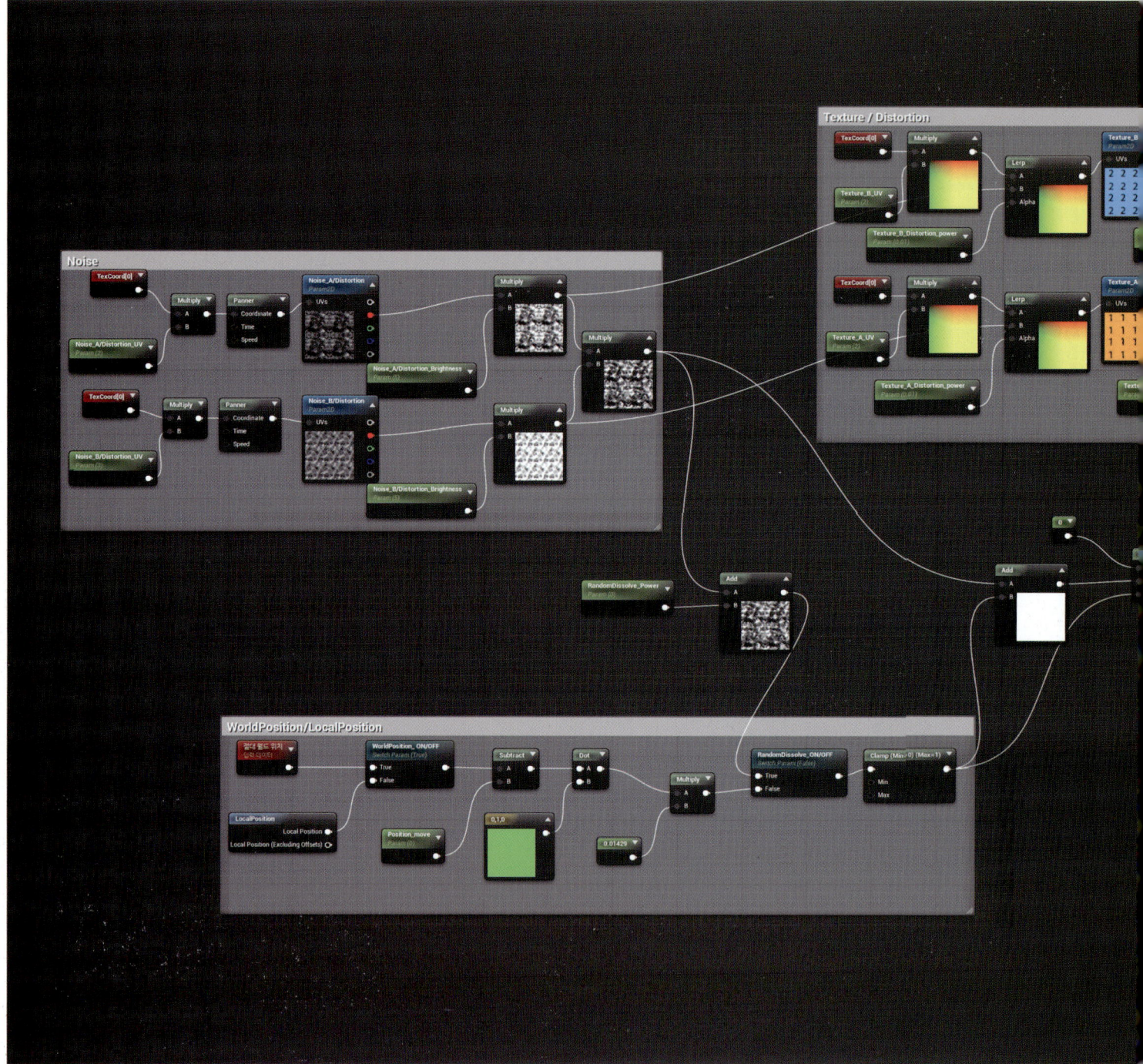

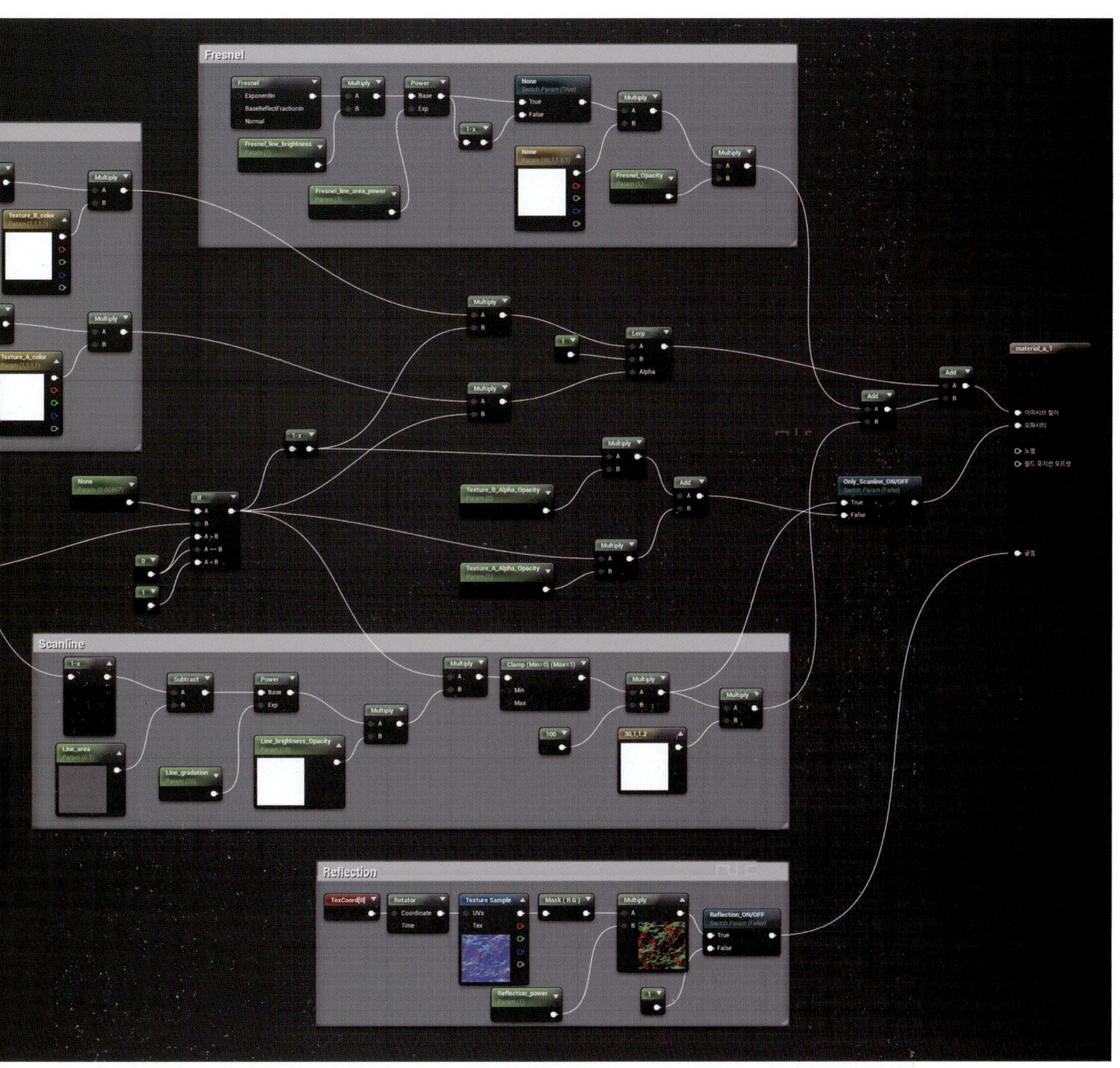

전체 노드 이미지는 다운로드 받으신 예제데이터를 참고하세요.

구(sphere)에 적용한 최종 결과물입니다.

캐릭터 오브젝트에 적용한 최종 결과물입니다.

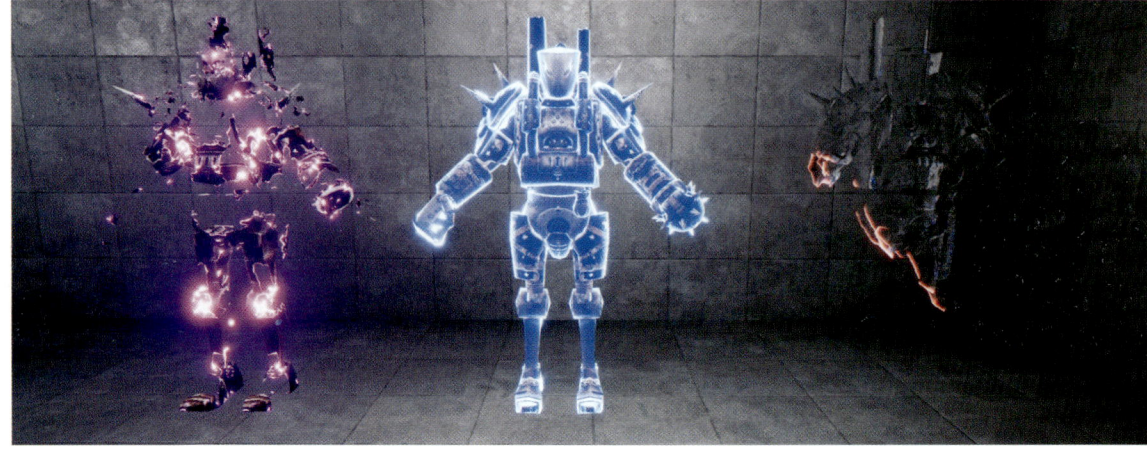

예제데이터 〉 한창범 폴더를 보시면 관련된 예제데이터와 결과를 확인하실 수 있습니다.

언리얼과 유니티 엔진을 사용하게 되면서 이펙트 제작에 많은 변화가 왔습니다. 이펙트를 제작할 때 어렵거나 불가능했던 것들이 기술의 도움으로 제작할 수 있게 되었고, 그로 인하여 이펙트 제작 스타일도 함께 변하게 되었습니다. 만약 우리가 새로운 기술을 인지하지 못하거나, 기술을 등한시한다면 결국 우리는 도태될 수 있으니 끊임없는 자기 계발과 노력이 필요할 것입니다. 감사합니다.

# 2D Raymarching(레이마칭)을 이용한
# 사실적인 연기 기둥 만들기

차세대 게임 엔진들의 렌더링 파이프라인이 pbr로 바뀌고 나서 비약적인 발전이 있었습니다. 이에 따라 기존에는 살짝 어색해도 용인되었던 이펙트들도 더욱 사실적으로 표현하는 것이 중요해졌습니다. 오늘은 차세대 게임에서 연기를 표현하는 방법의 하나인 2D Raymarching에 대해서 알아보고, 그 기법을 통해서 사실적인 연기 기둥을 만들어 볼 것입니다.

글_ 김대혁 | 스마일게이트 이펙트 아티스트 | daehuck@naver.com

대학에서 다양한 멀티미디어를 전공했고 졸업 후 한국콘텐츠진흥원에서 후디니를 배우면서 이펙트 아티스트가 되기로 결심했다. 영화사에 입사를 준비하던 중 우연한 기회로 게임회사로 입사하며 개발 경력을 쌓게 되었다. 때마침 공개된 언리얼엔진4의 Infiltrator demo 영상도 게임회사로 입사를 결심하는데 큰 계기가 됐다. 사실적인 이펙트 리얼타임으로 구현하는 것에 관심이 많고 GDC나 Siggraph의 자료들을 보는 것을 좋아한다.

# 01  2D Raymarching의 이해

먼저 2D Raymarching에 대해서 알아보겠습니다.
본래 Raymarching이란 Raytracing의 진보된 개념으로써 빛과 표면의 교차점을 구하는 방법입니다. 상당히 복잡하고 연산도 많이 해야 하기 때문에 게임 엔진에 적용하기에는 무리가 있습니다. 올해 GDC 2018에서는 각 회사들이 협력하여 DX12에서 실시간 Raytracing을 하는 Demo를 선보였습니다. 하지만 엄청 고가의 장비를 통해서 구현한 것이라서 실제 게임에 쓰이는 것은 조금은 시간이 필요할 것 같습니다.

Dice에서 Siggraph 2015년에 발표한 Volumetric Lighting & Shadow에서도 사실적인 연기를 표현하는 방법을 다루었지만 마찬가지로 무겁기 때문에 많이 쓰지는 못했다고 하였습니다. Epic Games에서 포트나이트 게임의 시네마틱에 Smoke를 시뮬레이션에서 렌더링까지 엔진에서 구현하였지만, 역시 인게임에 실시간으로 쓰이지는 못하였습니다.
여러 솔루션들이 있지만 무겁기 때문에 Raymarching의 가장 기본적인 아이디어인 광선을 추적한다는 개념만 가져와서 구현한 것이 2D Raymarching입니다. 이 기술은 현재 Beyond-FX 라는 이펙트 외주 전문회사에서 근무하고 있는 Matt Radford가 Naughty Dog에 있을 때 고안한 것입니다. 해당 주제로 Siggraph 2015년에 발표를 했었습니다.

그 전에 통상적으로 연기이펙트를 자연스럽게 표현하려면 Lit Particle을 사용했었습니다. 그리고 Lit Particle만으로는 볼륨감을 표현할 수가 없었기 때문에 여기에 노말맵을 더해서 사용했습니다. 노말맵은 연기의 음영을 나타내는 데 나쁘지는 않았지만 2.5D처럼 보이는 문제가 있었습니다. 사실 연기와 같이 빛의 투과와 산란이 되는 물질의 음영을 노말맵으로 표현하는 건 한계가 있습니다.
차세대 게임들에선 연기를 표현할 때 노말맵을 쓰기보단 다른 방법으로 연기를 표현하려고 하고 있습니다.

2D Raymarching 기법을 이용한 연기와 일반 Lit Particle을 비교한 것입니다. 한눈에 보기에도 왼쪽에 있는 연기가 볼륨감이 있고 산란효과까지 느껴져 사실적으로 보일 것입니다. 연기의 음영을 봐도 빛의 방향에 맞게 보여지고 있습니다.

## 01. 2D Raymarching 의 원리

2D Raymarching의 원리에 대해서 간단하게 짚어본 후 실제로 구현해 보는 시간을 가지겠습니다.

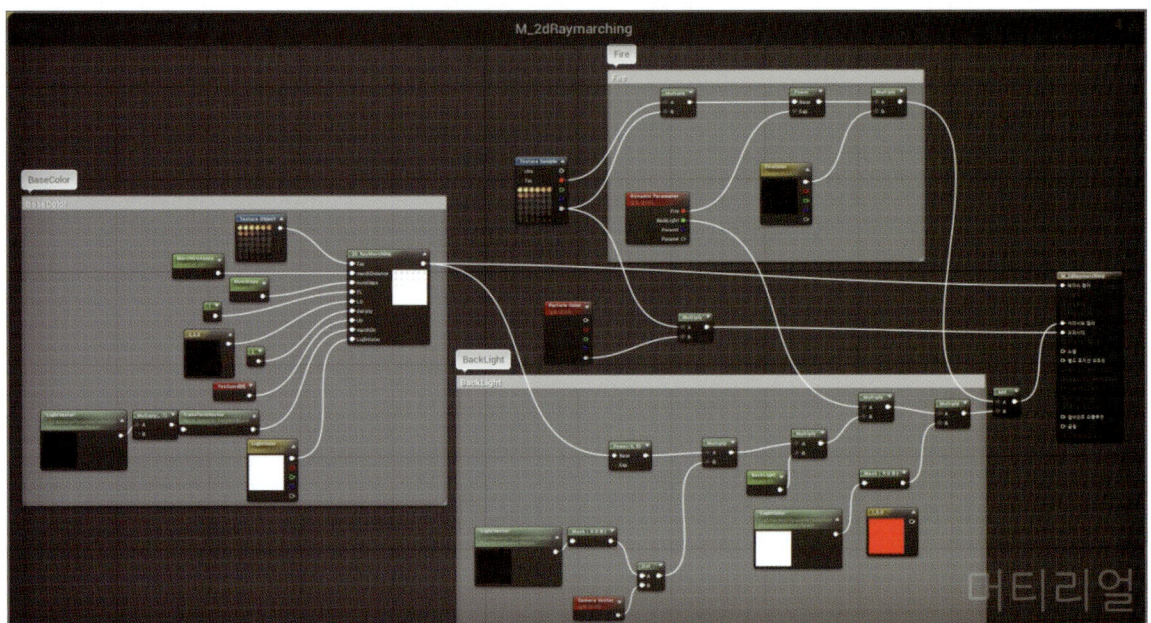

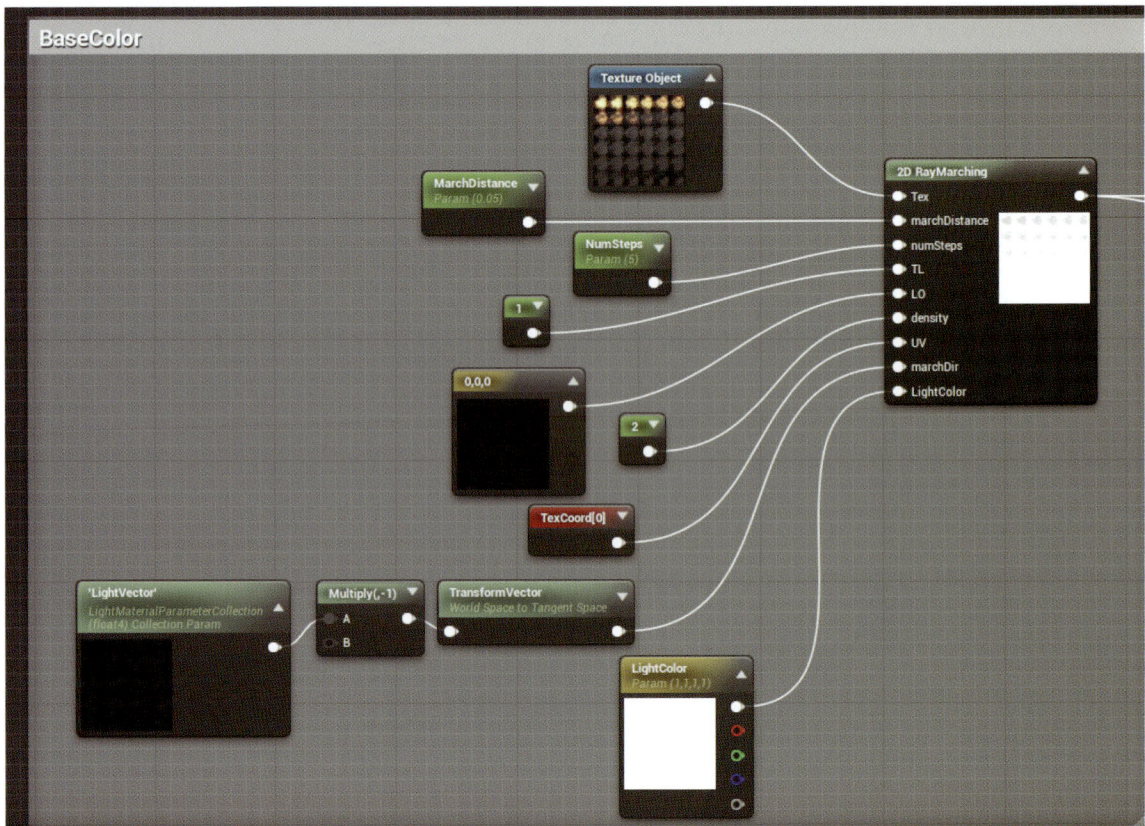

2D Raymarching의 핵심은 Alpha 맵을 이용한다는 것과 Light vector의 방향대로 Alpha 맵을 inverse한 이미지로 샘플링한다는 것입니다. 다음의 그림을 보면서 설명하겠습니다.

〈Alpha 맵〉

〈Alpha Inverse Sampling 1〉

Sampling 2

Sampling 3

Sampling 4

Sampling 5

Sampling 10

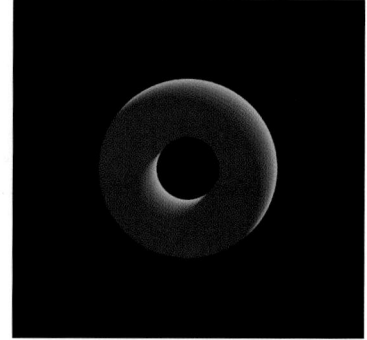
Sampling 10 X Opacity

방금 본 이미지를 도넛 모양의 Smoke라고 생각하면, 빛이 오른쪽에 있어서 오른쪽 위가 밝고, 가운데는 구멍이 있어서 빛이 투과되는 모습처럼 보일 것입니다. 이걸 실제 소스에 적용하면 아래와 같이 됩니다.

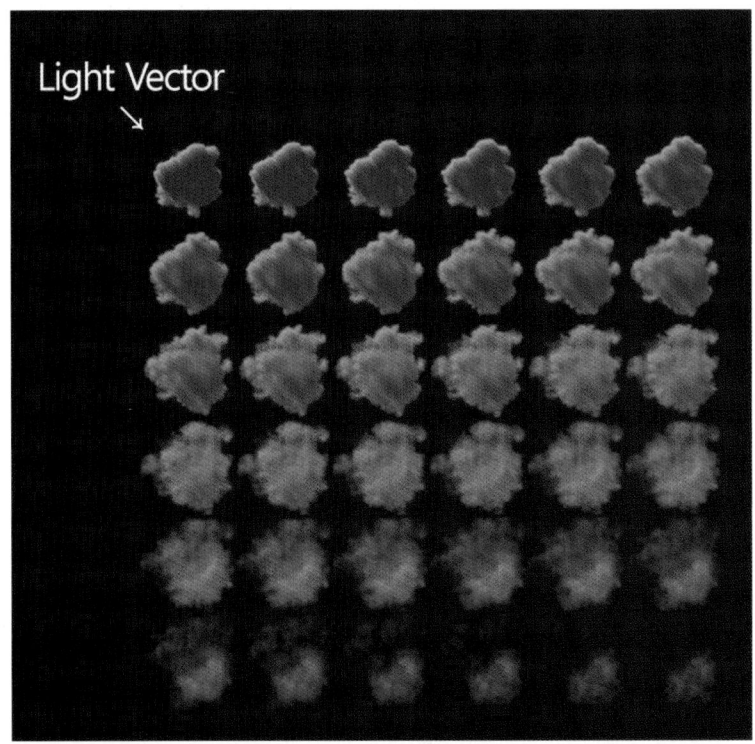

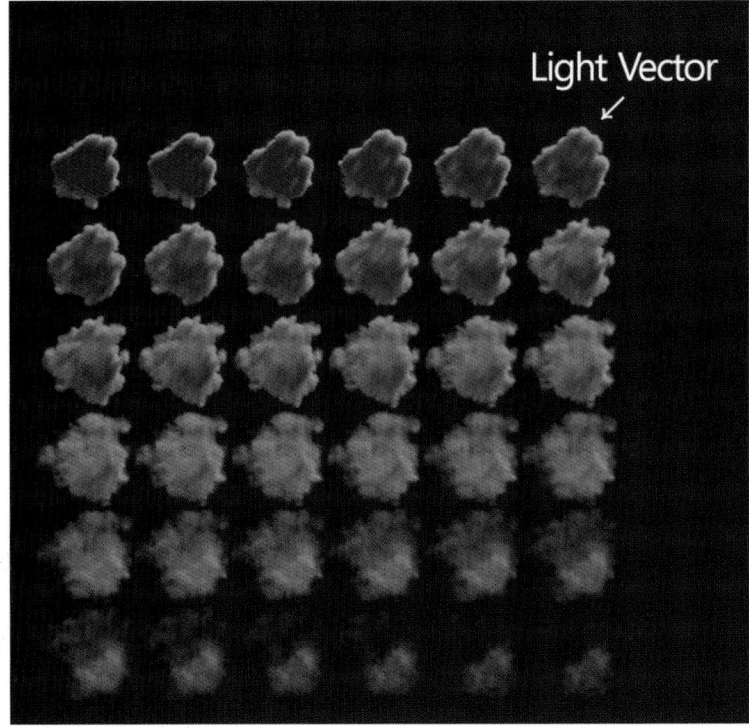

이제 언리얼4에서 직접 구현을 해보겠습니다.

## 02. 언리얼 엔진에서 2D Raymarching 구현하기

다음과 같이 머티리얼 에디터에서 Custom 노드를 추가합니다. Custom 노드는 개인이 HLSL 코드를 적을 수 있는 노드입니다.

Custom노드를 클릭하면 좌측에 저런 창이 뜹니다. 여기서 Code란에 HLSL*코드를 적을 수 있습니다.

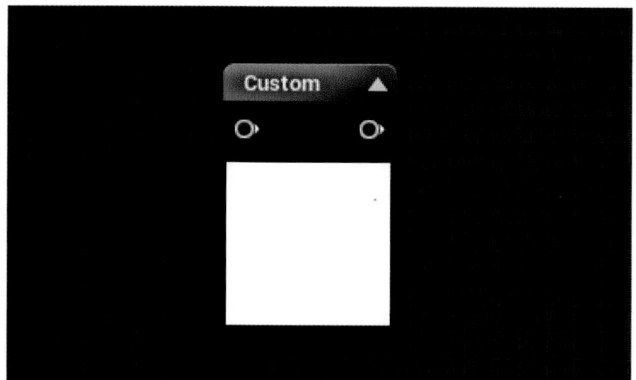
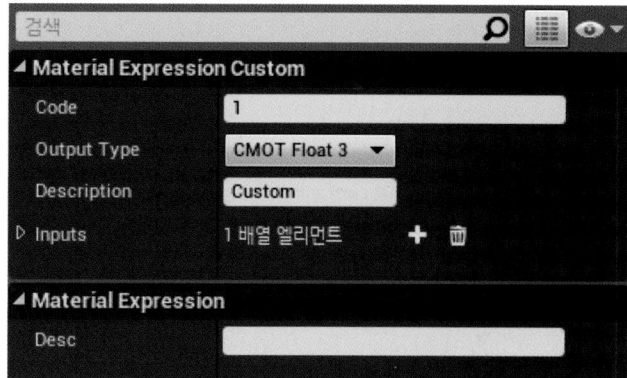

> HLSL란 마이크로소프트의 그래픽 API인 Direct3D에 사용되는 쉐이딩 언어입니다. High Level Shading Language라고 부르며, 줄여서 HLSL이라고 합니다.

저기 1이라고 적힌 글자를 지우고 다음과 같은 코드를 입력해 줍니다.

```
for (float d = 0.0; d < marchDistance; d += marchDistance / numSteps)
{
        UV += (marchDir*d)/numSteps;
        float4 Ldensity = Texture2DSampleLevel(Tex,TexSampler, UV.xy, 0)/(numSteps-contrast);
        TL *= saturate(1.0 -Ldensity[3]);
}
float3 OUT = LightColor * TL.xxx;
return OUT;
```

변수에 대해서 간략하게 설명하겠습니다.

여기서 d는 임의로 정한 변수입니다.

d는 for 반복문을 돌릴 때마다 값이 증가되어 marchDistance 값을 넘을 경우 반복문을 종료시킵니다. 또한 UV에 더해져서 샘플링되는 거리를 반복문이 돌수록 멀어지게 하는 역할을 합니다. 위의 도넛 모양의 예제를 다시 보면 샘플링될 때마다 이미지 간의 거리가 멀어지는 것을 보실 수 있습니다.

인풋으로 설정되어야 하는 변수들이 있습니다.

marchDistance, numSteps, Tex, UV, contrast, TL, density, marchDir, LightColor와 같은 것들 입니다. 이러한 변수들은 custom 노드에서 inputs로 설정을 해주어야 외부에서 값을 받아서 정확한 연산을 할 수 있습니다. 변수들은 또한 자료형이 중요한 데 Float이나 Vector로 형식을 지정해서 넣어야 올바른 연산이 됩니다.

**marchDistance** = 이미지가 샘플링 되는 거리입니다. 0~1사이의 값을 가집니다.(float)

**numSteps** = 이미지가 샘플링되는 횟수입니다. 많을수록 연산이 많아지기 때문에 최대 10을 넘지 않도록 합시다. (float)

**Tex** = Raymarching 하고 싶은 이미지를 Texture Object로 불러옵니다. (Texture Object)

Texture Sampling이 이미지를 샘플링 해서 결과를 가져오는 것이라면, Texture Object는 이미지를 샘플링 하지 않은 객체의 상태로 가져오는 것을 말합니다.

**UV** = 말 그대로 UV입니다. (UV Coordinate)

**contrast** = 연기의 컨트라스트 조절입니다.(Float)

**TL** = 원본은 Transmitted Light의 약자로서 TL로 쓰인것 같습니다. 초기값1이 들어갑니다.

**for 반복문 안에서 TL *=** saturate(1.0 -Ldensity[3]);에 의해 새로운 값이 쓰여집니다.

**marchDir** = 라이팅벡터의 방향입니다.(3Vector)

**LightColor** = 라이트의 색상입니다. 연기의 색을 결정합니다.(3Vector)

그림과 같이 input 설정을 합니다.

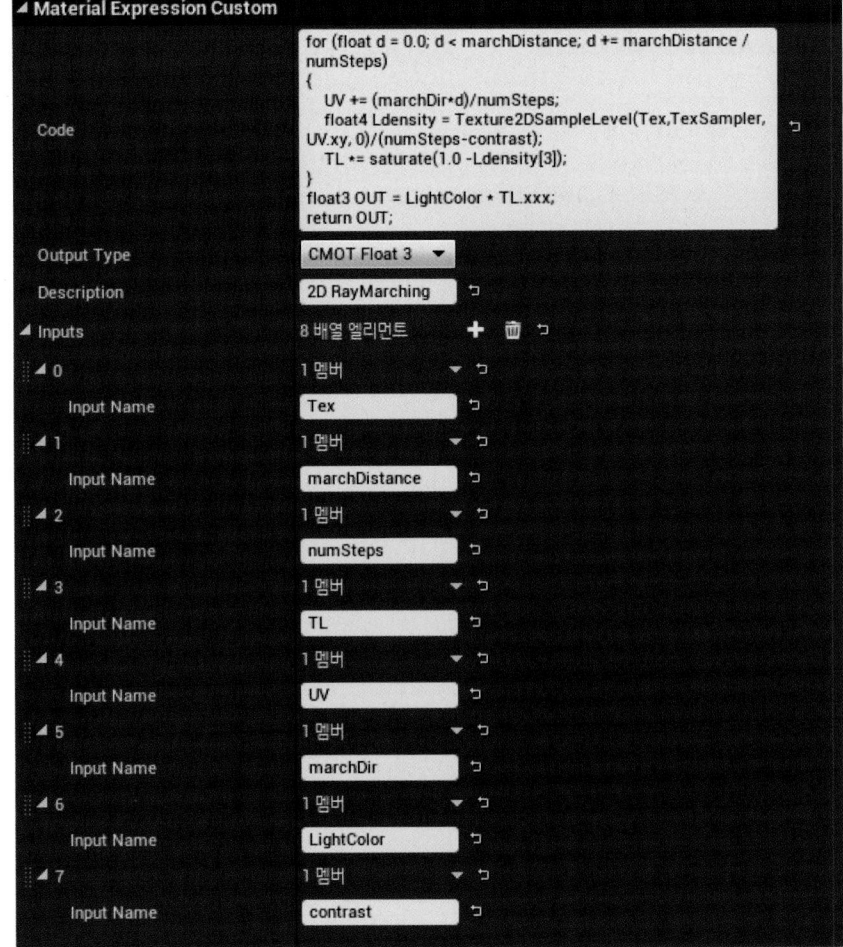

인풋 설정을 한 뒤 각종 인풋들을 연결해줘야 합니다.
AtmosphericLightVector로 씬에 설치된 라이트의 벡터를 가져올 수 있습니다.
Transform노드를 통해서 Tangent Space로 바꾸어 줍니다.
기본적으로 언리얼에서 모든 쉐이더 연산은 Tangent Space를 기준으로 합니다. 하지만 유저 편의상 모든 노드들은 World Space로 되어 있습니다. 그냥 사용하면 알아서 Tanget Space로 바꿔서 연산을 해주지만 Custom Node에 들어갈 때는 그렇지 않습니다. 그렇기 때문에 Transform노드를 붙여서 World Space를 Tanget Space로 바꿔주는 것입니다.

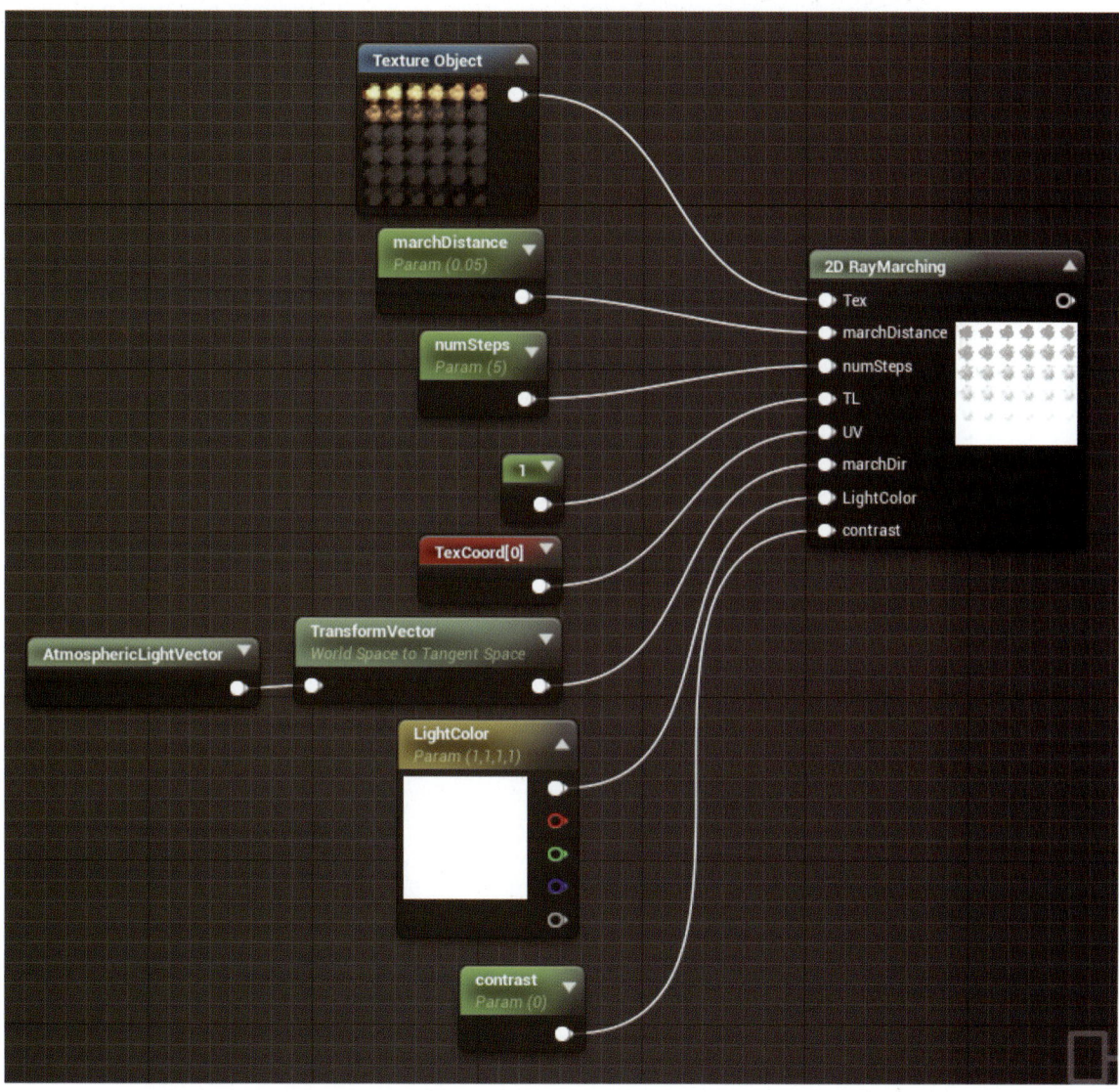

2D RayMarching의 결과를 베이스 컬러에 연결하고, 이번엔 다시 텍스처를 텍스처 샘플러를 통해서 불러온 후 알파값을 오퍼시티에 연결해줍니다.

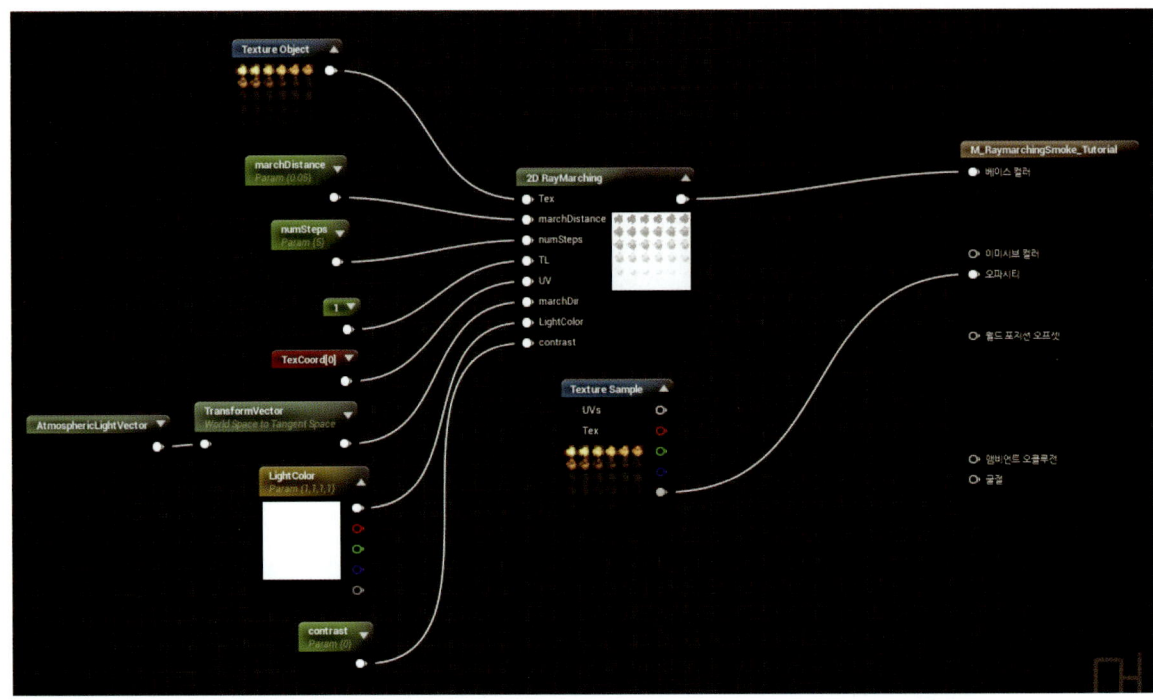

해당 머티리얼을 캐스케이드에 연결하여 레벨에 배치한 모습입니다.
그림자의 방향을 고려하면 연기가 올바른 음영값을 가지고 있다고 볼 수 있습니다. 하지만 추가할 것들이 많이 남았습니다.

그림과 같은 부분에 밝기를 조절하기 위한 Brightness 패러미터를 추가해줍니다.

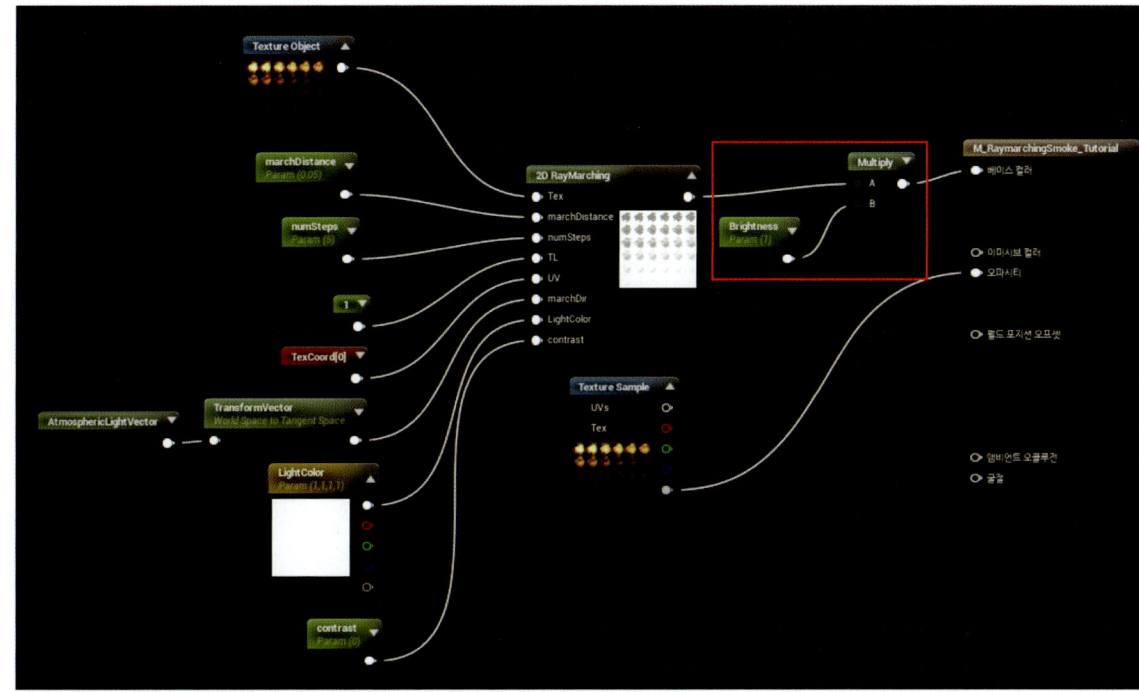

레벨에 배치한 그림을 보면 연기의 음영방향은 맞지만 다소 어두워 보이는 것을 볼 수 있습니다.
이것은 샘플링이 되면서 어두운 이미지가 중첩되었기 때문에 당연한 현상입니다.
하지만 일반Lit 파티클로 설정했을 때랑 비슷한 밝기를 가질 수 있도록 Brightness 파라미터를 추가해 줬습니다.

이것이 일반 Lit 머티리얼이 레벨에 배치되었을 때의 밝기입니다.

Brightness 값을 2로 설정했을 때의 2D Raymarching의 모습입니다.
밝기가 레벨과 맞으면서 음영이 살짝 느껴지는 것을 볼 수 있습니다.

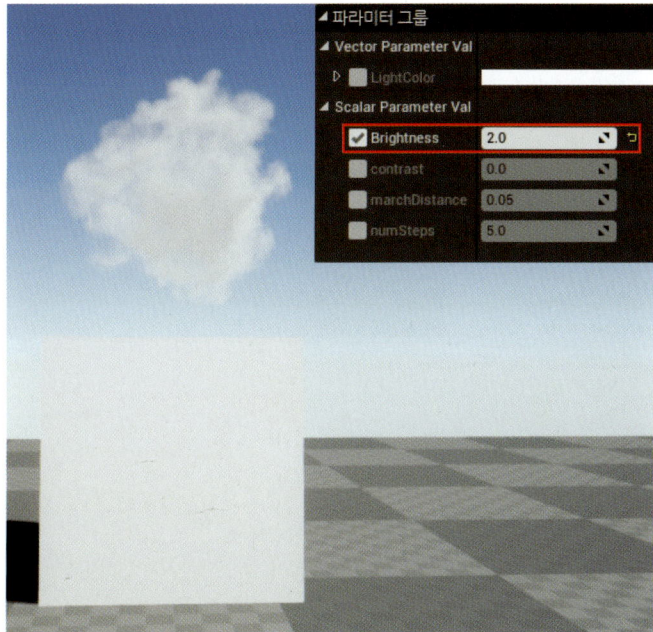

## 03. Explosion 효과 추가하기

현재 저는 이러한 모양의 텍스쳐를 쓰고 있습니다.

일반적인 Smoke만 표현하려면 Alpha 텍스쳐만 있으면 되지만 폭발 느낌을 내려면 이런 식으로 폭발정보가 있는 텍스쳐가 필요합니다. 이 텍스쳐의 폭발 느낌을 2D Raymarching에 넣을 것입니다.

오른쪽 이미지는 해당 텍스쳐의 R 채널입니다. 이 흑백의 이미지가 폭발의 불꽃이라고 생각하면 됩니다.

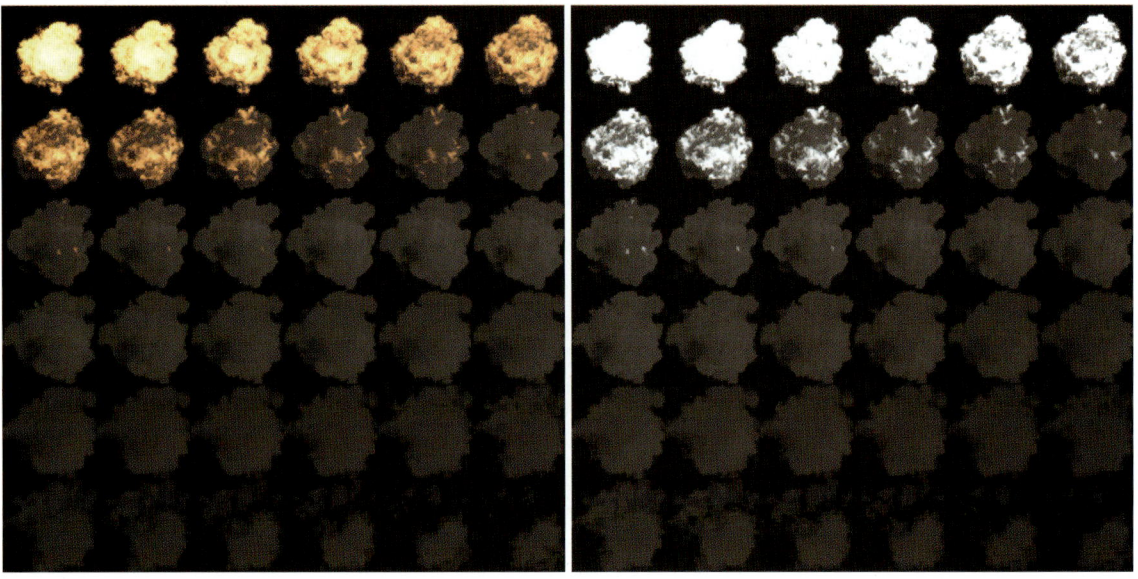

다음과 같이 노드를 추가해 주고 미리 보기로 본 결과입니다.

텍스쳐의 R채널을 추출해서 알파에 곱해준 후 power 값으로 불필요한 값들을 제거하면 폭발효과의 불꽃에 쓸 부분을 구할 수 있습니다.

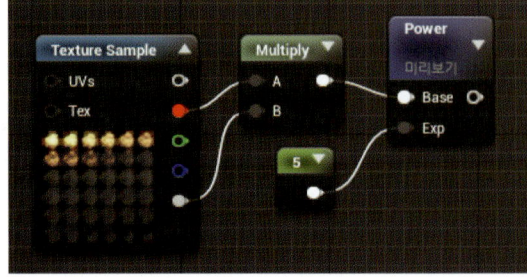
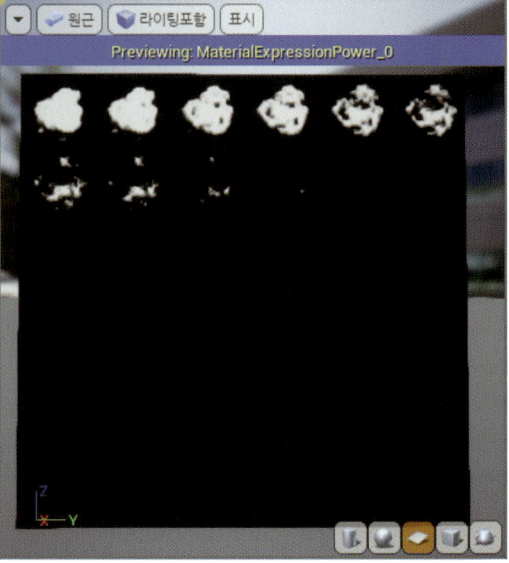

불꽃에 색상을 입히기 위해 3Vector Parameter를 만들어서 {100,20,5}를 곱해줍니다.

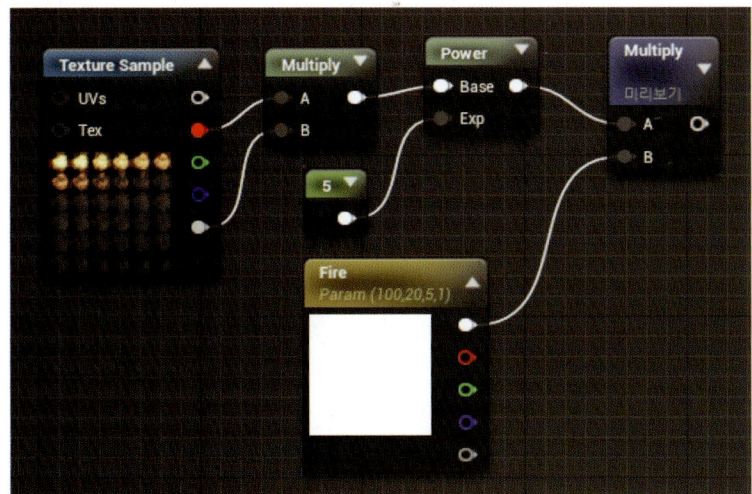

다음과 같은 폭발에 쓰일 불꽃을 얻을 수 있습니다.

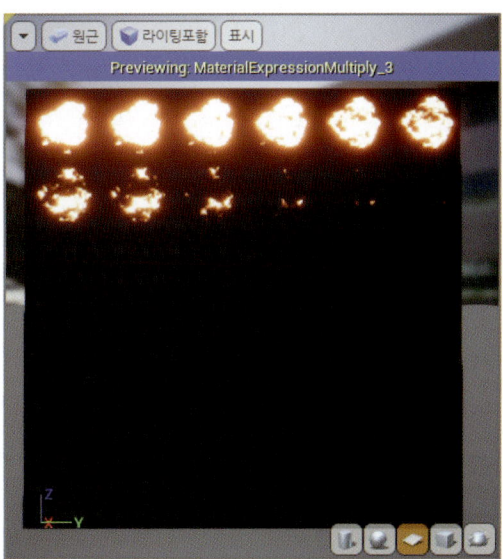

머티리얼 그룹을 만들어 다음과 같이 정리했습니다.

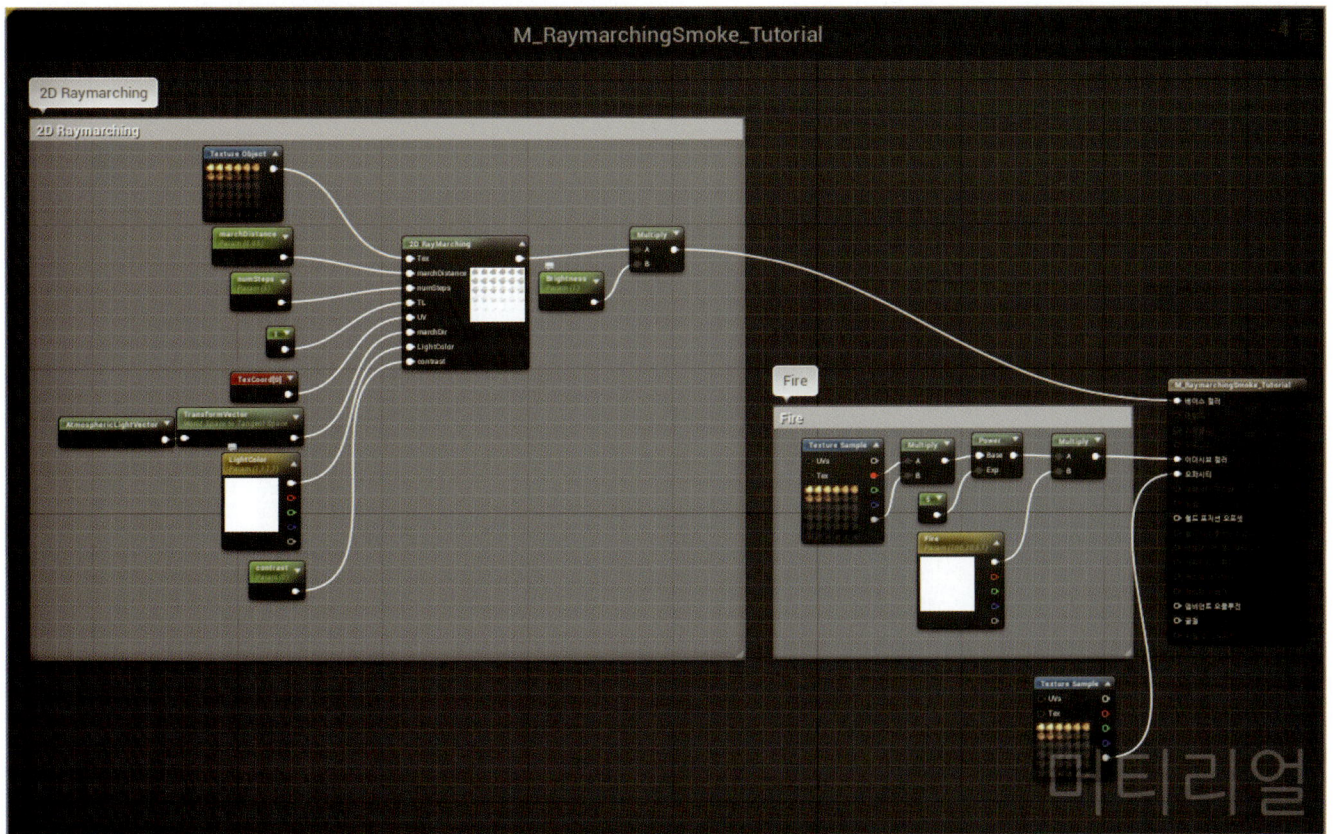

머티리얼 프리뷰 화면(좌)과 레벨에 올린 후 인스턴스 파라미터의 값을 조금 조정한 결과입니다(우)

불꽃의 넓이를 Power 값으로 조절하기 때문에 Cascade에서 조절할 수 있도록 Dynamic Parameter를 연결해줍니다. Power 값이 낮으면 불꽃의 범위가 넓어집니다. Opacity도 Cascade에서 조절할 수 있게 Particle Color를 곱해줍니다.

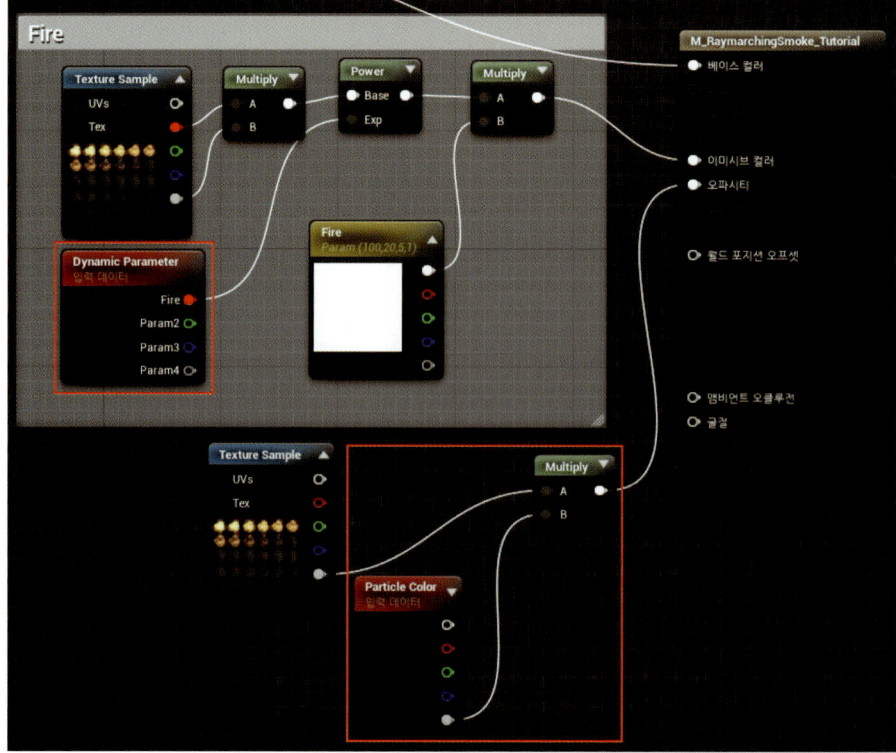

이런 식으로 결과가 나오기 때문에 파티클이 처음 시작할 땐 Power값을 낮게 주고 어느 정도 시간이 지났을 때 Power값을 낮추면 더 풍부한 폭발 느낌을 낼 수 있습니다.

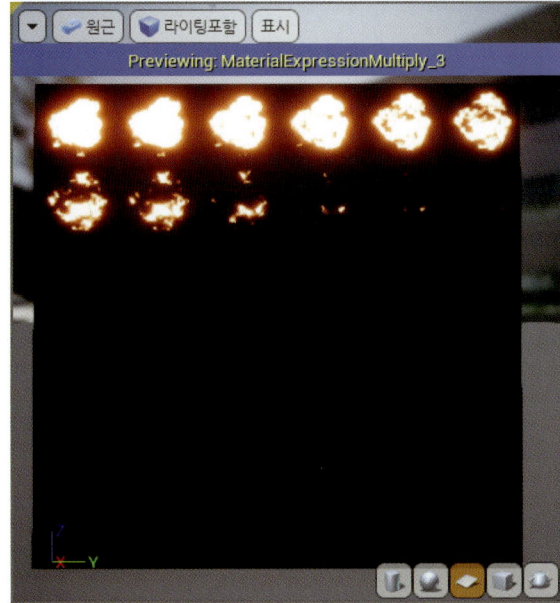 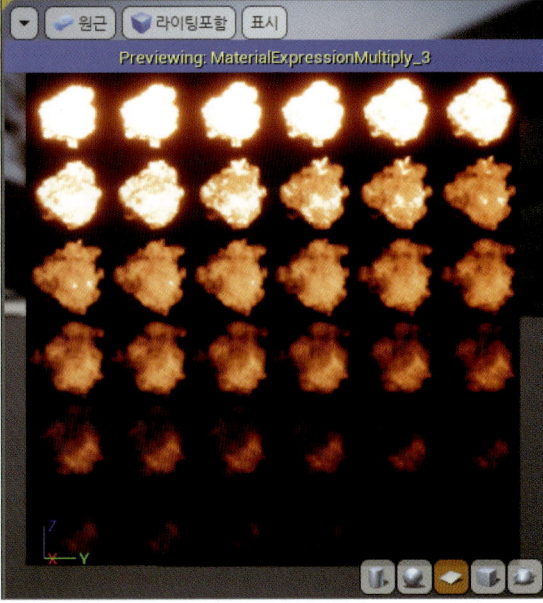

〈좌 : Power 5〉　　　　　　　　　　　　　〈우 : Power 1〉

Cascade의 Dynamic값을 아래와 같이 설정하면 됩니다.

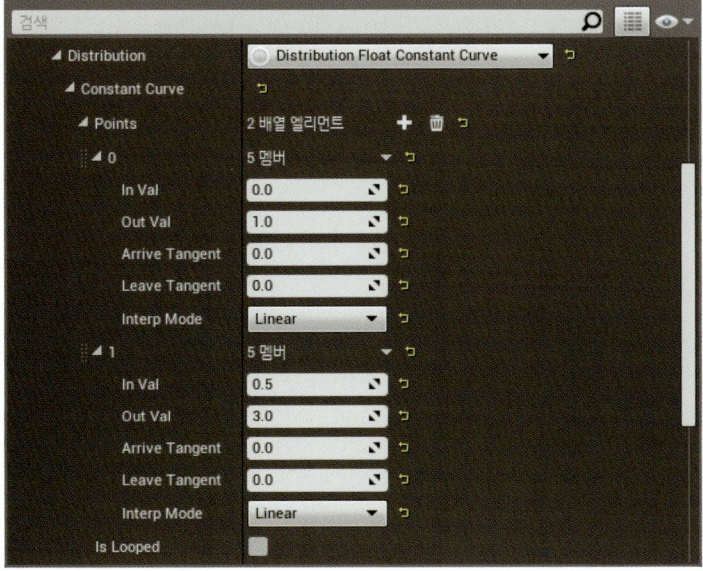

# 04. Smoke Sub Surface Scattering

빛을 마주보고 연기를 바라보면 그림과 같은 역광 느낌이 납니다.
이런 느낌을 2D Raymarching을 통해서 비슷하게 구현해 보겠습니다.

그림과 같이 Power노드를 연결하고 Exp값에 Parameter를 연결해줍니다.

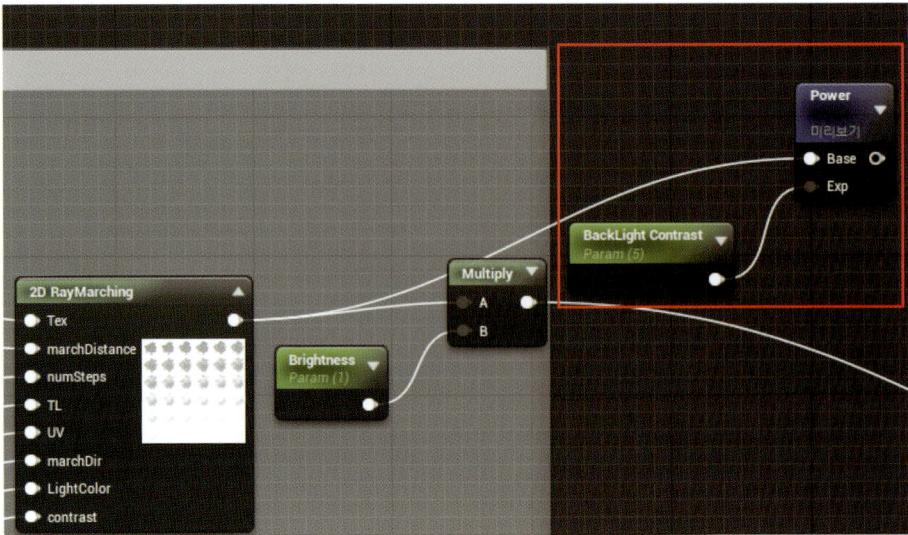

머티리얼 미리 보기로 보면 이런 식으로 보입니다. 여기에 상수를 곱해서 어두운 부분을 더 어둡게, 밝은 부분은 더 밝게 만들면 사진과 같은 느낌을 낼 수 있습니다.

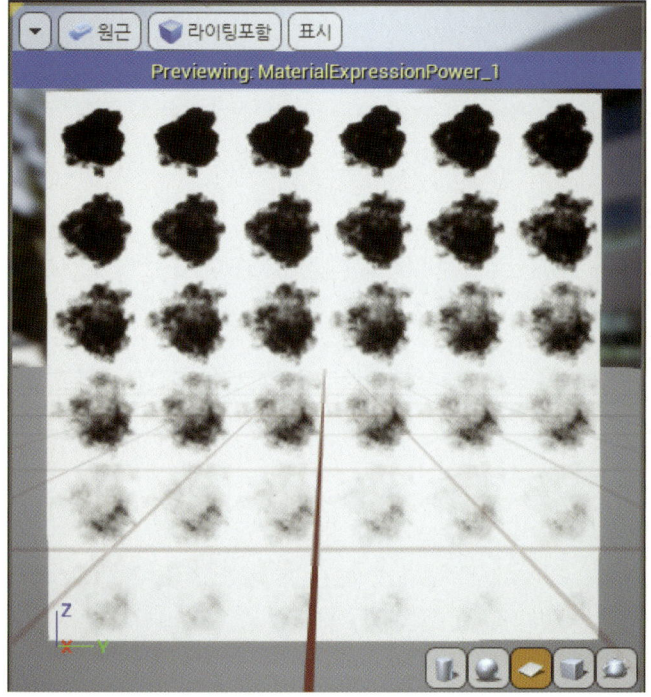

역광 느낌은 빛을 마주 보고 있을 때만 나와야 되기 때문에 다음과 같은 연산을 추가해줍니다.
LightVector에 −1을 곱해서 반대쪽을 바라보게 하고 이것을 카메라 벡터와 내적을 시킨 후 clamp를 해줍니다. 이렇게 하면 빛을 마주 보고 있을 때만 1이 되고 빛을 등지면 0이 됩니다.

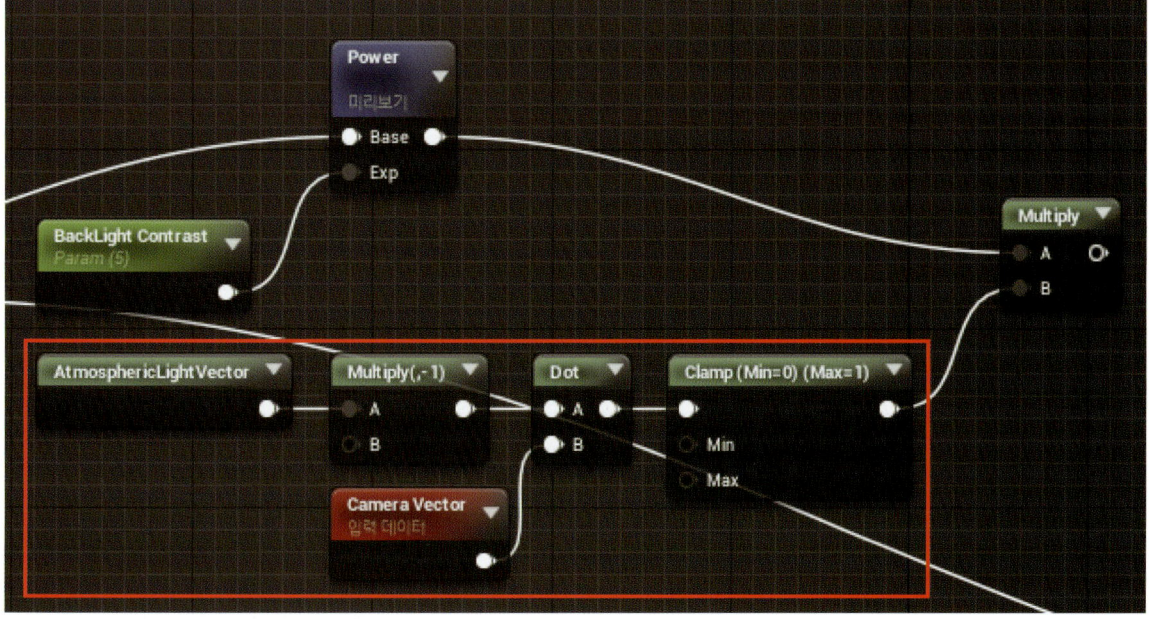

다음의 그림은 Diffuse 쉐이더의 기본공식인 라이트벡터와 노말을 내적한 결과입니다.

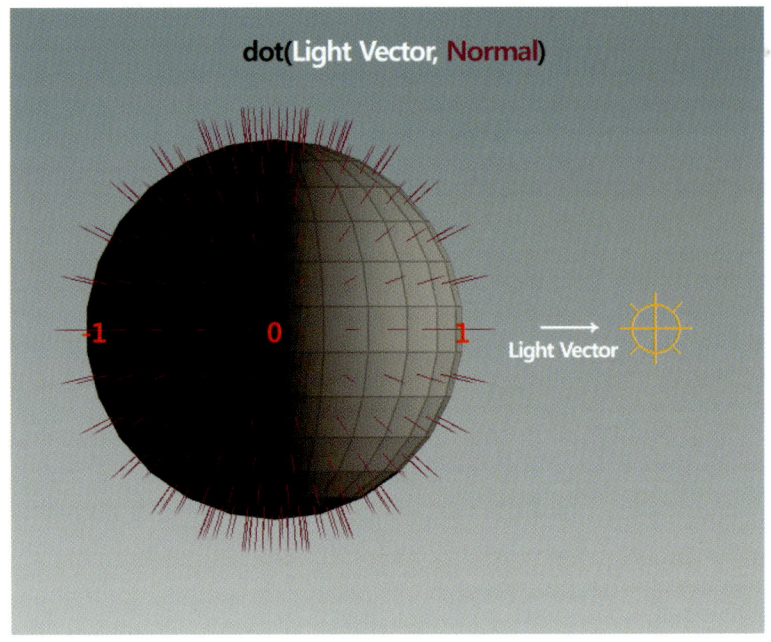

그림과 같이 벡터끼리 같은 방향이면 1, 직교하면 0 그리고 반대면 -1의 값을 가집니다.

A(a, b)와 B(c, d)가 있다고 가정하고 둘을 내적했을 때 결과값은 dot(A, B) = (a*c + b*d) 입니다.
A가 (1, 0)이고 B도(1, 0)면 dot(A, B) = (1*1 + 0*0) = 1이 됩니다. 즉 같은 방향이면 1입니다.
A가 (1, 0)이고 B가(0, 1)면 둘은 직교하며 내적했을 때 dot(A, B) = (1*0, + 0*1) = 0이 됩니다. 즉 직교할 때는 0입니다.
A가 (1, 0)이고 B가(-1, 0)면 둘은 서로 반대이며 내적했을 때 dot(A, B) = (1*-1 + 0*0) = -1이 됩니다. 그러므로 서로 반대의 벡터끼리 내적 하면 -1이 됩니다.

예시를 쉽게 하기 위해 Vector2로 설명하였지만 Vector3에서도 같은 개념입니다.

원래는 빛을 쳐다보고 있으면 LightVector와 CameraVector는 서로 반대방향이라 -1이 되지만, LightVector에 -1을 곱하면 서로 같은 방향을 바라보게 되어서 1의 값을 가지게 됩니다. 여기서 -1을 곱한 것은 머티리얼 에디터 안의 LightVector 입니다. 실제 씬의 라이트 방향이 바뀌진 않습니다. 그렇기 때문에 결과적으로는 라이트를 바라보고 있을 때 1이고, 라이트를 등지고 있을 때 -1이 됩니다. 여기에 Clamp 노드를 추가해서 0 이하의 값을 0으로 강제로 올려 버렸습니다.

이렇게 해서 빛을 마주 보고 있을 때에만 역광 느낌을 추가할 수 있습니다.
LightVector의 역수와 CameraVector의 내적을 통해 원하는 부분만 값을 주는 것은 [Gpu Gems 3]의 챕터 16에서 Crysis에 쓰인 식물의 Subsurface Scattering 기법을 설명할 때 나오기도 합니다.(GPU GEMS 3 / 주혁환 역 / 2010 / 성안당)

역광도 씬에 설치된 라이트의 느낌과 색상이 맞아야 하므로 AtmosphericLightColor을 곱해줍니다. 주의해야 할 점은 AtmosphericLightColor는 설치된 라이트의 Intensity를 곱해서 값이 들어옵니다. 예를 들어서 설치된 라이트의 컬러가 {255,255,255}고 Intensity가 10이라고 가정합니다. 컬러값은 255는 1로 치환이 돼서 {1, 1, 1}로 들어오게 되지만 Intensity가 곱해져서 머티리얼 에디터에는 최종적으로 {10, 10, 10}이 들어오게 됩니다. 그래서 설치된 라이트의 Intensity를 나누어줘서 컬러값만 가져올 수 있도록 합니다. 저의 경우는 설치된 라이트의 Intensity가 10이라서 10을 나누어줬습니다.

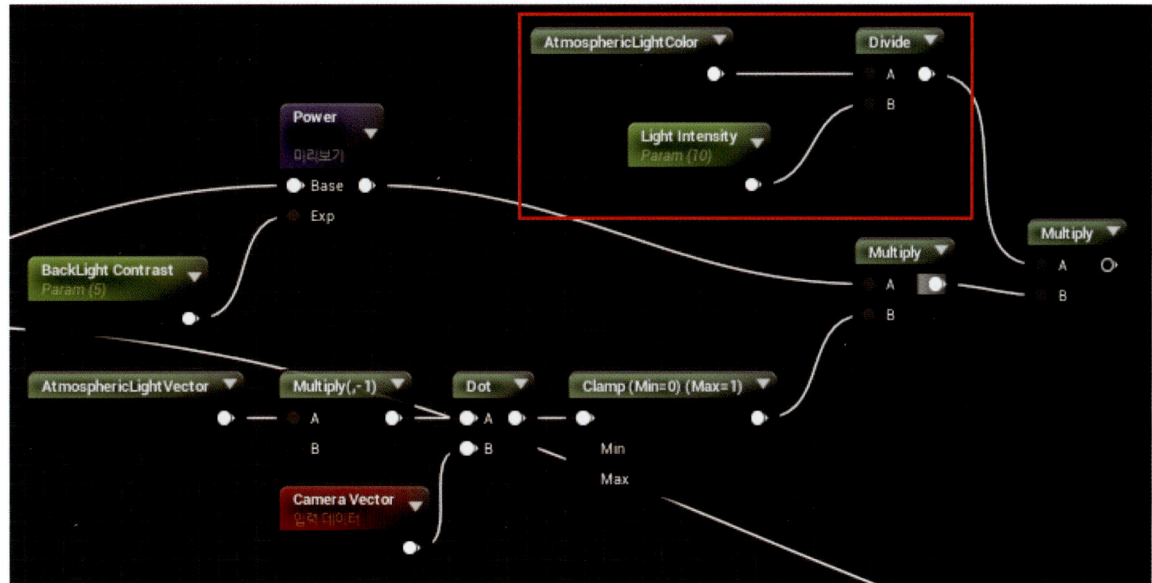

씬에 설치된 라이트의 Intensity입니다.

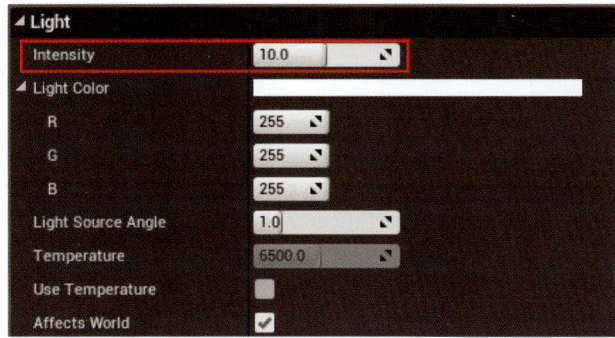

최종적으로 역광의 강도를 조절하는 Parameter를 추가하고 Fire와 합하여 이미시브 컬러에 연결해줍니다.

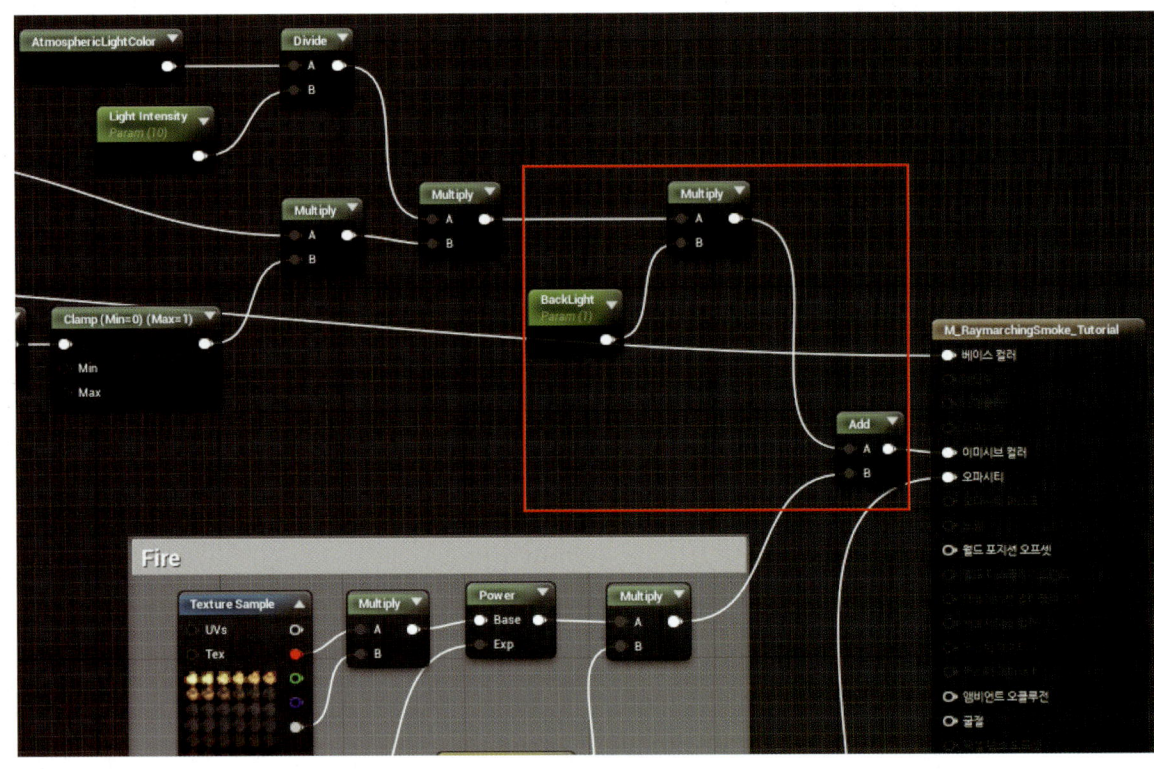

BackLight 값을 줘서 역광 느낌을 주었을 때의 모습

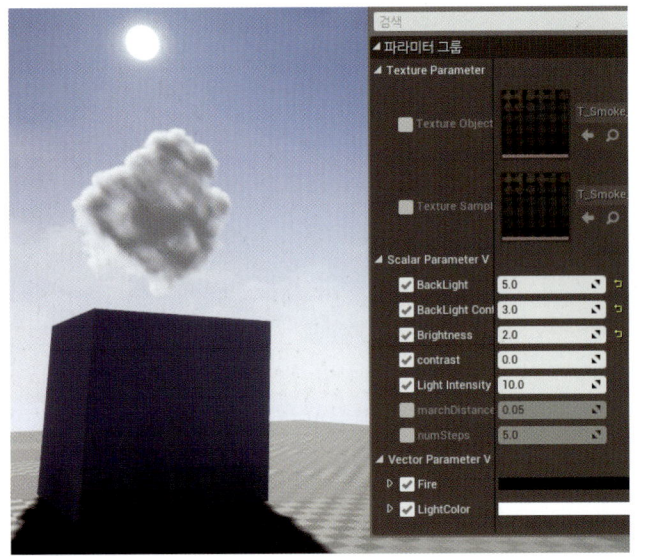

BackLight 값이 0이라서 역광 느낌이 없을 때의 모습

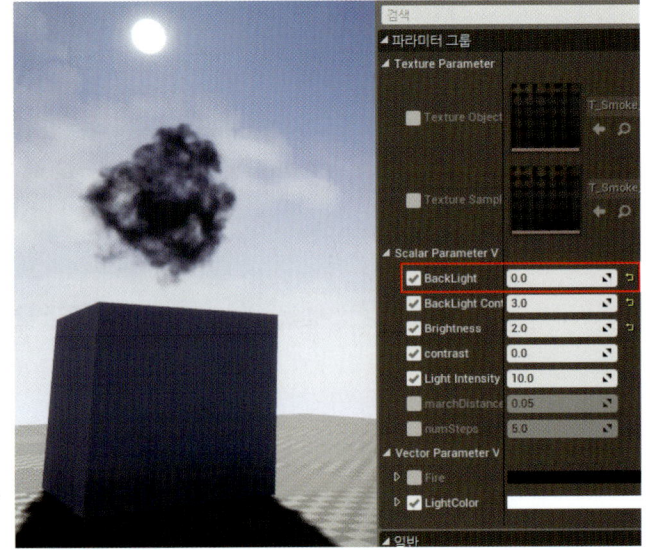

2D Raymarching(레이마칭)을 이용한 사실적인 연기 기둥 만들기

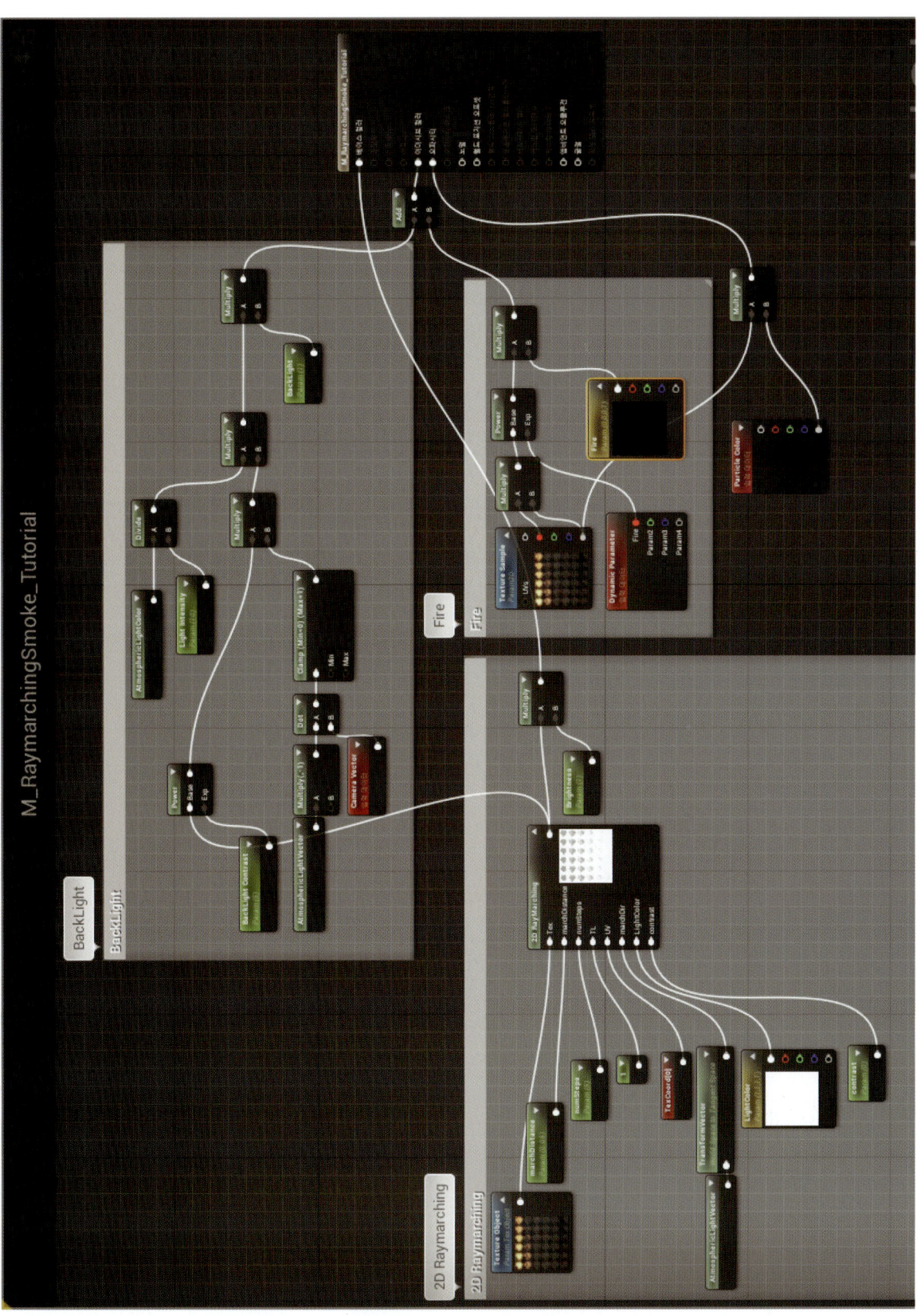

2D Raymarching의 최종적인 노드 구조입니다.

각도에 따른 2D Raymarching Smoke의 최종적인 모습

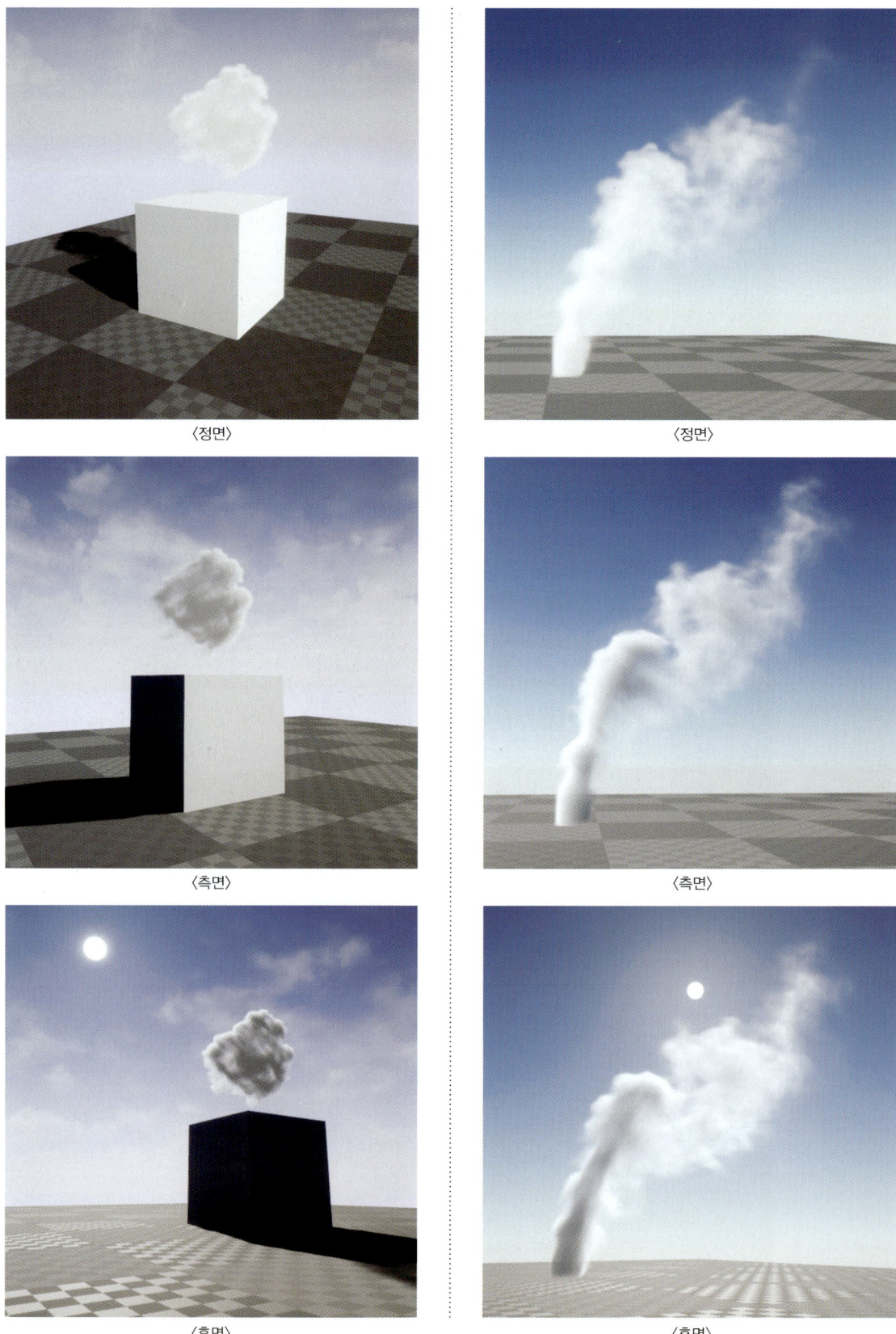

⟨정면⟩

⟨정면⟩

⟨측면⟩

⟨측면⟩

⟨후면⟩

⟨후면⟩

# 02 2D Raymarching Smoke로 사실적인 연기 기둥 구현하기

이제 2D Raymarching Smoke로 사실적인 연기 기둥을 만들어 보겠습니다.
이번 예제는 빛의 방향이 고정된 배경 이펙트이기 때문에 Lighting Model을 Unlit으로 설정해서 진행하겠습니다.

# 01. 준비 자료

기본적으로 다음과 같은 자료들이 필요합니다.

**1** 타일링되는 연기 텍스쳐

**2** 세로로 타일링되는 연기 텍스쳐
(Alpha용)

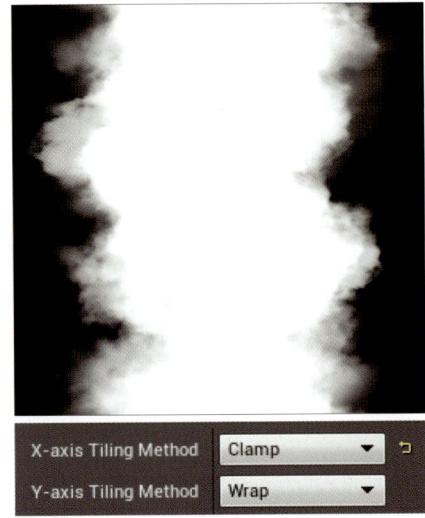

**3** 끝부분이 Fade 되는 Noise Gradient 텍스쳐
(Alpha 용)

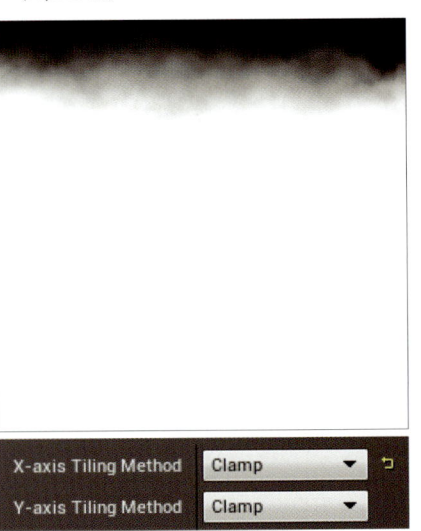

**4** UV Distort 용 Noise 텍스쳐

**5** 스태틱 메쉬(Static Mesh)

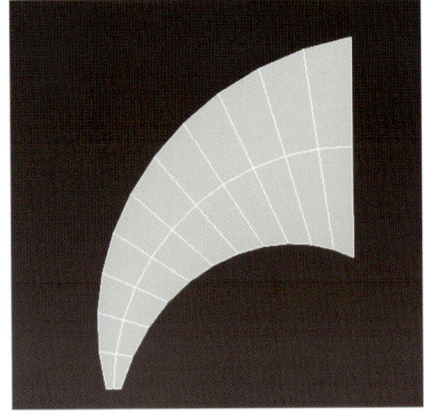

# 02. 소스 자료 만들기

### 1. 타일링되는 연기 텍스쳐

구글 검색으로 다음과 같은 이미지를 찾았습니다.

타일링 하고 싶은 부분을 잘라서 약간의 가공을 한 후 다음과 같이 파일로 저장을 해줍니다.

크기는 256×256, 512×512, 1024×1024처럼 2의 배수가 좋습니다. 왜냐하면 컴퓨터 메모리는 2의 배수의 텍스쳐들을 빠르게 읽을 수 있으며 낭비하는 공간도 없기 때문입니다.

만약 텍스쳐를 272×272 같은 사이즈로 제작을 하면 컴퓨터는 해당 텍스쳐를 사용하는데 512×512의 메모리를 소요합니다. 언리얼엔진 4에서는 2의 배수가 아닌 텍스쳐를 읽을 순 있지만 밉맵 생성이 제대로 되지 않습니다. 그렇기 때문에 게임텍스쳐를 제작할 때는 가급적 2의 배수에 맞춰주는 것이 좋습니다.

이제 Gimp2라는 텍스쳐 프로그램을 열어서 해당 이미지를 불러 옵니다.

Gimp는 오픈소스 이미지 에디터 입니다. 집, 회사 어디서든 제약없이 사용할 수 있습니다.(https://www.gimp.org)

위의 윈도우 창에서 필터 〉 맵 〉 균일하게 만들기를 선택합니다.

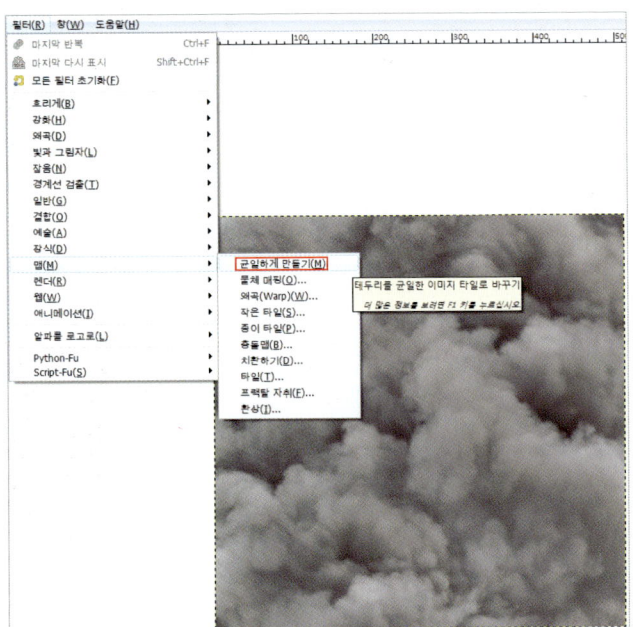

자동으로 다음과 같은 타일링 이미지를 제작해줍니다.

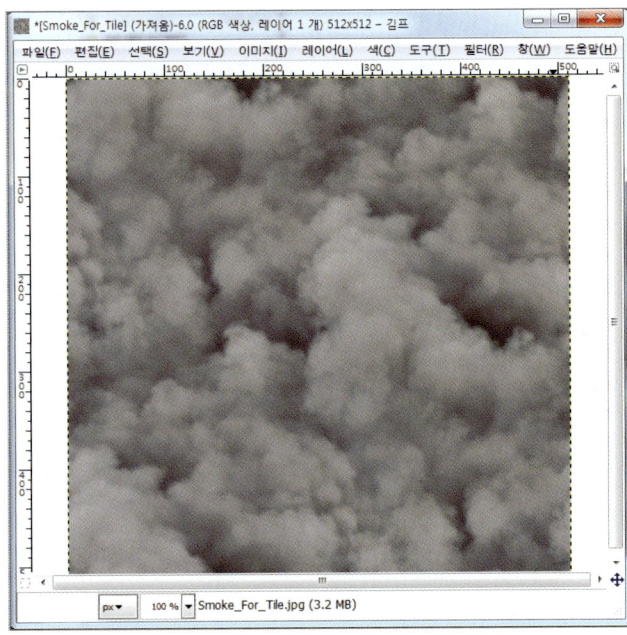

Ctrl + C로 클립보드에 복사한 후 포토샵에서 해당 텍스쳐의 2배 크기의 캔버스를 만들고 4장을 넣어서 타일링을 확인해봅니다.

## 2. 세로로 타일링되는 연기 텍스쳐 (Alpha용)

인터넷에서 Smoke Brush를 받아서 다음과 같은 이미지를 제작해줍니다.
이것을 세로로 타일링을 시킬 것입니다. Gimp2에서 해도 되지만 이번에는 포토샵에서 해보겠습니다.

해당 이미지보다 세로의 크기가 2배 큰 캔버스를 만듭니다. 예를 들어 이미지가 512 x 512 라면 512 x 1024 크기의 캔버스를 만듭니다.

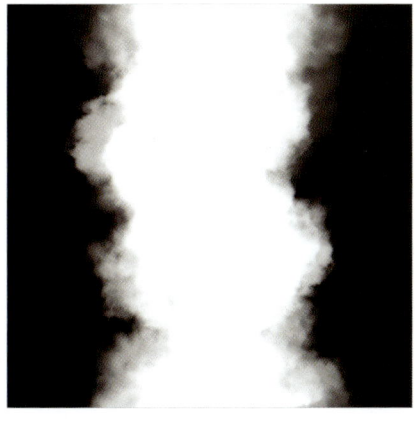

다음과 같이 위아래로 아까 만든 이미지를 붙입니다. 가운데 부분이 이어지지 않았습니다.

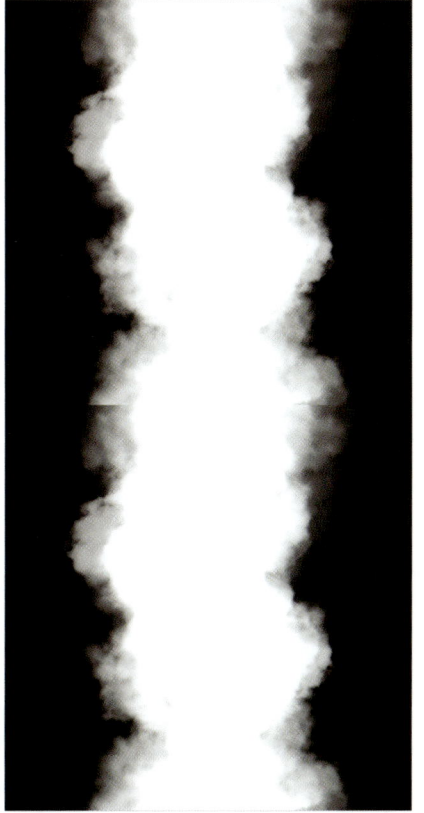

가운데 부분에 아까 만든 이미지를 다시 붙여 넣습니다.

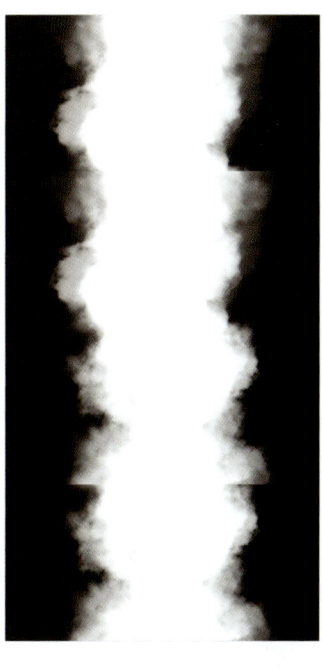

두 곳에서 이미지가 이어지지 않습니다. 이 부분을 지우개로 살살 지워줍니다.

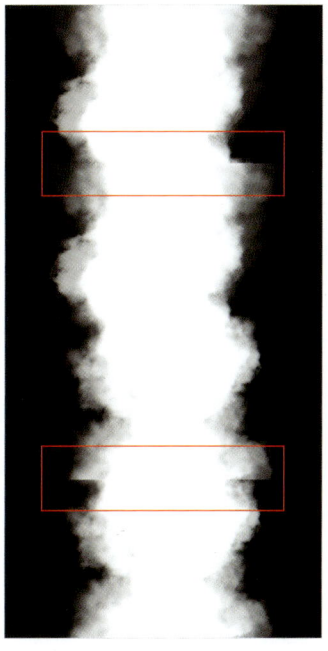

그럼 다음과 같이 계속 이어지는 이미지로 바뀌게 됩니다. 하지만 저희가 필요한 이미지의 크기는 512 x 512 입니다. 그렇기 때문에 세로 256 ~ 768의 부분을 잘라내야 합니다.
(768 - 256 = 512)

포토샵에서 저 부분만 잘라내서 저장합니다.

양옆으로 살짝 늘려주어서 마무리했습니다. 정상적으로 타일링되는 것을 알 수 있습니다.

위아래로 루핑되는 텍스쳐가 나왔습니다.

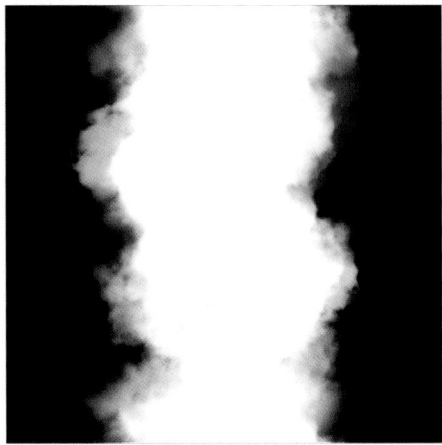

### 3. 끝부분이 Fade 되는 Noise Gradient 텍스쳐 (Alpha 용)

해당 이미지도 포토샵 Smoke 브러쉬를 이용해서 제작하였습니다.

하얀 네모박스 윗부분에 Smoke나 Cloud 브러쉬를 칠하면 어렵지 않게 만들 수 있습니다.

### 4. UV Distort 용 노이즈 텍스쳐

원하는 크기로 창을 만들고, 빈 레이어를 선택하고 Filter > Render > Clouds를 클릭하면 다음과 같은 이미지가 만들어집니다.

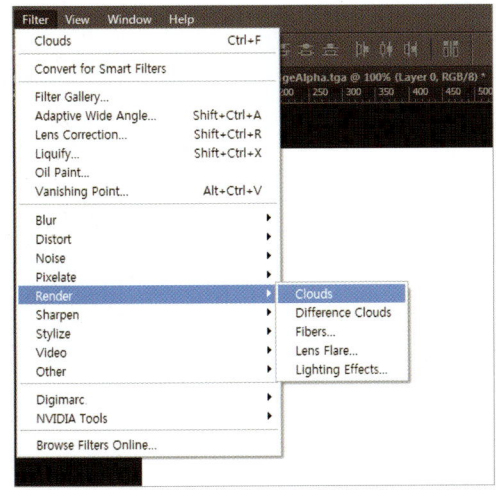

## 5. 스태틱 메쉬

다음과 같은 메쉬를 만들어서 Bend 모디파이어를 추가해서 Y축으로 90도 설정해주면 아래와 같은 모양으로 바뀝니다.

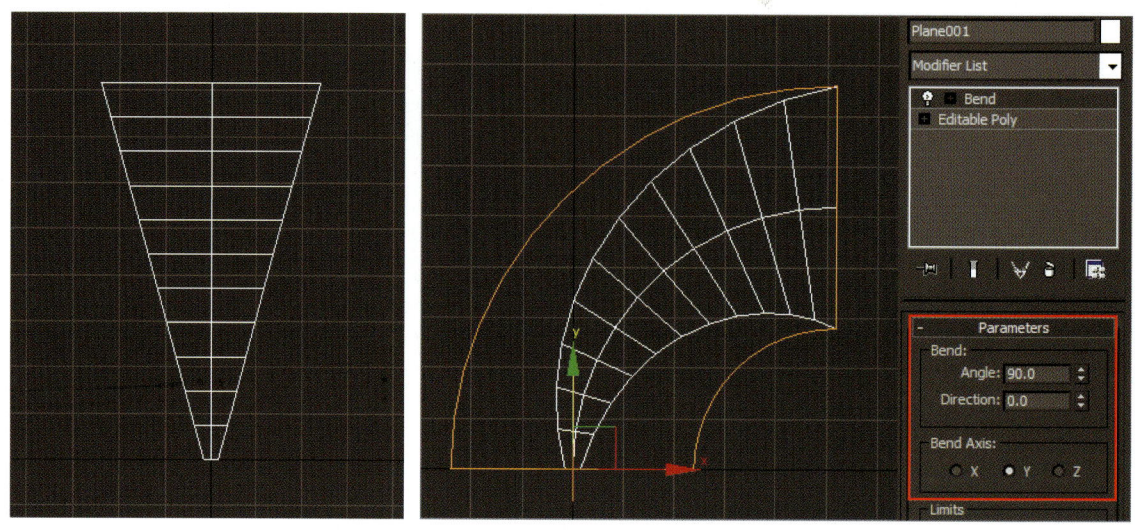

그 후 메쉬와 UV를 최대한 조절하여 왜곡을 가려줍니다. 어느 정도의 왜곡은 어쩔 수 없습니다.
이제 중요한 리소스들이 제작되었으니 언리얼 엔진에서 표현해보겠습니다.

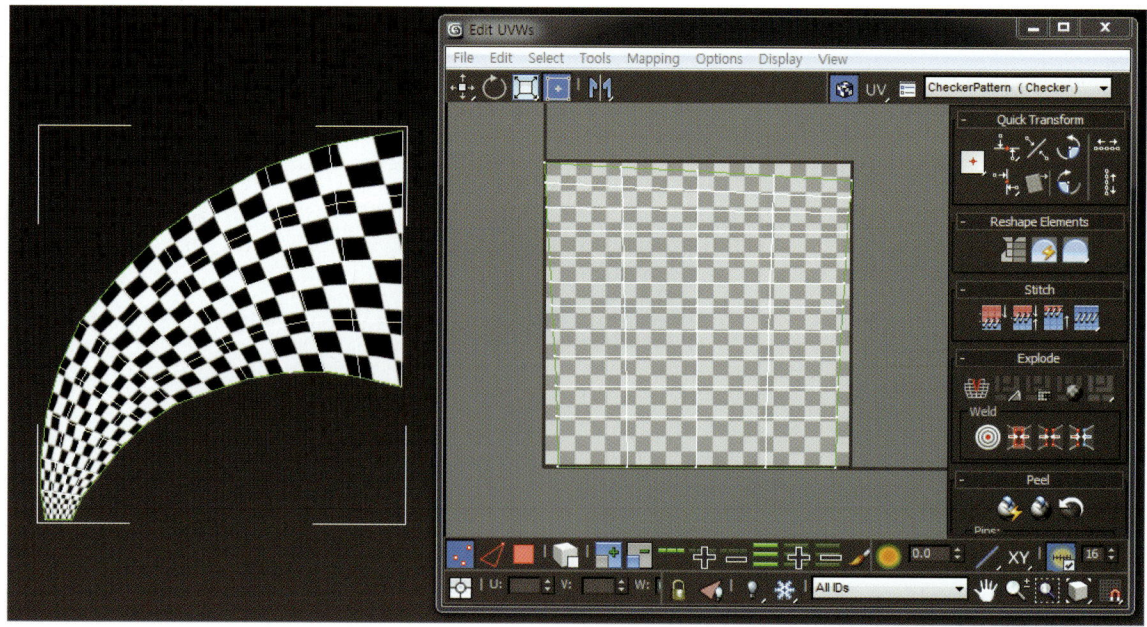

# 03. 언리얼 엔진에서 사실적인 연기 기둥 구현하기

먼저 모든 애셋을 엔진으로 불러옵니다.
다음과 같이 스태틱 메쉬를 맵에 배치합니다.

스태틱 메쉬에 재질을 적용하면 이런 모습입니다.

그리고 머티리얼을 만들어서 다음과 같이 연결해줍니다.

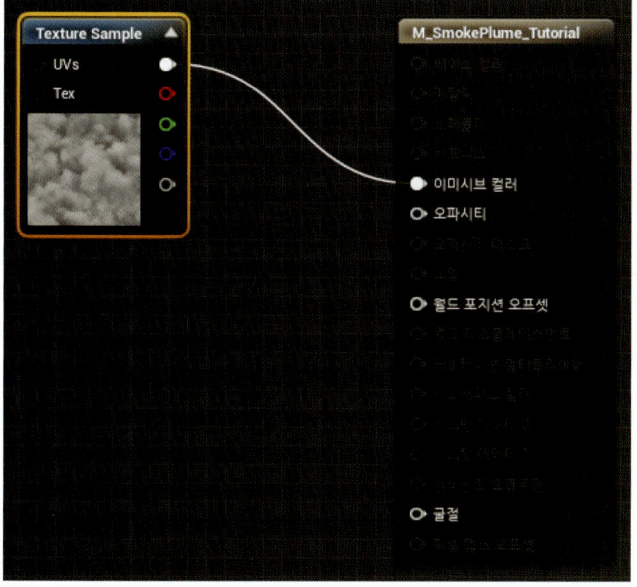

비율이 맞지 않으므로 머티리얼에서 TextureCoordinate를 연결하여 다음과 같이 수치를 조절해줍니다. UTiling을 -1로 하면 U 방향으로 이미지가 뒤집어집니다.

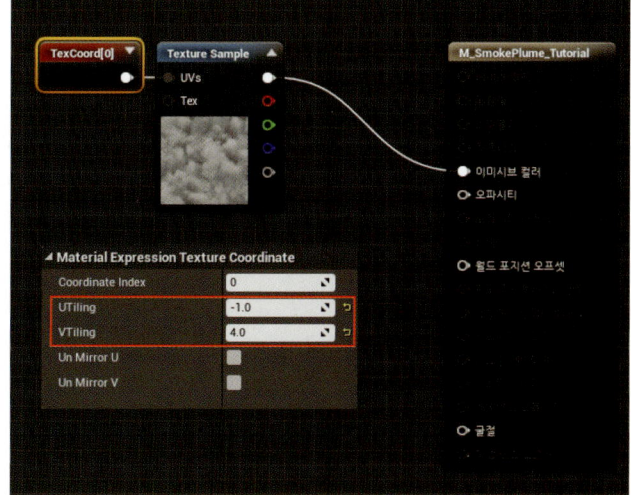

연기가 조금 더 촘촘해졌습니다.

연기의 외곽선 모양을 알파 텍스쳐들을 통해서 잡아보겠습니다.
텍스쳐 2개를 곱해줘서 오퍼시티에 연결해줍니다. 이때 TexCoord가 연결된 알파텍스쳐의 UV 값은 1, 4입니다.

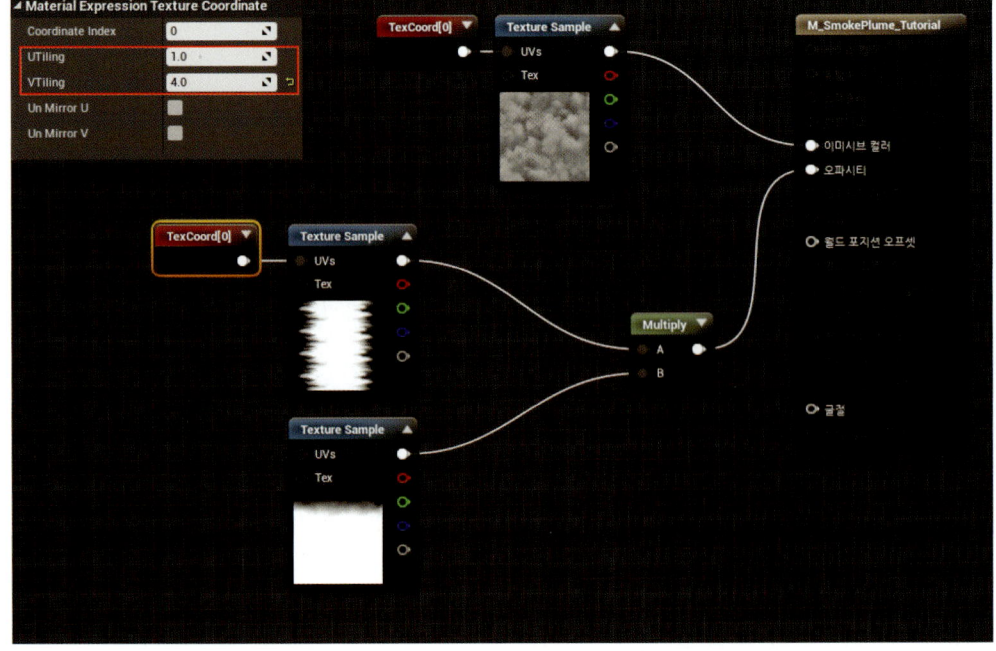

알파가 추가된 이미지입니다.
알파만 추가해도 연기 기둥 같은 느낌이 나기 시작했습니다.

흐르는 느낌이 나야 하기 때문에 Panner를 추가해줍니다.
여기서 한 가지 팁은 Panner의 Speed Y값을 미세하게 다르게 주는 것입니다. 알파와 베이스 컬러의 흘러가는 속도가 다르면 연기가 조금 더 유기적으로 움직이는 것을 볼 수 있습니다.

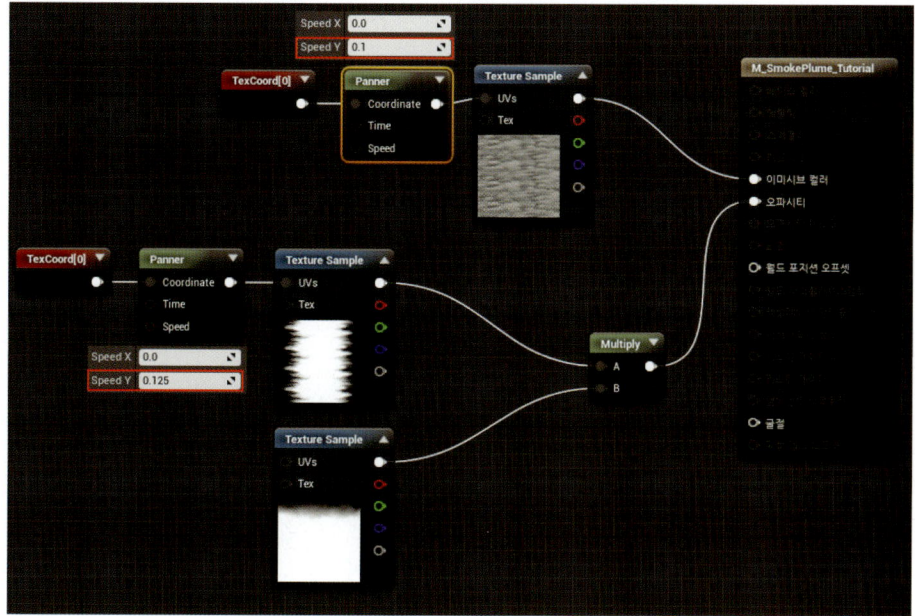

이제 연기를 Dissolve텍스쳐를 통해서 더욱더 유기적인 움직임을 가지게 하겠습니다.

다음과 같이 세로로 타일링되는 텍스쳐에 Dissolve텍스쳐를 더해줍니다. UV타일링과 Panner속도는 그림과 같으며, ConstantBiasScale로 값을 -0.025 ~ 0.025로 설정했습니다.

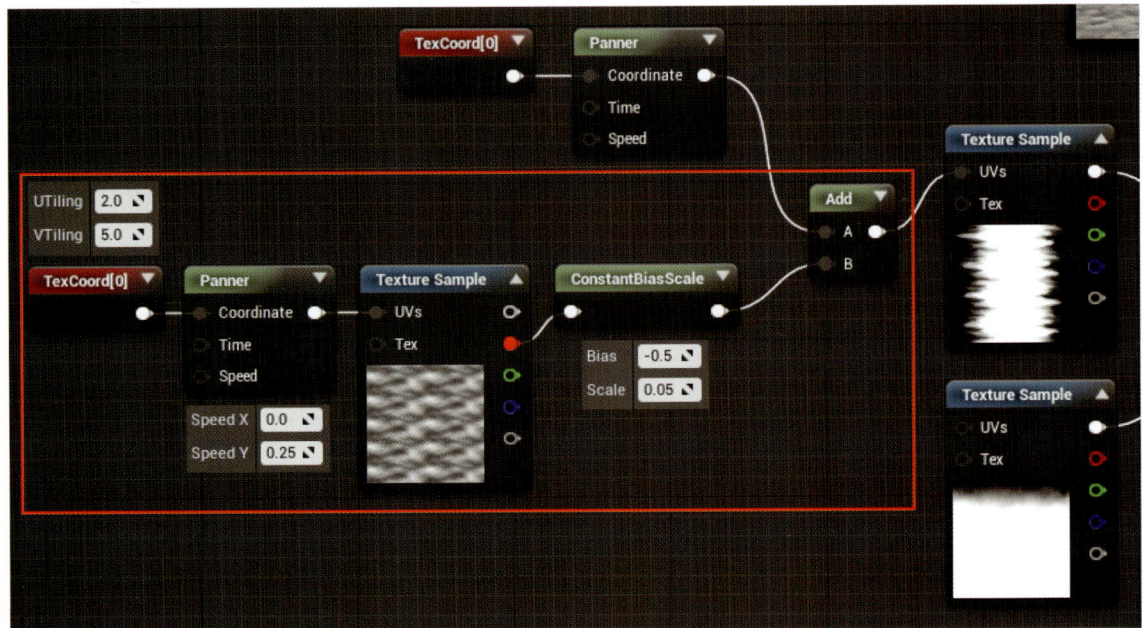

비슷한 방법으로 끝부분에 빠지는 알파 텍스쳐에 UV 왜곡을 주었습니다. 수치값들은 그림과 같습니다.

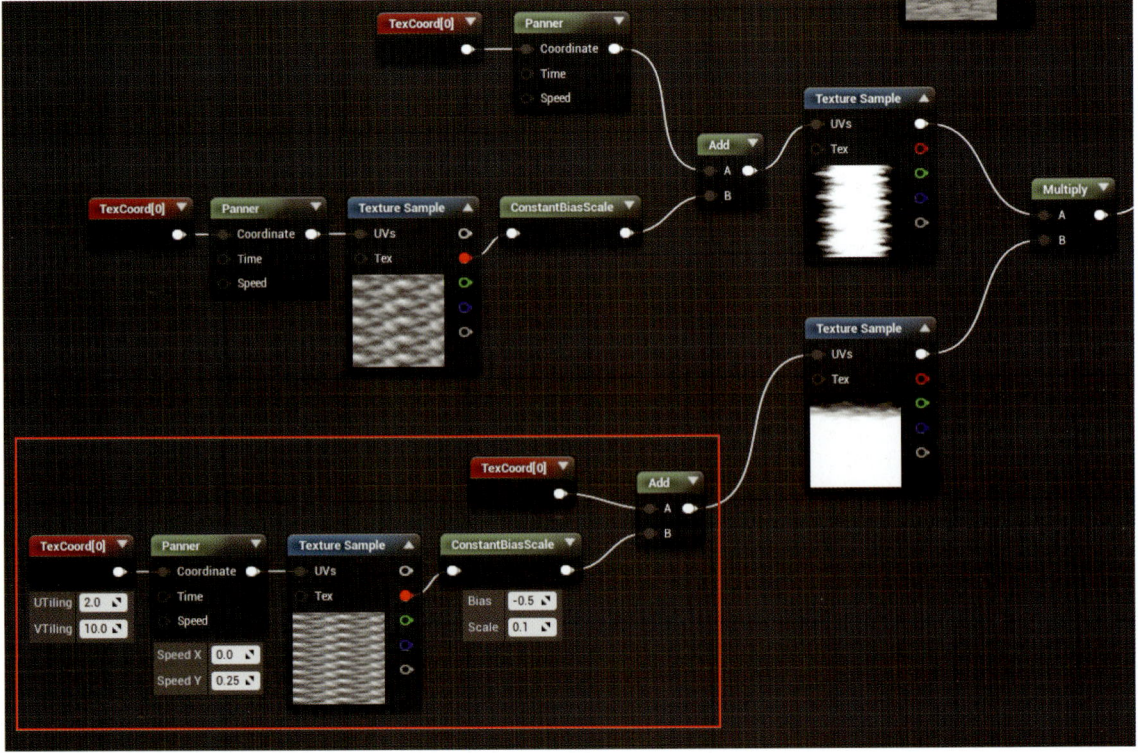

UV 왜곡을 준 두 개의 알파채널을 곱한 값을 확인차 이미시브 인풋에 연결해본 결과입니다. 나름 자연스러운 연기 기둥의 모습을 하고 있습니다.

이제 본격적으로 2D Raymarching을 이용해서 연기의 볼륨감을 조절할 것입니다.

앞에서 만든 2D Raymarching 노드를 복사해서 가져옵니다.

그리고 그림과 같이 Tex2와 UV2인풋을 새로 추가해줍니다. 알파텍스쳐 2장을 곱한 값을 최종 알파로 쓰기 때문에 알파이미지를 사용하는 2D Raymarching에서도 마찬가지로 두 개의 알파를 곱해준 후 연산을 해야 하기 때문입니다.

당연히 수식의 수정도 필요합니다. HLSL을 다음과 같이 수정합니다.

```
for (float d = 0.0; d < marchDistance; d += marchDistance / numSteps)
{
        UV += (marchDir*d)/numSteps;
        float4 Ldensity = Texture2DSampleLevel(Tex,TexSampler, UV.xy, 0) * Texture2DSampleLevel(Tex2,TexSampler, UV2.xy, 0)/(numSteps-contrast);
        TL *= saturate(1.0 -Ldensity[0]);
}
float3 OUT = LightColor * TL.xxx;
return OUT;
```

빨갛게 표시된 글자가 새로 추가되거나 수정된 코드입니다.

먼저 Tex2와 UV2를 추가하였고 이것은 두 번째 알파 텍스쳐를 의미합니다. 방금 우리는 두 개의 알파를 곱해줬으므로 마찬가지로 `float4 Ldensity = Texture2DSampleLevel(Tex,TexSampler, UV.xy, 0) * Texture2DSampleLevel(Tex2,TexSampler, UV2.xy, 0)` 라는 연산을 통해서 두 개의 이미지를 곱해준 것입니다.

그리고 앞에서는 제가 Alpha 채널을 RGB와 함께 가지고 있는 이미지 기준으로 설명을 하였기 때문에 `TL *= saturate(1.0 -Ldensity[0]);` 이 부분에서 Ldensity[3]라고 선언하여 4 번째 컴포넌트인 알파를 불러 왔었습니다. 하지만 현재 쓰는 예제에서는 알파값이 RGB로 들어가 있기 때문에 Ldensity[0]이라고 선언하여 R채널을 불러왔습니다. RGB에 모두 같은 값이 들어가 있기 때문에 Ldensity[0], Ldensity[1], Ldensity[2] 모두 상관없습니다.

다음과 같이 인풋들을 연결합니다. UV와 UV2는 알파에 사용된 UV를 꽂아주시면 됩니다.

크게 보면 그림과 같습니다

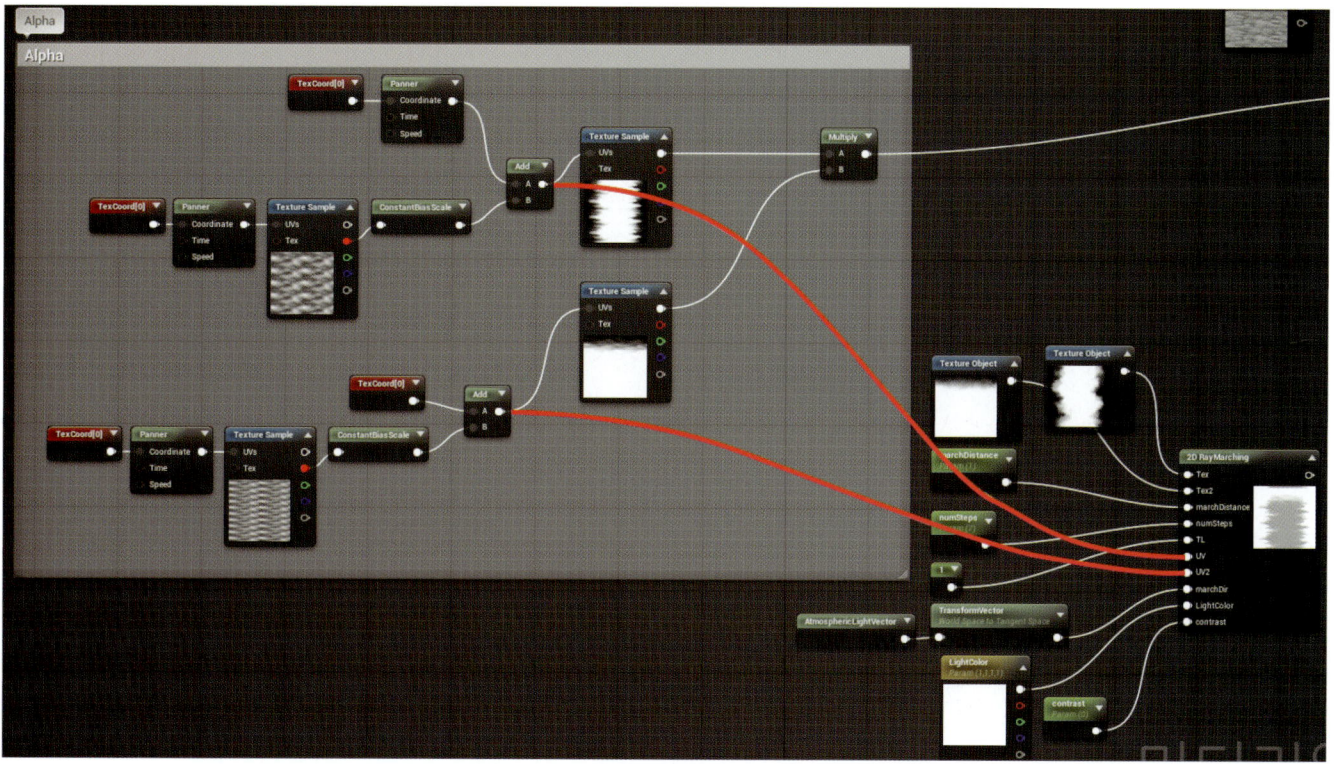

2D Raymarching 노드를 미리 보기로 보면 이상한 부분이 보입니다.

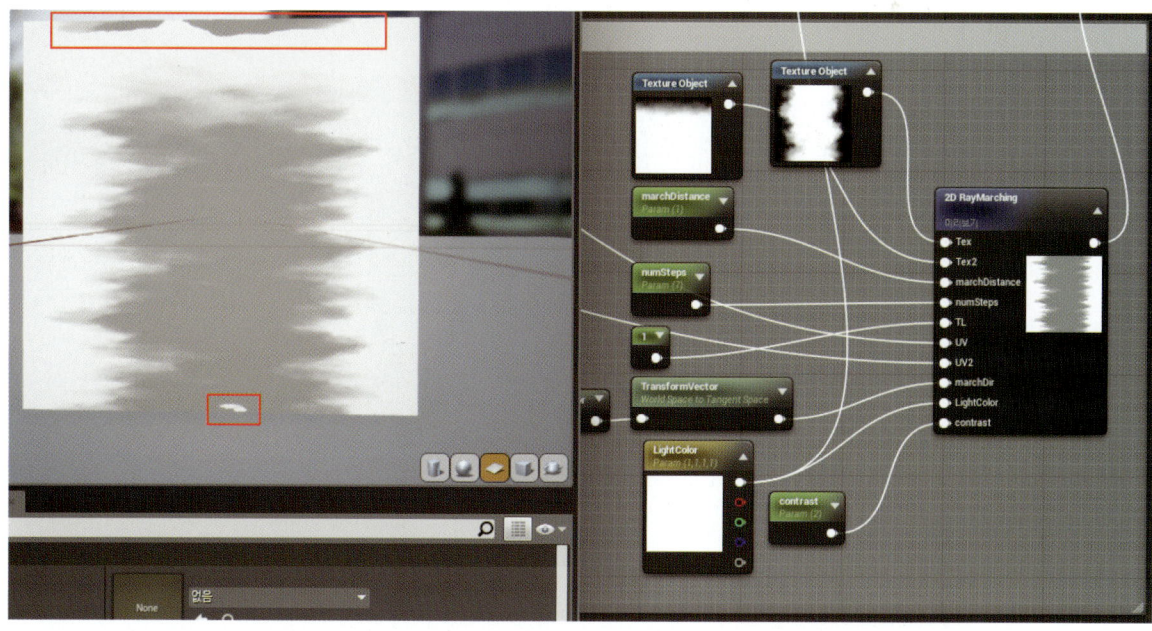

Tex2의 텍스처 샘플링에 문제가 있습니다.

디버깅을 위해 2D Raymarching 노드의 마지막 줄을 `return Texture2DSampleLevel(Tex2,TexSampler, UV2.xy, 0);` 으로 바꿔 봅시다. 그리고 이 텍스쳐 샘플 노드의 결과와 비교해봅시다.

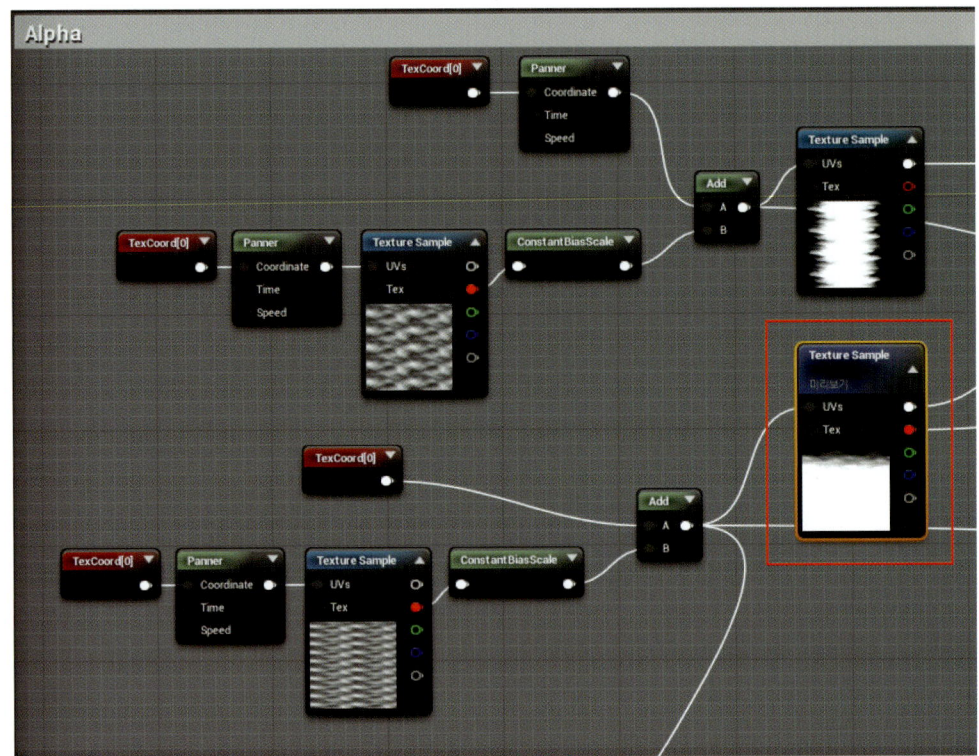

다음은 비교한 결과 이미지입니다.

분명히 동일한 Texture가 쓰이고 같은 UV로 샘플링을 했는데 다른 값이 나옵니다.
왜냐하면 Texture Tiling Method를 Custom HLSL에 적용할 때 버그가 있어서 그렇습니다.

2D RayMarching에는 두 개의 Texture Object가 Input으로 들어갑니다. Tex와 Tex2가 그것입니다.
여기서 우리는 앞에서 각 텍스쳐의 Tiling Method를 다르게 설정했습니다.
Tex는 X=Clamp, Y=Wrap 이고, Tex02는 X=Clamp, Y=Clamp입니다.

Custom HLSL에 여러 개의 텍스쳐들이 인풋으로 들어갈 때 첫 번째 텍스쳐의 Tiling Method를 나머지 텍스쳐도 그대로 따르는 버그가 있습니다. 그렇기 때문에 텍스쳐에서 Tex2의 Tiling Method를 X=Clamp, Y=Clamp로 설정해도 노드 안에서는 X=Clamp, Y=Wrap으로 계산을 합니다. Tex에 Tiling Method를 X=Clamp, Y=Clamp로 바꾸고 2D RayMarching을 보면 Texture Sample 와 똑같은 결과가 나오는 것을 확인할 수 있습니다. 하지만 두 개의 텍스쳐는 활용법이 다르고 같은 Tiling Method를 사용할 수 없습니다. 그렇기 때문에 하나의 텍스쳐를 임의로 추가해줍니다.

Tex2를 90도 돌린 텍스쳐를 포토샵에서 만들어서 추가해줍니다.
Tiling Method는 X=Clamp, Y=Wrap입니다.

Tex가 Tiling Method를 X=Clamp, Y=Wrap로 쓰기 때문에 그에 맞춰서 Tex2도 90도 돌려서 같은 Tiling Method를 사용하는 것입니다.

기존에 UV2에 Rotator노드를 추가합니다. Speed에 파이값인 3.141592를 넣고 Time에 0.5를 넣으면 90도만큼 회전합니다.

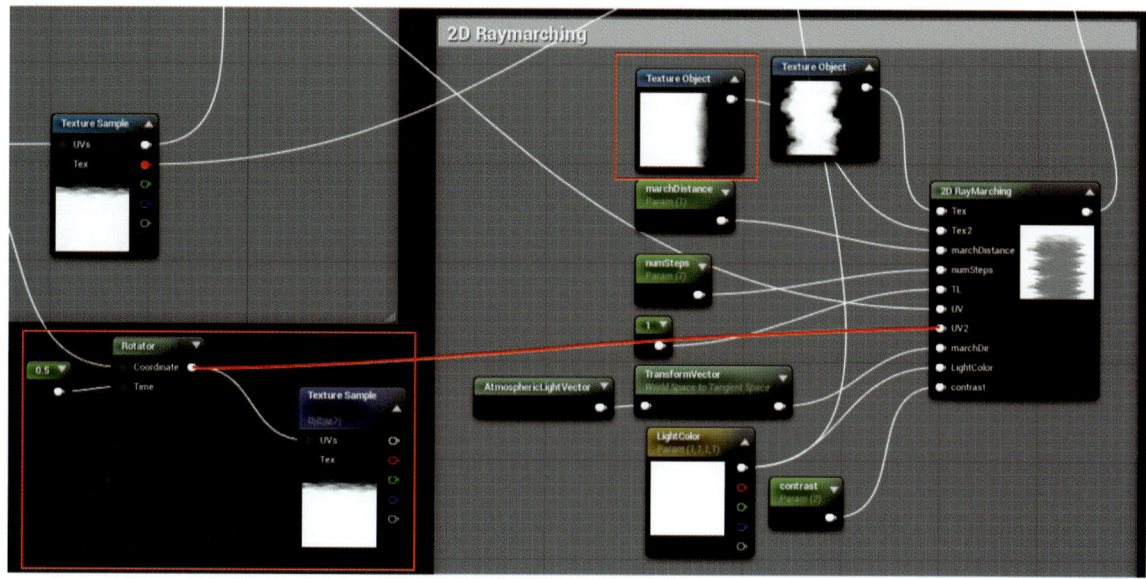

Rotator노드를 UV2에 꽂습니다. 또한 Tex2의 텍스쳐도 90도 돌아간 텍스쳐로 갈아 끼워 줍니다.
Rotator노드에 연결된 Texture Sample은 결과가 제대로 나오는지 확인하기 위해 연결하였습니다.

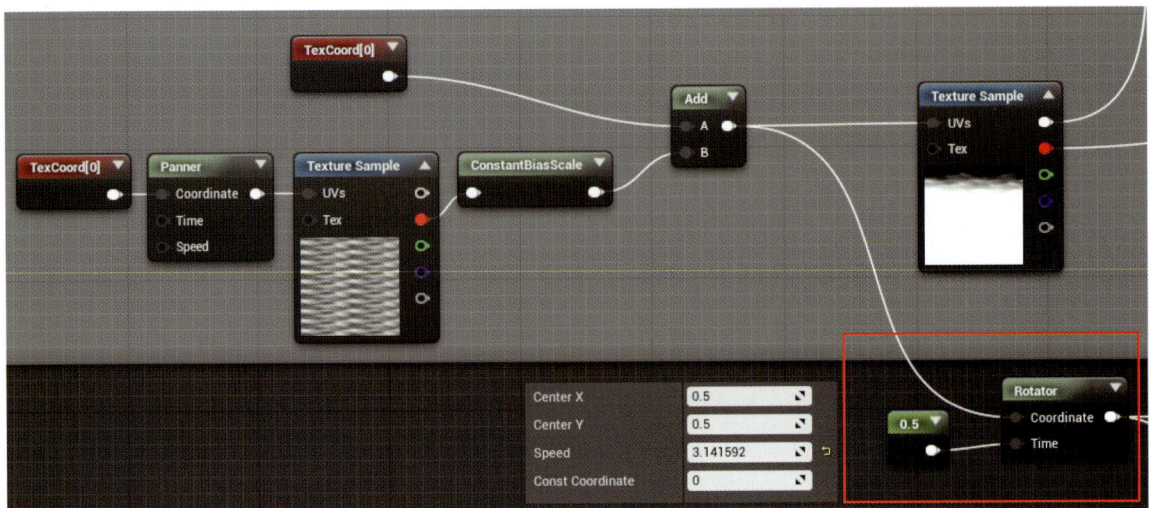

2D Raymarching의 결과를 이미시브 컬러에 꽂고 결과를 봅니다.

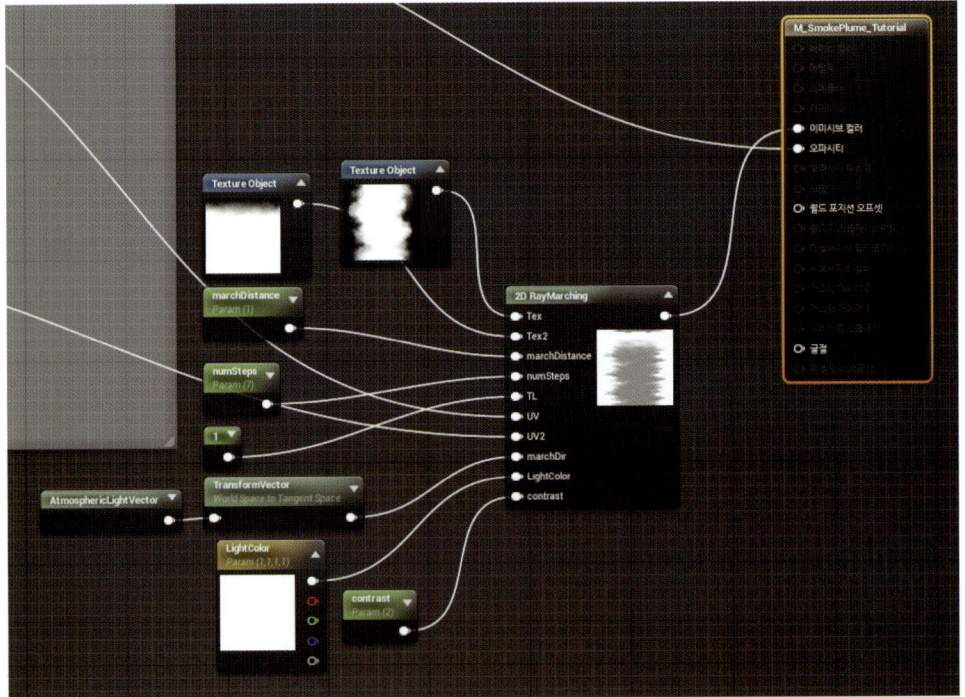

정상적으로 2D Raymarching이 구현되었습니다.

볼륨감을 더하기 위해 처음에 연결했던 타일링되는 연기텍스쳐와 더해주겠습니다.

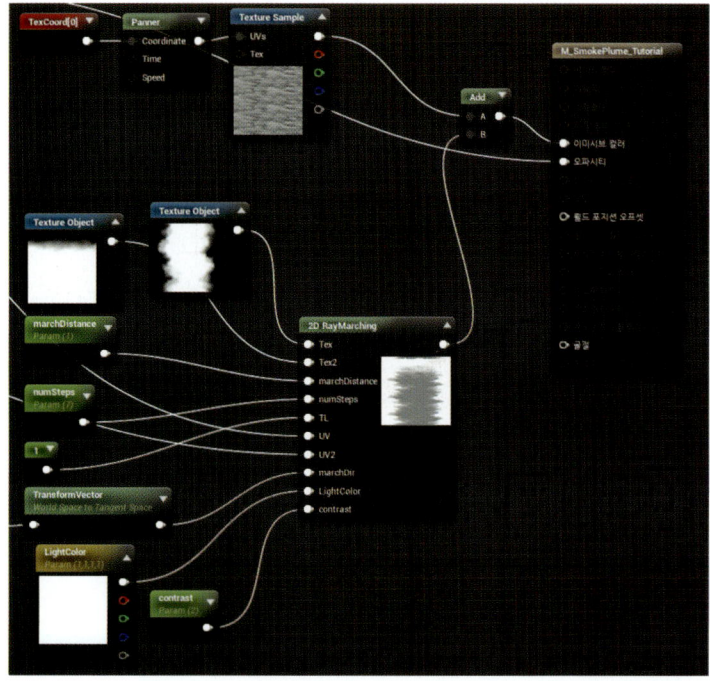

다음과 같은 결과가 나옵니다. 다 된 것 같지만 하나만 추가를 해보겠습니다.

다음과 같은 부분을 추가합니다.

연기의 끝부분은 밀도가 낮아지면서 빛의 투과 때문에 밝게 보일 때가 있습니다.

물론 항상 그런 것은 아닙니다. 밀도가 낮아진 만큼 Opacity도 낮아져서 크게 차이가 나지 않는 경우도 있습니다. 그래도 역광이나 측광일 때는 두드러지게 보이는 것 같습니다.

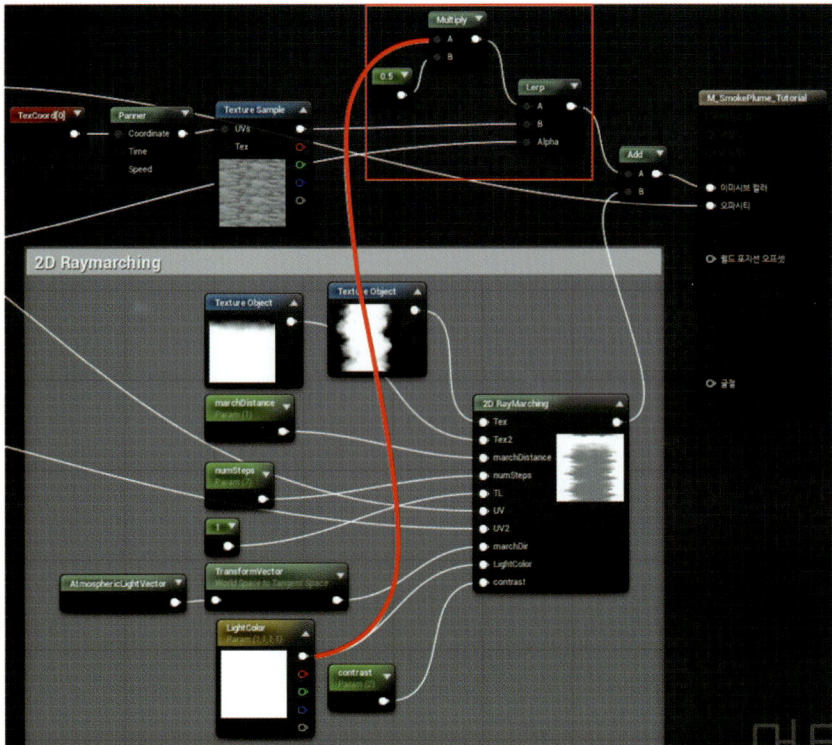

이것으로 완성되었습니다.
라이트 컬러가 1, 1, 1인 경우 뒷부분 스캐터링느낌은 거의 티가 나지 않습니다.

언리얼 런처에 있는 태양의 사원 맵에다가 배치를 해보겠습니다.

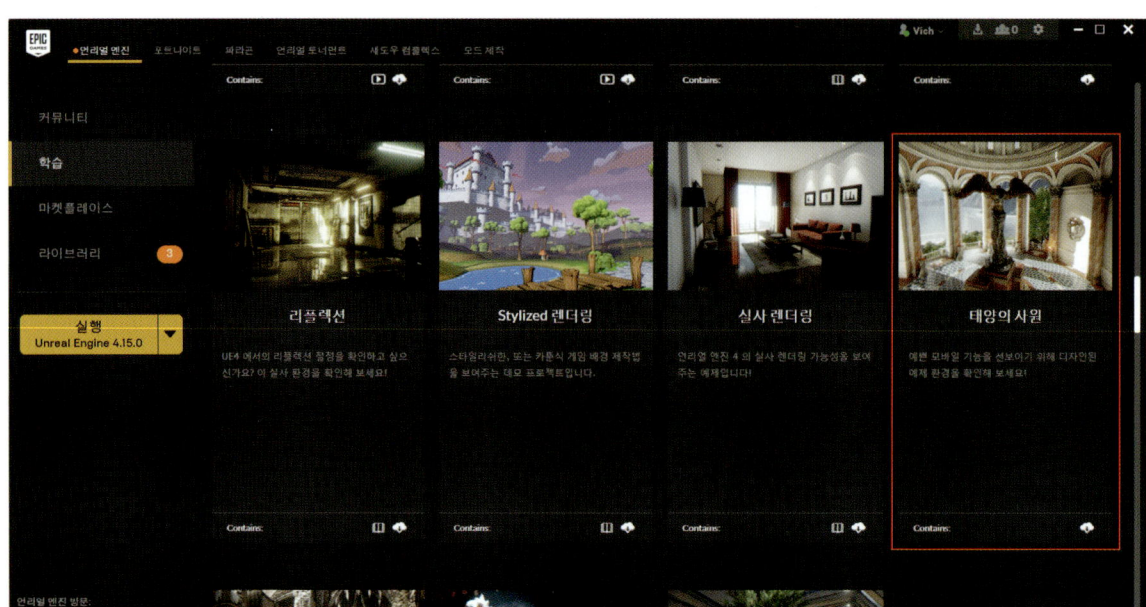

적절한 곳을 찾아서 배치했습니다.

파라미터 수치는 다음과 같습니다.

배치하고 나니 나쁘진 않지만 아쉬운 부분이 있습니다. 개인적으로는 연기의 Contrast가 살짝 약해서 입체감이 많이 느껴지지 않는 것 같습니다. 머티리얼 인스턴스에서 contrast 값을 3을 줬지만 그 이상으로 주면 전체적으로 어두워질 뿐입니다. 사실 이렇게 규모가 큰 연기에서는 sampling하는 수식을 조금 수정할 필요가 있습니다.

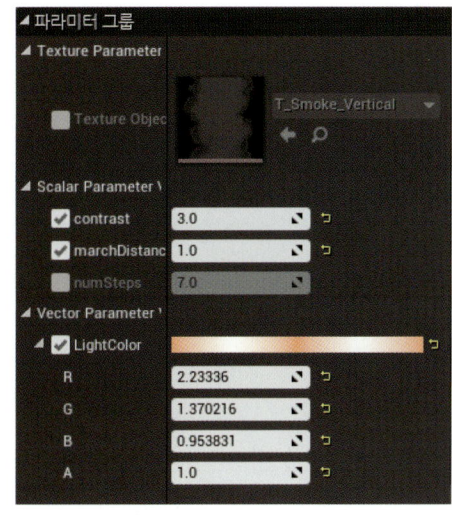

```
for (float d = 0.0, e = 0.0; d < marchDistance; d += marchDistance / numSteps, e = 1.0)
{
        UV += (marchDir*marchDistance*e)/numSteps;
        float4 Ldensity = Texture2DSampleLevel(Tex,TexSampler, UV.xy, 0) * Texture2DSampleLevel(Tex2,TexSampler, UV2.xy, 0)/(numSteps-contrast);
        TL *= saturate(1.0 -Ldensity[0]);
}
float3 OUT = LightColor * TL.xxx;
return OUT;
```

빨갛게 칠해진 부분이 수정된 부분입니다. 기존에는 UV += (marchDir*d)/numSteps; 였습니다.

d는 float d = 0.0; d < marchDistance; d += marchDistance / numSteps 이 부분 때문에 조건문이 돌아가면서 값이 점점 커집니다.

이 그림의 샘플링 간격을 보면 진행될수록 간격이 점점 커지는 것을 보실 수 있습니다. 이러한 경우에는 가장 밝은 첫 번째 샘플링 부분의 영역이 가장 좁게 돼서 큰 연기의 전체적인 부피를 표현할 때 살짝 안 맞는 경우가 있습니다.

하지만 UV += (marchDir*marchDistance*e)/numSteps; 로 수정하면 점점 커지는 d가 곱해지는 대신에 상수로 정해놓은 marchDistance라는 값이 쓰이기 때문에 샘플링이 일정한 간격으로 이루어지게 됩니다. 이런 경우에는 밝은 부분의 영역이 원래의 2D Raymarching 보다 늘어나기 때문에 살짝 더 볼륨감 있는 쉐이딩을 할 수 있습니다.

새로 추가된 변수 e는 for 문이 맨 처음으로 실행될 때 UV가 0으로 유지되게 해주는 변수입니다. 두 번째 실행부터 변수 e는 1.0이 됩니다.

측면의 볼륨감을 살짝 더 살려주었습니다.

샘플링되는 거리가 균일해짐에 따라 전체적으로 더 많은 거리를 샘플링하게 되었습니다. 그래서 marchDistance 값이 0.35로 줄었습니다. 사실 미묘한 차이라서 '어떤 것이 맞고 어떤 것이 틀리다'라고 말하기는 어렵습니다. 2D Raymarching을 사용하는 또 다른 방법이라고 알아두시면 좋겠습니다.

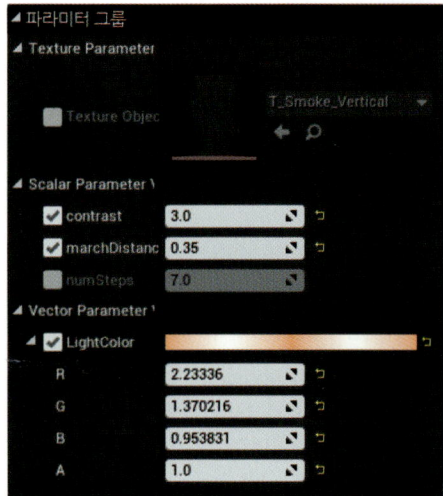

완성된 영상은 https://vimeo.com/2624525887에서 보실 수 있습니다.

> 예제데이터 〉 김대혁 폴더를 보면 관련된 예제데이터를 보실 수 있습니다.

지금까지 2D Raymarching의 원리에 대해서 알아보고, 그것을 통해서 실무에서 사용할 수 있는 예제를 만들어 보았습니다. 이 내용은 작년 NDC 2017에서 필자가 발표했던 주제였습니다. 사실 꽤나 까다로운 내용인데 NDC에서는 여러 주제를 다루다 보니 설명이 미흡한 것 같아서 아쉬움이 있었습니다. 그러다가 이번에 좋은 기회가 되어서 자세히 설명할 수 있었습니다. 작년 발표 자료를 다시 되돌아보면서 불필요한 부분이 꽤나 많아서 줄이고 직관적으로 바꾸려고 노력했습니다.

이펙트 R&D를 하다 보면 수학적인 내용이 다소 포함되는데 너무 어려워하지 않으셔도 됩니다. 복잡한 연산은 컴퓨터가 해줍니다. 저희는 셈 계산을 하는 게 아닙니다. 자신의 창작물을 표현하려는 수학적인 사고만 있다면 충분하다고 생각합니다. 실제로 엄청나 보이는 효과들도 자세히 들여다보면 단순한 수학적인 개념을 창의적으로 사용할 때가 많았습니다. 언리얼 엔진4에서 새롭게 파티클을 제어할 수 있는 Niagara 기능을 설명한 GDC 영상을 보니 수학적인 사고가 더욱 중요하게 느껴집니다. 부족한 내용이었지만 많은 분들께 도움이 되셨으면 좋겠습니다. 감사합니다.

# 언리얼 엔진 4에서
# 모바일 이펙트의 최적화 방법

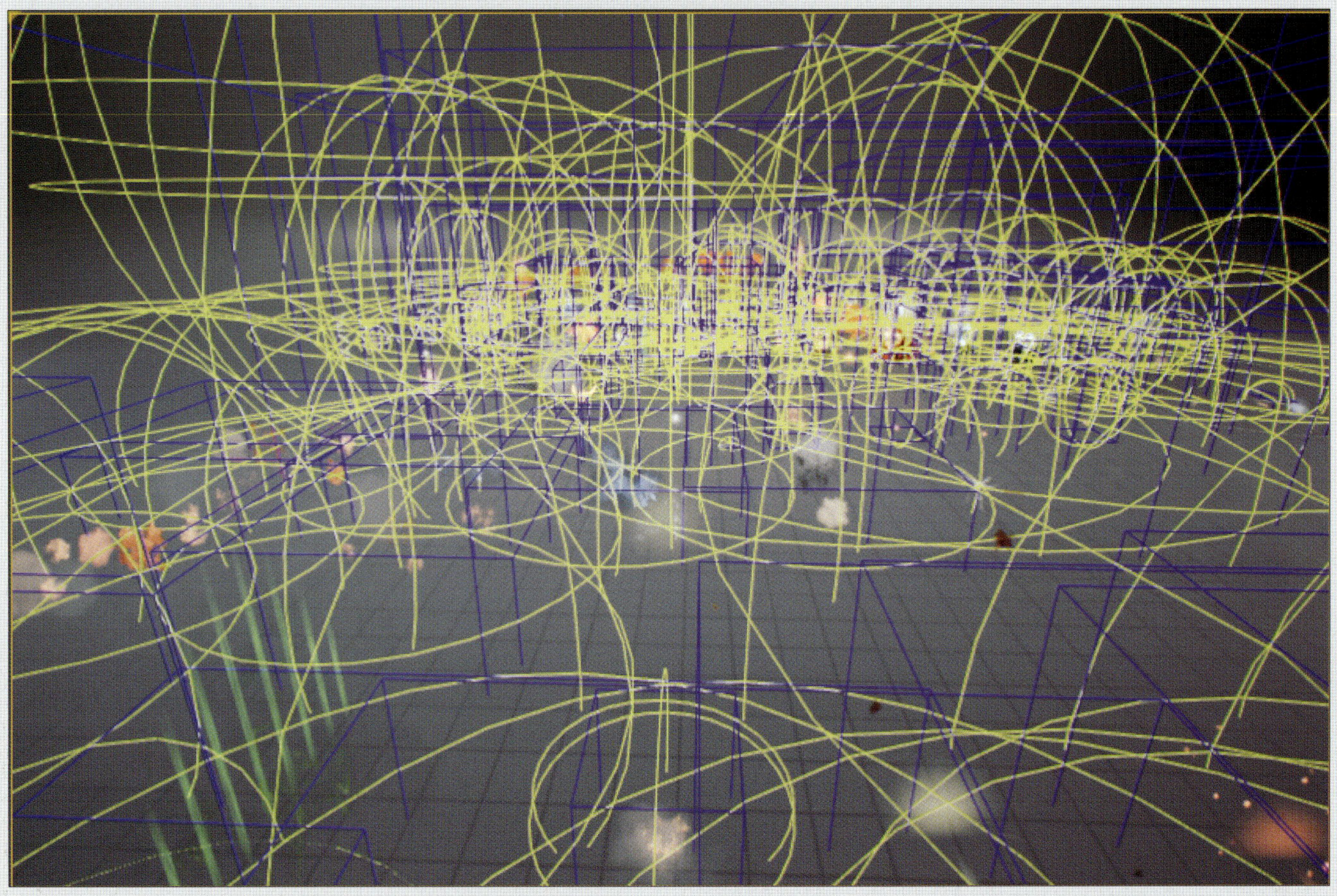

글_ 이현철 | 액션스퀘어 [블레이드 2] 리드 이펙트 아티스트 | asesin@naver.com

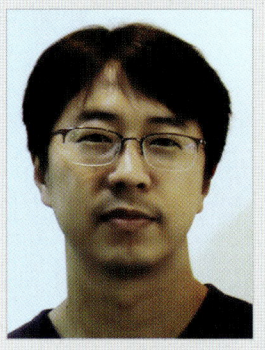

2000년 플레이스테이션 게임의 이펙트 아티스트로 참여하면서 게임업계에 입문했다. 2002년 [세피로스 온라인]에 참여하면서 언리얼엔진 1x를 다루며 게임이펙트 경험을 쌓았고, 다양한 인하우스 엔진들도 경험해왔다. 이후 〈스마일게이트〉의 [로스트 아크]에서 이펙트 TA를 담당했으며, 현재는 〈액션스퀘어〉의 [블레이드 2]에서 리드 이펙트 아티스트로 활동하며 다양한 이펙트를 제작/관리하고 있다. 겉의 화려함보다 내실을 중요시하는 실무형 개발자이다.

# 들어가며

게임엔진이 발전하면서 영상 수준의 뛰어난 그래픽을 보여주고 있습니다. 다양한 테크니컬과 기능들이 추가되었으며, 영상제작에서 쓰였던 많은 기법이 게임제작에도 적용되고 있는 추세입니다. 얼마 전만 하더라도 이는 PC나 콘솔 게임에만 국한되었던 이야기일지도 모릅니다. 최근 모바일 디바이스의 하드웨어 스펙들이 높아짐에 따라 PC와 모바일의 간격이 지속해서 좁혀지고 있고, PC 또는 콘솔에서나 적용될 수 있었던 많은 테크니컬 기법들이 모바일에도 반영되고 있습니다.

게임이펙트는 게임엔진에 영향을 많이 받습니다. 게임엔진에서 제공하는 표현의 한계나 제작 툴의 활용범위, 호환성 등 많은 부분이 복잡하게 연계되어 있기 때문입니다. 엔진이 발전하면서 다양한 쉐이딩 기법과 후처리(Post process) 효과, 연출 기법은 물론 더 나아가 스크립트 제어까지… 이펙트 아티스트가 신경 써야 할 부분들이 점차 많아지고 있습니다.

게임엔진의 발전과는 별개로 과거나 지금이나 변하지 않는 한 가지는 고퀄리티의 이펙트를 최상의 퍼포먼스로 뽑아내야 한다는 것입니다. 즉, '최적화'입니다. 물론 최적화가 이펙트의 고유영역은 아닙니다. 최적화는 이펙트와 더불어 3D 캐릭터, 3D 배경, 레벨, 애니메이션, UI, 심지어는 프로그래밍까지 그 범위가 다양합니다.

아트와 프로그래밍 영역 등 전반적으로 좋은 퍼포먼스를 낼 때 최적화가 잘 되었다고 할 수 있는데, 왜 유독 이펙트 분야가 타 그래픽보다 최적화에 더 많이 노출되는 걸까요? 그것은 앞서 언급했던 3D캐릭터, 3D배경, 레벨, 애니메이션, UI, 프로그래밍 파트 등과 많은 부분에서 연관되어있기 때문입니다.

게임캐릭터나 무기에 표현되는 이펙트, 3D배경에 적용되는 환경이펙트, 애니메이션과 같이 연출과 같이 어우러지는 스킬&연출이펙트, UI이펙트, 특정 이벤트 이펙트 등… 게임 내에서 이펙트는 많은 곳에서 표현되고 있습니다.

그렇다면 이펙트 최적화는 어떤 방식으로 진행하면 될까요? 안타깝게도 이펙트 최적화에 대한 기본적인 방향성은 있지만 각 요소에 대한 규격화된 정답은 없습니다. 그 이유는 변수가 너무 많기 때문입니다. 제작하는 게임의 아트스타일, 제작기간, 장르, 작업공정 등 게임개발의 방향성에 따라 이펙트 최적화의 기준 또한 달라지기 때문입니다.

최근 유니티 엔진에 대한 좋은 정보가 담긴 서적들이 출간되고 있습니다. 하지만 상대적으로 언리얼엔진에 대한 내용, 특히 최적화 부분에 대한 정보를 얻는 데는 어려움이 많습니다. 그런 아쉬움을 조금이나마 해소하고자 그동안 필자가 개발을 진행하면서 얻게 된 최적에 대한 여러 정보들에 대해 간략히 정리해보려고 합니다.

해당 내용은 처음 언리얼 모바일 프로젝트를 접했거나 최적화에 대한 고민이 있으신 분들 대상입니다. 모바일 프로젝트 경험자분들은 이미 알고 계신 내용일 수 있으니 미리 양해를 구합니다. 언리얼 모바일 게임에서의 최적화 방식에 대해서 짚어보면서 조금이나마 고민이 해결되었으면 합니다.

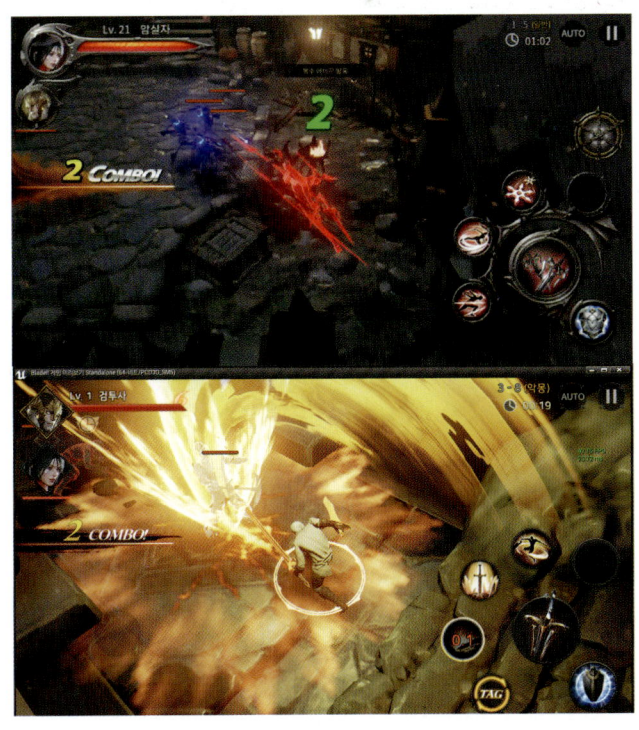

## 언리얼 엔진 4의 VFX 최적화 안내서

이펙트 최적화에 대해서 가장 쉽게 접근할 수 있는 방법은 언리얼엔진 개발사의 공식 학습자료 사이트를 참고하는 것입니다. 이곳은 이펙트 퍼포먼스를 떨어뜨리는 이슈에 대한 주제를 담고 있는데 주요 항목은 다음과 같습니다.

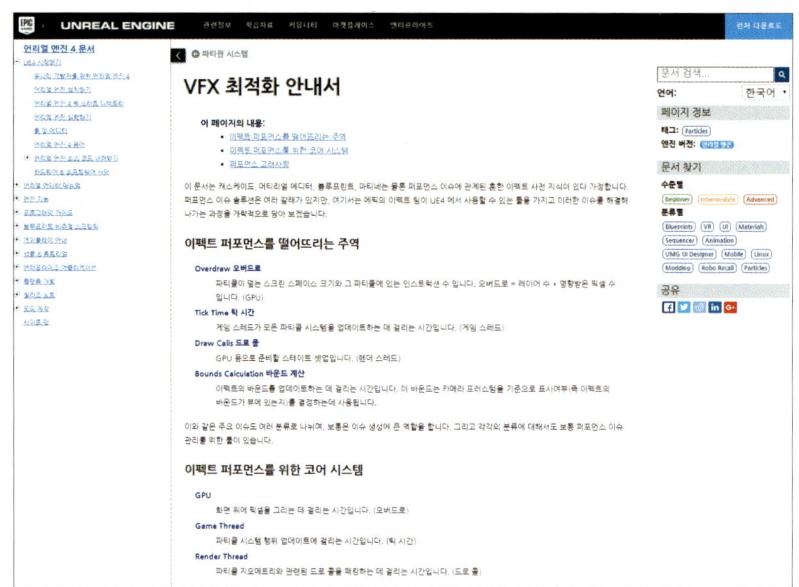

https://docs.unrealengine.com/latest/KOR/Engine/Rendering/ParticleSystems/Optimization/index.html

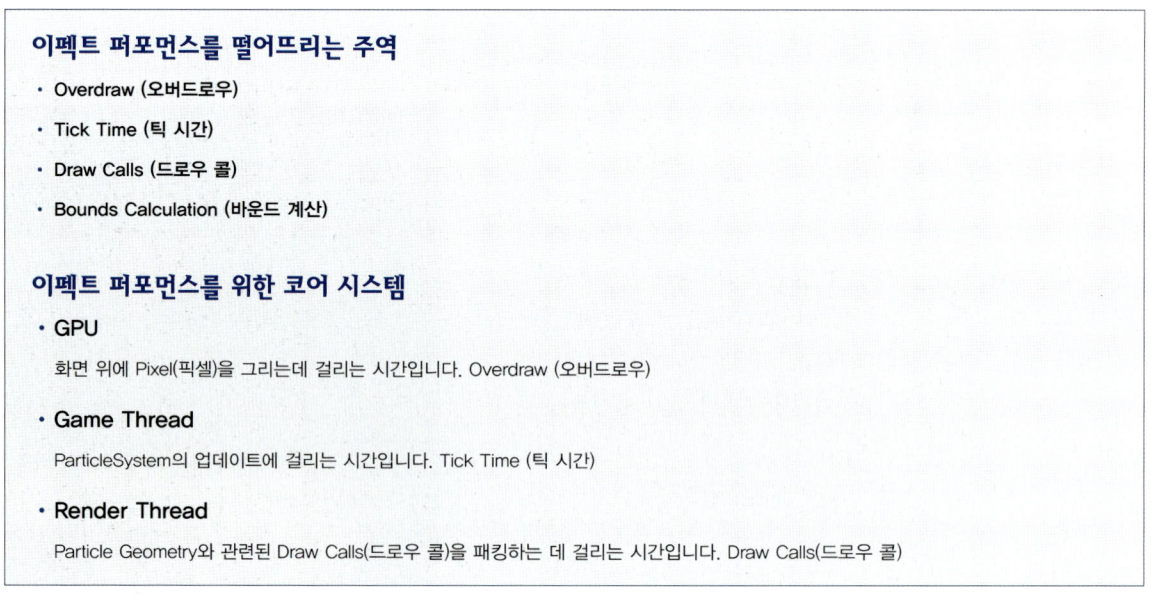

언리얼 공식 학습자료에서 방금 설명한 [이펙트 퍼포먼스를 떨어뜨리는 주역], [이펙트 퍼포먼스를 위한 코어시스템] 항목들이 정리되어 있지만, 사실 이펙트 작업을 하면서 해당 부분을 단번에 이해하기란 쉽지 않습니다. 그래서 우선 언리얼 공식 학습자료에서 언급한 이펙트 퍼포먼스를 떨어뜨리는 주역과 이펙트 퍼포먼스를 위한 코어시스템이 무엇인지 조금 더 파악하고 넘어가 보겠습니다.

# 01 이펙트 퍼포먼스를 떨어뜨리는 4인방

## 1. Overdraw (오버드로우)

많은 반투명 파티클들이 겹칠 때 'Overdraw(오버드로우)가 일어난다'라고 표현합니다.
Overdraw(오버드로우)란? 현재 그려진 이미지 위에 다른 이미지가 그려지는 것을 뜻합니다.

이미지를 이루는 가장 작은 단위인 픽셀(Pixel)이 두 번 이상 그려지는 것을 의미하는데, **Overdraw(오버드로우) = 픽셀(Pixel) 계산 비용**과 같은 의미로 해석됩니다.

여러 이미지가 겹쳐져서 계산되는 픽셀(Pixel) 비용은 픽셀쉐이더(PixelShader Value) 비용이 되며, **Overdraw(오버드로우) = PixelShader Value(픽셀쉐이더 값)**으로도 풀이 됩니다.
이 PixelShader Value(픽셀쉐이더 값)는 그래픽적 연산이기 때문에 하드웨어적으로 GPU(Graphic Process Unit)를 사용하게 됩니다. 그래서 언리얼 공식 학습자료 문서에서 "오버드로우 = 레이어 수 × 영향받은 픽셀수입니다. (GPU)" 라고 명시를 한 것입니다.

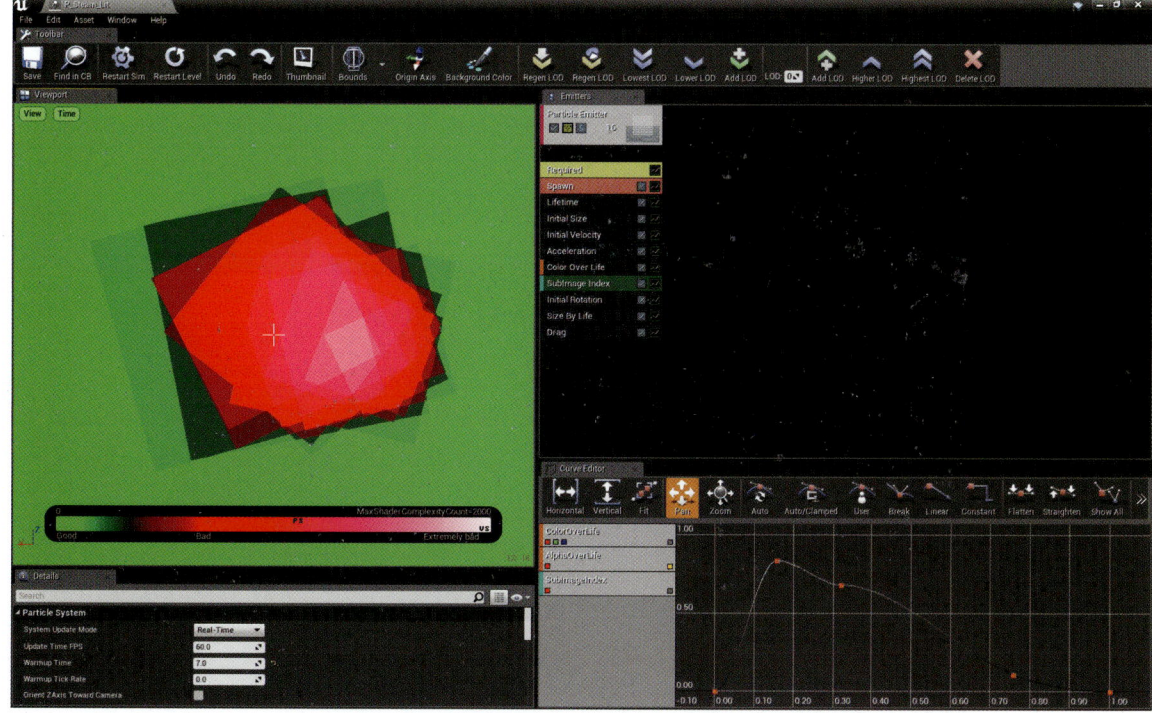

〈Particle들이 겹쳐져서 Overdraw(오버드로우)를 내고 있는 상황〉

305

## 2. Tick Time (틱 시간)

공식 문서에서 Tick Time(틱 시간)은 "Game Thread(게임스레드)가 모든 파티클 시스템을 업데이트 하는데 걸리는 시간(Game Thread)"이라고 명시되어 있습니다. 다시 말하면, Game Thread(게임쓰레드)는 파티클 시스템에서 CPU를 이용하여 계산되는 부분을 말합니다.

> Game Thread(게임쓰레드) = CPU 계산 = Tick Time(틱 시간)

여기서의 Tick Time (틱 시간)은 기준을 정하기 나름인데(좋은 컴퓨터에서는 빠르고, 느린 컴퓨터에서는 느립니다.) 예를 들어, 1초를 60fps으로 제한한다고 가정했을 때 1/60 1 Tick Time이 됩니다. 만약 성능이 좋은 컴퓨터에서 Frame 제한을 걸지 않은 상태라면 Tick Time(틱 시간)은 1ms도 안 나올 수 있습니다. 즉, 몇천 fps도 나올 수 있다는 뜻도 됩니다. (물론 현실에서는 그럴 일이 없겠지만요) Tick Time(틱 시간)은 Emitter 개수에 직접적인 영향을 받기 때문에 Scene에 활성화되는 Emitter 수를 최적화하는 것이 좋습니다.

## 3. Draw Calls (드로우 콜)

GPU용으로 준비할 스테이트 셋업입니다. (Render Thread)
간단히 설명하면, CPU가 GPU한테 화면에 이거 그려!!!(Draw)라고 요청(Call)하는 것을 말합니다. 한번 그리라고(Draw) 요청(Call)하는 단계가 1Draw Call(드로우 콜)이 됩니다. 또한 Draw Call(드로우 콜)에서 쓰이는 Render Thread(렌더쓰레드)가 있는데 이는 멀티코어 CPU에서 사용하지 않고 남는 코어를 가지고 GPU에서 처리하는 일거리를 나누어서 하는 것을 말합니다. 물론 GPU 혼자 처리해도 되겠지만 혼자보단 둘이 같이 일 처리를 하는 것이 빠를 것입니다.
ParticleSystem에서 Draw Call(드로우 콜)은 Particle Sprite Emitter(Sprite 또는 Mesh)당 1DrawCall을 가집니다.

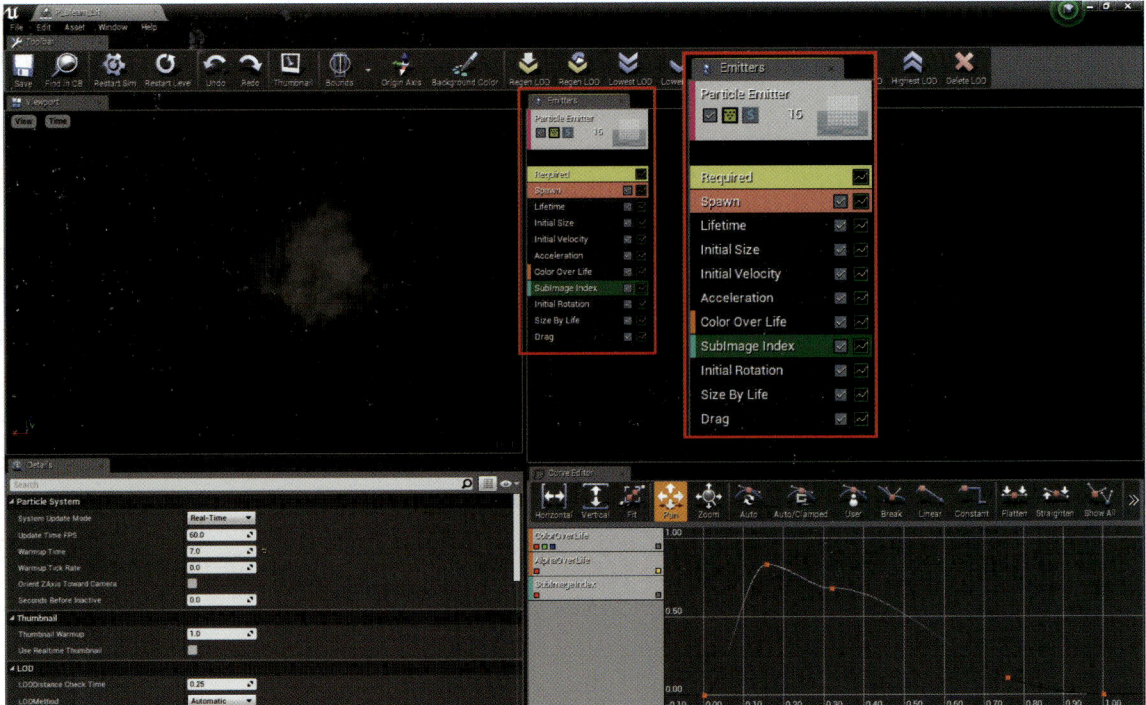

〈Particle Sprite Emitter의 모습. Emitter 개수라고도 불립니다〉

언리얼 엔진 4에서 모바일 이펙트의 최적화 방법

게임플레이 후 Sprite ParticleSystem과 Mesh ParticleSystem을 각각 stat(통계)체크 해본 내용입니다.
각각 Spawn수에 관계없이 동일한 Particle Sprite Emitter를 가지고 있다면 Draw Calls(드로우 콜)은 각각 1이 됩니다.
Draw Calls은 Play 한 후 ` 키를 누르고 콘솔 명령어 stat particles를 이용하면 확인할 수 있습니다.

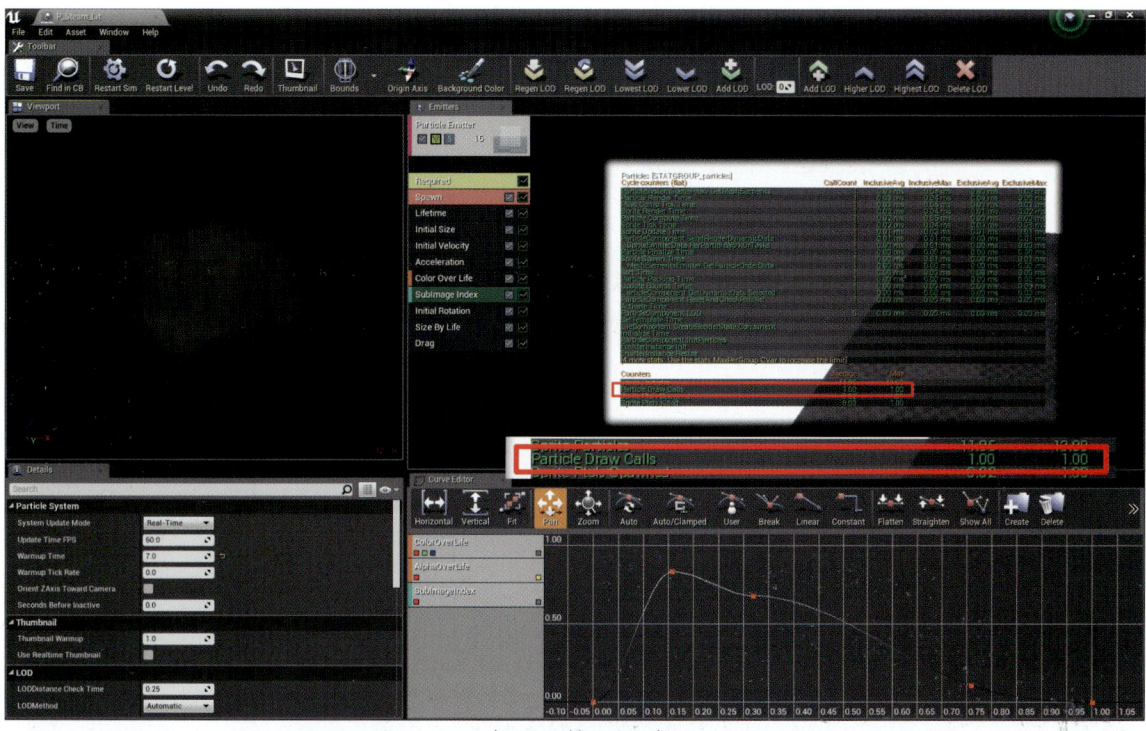

〈Particle의 Draw Call〉

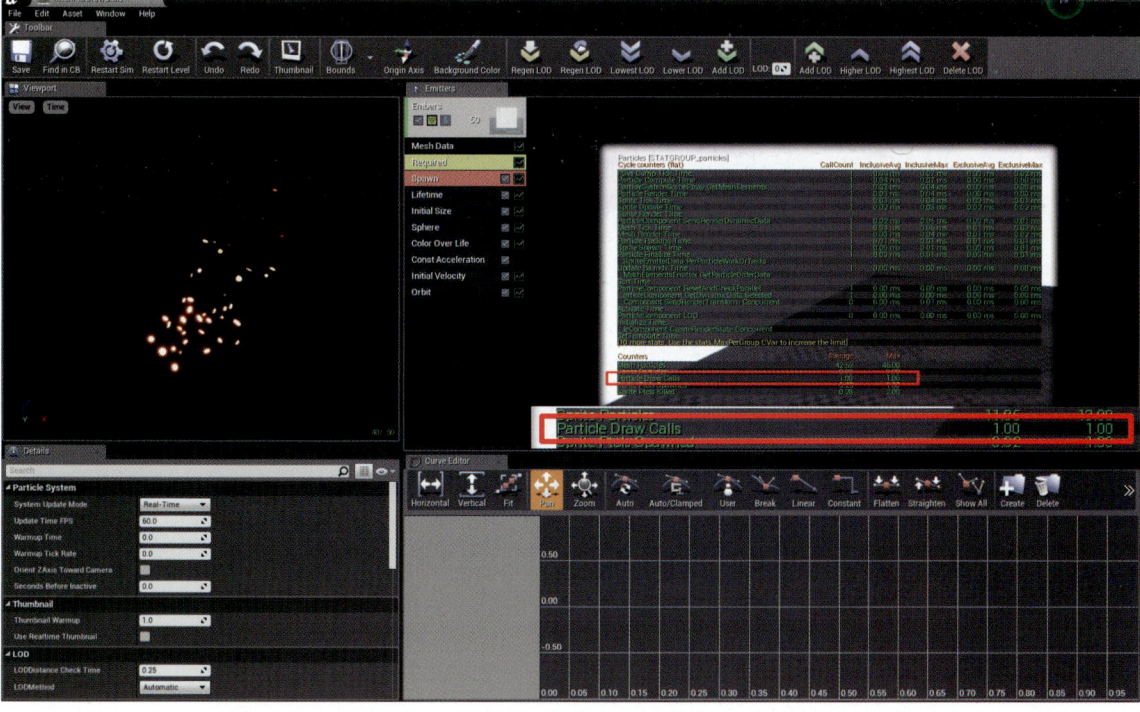

〈Mesh Particle의 Draw Call〉

## 4. Bounds Calculation (바운드 계산)

이펙트의 Bound(바운드)를 업데이트하는데 걸리는 시간입니다.
이 Bound(바운드)는 Camera Frustum(카메라 절두체)을 기준으로 표시여부(즉, 이펙트의 Bound(바운드)가 View(뷰)에 있는지)를 결정하는 데 사용됩니다.

ParticleSystem에는 기본적으로 화면에 Render의 기준인 Bound 값 영역을 가지고 있습니다.
(Bound 영역 표시는 기본적으로 비활성화되어 있습니다.)

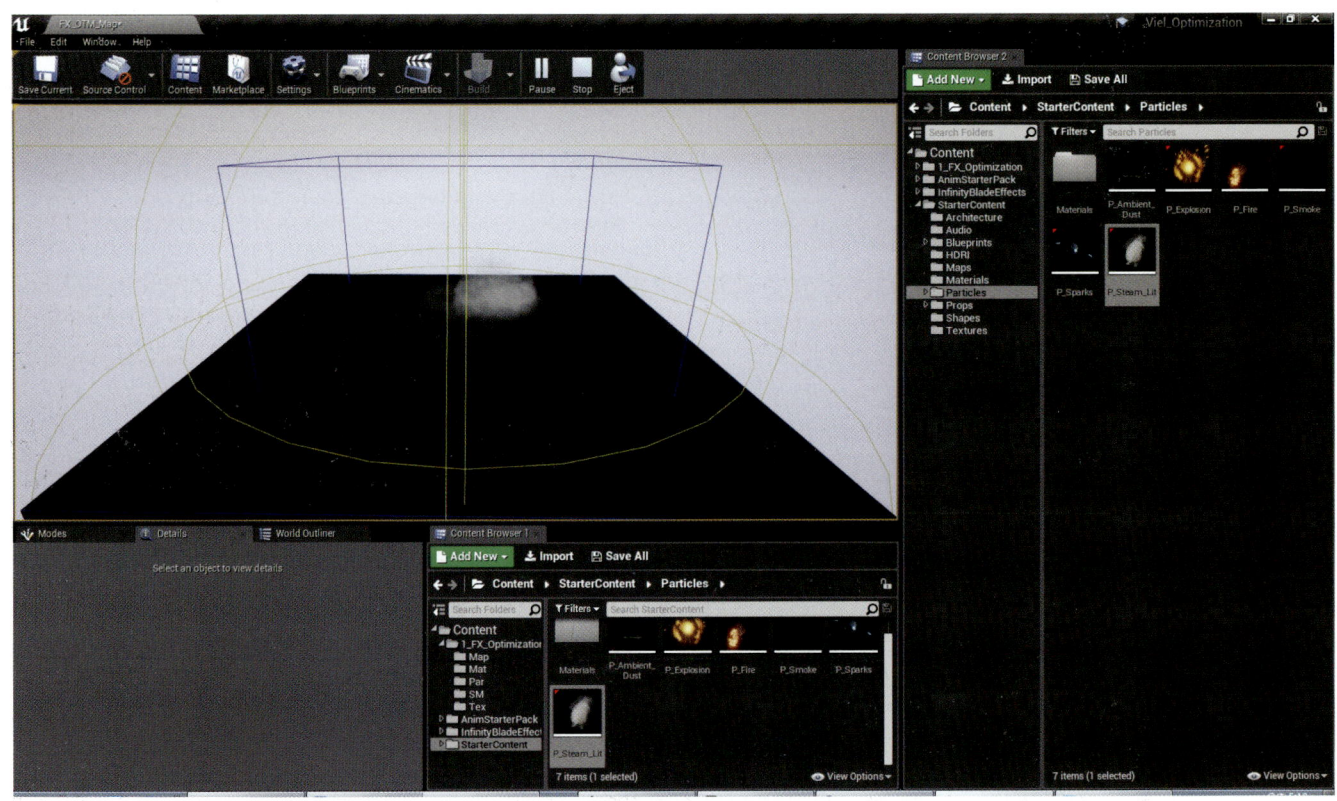

〈Particle Bound값〉

Particle Bounds에 대한 좀 더 자세한 내용은 아래 Fixed Relative Bounding Box 항목에서 설명하겠습니다.
Particle Bounds은 Play 한 후 〈 ` 〉 키를 누르고 콘솔 명령어 show bounds를 이용하면 확인할 수 있습니다.

이렇게 이펙트 퍼포먼스를 떨어뜨리는 4인방에 대해 한번 살펴봤습니다.
최적화를 시작하기 전 위의 4인방 중 어떤 부분에서 병목 현상이 가장 많이 발생하는 지부터 파악하는 것이 좋습니다. 같은 최적화라도 좀 더 효율적이고, 좋은 결과물을 추구할 수 있기 때문입니다.

# 02 이펙트 최적화를 위해 지켜야 할 사항

이펙트 리소스를 제작하기 위해서는 각종 DCC Tool을 활용하는데 언리얼 엔진으로 Import 할 때 여러 가지 주의사항이 있습니다. 다음 항목에서는 언리얼 엔진에서 Import 할 때 유의해야 할 부분도 함께 소개하겠습니다.

> **DCC Tool (Digital Contents Creation Tool)**
> 일반적으로 이펙트 아티스트들이 사용하는 DCC Tool로는 3dsMax, Photoshop, AfterEffect 등이 있으며, 추가로 이펙트 리소스 제작을 위하여 서드파티(Third Party) 플러그인을 사용하는 경우도 많습니다.

## 1. Texture

### 1. Texture 사이즈

너무나 당연한 이야기겠지만 게임 내에선 Texture Size가 작을수록 좋습니다. 그만큼 용량과 메모리를 아낄 수 있기 때문입니다. 그에 반해 Texture Size가 작아지면 해상도가 떨어져서 퀄리티 면에서 좋지 않습니다. 그래서 개발단계에서 클라이언트를 실행해보면서 적절한 Texture Size를 찾는 것이 중요합니다. Texture 스타일이 단순할수록 Size는 작게, 복잡할수록 Size를 크게 하는 것이 좋습니다. 여기서 '복잡할수록 Size를 크게'라는 부분은 고퀄리티를 요하는 Texture를 의미합니다.

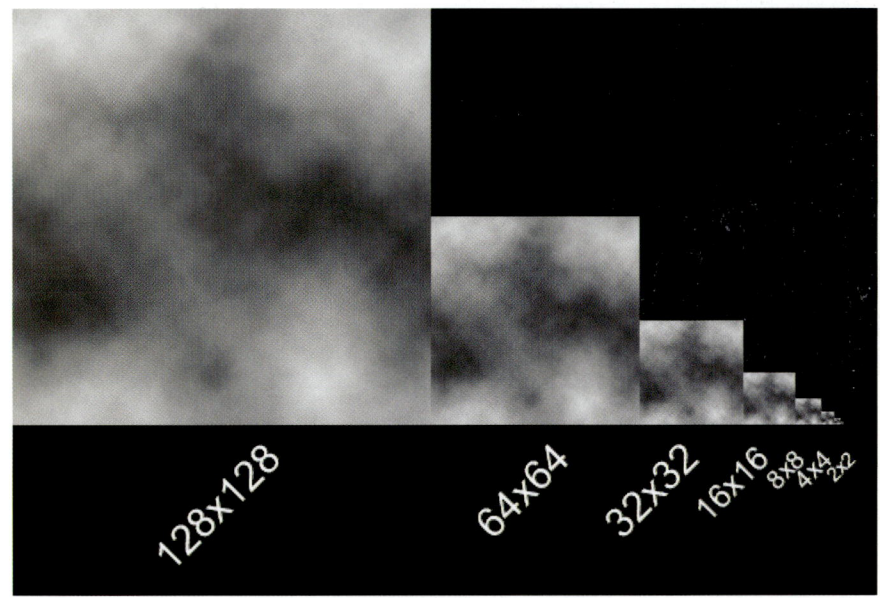

〈Texture는 2의 제곱승 단계를 지켜야 합니다〉

2의 제곱승을 지키지 않더라도 엔진으로의 Import나 작업은 가능하지만 Texture 압축에서 많은 차이를 발생 시킵니다. 여러 오류를 만들어낼 수 있기 때문에 2의 제곱승을 준수해서 제작해야 합니다. 또한 텍스쳐는 정사각 형태로 만들어 주는 것이 좋습니다.

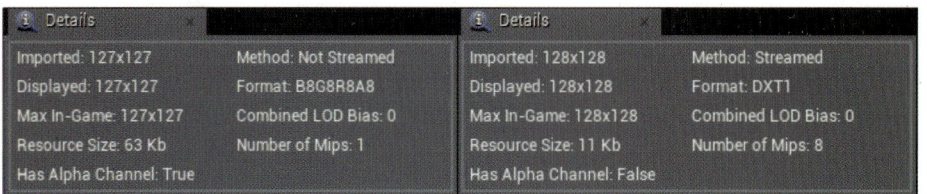

〈2의 제곱승이 아닌 Texture(좌)와 2의 제곱승인 Texture(우)〉

**2의 제곱승을 지키지 않은 Texture 특징**
- DXT 포맷을 가지지 않습니다.
- MipMap Setting이 되지 않습니다.
- 무압축이다보니 Texture 용량이 큽니다.
- 다양한 오류가 발생할 수 있습니다.

**DXT 텍스쳐 포맷**
- DXT1 : 24Bit Texture를 Import할 때 자동으로 적용됩니다. (Alpha Channel X)
- DXT5 : 32Bit Texture를 Import할 때 자동으로 적용됩니다. (Alpha Channel O)

## 2. Texture MipMap과 NoMipMap

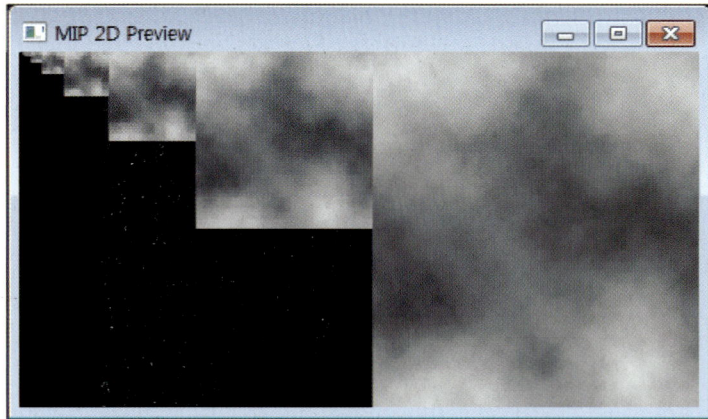

〈Nvidia dds Format MipMap의 2D Preview의 예〉

아래 그림에서 Resource Size와 Number of Mips항목을 보면 왼쪽과 오른쪽 그림이 차이가 있는 것을 확인할 수 있는데, MipMap이 적용된 버전은 Texture 자체에 MipMap을 가지고 있기 때문에 그만큼 Resource Size가 늘어나게 됩니다. (약 33% 증가) 즉, 그만큼 메모리를 더 쓰게 된다는 뜻입니다. 따라서 카메라 거리에 따라 적용되는 MipMap이라면 효율성이 좋기 때문에 MipMap을 적용하면 좋겠지만 카메라 거리에 따른 MipMap이 필요 없는 게임이라면 (예를 들어 Top View(탑뷰), Quarter View(쿼터뷰)와 같은..) 상황에 따라 MipMap 적용하지 않는 것이 메모리 절약 측면에서 더 나을 수도 있습니다.

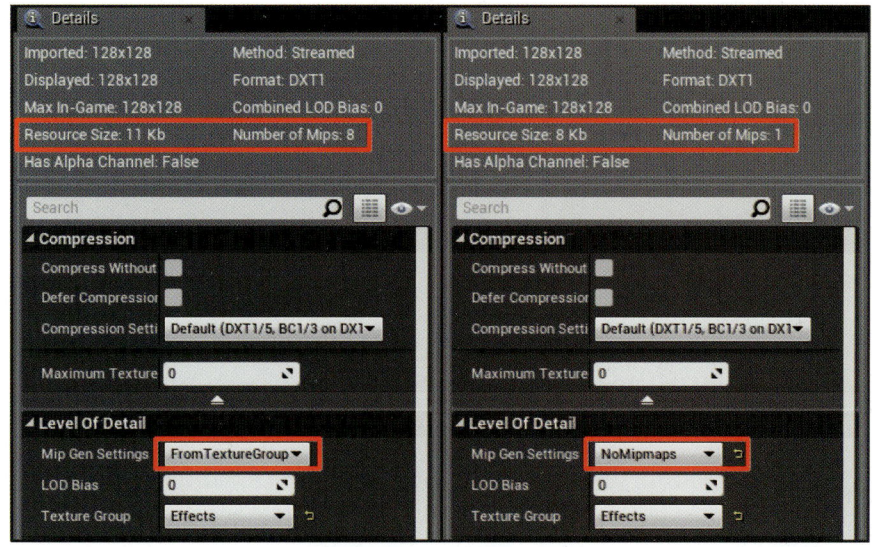

〈MipMap적용(좌), NoMipMap(우)〉

## 3. Texture Group 속성 변경

사실 Texture Group 속성변경 자체는 최적화를 직접적으로 하는 역할이라기보다, 현재 쓰이고 있는 Texture가 어떤 용도로 쓰이는 Texture인지 알려주기 위한 분류에 더 가깝습니다. Effect로 쓰이는 Texture들을 Group으로 한 데 묶어 놓음으로써 추후 프로그래머가 게임 플레이시 특정 상황에서 Effect 관련 Texture 전체를 컨트롤 해야 하는 경우가 생길 때 유용하게 쓰이는 옵션입니다.

이펙트 아티스트가 할 일은 단순합니다. Texture Group에서 속성을 Effect로 변환시켜주기만 하면 되는데 실제로 작업하다 보면 귀찮아서 혹은 깜빡 잊어버려서 변경하지 않은 채로 유지되는 경우가 발생합니다. 따라서 Texture를 Import 할 때마다 Texture Group을 설정하는 습관을 가지는 것이 가장 좋습니다. 그래도 힘들다면 일정 주기로 Texture Group을 설정하는 것도 방법이 됩니다.

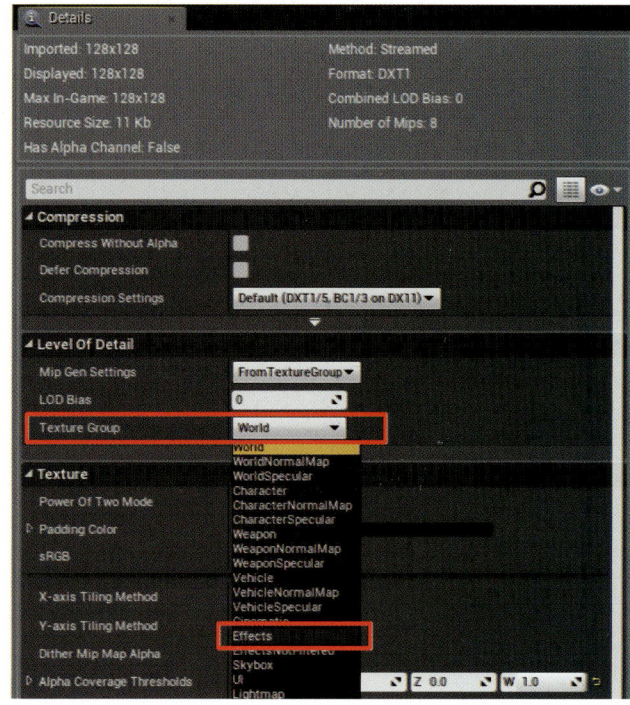

〈Texture Group에서 Effects를 선택합니다.〉

## 2. StaticMesh

### 1. FBX(StaticMesh) Import 할 때 체크 사항

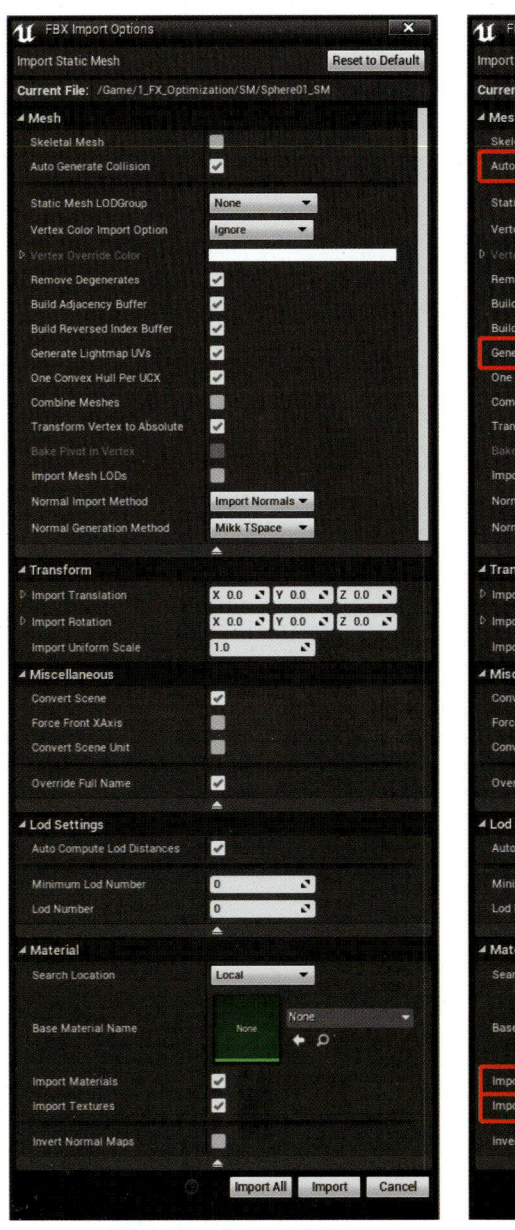
〈StaticMesh 기본 Import옵션〉

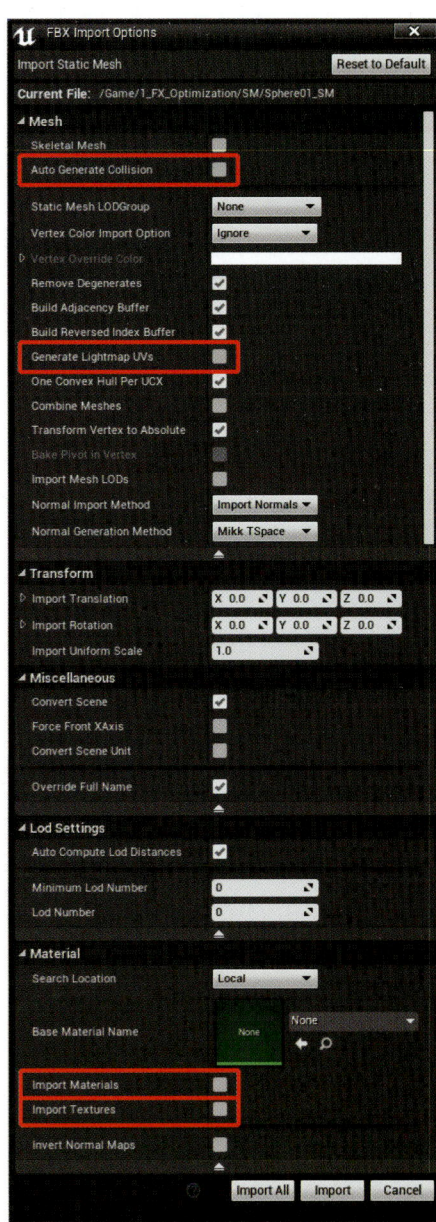
〈FBX(StaticMesh) Import시 체크 사항〉

**Auto Generate Collision**

Mesh Import시 Collision(콜리전)을 자동 생성해 주는 기능입니다. ParticleSystem 자체로는 대부분 Collision이 필요치 않으므로 기본적으로 끄고 Import 합니다.

### Generate Lightmap UVs

Lightmap(라이트맵) UV를 생성시켜 주는 기능입니다. Cascade시에 활용하는 Mesh는 Unlit의 Material을 사용하는 경우가 대부분이므로 Generate Lightmap UVs를 꺼주는 것이 좋습니다.

### Import Materials & Import Textures

Mesh를 Import할 때 3D DCC툴(3dsMax, Maya 등)에서 사용됐던 Material이나 Texture를 Import할지 결정하는 옵션입니다. 이펙트를 제작할 때 Mesh Material은 대부분 언리얼 내부에서 Material을 제작하여 사용하게 되는데 이 두 옵션을 체크했을 경우 DCC툴에서 적용했던 Texture와 Material이 Import 되므로 의도적으로 쓸 것이 아니라면 체크하지 않습니다.

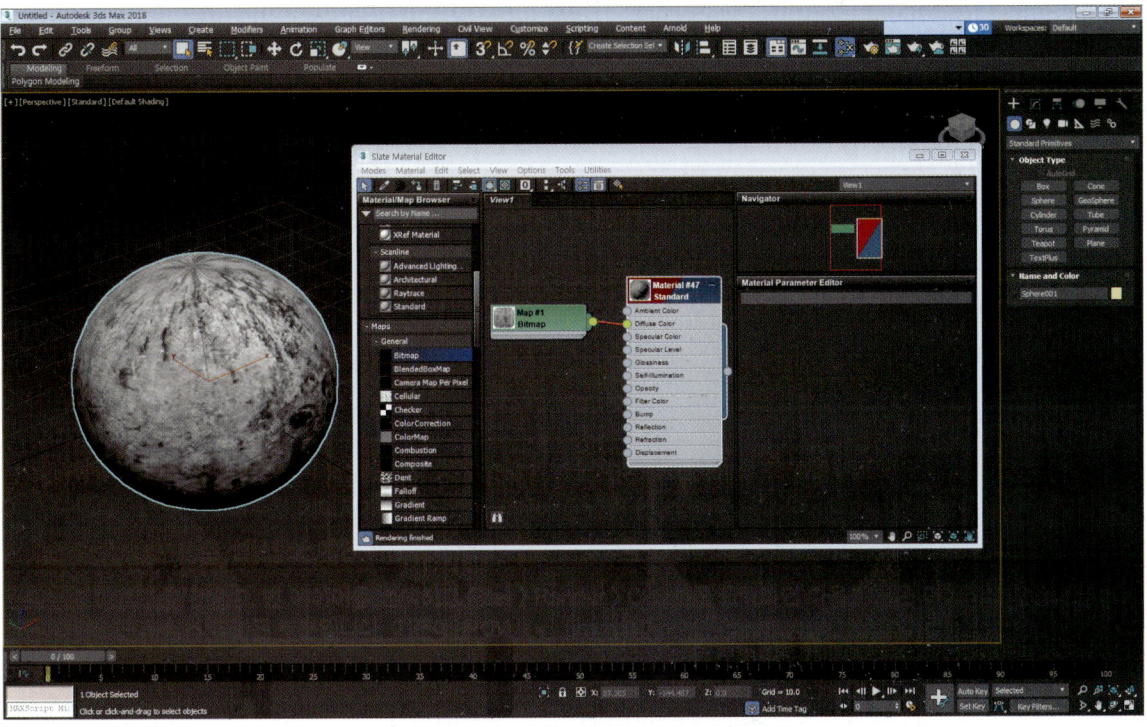

〈3dsMax에서의 Material과 Texture 적용〉

아래 그림을 보면 3dsMax에서 적용한 Material과 Texture가 같이 Import 되어 UE4의 StaticMesh에 적용되어 있는 것을 볼 수 있습니다. 몇몇 간단한 테스트나 3dsMax상에서 작업한 그대로를 Import 하고 싶은 경우가 아니라면 이와 같은 데이터가 쌓이게 되고 결국 이 데이터들을 관리해야 하는 번거로움이 생기게 됩니다.

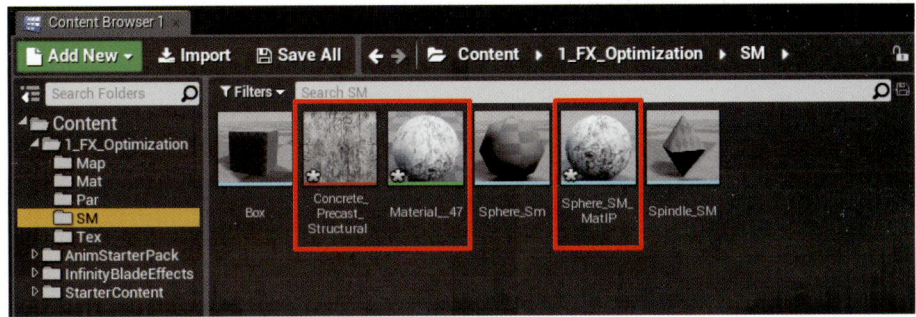

〈언리얼 엔진으로 Import 된 모습〉

## 2. One Parts Material 화

게임 캐릭터가 가지고 있는 Material의 경우는 Multi Material이 적용되어 있는 경우가 많습니다. 아래 그림과 같이 Static-Mesh 또는 SkeletalMesh에 적합한 이펙트 Material을 적용하여 스킬을 표현하는 경우도 많은데, 이럴 경우 Material을 하나로 만들어주면 Draw Calls를 절약하는 데 도움이 됩니다. One Parts Material의 주요 목적은 Material 개수를 줄이는 것이며, Material 개수를 줄이는 만큼 Draw Calls(드로우 콜) 또한 줄어들게 됩니다.

〈Blade2 모바일(암살자)〉

〈오버히트 모바일(키르)〉

## 3. Polygon Optimization(폴리곤 최적화)

Polygon Optimization(폴리곤 최적화)는 One Parts Material와 함께 최적화하는 경우가 많습니다.

게임 플레이에 사용되는 캐릭터를 이펙트용 StaticMesh로 Convert(변환)하여 사용해야 하는 경우가 있는데 이런 경우 3D 캐릭터 모델링 팀에서 이펙트용으로 쓰기 좋게끔 최적화된 StaticMesh로 제작해주면 가장 좋습니다. 하지만, 개발하다 보면 여의치 않은 상황에 놓이는 경우가 많은데 이런 경우 이펙트 아티스트가 직접 캐릭터를 StaticMesh화 하여 사용하는 경우도 많습니다. 게임에 적용된 캐릭터들을 보면 대체적으로 이펙트 제작에 필요한 폴리곤 수보다 더 많은 폴리곤 수를 가질 수 있으므로 적정한 폴리곤 수의 조절이 필요합니다.

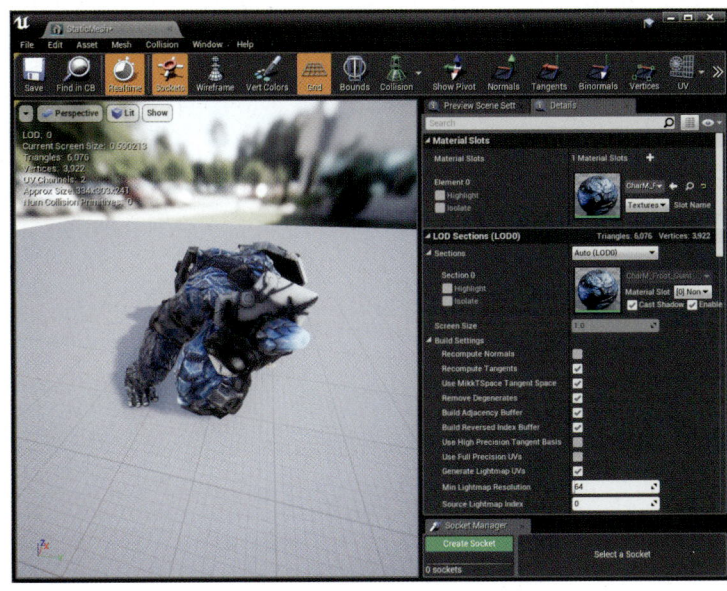

〈InfinityBladeAdversaries의 FrostGiant_Captain〉

아래 그림에서 보는 바와 같이 FrostGiant_Captain은 6076개의 폴리곤을 가지고 있는데 앞 페이지에서 봤던 이펙트를 표현하기에는 다소 많은 양의 폴리곤이라 할 수 있습니다.

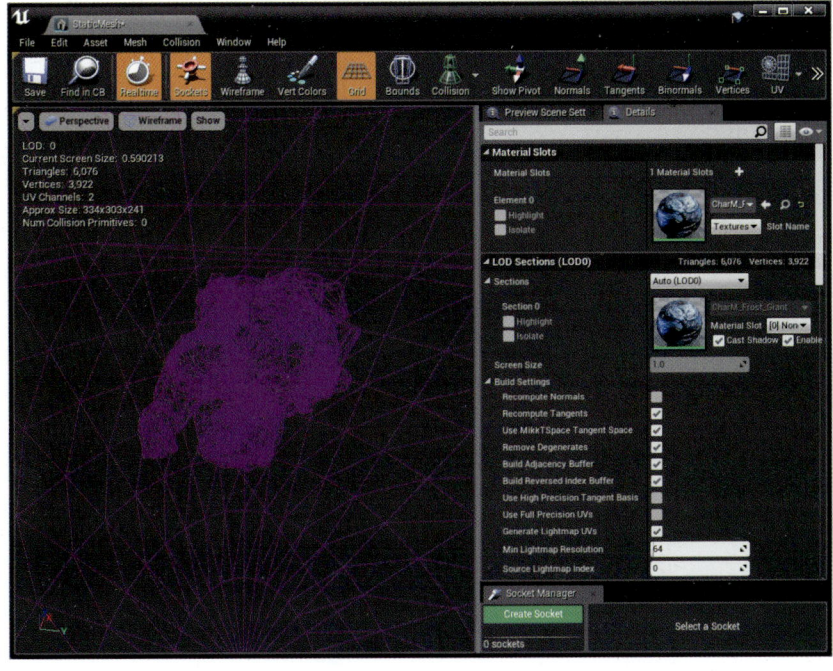

〈InfinityBladeAdversaries의 FrostGiant_Captain 와이어프레임모드〉

3dsMax의 경우 ProOptimizer 기능으로 간단하게 폴리곤을 최적화 할 수 있습니다.

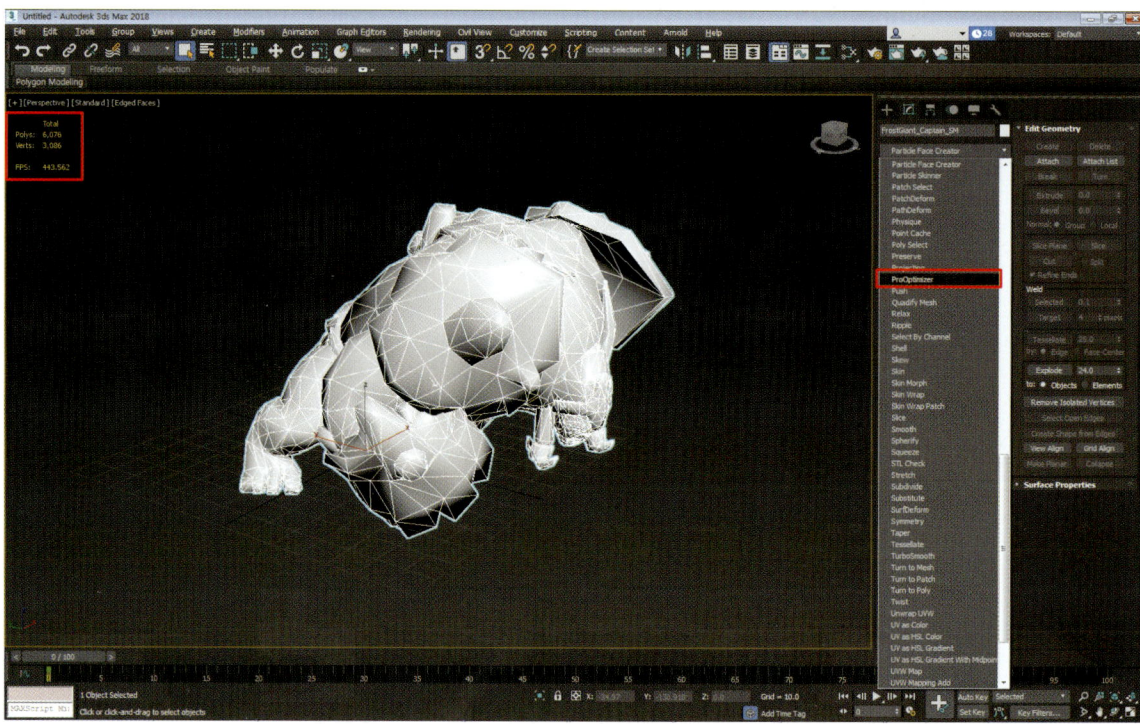

〈ProOptimizer는 Modify Pannel내 Modify List에서 찾을 수 있습니다.〉

아래 그림은 ProOptimizer를 통해 기존 폴리곤 수에서 50%로(2990폴리곤) 수치를 낮춘 결과입니다.
ProOptimizer를 통해 실제로 %를 낮춰가면서 이펙트 아티스트가 의도하는 퀄리티로 적절하게 폴리곤 수를 줄일 수 있습니다. ProOptimizer 기능은 유튜브에서 쉽게 확인할 수 있으니 한 번씩 다루어 보시기 바랍니다.

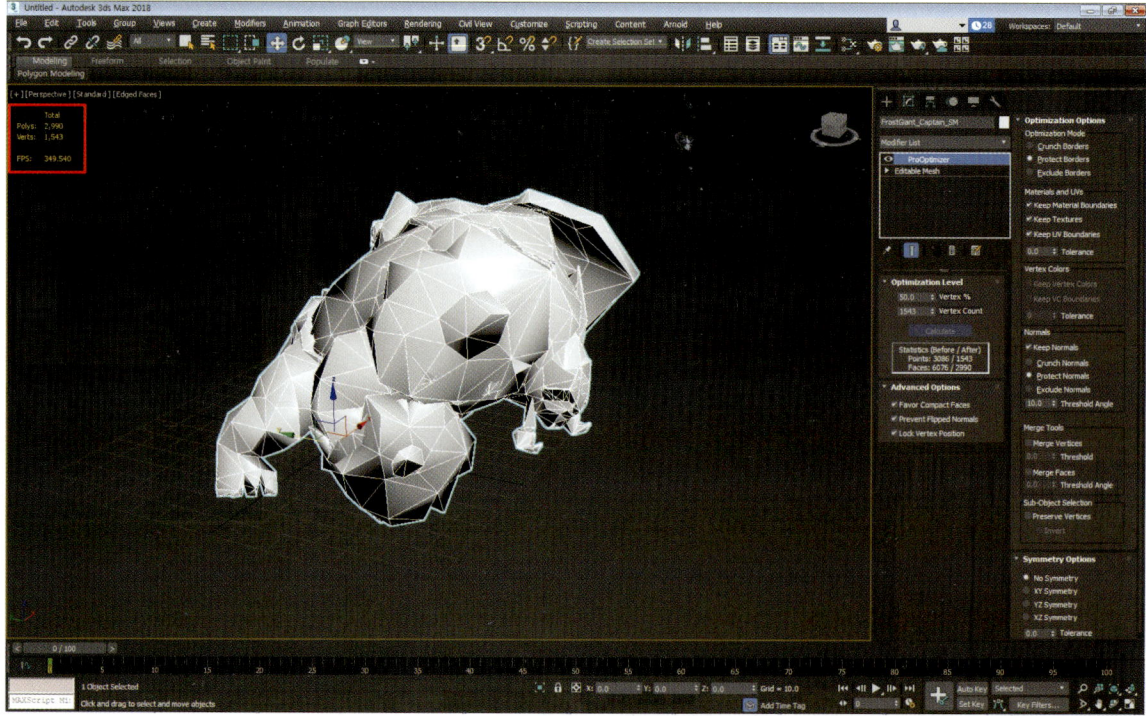

〈ProOptimizer 적용결과〉

## 4. Recompute Tangents(탄젠트 재계산)

Recompute Tangents(탄젠트 재계산)이 꺼져있을 때는 FBX 파일의 것(버텍스)을 유지하며, 켜면 Tangents 탄젠트를 언리얼에서 다시 계산하여 StaticMesh에 대한 버텍스를 최적화 할 수 있게 해줍니다. 만약 꺼져있다면 켜주도록 합니다.

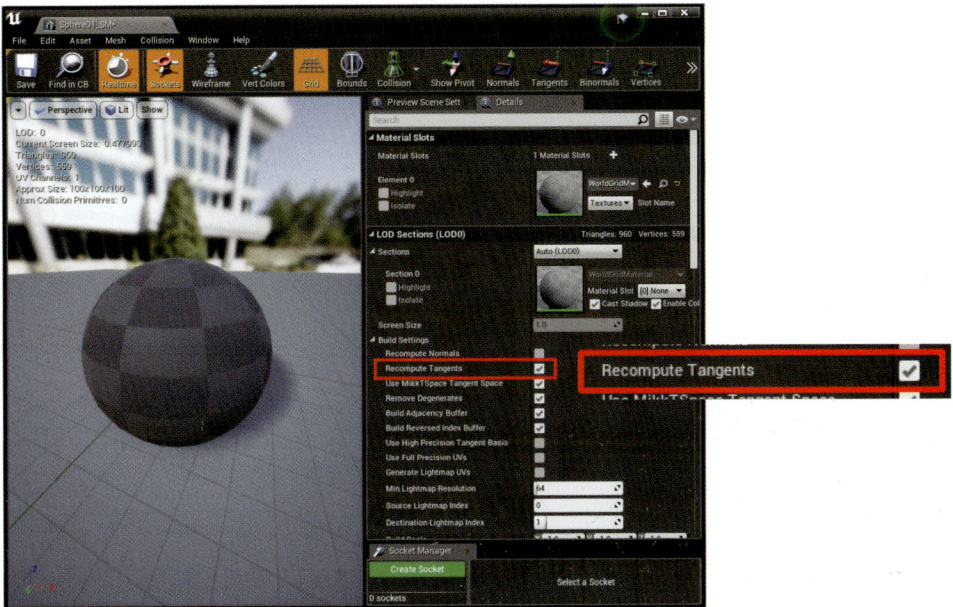

〈StaticMesh Editor내 Recompute Tangents(탄젠트 재계산)〉

# 3. Material

### 1. Material Instruction

Material Editor(머터리얼 에디터)에서 Material 제작 시 Stats(통계)와 Mobile Stats(모바일 통계)를 켜 놓고 작업하는 것을 권합니다. Material 제작 시 Stats(통계)에서 Base Pass Shader(픽셀 쉐이더)와 Vertex Shader(버텍스 쉐이더)를 확인하면서 작업하는 것이 좋은데 모바일 특성상 GPU 성능이 높은 편이 아니므로 Pixel Shader의 Instruction 수치가 높지 않게 해주는 것이 중요합니다.

Material Instruction Count는 초반에 기준을 잡는 것이 굉장히 중요합니다. 퀄리티 위주로만 신경 쓰다가 나중에 최적화하려고 하면 퀄리티를 유지하기도 힘들뿐더러 비슷한 기능을 가진 여러 Material로 인하여 최적화의 목적이 무의미해질 수도 있습니다.

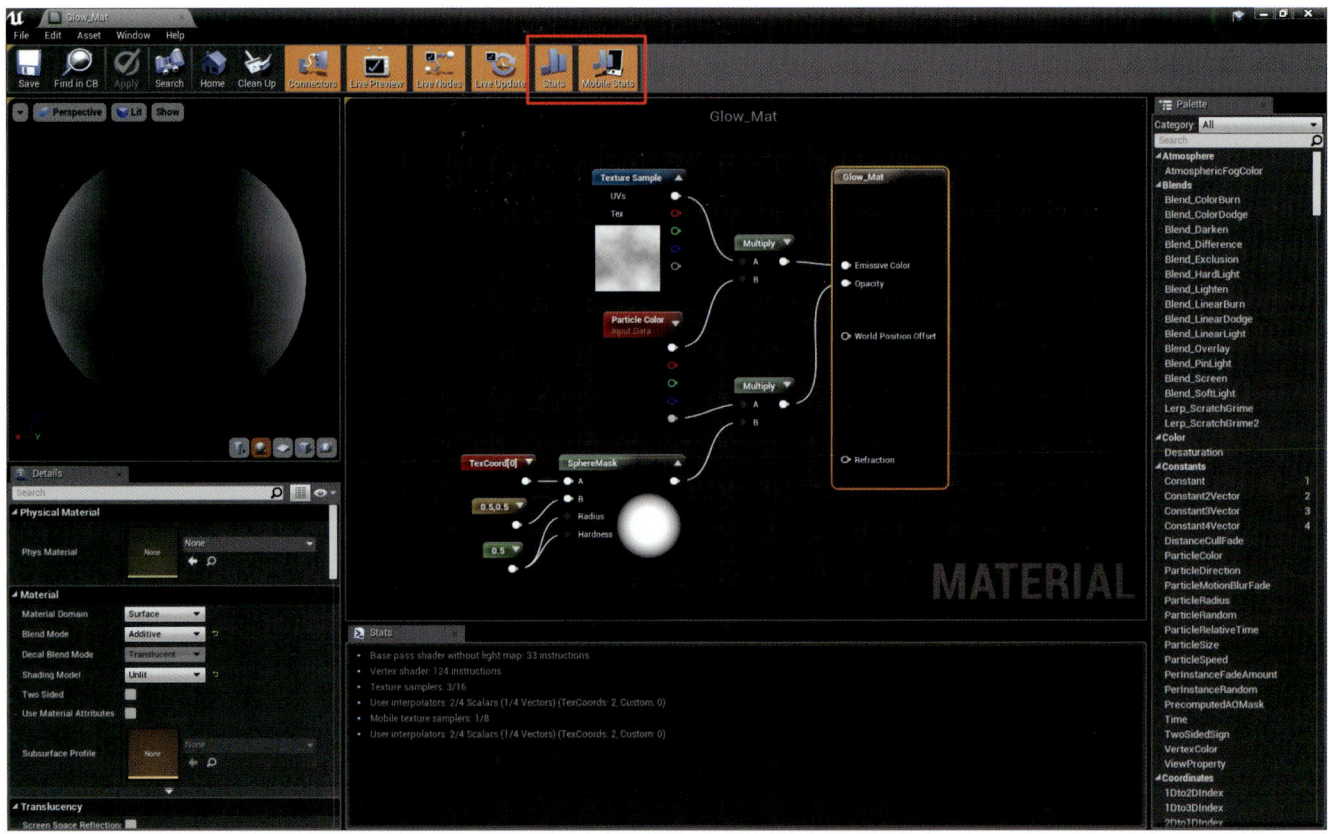

〈머터리얼 제작 시 Stats(통계)창을 켜놓고 확인하는 것이 좋습니다.〉

## 2. 빠른 표현식

Add, Subtract, Multiply, Clamp 등등.
같은 표현식이라면 계산값이 싼 노드로 제작하는 것이 좋습니다.

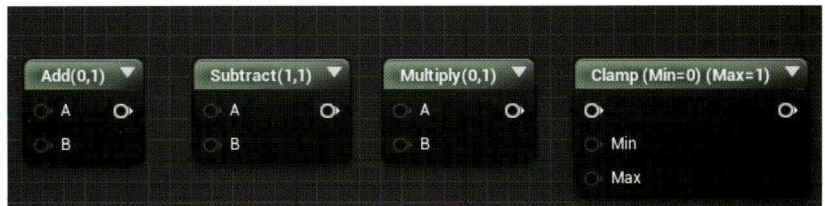

〈빠른 표현식의 대표적 노드〉

## 3. 비싼 표현식

Sin, Cos, Tan, Pow, Divide, Noise, If 등등…

〈삼각함수계열 노드들은 비쌉니다〉

Multiply보다 Divide가 10배 더 무겁습니다.
Divide보다 삼각함수가 10배 정도 더 무겁습니다.

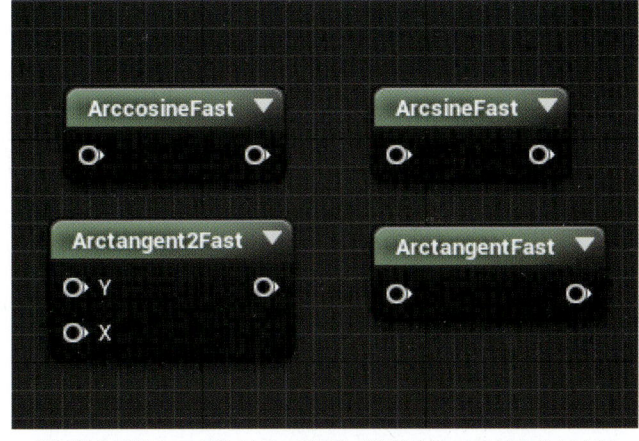

〈삼각함수 관련 노드 사용 시 Fast버전을 사용하면 좀 더 효율이 좋습니다.〉

## 4. Customized UV

### Customized UV의 역할
Customized UV는 Pixel Shader(픽셀쉐이더)에서 계산되는 부분을 Vertex Shader(버텍스 쉐이더)로 계산하게끔 하는 역할을 합니다. 모바일에서는 필수로 설정해야 하는 기능이라 할 수 있습니다.

〈Customized UV는 Pixel에서 계산해야 하는 부분을 Vertex에서 계산하게끔 만들어줍니다.〉

Customized UV는 Mesh나 MeshParticle에 적합합니다.
그 이유는 Pixel(픽셀)에서 계산되는 부분을 Vertex(버텍스)에서 계산하기 때문인데 Vertex 수가 아무리 많더라도 Pixel 수보다 많지 않기 때문에 그만큼 비용을 아낄 수 있습니다. 하지만 Pixel에서 Vertex로 전환하는 것이니만큼 퀄리티 저하가 일어날 수밖에 없는데 이를 위해 Mesh의 Vertex 분포나 Vertex 수 또한 미리 고려해서 제작하는 것이 좋습니다.

주의해야 할 부분이 있다면 많은 수의 폴리곤을 가진 Mesh가 LOD를 활용하지 않은 상태에서 너무 먼 거리에서 보여진다면 이는 픽셀로 표현하는 것보다 더 비쌀 수 있습니다. (단 몇 픽셀로 그릴 수 있는 것을 해당 폴리곤의 Vertex를 다 계산하기 때문입니다.) Customized UV에서 Sprite Particle은 지원하지 않는다고 하는데 그 이유는 다음 그림을 확인하시면 쉽게 이해되실 겁니다.

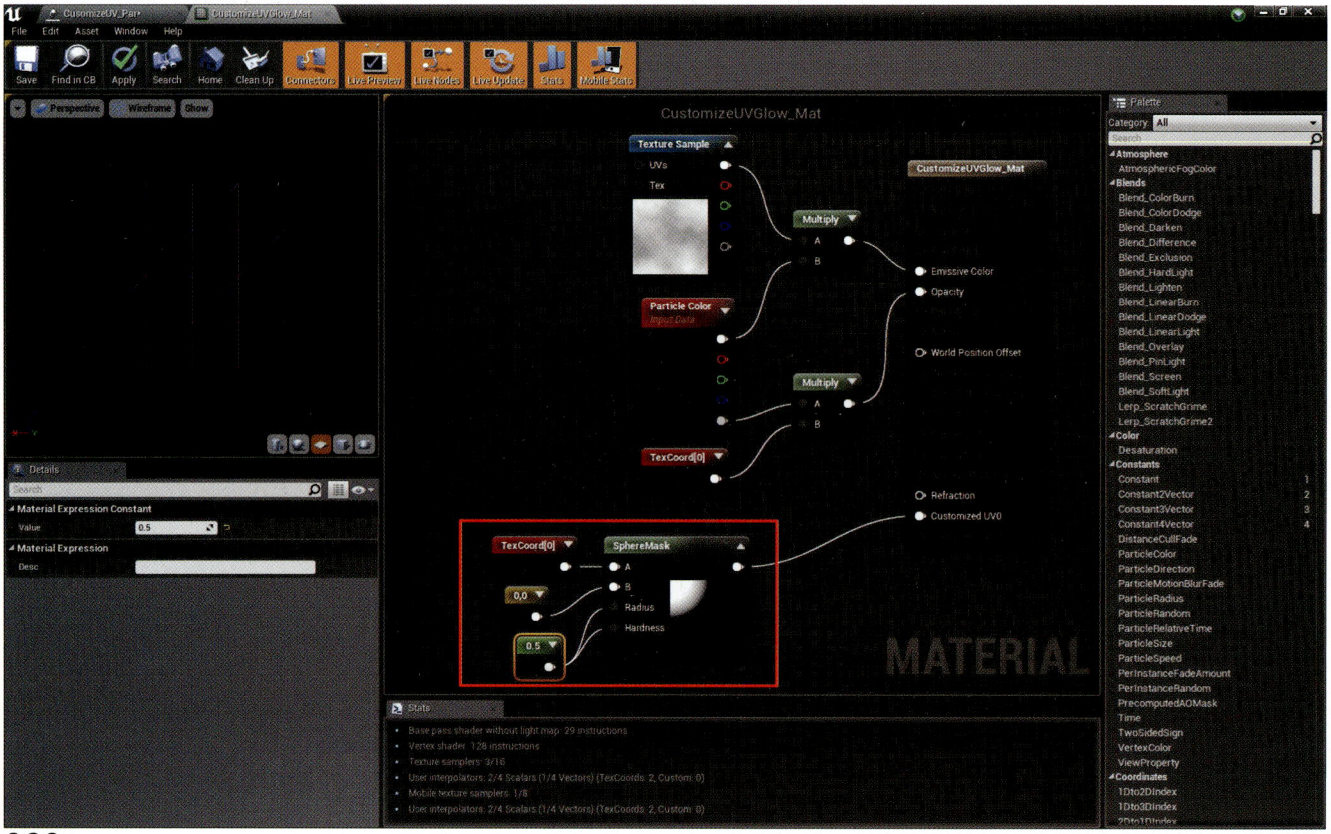

〈Customized UV가 적용된 Material〉

아래 그림에서 확인할 수 있듯이 Sprite Particle은 Customized UV를 적용할만한 충분한 Vertex(버텍스)가 존재하지 않기 때문에(Sprite Particle은 4개의 버텍스로 이루어져 있습니다.) 결과물이 깨지는 현상을 볼 수 있습니다. 아래 그림처럼 Plane Mesh에서 Vertex를 추가하여 테스트해보시길 권합니다.

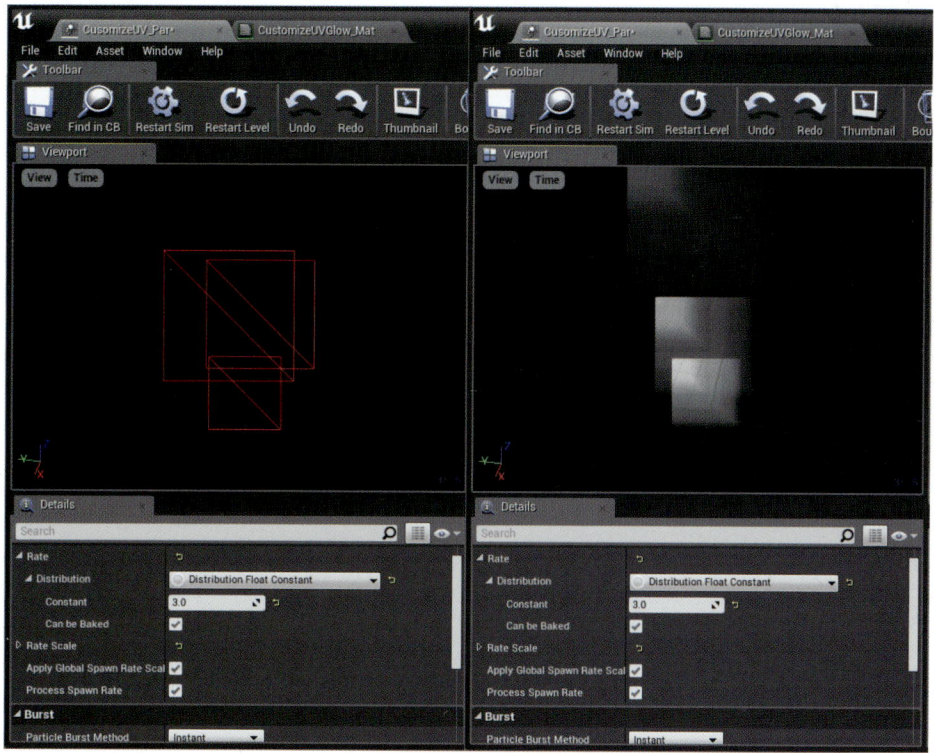

〈제작한 Material이 적용된 모습〉

#### Customized UV 활용 방안

PC의 쉐이더 모델5는 Customize UV가 8개를 사용할 수 있는 반면 모바일 OpenGL ES2에서는 3개만 가능합니다.

Customized UV를 활용하기 위해서는 우선 Material Editor에서 사용할 Customized UV 개수를 설정해야 하는데 그림과 같이 설정합니다.

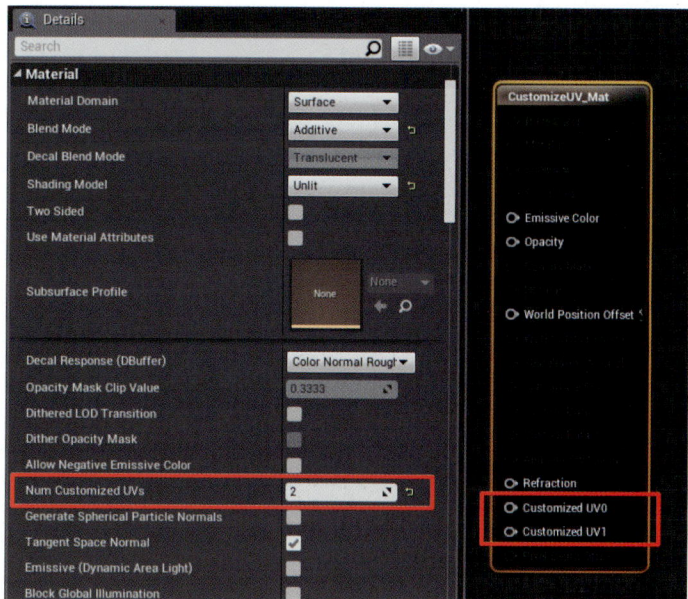

〈Num Customized UVs에서 원하는 개수를 입력합니다.〉

Material Editor의 Details 창에서 Num Customized UVs 수치를 통해 활성화 할 수 있으며 수치를 입력하면 Material 결과 노드 창에 Customized UV핀이 생성된 것을 볼 수 있습니다.

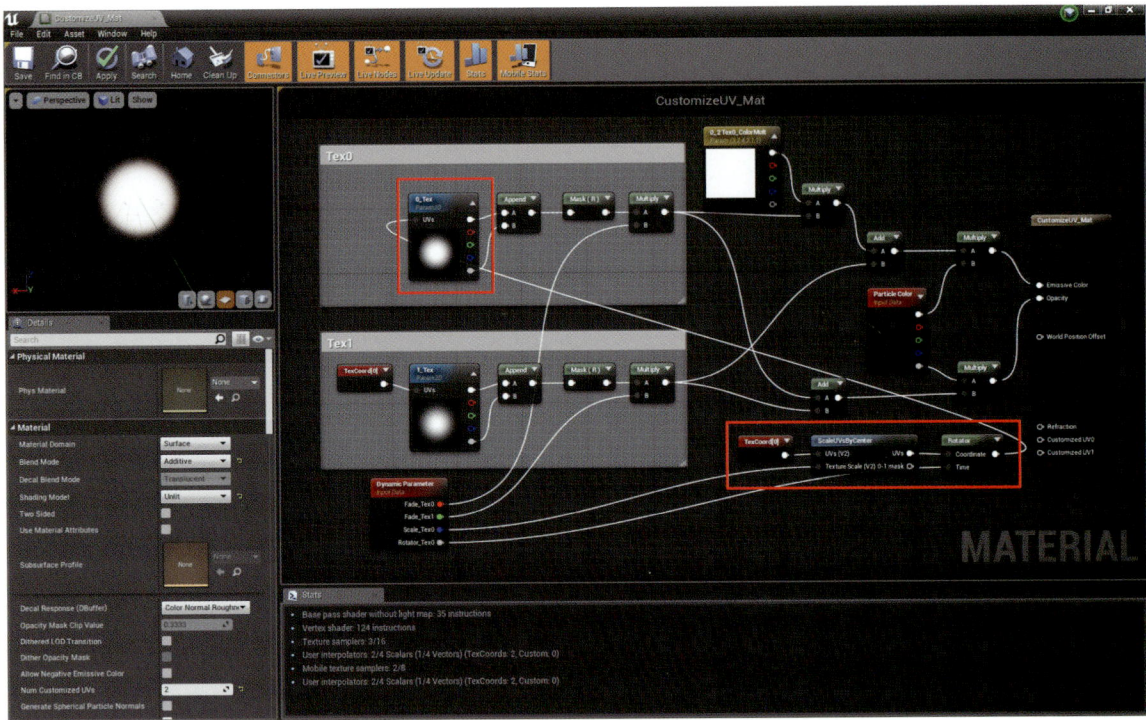

〈Texture UV에 연결된 모습〉

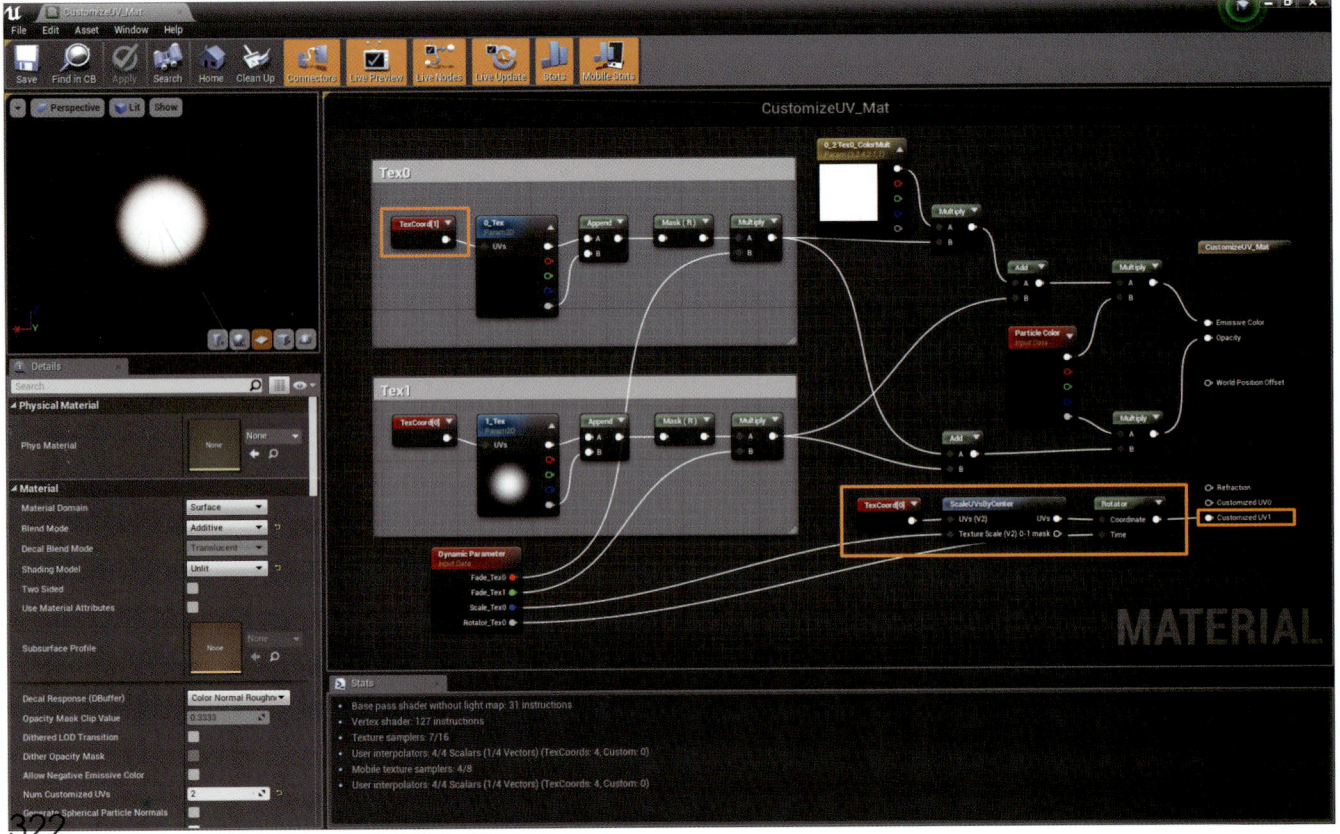

〈Customized UV에 연결된 모습〉

Customized UV는 Texture의 UV에 연결이 되어 있어야 하며 Customized UV와 Texture Coordinate Index가 같아야 합니다.

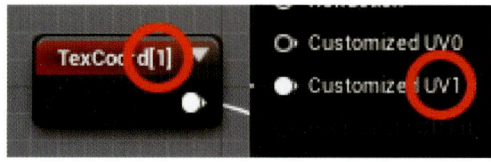

위 그림을 보면 Customized UV0을 비워두고 바로 Customized UV1에 연결시킨 것을 볼 수 있는데 이는 TextureCoordinate 0에 Customize UV가 아닌 Pixel Shader(픽셀쉐이더)를 활용하려는 목적으로 비워둔 것입니다.

즉, 여기에서 TextureCoordinate 0으로 연결된 TextureCoordinate는 Pixel Shader(픽셀 쉐이더)로 표현됩니다. 만약 Customized UV0에 무엇이라도 연결한다면 이때 Pixel Shader가 아닌 버텍스쉐이더로 변경되는 것이니 Pixel Shader와 Customized UV를 동시에 활용하려 할 경우는 Index가 중복되거나 틀리지 않도록 주의하여야 합니다.(단, Customized UV 내에 적용되어 있는 Texture Coordinate Index는 관계없이 사용할 수 있습니다.)

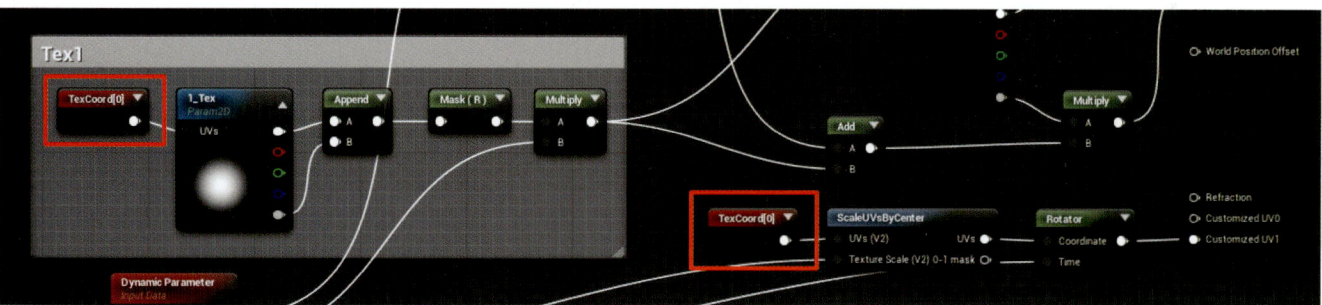

Customized UV1내에 적용되어 있는 Texture Coordinate 0은 1_Tex UVs에 연결되어 있는 Texture Coordinate 0에 영향을 주지 않습니다.

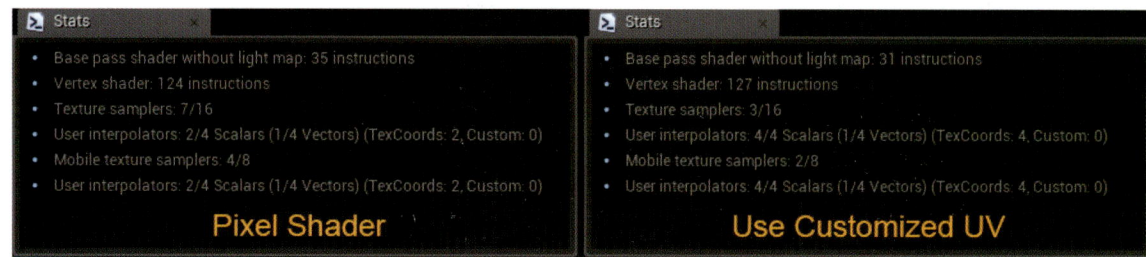

Customized UV적용 비교결과 Customized UV 적용결과 Instruction이 줄어든 것을 볼 수 있습니다.

## 5. ShaderComplexity (쉐이더 복잡도)

이펙트 아티스트가 가장 쉽게 최적화 상태를 확인할 방법이 바로 Shader Complexity(쉐이더 복잡도) 모드로 확인하는 것입니다.

〈ShaderComlexity 모드〉

Editor 화면에서 ShaderComlexity(쉐이더 복잡도) 확인방법은
Viewmode 〉 Optimization Viewmodes 〉 ShaderComplexity를 선택하거나 단축키 Alt+8을 눌러서 전환할 수 있습니다. 이는 Cascade에서도 마찬가지로 확인할 수 있습니다.

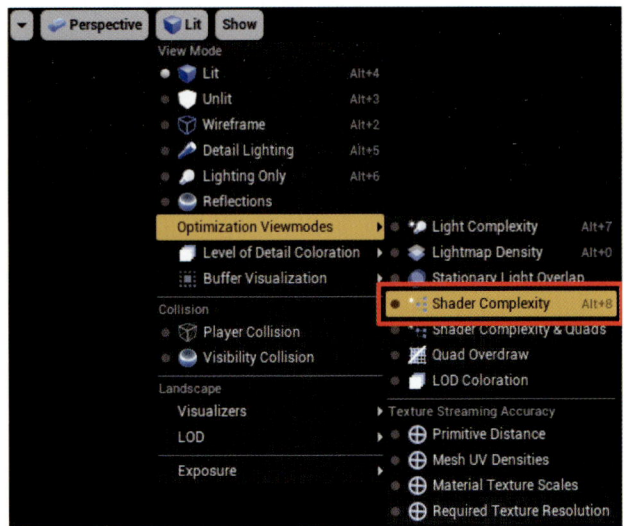

〈Viewmode에서의 ShaderCompolexity 모드〉

Viewport(뷰포트)에서 ShaderComplexity(쉐이더 복잡도) 모드로 변환해 보면 뷰 하단에 MaxShaderComplexityCount (최대 쉐이더복잡도 카운트) Bar를 볼 수 있습니다. 이는 쉐이더 Instruction 수치가 어느 정도인지를 나타내주는 Bar입니다. ShaderComplexityCount Bar(쉐이더 복잡도 카운트바)는 최대수치가 2000이며, 그것을 적정 등분으로 나눠보면 아래 그림과 같습니다. 250 Instruction을 기준으로 색들이 단위 별로 변하는 것을 볼 수 있습니다.

〈ShaderComplexityCount Bar(쉐이더 복잡도 카운트바)〉

ShaderComplexity Count를 테스트 해보기 위해 가장 기본 수준의 Material을 제작해 보았습니다. (BasePixelShader 수치 26)

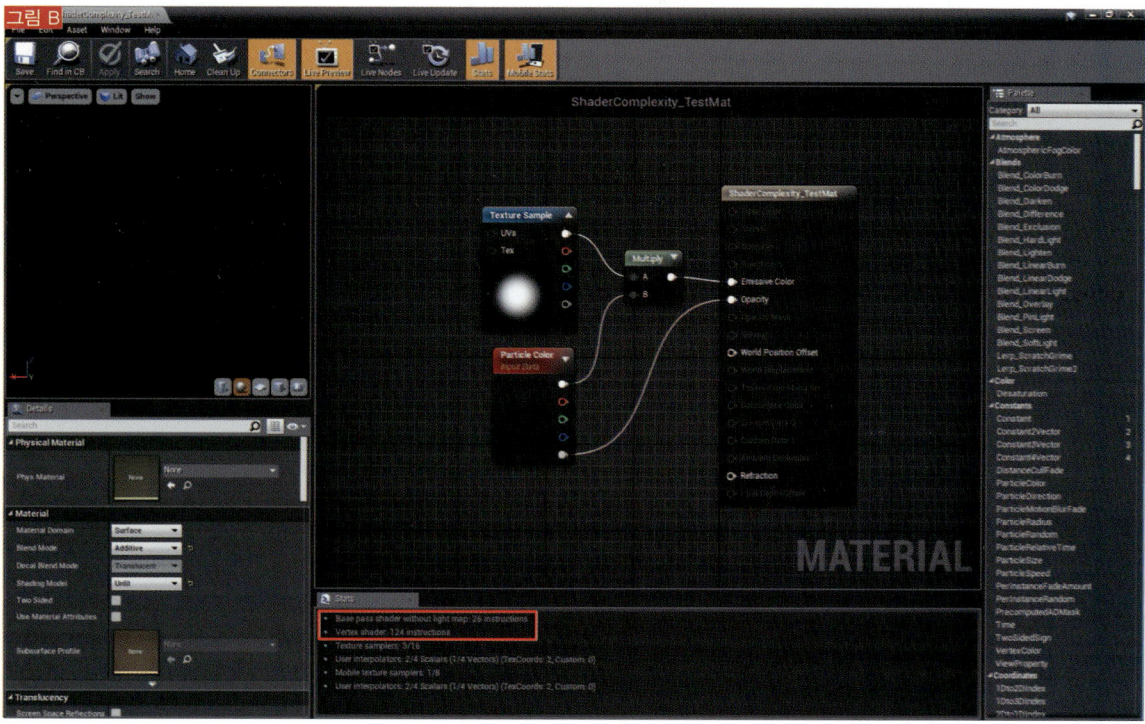

〈ShaderComplexity Test 용 Material〉

[그림 B]와 같이 Base Pass Shader(Pixel Shader) Instruction26으로 만든 Material을 ParticleSystem에서 10개를 Spawn 했을 경우 260 Instruction이 산술적으로 계산되는데, Color의 위치가 [그림 C]과 같이 녹색의 중앙 위치에 놓여집니다. [그림 A]에서와 같이 250 Instruction 위치 때 녹색에 위치한 것과 거의 같습니다.

[그림 D]은 Particle을 20개 Spawn 했으며 Instruction 수는 5200이 됩니다. [그림 A]에서의 500 위치보다 살짝 넘어가는 것을 볼 수 있습니다.

이와 같이 ShaderComplexity(쉐이더 복잡도)를 이용하여 붉은색으로 넘어가지 않도록 ShaderComplexityCount(쉐이더 복잡도 카운트)를 조절합니다. VertexShader보다 PixelShader가 더 무겁기 때문에 PS쪽을 더 신경쓰는 것이 맞지만, 그렇다고 VS쪽을 방치해서도 안 된다는 것을 유의해야 합니다. 그리고 Preview Rendering Level에서 Mobile Mode의 ShaderComplexity 모드는 아직 제대로 된 결과를 보여주고 있지 않습니다. 따라서 ShaderModel5나 Cascade 상의 ShaderComplexity 모드를 통해 확인하시는 것을 추천해 드립니다.

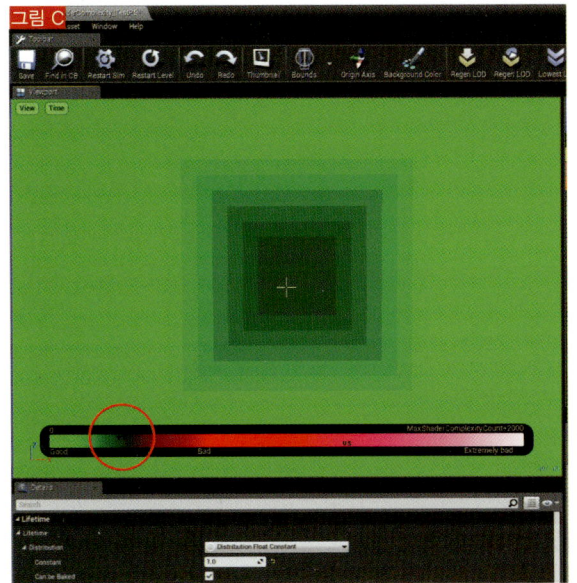
〈Particle Spawn수 10일 때 ShaderComplexity(쉐이더 복잡도)〉

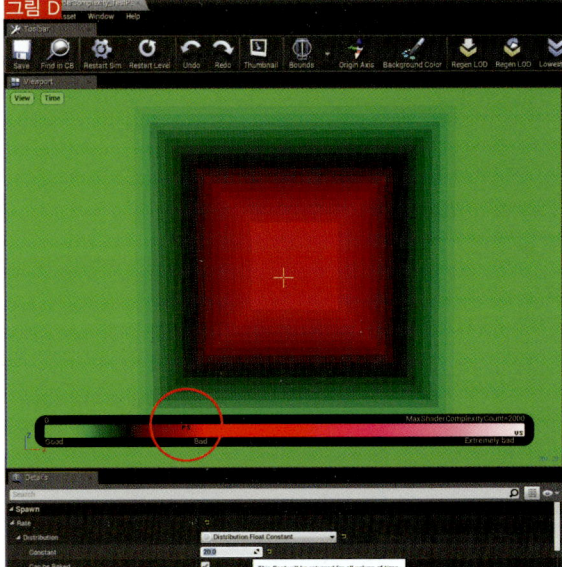
〈Particle Spawn 수 20일 때 ShaderComplexity(쉐이더 복잡도)〉

## 6. 기타

Texture Format이 작을수록 Material이 빨라집니다. (예: DXT1은 Pixel(픽셀)당 4비트, DXT5는 Pixel(픽셀)당 8비트, ARGB 미압축은 Pixel(픽셀)당 32비트)

Material 제작 시 소수의 Master Material을 제작하여 사용 옵션에 따라 소수의 StaticSwitch를 이용하여 사용하는 것이 작업 편의성이나 Material 관리적인 측면에서 좋지만 현재 엔진 버그로 인해 매 Material Instance마다 모든 StaticSwitch 조합이 다 컴파일되어 적용됩니다. (4.17 버전 기준) 이는 오히려 최적화에 안 좋은 영향을 주기 때문에 StaticSwitch를 쓰지 않는 것이 더 좋습니다.

# 4. Cascade & ParticleSystem

## 1. Module Optimization(모듈 최적화)

### Module Share

Cascade에서 작업 시 같은 구성의 Module(모듈)이 있다면 최대한 Module(모듈)을 공유해서 사용합니다.

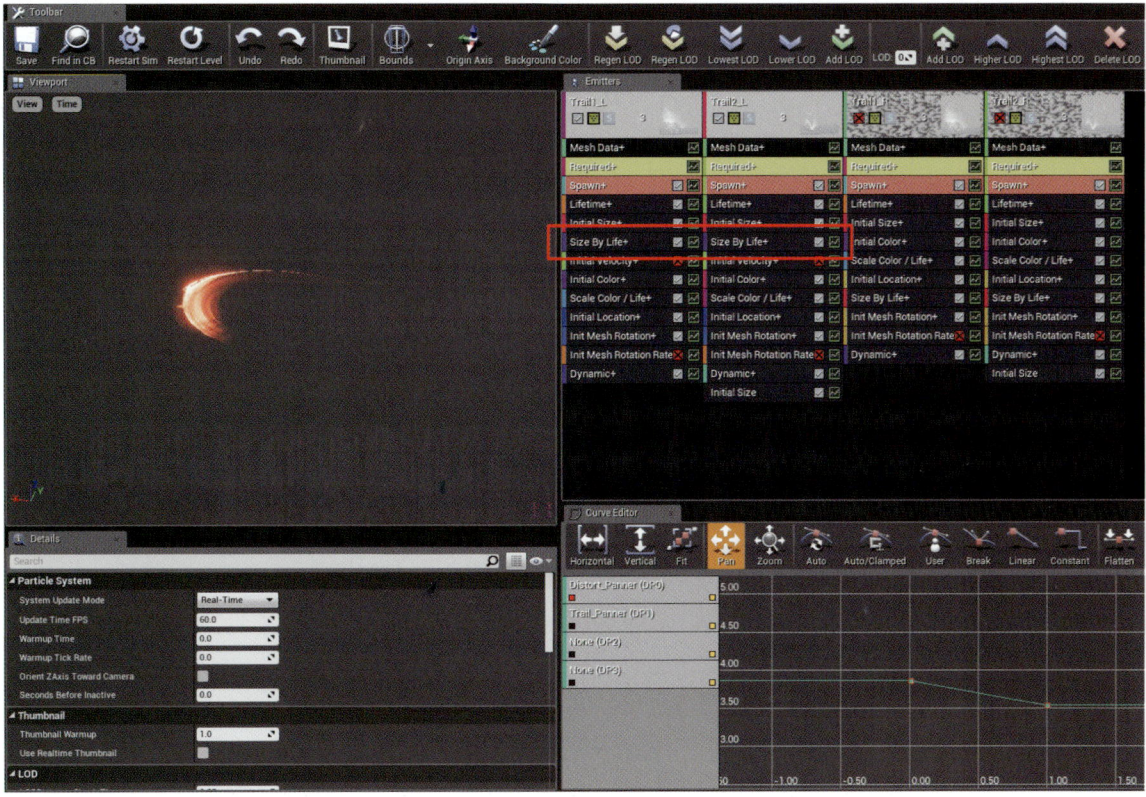

〈Module Share(모듈공유)〉

### 사용하지 않는 Module Delete(모듈 삭제)

사용하지 않는 모듈은 메모리만 차지할 뿐~ 작업완료 후 사용하지 않는 Module을 삭제해 줍니다.

〈작업이 완료된 후 Hide시킨 모듈은 삭제해 주는 것이 좋습니다.〉

## 2. 사용하지 않는 ParticleSpriteEmitter 삭제

작업하다 보면 여러 Particle Sprite Emitter(레이어)를 만들어서 이것저것 껐다 켰다 하면서 적용해보는데 때때로 Particle Sprite Emitter들을 꺼둔 채로 저장해 놓는 경우가 많습니다. 하지만 이럴 경우 플레이할 때 불필요한 용량만 더 차지하기 때문에 작업이 완료된 이후에는 Particle Sprite Emitter(레이어)를 삭제해주는 것이 좋습니다.

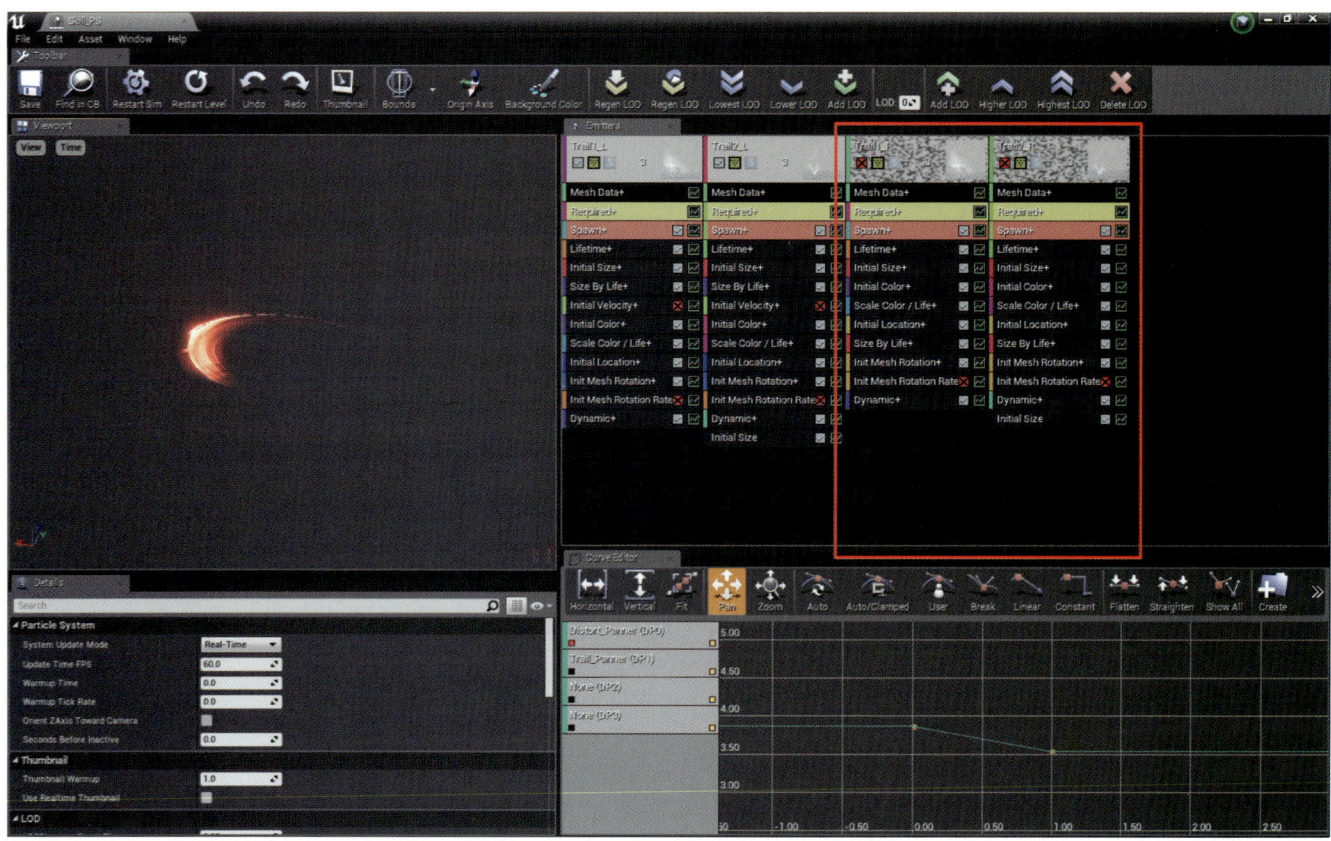

〈Module(모듈)과 마찬가지로 사용하지 않아 Hide 시켜 놓은 Sprite Particle Emitter(레이어)는 삭제합니다.〉

아래 그림을 보면 사용하지 않는 Particle Sprite Emitter(레이어)를 삭제한 이후 8KB 용량이 절약된 것을 볼 수 있습니다. 8KB가 어찌 보면 굉장히 작다고 할 수 있지만 많은 수의 ParticleSystem들을 정리하고 그 용량들을 모아 본다면 간과할 수 없는 용량이 나올 수 있습니다.

〈Module & Particle Sprite Emitter 정리 후 용량비교〉

## 3. Spawn Per Unit (유닛별 스폰)

Spawn Per Unit(유닛별 스폰)은 Emitter가 움직인 거리에 따라 Particle(파티클)을 Spawn(스폰)시킬 수 있는 Module(모듈)입니다. SpriteParticle로 이루어진 Trail(트레일)이나 연기 같은 표현 시 간극을 메워줄 때 요긴한 기능인데요. 유용한 기능인데 반해 과하게 사용될 시에는 Overdraw(오버드로우)를 발생시킬 수 있습니다.

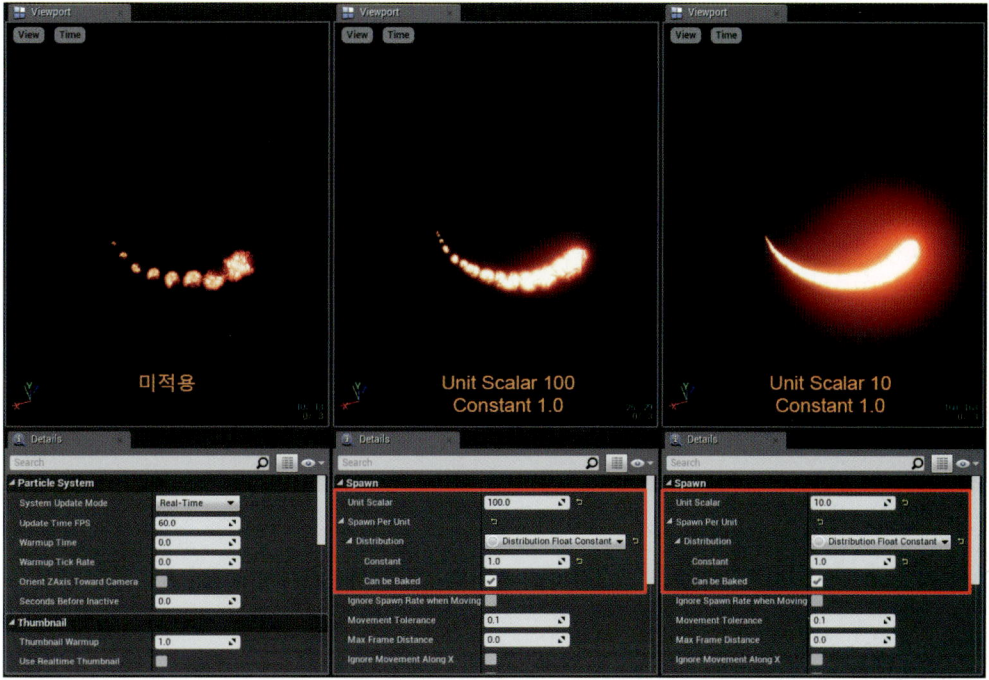

〈Spawn Per Unit(유닛별 스폰)적용〉

Spawn Per Unit은 활용하면 퀄리티는 좋지만 그에 따른 Overdraw(오버드로우)가 상당하므로 적절한 조절은 필수입니다.

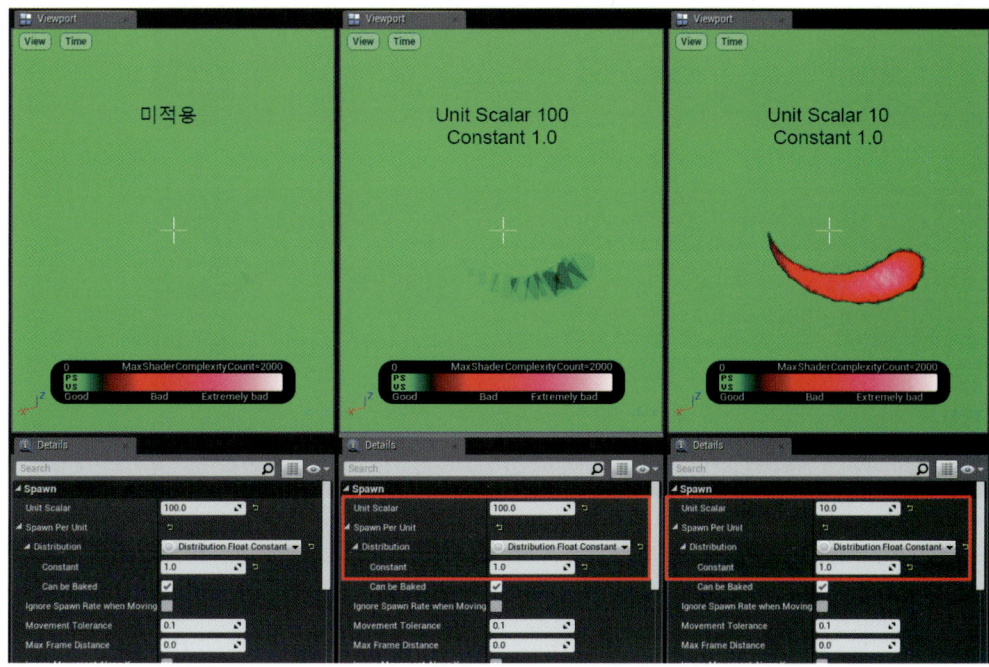

〈Spawn Per Unit(유닛별 스폰) ShaderComplexity(쉐이더복잡도) Mode〉

## 4. ParticleSystem LOD

실제 게임플레이에서 ParticleSystem LOD 만큼 눈에 띄게 Frame 향상이 나타나는 것도 없을 것입니다. 그만큼 최적화에 필요한 옵션입니다.

Cascade 내 Particle LOD 옵션

기본적으로 ParticleSystem LOD에 대한 설명은 언리얼 공식 문서에 잘 나와 있으므로 해당 링크를 참고하시면 좋습니다.
https://docs.unrealengine.com/latest/KOR/Engine/Rendering/ParticleSystems/LODs/index.html

특히 ParticleSystem LOD 옵션에서 아래 사항들은 제작 프로젝트마다 기준이 다를 수 있으므로 담당 프로그래머와 상의하여 설정하는 것이 필요합니다.

- LOD Distance Check Time
- LOD Method
- LOD Distances

ParticleSystem LOD 단계를 증가할 때마다 그만큼 메모리를 더 사용하게 됩니다. 따라서 LOD 단계는 1~2단계 정도로 설정하는 것이 좋으며, ParticleSystem LOD작업은 이펙트 작업이 최종 완료된 이후 작업하는 것이 효율이 좋습니다.

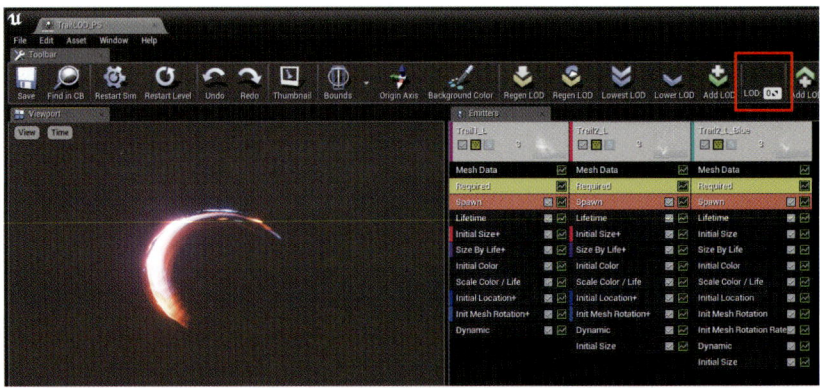

〈LOD적용전〉

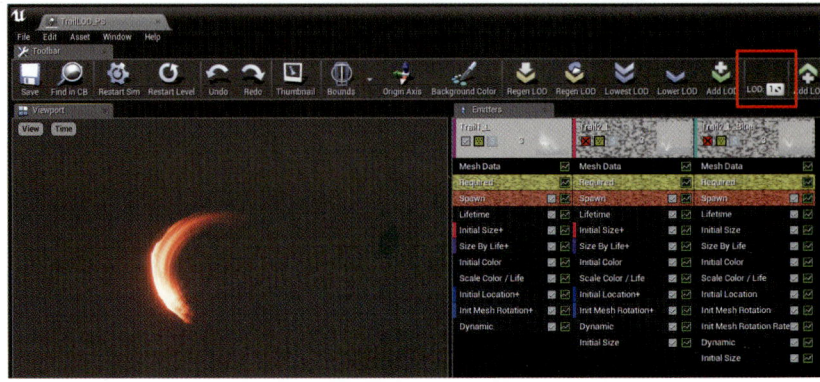

〈LOD 적용 후〉

LOD 작업 완료 이후 Cascade, ShaderComplexity(쉐이더복잡도) 및 실제 플레이 화면에서 LOD Number를 바꿔보면서 LOD 설정이 잘 이뤄졌는지 검수하는 것도 잊지 않아야 합니다.

## 5. Detail Mode

Cascade ViewMenu에 보면 ParticleSystem 퀄리티 정도를 조절할 수 있는 Detail Mode 가 있습니다. 이 옵션을 조정하여 디테일 모드 별로 어떤 Sprite Particle Emitter를 보여 줄 것인지 결정할 수 있습니다.

Detail Mode → Low로 선택
- Detail Mode Low로 선택한 Particle Sprite Emitter만 보여집니다.

Detail Mode → Medium으로 선택
- Detail Mode Medium으로 선택한 Particle Sprite Emitter까지만 보여집니다.

Detail Mode → High로 선택
- Detail Mode High로 선택한 Particle Sprite Emitter까지만 보여집니다.

⟨Detail Modes⟩

Detail Mode를 설정하는 방법은 이미터 블록 Particle Sprite Emitter 상단을 클릭하면 Details 창에 Detail Mode를 설정할 수 있는 메뉴를 볼 수 있습니다. 해당 Particle Sprite Emitter의 Detail 정도를 결정해줍니다.

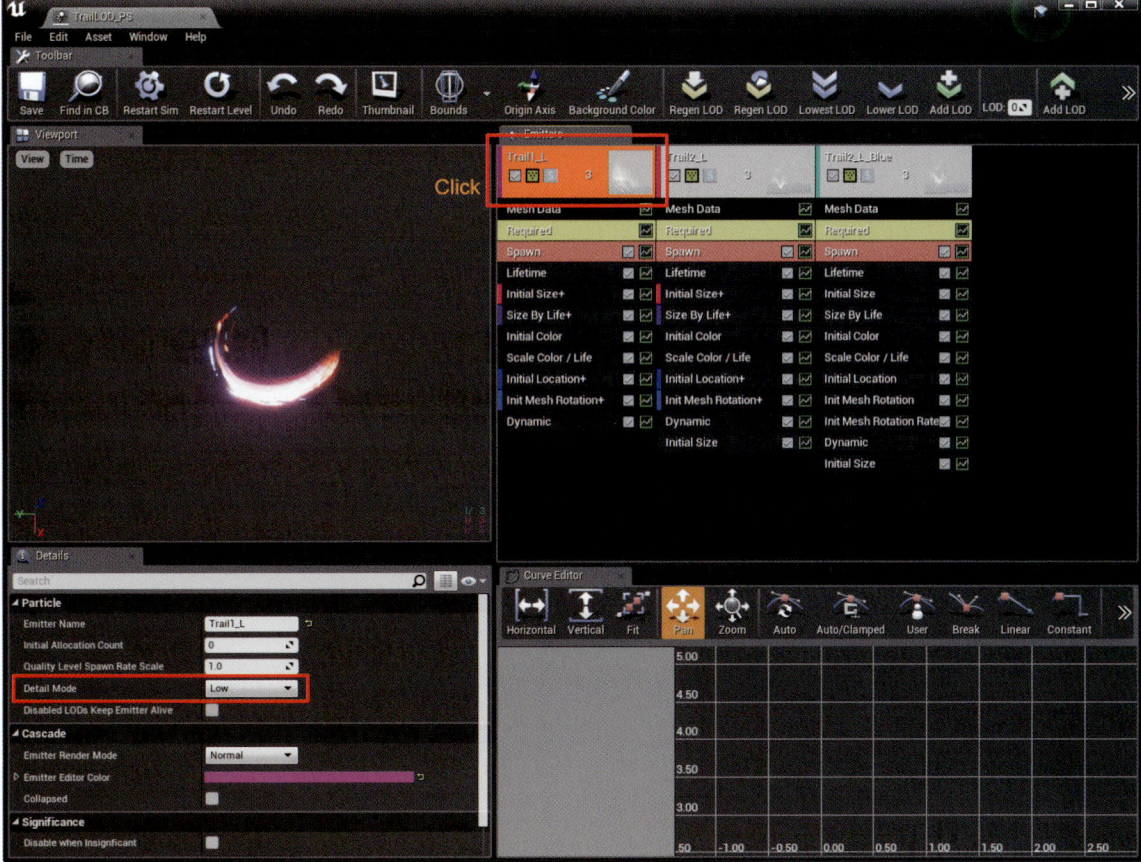

⟨Detail Mode 설정 방법⟩

아래 그림같이 각 Particle Sprite Emitter에 다른 Detail Mode를 설정해 봤습니다. 확인 방법은 ViewMenu에서 Detail Modes 메뉴에서 모드를 바꿔보면서 확인해볼 수 있습니다.

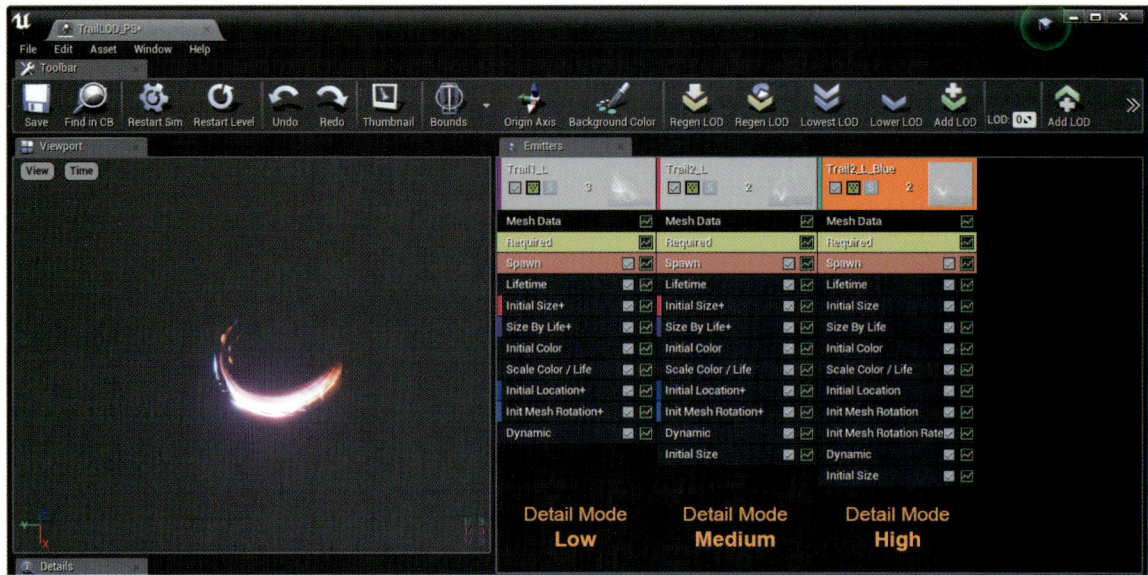

Detail Mode는 ParticleSystem LOD와 유사점이 많습니다. 하지만 ParticleSystem LOD만큼 확인 및 수정할 때의 편의성이 좋지 않다는 점과 Particle Sprite Emitter에서 각각 어떤 Detail Mode가 사용되고 있는지 일일이 확인해야 하는 불편함이 있습니다. 하지만 ParticleSystem LOD와 같이 하나의 LOD단계를 가지지 않다 보니 메모리를 좀 더 적게 차지하면서 최적화에 도움이 될 수 있습니다.

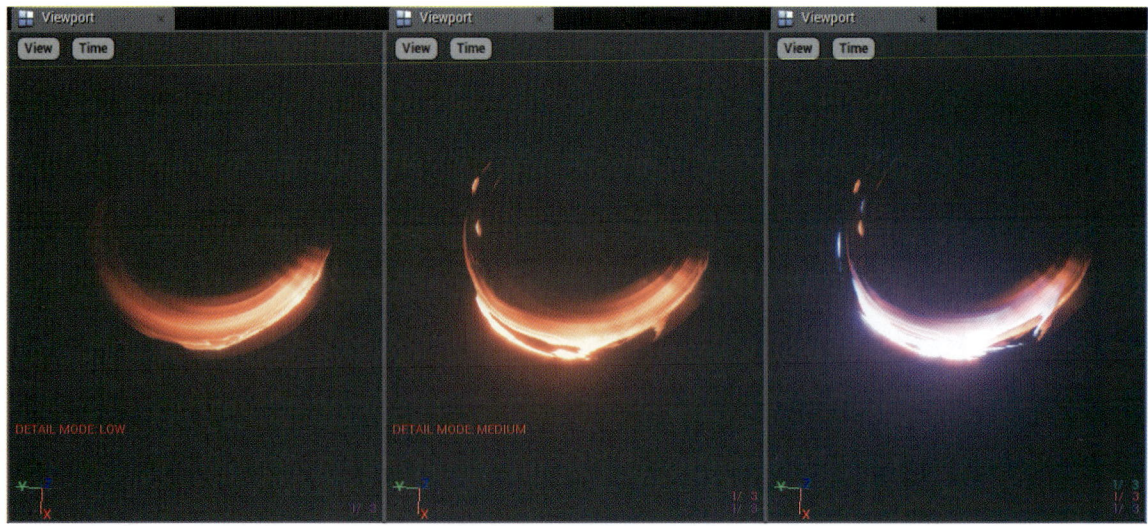

〈Detail 각 Mode 별로 적용해 본 모습〉

## 6. Fixed Relative Bounding Box

Fixed Relative Bounding Box는 ParticleSystem LOD와 더불어 언리얼 이펙트 제작에서 가장 효율적인 최적화 방안 중 하나일 것입니다.

Bound Box는 ParticleSystem이 View 상에서 Rendering 실행 가능의 영역을 나타냅니다.
ParticleSystem에서는 Particle Sprite Emitter의 조합으로 다양한 이펙트 결과물을 만들어낼 수 있는데 Module 설정에 따라 그 Emitter의 연출범위(Bound Box) 또한 다양하게 나올 수 있습니다.

Cascade에서는 이 기본값(Bound Box)을 RealTime으로 계산하고 있습니다.
Particle Sprite Emitter가 많을수록 또 그 표현이 다양할수록 RealTime으로 계산해야 할 양이 늘어나므로 퍼포먼스에는 악영향을 주게 됩니다. Fixed Relative Bounding Box 기능은 이 RealTime으로 계산되는 Bound Box 영역을 고정 Bound Box로 지정해주는 기능입니다.

Cascade 메뉴를 보면 Bounds라는 버튼이 있습니다.
주요 기능은 Display 기능과 바로 옆 역삼각형 버튼을 누르면 Bounds Option을 통해 Set Fixed Bounds(고정 바운드 설정)을 할 수 있습니다. 또한 Details 탭에 Bounds 설정 파라미터는 노출은 Particle Sprite Emitter 빈 공간을 클릭하면 나옵니다.

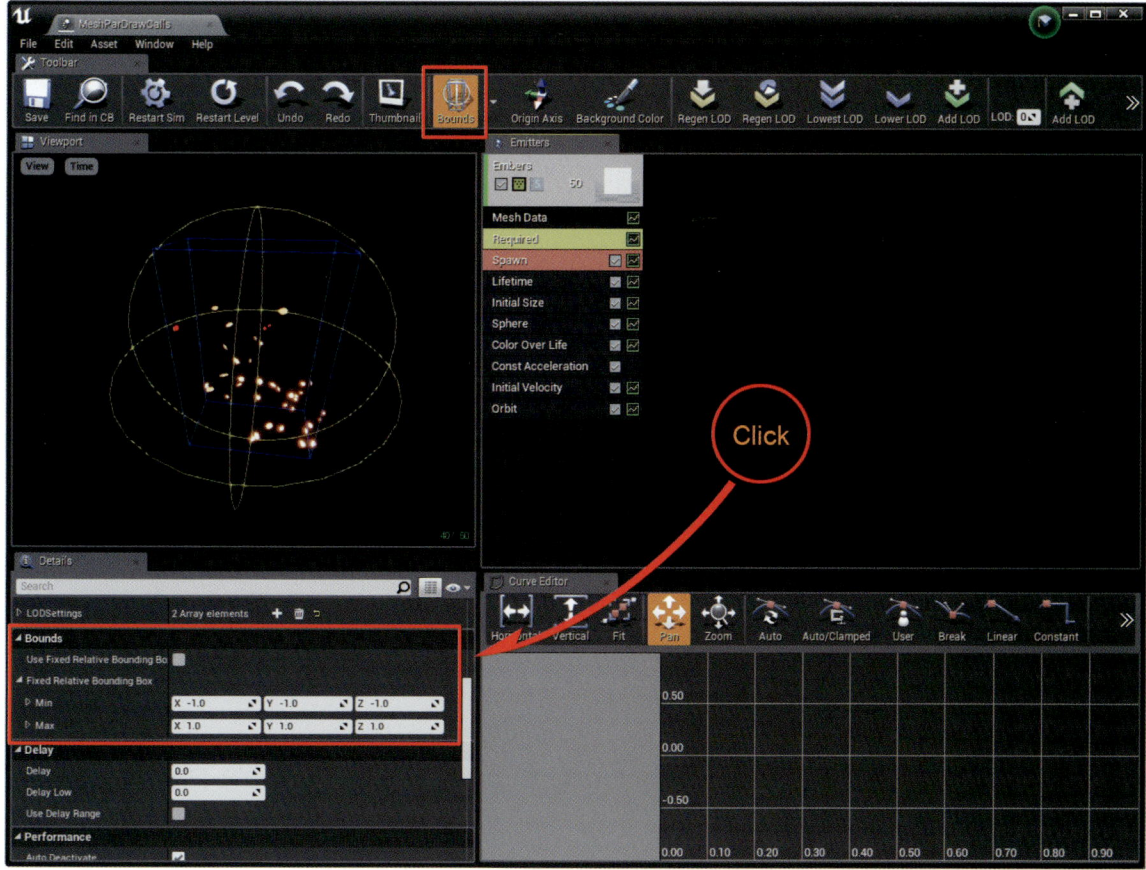

〈Display Bounds(바운드박스)〉

Set Fixed Bound 설정 옵션으로 Bound 영역을 설정할 때 영역이 잘 설정되는 경우와 그렇지 않은 경우가 있는데 아래 그림들을 비교해보시면 쉽게 이해가 될 것입니다. Velocity가 적용되어 있는 Particle Sprite Emitter 구성의 경우 Set Fixed Bounds 설정이 비교적 잘 맞는 편입니다.

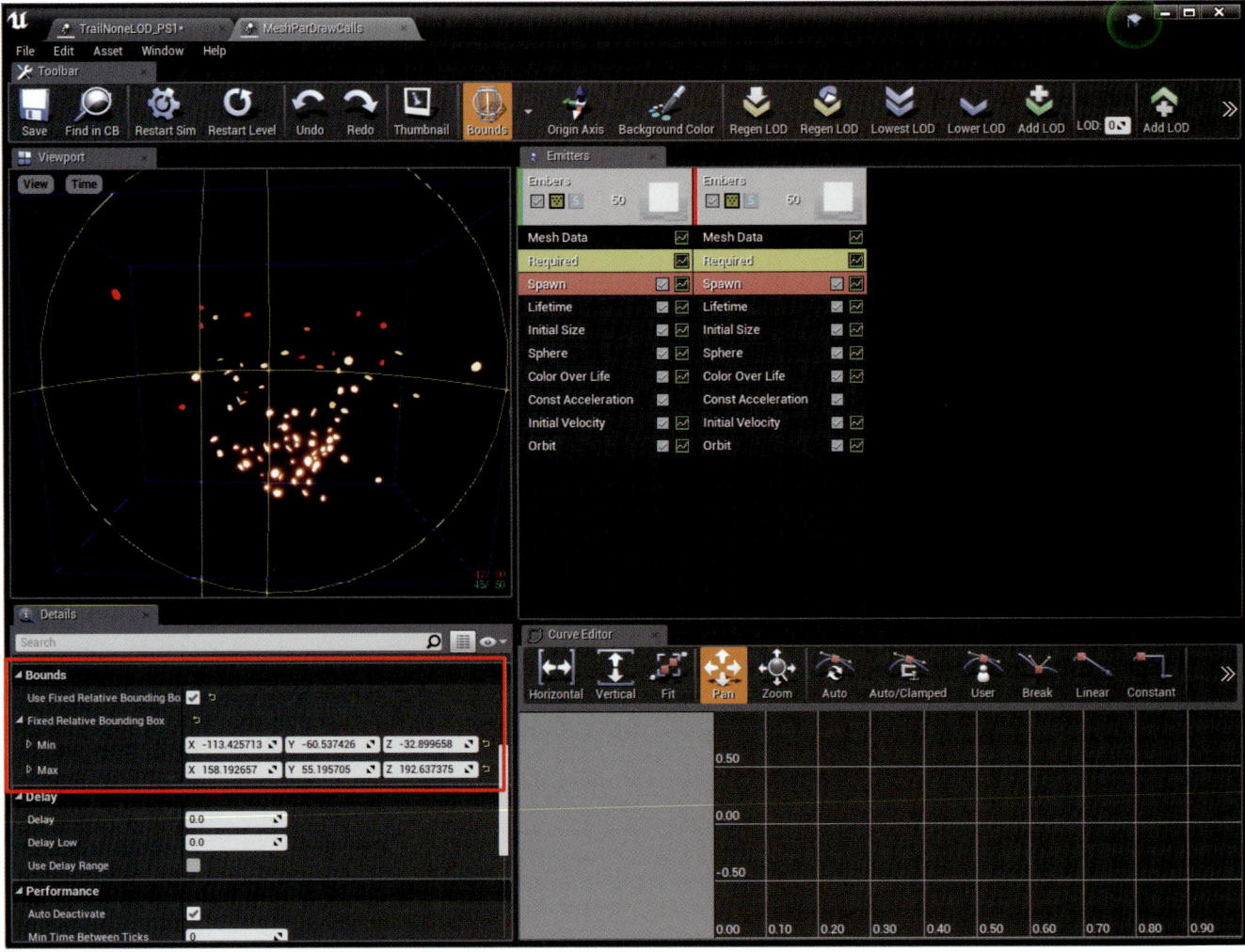

〈Velocity 값이 있는 Particle Sprite Emitter〉

Velocity 값이 없는 경우 아래 그림처럼 Set Fixed Bounds 설정을 했음에도 불구하고 Bounds가 제대로 설정되지 않습니다. 이렇게 제대로 설정되지 않을 경우에는 직접 Fixed Relative Bounding Box 값을 조정하여 Bound 영역을 설정해줄 수 있습니다.

Set Fixed Bounds 기능으로 설정해주더라도 정확하지 않거나 의도하지 않은 Bound 영역이 생성되는 경우도 많으므로 처음부터 Use Fixed Relative Bounding Box를 선택하여 값을 설정하는 것도 좋은 방법입니다.

〈Velocity 값이 없는 Particle Sprite Emitter〉

이와 같이 필요한 상황에서는 직접 Fixed Relative Bounding Box 값을 설정해 줌으로서 제작된 이펙트가 제대로 화면에 표현될 수 있게 해줍니다.

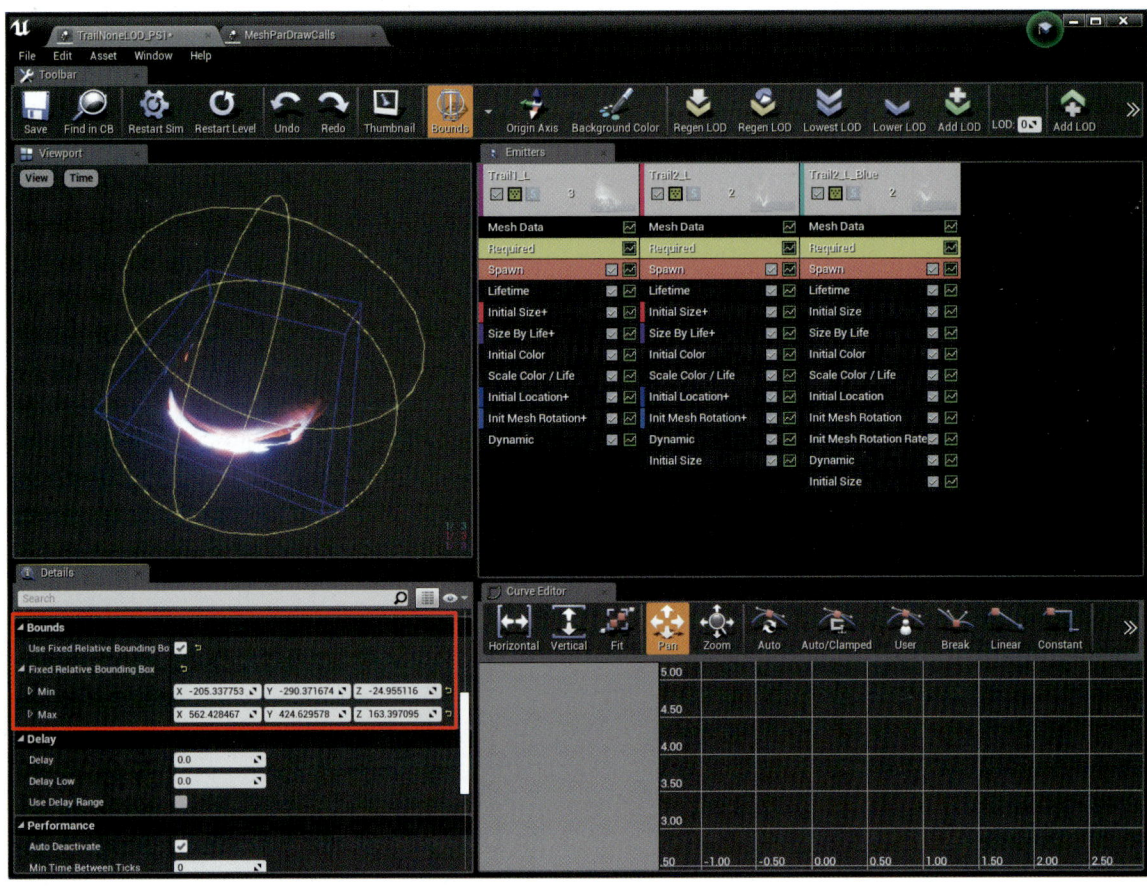

〈Fixed Relative Bounding Box값을 직접 설정한 결과〉

아래 그림의 좌측 이미지를 보면 이펙트가 보이지 않아도 Bound Box 영역으로 인하여 계속 렌더링되고 있습니다. 우측 이미지는 Bound Box 영역을 좀 더 줄여서 불필요한 영역이 없도록 조절한 결과입니다.

이와 같이 Bound Box의 범위는 뷰포트를 이동해 보면서 이펙트 결과값이 튀지 않을 정도로 Set Fixed Bounds로 설정된 값보다 살짝 작게 해주는 것이 좀 더 효율적입니다. 그만큼 뷰에서 렌더링 되지 않고 계산하지 않기 때문입니다.

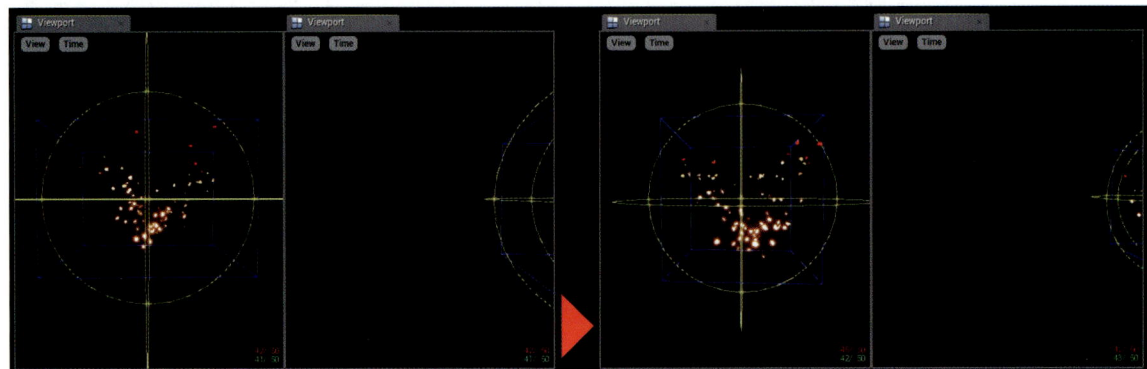

# 03 Profiling

## 1. Stats

Stat은 통계 관련 옵션으로 ~키로 활성화하여 콘솔 명령어를 입력할 수 있습니다.
Map은 InfinityBladeEffects Overview를 참고로 했습니다.

### 1. Stat Particles

Particle과 관련된 Tick Time(틱 시간)과 Counters들을 확인할 수 있습니다.

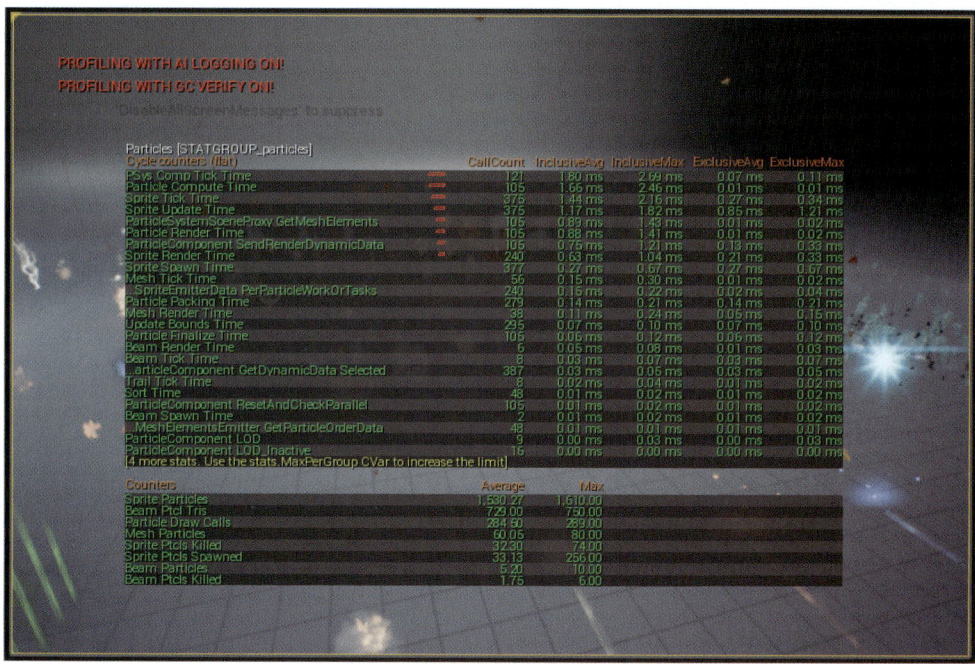

〈Stat Particles 실행 화면〉

## 2. Stat ParticleMem

Particle과 관련된 메모리를 체크할 수 있습니다.

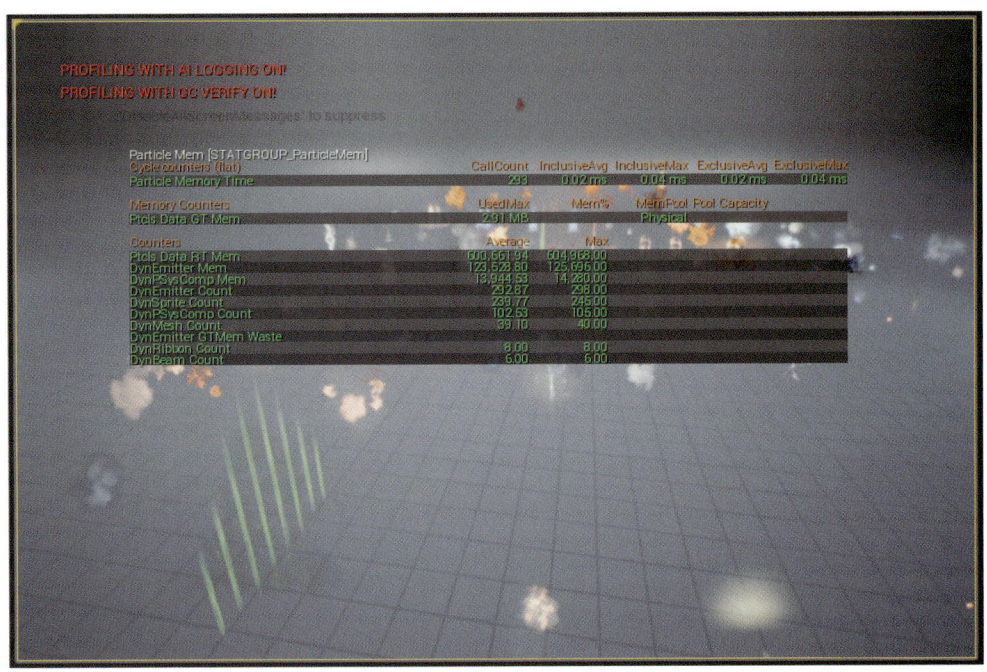

〈Stat ParticleMem〉

## 3. Show Bounds

ParticleSystem의 Bound 비롯하여 기타 Bound들을 보여줍니다.

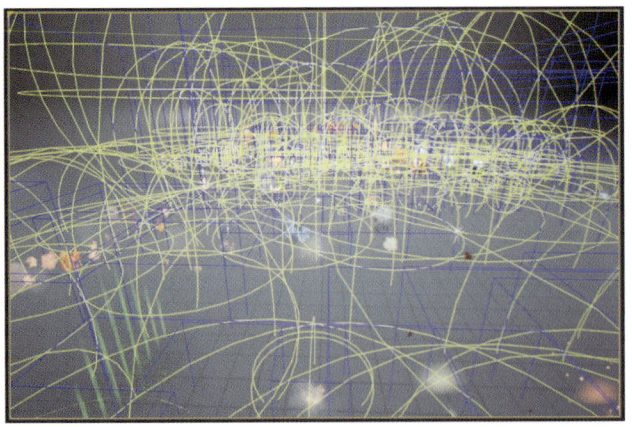

〈Show Bounds〉

## 4. Stat fps

FPS에 대한 정보를 확인할 수 있습니다.

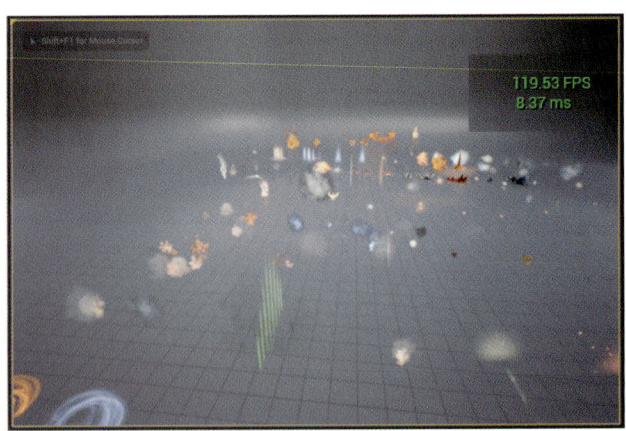

〈Stat fps〉

## 5. Stat Unit

Stat fps보다 좀 더 많은 Frame에 대한 정보를 확인 할 수 있습니다.

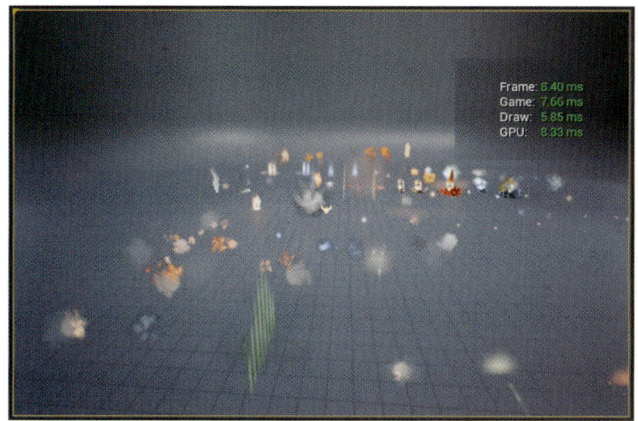

〈Stat Unit〉

## 6. Stat UnitGraph

Stat Unit에 그래프가 추가된 버전입니다.

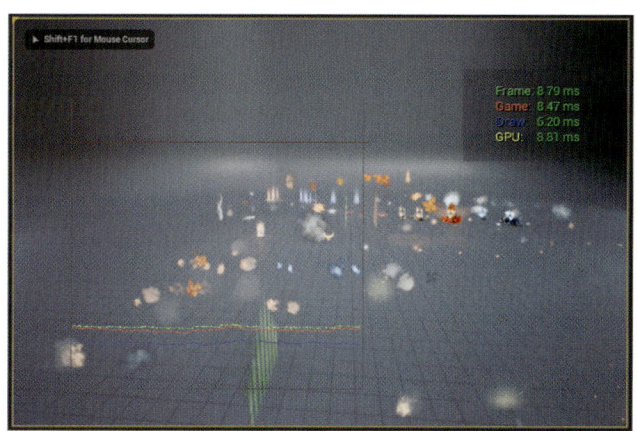

〈Stat UnitGraph〉

지금까지 언리얼엔진의 이펙트 제작과 관련하여 최적화 할 수 있는 여러 가지 방법과 기능들에 대해 살펴보았습니다. 여러 항목에 대해 언급하느라 아쉽게도 좀 더 상세하게 소개하지 못한 부분이 있을 것입니다. 하지만, 해당 요소들을 면밀히 살피고 접근해 보면 여기서 소개해드린 내용보다 더 나은 최적화 방법을 찾을 수 있을 것입니다.

이펙트 아티스트들이 최적화에 대해 신경 써야 하는 최종 목적은 이펙트 결과물이 비주얼적으로 최대한 손해를 보지 않는 선에서 게임이 원활하게 잘 돌아가게 하기 위해서입니다. 고생해서 만든 결과물이 최적화로 인하여 퀄리티에 대한 손해를 많이 봐서는 안 되니 말입니다. 앞으로도 게임 엔진은 발전할 것이며 점점 똑똑해질 것입니다. 하지만 결국 퀄리티를 책임지고 다루는 장본인은 이펙트 아티스트라는 부분은 변함이 없을 것입니다. **the GAME GRAPHICS**

# 후디니를 활용한
# 게임 메쉬 이펙트의 제작

후디니로 게임이펙트에 사용할 메쉬 소스를 제작할 수 있는 어셋을 구성하여 언리얼엔진에서 활용해보겠습니다.

글_ 정만조(하늘자전거) | 〈엔씨소프트〉 A2 Seed팀 이펙트 아티스트 | evav7@naver.com

2010년 애니메이션 이펙터로 업계에 입문했다. [라바], [원더볼즈] 등의 애니메이션 제작에 참여했고, 게임이펙터로 전향한 후 [로스트킹덤], [슈퍼스트링] 프로젝트에 참여했으며, 현재 〈엔씨소프트〉에서 이펙트 아티스트로 근무 중이다.

# 후디니(Houdini)란?

후디니(Houdini)는 SideFX에서 서비스하고 있는 3D툴로서 노드 베이스의 구조로 모든 작업이 이루어지고, 모델링, 맵핑, 리깅, 애니메이션, 이펙트, 합성까지 모든 작업을 할 수 있도록 제작된 툴 입니다.

후디니의 특징 중 하나로 HDA(OTL)라는 디지털 어셋을 사용자가 편의에 맞게 직접 구상하고 만들어 마치 플러그인처럼 사용할 수 있다는 점입니다. 영화 쪽에서는 이펙트 툴로서 많은 업체에서 관심을 받았는데 최근 몇 년 사이 게임 개발을 위해 Houdini Engine이나 Game Development Toolset을 제공해주면서 점차 사용하는 업체가 늘어나는 추세입니다.

이렇게 제공되는 기본 어셋 외에 사용자가 직접 Procedural modeling을 이용해 게임 내부의 배경과 레벨을 구성하거나 이펙트 제작을 위한 리소스 제작 어셋 등 만들고자 하는 것을 쉽게 만들 수 있도록 도와주고 있습니다.

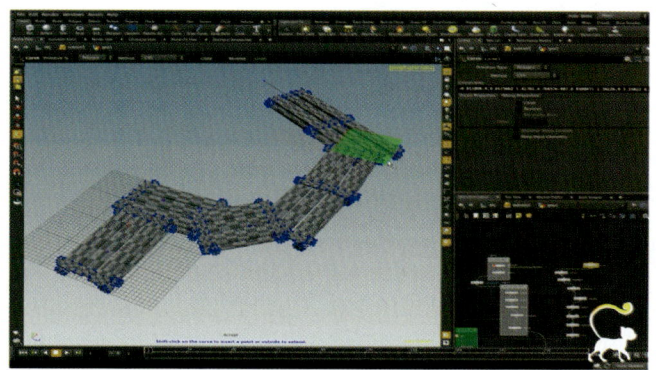

*Procedural Asset being built in Houdini | Feline Arts*   *Asset being deployed in Unity for Suki and the Shadow Klaw | Feline Arts*

https://www.sidefx.com/media/uploads/products/engine/hengine_games.pdf

본 강좌는 Houdini Apprentice 라이센스로 작업을 했으며 FBX로 내보내 엔진에서 사용하는 내용은 Indie 버전을 개인적으로 구매해 진행했습니다. Houdini Apprentice 버전으로 진행함에 무리가 없어 무료 버전을 다운 받아 내용을 따라 진행하시고, 엔진 작업부터는 샘플로 제공해 드린 FBX 메쉬로 진행해보시면 됩니다.

**프로그램 다운로드**

https://www.sidefx.com/download/

위 다운로드 링크에서 houdini-16.5.378-win64-vc14 버전으로 다운받으면 동일하게 진행 가능합니다.

| 동영상 확인하기 | 진행하기에 앞서 후디니에 익숙하지 않은 분을 위해 동영상으로 화면 구성, 노드 생성 방법, Desktop 제작 및 저장, Attribute 확인 방법, Display Option 설정 및 Custom Attribute Display 방법과 작업 Tip을 설명해드리니 영상을 보신 후 진행하길 권합니다. |

예제데이터 〉 정만조 〉 동영상 〉 Houdini_tutorial_01.mp4

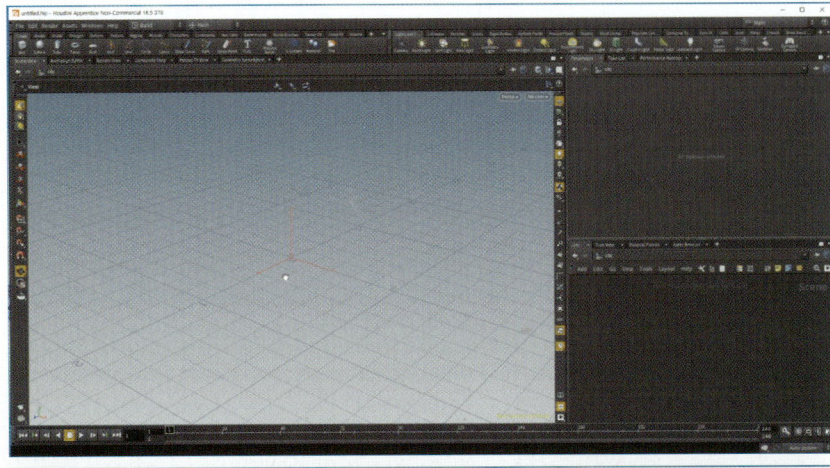

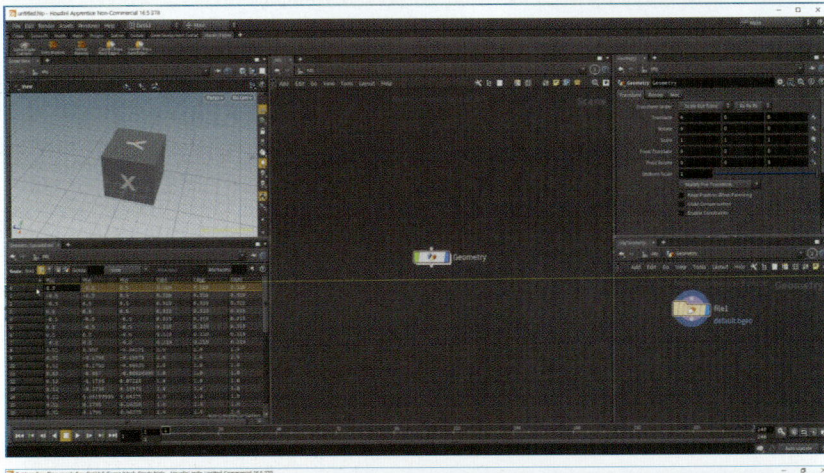

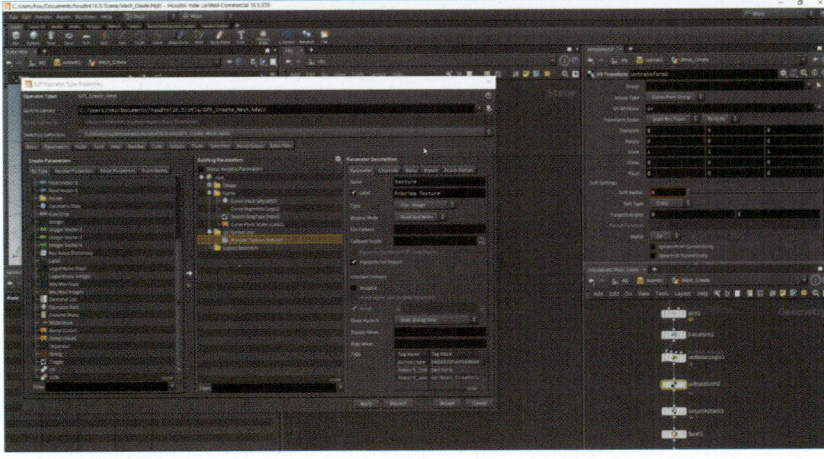

# 1. Curve를 입력해서 메쉬를 만들어 보자

후디니 실행한 후 Network view에서 Geometry를 만든 뒤 노드 이름을 Mesh_ Create로 지정합니다.

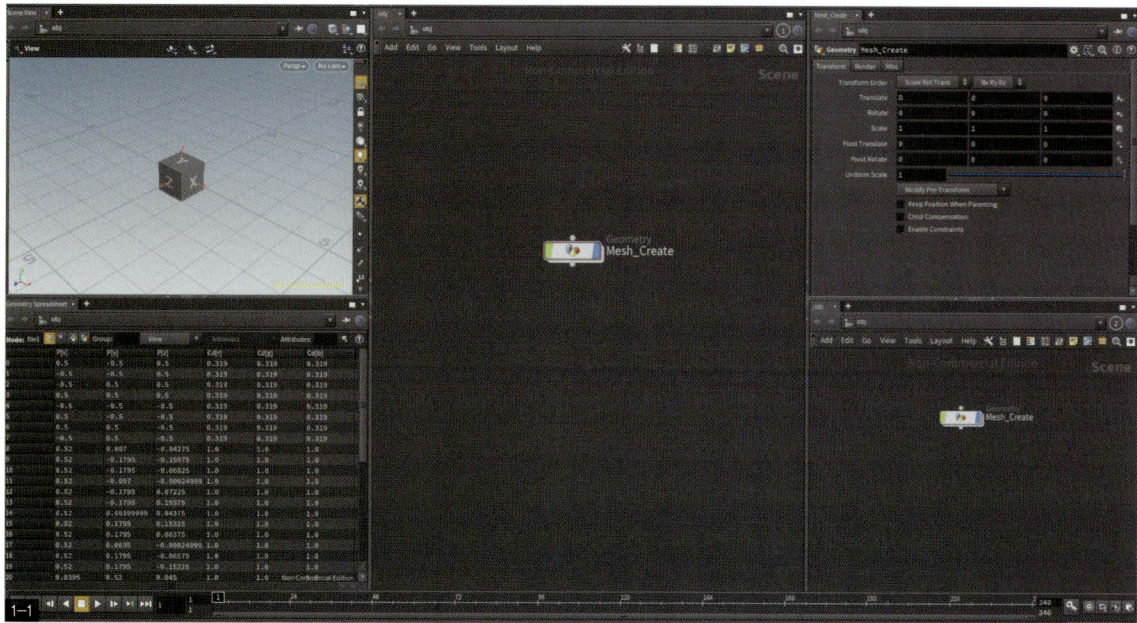

〈Enter〉 키를 눌러 내부 Network로 들어가서 기본적으로 생성되어 있는 File 노드를 〈Del〉 키로 제거합니다.

〈Tap〉 키로 ObjectMerge 노드를 생성합니다. 이 노드는 외부의 값을 가져오고자 할 때 사용되는데 어떤 모양의 메쉬를 만들 것인지 입력받기 위함입니다. 그림[1-2]의 Object1이 외부값의 경로를 입력하는 파라미터입니다. 이곳을 어셋 구성 시 파라미터로 빼서 원하는 데이터를 입력하게 됩니다.

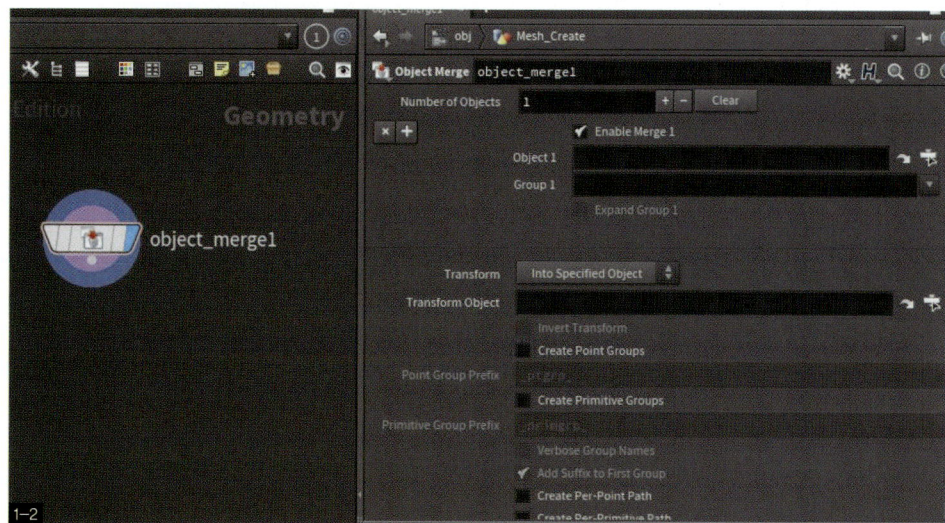

방금 만든 ObjectMerge 노드를 하나 더 생성해줍니다.
이렇게 2개의 값을 입력받아 한쪽은 전체적인 모양을, 다른 한쪽은 면을 구성하는 역할을 하게 됩니다.
입력받은 데이터의 면을 몇 개로 만들지 정하기 위해 Resample 노드를 연결해서 Segment를 재구성해 주겠습니다.

파라미터에 Maximum Segment Length를 체크 해제한 뒤 Maximum Segments를 체크하고, Segments 값을 2로 바꿔 줍니다. 기본값은 일정 거리마다 Segment를 생성하는 방식이고, Maximum Segments는 거리와 상관없이 지정한 값만큼 Segment를 추가하는 방식입니다. 1 + 입력된 수 만큼 전체 포인트 수가 정해집니다.

두 면 모두 컨트롤하기 위해 두 개를 만들어서 그림[1-3]과 같이 연결해 줍니다.

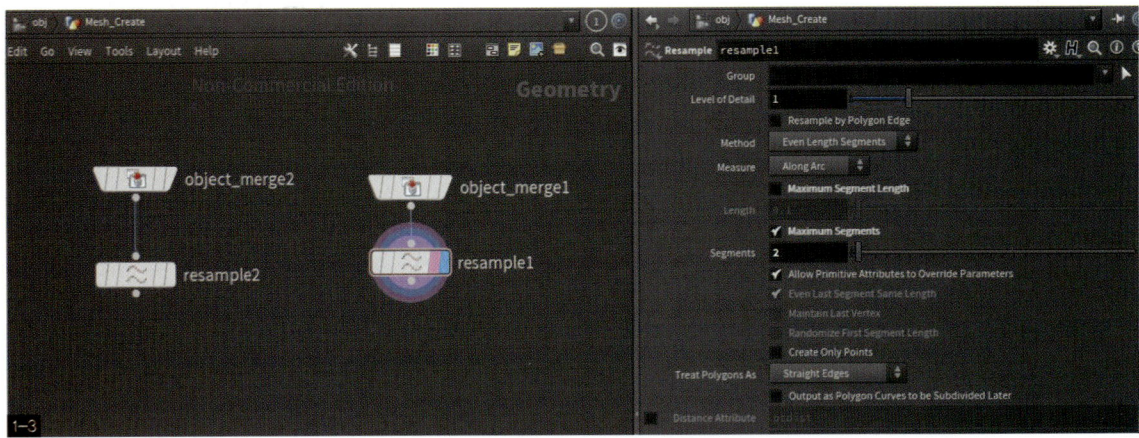

CopyStamp 노드를 추가해서 왼쪽에는 면의 모양이 될 소스를, 오른쪽은 전체적인 형태를 구성할 소스를 연결해주세요.

CopyStamp 노드는 왼쪽에 입력한 값을 오른쪽에 입력한 포인트 수만큼 복제해주는 역할을 합니다.

지면에서는 UV를 구성할 때 사용할 예정입니다.

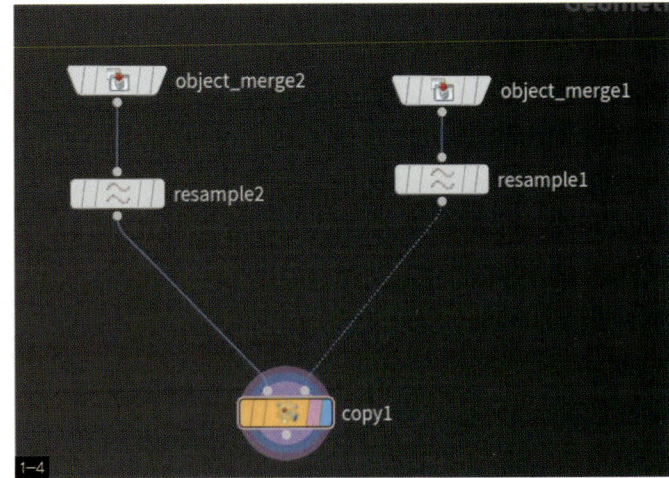

현재 Object_merge에 입력된 데이터가 없어 아무것도 보이지 않고 있습니다. 면이 구성되도록 Skin 노드를 연결하고 Line을 양쪽 Object merge에 입력해서 확인해 보겠습니다.

Skin 노드를 Copy 아래에 추가해서 복제된 소스가 면으로 만들어지도록 하겠습니다.

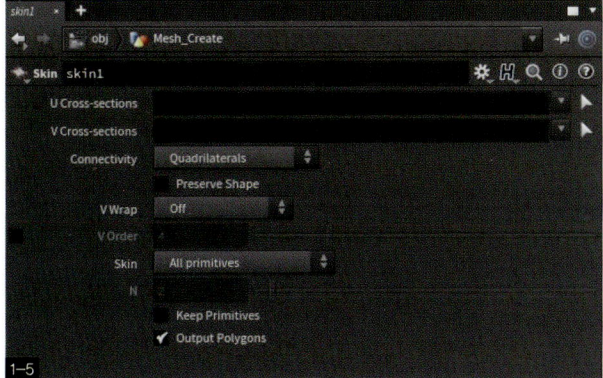

이제 면으로 만들어지는 것을 확인하기 위해 Line 노드를 2개 추가해주세요. 각 타입을 Nurbs로 바꾸고 Direction 값을 아래와 같이 작성해주세요.

- line1 = 0 1 0
- line2 = 1 0 0

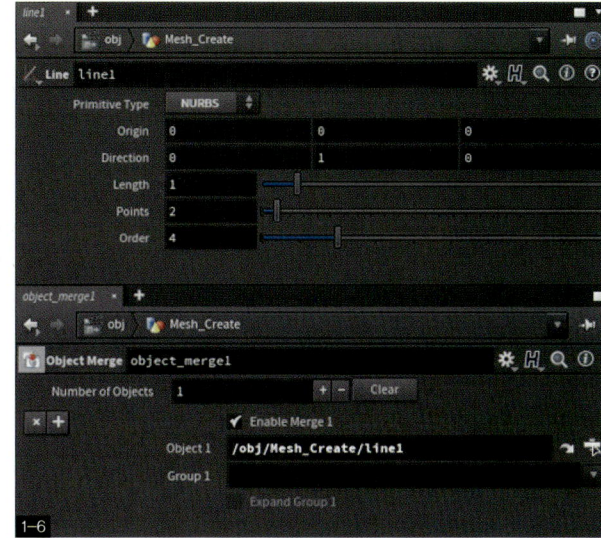

축을 맞춰 생성한 뒤 어디에 사용되고 있는지 쉽게 구분하기 위해 [1-7]과 같이 object_merge의 위쪽에 배치해 두겠습니다. Object_merge를 선택하고 위쪽에 배치한 line 노드를 마우스로 드래그해서 Object 1 옆 입력 칸에 놓으면 경로가 입력됩니다. [1-6] 이렇게 Object_merge 두 곳에 각각 line을 입력해 준 뒤 Skin 노드의 Display를 켜면 네모난 면이 만들어진 것을 볼 수 있습니다. [1-7]을 보면 지금까지 연결한 노드와 만들어진 사각면을 볼 수 있습니다.

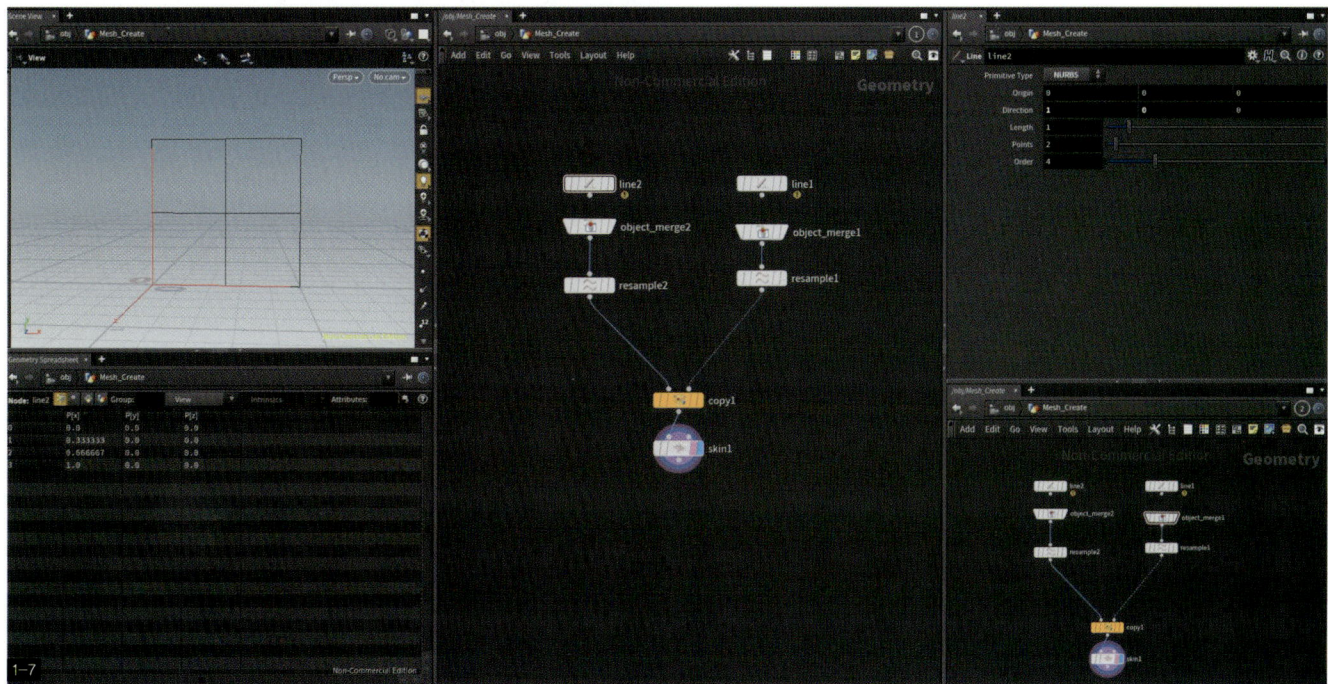

## 2. 메쉬 Attribute 생성 및 제어

먼저 Resample1 노드 뒤에 PolyFrame 노드를 연결한 후 파라미터를 [2-1]과 같이 설정해 줍니다.
PolyFrame 노드는 Normal, Tangent, Bitangent를 노드 하나로 쉽게 만들어 줍니다.

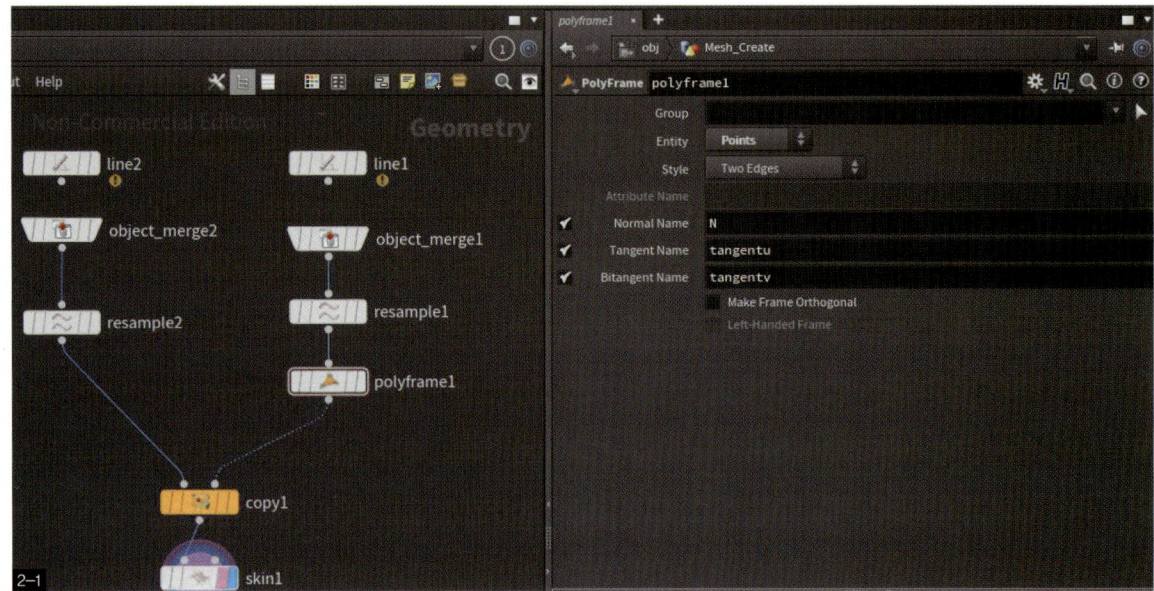

Copy1노드를 선택한 후 파라미터에서 Attribute 탭에서 Use Template Point Attributes를 체크합니다.

이 옵션을 켜면 오른쪽 Attribute를 가져와 사용할 수 있게 해 줍니다.

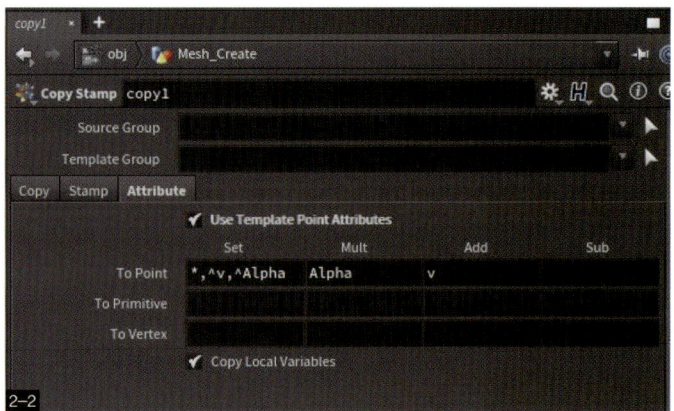

Polyframe노드 아래에 PointWrangle노드를 추가한 후 그림과 같이 Vex Code를 작성해 주세요.

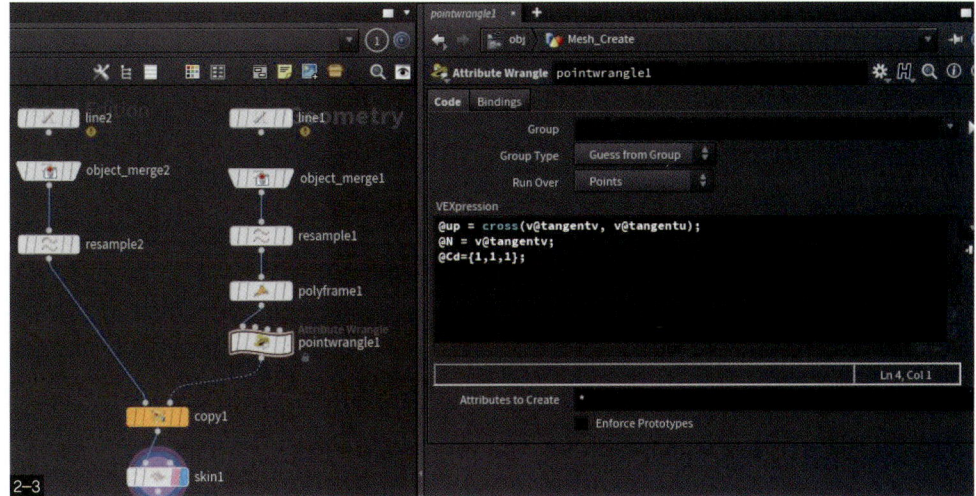

### Vex Code를 보면

```
@up = cross(v@tangentv, v@tangentu);
```
// 그림[ 2 – 1 ]에서 만든 tangentu, tangentv의 외적 값을 up vector Attribute로 정의

```
@N = v@tangentv;
```
// tangentv를 Normal Attribute로 정의

```
@Cd = {1,1,1};
```
// Color를 흰색( { 1, 1, 1} )으로 정의

코드에서 @가 있는 부분은 Attribute를 나타냅니다. Attribute는 Geometry Spreadsheet에서 값을 보거나, [ 2 – 4 ] 처럼 Attribute를 Visualizers에 입력해서 화면에 보이게 해서 확인합니다.

작성된 Attribute가 어떻게 되어있는지 확인하기 위해 Curve 를 추가해 보면 [2–4]처럼 보이는 것을 확인할 수 있습니다.

@up은 분홍색

@N은 초록색

@tangentu는 파랑색

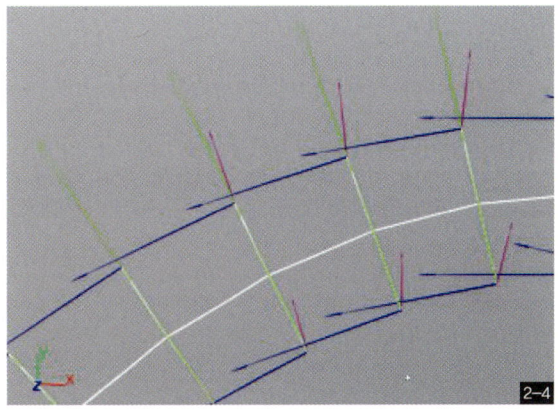

다시 **pointwrangle1**로 돌아가 Scale을 제어하기 위한 Ramp파라미터를 추가해 보겠습니다.

파라미터에서 톱니바퀴 아이콘을 클릭 후 **Edit Parameter Interface**를 눌러 줍니다.

이 메뉴는 어셋을 구성할 때 최종 사용할 파라미터를 구성하기 위해 자주 사용되고, 지금처럼 사용자가 임의로 파라미터를 추가해서 사용하기도 합니다.

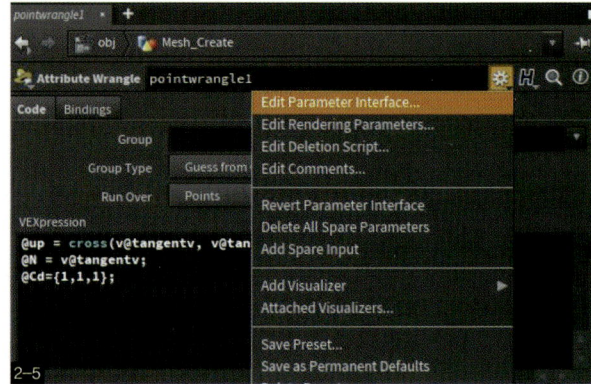

Parameter Interface를 추가할 수 있는 창이 새롭게 뜹니다. 왼쪽은 사용할 수 있는 파라미터 리스트가 있고, 중간은 현재 사용 중인 파라미터, 오른쪽은 그 파라미터의 옵션을 정의하는 곳으로 구성되어 있습니다.

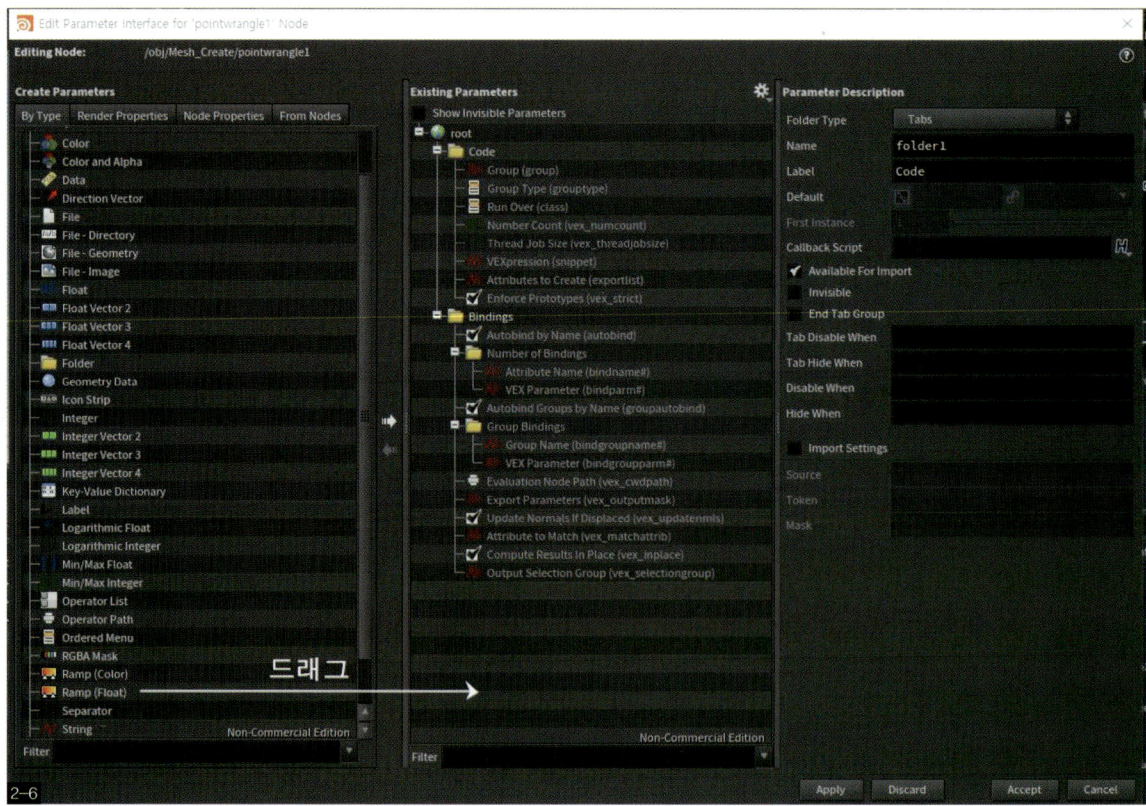

우리는 Float 타입의 Ramp 파라미터를 사용할 예정이므로 Ramp(Float)를 중앙의 빈 곳으로 드래그합니다. 빈 곳이 아닌 폴더 아래로 드래그하면 폴더 아래에 추가되어 생성되는 위치가 그 탭(폴더)의 아래에 추가됩니다.

추가한 Ramp의 옵션을 그림처럼 Name은 scale, Label은 Point Scale Ramp로 지정해 주세요.

Name은 외부에서 이 값에 접근할 때 사용되는 변수명이고 Label은 파라미터에 표시될 이름입니다.

작성 후 Accept 버튼을 눌러서 적용하면 파라미터가 만들어진 걸 볼 수 있습니다.

추가한 Ramp를 이용해서 Point Scale을 조절할 수 있도록 Wrangle을 그림과 같이 작성해줍니다.

```
f@npos = float(@ptnum)/ (@numpt-1);
@pscale = chramp("scale", @npos,0);
```

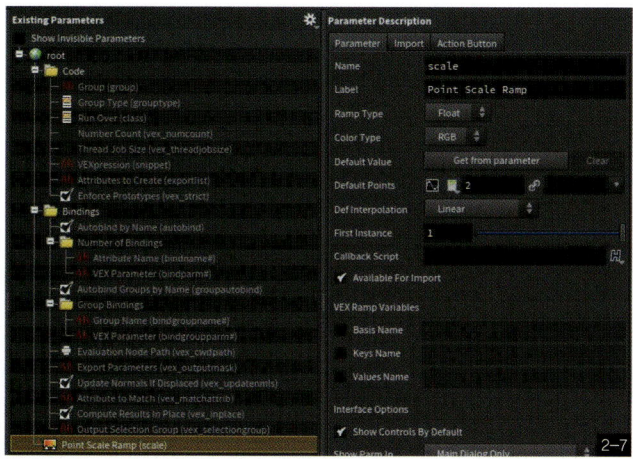

2-7

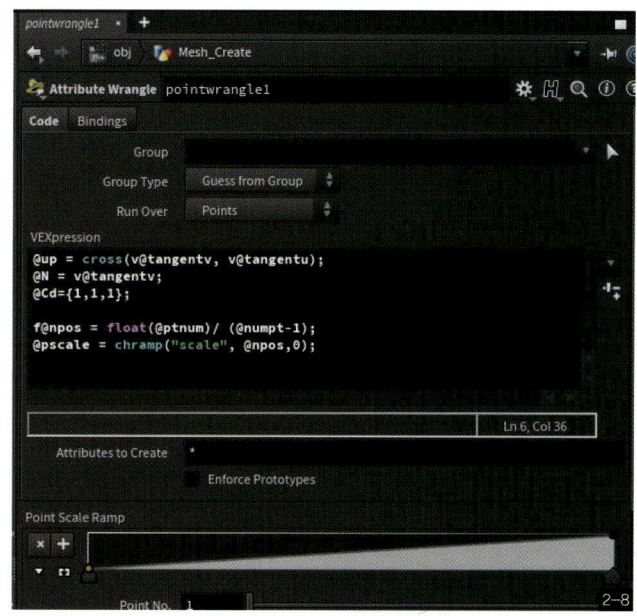

2-8

### Vex Code를 보면

`f@npos =float(@ptnum)/ (@numpt-1);`

f는 Float 타입의 데이터를 나타내고 @는 Attribute, npos는 Attribute의 이름입니다. npos라는 Attribute는 포인트의 시작은 0, 끝은 1이 되는 Attribute를 담으려 합니다. 그러기 위해 현재 포인트 넘버(@ptnum)에서 전체 포인트 수(@numpt)-1를 나누려 합니다. @ptnum이나 @numpt은 모두 정수형 데이터여서 나눴을 때 결과값이 0에서 1 사이의 실수 형태로 출력이 되지 않습니다. 그래서 @ptnum을 float(@ptnum)으로 실수 형태로 변환하면 1 에서 1.0으로 변경됩니다. 예를 들어 1 나누기 2일 때, 무의식적으로 0.5라고 생각할 수 있지만 컴퓨터에서 정수형 값은 0, 1, 2... 형태로 표현되고, 실수는 0.0, 0.1, 0.2... 형태로 표현되기 때문에 0.5가 될 수 없습니다. 마지막으로 @numpt - 1을 보면 후디니의 포인트 넘버(@ptnum)는 0부터 시작하지만 전체 포인트 넘버(@numpt)는 1부터 시작해서 1만큼 차이가 있습니다. 그래서 그 차이를 없애주기 위해 -1을 했습니다.

간단하게 예를 들어보면 @ptnum = 0, 1, 2이고 @numpt = 3일 때,
0.0 / 2 = 0, 1.0 / 2 = 0.5, 2.0 / 2 = 1 의 결과를 가집니다. 이 방식은 포인트 수가 변경 되더라도 항상 0 ~ 1 사이의 값을 가지고 있어 자주 사용되는 식입니다.

`@pscale = chramp("scale", @npos, 0);`
//@pscale은 point scale을 나타내는 고유 이름으로, copy에 의해 복제될 때 이 pscale을 기준으로 크기가 조절됩니다. 이걸 Ramp 그래프 형태로 제어해 주기 위해 Chramp() 명령으로 Ramp 그래프를 입력합니다. "scale"은 그림[2-7]에서 정의한 name으로 사용할 그래프의 경로를 입력하는 곳인데 동일 노드에 있어서 이름만 입력을 했습니다. @npos는 Ramp를 만들 때 어떤 값을 기초로 해서 만들어 질 것인지를 나타냅니다. 마지막 0은 index 입니다.

입력 후 Skin1 노드에서 결과를 보면 그림처럼 모양이 달라진 것을 볼 수 있습니다.

한쪽 방향으로 크기가 변경되는 것은 임의로 입력한 line2의 중심점이 위치에 있기 때문입니다. orign X축 값을 - 0.5로 입력하면 중심을 기준으로 크기가 조절됩니다.

Point Scale Ramp를 조절하면 크기가 변경되는 것을 확인할 수 있습니다.

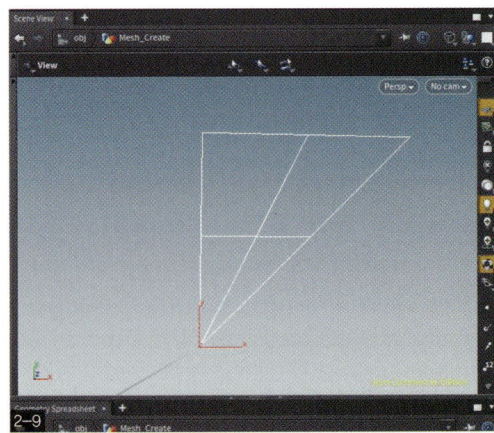

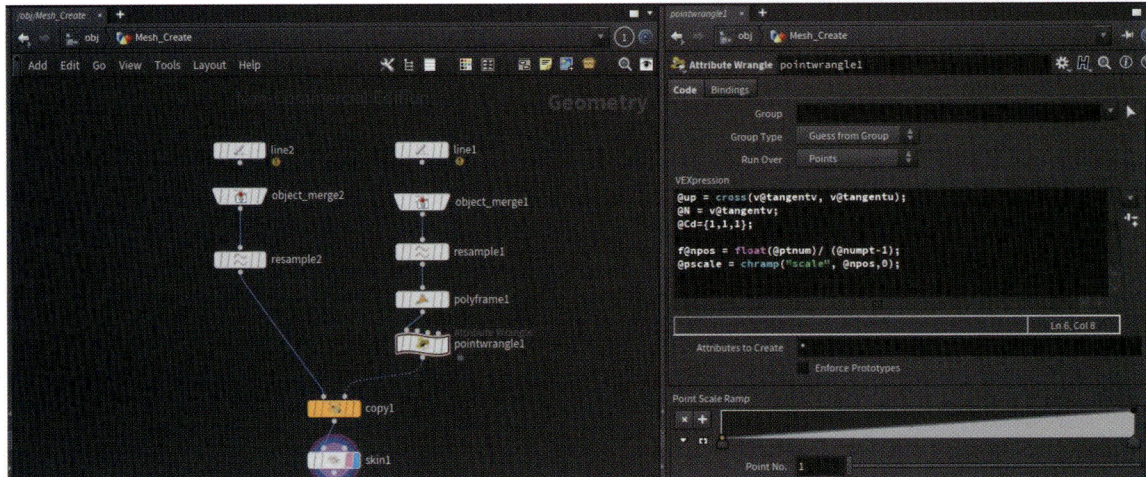

Transform 노드를 resample2와 skin1 아래 각각 하나씩 추가합니다.

Transform1은 Resample2 아래에 연결해서 입력값의 회전이나 크기, 위치를 제어하는 역할로 사용하고,

Transform2는 Skin1 아래에 연결해서 만들어진 메쉬의 전체적인 Trans form을 제어하는 용도로 사용할 예정입니다.

추후 어셋을 구성할 때 파라미터로 빼서 사용할 예정입니다.

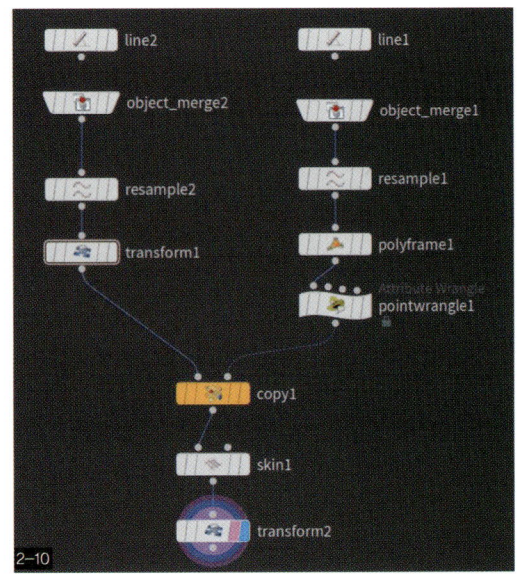

추가로 메쉬를 만들다 보면 시작과 끝이 이어지는 Ring 타입의 메쉬를 만드는 경우가 있습니다. 면은 이어지되 UV는 끊어져 있어야 하기에 상황에 따라 대응하기 위해 Switch 노드를 추가해서 선택할 수 있도록 하겠습니다.

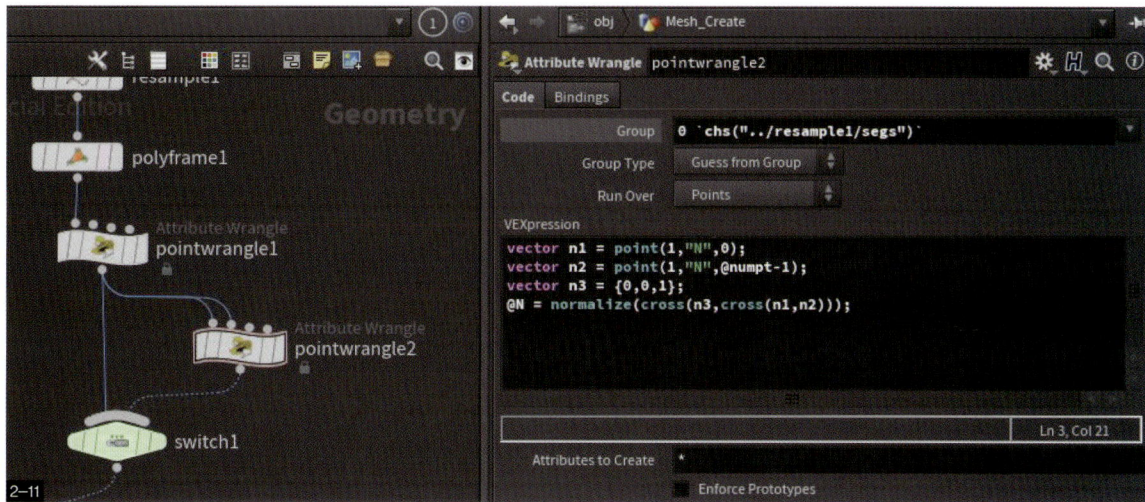

pointwrangle2도 그림처럼 추가해줍니다. 다른 노드들과 달리 0번과 1번 두 input에 연결되어 있습니다.
위 그림과 같은 구조는 Switch1 노드 값이 0일 때는 기본값을 출력하고, 1일 때는 오른쪽에 만든 Wrangle 결과를 출력하게 되는 구조입니다. 이 값을 조절하여 상황에 따라 선택하는 방식입니다.

Pointwrangle2의 내용 중 먼저 Group에 작성된 0 `chs("../resample1/segs")`을 살펴보겠습니다.

Group은 특정 영역을 구분해주기 위해 주로 사용되는데 이 노드에서는 0번 포인트와 마지막 포인트에만 적용해주려고 0번 포인트는 항상 시작이 0이어서 직접 숫자로 작성하였고, `chs("../resample1/segs")` 은 문자열 값을 레퍼런싱해주는 명령으로 앞서 만들었던 resample의 Max Segment 값을 가져옵니다. 특이점으로 그룹을 입력하는 곳에 바로 Expression을 작성할 수가 없어 〈`〉(백틱은 키보드 〈Tab〉키 위쪽에 있습니다.)으로 명령을 감싸고 있습니다. 이 방식은 직접 Expression을 작성할 수 없는 부분에 명령을 작성하기 위해 사용되는 방식입니다.

0과 `chs("../resample1/segs")` 명령 사이에 띄어쓰기가 있으니 주의해주세요.

이제 이 두 포인트의 노멀을 동일하게 만들어 주겠습니다.
그 이유는 원형으로 구성된 면의 경우 보통 시작과 끝의 노멀이 서로 달라서 다른 방향을 바라보고 있기 때문입니다.

```
vector n1 = point(1,"N",0);
vector n2 = point(1,"N",@numpt-1);
```
// point 명령을 사용해서 특정 시작과 끝 포인트가 가지고 있는 노멀 값을 n1과 n2에 담았습니다.
```
vector n3 = {0,0,1};
```
//임의의 벡터값으로 Z축으로 1의 크기를 가진 n3를 만들어 줬습니다.

```
@N = normalize(cross(n3,cross(n1,n2)));
```
// Normal Attribute에 시작 포인트와 끝 포인트의 노멀을 외적시키고, 이 결과값과 Z축으로 1의 크기를 가진 벡터와 한번 더 외적, 이 결과를 노멀라이즈 해 크기를 0에서 1 사이의 값으로 만들어 줬습니다.

이해를 돕기 위해 바꾸기 전 노멀 방향과 바꾼 뒤 노멀 방향을 이미지로 살펴보겠습니다.

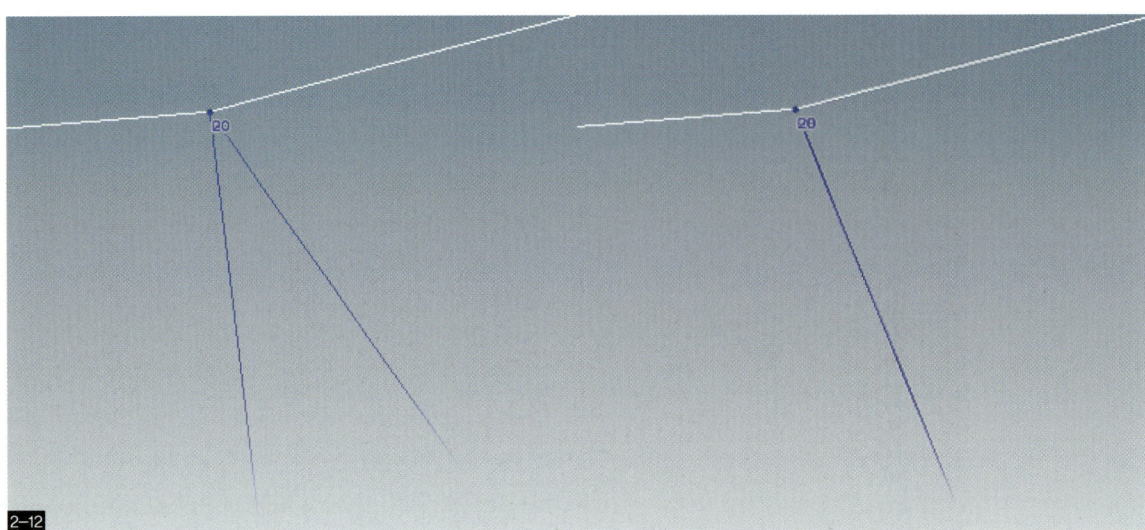

이미지의 좌측을 보면 겹쳐 있지만, 시작과 끝 포인트의 노멀이 서로 달라서 다른 방향을 보고 있습니다. 이걸 작성한 코드로 두 노멀의 외적을 구해서 같은 값을 가지도록 변경해주었습니다.

## 3. 프로시쥬얼한 UV구성 및 Alpha 컨트롤

이제 UV를 추가하고 UV방향을 기준으로 Alpha를 Ramp로 제어해 보겠습니다.

먼저 UV를 구성하기 위해 **UV Texture**노드를 object_merge1와 resample1 사이에 추가해줍니다.
파라미터에서 Texture Type은 **Row&Columns**을 선택합니다.

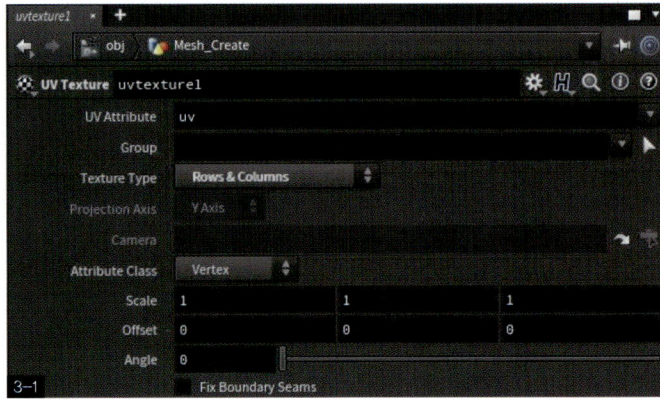

object_merge2와 resample2 사이에도 **UV Textue** 노드를 연결해 줍니다.
파라미터에 Texture Type은 **Uniform Spline**으로 지정하고, **Angle**은 **-90**을 입력해주세요.

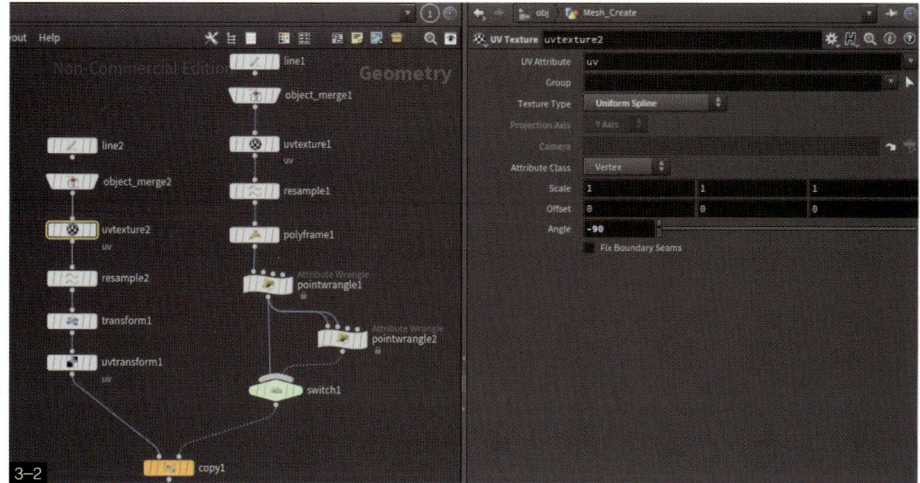

### stamp()에 대해서

Stamp의 구조는 **stamp("사용할 copy노드의 경로", "사용할 변수명", 인덱스 넘버)** 의 형태로 이루어져 있습니다.
이 명령은 오른쪽에 연결된 포인트에 복제될 때 각각의 포인트가 가지고 있는 Attribute를 왼쪽에 복제되는 대상에 적용할 수 있습니다. 이것을 이용해서 UV 구성이나 Twist 등 다양한 활용이 가능해서 많이 사용되는 명령입니다.

이 stamp를 사용하려면 먼저 copy노드에서 stamp를 사용하겠다고 체크해주어야 합니다.

Copy1 파라미터의 Stamp 탭 메뉴에서 **Stamp Inputs을 체크해** 주세요.

아래 Variable 1에 다음과 같이 입력합니다.

```
Variable 1 = n_uv
Value 1 = @npos
```

앞서 만들어둔 @npos Attribute를 n_uv라는 이름으로 사용하겠습니다.

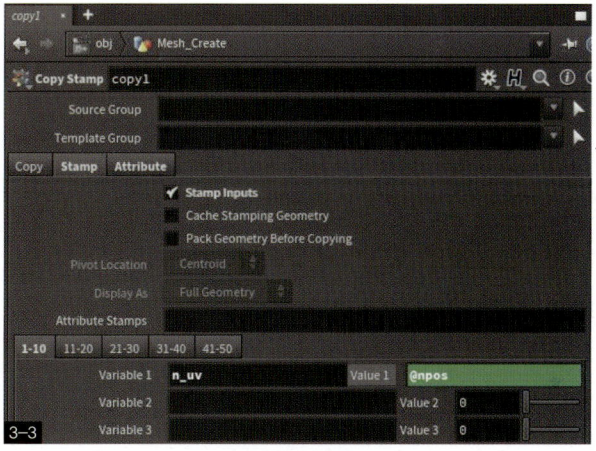

@npos는 0에서 1 사이 값으로 UV도 0과 1 사이의 값으로 생성되도록 하기 위해 이 값을 U축의 위치로 Stamp 시키겠습니다.

**그러면 U값은 포인트 넘버가 0인 버텍스에 Copy되는 것은 0의 U값을 가지고 마지막 포인트는 1의 U값을 가지게 됩니다. 그 결과 면의 수가 많든 적든, 어떤 모양이든지 항상 0에서 1 사이의 U값이 만들어집니다.**

U값을 Stamp하기 위해 **uvtransform** 노드를 Transform1 노드 다음에 연결해 주겠습니다.
파라미터에서 Translate X축에 `stamp("../copy1","n_uv",0)`을 입력합니다.

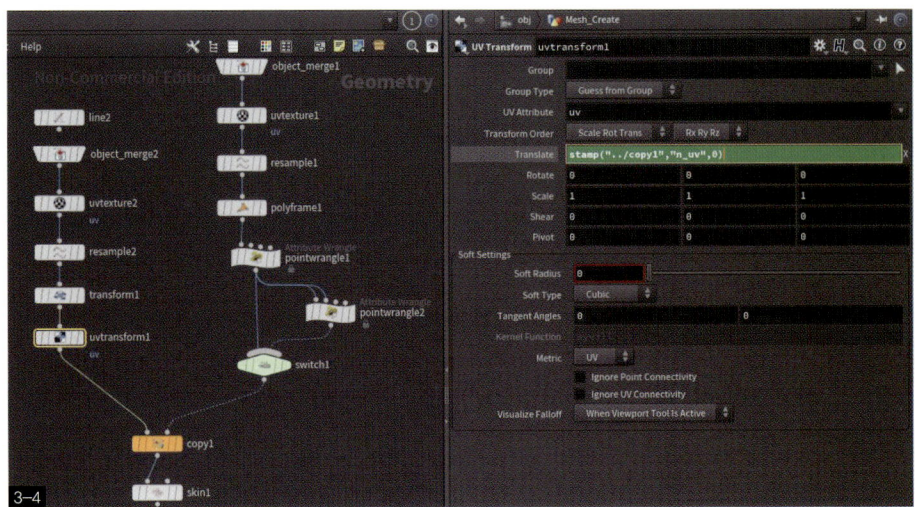

이제 만들어진 UV를 확인해보겠습니다.
좀 더 쉽게 구분하기 위해 pointwrangle1에 Point Scale Ramp를 수평 모양으로 만들고, Resample의 Max Segment 값을 크게 수정해 뒀습니다. UV를 확인하기 위해 Scene view에서 〈스페이스바 + 5〉를 눌러서 UV view로 변경 후 확인해 주세요.
그림처럼 정사각형 모양의 uv를 확인할 수 있습니다.

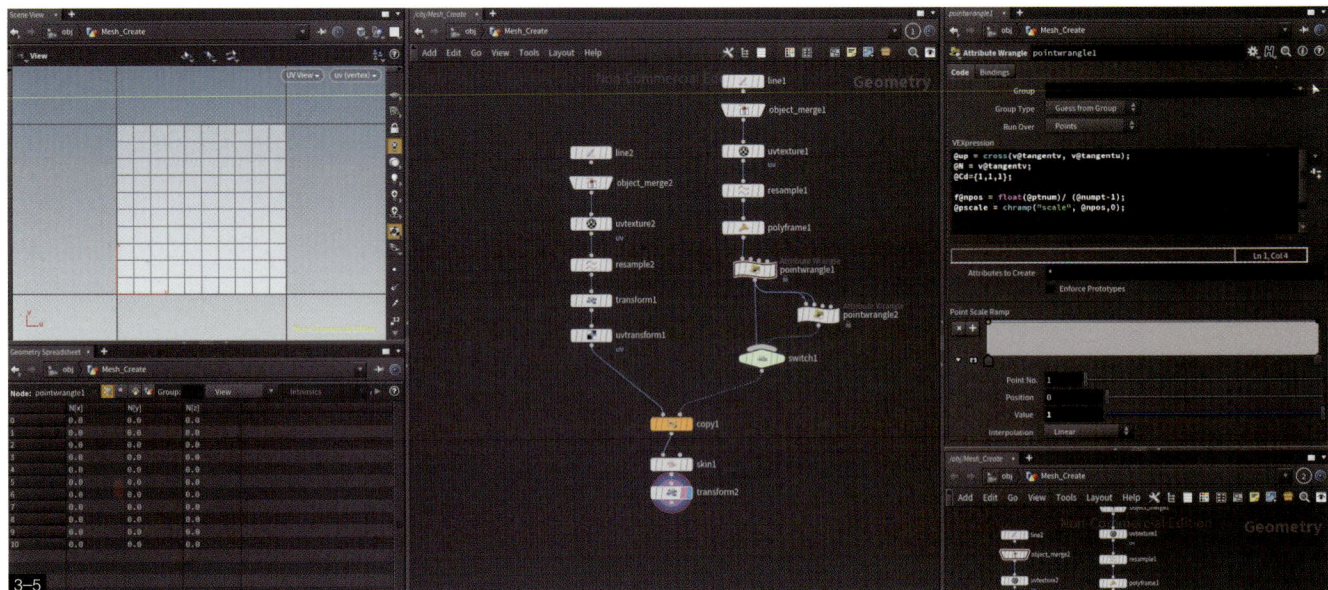

이어서 Alpha를 제어하기 위해 Transform2 뒤에 VertexWrangle을 추가합니다.

Alpha는 만들어둔 UV를 기준으로 U축과 V축 각각 Ramp(Float)로 제어하겠습니다. 파라미터에서 Edit Parameter Interface를 열어 Ramp(Float) 파라미터를 2개 추가 후 각각 Name과 Label을 입력하고 Accept로 적용합니다.

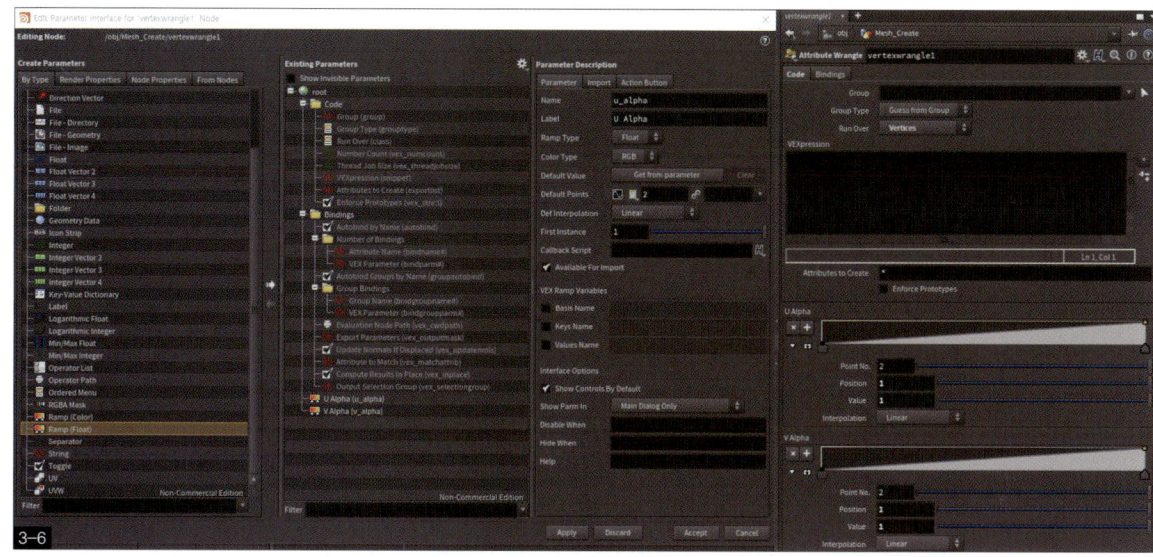

3-6

```
Name = u_alpha                    Name = v_alpha
Label = U Alpha                   Label = V Alpha
```

UV view에서 〈스페이스바 + 1〉을 눌러 다시 Scene view로 돌아온 뒤 **VertexWrangle1** 파라미터에 다음과 같이 작성합니다.

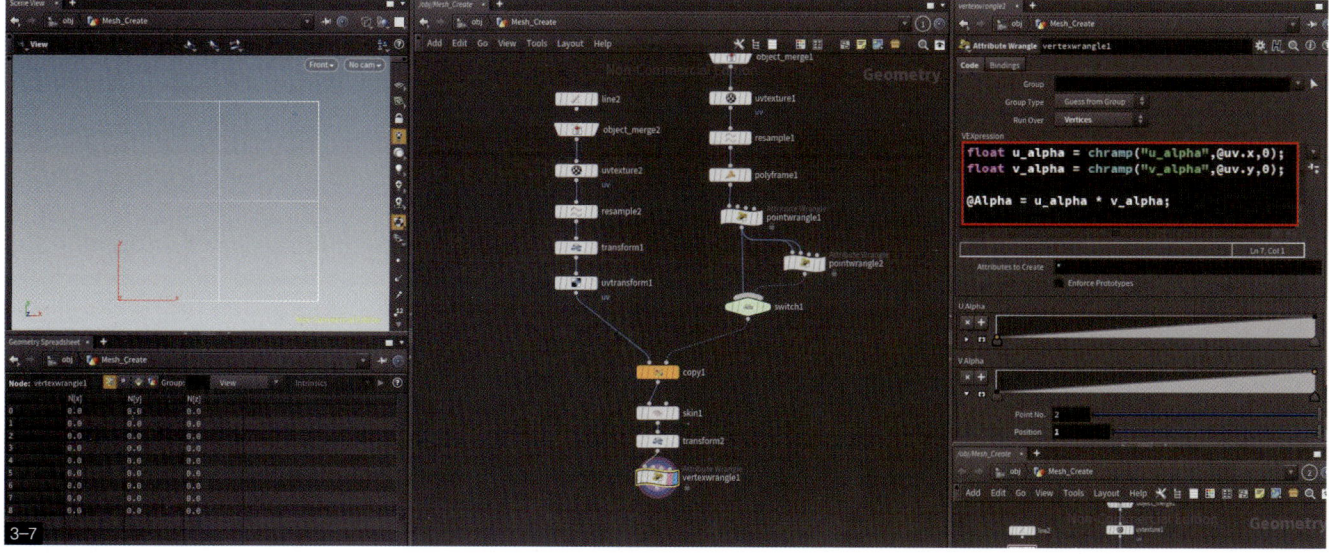

3-7

Scale을 제어하기 위해 한 것과 같은 구조이지만 간략하게 설명하면 다음과 같습니다.

> **Vex Code를 보면**
>
> ```
> float u_alpha = chramp("u_alpha",@uv.x,0);
> float v_alpha = chramp("v_alpha",@uv.y,0);
> ```
>
> // float u_alpha는 이 노드 내부에서만 사용 가능한 변수로 Attribute로 만들 필요 없을 경우 사용되는 변수입니다. 각 UV의 U축과 V축을 기준으로 Ramp 값을 만들고 이 값을 u_alpha와 v_alpha에 담아 각각 제어가 가능하도록 구성했습니다.
>
> ```
> @Alpha = u_alpha * v_alpha;
> ```
>
> // 만든 u_alpha와 v_alpha를 곱한 결과를 알파로 사용합니다.

작성한 후 각 축의 Ramp를 움직여 보면 알파가 바뀌는 것을 볼 수 있습니다.
Scene view에서 〈W〉 키로 와이어 모드와 shaded 모드를 바꿔 보면 좀 더 확실하게 확인할 수 있습니다.

이어서 vertexwrangle1 뒤에 uvtransform 노드를 하나 더 추가해 주세요. 이 노드는 uv의 offset, Shear, Rotate나 Scale을 제어해서 미리 어떻게 움직이는지 확인하기 위한 노드입니다.

생성된 UV에 Texture가 들어갔을 때 어떤 모양으로 배치되는지 확인하기 위해 UV QuickShaded 노드를 추가하면 기본적으로 내장된 타일맵 텍스처가 출력되어 uv를 확인할 수 있습니다.

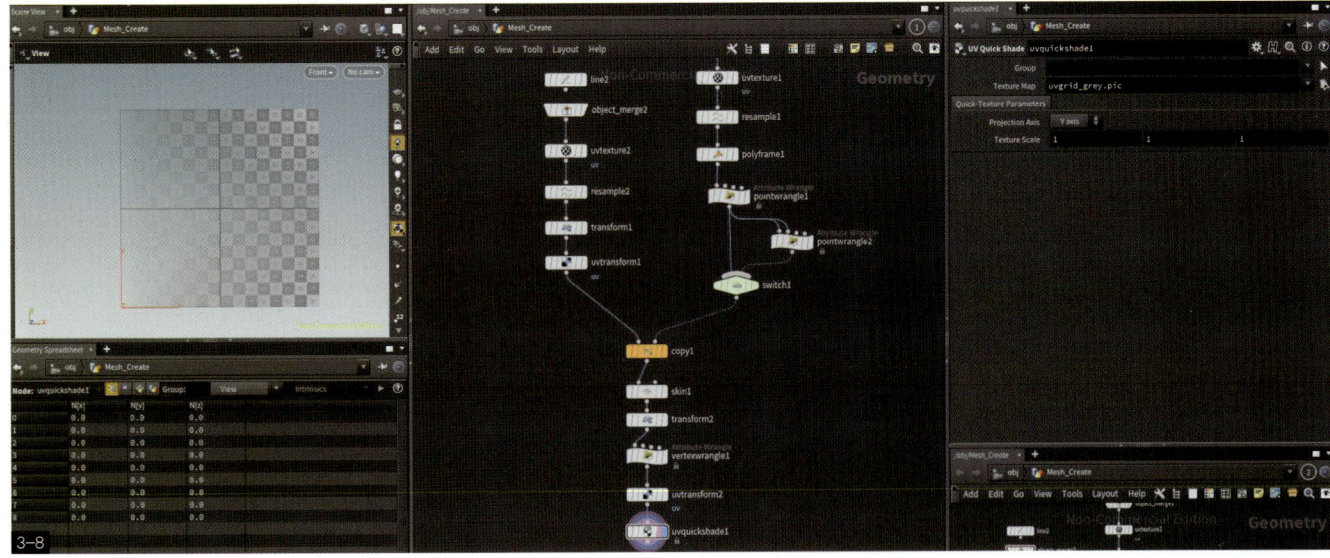

파라미터의 Texture Map 경로를 원하는 텍스처로 변경하면 지정한 텍스처가 어떻게 출력되는지도 확인할 수 있습니다.
(텍스처에 알파가 없으면 주변이 검게 출력됩니다.)

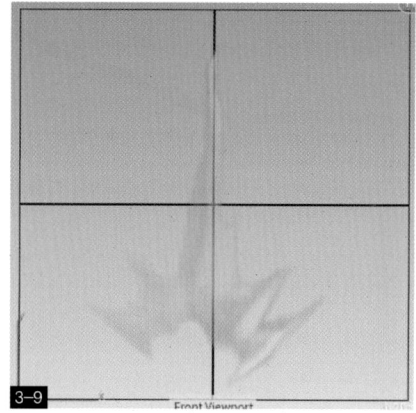

이렇게 사용할 텍스처를 연결해 만들어둔 uvtransform2에서 어떻게 움직이게 될 것인지 미리 보고 최종 메쉬를 내보내게 됩니다.

FBX로 내보내기 전, 후디니에는 3ds Max의 Smooth Group 개념이 없어서 그냥 내보내면 노멀과 연산하는 쉐이더는 결과가 다르게 나올 수 있습니다. 아래 이미지에서 왼쪽이 일반적으로 생각하는 결과라면, 오른쪽처럼 면 단위로 갈라지듯이 표현되는 것은 겹치는 버텍스의 노멀이 같은 값을 가지지 않기 때문입니다.

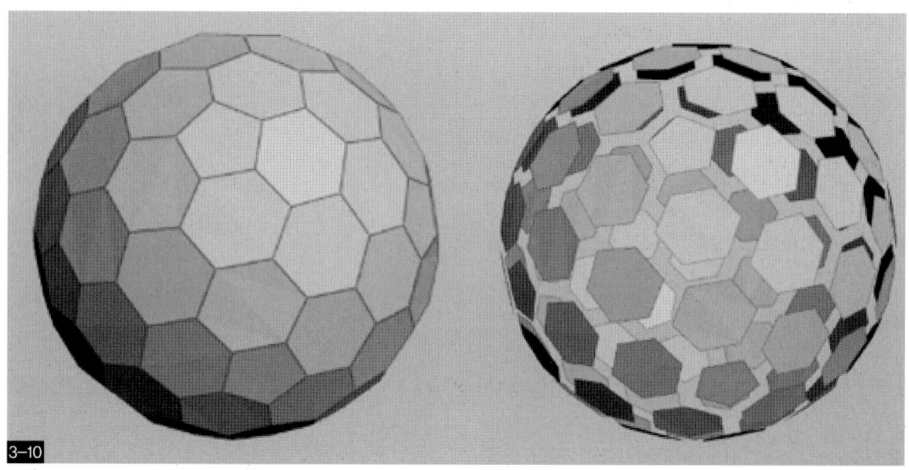

이 노멀의 일정 범위 안에 들어오는 값은 동일한 값으로 처리해주기 위해 SmoothGroup 처리를 하는데 후디니에서는 CuspNormal 값을 지정해 사용하고 있습니다.

uvquickshade1 아래에 Facet노드를 추가해 주세요.
파라미터에서 Cusp Polygons 체크 후 Cusp Angle 값을 45로 지정해 주세요.

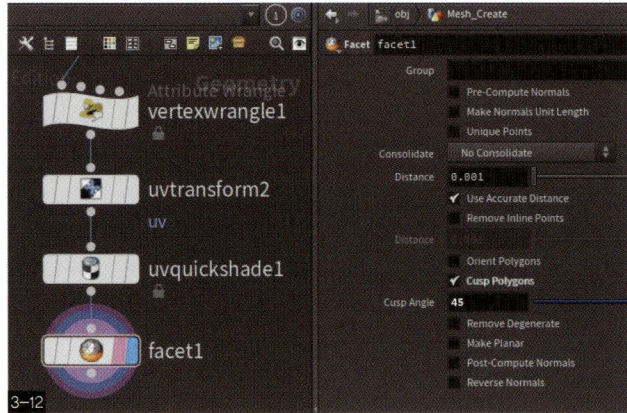

마지막으로 FBX로 내보낼 경우 point Attribute가 아닌 Vertex Attribute로 변환되어야 합니다. 만든 Attribute중 UV와 Alpha는 Vertex Attribute이고 Cd(Color)나 N(normal)은 point attribute이기에 타입을 변경해 주기 위해 **Attribute Promote**노드를 추가하겠습니다.

파라미터에서 Original Name은 변환될 원본 Attribute 이름이고 Original Class는 원본 타입, New Class는 변경될 타입을 나타냅니다.

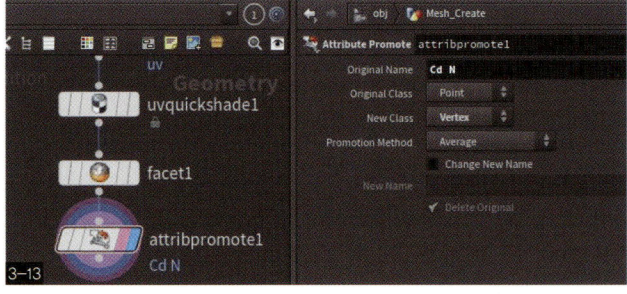

기본적인 구조는 모두 마무리 되었으니 이제 마지막 노드임을 구분해 주기 위해 **Null**노드를 하나 추가해 이름을 **Output**이라고 작성해 줍니다.

> Null 노드는 아무 기능 없이 사용자가 노드를 구분하기 위해 사용하거나 노드들의 파라미터를 한 곳에 모아서 사용하는 등 유저가 임의대로 사용하는 노드입니다.

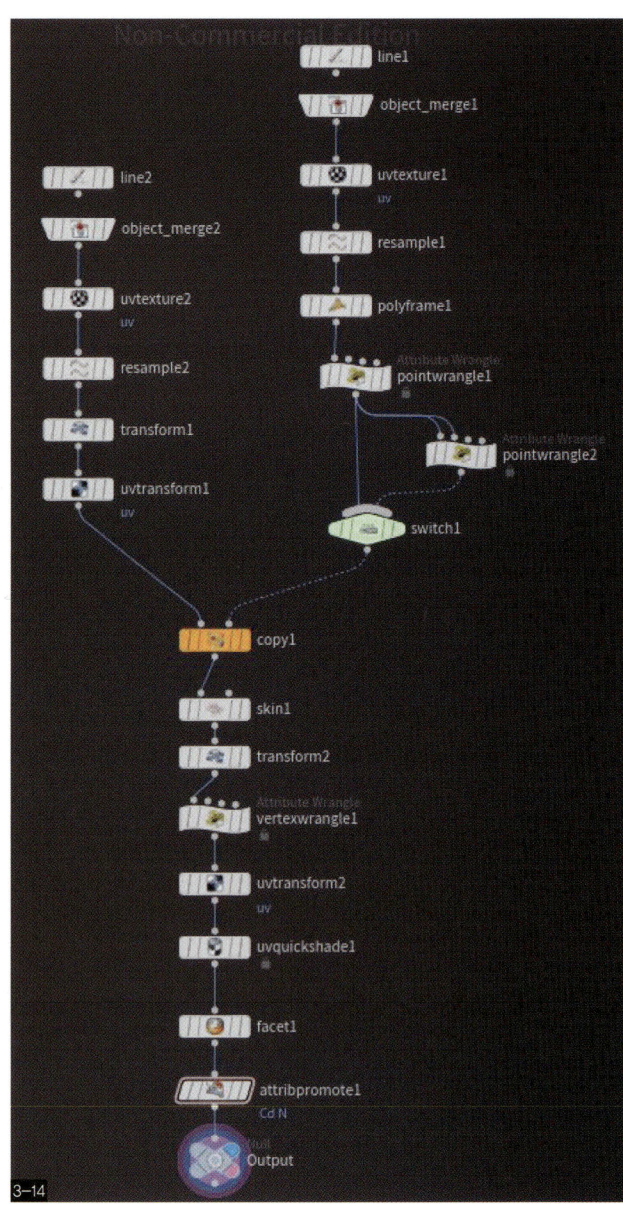

# 4. 사용할 메쉬 생성

**Digital Assets을 만드는 내용은 아래 동영상 자료를** 참고해서 어셋을 만들어 주고, 지면에서는 만들어진 어셋을 이용해서 메쉬를 만들고 최종 FBX 파일을 엔진에서 사용하는 내용을 다루도록 하겠습니다.

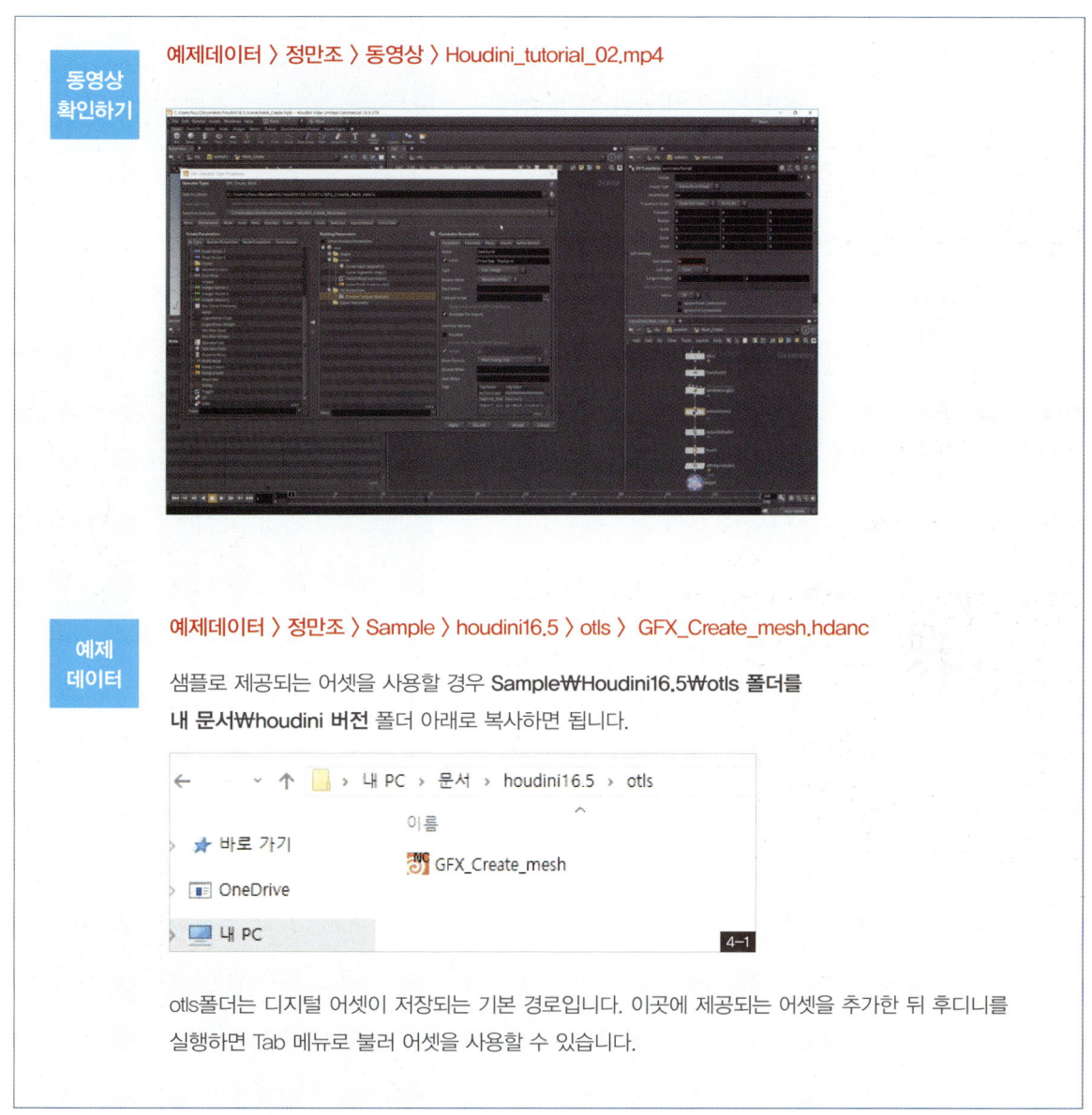

| 동영상 확인하기 | 예제데이터 〉 정만조 〉 동영상 〉 Houdini_tutorial_02.mp4 |

| 예제 데이터 | 예제데이터 〉 정만조 〉 Sample 〉 houdini16.5 〉 otls 〉 GFX_Create_mesh.hdanc |

샘플로 제공되는 어셋을 사용할 경우 **Sample₩Houdini16.5₩otls** 폴더를 **내 문서₩houdini 버전** 폴더 아래로 복사하면 됩니다.

otls폴더는 디지털 어셋이 저장되는 기본 경로입니다. 이곳에 제공되는 어셋을 추가한 뒤 후디니를 실행하면 Tab 메뉴로 불러 어셋을 사용할 수 있습니다.

제작한 어셋을 이용해서 작업해 보겠습니다.

〈Tab〉 키를 눌러 GFX_Create_Mesh 노드를 생성해 줍니다.

어셋이 제작된 네트워크 위치에 따라 생성할 때의 위치도 달라집니다.

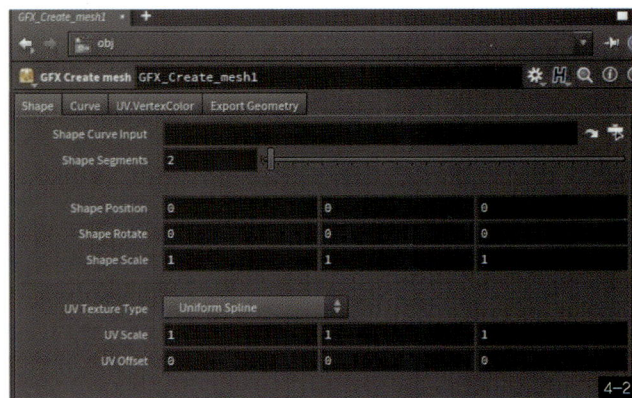

어셋의 input에 두 개의 Cicle을 연결해 둥글게 말린 형태의 실린더 메쉬를 만들고, Segment를 조절해서 버텍수를 조절해 보겠습니다.

Input 소스로 사용할 Circle을 생성해주기 위해 Geometry노드를 하나 생성하고, 이름을 Input_Source로 변경해 주세요.

Input_Source 내부로 들어가서 기본적으로 생성되어 있는 File 노드는 제거해줍니다.

Curve 소스로 사용할 **Cicle** 노드를 하나 추가한 뒤 이름을 Curve_Input으로 바꿔서 구분해주고, 그림처럼 파라미터를 정의해 주세요.

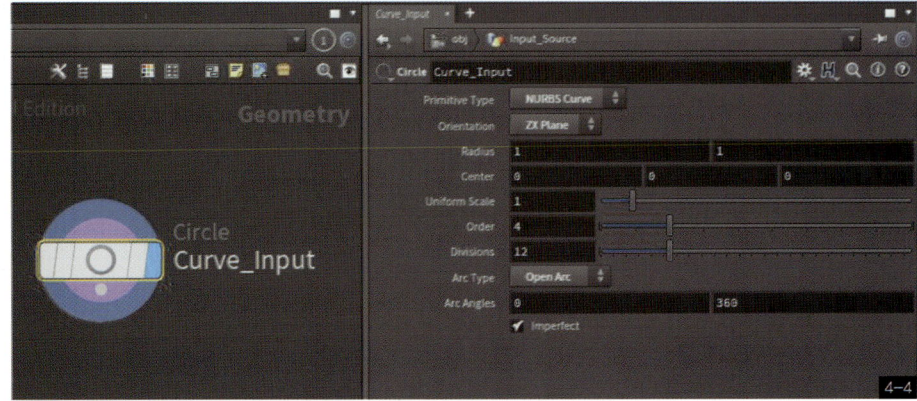

이제 Shape을 구성하기 위한 Cicle을 하나 추가해 줍니다. 이 노드의 이름은 Shape_input으로 지정해줍니다.

그림과 같이 파라미터 옵션을 동일하게 설정합니다.
파라미터 중 Center에 Z축에 −0.5를 한 이유는 Circle 생성 시 반지름만큼 멀어져 있어 이 위치값을 0점 위치로 옮기기 위해서입니다.

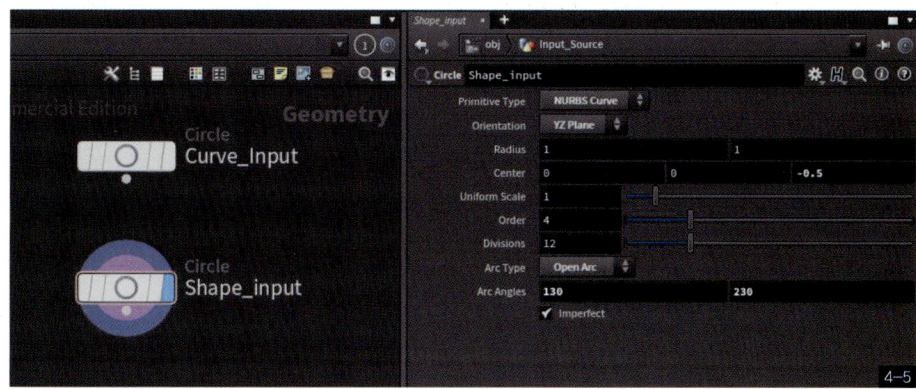

그 외에 **Arc Angles에** 두 개의 값이 있는데 이 값을 조절하면 Circle의 시작과 끝 각을 제어할 수 있습니다. 이 사잇각을 조절해서 반원 형태가 되도록 할 수도 있고, 뒤집어진 형태를 만들어 줄 수도 있게 됩니다. 우리는 Curve_input을 기준으로 밖으로 둥글게 말린 형태를 사용하기 위해 **130에서 230**도 사이의 각을 지정했습니다.

생성한 이 두 input 소스를 어셋에 입력하겠습니다.

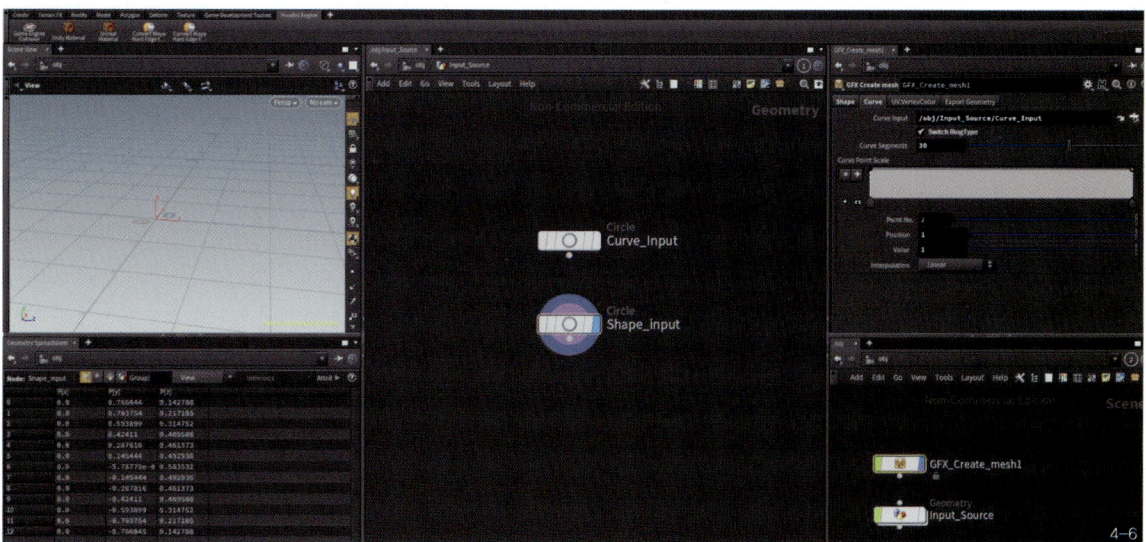

그림처럼 화면 구성을 중앙은 방금 만든 Circle들이 있고, 우측 아래에 보조로 만들어둔 네트워크 뷰에는 만든 어셋과 지오메트리가 보이도록 합니다.

어셋의 파라미터에서 Curve탭을 선택 후, 중앙의 Curve_input노드를 어셋의 Curve Input 파라미터에 드래그해서 입력합니다. 그리고 Curve 파라미터에서 Switch Ring Type을 체크하고, Curve Segment를 30으로 지정합니다. 회전하는 면을 30개의 면으로 분할한다는 의미입니다. 따로 Curve point scale은 조절하지 않습니다.

361

이어서 Shape탭을 선택한 후 중앙에 있는 Shape_input노드를 드래그해서 Shape Curve Inpu에 입력합니다. 그리고 Shape Segment 값은 5로 지정하겠습니다. 세로 면을 5개로 나눈다는 의미입니다.

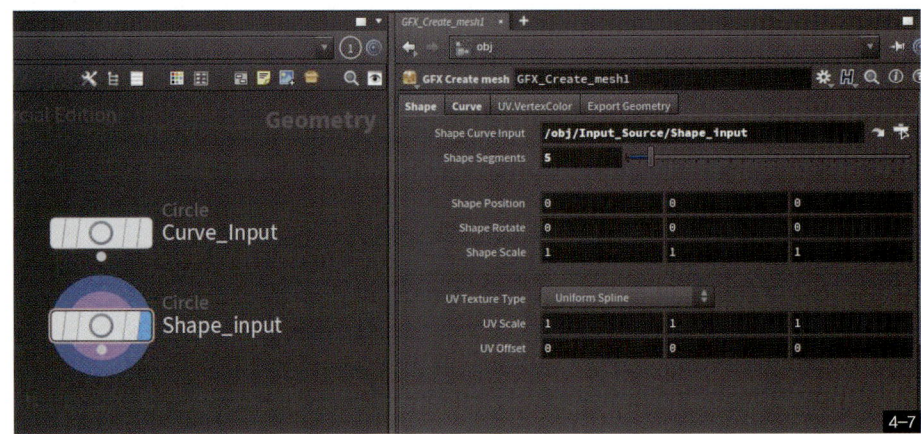

이렇게 두 Circle 소스를 연결해 준 뒤 어셋의 결과를 확인해 보면 그림처럼 둥글게 말려진 메쉬를 확인할 수 있습니다.

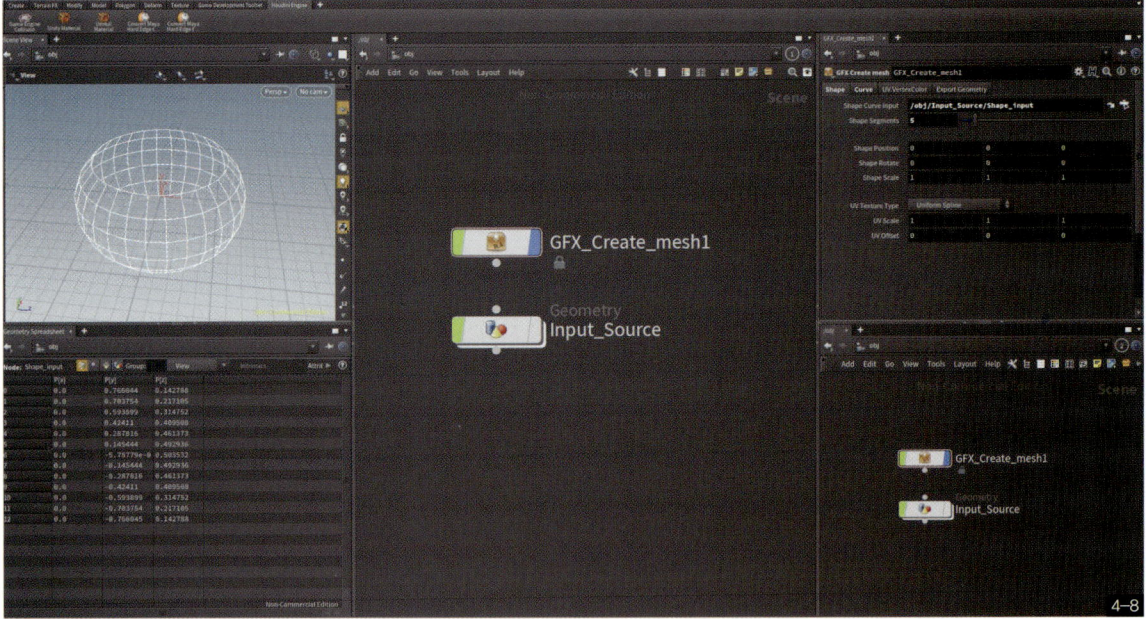

이제 만들어진 메쉬에 Vertex Alpha를 위아래 부분만 투명하게 만들어 주겠습니다.

UV.VertexColor 탭에서 아래의 V Vertex Alpha 램프 그래프를 그림처럼 시작과 끝이 0이 되도록 조절해줍니다.

뷰포트에서 〈W〉키를 눌러 와이어 모드로 보면 기본 머티리얼이 없어서, 보다 쉽게 위아래 버텍스 알파가 투명하게 바뀐 것을 볼 수 있습니다.

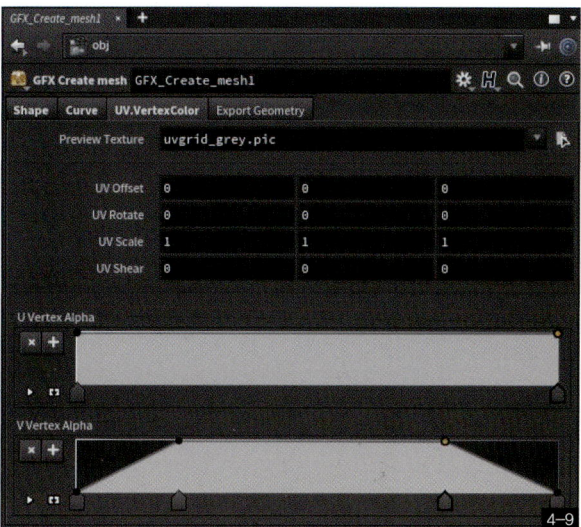

이 외에도 만들어둔 기능을 보면 uv를 움직여보거나 원하는 형태로 회전 그리고 Shear 할 수 있습니다. 이 부분은 직접 수치를 조절하면서 확인해보면 좋습니다.

그리고 Shear는 uv를 어떻게 바꿔주는지 그림으로 보여 드리겠습니다.
[4-10]은 일반적인 uv 구성일 때 텍스처가 어떻게 보이는지를 나타내고, [4-11]은 Shear X축에 값을 부여해서 uv를 수평으로 이동시킨 결과물입니다. 우리는 비틀지 않고 원형으로 사용할 예정이므로 0으로 모두 지정해줍니다.

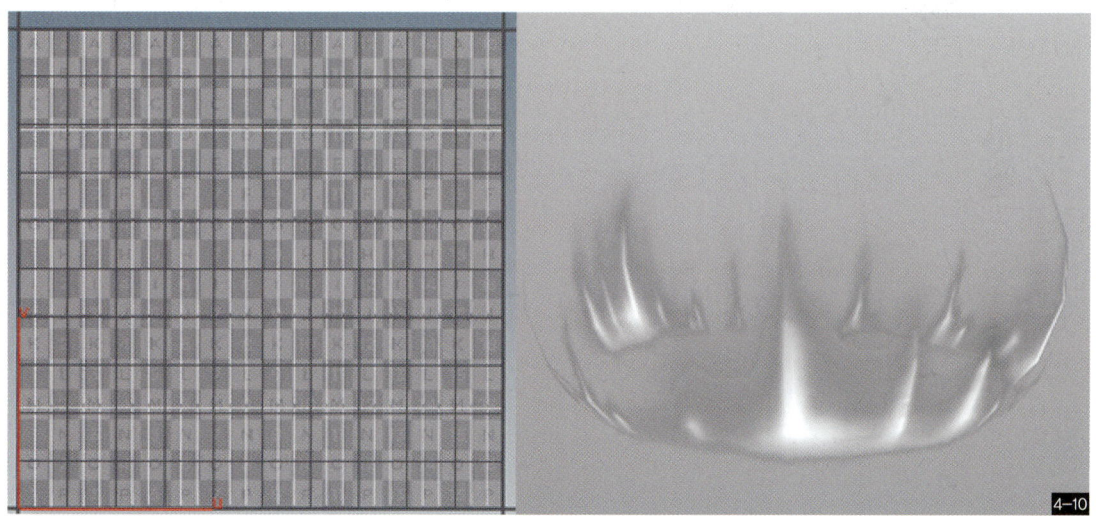

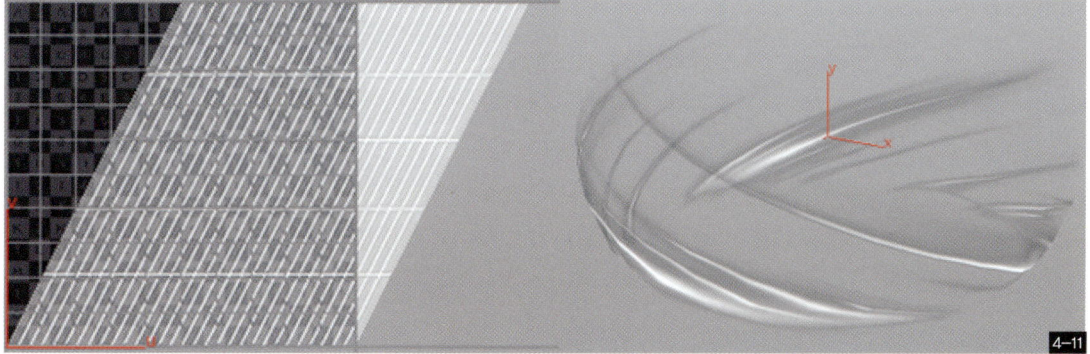

> 후디니 무료 버전에서는 기능적 제한이 없지만 렌더링이나 파일을 내보내는 것에는 제약이 있습니다.
>
> 마지막 FBX를 내보내는 Rop FBX Output 부분에서 내보낼 수 없으므로, FBX파일을 어떻게 만들고, 어떻게 사용하는지 참조한 후 예제로 제공하는 파일로 언리얼 엔진 챕터를 진행하면 됩니다.
> 예제데이터 경로(₩Sample₩FBX₩Ring_Cylinder.fbx)

Position Y 값을 40으로 해서 메쉬의 위치를 위로 올려줍니다.
엔진에서는 [0, 0, 0]을 피봇점으로 인식하기 때문에 임의로 위치를 옮겨 피봇을 정의할 수 있습니다.

4-12

후디니와 언리얼 엔진이 서로 유닛 셋업이 달라서, cm과 m의 차이이기 때문에 100을 입력해야 합니다. 하지만 크기가 너무 커서 임의로 Scale 값을 모두 50으로 지정했습니다.

마지막으로 FBX로 내보내기 위해 Save Path에 저장경로를 입력하고 FBX Export 버튼을 누르면 FBX 파일이 생성됩니다.

이상으로 후디니에서 작업하는 과정을 마치고, 언리얼 엔진4에서 작업을 진행해보겠습니다.

# 5. 언리얼 엔진에서 이펙트 제작

언리얼 엔진을 4.18 버전을 실행하고 예제데이터로 제공하는 프로젝트 파일을 열어줍니다.

언리얼 엔진에 대한 기본 설명은 생략하고 후디니에서 만든 메쉬를 불러와서 머티리얼을 생성하고, Cascade에 올려보는 과정을 설명하겠습니다.

샘플 프로젝트는 Sample₩UnrealEngine4_Project₩GFX_Houdini 아래에 GFX_Houdini 언리얼 프로젝트 파일을 실행하면 됩니다.

5-1

엔진 내부에서 **particle폴더에** Houdini_Start 파티클을 실행하면 이미 어느 정도 제작이 되어 있는 낙뢰 이펙트가 있습니다. 이 파티클에 제작한 메쉬를 이용해서 옆으로 퍼져나가는 번개 이펙트를 추가해보겠습니다.

5-2

이곳에 옆으로 퍼지는 파티클 메쉬를 올리기 위해 먼저 메쉬를 import 해 주겠습니다.

Mesh 폴더를 선택한 후 탐색창에서 드래그하거나, Import 메뉴를 이용해서 불러옵니다.

Import option에서 체크해야 할 부분으로 Vertex Color import Option을 replace에서 Ignore로 변경해 주고, Generate Lightmap UVs를 체크해제 해 줍니다. 버텍스 컬러를 메쉬가 가지고 있는 상태를 유지하고, 이 메쉬에 라이트맵 uv를 생성하지 않겠다는 의미입니다.

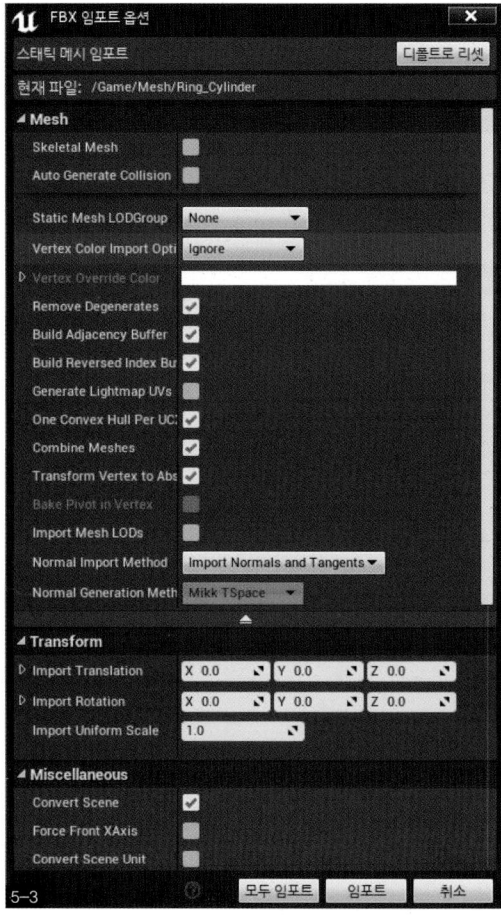

5-3

메쉬를 가지고 왔으니 Materials폴더 아래 Master_Materials 폴더에 마우스 오른쪽 키를 눌러 Material을 하나 만들어주고 이름을 FX_Houdini_Master로 지정해줍니다.

폴더를 하나 더 만든 것은 마스터 머티리얼과 인스턴스 머티리얼을 따로 구분해서 관리하기 위함입니다. Texture 소스는 모두 Textures 폴더에 있으니 참고하여 머티리얼을 제작해주면 됩니다.

만든 FX_Houdini_Master의 머티리얼 에디터를 엽니다.

머티리얼의 기본 블렌딩 타입을 Translucent로 만들고, Shading Model은 Unlit 그리고 Two sided를 체크합니다. 알파를 가진 불투명한 블렌딩 타입을 사용할 예정입니다.

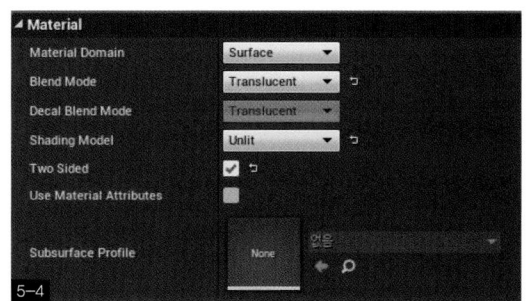

5-4

이 머티리얼이 파티클과 연결했을 때 컬러가 정상적으로 컨트롤 되도록 하기 위해 Particle Color 노드와 Vertex Color를 곱한 뒤 Depth Fade 노드를 연결해서 물체와의 거리가 가까우면 부드럽게 처리해주도록 기본 구성을 만들겠습니다.

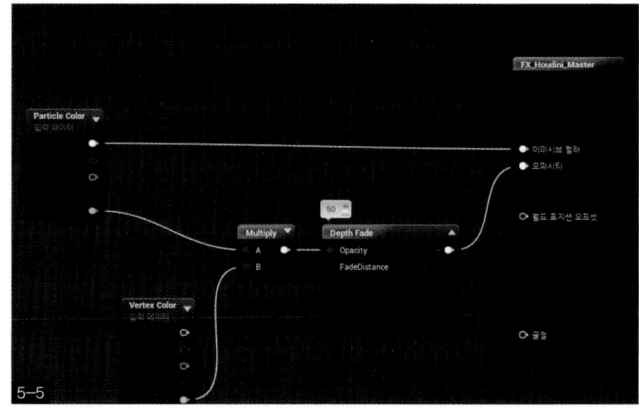

5-5

이제 **텍스처**를 불러와서 언리얼 내부에서 기본적으로 Premultiply Alpha 연산을 하고 있는 것을 역으로 풀어 계산한 뒤, Subtract를 이용하여 Desolve 머티리얼 구조를 만들고 연산된 값을 더해 Blend Add 머티리얼을 만들어 보겠습니다.

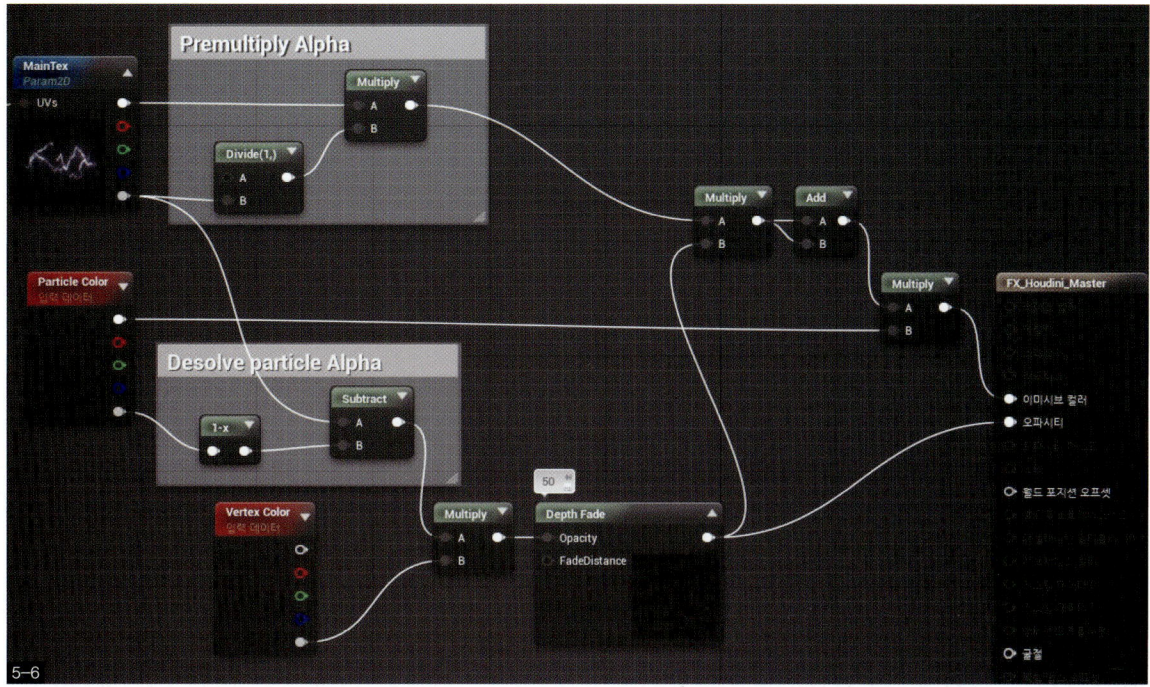

좌측 상단부터 설명하면,

우선 일반 TextureSample Parameter 노드를 불러와서 이름을 MainTex로 작성해줍니다. **Divide** 노드 아랫쪽에 알파값을 연결합니다. 그러면 1/ Alpha 결과값과 현재 알파를 곱하는 구조가 되는데 이게 Premultiply alpha 연산을 거꾸로 되돌리는 역할을 합니다.

**Premultiply alpha**는 연산 전 미리 알파를 곱해두는 방식으로, 이대로 사용하면 제작한 소스보다 엣지가 검게 묻어 나오는 문제가 발생됩니다. 최근 엔진 버전에서는 **Alpha Composite**라고 블렌드 모드가 추가되었습니다. (샘플 머티리얼 참고)

이미지로 비교해 보면 왼쪽(원본 상태)에는 엣지에 검은 부분이 보이고, 오른쪽(연산 결과)에는 검은색 대신 컬러가 보이는 걸 볼 수 있습니다.

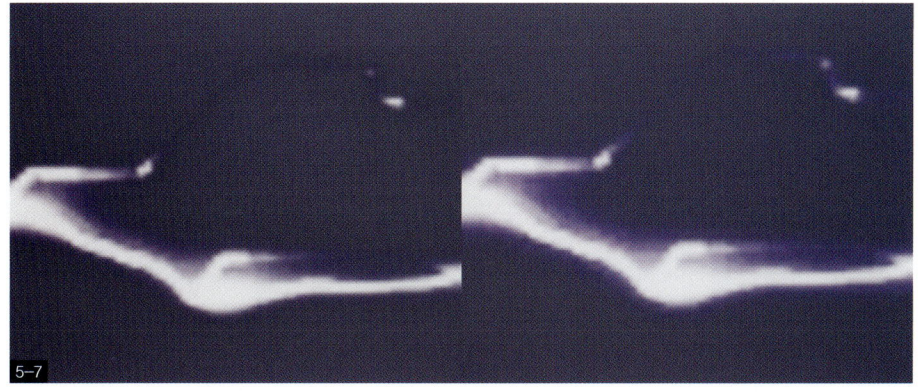

이미지로 구분이 어렵다면 머티리얼 노드에서 연결해 보면 좀 더 쉽게 이해될 것입니다.

이제 Desolve를 설명하겠습니다.
일반적으로 알고 있는 desolve 구조와 다르게 `if` 나 `lerp` 없이 모바일 프로젝트에 맞춰 간단한 구조로 사용 중인 노드입니다.

계산 과정을 살펴보면 파티클의 알파 영향을 받아서 파티클 알파가 1이면 1-1 = 0이 되어 텍스처 알파에서 0을 빼니 원본 그대로 유지 되고, 파티클 알파가 0.5이면 1 - 0.5 = 0.5 즉, 텍스처 알파 - 0.5 텍스처 알파에서 0.5 이하는 투명해지게 됩니다. 이 구조로 알파만 컨트롤 해서 간단한 desolve를 만들어 줄 수 있습니다.

우선 작업한 데이터를 저장합니다.
번개 텍스처의 uv를 조금씩 밀어주기 위해, FlowMap을 추가하기 위해 **Texture Sample Parameter**를 생성하고 **Normal** 텍스처를 연결해서 아래 그림처럼 노드를 연결합니다.

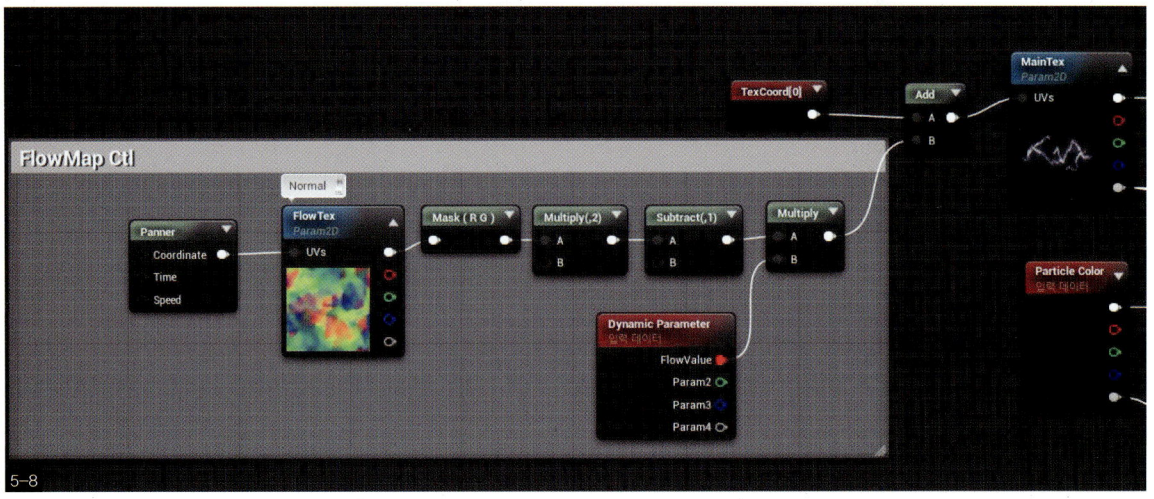
5-8

한 장의 Texture에 FlowMap으로 UV를 랜덤하게 움직여서 전기를 표현해 보겠습니다.

구조를 살펴보면, 텍스처로 R과 G를 마스킹한 후 여기에 2를 곱하고 다시 1을 뺍니다.
이렇게 하는 이유는 컬러는 0에서 1사이의 값이 저장되는데 노멀이나 uv를 움직일 때 방향이 한 쪽으로만 움직이는 것이 아닌 좌,우로 움직일 수 있어야 하기 때문에 보통 0.5 정도의 컬러 값이 중심되고 왼쪽 방향은 0, 오른쪽 방향은 1로 정의하고 사용합니다.

이렇게 0에서 1 사이 값을 다시 -1 에서 1 사이의 값으로 변환하는 과정입니다. 이렇게 변환된 값이 베이스 이미지의 UV와 더해지는데 이때 더해지는 값의 크기를 파티클에서 제어하기 위해 **Dynamic Parameter**를 곱했습니다. 생성되는 파티클마다 랜덤한 강도로 밀어 좀 더 다양한 모양의 전기를 만들기 위함입니다.

마지막으로 노멀맵이 들어가게될 Texture 노드도 파라미터로 변환해 준 뒤, 이름을 **Flow Tex**라고 지정해 줍니다.

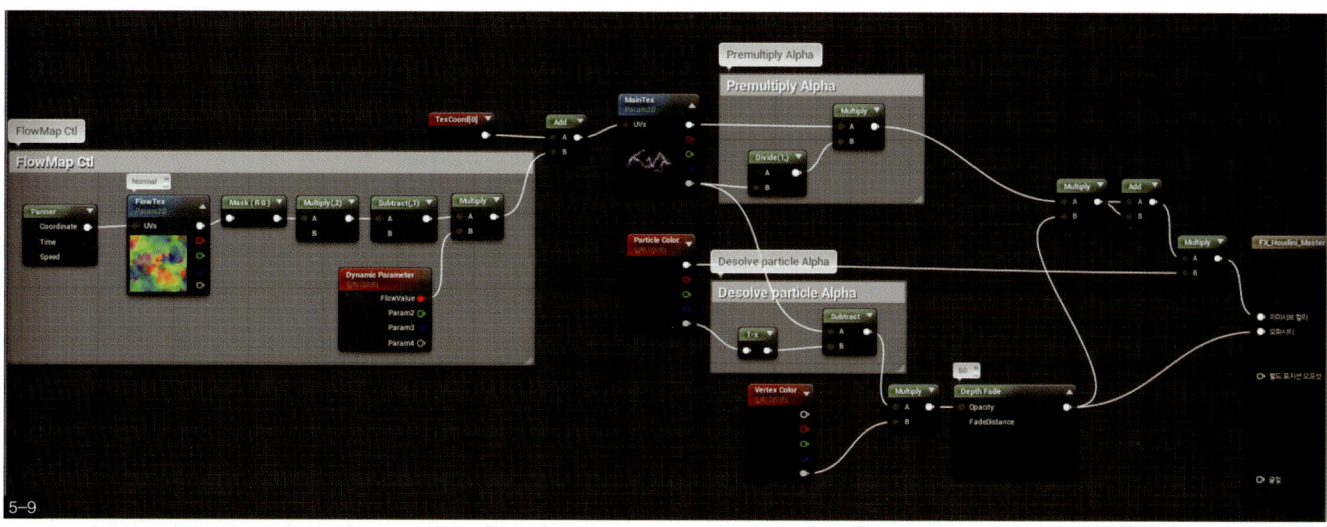

5-9

머티리얼이 생성되었습니다.
FX_Houdini_Master 파일을 선택한 후 마우스 오른 키를 눌러서 머티리얼 인스턴스를 생성해줍니다.

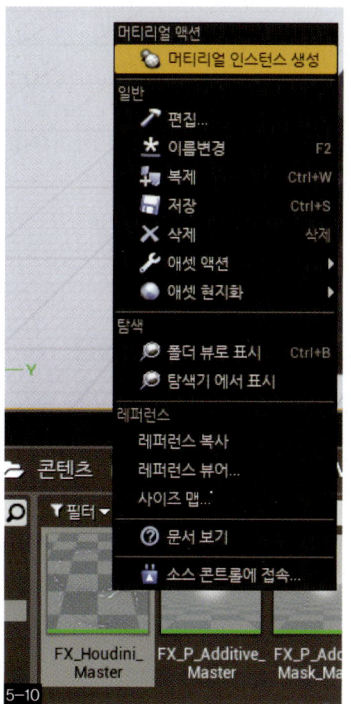

5-10

생성된 인스턴스 머티리얼의 이름을 FX_Houdini_inst 라고 변경하고, Master 폴더가 아닌 Materials 폴더로 옮겨 마스터 머티리얼과 인스턴스 머티리얼을 구분해 줍니다.

우리는 노드 구성시 텍스처를 입력해 놓아서 변경할 필요가 없지만 다른 이펙트에 사용할 경우에는 텍스처만 바꿔서 사용하면 됩니다.

**Particle폴더** 아래에서 **Houdini_start**를 실행합니다.
빈 공간에서 새 파티클을 하나 추가합니다.

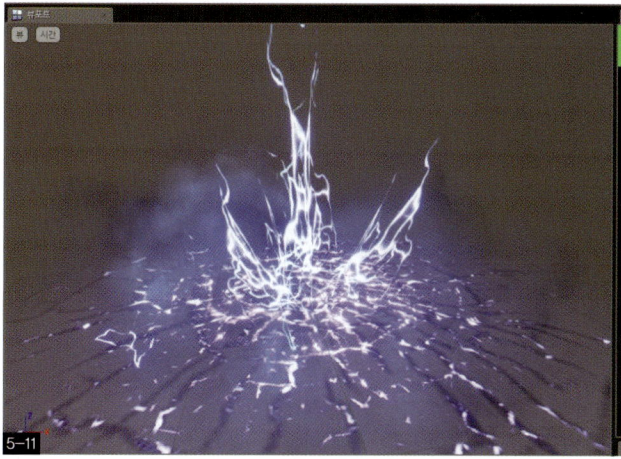

5-11

생성된 파티클 타입을 Mesh로 만들어 줍니다.
Import한 Ring_Cylinder를 지정하고 Override Material을 체크합니다. Mesh에 연결된 Material이 아닌 파티클 Required에서 지정한 Material을 사용하기 위해서입니다. 기본값으로 생성된 모듈 중 Initial Velocity와 Color Over Life는 삭제합니다.

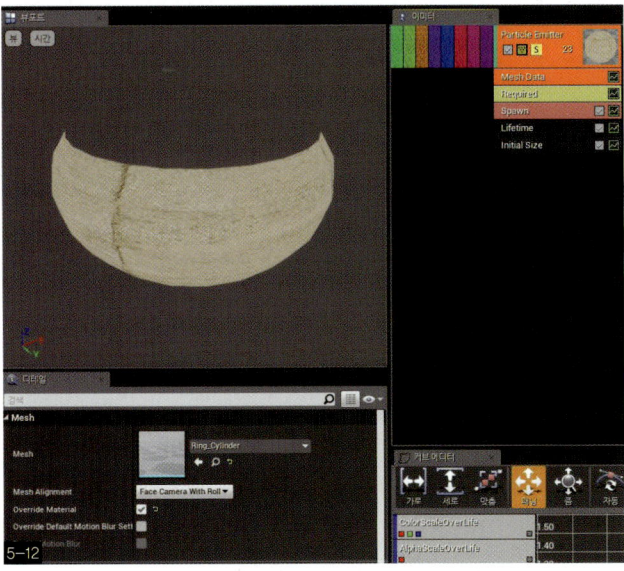

Required 모듈에서 Material을 만들어둔 **FX_Houdini_inst**로 지정합니다. 아래로 내려서 **Emitter Duration** 값은 0.3, **Emitter Loops**는 1로 입력합니다.

0.3초 동안 생성되고, 1회 재생되는 파티클입니다.
낙뢰 순간 한 번에 퍼져나가는 파티클과 일정 시간을 두고 퍼져나가는 파티클을 동시에 뿌려줄 예정입니다.

**Spawn** 모듈에서 Rate 값은 Constant 타입으로 **5**를 지정하고, Burst에서 **0.03초에 3개**의 파티클이 생성되도록 설정합니다.
앞에서 지정한 0.3초 동안 초당 5개의 파티클을 생성하고, 동시에 0.03초에 3개의 파티클이 한 번에 생성됩니다.

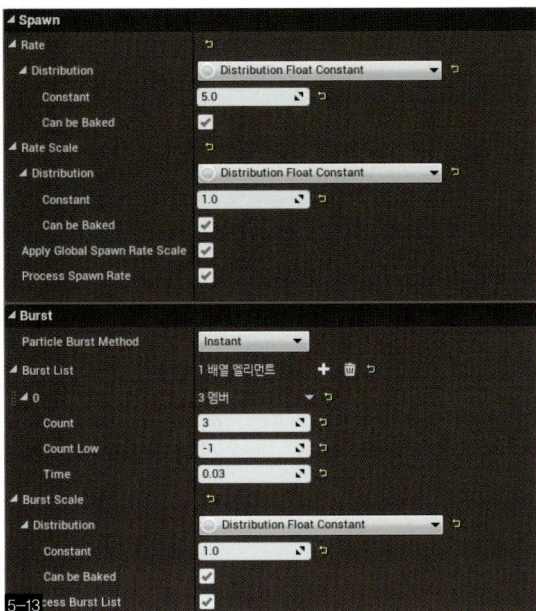

현재 파티클이 보이지 않고 있는데 파티클의 Color를 초기에 삭제해서 그렇습니다. 생성되는 파티클마다 각각 다른 색과 다른 알파를 사용하기 위해 **Initial Color모듈**을 추가해 줍니다.

밝은 보라색과 푸른색을 지정하고 알파도 서로 다르게 지정해줍니다.

현재 메쉬들이 모두 같은 각도여서 회전하는 각도를 Z축을 기준으로 랜덤하게 만들어 주기 위해 **Init Mesh Rotation** 모듈을 추가하고 Z축에 1에서 -1 사이의 값을 지정합니다.

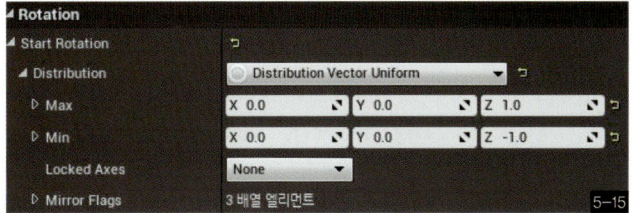

기본값으로 1이 입력되어 있는 LifeTime은 **Min = 0.4, Max = 0.65**로 입력합니다.

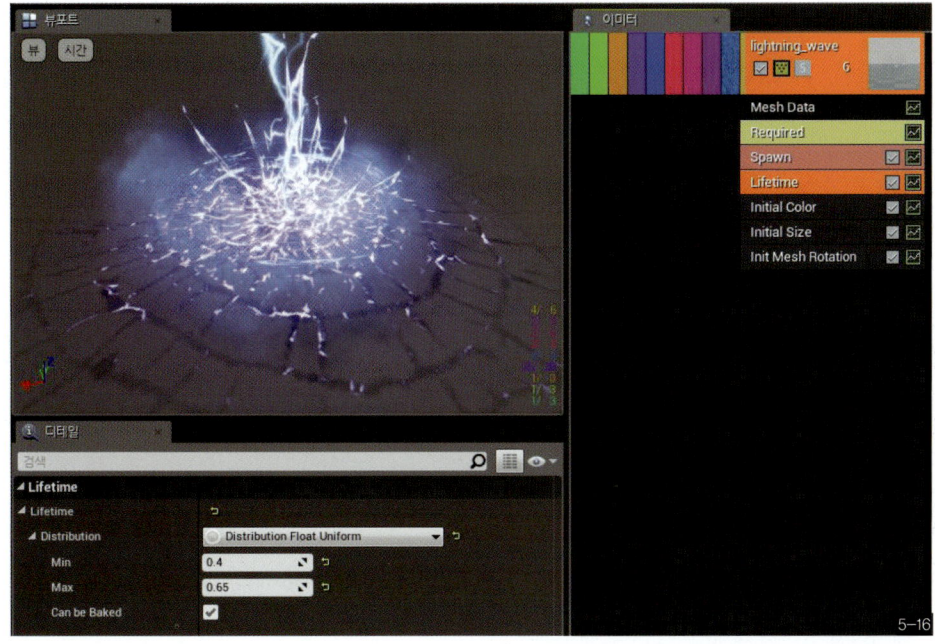

마찬가지로 초기값인 25로 입력되어 있는 **Initial Size**의 크기를 그림과 같이 변경합니다.
XY축을 묶어서 옆으로 크기가 변경될 때 비율이 유지되도록 해줍니다.

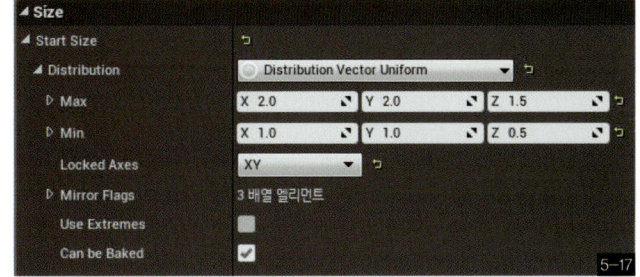

파티클의 크기가 다르더라도 같은 위치에서 나타나면 어색해 보일 수 있으므로, 높이값을 다르게 표현하기 위해 **Initial Location** 모듈을 추가하고 그림과 같은 위치를 입력해줍니다.

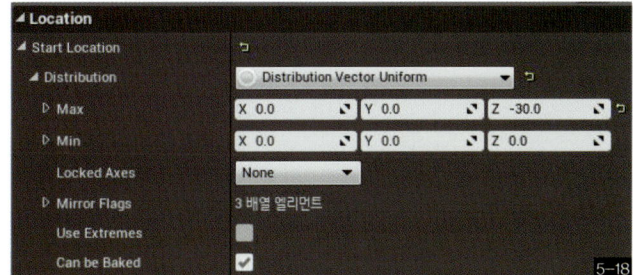

371

이렇게 해서 정적인 값을 입력하는 모듈은 추가되었고, 이제 애니메이션이 필요한 Color, Size 그리고 다이나믹이 남았습니다.

먼저 Color를 추가하겠습니다.
**Scale Color / life** 모듈을 추가합니다.
Color는 타이밍에 맞게 색을 지정해주면 되고 Alpha는 아래 **Curve**를 참고해서 값을 적용해줍니다.

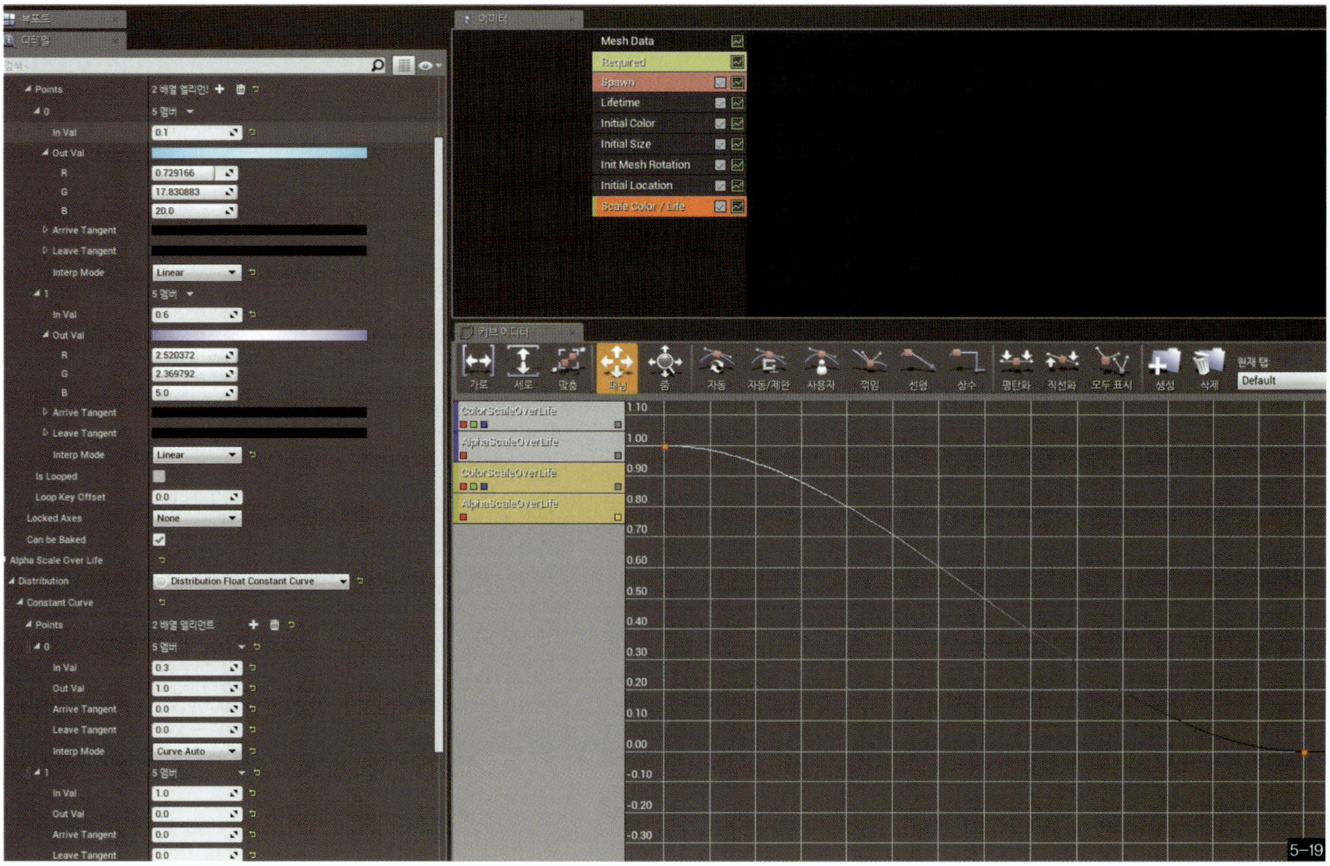

5-19

이렇게 컬러와 Alpha를 지정해주면 시간이 지나며 변화하는 색상과 머티리얼 제작 시 Alpha 값에 의해 Desolve 되도록 만든 것이 확인됩니다.

현재 크기가 작아서 여러 파티클이 겹칠 때 잘 보이지 않는다면 이 파티클들이 시간이 지남에 따라 점차 커질 수 있도록 **Size By Life모듈**을 추가해줍니다.

그림처럼 입력합니다.
Locked Axes를 XY로 맞춘 후 진행합니다. 초기 크기를 지정할 때와 같은 방식입니다. 그리고 Curve는 Linear로 지정해서 일정한 속도로 크기를 키워 줍니다.

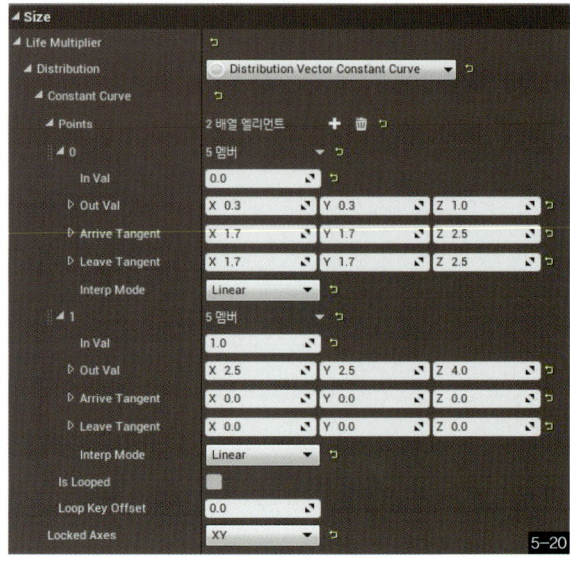

5-20

FlowMap을 제어하기 위해서,
DynamicParameter를 추가한 것을 제어하기 위해 Dynamic모듈을 추가합니다.
추가 후 마우스 오른 버튼으로 새로고침을 실행하면 머티리얼에서 지정한 이름을 불러 옵니다.

파라미터에 그림과 같이 키를 주면 FlowMap크기가 처음 생성될 때 0, 소멸될 때는 0.25의 크기를 가지게 되는 애니메이션이 됩니다.

그림에서 보이듯 FlowMap의 영향을 받아 일그러지듯 표현되며 소멸되는 것을 볼 수 있습니다.

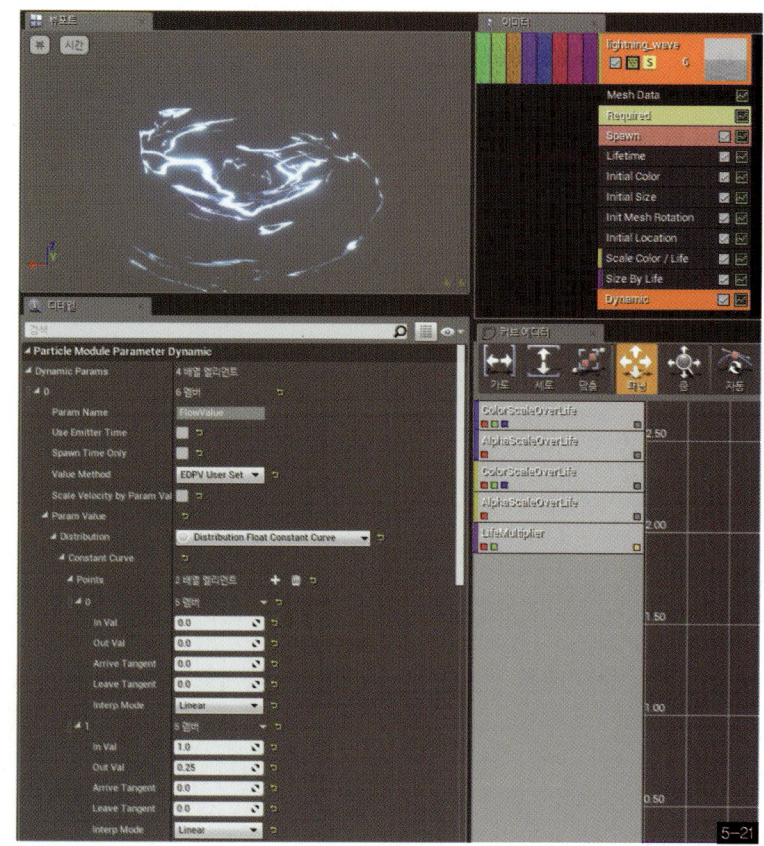

모든 모듈들 작성 후 플레이해 보면 아래와 같은 결과를 볼 수 있습니다.

# 언리얼 엔진 4의
# 애니메이션 파이프라인 이해하기

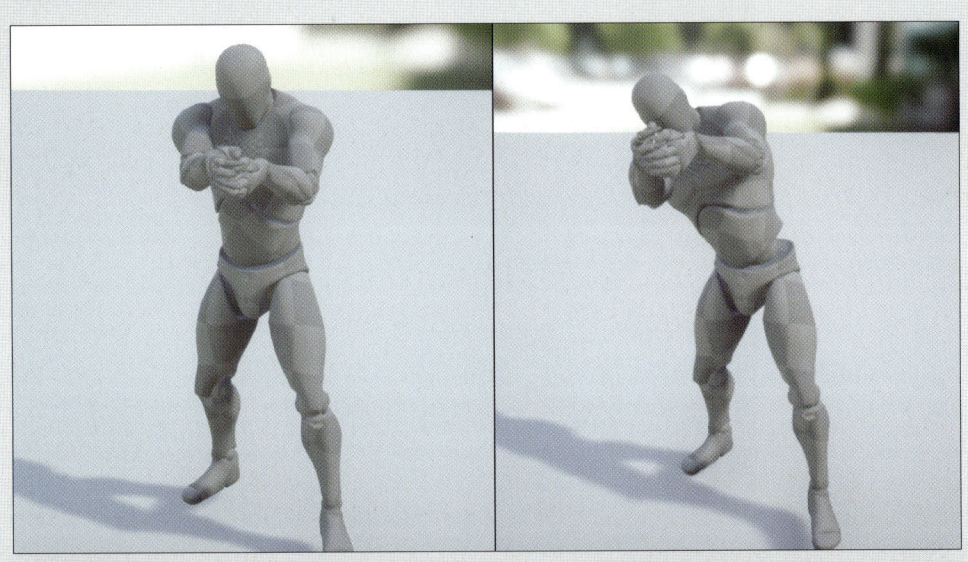

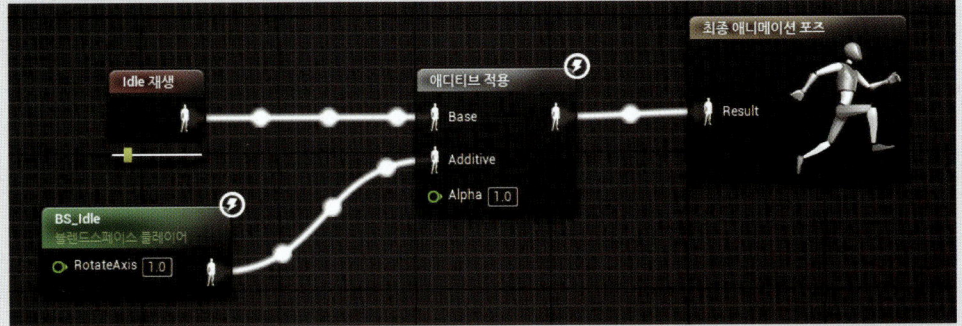

글_장민호 | 네오위즈 블레스스튜디오 애니메이션 테크니컬 아트 파트장

인생에 여러 시행착오(?)를 거치며 2015년에 [Divdever]라는 VR 스타트업에서 테크니컬 아티스트로 게임업계로 들어왔다. 현재는 [네오위즈 블레스스튜디오] 콘솔 본부에서 애니메이션 테크니컬 아트 파트장으로 근무하며, 콘솔 MMORPG를 제작에 참여하고 있다. 쉬면서 애니메이션/ 영화 등을 감상하며 미장센을 분석하는 것이 인생의 즐거움이다.

언리얼엔진(Unreal Engine 4 / UE4)은 훌륭한 게임개발 도구이자 차세대 엔진입니다.

언리얼엔진에 대한 훌륭한 강좌나 서적들이 많지만 대부분 렌더링에 관련한 것들만 다루는 것이 조금 아쉽습니다. 물론 언리얼엔진의 렌더링 비주얼과 퍼포먼스가 훌륭하지만, 애니메이션 파이프라인도 그에 못지않는 훌륭한 기능을 제공하고 있습니다. (대부분의 툴이나 개발 도구들이 그렇듯이) 언리얼엔진의 애니메이션 파이프라인은 깊은 수준의 이해도를 가져야 100% 활용할 수 있도록 설계되어 있습니다.

이번 지면을 빌어서 강력하지만 조금은 까칠한 언리얼엔진(4.19.2)의 애니메이션 파이프라인을 소개해보고자 합니다.

# 1. 스켈레톤, 스켈레탈 메쉬, 애니메이션 시퀀스

'외부에서 Import 하는 형식으로 생성하는' 언리얼엔진 4의 애니메이션 어셋은 크게 3가지가 존재합니다.

- 스켈레톤
- 스켈레탈 메쉬
- 애니메이션 시퀀스

위의 세 가지 어셋을 .fbx 확장자로 '스킨된 메쉬' 파일 혹은 해당 Rig에 맞추어 제작된 "애니메이션 클립" 파일을 임포트(Import) 방식으로 생성하고 업데이트를 할 수 있습니다.

### 스켈레톤(Skeleton)

먼저, 스켈레톤은 Rig 포즈와 계층 구조에 대한 정보를 가지고 있으며, [그림 1]과 같은 아이콘으로 컨텐츠 브라우저에 표시됩니다.

언리얼엔진 내에서의 애니메이션 어셋 생성과 공유에 대한 중심축이라고 볼 수 있습니다. 3ds Max의 Schemetic View나 MAYA의 Hierarchy window와 동일한 역할을 하는 어셋으로 이해하면 됩니다.

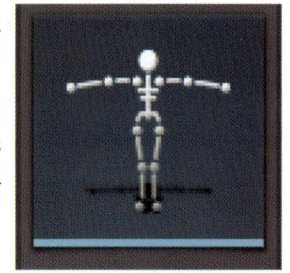

[그림 1] 스켈레톤 아이콘

3ds Max나 MAYA 등 대부분의 3D 컨텐츠 제작 툴의 애니메이션 파이프라인이 그렇듯이, 스켈레톤(계층구조 혹은 본 )이 애니메이션의 가장 중요한 축을 담당하고 있습니다.

계층구조를 설계하여 리깅을 하고, 계층구조에 따라 '애니메이션 제작 방식'도 변할 수 있습니다.
마찬가지로 언리얼 엔진도 스켈레톤이 애니메이션 파이프라인의 중심축이며, 모든 언리얼 애니메이션 어셋은 스켈레톤을 기반으로 생성됩니다. 처음 스킨된 메쉬 fbx 파일을 임포트할 때 생성되며, 스켈레탈 메쉬를 스켈레톤에 바인딩하여 Import하는 것으로 스켈레톤의 정보를 업데이트할 수도 있습니다.

스켈레탈 메쉬와 애니메이션 시퀀스를 비롯한 언리얼엔진4의 모든 애니메이션 어셋은, 모두 스켈레톤을 기반으로 생성할 수 있으므로, 애니메이션 어셋 공유를 위한 세팅은 최대한 많은 메쉬와 시퀀스가 한 스켈레톤에 바인딩(Binding)되어 있어야 한다고 생각하면 편하겠습니다.

### 스켈레탈 메쉬(Skeletal Mesh)

스켈레탈 메쉬는 'Skin' 정보를 가지고 있는 메쉬이며, 스켈레톤에 바인딩 됩니다.

스킨에 포함된 (3ds Max 기준으로 Skin Modifier 스택에 있는) 본(Bone)의 정보를 가지고 있습니다. 스켈레톤에 존재하는 노드 정보들만 가지고 있을 수 있으며, 스켈레톤에 존재하지 않는 노드 정보는 가질 수 없습니다.

### 애니메이션 시퀀스(Animation Sequence)

애니메이션 시퀀스는 애니메이션 클립입니다.

스켈레톤에 바인딩하여 Import하는 방식으로 생성하며, 실제로 캐릭터가 플레이할 수 있는 애니메이션 파일입니다. 프레임당 본(Bone)들의 트랜스폼 데이터나 커브 데이터 등이 들어 있습니다.

이외에도, 블렌드 스페이스, 에임 오프셋, 애니메이션 블루프린트, 몽타주 등 에디터 내에서 생성할 수 있는 애니메이션 어셋이 많지만, 기본적으로 스켈레톤 / 스켈레탈 메쉬 / 애니메이션 시퀀스의 세 애니메이션 어셋이 캐릭터 애니메이션 파이프라인을 구성하는 가장 기본적이고 중심이 되는 어셋들이라고 볼 수 있습니다.

# 2. 애니메이션 어셋의 Import

설명만 들어서는 잘 이해되지 않으니, 실제로 3ds Max와 MAYA에서 익스포트한 fbx파일을 UE4에 임포트하여 스켈레톤, 스켈레탈 메쉬, 애니메이션 시퀀스를 생성하는 방법을 알아보겠습니다.

미리 준비된 예제데이터 SK_Manequin.fbx 파일은 에픽게임즈에서 테스트 개발환경을 위해 제공하는 기본 어셋인 Manequin을 미리 가공하여 Export한 것입니다.

여기서는 이 파일을 스켈레탈 메쉬화하여 언리얼엔진에서 불러올 것입니다. 특별히 텍스쳐링이나 리깅을 고치지 않았고, 간단하게 Mirror로 모델링되어 있는 중간 부분의 절제되어 보이는 Normal을 Average만 시켰습니다.

### MAYA에서 스켈레탈 메쉬의 Export 옵션

[그림 2]와 같이 MAYA에서는 Game Exporter를 사용하여 Export 했습니다.
MAYA에서 [스페이스바] 〉 File 〉 Game Exporter에서 찾아볼 수 있고 다음과 같은 옵션을 사용했습니다.

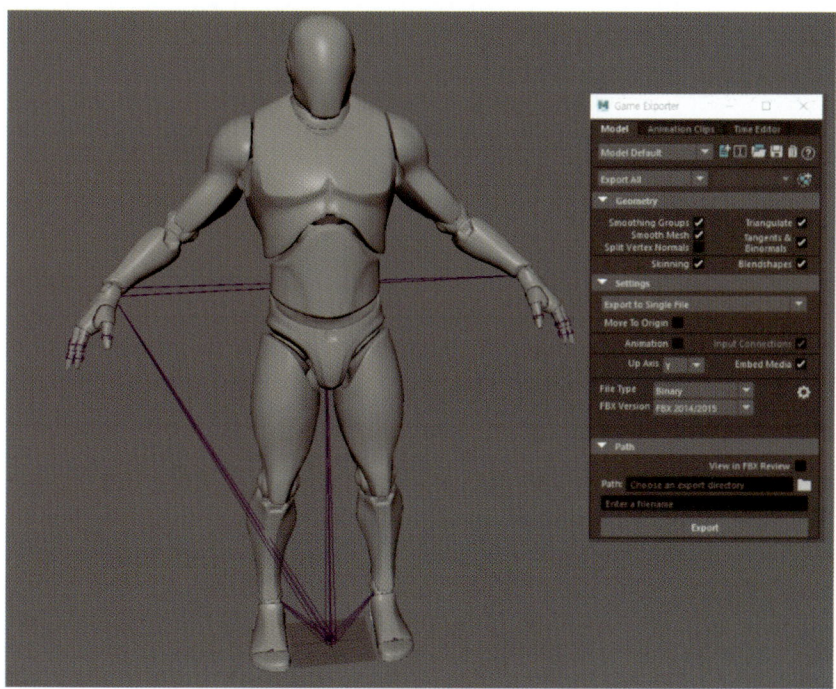

- Smoothing Groups
- Tangent&Binormals
- Smooth Mesh
- Skinning
- BlendShapes
- FBX 2014/2015

[그림 2] MAYA 2018의 Game Exporter

FBX 버전은 사용하는 MAYA나 3ds Max에 버전에 맞추어 가변적으로 사용하면 됩니다. 참고로 언리얼 4.19에서 추천하는 FBX 버전은 2016입니다.

### 3ds Max에서 스켈레탈 메쉬의 Export 옵션

[그림 3]과 같이 3ds Max에서 Export 하였습니다. 상세 옵션은 MAYA와 동일합니다.

MAYA나 3ds Max에서 언리얼과 같은 엔진에 데이터를 넘길 때, Export 규약이 잘 잡혀 있어야 합니다. 몇 Unit 기준으로 작업할 것인가, 메쉬의 버텍스 노멀 데이터가 편집되는가, 본을 모두 포함하여 Import할 것인가, 필요한 것만 추려서 Import 할 것인가 등 고려 사항이 많아서 일반적인 개발팀에서는 Export 스크립트를 따로 제작하여 사용하는 경우도 많습니다.

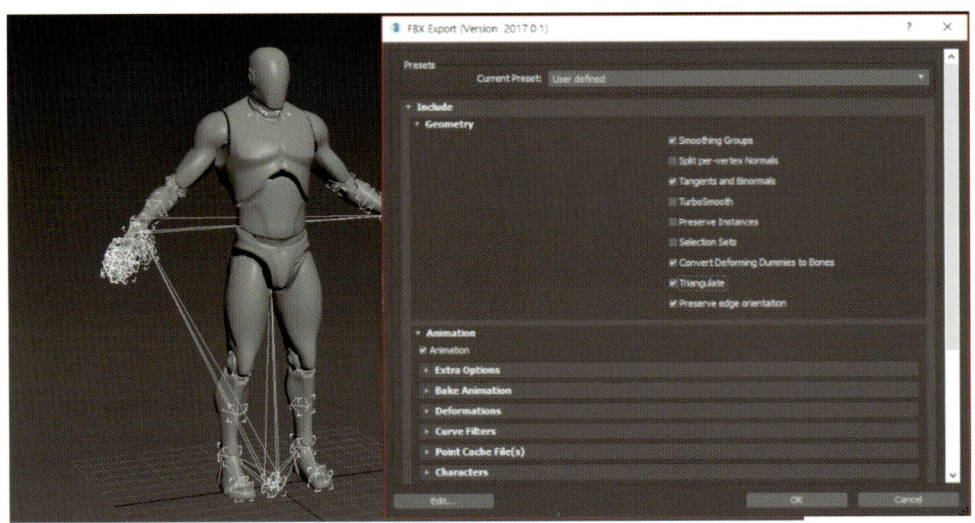

[그림 3] 3ds Max에서의 Export 옵션

### 언리얼 엔진에서의 스켈레탈 메쉬 Import

그럼 이제 미리 제공한 SK_Manequin.fbx 파일을 언리얼에 스켈레탈 메쉬로 Import 해보겠습니다.

먼저, 콘텐츠 브라우저에서 Import 버튼을 누르고 파일 탐색기에서 SK_Manequin.fbx 파일을 더블 클릭하면 스켈레탈 메쉬의 Import를 위한 윈도우가 나타납니다.

스켈레탈 메쉬로 Import하는 것이므로, Skeletal Mesh와 Import Mesh의 체크박스에 체크합니다.

스켈레톤은 미리 생성된 어셋이 없으므로 따로 설정하지 않고 Export에서 Tangent&Binormal을 포함해서 Export 하였으므로, Normal Import Method에서 Import Normals and Tangent로 설정 후 Import 하면 됩니다.

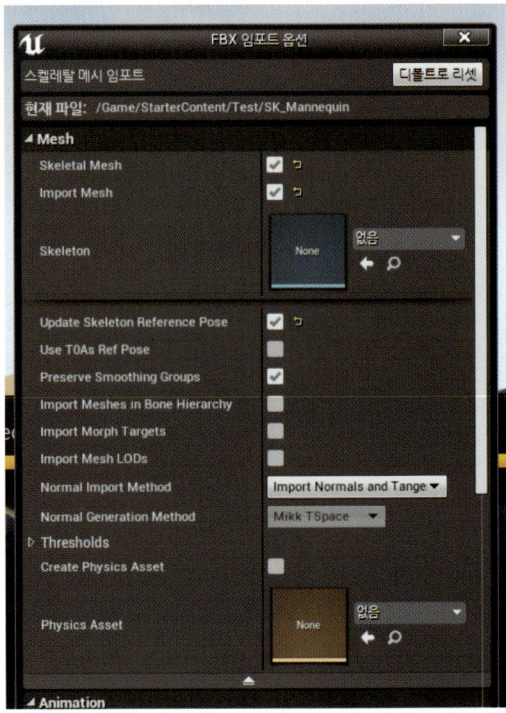

[그림 4] 스켈레탈 메쉬 임포트 옵션

Import 버튼을 누르고 Import 프로세스가 완료되면 [그림 5]와 같은 두가지 어셋이 컨텐츠 브라우저에 생성되어 있을 것입니다.

아까 따로 스켈레톤을 지정하여 스켈레탈 메쉬를 Import 하지 않았으므로, 스켈레탈 메쉬의 계층구조를 똑같이 가지고 있는 스켈레톤이 같이 생성되었습니다. 스켈레톤은 언리얼의 작명(Namespace) 규약에 맞추어 [Import 된 메쉬 이름]_Skeleton 형식으로 생성되었습니다.

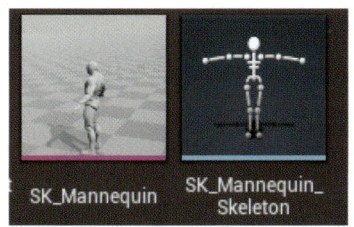

[그림 5] 스켈레탈 메쉬와 스켈레톤

스켈레탈 메쉬는 아래쪽에 마젠타색 아웃라인, 스켈레톤은 에메랄드색 아웃라인을 가지고 있으니 쉽게 구분됩니다.
Import 로 생성된 스켈레톤이나 스켈레탈 메쉬 어셋을 더블 클릭하면, 언리얼 페르소나(Persona) 윈도우가 열리며 두 어셋의 디테일한 정보들을 볼 수 있습니다.

## 언리얼 엔진에서의 애니메이션 시퀀스 Import

이제 생성된 스켈레톤을 이용하여 애니메이션 시퀀스 어셋을 생성해보겠습니다.
이번에 Import 할 애니메이션 시퀀스는 SK_Mannequin 스켈레탈 메쉬가 해당 애니메이션을 플레이 할 수 있도록 생성된 SK_Mannequin_Skeleton 어셋에 〈바인딩〉하여 Import 하겠습니다.

스켈레톤 어셋을 클릭한 후 Import 버튼을 누르고 파일 탐색기 윈도우가 열리면 Idle.fbx, Rot_L.fbx, Rot_R.fbx 어셋을 선택하고 Import 해보겠습니다.

임포트 프로세스가 완료되면, [그림 6]과 같은 옵션창이 나타납니다.
컨텐츠 브라우저에서 바인딩할 스켈레톤을 클릭하고 Import를 진행하였으므로, 애니메이션 어셋이 레퍼런싱할 스켈레톤 어셋이 이미 지정되어 있습니다.

메쉬는 같이 Import 하지 않을 것이기 때문에 Import Mesh 체크박스에서는 체크박스를 해제하였습니다.

Animation 롤아웃의 중요한 부분만 짚어보겠습니다.
프로젝트를 진행할 때, 보통 애니메이터가 애니메이션을 제작하고 Export 툴로 Export 한 후 Import까지 진행하는 경우가 많아서, 언리얼엔진에 애니메이션 파일을 Import하는 옵션도 보통 함께 지정해주곤 합니다.

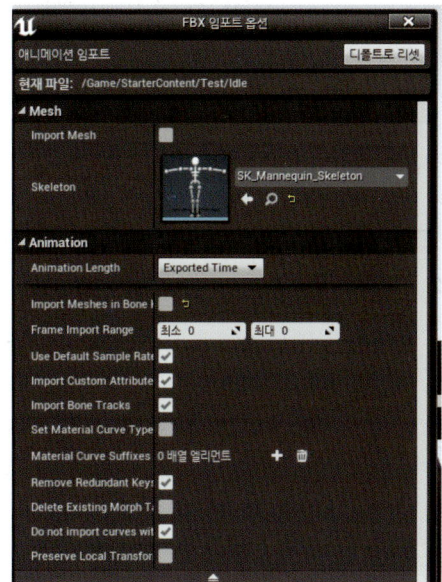

[그림 6] 애니메이션 시퀀스 임포트 아이콘

---

**Animation Length** : 애니메이션의 길이를 어떠한 기준으로 판별할 것인지에 대한 옵션 입니다. Exported Time은 시퀀스 파일을 익스포트할 때 3ds Max나 MAYA의 총 프레임 길이 수로 애니메이션을 Import 하겠다는 것을 나타냅니다. 첫 프레임과 끝 프레임이 같은 게임 애니메이션 파일을 제작할때, 보통 애니메이션 길이에 Animation Slider의 프레임 수를 맞추고 제작하며, 제공한 애니메이션 파일들도 위와 같은 방식으로 제작되었습니다.

**Use Default Sample Rate** : 초당 애니메이션의 프레임 수 (FPS)를 초당 30프레임으로 고정하여 임포트하겠다는 의미입니다. 프로젝트가 60프레임 애니메이션을 사용한다면, 체크를 해제하고 Import 해야 합니다.

**Remove Redundant Keys** : 중복된 키를 제거하는 옵션입니다. 같은 프레임에 똑같은 키가 복수로 찍혀 있다면 그런 키 데이터를 제거하고 Import 합니다. 불필요한 키는 파일의 용량을 늘리므로 특별한 이슈가 없다면 체크하고 임포트하는 것이 좋습니다.

이와 같은 옵션으로 애니메이션 시퀀스를 Import하면, Import 프로세스가 끝난 후 [그림 7]과 같이 Import가 완료되어, Idle, Rot_L, Rot_R 라는 이름을 가진 세 파일이 생성된 것을 볼 수 있습니다. 애니메이션 시퀀스는 아래 밝은 녹색 라인으로 표시됩니다.

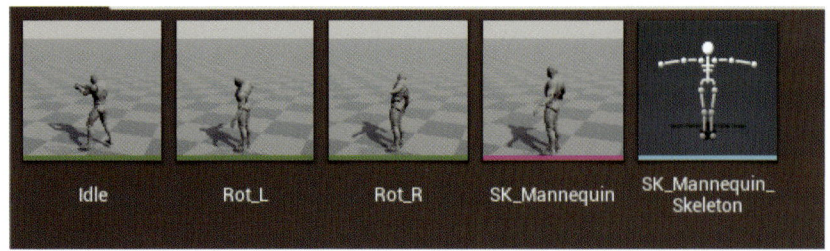

[그림 7]

이제 파일을 임포트 하는 것으로 생성할 수 있는 언리얼엔진의 애니메이션 어셋의 준비가 끝났습니다. 이 세가지 어셋들을 이용하여, 언리얼엔진에서 애니메이션 어셋을 새로 생성하거나, 애니메이션 블루프린트로 엮어서 게임의 로직에 따라 애니메이션을 플레이하도록 설계할 수도 있습니다.

### 애니메이션 어셋을 Import 할 때 주의할 점

애니메이션 어셋을 Import 할 때, 새로 스켈레톤을 생성하고 임포트 할 때는 상관이 없지만 이미 생성되어 있는 스켈레톤에 바인딩하여 애니메이션 어셋을 Import 할 때는 한 가지 주의할 점이 있습니다. 바로 계층구조의 트리 구조를 따라가야 한다는 것인데, 그림과 함께 알아보도록 하겠습니다.

[그림 8]과 같이, 1-2-3의 순서로 계층구조 트리가 설계되어 있는 스켈레톤 구조가 있다고 예를 들어보겠습니다.

[그림 8]

이 스켈레톤 구조에 맞추어 스켈레탈 메쉬를 Import 한다고 가정하겠습니다.

아래 [그림 8-1]과 같이 1-2-3-4의 순서로, 기본적인 계층구조를 유지하면서 계층구조의 끄트머리에 다른 노드 정보가 추가되는 것은 Import에 영향이 없습니다. 스켈레톤에 포함되어 있지 않은 4번과 같은 노드 정보가 스켈레톤에 추가된다는 메세지 박스가 출력된 이후 무리 없이 스켈레톤 구조를 덮어쓸 수 있습니다. 하지만 계층구조의 순서가 바뀐다면 이야기가 조금 달라집니다.

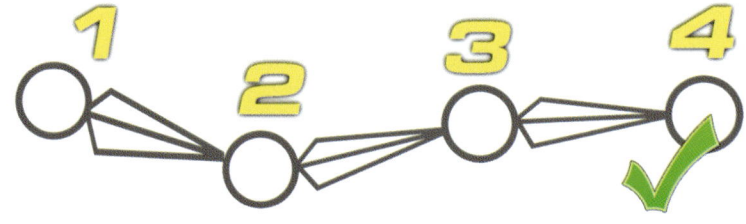

[그림 8-1]

[그림 8-2]와 같이 1-3-2의 순서로 계층구조 트리의 순서가 바뀌어서 Import 된다면 스켈레톤의 트리와 호환되지 않아, Import를 정상적으로 진행할 수 없습니다.

[그림 8-2]

예시로 보면 꽤 간단하지만, 한 스켈레톤에 스켈레탈 메쉬나 애니메이션 시퀀스들을 바인딩하여 Import 하는 방식으로 스켈레톤을 공유할 목적으로 어셋을 제작한다면, 리깅 작업부터 매우 많은 신경을 써서 제작해야한다는 말이 됩니다. [그림 8]과 같은 계층 구조에 [그림 8-2]와 같은 형식의 애니메이션 어셋의 Import를 시도하면, 본을 Merge 할 수 없다는 내용[그림 8-3]의 에러 메세지가 출력될 것입니다.

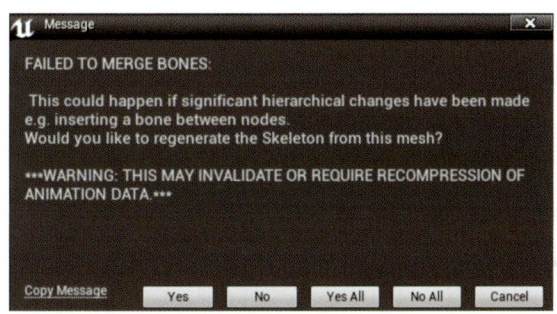

[그림 8-3]

Import를 시도하는 Skeletal Mesh의 스켈레톤을 따로 생성하거나 Import를 취소할 수 있는데, 이럴 경우 3ds Max나 MAYA에서 제작되어 Import하려고 했던 메쉬 파일의 계층구조를 스켈레톤과 비교하며 하나하나 맞춰 보는 작업이 필요할 수도 있습니다. MAYA나 3ds Max에서 Biped나 HIK를 이용하여 Rig 셋을 세팅한 후, 새 스켈레탈 메쉬를 제작할 경우, 만들어두었던 Rig 셋을 불러와서 스키닝 작업만 하는 방식으로 제작하면 계층 구조 Merge에 도움이 되는 파이프라인을 구축할 수 있습니다.

## 스켈레톤의 운용

물론, 그 이전에 진행하고 있는 프로젝트는 어떤 식으로 스켈레톤을 운용할 것이며, 어디까지 애니메이션 공유를 할 것인가에 대한 설계가 선행되어야 하겠습니다. 모든 애니메이션 어셋이 스켈레톤을 공유하고, 그로 인해 모든 애니메이션 어셋을 공유할 수 있다면 베스트가 되겠지만, "꼭 그렇게 스켈레톤 규약을 운용할 필요는" 없습니다.
최대한 애니메이션 어셋을 적게 제작해서 많은 메쉬가 애니메이션 시퀀스들을 돌려 쓸 수 있다면 좋겠지만 프로젝트의 환경이나 컨셉에 따라 가변적으로 운영하는 센스가 필요합니다.

예를 들어, [메탈 기어 솔리드5 : 팬텀 페인]처럼, 스네이크가 플레이하는 애니메이션을 애완견도 플레이 할 수 있을 정도로 공유율을 늘릴 수 있는 세팅을 지원할 수도 있지만, 그러한 애니메이션 공유 환경을 만드는 노력 대비 시간이 많다면, "꼭 그렇게 할 필요"는 없다는 것입니다.

# 3. 스켈레톤 리타게팅

스켈레톤의 머지는, 앞서 소개했듯이 Bone Tree가 같다면 Bone과 Bone 사이의 간격이 달라도 문제없이 가능합니다. 하지만 Bone과 Bone 사이의 간격이 다르다면, 애니메이션을 공유하여 사용할 수 있어도 애니메이션의 퀄리티가 매우 낮을 것입니다. 언리얼엔진에서는 이러한 문제 해결을 위해 스켈레톤 내부의 리타게팅 옵션을 지원하고 있습니다.

이번에는 스켈레톤의 리타게팅을 이용하여 스켈레탈 메쉬와 애니메이션 시퀀스의 Bone과 Bone 사이의 간격이 다를 경우 어떤 방식으로 해결할 수 있는지 알아보겠습니다.

언리얼에서 메쉬를 렌더해주는 뷰포트는 페르소나라고 명명되었는데, 이 페르소나에서는 리타게팅 옵션이나 머티리얼 슬롯 할당, 임포트 옵션 조절 등 어셋의 다양한 설정들을 수정하거나 세팅할 수 있습니다.

Idle 애니메이션 시퀀스를 더블 클릭하여 상단 메뉴에서 창 〉 스켈레톤 트리를 선택합니다. 페르소나의 왼쪽 UI에 [그림 9-1]과 같은 창이 나타납니다. 이 챕터를 따라가면서 직접 열어본 스켈레톤 트리의 모습이 다를 수 있는데, 정확히 짚자면 아마 스켈레톤 트리가 그려지는 우측에 위치한 '트랜슬레이션 리타게팅' 옵션일 것입니다. 트랜슬레이션 리타게팅 옵션은 [그림 9-2]처럼 스켈레톤 트리 윈도우 상단 옵션-리타게팅 옵션 표시에 체크하는 것으로 토글할 수 있습니다.

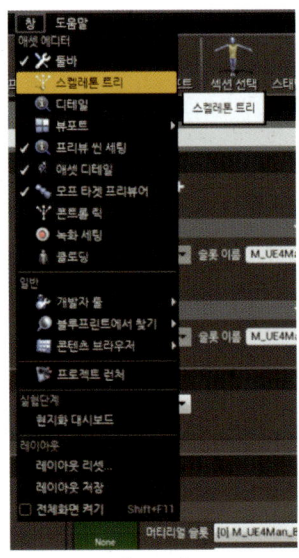

[그림 9]

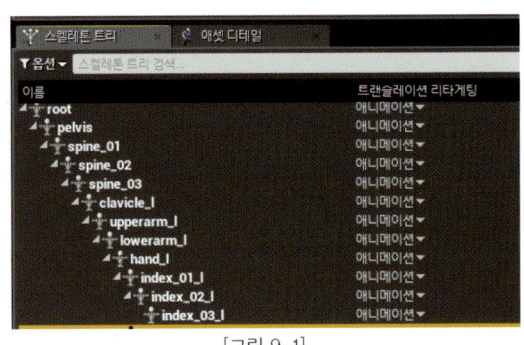

[그림 9-1]

[그림 9-2]

페르소나에서 스켈레톤 트리 윈도우와 트랜슬레이션 리타게팅 옵션도 토글해 보았습니다.
[그림10]의 애니메이션이 이렇게 '탈골된 것 같은' 모습으로 플레이 되는 이유는 무엇일까요?

그 이유는 실제로 정도와 Import 된 애니메이션 시퀀스가 가지고 있는 관절과 관절 사이의 이격 정도가 달라서 [그림 10]과 같이 '탈골된 것 같은' 모습으로 애니메이션이 플레이되는 것입니다.

언리얼엔진에서는 이러한 문제를 해결하기 위하여 방금 언급한 '트랜슬레이션 리타게팅' 옵션을 제공합니다. 탈골된 것처럼 보이는 시퀀스를 트랜슬레이션 리타게팅 옵션으로 어느 정도 보정해보겠습니다.

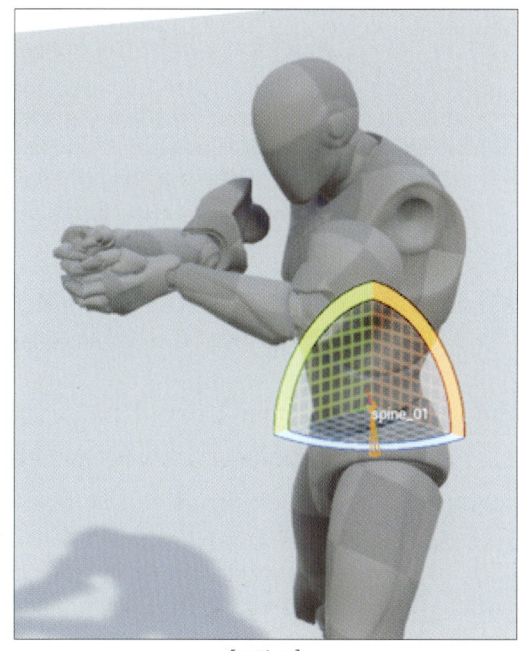

[그림 10]

스켈레톤 트리 창에서 'Spine_01'본과 그 자식들을 모두 선택하고, 마우스로 우클릭하면 [그림 10-1]과 같이 '본 트랜슬레이션 리타게팅' 액션 윈도우를 볼 수 있습니다. 해당 윈도우에서 'Spine_01'부터 그 하위 본 모두를 전체 선택한 후 '스켈레톤의 트랜슬레이션 리타게팅 재귀적 설정'을 클릭하면 [그림 10-2]처럼 애니메이션이 변한 것을 볼 수 있습니다.

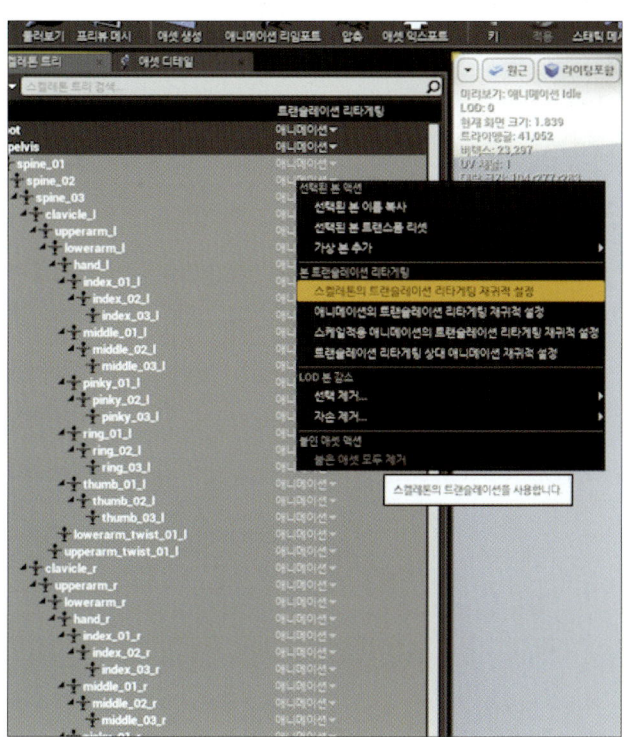

[그림 10-1]

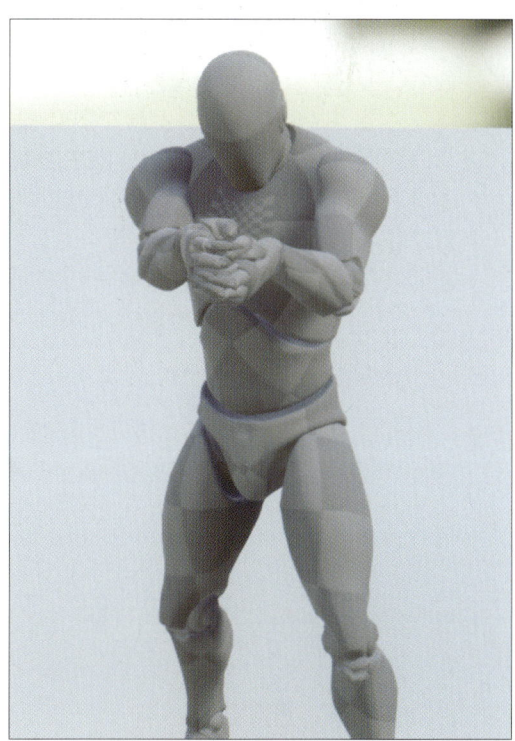

[그림 10-2]

스켈레톤을 기반으로 애니메이션을 리타게팅 하였고, 이외에도 세 가지 옵션이 더 존재하고 있습니다.

언리얼 엔진 도큐먼트에서 찾아보면, 아래의 세 가지의 리타게팅 옵션을 찾아 볼 수 있습니다.

> • 애니메이션 – 본 트랜슬레이션은 애니메이션 데이터에서 오며, 변경되지 않습니다.
> • 스켈레톤 – 본 트랜슬레이션은 타겟 스켈레톤의 바인드 포즈에서 옵니다.
> • 스케일 적용 애니메이션 – 본 트랜슬레이션은 애니메이션 데이터에서 오나, 스켈레톤의 비율대로 스케일을 조절합니다. 그 비율은 (애니메이션을 재생하고 있는) 타겟 스켈레톤과 (애니메이션 저작의 기반이 된) 원본 스켈레톤의 본 길이 비율입니다.

프로젝트에서 애니메이션 공유를 위하여 스켈레톤 내에서의 리타게팅을 세팅할 때는, Root와 Bip01(COM)에 애니메이션을 이용한 리타게팅, Pelvis와 Marker Bone(무기용 본이나 캡쳐 페이셜 본)에는 Animation (Scaled), 나머지에는 Skeleton을 사용합니다.

스켈레톤의 비율에 맞추어 애니메이션을 리타게팅하고, 무기를 들거나 어셋을 옮기는 등의 애니메이션도 다른 골격 구조에서 문제없이 플레이할 수 있게 해줍니다.

## 4. 애디티브(Additive) 애니메이션

> "애디티브(additive) 애니메이션이란, 두 애니메이션 간의 차이를 계산하여 만들어집니다. 애디티브 애니메이션은 그 자체로는 전혀 쓸모가 없는데, 다른 애니메이션에 더해야 제대로 작동하기 때문입니다. 애디티브 애니메이션의 바탕이 되는 개념은 여러 애니메이션에 더해서 쓸 수 있는 포즈를 찾아내는 것입니다. 이렇게 하여 각각의 상태에 드는 전체 애니메이션 수가 줄어듭니다."

UDK 시절 언리얼 공식 도큐먼트에서 발췌한 내용입니다.
간단히 말하면, 애니메이션은 '본들의 움직임' 이므로, Base가 되는 본들의 움직임에 Additive 속성인 애니메이션 시퀀스를 '더할 수 있는' 애니메이션 세팅입니다.

미리 임포트한 Rot_L과 Rot_R은 애디티브 애니메이션의 역할을 하기 위하여 제작된 1프레임 애니메이션입니다. 말로만 들어서는 잘 이해되지 않으니, 실제로 Additive 애니메이션 세팅을 위해 임포트한 Rot_L과 Rot_R 애니메이션 시퀀스를 예를 들어 보겠습니다.

[그림 11]처럼 'Rot_L' 'Rot_R' 애니메이션 시퀀스는 Rig Pose에서 각각 오른쪽과 왼쪽으로 Spine_01본이 휘어져 있는 포즈를 가지고 있습니다. 아까 살펴본 Idle 애니메이션 시퀀스와는 다르게 '유효한 포즈를 가진' 애니메이션 시퀀스라고 보이지 않습니다. 이 두 애니메이션 시퀀스들을 Additive 애니메이션으로 사용하여 Idle을 변화시킬 수 있도록 세팅해보겠습니다.

먼저, Rot_L을 더블클릭하여 페르소나에서 애니메이션 시퀀스를 편집할 수 있도록 합니다.
좌측의 Detail 창에서 Additive Setting을 찾습니다.

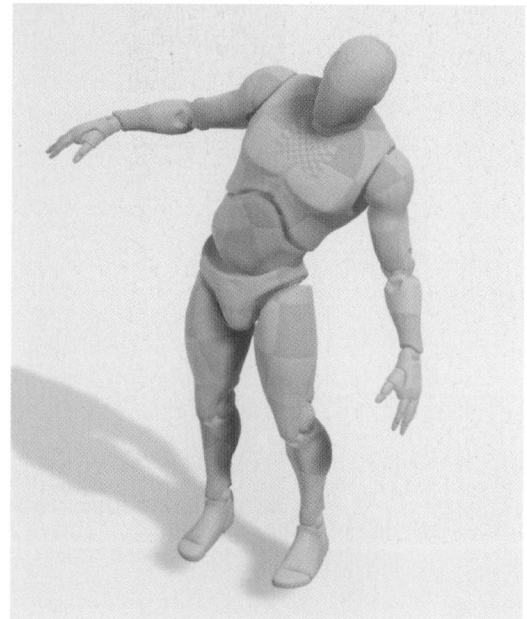

[그림 11] Rot_L 애니메이션 시퀀스

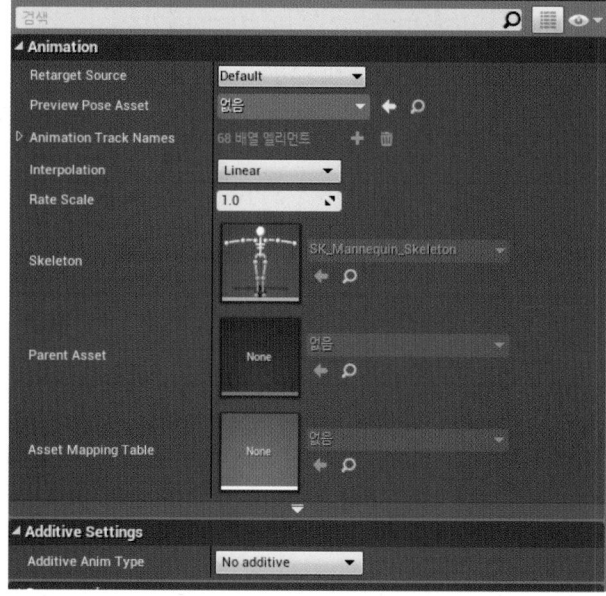

[그림 11-1]

Additive Settings의 Additive Anim Type BitMask의 옵션이 No Additive로 되어 있을 것입니다. 이 옵션을 [그림 11-2]처럼 'Local Space / 'Skeleton Based'로 변경합니다.

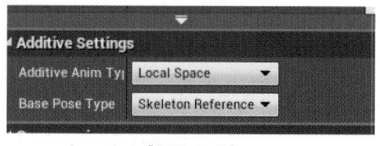

[그림 11-2]

Rot_R도 다시 열여서 똑같이 세팅해줍니다.
Local Space 〉 Skeleton Reference는, 애디티브 애니메이션이 스켈레톤을 기반으로 Bone들의 Add 연산을 실행하겠다는 것을 의미합니다. Skeleton이 생성될 때 같이 초기화되었던 Rig Pose를 영점으로 애디티브 애니메이션화 하겠다는 것입니다.

Rot_L과 Rot_R의 경우, Rig Pose에서 Spine_1만 30도 정도 회전된 애니메이션이므로, 애디티브화되어 연산될 때, Rig Pose 기반으로 이동된 Bone들만 Additive 연산에 포함됩니다.

## 블렌드 스페이스(Blend Space)

애디티브 애니메이션 세팅을 끝내보았으니, 애디티브 애니메이션을 이용하여 블렌드 스페이스를 제작하고, Idle 애니메이션 시 퀀스를 베이스로 실제로 플레이해 볼 수 있도록 하겠습니다.

먼저, 컨텐츠 브라우저에서 마우스 우클릭 후 고급 애셋 설정 > 애니메이션 > 블렌드 스페이스 1D를 선택합니다.

블렌드 스페이스 생성을 위한 프로세스를 거치면, 블렌드 스페이스가 레퍼런싱할 스켈레톤 어셋을 지정하라는 윈도우가 나타납니다.

[그림 12-1]처럼 SK_Mannequin_Skeleton을 찾아서 레퍼런싱 한 후 "BS_Idle"이라는 네이밍 으로 생성해보겠습니다. 생성 프로세스와 네임 입력이 모두 완료되면, 주황색 테두리의 Blend Space 아이콘이 생성된 것을 확인할 수 있습니다.

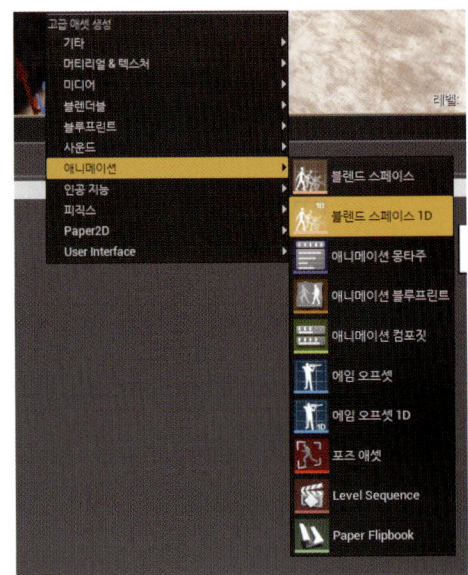

[그림 12-1]    [그림 12]

아이콘을 더블클릭해서 블렌드 스페이스를 편집해보겠습니다. [그림 13]과 같이 블렌드 스페이스 편집창을 볼 수 있을 것입니다.

[그림 13]

이제 이 블렌드스페이스에 애니메이션 시퀀스 어셋을 끌어다 놓는 것으로 블렌드 스페이스를 실제로 제작할 수 있습니다. 우측 하단의 어셋 브라우저 윈도우에서 Rot_L시퀀스를 찾아, 왼쪽 끝 (0.0) 좌표에 드래그 인 드랍을 해보겠습니다. 똑같이 우측 하단의 어셋 브라우저 윈도우에서 Rot_R시퀀스를 찾아 오른쪽 끝 (100.0)좌표에 드래그 인 드랍을 하겠습니다. 마지막으로 블렌드 스페이스 그래프 상단에 있는 라벨 문양의 아이콘을 클릭하여 좌표마다 레퍼런싱 되어 있는 시퀀스의 이름도 확인 할 수 있습니다.

그럼 아래의 [그림 14]와 같이 블렌드 스페이스가 일차적으로 세팅됩니다.

[그림14]

블렌드 스페이스 하단에 있는 이 좌표에 마우스를 토글하고, 〈Shift〉 키를 누른 채로 마우스를 움직여보면, 0과 100 사이의 좌표값이 변하면서, 프리뷰 윈도우에서 애니메이션 시퀀스가 좌표값(초록색 포인트)에 맞추어 적절히 블렌딩 되는 것을 알 수 있습니다. 하지만 이래서는 좌우로 기울기만 할 뿐이니, Idle 포즈 위에 Additive 애니메이션을 얹어서 Idle 동작에서 좌/우로 수그리는 듯한 애니메이션을 연출해보겠습니다.

[그림15]와 같이, Blend Space 편집기의 왼쪽 애셋 디테일 창에서 Additive Settings를 찾아보면, 애니메이션 시퀀스를 할당할 수 있는 Preview Base Pose를 찾을 수 있습니다.
이 Preview Base Pose에서 애니메이션 시퀀스를 지정하여, Additive Animation의 Base Animation으로 지정할 수 있습니다.

[그림 15]

[그림 16]과 같이 위의 "없음"이라고 표기된 라벨을 클릭하여 'Idle' 애니메이션 시퀀스를 Preview Base Pose에 할당하면, 베이스 포즈가 Idle로 변하면서, Base + Additive의 형태로 애니메이션이 표현될 것입니다.

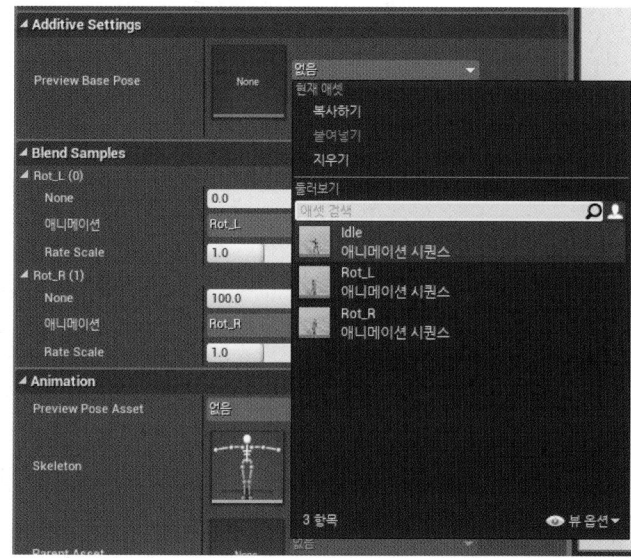

[그림 16]

이제 다시 블렌드스페이스 그래프에 마우스를 토글하고 〈Shift〉를 클릭 한 채로 마우스를 드래그해보면, [그림 17]과 같이, Idle 상태를 유지하면서 왼쪽이나 오른쪽으로 수그리는 형태의 애니메이션 시퀀스가 출력되는 것을 확인할 수 있습니다.

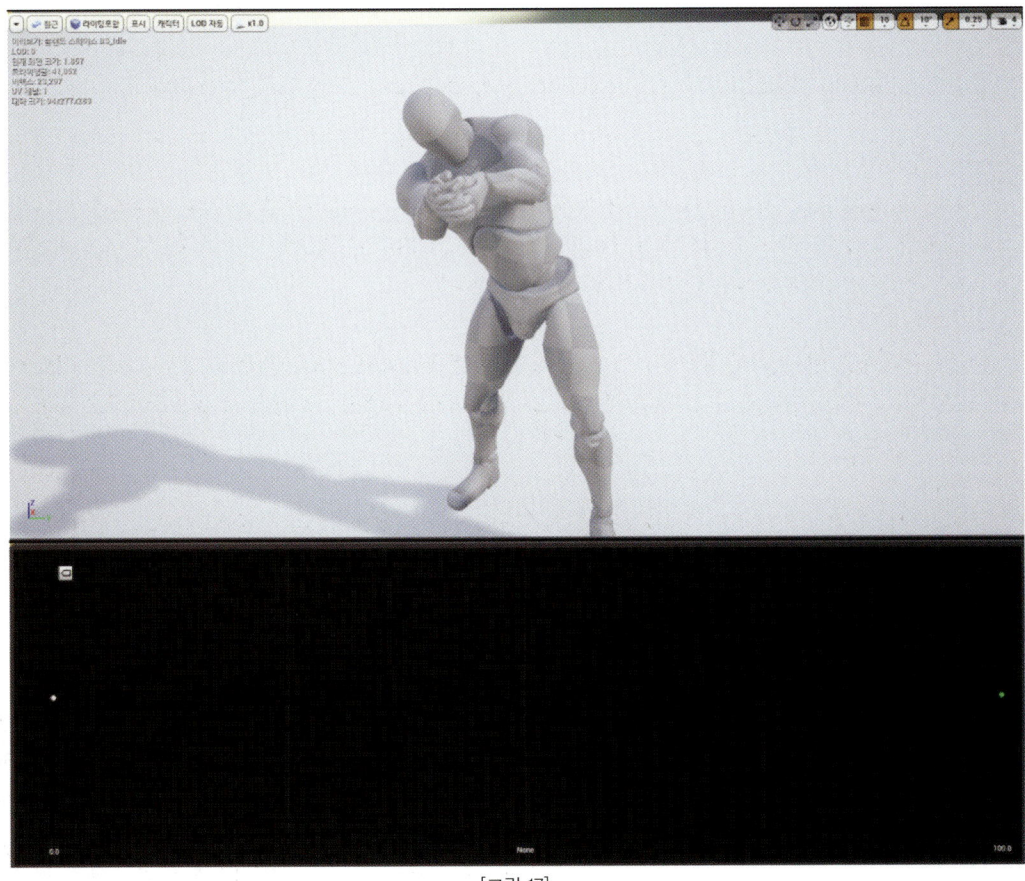

[그림 17]

애디티브 애니메이션과 블렌드 스페이스를 잘 활용하면, 실시간으로 입력받는 변수에 따라 애니메이션을 변화시킬 수 있는 여러 가지 재미있는 기법들을 십분 활용할 수 있게 됩니다. 활용도나 제작 기간보다 퍼포먼스가 좋아서 실시간 애니메이션이 사용할 수 있는 리소스가 굉장히 제한적인 프로젝트에서도 절차적 애니메이션(Procedural animation)과 비슷하지만, 리소스는 덜 소모하는 똑똑한 선택으로 작용하기 좋은 솔루션이라고 생각합니다.

마지막으로 [그림 18]과 같이 Blend Space의 Axis 세팅을 한 후에, Animation Blueprint에서 실시간으로 변수를 받아와서 'Idle' 애니메이션 시퀀스를 실시간으로 변형시켜보는 프로세스를 진행해보겠습니다.

[그림 18]

# 5. 애니메이션 블루프린트 (Animation Blueprint)

개인적으로, 애니메이션 블루프린트 (Animation Blueprint)는 언리얼엔진 애니메이션 파이프라인의 꽃이자 완성이라고 생각합니다.

에디터 내에서 실제 제작한 애니메이션 어셋들을 구성해서 게임 로직과 밀접한 형태로 애니메이션 파이프라인을 직접 설계할 수 있으며, 프로그래밍이 직접적으로 필요하지 않다는 특성상 디자이너와 아티스트를 비롯한 비프로그래머 직군들도 자신만의 파이프라인을 토대로 애니메이션을 설계할 수 있습니다.

접근성이 용이하다는 것은, 관리 주체가 프로그래머로만 국한되지 않는다는 것이며, 아티스트나 디자이너가 프로그래머에게 요청하는 단계를 거칠 필요 없이 직접 구현하고 직접 편집할 수 있습니다. 궁극적으로는 효율적인 개발, 개발기간의 단축을 지향하고 있습니다.

이번 챕터에서는 애니메이션 블루프린트를 이용하여, 애니메이션을 게임에서 플레이해 보고, 실시간으로 변수를 받아와 평범한 애니메이션을 좀 더 '재미있게' 만들어 볼 수 있는 방법을 소개하겠습니다. 천리길도 한 걸음이라는 말처럼 애니메이션 블루프린트의 생성부터 시작해보겠습니다.

[그림19]와 같이 컨텐츠 브라우저에서 마우스 우클릭 후 애니메이션 > 애니메이션 블루프린트를 클릭하면, [그림 19-1]과 같은 윈도우가 나타납니다. 지금까지 생성했던 애니메이션 어셋들은 스켈레톤만 지정했으면 됐지만, 애니메이션 블루프린트는 〈부모 클래스〉라는 것을 같이 지정할 수 있습니다.

[그림19]

이 부모 클래스는 C++이나 C#과 같은 객체지향성 프로그래밍 언어적 특성인 〈상속〉에 해당합니다. 애니메이션 블루프린트가 객체지향성 프로그래밍 언어의 특징을 같이 가지고 있는 이유는, 애니메이션 블루프린트의 내부 로직은 실제로는 C++의 형태로 구현되고 있어서 이 상속의 특성을 이용하여 애니메이션 공유 파이프라인을 효과적으로 구성할 수 있기 때문입니다.

자세한 이야기는 애니메이션 블루프린트를 하나 제작한 후에 예제를 보면서 다시 해보겠습니다. 지금은 부모로 지정할 클래스가 따로 없으니, 부모 클래스는 지정하지 않고, 애니메이션 블루프린트가 레퍼런싱 할 스켈레톤인 SK_Mannequin_Skeleton만 지정하고 새로 애니메이션 블루프린트 하나를 생성해보겠습니다.

상단의 부모 클래스는 따로 지정하지 않고, 타겟 스켈레톤만 SK_Mannequin_Skeleton을 지정해주고 OK키를 클릭하면 됩니다.

[그림 19-1]

OK 키를 누르는 것까지 완료되었다면, 짙은 주황색 테두리 색을 가진 애니메이션 블루프린트 어셋이 생성되었을 것입니다. 이름을 "Mannequin_AnimBP"로 설정한 후 어셋을 더블클릭하여 열어보겠습니다.

[그림 20]

우측 상단을 보면, 따로 부모 클래스를 지정하지 않고 생성한 애니메이션 블루프린트의 부모 클래스가 "Anim Instance"로 지정된 것을 확인할 수 있습니다.

Anim Instance는 앞에서 잠깐 설명했던 애니메이션 블루프린트의 내부 로직쯤으로 이해하면 될 것 같습니다. C++로 작성되어 있으며, Visual Studio가 따로 설치되어 있다면, 에디터에서 클릭하여 헤더 파일과 cpp 파일을 열어볼 수 있습니다.

### 애니메이션 블루프린트의 그래프

애니메이션 블루프린트는 그래프 혹은 노드의 형태로 애니메이션 파이프라인을 설계, 편집할수 있는 도구이며, 크게 이벤트 그래프와 애님 그래프로 나눌 수 있습니다.

먼저, 이벤트그래프는 애님그래프 안에 구성되는 애니메이션 어셋들이 사용하는 변수 등의 값을 업데이트하는 역할을 합니다. 애님그래프는 애니메이션 어셋들을 애니메이션 노드의 형태로 놓아서 애니메이션 블렌딩이나 애니메이션 시퀀스 샘플링, 본 트랜스폼 조작등을 거쳐 최종 애니메이션 포즈를 만들어 내고, 결과에 따른 애니메이션 포즈를 프레임 단위로 스켈레탈 메쉬에 적용하는 역할을 합니다.

실제로 노드들을 편집하여 어떠한 식으로 스켈레탈 메쉬에 반영되는지 알아보도록 하겠습니다.

## 애님그래프 (Anim Graph)

먼저 애님그래프를 간단하게 하나 만들어 보겠습니다.
지금은 [그림 21]처럼 최종 애니메이션 포즈 노드만 놓여 있는 상태입니다. 간단하게 블루프린트에서 Idle 애니메이션을 조건 없이 플레이 해보고 프리뷰 윈도우에서 직접 보도록 하겠습니다.

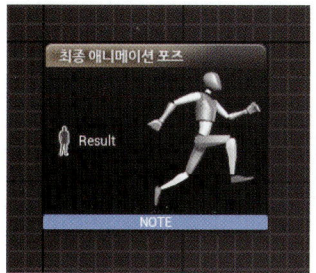

[그림 21]

우측 하단을 보면 애셋 브라우저 창을 볼 수 있는데, 여기서 Idle 애니메이션을 드래그앤 드랍으로 [그림 21-1]과 같이 배치하겠습니다.

[그림 21-1]

"Idle 재생"이라고 쓰인 애니메이션 노드가 하나 생성된 것을 확인하실 수 있을 것입니다.
이 "Idle 재생" 노드의 '사람이 서 있는 형태'의 포즈 아이콘에 마우스 왼클릭하고 우측 Result 포즈 아이콘으로 드래그 앤 드랍으로 그래프와 그래프를 핀으로 연결할 수 있습니다.

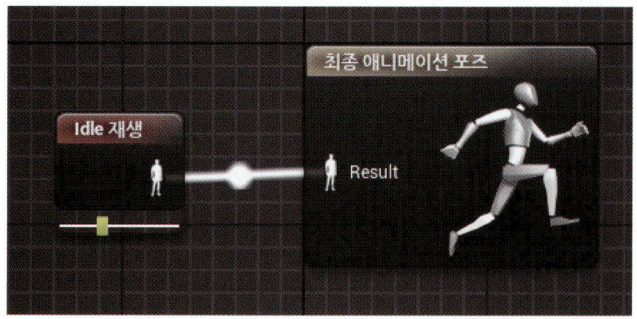

[그림 21-2]

하지만 아직 프리뷰에서는 애니메이션이 적용되지 않았습니다.
이것은 애니메이션 블루프린트가 컴파일(Compile)되지 않았기 때문인데, 언리얼 에디터에서 내부 로직이 C++의 로직의 형태로 적용되고 있는 어셋은, 모두 결과를 업데이트하기 위해 컴파일 과정을 거쳐야 합니다.

[그림 21-3]

컴파일은, 좌측 상단의 [그림 21-3] 아이콘을 눌러서 할 수도 있고, <F7>키를 눌러서 진행할 수도 있습니다.

편집은 되었는데 아직 컴파일이 완료되어 결과를 반영할 수 없는 상태라면, [그림21-3]과 같이 < ? > 아이콘을 볼 수 있습니다.
컴파일을 진행하면 주황색 물음표 아이콘이 초록색 체크 아이콘으로 변경되며, 애니메이션이 정상적으로 플레이되는 것을 확인할 수 있습니다.

간단하게 애니메이션을 플레이하는 노드를 작성해보았으니,
아까 제작한 "BS_Idle" 애디티브 블렌드스페이스를 Idle 애니메이션 시퀀스와 블렌드하여 플레이해보겠습니다.

먼저 우측 하단 애셋 브라우저에서 BS_Idle 블렌드스페이스 에셋을 애님그래프에 드래그 인 드랍 해보겠습니다.

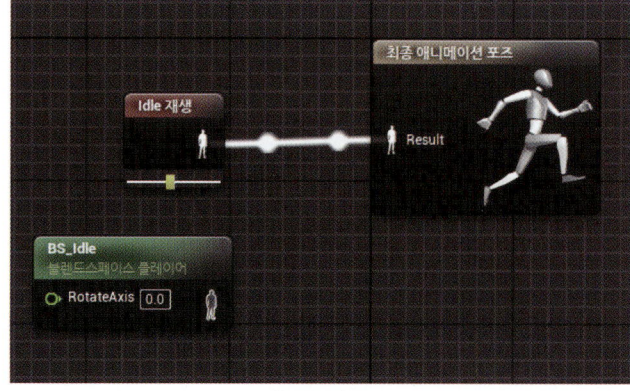

[그림 22]

[그림 22]와 같이 BS_Idle 또한 블렌드스페이스 플레이어 노드로 그래프에서 사용할 수 있다는 것을 알 수 있습니다.

아까와는 다른 문제가 하나 생겼는데, Idle 재생 노드와 BS_Idle 노드의 Out 포즈는 두 개이지만, 최종 애니메이션의 In 포즈는 하나뿐이라는 것입니다.
이때 사용할 수 있는 노드가 바로 Blend 노드입니다.

애니메이션 블루프린트의 그래프 에디터 안에서 마우스 우클릭을 하면, [그림 23]과 같이 애니메이션 블루프린트 안에서 노드를 찾을 수 있는 애셋 액션 (Asset Action) 윈도우가 토글됩니다.

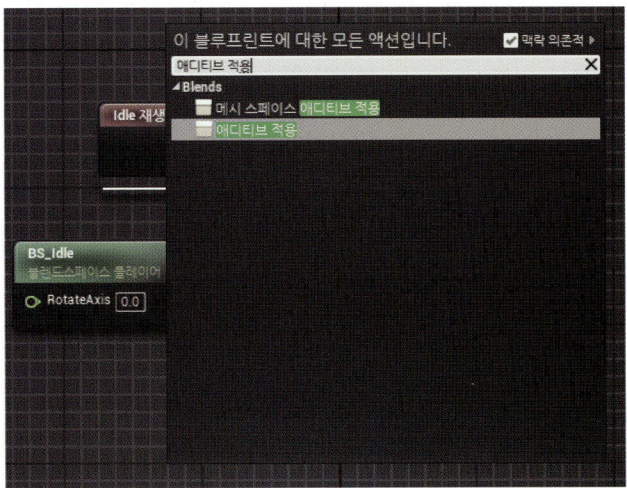

[그림 23]

여기서 "애디티브 적용"을 찾아 그래프에 추가하겠습니다.
간단히 [그림 23]과 같이 검색 후에 "애디티브 적용" 열을 클릭하면 아래의 [그림 24]와 같이 애디티브 적용 노드가 생성될 것입니다.

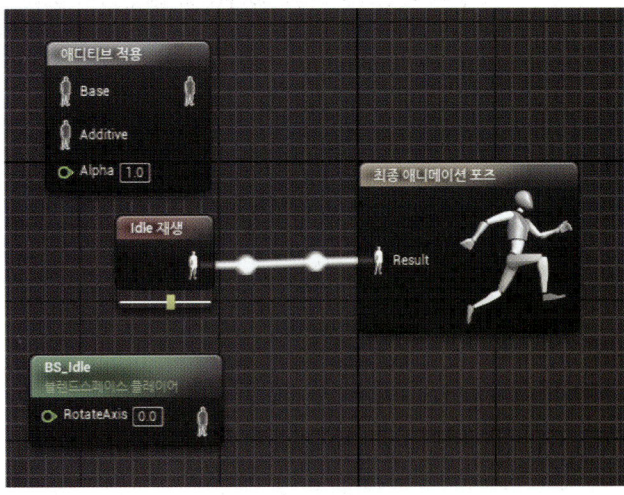

[그림 24]

이제 이 애디티브 적용 노드에 Idle 재생과 BS_Idle 노드를 각각 끌어 넣어 하나의 아웃풋으로 블랜딩 할 수 있습니다.

[그림 25]는 세 노드를 알맞게 핀으로 연결한 후에 노드를 어느 정도 정리한 후 컴파일한 것입니다.
Base 포즈로 사용될 Idle 애니메이션 시퀀스가 Base In 핀에 연결되었고, 애디티브의 형태로 사용될 BS_Idle 블렌드스페이스가 Additive in에 연결되었습니다.

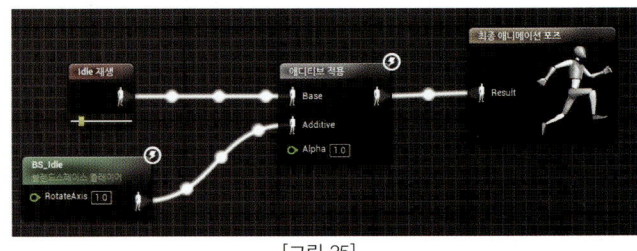

[그림 25]

에디터 프리뷰에서 Additive의 결과를 효과적으로 확인하기 위해 블렌드스페이스 플레이어 노드의 RotateAxis 값을 1.0으로 설정하였습니다.

에디터 프리뷰에서 애니메이션 결과를 확인해보겠습니다.
[그림 26]과 같이 제대로 애디티브 시퀀스가 베이스 시퀀스와 블렌딩되어 나오는 것을 확인할 수 있습니다.

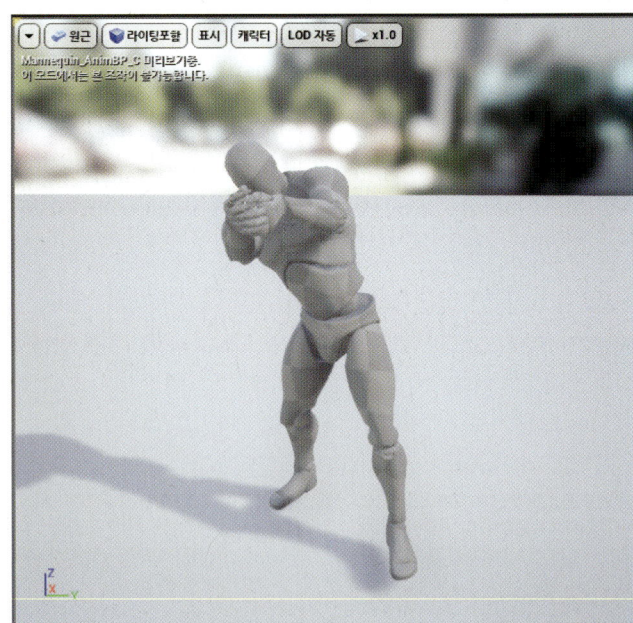

[그림 26]

애님그래프가 어느 정도 완성되었으니, 이번엔 이벤트 그래프에서 실시간으로 변수를 받아와 애니메이션을 변화시켜 보겠습니다.

## 이벤트그래프 (Event Graph)

이제 이벤트 그래프에서 프레임마다 변수를 받아와서 애니메이션을 변경시킬 수 있도록 해 보겠습니다.

따로 게임 로직이 준비되어 있는 것은 아니기 때문에, 언리얼에 내장되어 있는 수학 알고리즘 중 삼각함수의 사인(SINE)값을 이용하여 변수를 세팅해보겠습니다.

실제 시간에 따라 증감을 반복하게 하는 방식은 원래는 머티리얼 제작 시 Rotate 혹은 Panner 연산할 때 자주 쓰이는 방식입니다. 실제 시간이 누적되어 더해지며 흘러감에 따라, SINE 값은 [그림 27]처럼 증감을 반복할 것입니다.

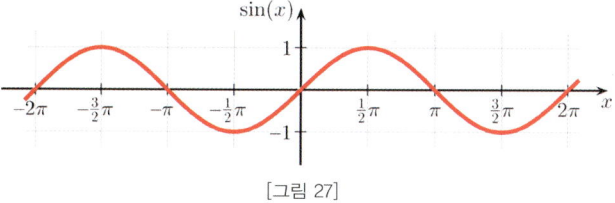

[그림 27]

그러면 먼저, 사용할 변수를 생성해보도록 하겠습니다.

좌측 하단의 내 블루프린트 패널에서, [변수] 그룹의 + 아이콘을 눌러 변수를 하나 추가해보도록 하겠습니다.

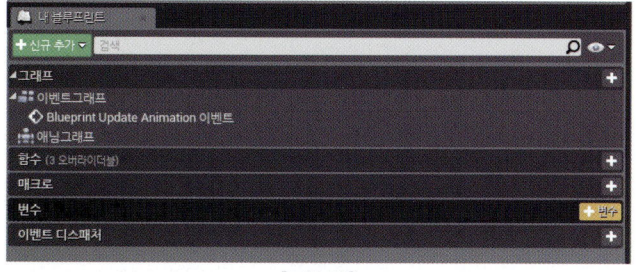

[그림 28]

NewVar_0 이라는 이름을 가진 변수가 하나 생성되었습니다. 이 변수에 대한 자세한 편집은 우측 상단의 디테일 패널에서 할 수 있습니다.

[그림 28-1]

이번에 편집할 변수의 속성은 변수의 이름과 변수의 유형입니다. 기본적으로 NewVar_0이라는 이름의 변수가 Boolean형으로 생성되어 있는데, 지금 우리는 True or False 값이 아니라 블렌드스페이스 플레이어의 RotationAxis의 변수로 사용될 수 있는 유리수 형태의 변수가 필요합니다. 그래서 [그림 29]의 변수 이름과 유형을 [그림 29-1]과 같이 바꿔 주었습니다.

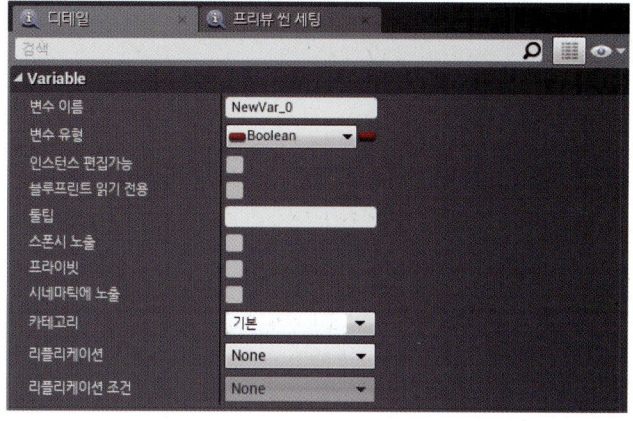

[그림 29]

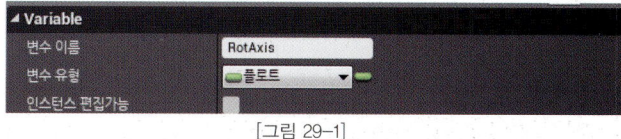

[그림 29-1]

Boolean 형이 아니라 Float형을 사용하는 변수이며, 이름을 좀 더 직관적으로 RotAxis로 변경하였습니다.

변수 생성은 완료되었지만, 이 변수가 특정한 값을 가지게 하기 위해서는 그래프에서 값 세팅을 해 주어야 합니다.

이벤트 그래프 창을 살펴보면, [그림 30]과 같이 비활성화되어 있는 상태입니다.

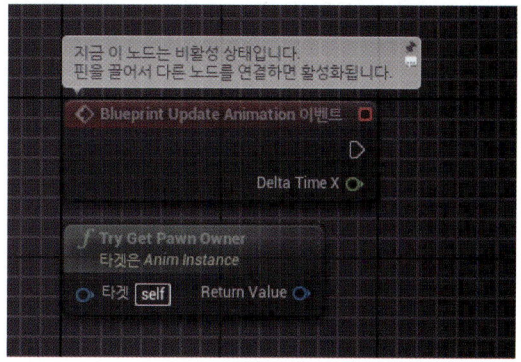

[그림 30]

393

이제 이벤트 그래프를 활성화하여 애님그래프에서 사용할 값을 받아 올 수 있도록 해보겠습니다.

먼저 실제 시간 값을 받아오려고 합니다.
애님 그래프에서 노드를 찾아 추가했을 때처럼 마우스 오른쪽 클릭 후 "Get Real Time Seconds"를 검색해보겠습니다.

[그림 31]

[그림 31]과 같이 Get Real Time Seconds라는 이름의 함수를 고를 수 있습니다.
클릭하여 그래프에 올려 놓겠습니다.

[그림 31-1]처럼 함수는 놓여져 있으나, 이 함수의 리턴값을 어떤식으로 활용할지는 아직 잘 모르겠습니다.

이 함수의 리턴값은 실제로 흐르는 시간을 초 단위로 반환하며, 시간이 지남에 따라 증가되는 float 형태의 값이 리턴됩니다. 우리가 사용할 sine 함수의 정확한 x값이라고 할 수 있겠습니다.

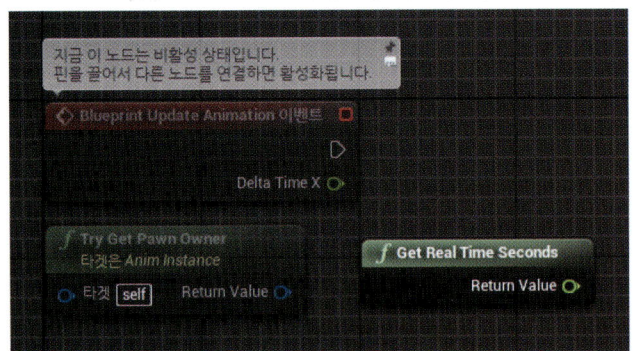

[그림 31-1]

이제 이 함수를 x값으로 사용해서 sin 함수로 이어보겠습니다.
Return Value의 핀에서 드래그하여 애셋 액션에서 'sine'을 검색한 후 클릭하여 sin(Radians)를 그래프에 올려보겠습니다.

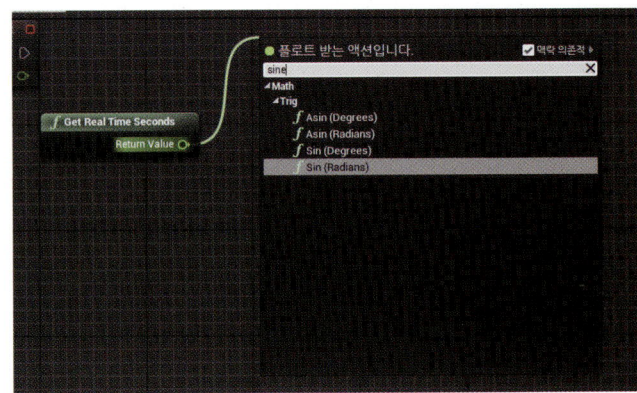

[그림 31-2]와 같이 다시 sin(real Time Seconds) 값을 핀으로 리턴하게 되었습니다. 실제로 우리는 이 값이 필요하기 때문에 이 리턴 값을 미리 생성한 변수 RotAxis에 세팅한 후에 사용하면 될 것 같습니다.

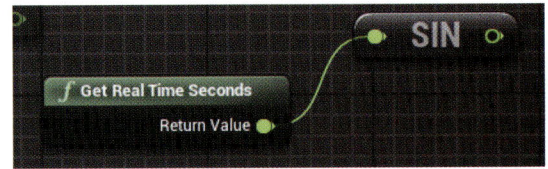

[그림 31-2]

좌측 하단의 내 블루프린트 패널 안의 변수 그룹에서 RotAxis를 찾아 그래프 안으로 드래그 인 드랍 액션을 하면, [그림 32]와 같이 RotAxis 변수를 [가져오거나/세팅하거나] 할 수 있습니다.

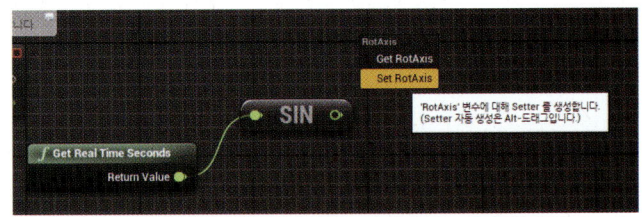

[그림 32]

이번에는 변수 값을 가져오는 것이 아니라, 새로 변수 값을 세팅하려는 것이니 Set RotAxis를 클릭한 후 살펴보겠습니다.

[그림 32-1]에서 보이는 SET 노드는 아까 그래프에 올려놓은 두 함수 그래프와는 조금 다른 모양새를 가지고 있습니다. 왜냐하면, 아까 추가한 두 함수 노드는 값을 반환하는 역할만을 하지만, 이번에 추가한 SET 노드는 값을 설정하는 역할을 하기 때문입니다.

값을 받아서, 리턴하는 In과 Out 핀이 모두 존재하고, 핀 상단에는 연산을 위한 화살표 핀이 하나 더 존재하고 있습니다.

이벤트 그래프에서 보이는 특징 중 하나인데, [그림 32-1] 좌측의 Blueprint Update Animation 이벤트 노드에서 핀을 끌어와 프레임 단위로 값을 업데이트 할 수 있게 해주는 핀입니다.

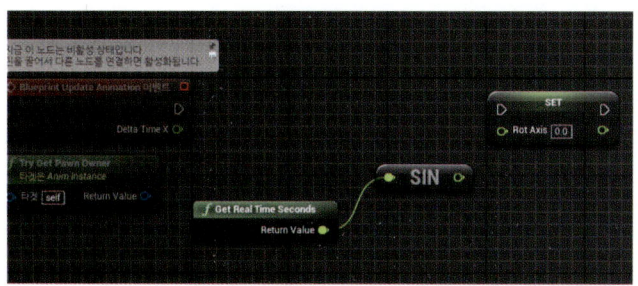

[그림 32-1]

그렇다면 이제, Blueprint Update Animation 이벤트 노드에서 화살표를 끌어 SET 노드에 끌어다 놓은 뒤, SIN 노드에서 반환된 최종값을 Rot Axis에 세팅해보도록 하겠습니다.

[그림 33]과 같이 노드를 핀으로 연결한 후 컴파일해주면, 변수의 세팅이 완료되었습니다.
바로 이 변수를 애님그래프에 끌어놓아 사용할 수도 있지만, 간단하게 노드를 하나 추가해서 이 변수가 제대로 세팅되었는지 에디터의 게임 플레이로 확인해보겠습니다.

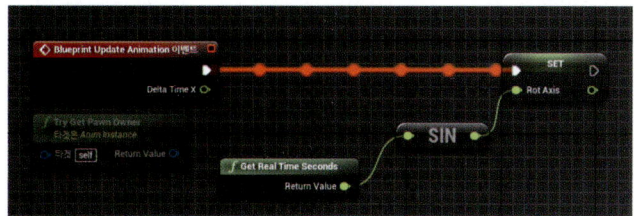

[그림 33]

[그림 34]와 같이 SET노드의 실행 핀(화살표 모양)를 드래그한 후 액션 윈도우에서 print string을 검색하여 그래프에 추가합니다.

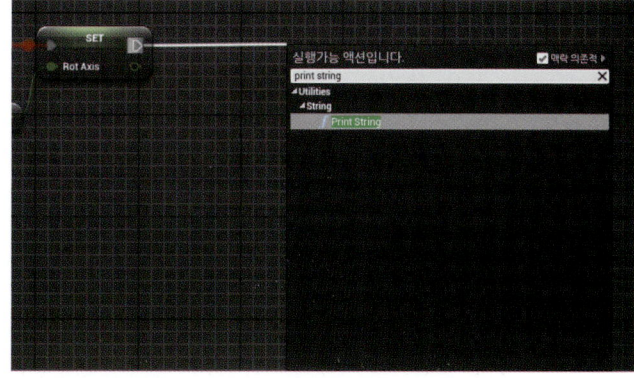

[그림 34]

[그림 34-1]처럼 print string 함수 노드가 추가된 것을 볼 수 있습니다. 이 print string 노드는 게임 화면 상단에 In String 핀에 연결된 값이 일정 시간마다 어떤 식으로 반환되는지 알 수 있게 해주는 디버깅 전용 노드입니다. 노드의 편의성 때문에 블루프린트 내에서 변수 디버깅 작업을 할 때 가장 많이 사용하는 노드입니다.

[그림 34-1]

이 In String 핀에 Rot Axis의 반환값 핀을 연결하겠습니다.
Float형과 String형으로 변수형은 다르지만, 이벤트그래프에서 자동으로 변환 노드를 만들어주게 됩니다.

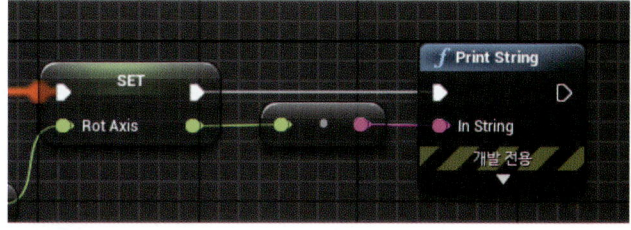

[그림 34-2]

[그림 34-2]까지 완료되었다면 컴파일 후 애니메이션 블루프린트를 저장해주도록 하겠습니다.

그리고 이제 게임 에디터의 게임플레이 화면으로 돌아가 컨텐츠 브라우저에서 제작한 Mannequin_AnimBP 애니메이션 블루프린트 어셋을 플레이 화면(Viewport)로 드래그인 드랍하면 [그림 35]와 같이 뷰포트에 Skeletal Mesh가 하나 생성된 것을 볼 수 있습니다.

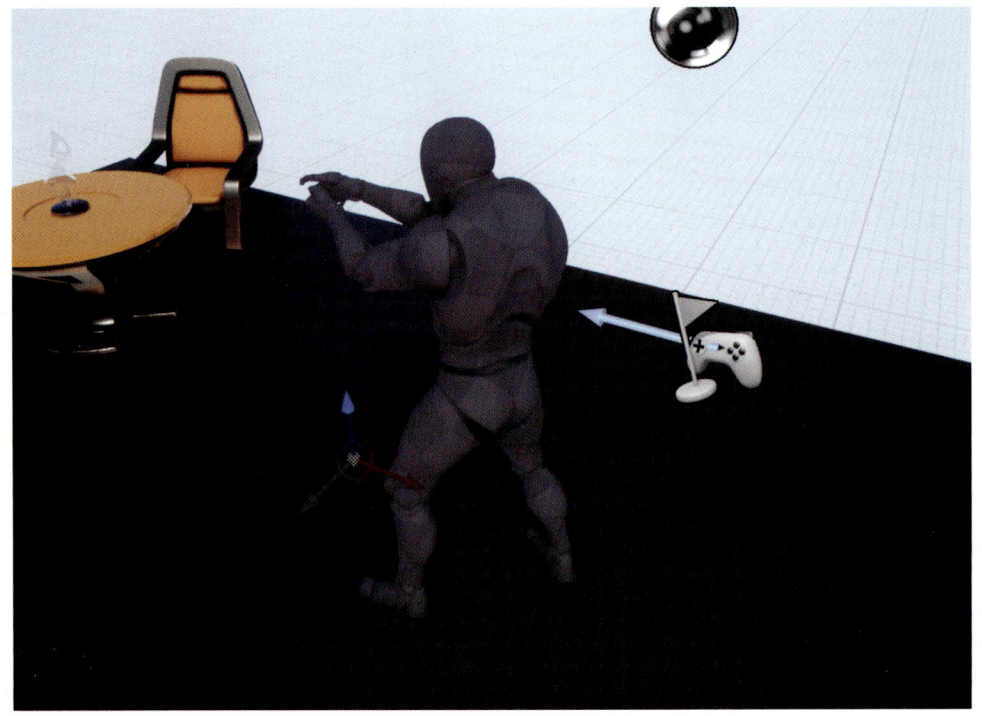

[그림 35]

이제 윈도우 상단의 플레이 버튼을 누르거나 〈Alt+P〉 키를 눌러서 게임을 플레이해보도록 합니다.

[그림 35-1]과 같이 애니메이션이 플레이되고, 화면 좌측에 빼곡하게 값이 시간에 따라 계속 업데이트 되는 것을 확인할 수 있습니다. 값은 -1과 1 사이를 계속 루핑하고 있으므로, 의도대로 값이 세팅된 것을 알 수 있습니다.

[그림 35-1]

유효한 값이 변수로 지정된 것을 확인하였으니 다시 애니메이션 블루프린트로 돌아가서, 애님그래프의 블렌드스페이스 플레이어의 RotateAxos의 핀에 변수 RotAxis를 할당해주도록 하겠습니다.

이번엔 설정된 변수의 값을 가져오는 것이기 때문에 Set이 아니라 Get 옵션을 클릭한 후 핀으로 연결해주도록 합니다.

[그림 36]과 같이 그래프를 핀으로 이어준 후 컴파일하면, 프리뷰 창에서 Idle 애니메이션 와중에 좌우로 왔다 갔다 하는 최종 애니메이션을 확인할 수 있습니다.

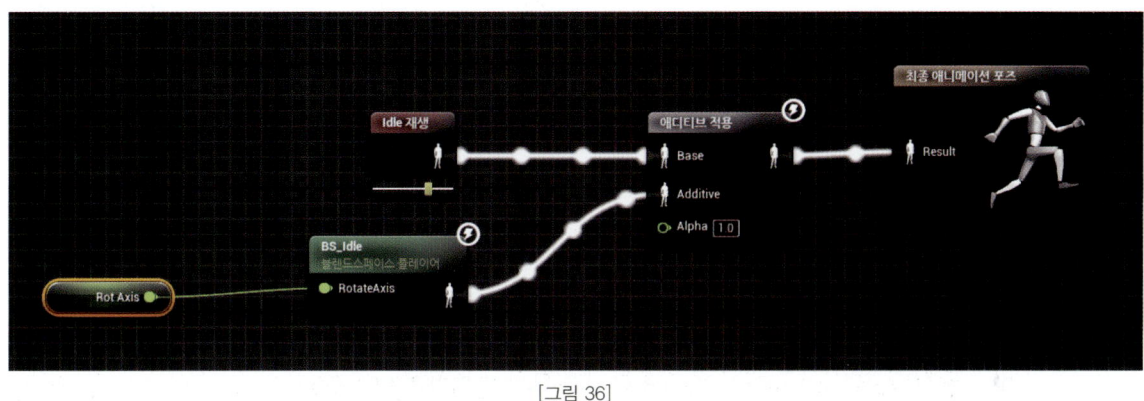

[그림 36]

마지막으로, 아까 이벤트그래프에 연결해놓았던 Print String은 디버깅을 완료했으므로 삭제합니다.

이로써 단순하지만, 애니메이션 블루프린트를 만들고 직접 노드들을 연결하여 실시간으로 애니메이션을 블렌딩하기까지의 과정을 어느 정도 마친 것 같습니다.

> 예제데이터 〉 장민호 폴더를 보면 관련된 예제데이터들과 완성된 영상을 보실 수 있습니다.

서문에서도 말했듯, 언리얼 엔진4의 애니메이션 파이프라인 강력하고도 복잡합니다.
간단한 예제였지만, 지금까지의 과정이 노하우나 테크니컬한 아이디어들 그리고 게임 로직과 밀접하게 연관되어 훌륭한 애니메이션 파이프라인이 완성되는 것이라고 생각합니다.

필자도 아직까지 많은 시행착오를 겪으며 프로젝트의 애니메이션 파이프라인을 설계하고, 또 고쳐나가고 있기에 많이 부족합니다. 지금까지 설명한 것들은 단순하지만, 잘 인지하고 있다면 프로젝트를 진행하면서 여러 가지 방식으로 응용하여 좋은 결과물을 만들어낼 수 있을 것이라는 생각합니다. 이 글을 보시는 분들이 언리얼의 애니메이션 파이프라인을 이해하는데 아주 작은 도움이라도 되었으면 좋겠습니다. **the GAME GRAPHICS**

the GAME GRAPHICS | 쉐이더 & 이펙트 #1

# Ornatrix(오나트릭스)를 이용한
# 리얼타임 헤어 만들기

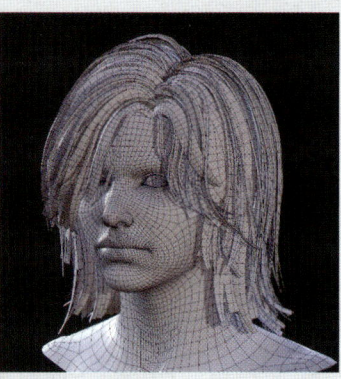

글_ 송윤종 | 3D 아티스트 | akasin@naver.com

2014년 Penxel Animation Studio에서 3D Generalist로 시작해서, 2015년부터 Hair&Fur Specialist로 다수의 게임 시네마틱에 참여했다. 스페인의 Trizz Studio에서 제작한 [League of Legends : ELEMENTALIST LUX CINEMATIC]에서 Hair를 담당했다. 이후 로이비주얼에서 리깅 및 헤어 / 클로스 아티스트로 근무했으며 현재는 프리랜서로 활동 중이다.

# 1. Ornatrix 란?

Ornatix는 3ds Max용으로 개발된 Hair 제작을 위한 플러그인입니다. 2015년 Ornatrix for Maya 베타를 시작으로 2016년에 출시되어 3dsMax 유저 뿐 아니라 Maya 유저에게도 다양한 방면으로 사용되어 많은 사랑을 받고 있는 헤어 툴입니다. Ornatirx는 3D Character Art뿐 아니라 Video Game Cinematic, TVCM, Animation, Film 등 3D 영상 분야에서 사용되고 있으며, 최근 Maya 버전의 출시로 Video Game 등 더욱 다양한 분야에서 사용되고 있습니다.

www.ephere.com에 가입을 하면 Ornatrix 데이터를 저장할 순 없지만, 기간 제한이 없는 데모 버전을 사용해 볼 수 있습니다.

Ornatrix Showcase Reel 2017

### Ornatrix의 장점

1. 비교적 저렴한 가격 – 라이센스 하나로 렌더팜 이용이 무제한입니다.
2. 직관적이고 쉬운 인터페이스
3. 간편하지만 강력한 가이드 브러시 기능 – Hair Grooming을 위한Curve 제작에 시간을 절약할 수 있습니다.
4. Curve – Hair – Mesh 간의 유동적인 컨버팅이 가능합니다.
5. 다양한 렌더러를 지원합니다.
   A. 3ds Max : V-ray, Redshift, Maxwell, Krakatoa, Octane, Mental ray
   B. Maya : V-ray, Arnold, Redshift, Renderman, Maxwell
6. 개발자와의 열려있는 소통과 문의가 가능하여 빠른 버그픽스를 할 수 있습니다.
7. 여러가지 다이나믹 적용 가능합니다. (Cloth, nHair, MassFX, Key animation)

## Ornatrix가 사용된 작품들

### 영상

여태까지 대부분의 3ds Max 기반의 스튜디오에서는 Ornatrix를 사용해서 Hair를 제작했습니다. 주로 Video Games Cinematic 제작에 사용되었으며, 요즘은 극장판 Animation, TV CM 등 여러 영상 분야에서 활용 중입니다.

〈Elder Scroll Online Cinematic – Blur Studio〉

### 게임

Ornatrix의 기능적 장점은 영상뿐만 아니라 게임용 헤어 제작에 사용되기도 했습니다. Ornatrix는 Curve – Hair – Mesh 간의 유동적인 Convert 기능을 가지고 있습니다. 여기서 소개할 내용도 Ornatix를 이용한 Realtime 용 Hair Cards와 Texture를 제작하는 방법입니다.

〈Resident Evil 7〉

## Ornatrix의 CEO Marsel Khadiyev

2003년에 VFX 회사에서 일하면서 Hair가 VFX 산업에서 아주 큰 도전이 될 것이라는 가능성을 믿고 Ornatrix를 개발하기 시작했습니다.

2004년 3ds Max에서 사용할 수 있는 첫 알파 버전을 만들게 되었습니다. 초창기에는 Hair를 위한 Force-Fields에 전적으로 의존했기 때문에 오늘날의 Ornatrix와는 다른 플러그인이었습니다.

유저들이 헤어의 분포 방법과 Force-Field를 정의하면 Field를 따라 헤어가 생성되었습니다. 처음에는 이 방법이 좋다고 생각했으나 유저들의 의견을 통해 헤어에 더 많은 제어 수단이 필요하다는 것을 알게 되었습니다. 그래서 2004년 말에 Ornatrix를 처음부터 다시 만들었습니다.

Marsel Khadiyev - Ephere INC, CEO & Founder

몇 년 동안 개발하고 개선하여 1.8 버전에 이르렀고 (2006년으로 생각됩니다.), 3ds Max 용 헤어 제작 툴인 Shag Hair와 Hair FX의 개발사 DDAG와 협약을 맺었고, Turbo Squid와 제휴하여 Ornatrix와 Hair FX를 조합한 Hairtrix를 출시했습니다. Turbo Squid는 모든 마케팅과 문서화 및 배급을 맡았는데 운이 좋게도 Blur Studio와 같은 주요 스튜디오에서 Hairtrix를 채택하여 이 툴이 널리 알려지게 되었습니다. 이런 상황은 2011년까지 이어졌고 이후에는 Turbo Squid와 분리되었습니다.

분리 후에도 꾸준한 개발 덕분에 Ornatrix V2가 출시되었으며 많은 새로운 기능들이 추가되었습니다. 그리고 우리는 Hair FX와 Shag Hair를 개발한 Ivan Kolev와 힘을 합쳤고 그는 지금까지도 Ornatrix를 위해 노력하고 있습니다. 2016년 Ornatrix Maya를 정식 출시했으며, 현재 Ornatrix Maya V2는 Ornatrix Max V6와 함께 거의 완성되어가고 있습니다. 또한 Ornatrix Cinema4D를 개발 중이며, 올해 중반 또는 말에 베타 테스트를 시작할 예정입니다.

Ornatrix를 애용하고 계신 한국의 유저 분들께 진심으로 감사를 드립니다. 더 빠르고 더 완벽한 헤어툴을 선보이기 위해서 앞으로도 노력하겠습니다.

## 2. Ornatrix의 주요 기능

### Ornatrix Tool Bar

오나트릭스를 설치하면 그림과 같은 툴 바가 생깁니다. 각각의 아이콘은 모양만 봐도 어떤 기능인지 알 수 있을 만큼 친절하게 구성되어 있습니다. 모든 기능이 들어 있지 않지만, Hair 제작에 필요한 필수 기능은 대부분 툴 바를 통해서 작업 할 수 있습니다. Ornatrix Maya의 툴 바도 동일한 구조입니다.

〈Ornatrx Tool Bar〉

### Ornatrix Modifier

**주요 모디파이어 기능**

1. **Edit Guide** : 여러가지 Brush를 이용해 쉽고 빠른 Curve 편집이 가능합니다.
2. **Surface Comb** : 가이드의 빠른 방향성 설정이 가능합니다. (Fur 제작 시 초기 공정의 시간을 상당히 줄일 수 있습니다.)
3. **Mesh from Strands** : Curve – Hair – Mesh 간의 유동적인 Convert를 가능하게 해줍니다. 헤어 Plane을 제작하기 위한 핵심적인 Modifier 입니다.
4. **Hair from Mesh Strips** : 만들어진 Mesh의 Shape을 따라 Hair를 만들 수 있습니다. Hair의 정확한 모양을 잡기 편하기 때문에 용도에 따라 유용하게 사용 할 수 있습니다.

**높은 자유도와 수정이 용이한 Procedural 방식**

3ds Max의 Modifier Stack Controls는 Modifier List 바로 아래에 위치하고 있습니다.

Modifier Stack(이하 Stack)은 오브젝트에 적용된 Modifier의 누적 기록을 보여줍니다. Stack의 순서는 아래에서 위로 진행되며 이는 Modifier를 오브젝트에 적용하는 순서입니다. Stack들은 언제든지 위, 아래로 이동이 가능하며 순서를 바꿀 수 있습니다. Procedural 방식의 작업이 가능하게 해줍니다.

Ornatrix Maya에서도 전통적인 Ornatrix의 작업 방식을 재현했습니다. 툴 바와 마찬가지로 3ds Max에서의 Ornatrix를 경험했던 사람이라면 Maya에서도 쉽게 Ornatrix를 사용 할 수 있습니다.

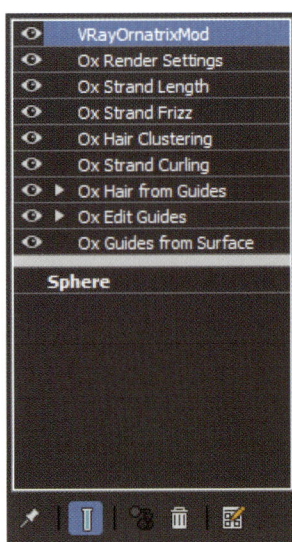

〈3ds Max Modifier Stack Controls〉

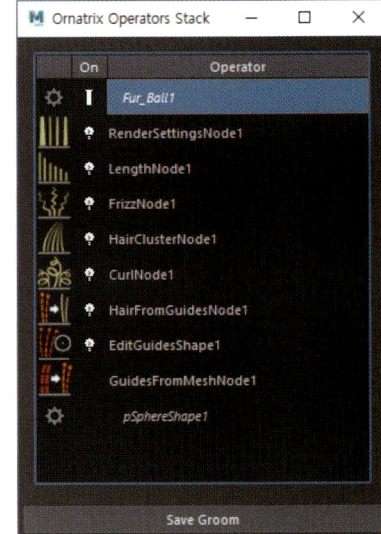

〈Maya Ornatrix Operators Stack〉

> Procedural은 "절차상의"라는 뜻을 가지고 있으며, 속성을 순차적으로 쌓아 올리며, 이전 진행 과정을 수정하면 최근 과정에 적용되는 방식입니다. 어느 정도 완성되면 과거의 설정했던 것들을 변경하여 원하는 결과를 효과적으로 만들어 내는 작업 공정입니다.

# 01 Ornatrix와 VRay로 헤어 텍스쳐 만들기

## 1. 원하는 Mesh의 표면을 따라 흐르는 Hair 만들기

### 1. OX Hair Strips

OX Hair Strips는 Mesh의 표면에 Hair를 생성해주는 Object 입니다. Mesh Strips에서 생성된 Hair는 Mesh의 한쪽 가장자리부터 반대쪽 가장자리로 생성이 됩니다. 시작하는 방향은 수동으로 지정 할 수 있지만, 기본적으로 가장 긴 경계를 따라 생성이 됩니다.

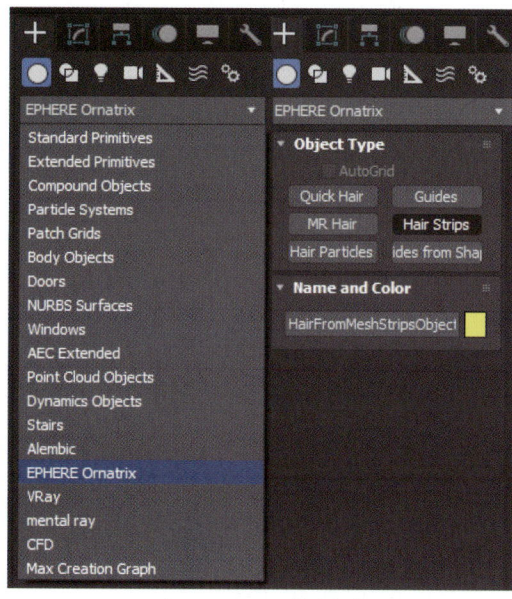

〈OX Hair Strips 생성하기〉

OX Hair Strips는 Modifier List가 아니라 Create Panel에서 생성해야 합니다. EPHERE Ornatrix를 선택하면 Hair Strips를 찾으실 수 있습니다.

403

## 2. Hair Grooming(헤어 그루밍) 하기

OX Hair Strips를 생성하면 다음과 같은 속성 창이 나옵니다. Add를 눌러서 원하는 Mesh를 선택해주면 Mesh에 Hair가 생성됩니다.

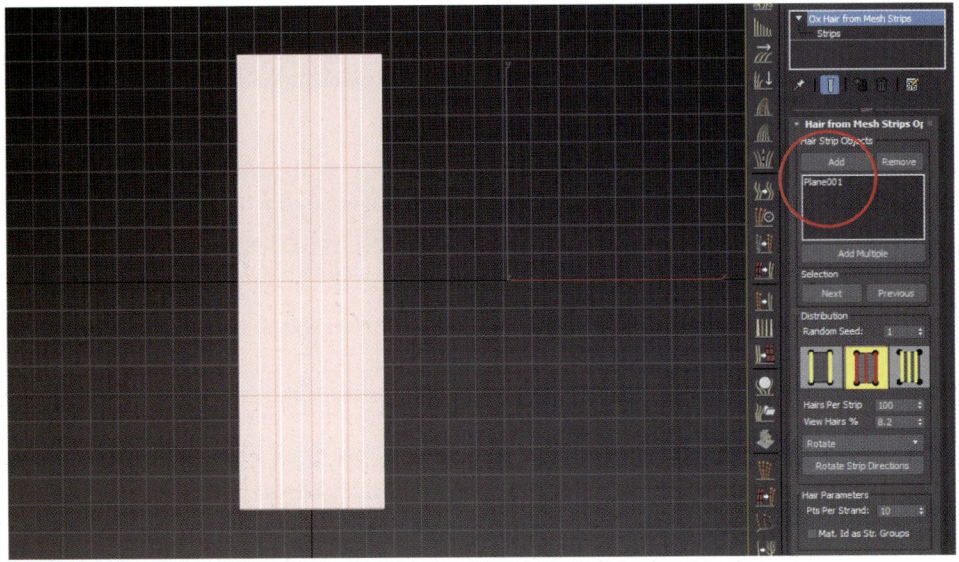

Hair Strips의 Stack 하위에 Strips라는 속성을 선택해주면 현재 생성된 헤어의 방향이 화살표로 표시됩니다. 화살표를 선택하고 Distribution 창 가장 하단에 Rotate를 눌러주면 여러 방향으로 전환할 수 있는 명령들이 나옵니다.

이번에는 Top View에서 Render를 할 예정이니 진행 방향을 아래서 위로 만들겠습니다. Flip를 선택하고 Rotate Strip Directions 버튼을 눌러주면 아래로 향하는 화살표가 위로 향하는 것을 볼 수 있습니다. Texture를 만들기 위한 OX Hair Strips의 기본 세팅이 완료되었습니다.

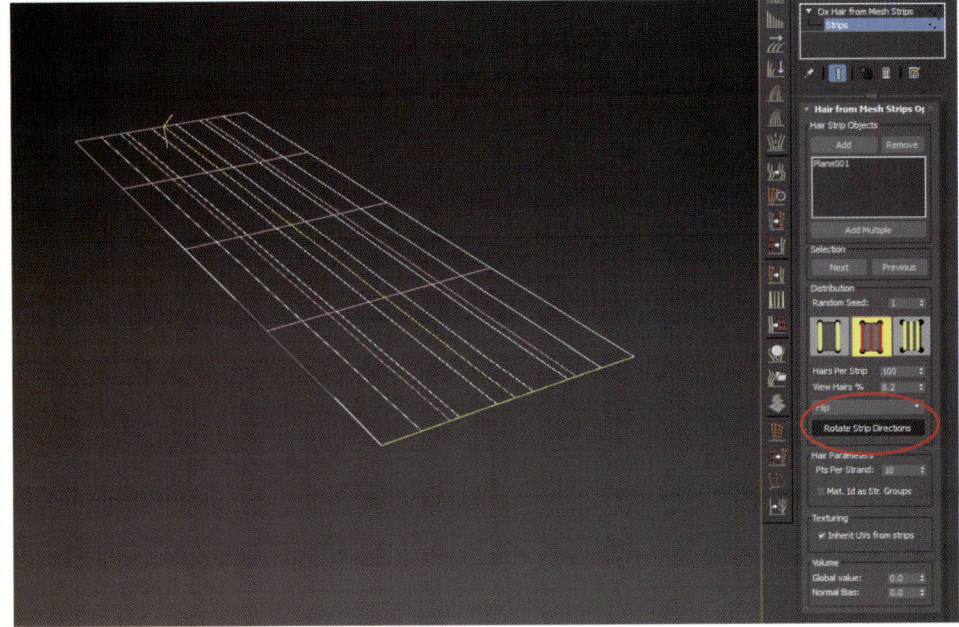

### Ox Strand Multiplier

Hair Strips는 메쉬의 모든 면적을 사용하게 됩니다. 따라서 약간의 흐트러짐과 불규칙적인 Hair를 표현해주기 위해서 Ox Guides From Hair를 이용하여 Hair 자체를 Guide로 만들어 주겠습니다. 그리고 Ox Strand Multiplier를 이용하여 하나의 Guide 주변에 여러 가닥의 Hair를 생성해주겠습니다.

적은 수의 Strips를 이용하여 빈틈과 뭉침을 표현할 수 있게 Hair의 개수가 늘어났습니다.

### Ox Strand Curling

Curl은 Hair에 펌(Permanent)을 한 듯한 자연스럽고 일정한 웨이브를 표현해줍니다.

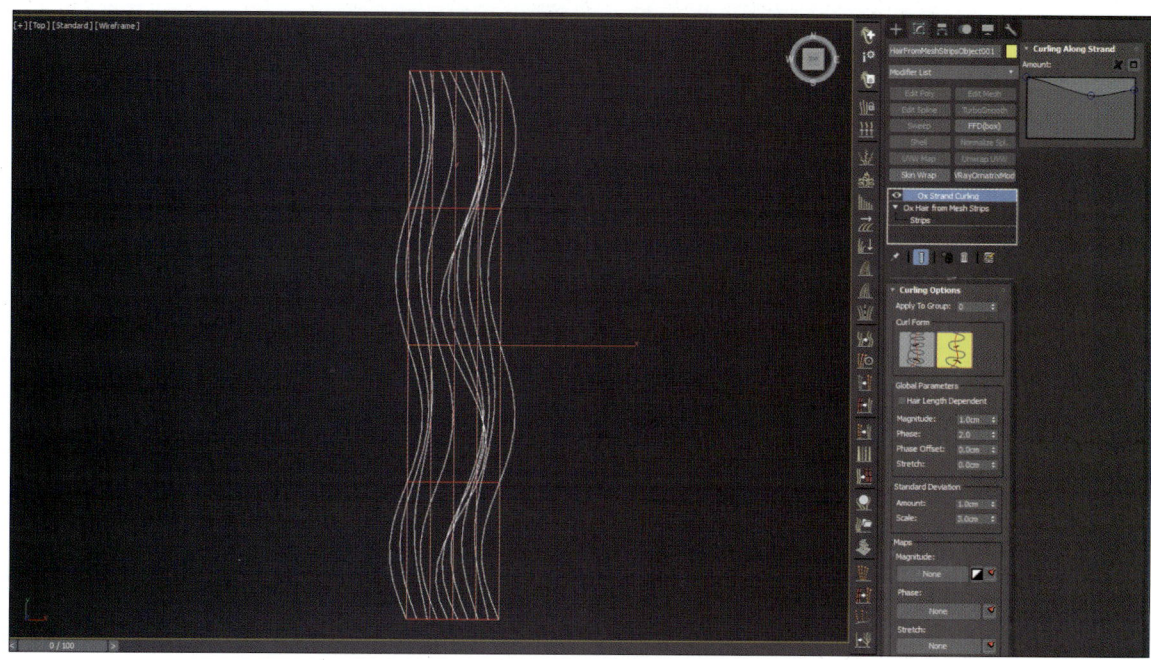

Ox Strand Curling – Hair에 Curl을 적용한 모습

**Curl Form**

Curl의 형식을 정해줍니다.

- Curly (Spiraloid) : 나선형 스프링 모양의 Curl 형식입니다.
- Wavy (Sinusoide) : 평면상의 사인(Sine) 곡선 모양의 Curl 형식입니다.

**Global Parameters**

Curl의 범위와 정도를 조절해줍니다.

- Hair Length Dependent :
- Magnitude : Curl이 얼마나 넓은 곡선을 가지는지 조절합니다.
- Phase : Strand당 얼마나 많은 Curl을 가질 것인지 조절합니다.
- Phase Offset : Phase의 시작 점을 조절해줍니다.
- Stretch : Phase정도를 수축이완 시켜줍니다.

**Standard Deviation** : Curl을 더욱 자연스럽게 하기 위해서 흐트려줍니다.

**Maps** : 각 속성에 영향을 주는 Map을 넣어 줄 수 있습니다.

**Curling Along Strand** : Curl의 적용 범위를 그래프로 조절 할 수 있습니다.

## Ornatrix에서 Map과 Graph로 제어하기

Ornatrix의 속성들은 Map과 Graph를 이용하여 직관적으로 편집이 가능합니다.

Ornatrix의 Graph는 아래 그림과 같은 모습입니다. 왼쪽이 헤어의 Root, 오른쪽이 Tip 입니다. Graph를 우클릭하면 저장해둔 Preset을 선택할 수도 있습니다. Preset 저장은 Graph의 우측 상단에 위치해있는 Open widget in new window에서 가능합니다.

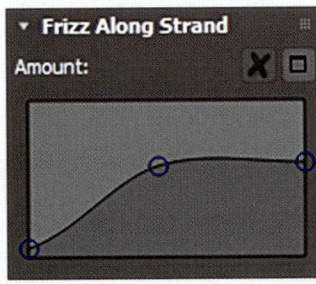
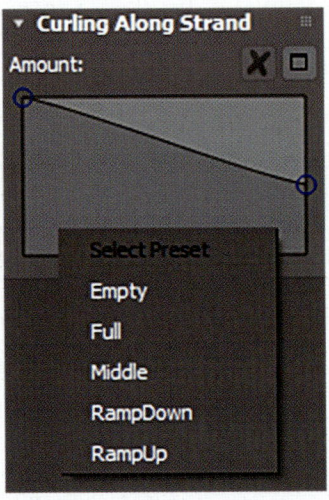

Ornatrix는 Hair가 생성될 범위뿐만 아니라 Curl, Cluster, Frizz 등 거의 모든 속성값을 Map으로 제어 할 수 있습니다.

Map은 흑백으로 0부터 1까지의 범위를 조절 할 수 있습니다. 아래 그림처럼 검은색 영역에서는 모든 값이 0이기 때문에 Hair가 생성되지 않지만, 흰색으로 갈수록 모든 값이 1로 적용되는 모습을 볼 수 있습니다.

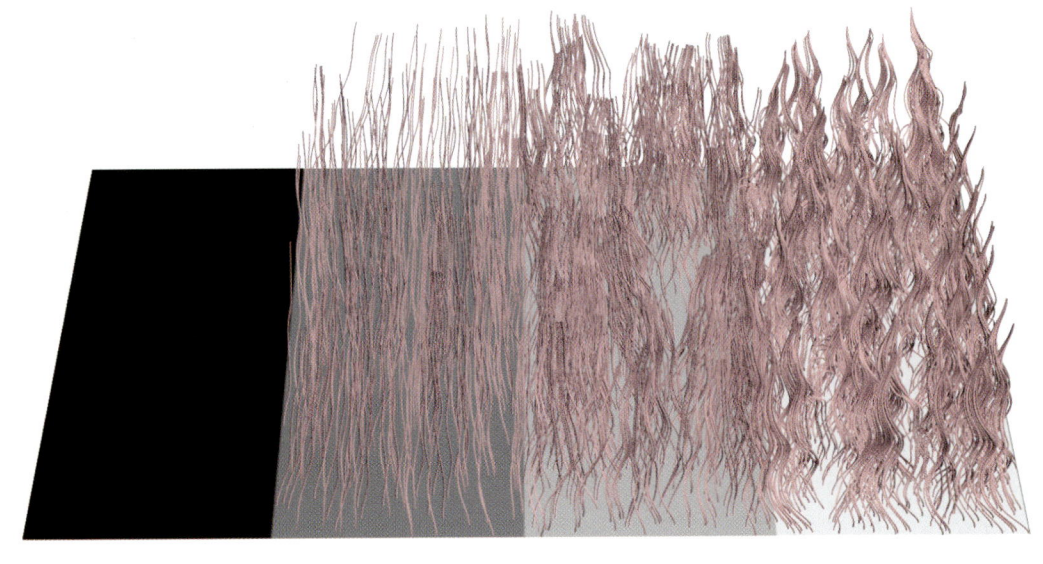

## Ox Strand Clustering

Cluster는 Hair가 기름이나 수분, 곱슬 등 여러 가지 요인에 의해서 뭉치는 현상을 표현해줍니다.

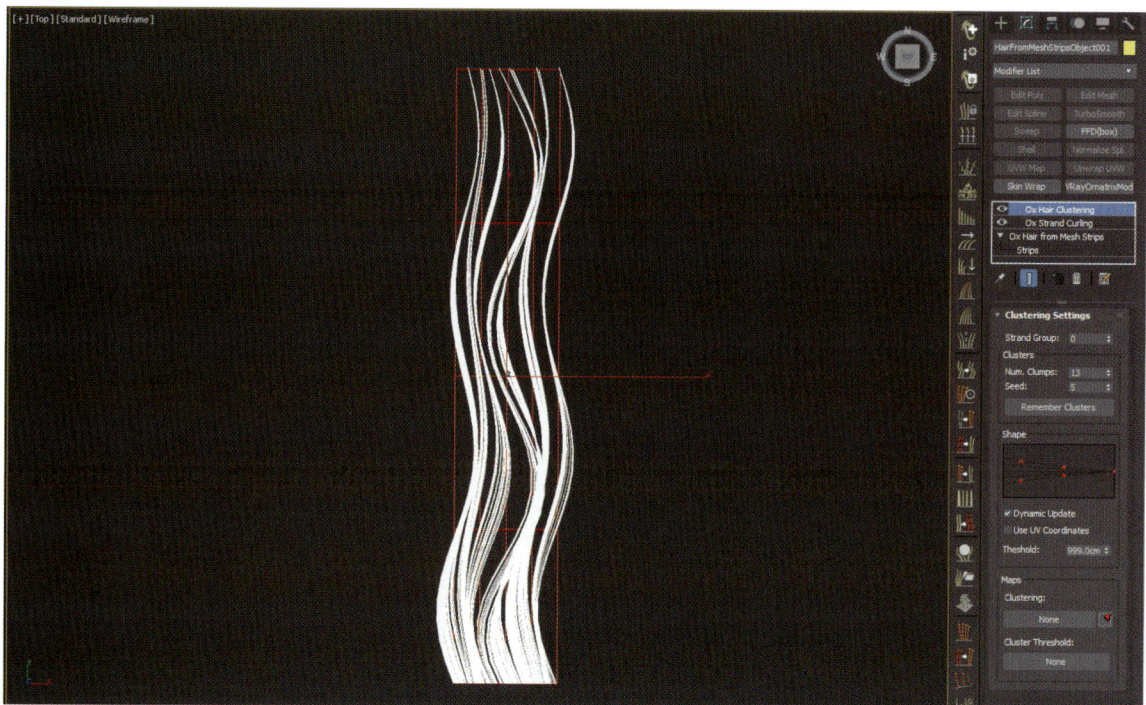

〈Ox Strand Clustering - Hair가 뭉쳐있는 모습을 볼 수 있습니다.〉

**Clusters** : Hair를 뭉쳐줍니다.

- **Num. Clumps** : Clump의 개수를 정해줍니다.
- **Seed** : Clump에 변수를 조절하여 뭉치는 모양을 조절해줍니다.

**Shape**

Clump의 뭉치는 모양을 그래프로 조절 해 줄 수 있습니다.

- **Dynamic Update** : 체크하면 Clump 속성을 바꿀 때 실시간으로 뷰포트 상에 보여줍니다.
- **Use UV Coordinates** : 체크하면 월드 공간 대신 UV 좌표 공간에서 Hair의 거리를 결정하게 됩니다.
- **Theshold** : Clump가 뭉치기 위한 거리를 조절해줍니다.

**Maps** : Clump의 속성값을 Map으로 제어합니다.

## Ox Strand Frizz

Frizz는 Curl과는 다르게 일정하지 않고 불규칙적인 웨이브를 표현합니다. 흐트러진 잔머리를 표현하기에 적합합니다.

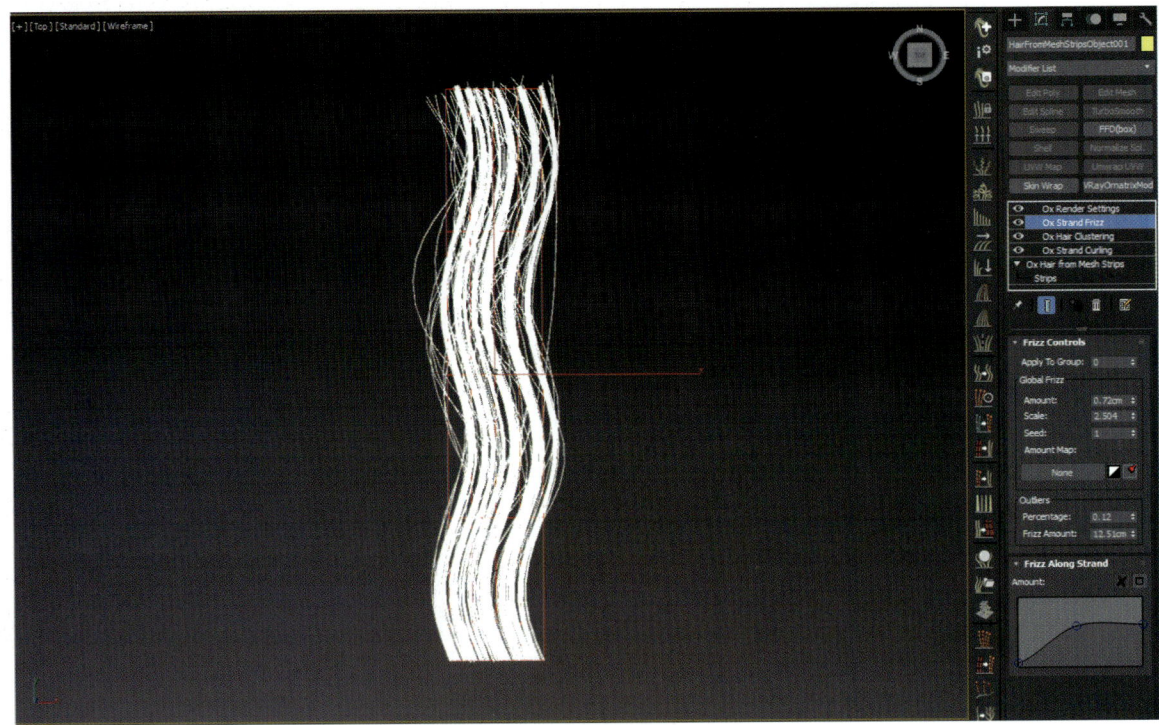

〈Ox Strand Frizz - Hair가 흐트러진 모습을 볼 수 있습니다.〉

**Global Frizz** : Frizz의 속성을 제어해줍니다.

- **Amount** : Frizz가 퍼지는 범위 값입니다.
- **Scale** : Frizz의 세기를 조절해 줍니다.
- **Seed** : Frizz에 변수를 조절하여 퍼지는 모양을 조절해 줍니다.
- **Amount Map** : Frizz의 정도를 Map으로 조절합니다.

**Outliers**

기본 Frizz에서 벗어난 다른 Frizz를 제어합니다. Frizz에 또 Frizz를 적용해줌으로써 더욱 자연스러운 흐트러짐을 표현 할 수 있습니다.

- **Percentage** : 어느 정도의 Hair를 흐트릴 것인지 %로 정할 수 있습니다.
- **Frizz Amount** : 추가로 퍼진 Frizz의 정도를 조절합니다.

**Frizz Along Strand** : Frizz의 정도를 Root부터 Tip까지 그래프로 조절할 수 있습니다.

## Ox Strand Length

Hair의 길이를 조절합니다. 자연스러운 Hair를 표현하기 위해서 Random으로 길이를 조절해 줄 수 있습니다.

〈Ox Strand Length – Hair의 길이에 Random값을 적용한 모습입니다.〉

### Length Parameters

- **Length** : Hair의 길이를 임의로 지정해줍니다. 기본값은 1.0입니다. 이것은 기준 Guide를 기반으로 하는 길이값입니다. 1.0 이상으로 올리게 되면 Guide의 정보값이 없기 때문에 직선으로 늘어납니다.
- **Min. Length** : Hair 길이의 최소값을 정해줍니다.
- **Max. Length** : Hair 길이의 최대값을 정해줍니다.
- **Randomize** : Hair의 길이값을 Random으로 지정해줍니다.
- **Seed** : Randomize로 뿌려줍니다.
- **Length Map** : Hair의 길이를 Map으로 제어합니다.

### Ox Render Setting

Hair의 굵기를 조절해줍니다.

Map을 이용하여 부분적으로 굵기를 다르게 조절해 줄 수도 있으며 그래프로 Hair의 굵기를 Root부터 Tip까지 임의로 지정해 줄 수도 있습니다.

## Ox Mesh From Strands

Guide나 Hair를 Mesh로 바꿀 수 있습니다.
Cylinder, Plane, Proxy-Mesh의 형태로 바꿀 수 있으며 Realtime 용 Hair를 제작하기 위한 필수 기능입니다.

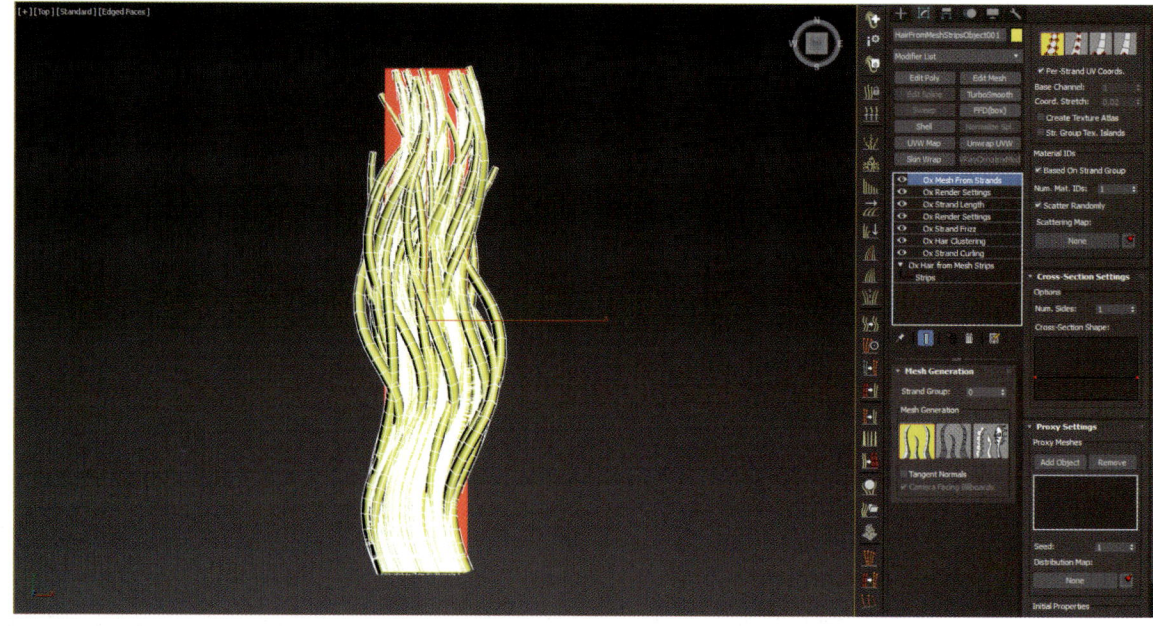

〈Ox Mesh From Strands - Hair를 Cylinder형태의 Mesh로 만들어준 모습입니다.〉

### Mesh Generation

-  **Prismatic / Cylindrical** : Guide나 Hair를 실린더 모양의 Mesh로 변환시켜 줍니다.
-  **Flat Billboards** : Guide나 Hair를 플랜 모양의 Mesh로 변환시켜 줍니다.
-  **Custom User Proxy-Mesh** : Guide나 Hair를 지정한 Proxy-Mesh로 변환시켜 줍니다.
- **Tangent Normals** : 체크하면 Mesh에서 생성된 Normal이 Object-Space Normal로 생성이 됩니다. 추후에 렌더 시 Direction map을 추출하기 위해 사용됩니다.

### Guide Mesh Mode

- **Export Guide Mesh Data** : Guide의 Root정보 값을 Mesh에 적용시켜 줍니다. Mesh로 변환된 Guide나 Hair를 다시 Guide로 만들기 위해 필요한 기능입니다. Mesh로 변환된 Strands를 Cloth Simulation하고 다시 Guide로 만드는 등의 역할을 합니다.

### Options

- **Num. Sides** : Mesh의 면에 Edge의 개수를 지정해줍니다.
- **Cross-Section Shape** : Graph를 이용하여 Mesh의 모양을 조절합니다.

**Mapping Channel Parameters** : Mesh의 UV 설정을 해줄 수 있는 부분입니다.

**Proxy Setting** : Hair 대신 사용자 임의의 Object를 사용할 수 있습니다. 나무나 돌, 잔디처럼 넓게 뿌려야 하는 Object에 좋습니다.

# 2. Hair Texture 만들기

지금까지 알아본 기능들을 이용하여 Realtime 용 Hair를 위한 Texture map을 만들어 보겠습니다.

Ox Hair Strip과 Ox Stack들을 이용하여 아래 그림과 같은 Hair를 제작했습니다. Stack의 순서는 우측 그림을 참고합니다.

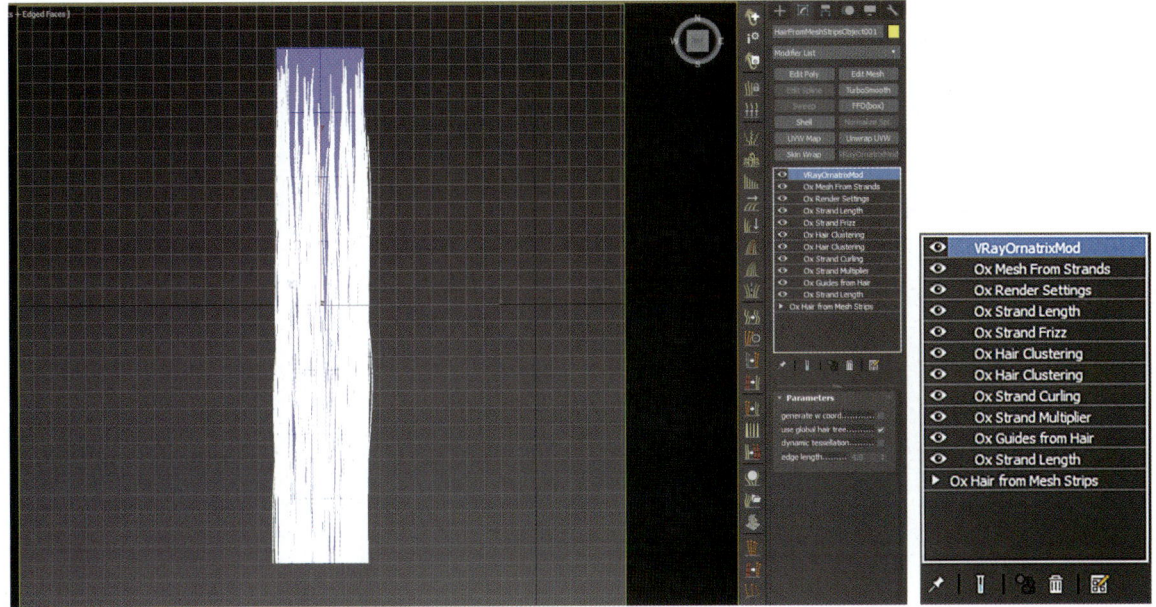

각각 다른 크기의 Plane에 조금씩 수정한 Ox Hair Strip을 제작했습니다.

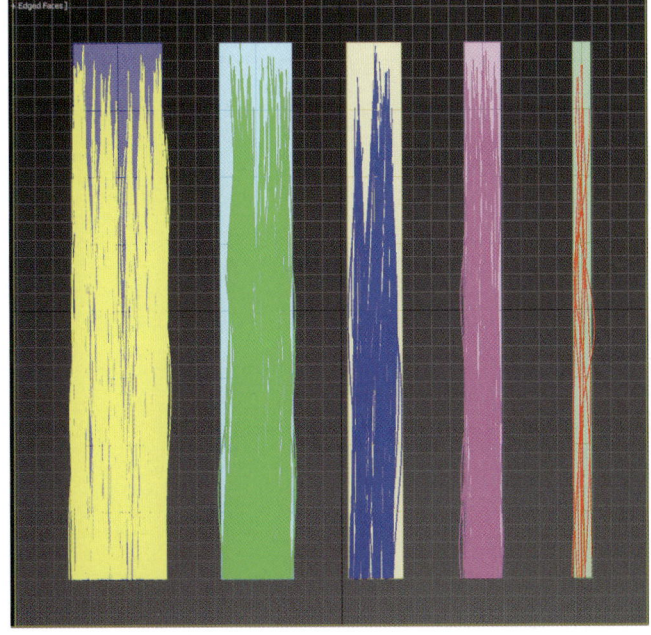

## 1. VRay를 이용한 Hair Shading 세팅

이번 Texture map을 만들기 위해서 VRay를 사용했습니다.
사용된 Node는 Falloff, Ox Hair, VrayHairInfo, VrayHairMtl 입니다.

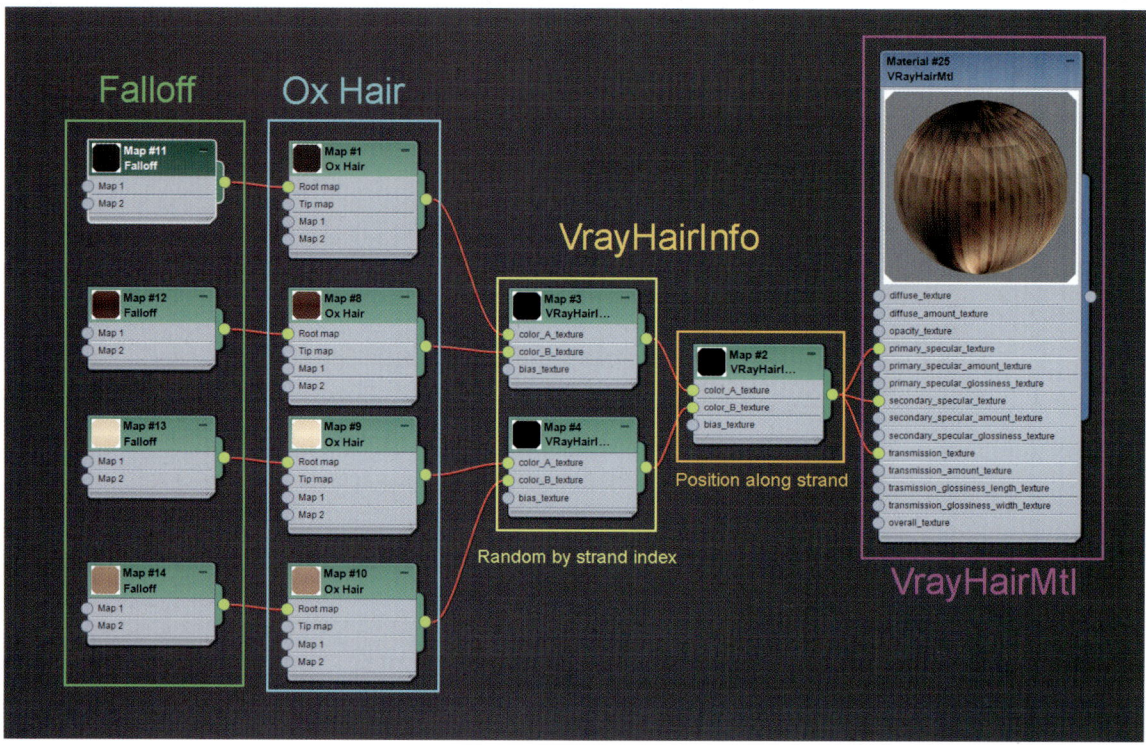

**1 Falloff** : Falloff map은 Geometry 표면의 각도를 기준으로 지정된 색을 부여해줍니다. 그래서 더욱 풍부한 색감을 표현해줄 수 있습니다. 색상을 지정해주는 용도로 사용합니다.

**2 Ox Hair** : Ox Hair Texture는 Hair의 Root와 Tip의 색을 지정해줄 수 있습니다. 뿐만 아니라 Hair의 색을 Hue와 Value를 조절하여 다양하게 바꿔줄 수 있습니다.

❸ **VrayHairInfo** : VrayHairInfo를 사용하면 Hair에 따라 다양한 속성을 변경 할 수 있습니다.

⟨Random by strand index⟩

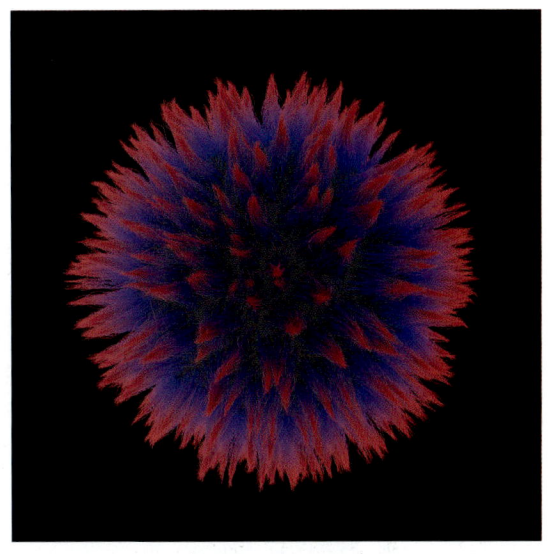

⟨Position along strand⟩

- **Random by strand index** : Hair의 색 A와 B를 적절하게 섞어 줍니다.

- **Position along strand** : Hair의 Root와 Tip의 색을 지정해줍니다. A가 Root, B가 Tip의 색입니다.

❹ **VrayHairMtl** : Vray에서 Hair를 렌더하기 위해 만들어진 Material 입니다. 위에서 설명한 Node들의 종착점이며 그 종착점은 3가지 입니다.

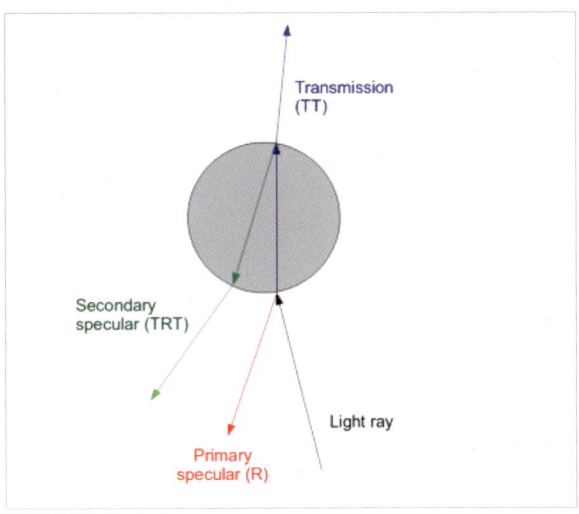

- **Primary Specular** : Hair의 외부 표면에 직접적으로 반사되는 빛을 나타냅니다.
- **Secondary Specular** : Hair를 통과하여 뒷면에서 반사되는 빛을 나타냅니다.
- **Transmission** : Hair를 통과하는 빛을 나타냅니다.

Hair의 diffuse는 기본값 Black으로 적용하고 위에 언급한 3가지 빛의 반사값으로 색을 표현해주는 편이 좋습니다.

## 2. 렌더(Render)

앞서 만든 Ox Hair Strip을 VRay로 렌더한 Map 입니다.
Diffuse와 Alpha Map은 Ox Mesh From Strands를 해제하고 VrayOrnatrixMod Stack을 추가해서 렌더했습니다.

Normal과 Direction Map은 Ox Mesh From Strands를 적용시키고 렌더했습니다. Tangent Normal를 해제시키면 Tangent-Space Normal Map이 나오고 Tangent Normal을 체크하고 렌더하면 Direction Map처럼 Object-Space Normal이 나옵니다. Direction Map은 Anisotropy direction에 쓰이게 됩니다.

Diffuse　　　　　　　　　　　　　　　　　　　Alpha

Normal　　　　　　　　　　　　　　　　　　　Direction

# 02 Ornatrix로 헤어 플랜 만들기

## 1. Scalp 분리 및 초반 세팅

모델링에 Ornatrix로 Hair를 제작하려면 우선 Hair가 생성될 부분을 분리 시킬 필요가 있습니다.
분리된 부분을 Scalp(두피)라고 칭합니다. Hair가 생성될 부분보다 조금 더 여유롭게 선택하고 분리해주면 좋습니다.

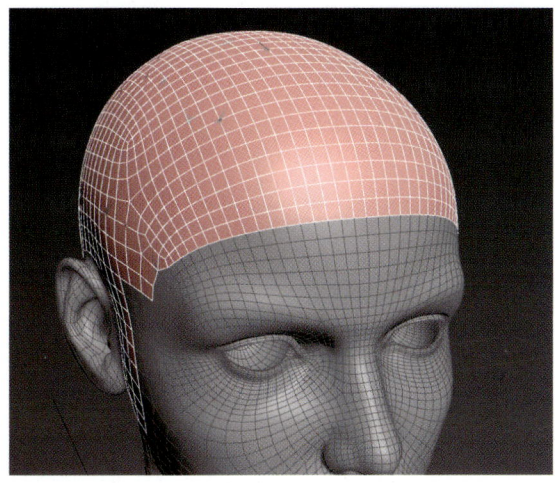

## 2. 가이드 생성과 브러싱

생성된 Scalp를 선택하고 Ornatrix Tool Bar의 최상단의 Quick Hair를 클릭하면 그림과 같은 창이 나옵니다. 기본적으로 Feathers와 Fur Ball이 제공됩니다. 이 중 Fur Ball을 선택하고 Create를 클릭해줍니다.

추후에 미리 세팅해둔 Ornatrix의 Stack들을 이용하여 Groom 파일로 저장 할 수 있습니다. 저장된 Groom은 Quick Hair에서 선택 할 수 있으며 Preset을 만들어 둘 수 있는 편리를 제공합니다.

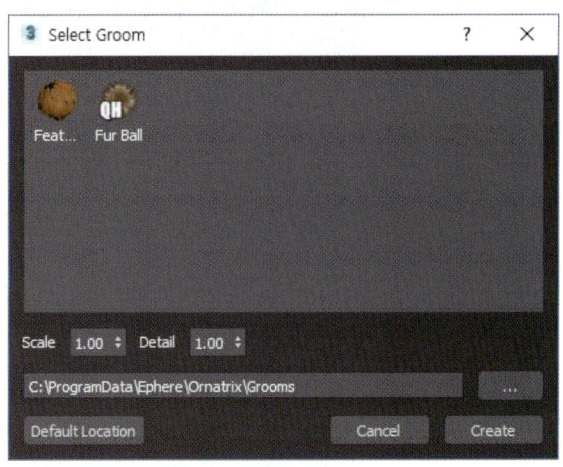

Fur Ball로 생성된 최초의 Ornatrix의 모습입니다.

기본적으로 OX Guides from Surface, Ox Edit Guides, Ox Hair From Guides, Ox Render Setting이라는 Stack이 생성됩니다.

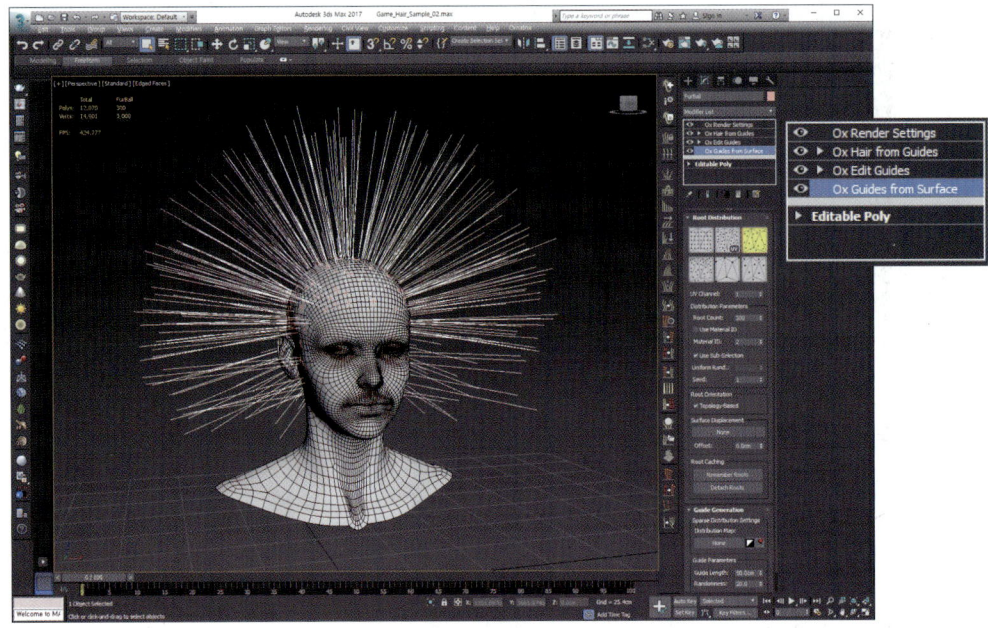

〈OX Guides from Surface〉

## 1. OX Guides from Surface

Hair의 가장 기본이 되는 Guide를 생성해주고 조절해주는 Stack 입니다. 이곳에서 Guide가 생성되는 방식, 개수, 길이, Vertex의 개수 등을 조절 할 수 있습니다.

초반의 Guide는 적은 개수로 시작해서 점점 늘려가는 방식으로 모양을 만들어 나가는 것이 좋습니다.

아래 그림처럼 Root Count의 값을 1로 하여 1개의 가이드로 시작하고 추후에 Edit Guide에서 원하는 부분에 심어주는 것이 편합니다.

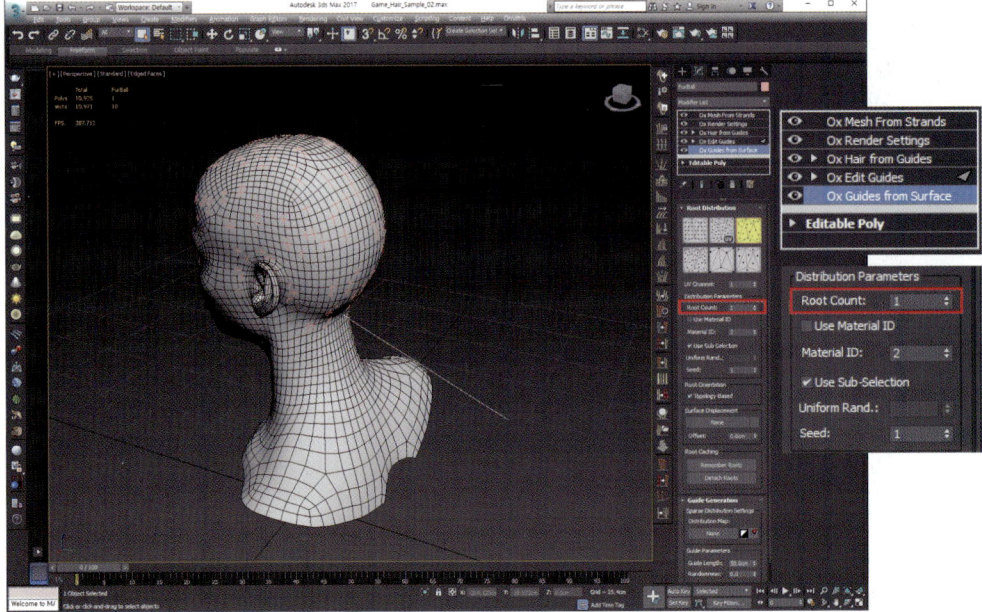

## 2. Edit guides

생성된 Guide들을 세세하게 조절할 수 있게 해주는 Stack 입니다.

하나의 Guide로 시작했기 때문에 Scalp는 공백 상태입니다. Edit guide roots를 선택하면 Root Management에서 Plant를 이용하여 원하는 부분에 Guide를 심어줄 수 있습니다.

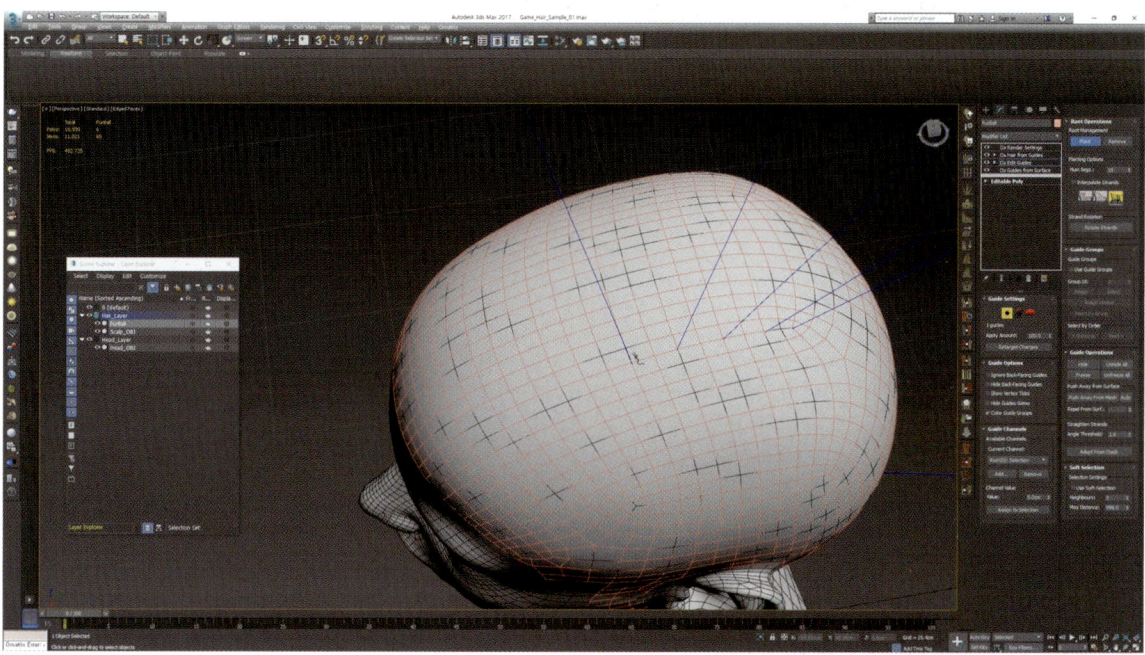

### Guide Settings

1 **Edit guide roots** : Guide 선택, 이동, 심기 등 기본적인 Guide root에 관련된 수정이 가능합니다.

2 **Edit guides using control points** : Guide의 Tip 부분을 선택하여 드래그하여 모양을 바꿀 수 있습니다. Use Strand IK를 이용하면 움직임을 IK방식으로 제어 할 수 있습니다. 그 외에 Braid같은 땋은 머리를 생성시킬 수도 있습니다.

3 **Brush guides** : Ornatrix의 편리한 Brush 기능들이 있는 곳입니다.

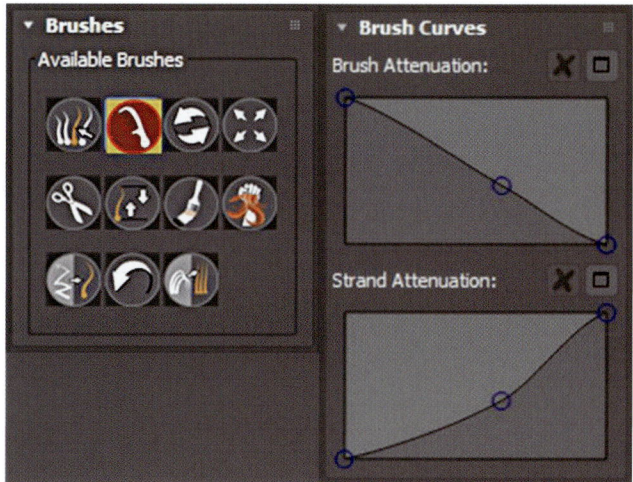

〈다양한 Brush들과 그래프〉

Ornatrix의 Brush들은 Guide의 모양을 만들어주기에 직관적이고 편리한 기능들을 제공해줍니다.
Select, Comb, Cut, Length, Smooth 등 상황에 맞게 골라서 사용하면 됩니다.

| | | |
|---|---|---|
| | **SelectBrush** : 가이드를 선택 할 수 있는 브러시입니다. | |
| | **CombBrush** : 가장 많이 쓰이게 될 가이드를 빗질하기 위한 브러시입니다. | |
| | **RotateBrush** : 브러시를 중심으로 가이드를 회전 시킬 수 있는 브러시입니다. | |
| | **ScaleBrush** : 브러시를 중심으로 가이드들의 간극을 조절해줄 수 있는 브러시입니다. | |
| | **CutBrush** : 가이드의 원하는 부분을 브러시로 정확히 자를 수 있는 브러시입니다. | |
| | **LengthBrush** : 가이드의 길이를 조절 해주는 브러시입니다. | |
| | **PaintBrush** : 가이드의 채널을 페인트로 지정하고 해제 시켜주는 브러시입니다. | |
| | **GrabBrush** : 선택된 부분이 손으로 잡은 것처럼 고정되어 따라오는 브러시입니다. | |
| | **SmoothBrush** : 가이드의 곡률을 부드럽게 해주는 브러시입니다. | |
| | **RevertBrush** : 다른 브러시로 수정된 가이드를 전의 모습으로 돌려주는 브러시입니다. | |
| | **PullBrush** : 면의 수직방향으로 곧게 가이드를 돌려주는 브러시 입니다. | |

Graph는 Brush와 Strand를 부분적인 힘에 대한 조절을 가능하게 해줍니다.
**Brush Attenuation** : 좌측이 Brush의 중심부, 우측이 Brush의 가장자리의 힘의 정도입니다.
**Strand Attenuation** : 좌측은 Guide의 Root, 우측은 Tip 부분입니다. 그래프가 높을수록 Brush에 반응하는 힘의 정도가 강해집니다.

## 3. Surface comb

Ornatrix의 강점으로 뽑히는 기능입니다. Suface를 따라 흐르는 화살표를 만들어서 초반 Guide 방향을 잡아주기에 아주 좋은 기능이며 작업시간을 매우 단축시켜 줍니다.

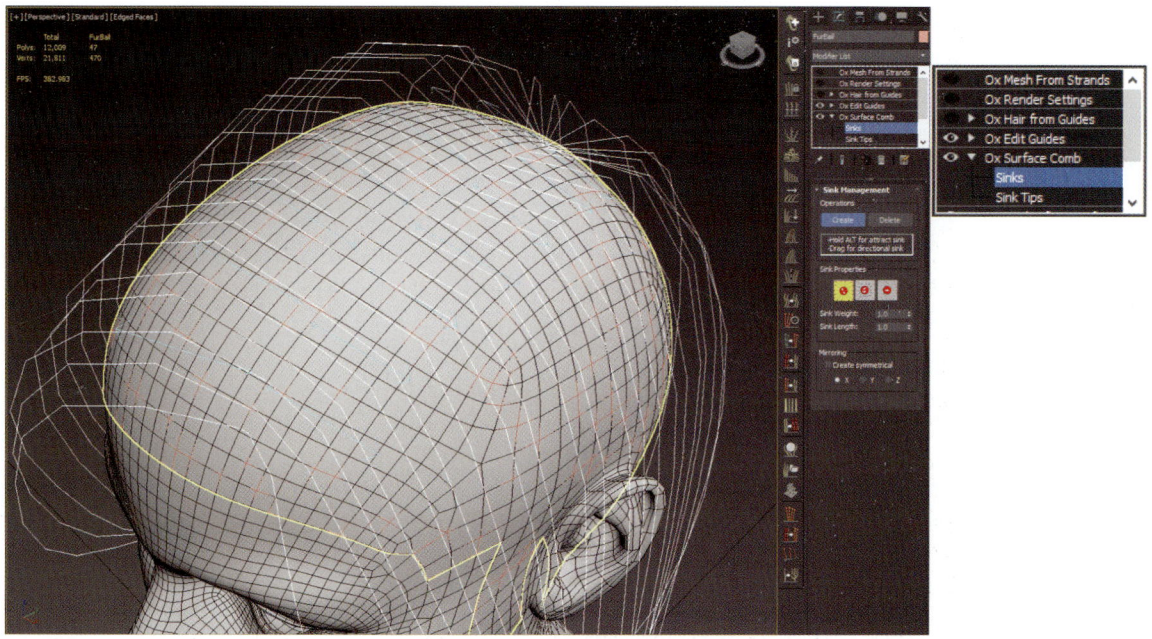

〈Surface comb에서 화살표를 그려서 Hair의 방향을 정해줍니다.〉

Modifier 창에서 Surface comb Stack을 확장하면 Sinks와 Sink Tips 메뉴가 나옵니다. Sinks 탭에서 화살표를 만들어 줄 수 있고 만들어진 화살표의 Root를 이동시킬 수 있습니다. Sink Tips에선 화살표의 Tip 부분의 방향을 Position을 통해서 바꿔 줄 수 있습니다.

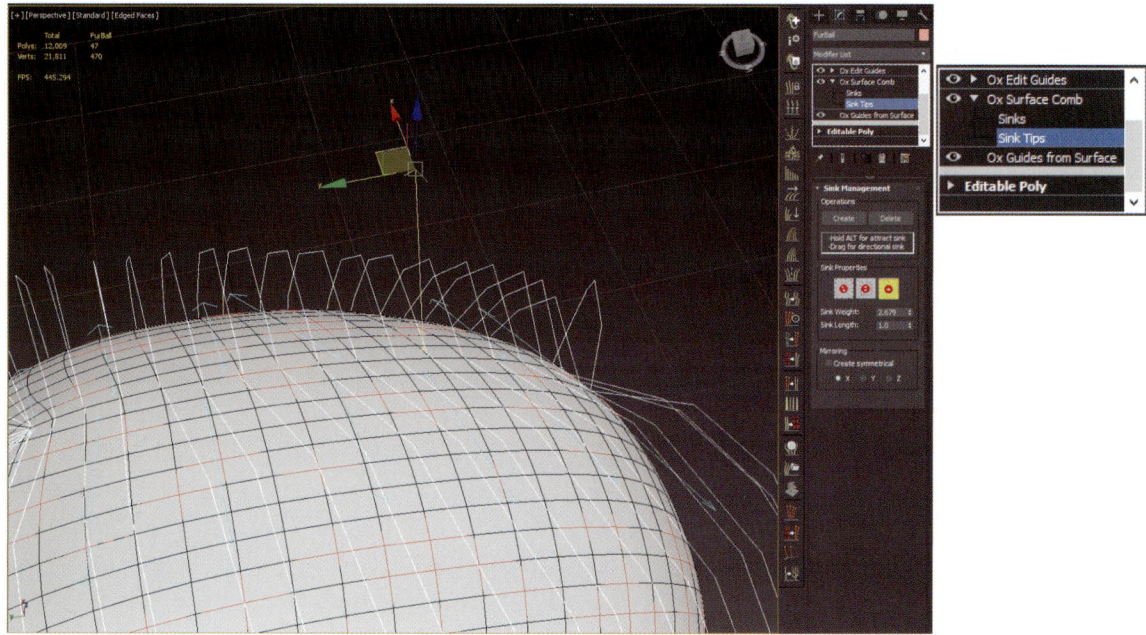

〈Sink Tips 창에선 화살표의 끝부분을 조절 할 수 있습니다.〉

## 4. Ox Strand Detail

Ox Guides from Surface에서 Num Points의 개수를 적게 설정했다면 가이드는 굴곡이 심할수록 각이 질 것입니다. 이렇게 각이지는 Guide의 Guide Points의 개수를 조절해 줄 수 있는 것이 Ox Strand Detail 입니다.

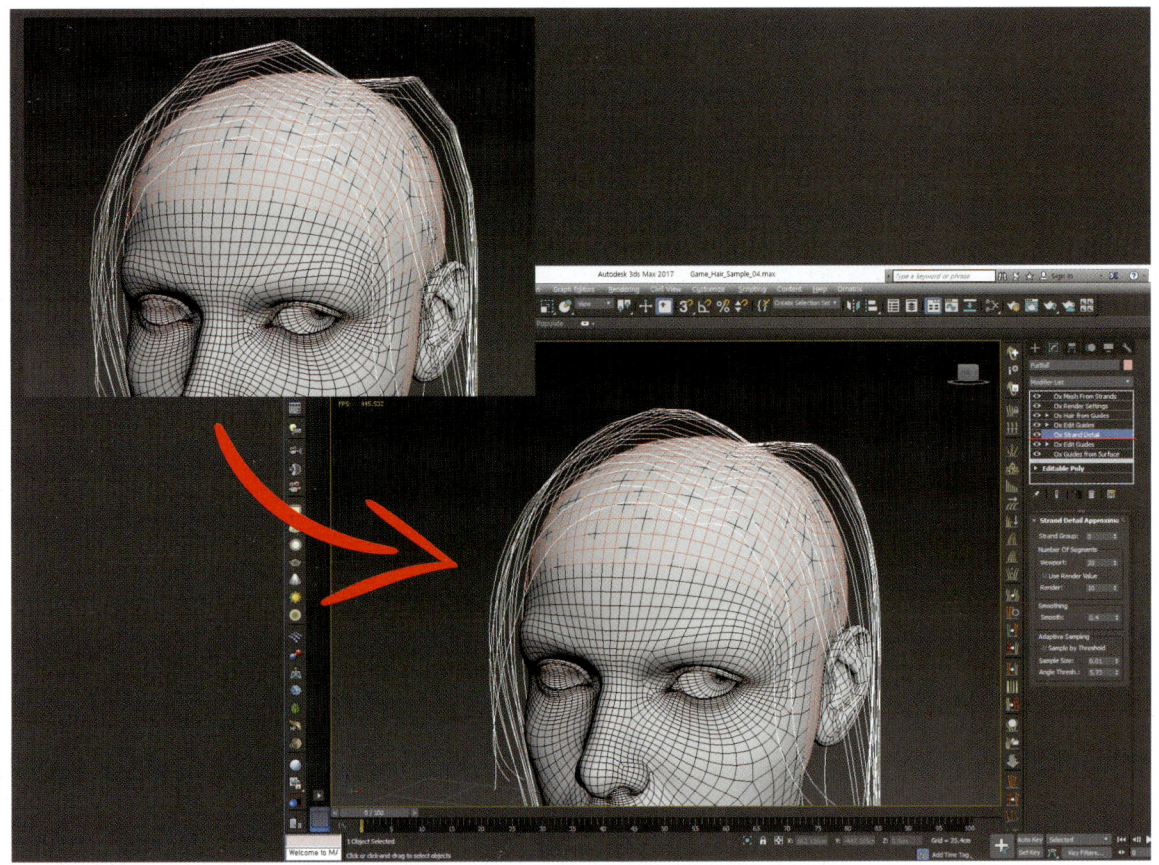

〈초기에 10개였던 Point를 Ox Strand Detail에서 20개로 수정한 모습.〉

### Number of Segments
**1 Viewport** : Viewport 상에서 보여주는 Point 개수입니다.
**2 Render** : 실질적 Render 될 시에 보여줄 Point 개수입니다. Use Render Value를 체크하면 활성화됩니다.

### Smoothing
**1 Smooth** : Smooth가 적용되기 전의 모습과의 적용 값입니다.

### Adaptive Sampling
켜져 있다면 가이드의 곡선이 고르지 않고 Point가 무조건 균일하게 구부러져 있는 정도에 따라 샘플링됩니다.
**1 Sample Size** : 커브를 새로 샘플링 할 때 각 샘플의 사이 값을 지정해줍니다. 값이 작을수록 더 부드럽지만 속도는 느려집니다.
**2 Angle Threshold** : 새로운 샘플이 생성할 곡선상의 포인트 사이의 최소각도를 지정해줍니다.

## 5. Mesh from strands

Ornatrix는 Guide와 Hair 모두 Mesh로 변환 시킬 수 있습니다.

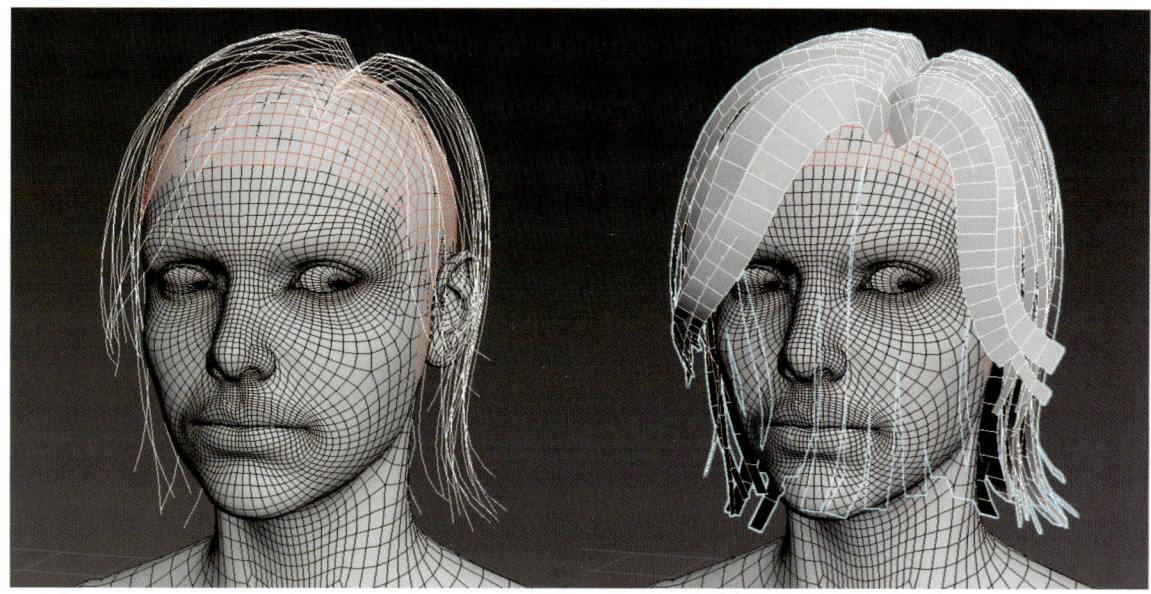

〈Brush로 모양을 만든 Guide를 Mesh로 변환시킨 모습〉

### 가이드를 메쉬로 전환하기

만들어진 Guide나 Hair에 Ox Mesh from strands를 추가하면 자동으로 Mesh 상태로 변환됩니다.

다만 Mesh의 넓이는 Ox Render Setting의 수치와 그래프를 따라가기 때문에 Stack을 상위에 추가해줘야 합니다.

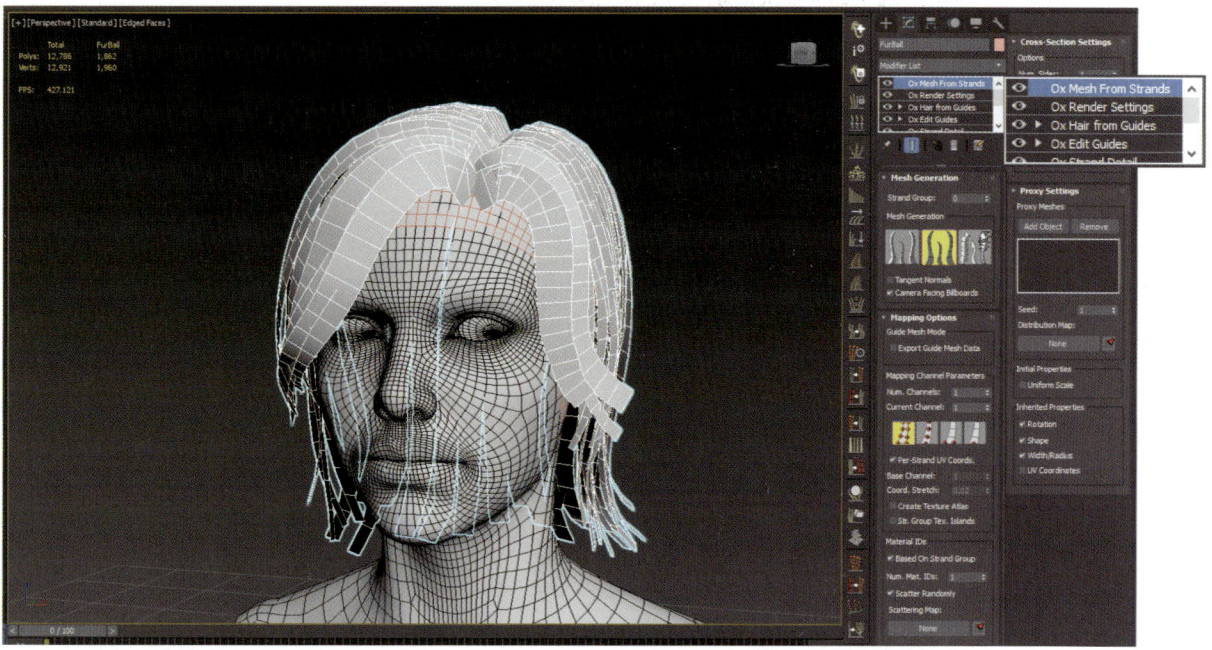

- [Ornatrix와 VRay로 헤어 텍스쳐 만들기]와 [Ox Mesh From Strands] 편을 참조하세요.

### 플랜을 원하는 방향으로 회전시키기

Mesh로 변환된 Hair는 생성된 Scalp의 위치에 따라 회전값이 정해집니다. 따라서 원하는 모양을 만들기 위해서는 Mesh의 회전값을 조절할 수 있어야 합니다.

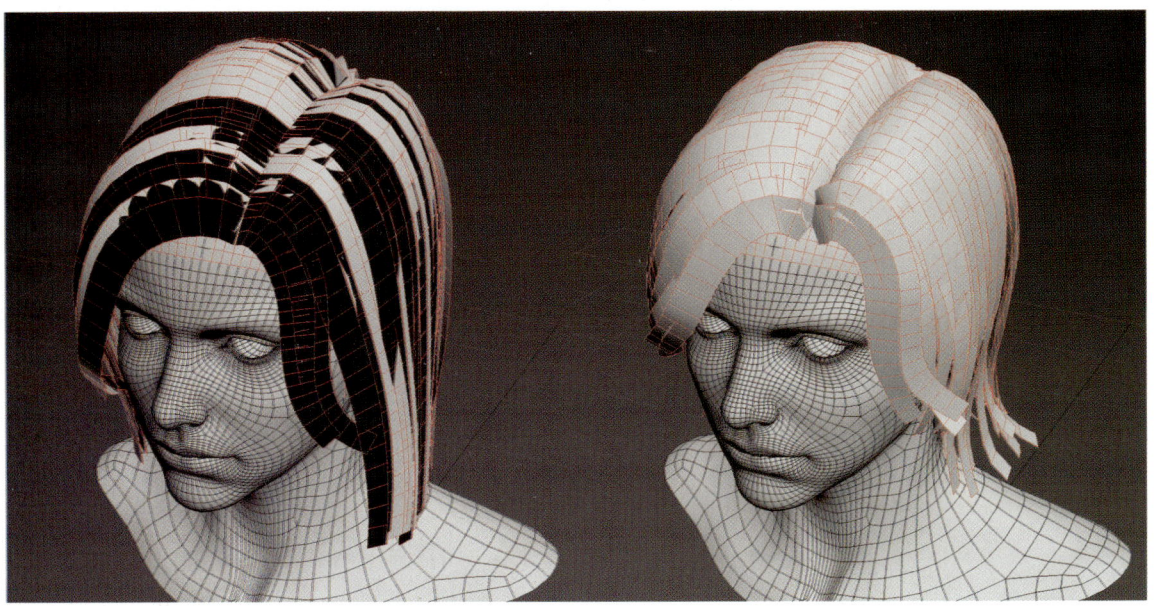

아래 그림처럼 Edit guides에서 Edit guide roots를 선택하면 Strand Rotation에 Rotate Strands를 클릭하게 되면 선택한 가이드를 회전시킬 수 있습니다. 원하는 Guide를 선택하고 Rotate Strands를 클릭한 후 Scalp 위로 마우스 커서를 두고 좌클릭으로 드래그하면 회전하는 모습을 볼 수 있습니다.

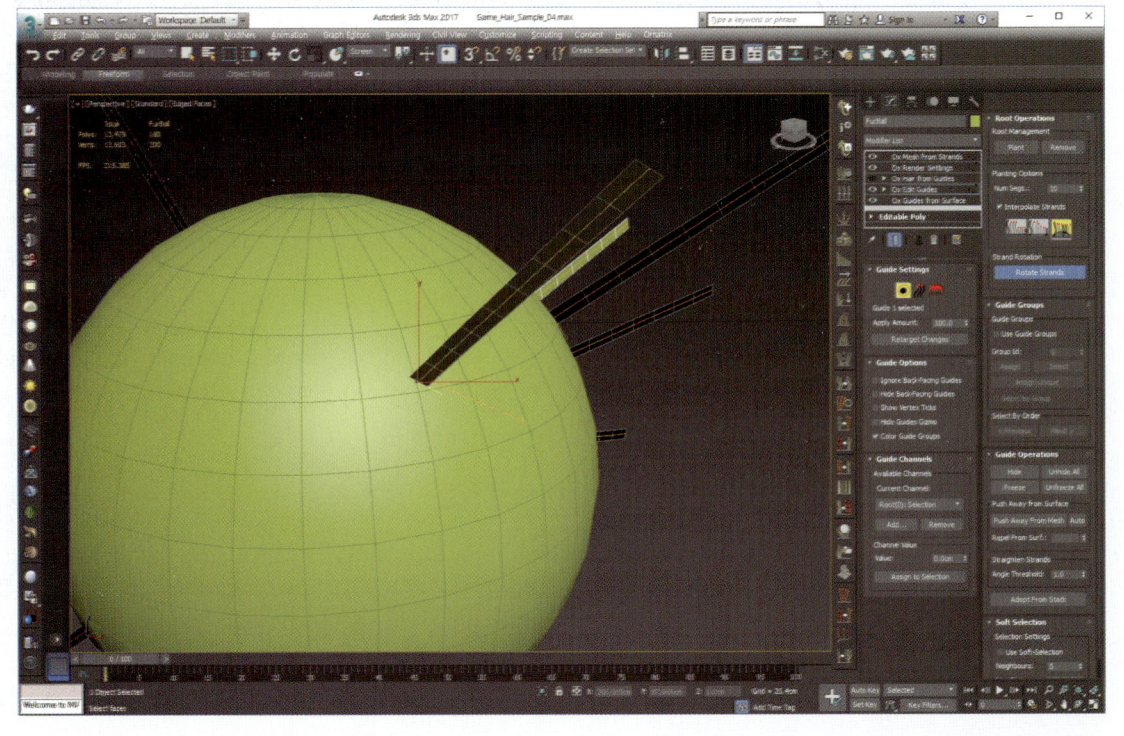

> ### 기본 작업 순서
>
> Scalp 분리 → Guide 생성 → Guide를 원하는 부분에 추가하며 Brush로 모양 잡기 → Mesh로 변환 → Mesh를 원하는 방향으로 회전 → UV 작업

위에 설명한 기능들로 만들어진 5가지 Plane Hair 입니다.
Ornatrix는 직접 보면서 직관적인 수정이 가능하고 Procedural 방식이기 때문에 전의 과정을 마음대로 바꾸며 모양을 잡아 나갈 수 있습니다. 완벽한 Plane Hair의 모양을 만들기엔 모자란 부분이 많지만, 초반의 Plane의 모양을 생성하기엔 엄청난 작업 속도를 낼 수 있습니다.

〈위의 기능들을 이용하여 만든 5가지 Mesh Hair〉

### UV 펴기

Ox mesh from strands에서 Mapping Channel Parameters 창을 보면 기본적으로 Per-Strand UV Coords가 체크되어 있습니다. Unwrap UVW를 추가하고 Reset UVWs를 한번 클릭해주면 Edit UVWs 창에 하나의 UV로 겹쳐서 나옵니다. 하나의 Ornatrix를 제작하고 Mesh로 변환한 뒤 모든 Mesh의 UV가 겹쳐서 나오기 때문에 만들어진 Map에 한 번에 적용하기 쉽습니다.

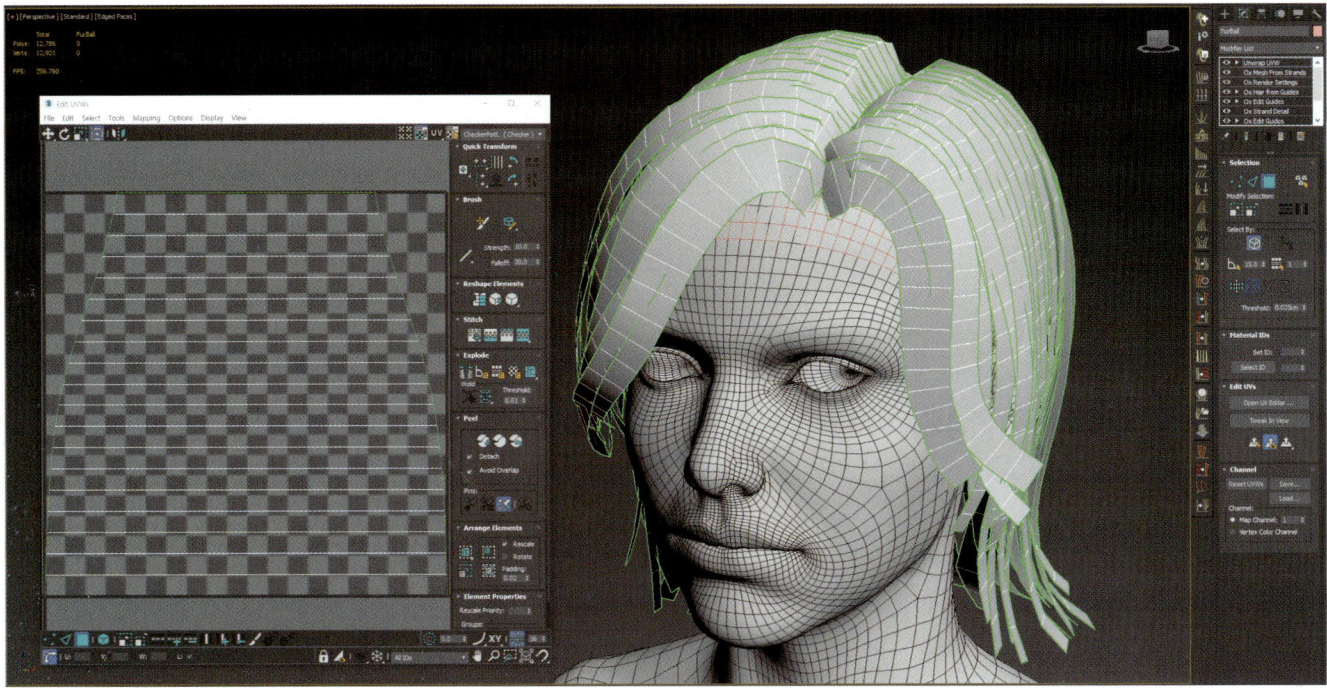

Ornatrix를 이용하여 서로 다르게 제작된 Mesh의 UV입니다.

각 Mesh는 한 덩어리임에도 불구하고 모양이 다르지만 UV를 한 번에 통제 할 수 있습니다. 5가지의 다른 Hair Texture를 하나의 Map으로 제작하고 각 Mesh의 UV를 원하는 곳에 배치시키면 아래와 같은 정돈된 모습의 UV를 볼 수 있습니다.

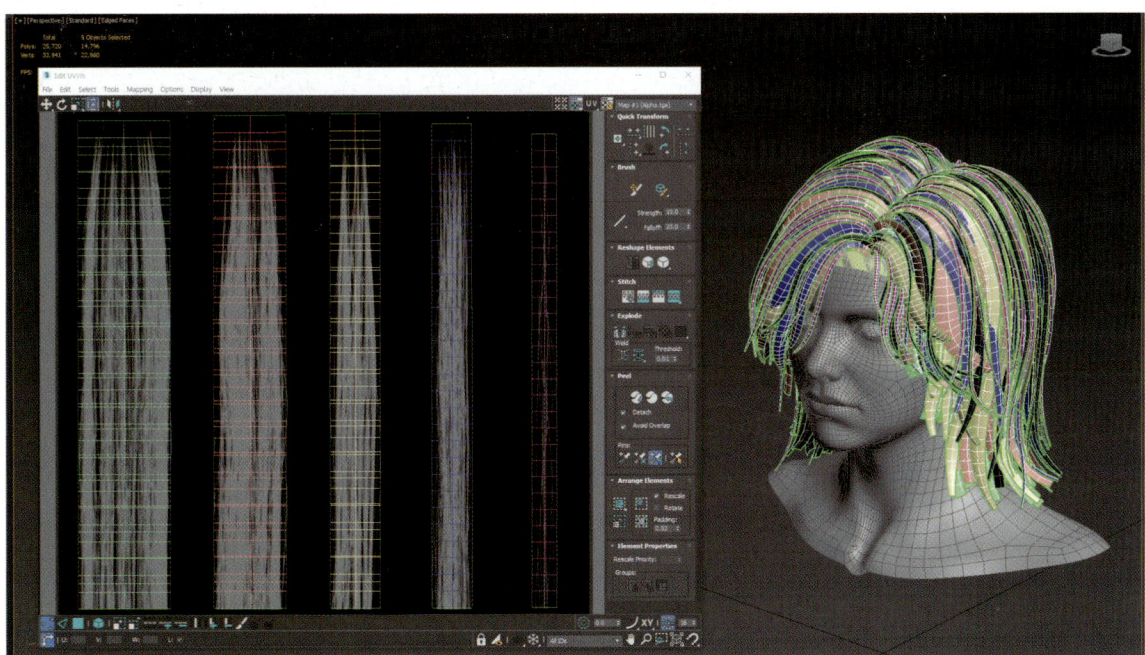

〈Ornatrix로 제작한 5가지 Mesh의 UV〉

# 03 Marmoset에서 리얼타임으로 확인하기

## 1. 마모셋 메터리얼에 맵 적용하기

3ds Max에서 제작된 Plane Hair와 Map들을 Marmoset으로 가져와서 Realtime render에 적용해보겠습니다.

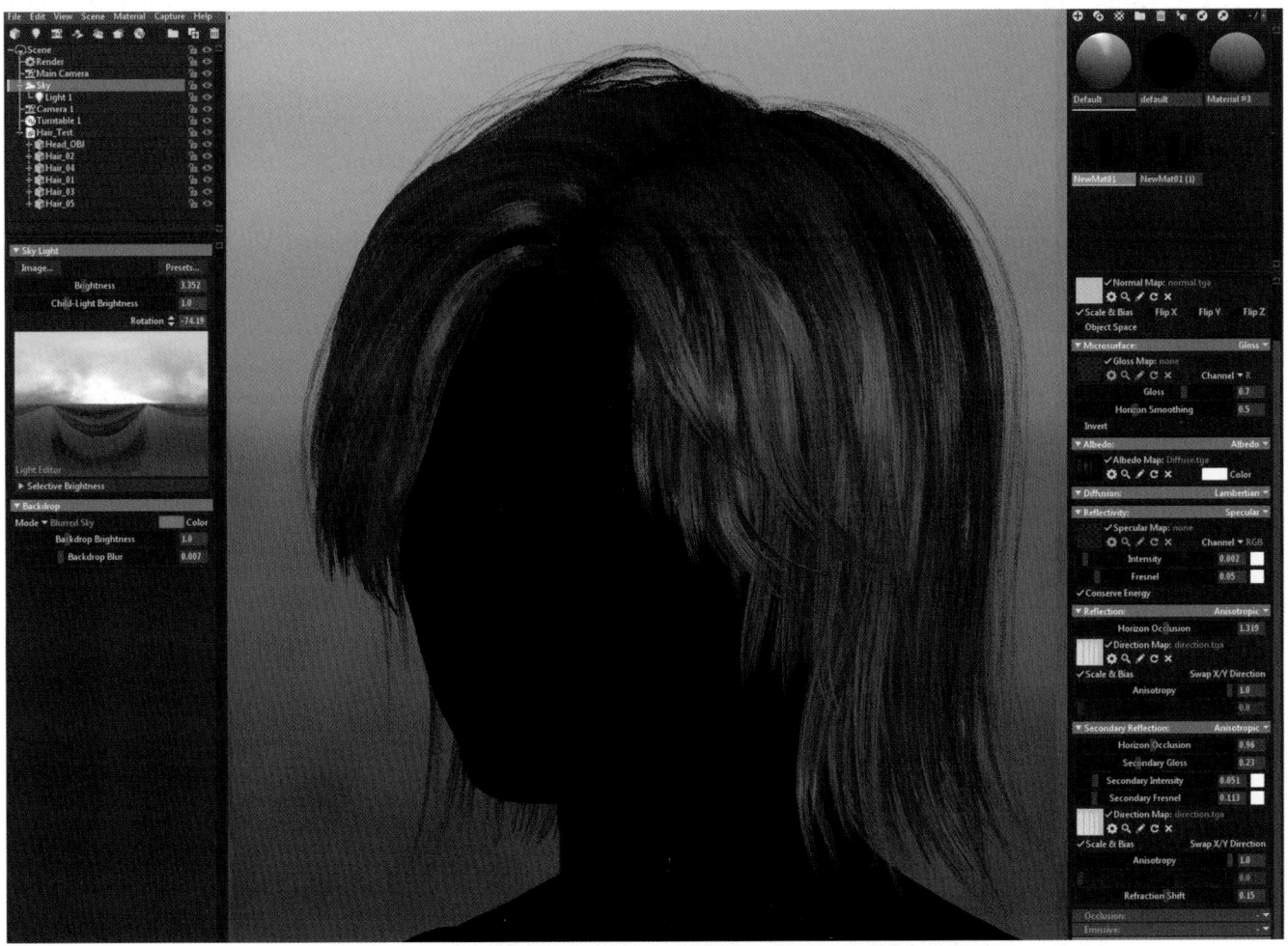

〈3ds Max에서 제작한 Plane Hair를 Marmoset에서 Realtime Render한 모습〉

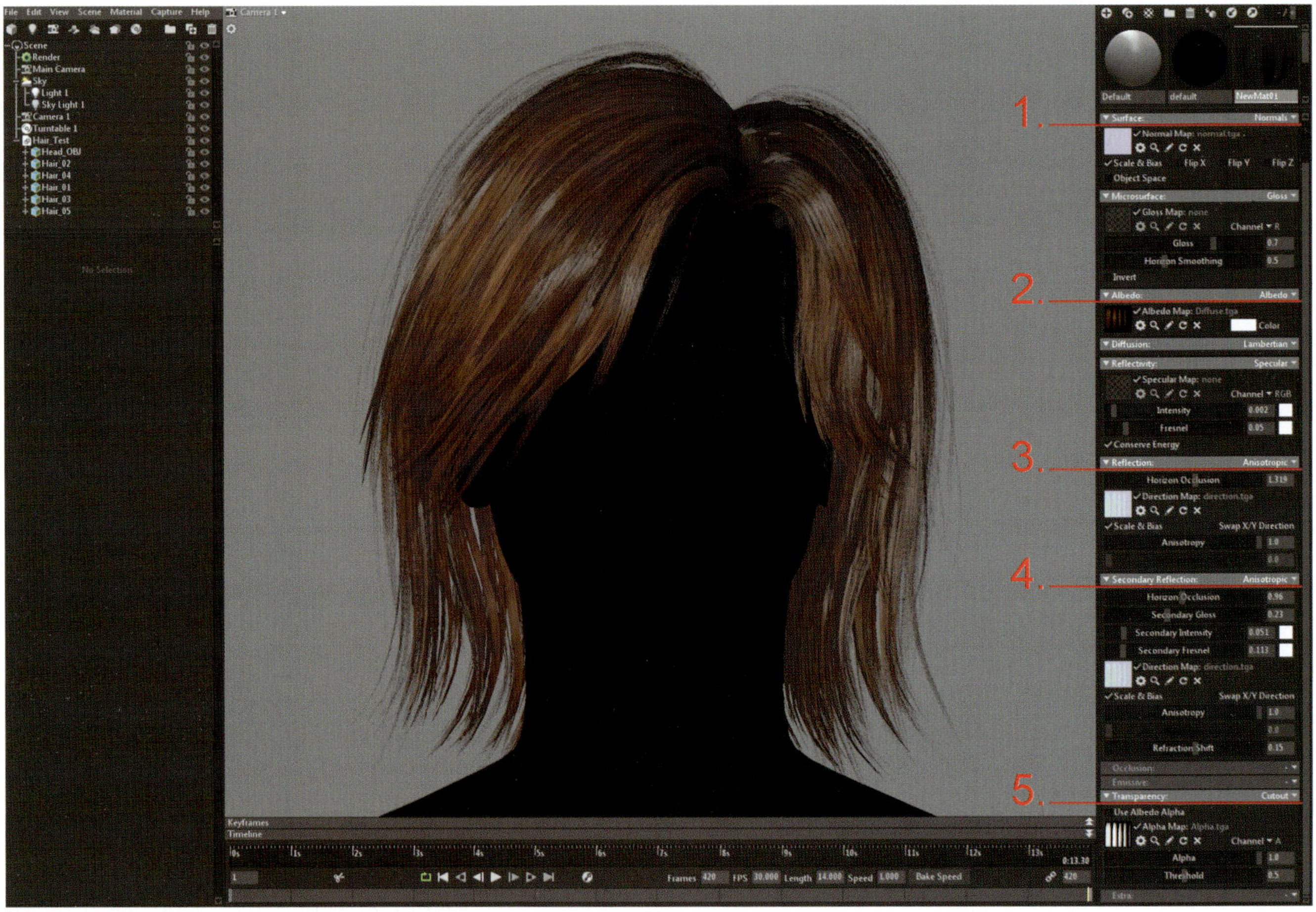

**1 Surface** – Normal Map
**2 Albedo** – Diffuse Map
**3 Reflection** – Direction Map
**4 Secondary Refelection** – Direction Map
**5 Transparency** – Alpha Map

위 그림처럼 해당 탭에 관련 Map들을 적용시켰습니다. **3. Reflection**에서는 기본 Blinn-Phong 속성을 Anisotropic으로 바꿔야 Direction Map이 적용됩니다.

위와 같은 Material을 하나 복사해서 **5. Transparency**의 속성을 바꿔줬습니다.

**Cutout** : 기본 Alpha 유형입니다. Alpha가 정확히 끊어지게 나옵니다.
**Dither** : Hair 같은 것들에 좋은 Alpha 형식입니다. Noise가 많이 생기지만 Cutout 보다 부드럽게 렌더링 됩니다.

아래 그림처럼 Material을 구분해서, 기본으로 아래 깔리는 머리에는 Cutout 방식으로 빈틈이 없게 표현해주고, 위의 잔머리들은 Dither 방식으로 부드럽게 표현해줬습니다.

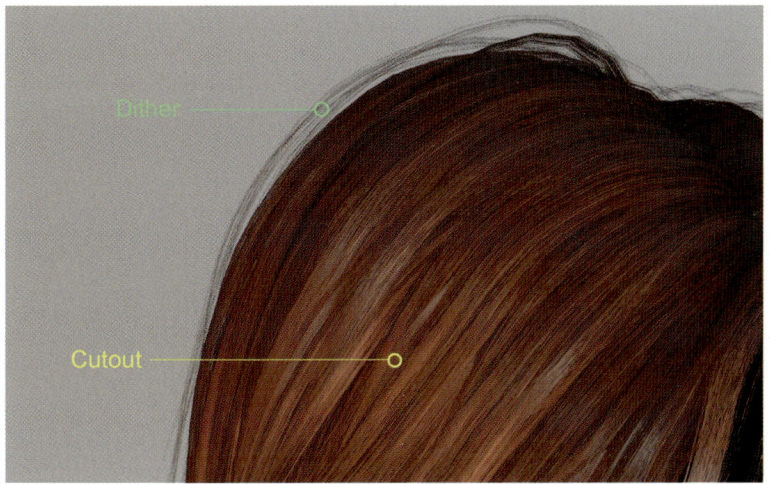

완성된 메쉬와 Hair 입니다. 예제데이터 폴더를 보시면 완성된 결과를 영상으로 보실 수 있습니다.

〈만들어진 Hair의 Wireframe〉

> 예제데이터 > 송윤종 폴더를 보면 완성된 영상을 보실 수 있습니다.

간단한 샘플을 이용하여 제작과정보다는 Plane Hair를 만들기 위한 Ornatrix의 기능을 설명하는 데 중점을 두었습니다. 실질적인 작업 과정을 표현하기엔 많이 부족하지만, 최대한 기능적인 설명을 매뉴얼화 시켰기 때문에 처음 해보시는 분들도 참고가 많이 되리라 생각합니다. 감사합니다.

## 표지제작기 | **터치걸**

글_ 김형일 | 〈자이언트스텝〉 GXLab 아티스트 | rumiga0@naver.com

영상 회사를 다니다가 웹젠에서 [썬 온라인]을 시작으로 게임업계에 입문했다. 10년 넘게 캐릭터 모델러로 활동해 왔으며 최근 유니티 기반의 '터치걸' 프로젝트의 프로토타입을 만들었다. 현재는 〈자이언트스텝〉에서 아티스트로 활동하고 있다.

표지 이미지는 현재 개발 중인 가칭 '터치걸' 프로젝트의 메인 캐릭터입니다. 해당 프로젝트는 가상의 이성 캐릭터와 터치를 통한 다양한 인터랙티브를 구현하여 유저에게 즐거움을 주는 것을 목표로 하고 있습니다. 유니티 엔진으로 제작하고 있으며 모바일용 감성 힐링 게임이라 할 수 있습니다. 시간과 장소에 구애받지 않고 일상을 함께 하는 컨셉이기 때문에 모바일을 선택했고, 모바일의 한계를 뛰어넘는 매력적인 캐릭터를 구현해서 좀 더 높은 몰입감을 전해주는 것이 목표입니다.

## 제작 의도

우연히 일본에서 제작한 게이트박스라는 홀로그램 제품 영상을 보고 영감을 얻게 되었습니다.
홀로그램으로 만들어진 캐릭터가 개인비서 역할을 하는 제품인데 그 당시에 인공지능과 홀로그램의 조합으로 가상의 캐릭터가 구현된 것을 보고 한발 앞서간 제품이라 생각했습니다. 하지만 캐릭터 자체가 일본식 미소녀 캐릭터라 피규어 같은 느낌이 들었고 카툰풍의 캐릭터보다는 좀 더 리얼한 캐릭터를 만들고 싶었습니다. VR도 염두에 두긴 했지만 우선은 터치를 통해 다양한 인터랙티브 구현해서 일상 속의 소소한 즐거움을 전해보려고 했습니다.

## 컨셉

개인적으로 PS4 '서머레슨'에 등장하는 미야모토 히카리 같은 귀엽고 순수한 이미지를 가진 캐릭터를 선호하는 편입니다. 서구적인 8등신 엘프 캐릭터는 너무 식상했기 때문에 좀 더 동양적이고 주머니 속에 넣고 다니고 싶을 정도로 사랑스런 느낌의 캐릭터를 제작해 보려 했습니다. '서머레슨' 캐릭터가 일본적인 느낌이라면 터치걸은 한국적인 캐릭터로 제작하고 싶었기 때문에 주로 국내 연예인들 사진을 참고하며 컨셉을 잡았습니다.

## 모델링

예쁘거나 잘생긴 캐릭터를 만드는 방법은 딱히 없는 것 같습니다. 저 같은 경우 이전 회사에서 연예인 촬영을 2년 가까이 해봤기 때문에 일반인보다 좋은 비율을 가진 실제 사람을 직접 보고 연구했던 경험이 많은 도움이 되었던 것 같습니다. 확실한 것은 정확한 인체 해부학을 기본 바탕으로 해서 만들어야 하고 생각보다 이목구비에는 면을 많이 사용해야 예쁜 모양을 만들 수 있습니다.

또한 너무 사실적으로 만들려고 하면 조금만 어긋나도 금방 어색해집니다. 많은 사람이 배우나 아이돌 스타를 보며 잘생기고 예쁘다고 하지만 우리가 생각하는 그런 이미지들은 사실적인 모습보다는 뇌에서 기억하는 만들어진 이미지가 아닐까 생각합니다. TV 화면이나 영화에서는 화장과 조명에 의한 모습을 보고 사진에서는 리터칭된 이미지를 기억하기 때문이 아닐까 생각합니다. 결론적으로 뇌가 기억하는 이미지를 모델링과 텍스쳐에 잘 살려내서 만들어야 비로소 예쁜 캐릭터를 만들 수 있게 됩니다. 그렇다고 너무 과한 변형이 가해지거나 너무 리얼하게만 만들다 보면 언캐니벨리(UncannyValley)에 들어가게 됩니다.

또한, 모델링 이후에 작업하게 되는 쉐이딩, 라이팅, 표정, 동작 등이 퀄리티가 받쳐주지 않으면 다시 어색해지기 때문에 상당히 어렵고 힘든 작업입니다. 최근엔 GDC 2018에 이런 부분을 극복한 실시간렌더링 기술로 만든 디지털휴먼 영상(Siren)이 올라오기도 했습니다. 하지만 터치걸은 모바일 디바이스는 성능의 제약이 있기 때문에 사실적인 캐릭터는 구현하기 어렵다고 판단되었고, 결국 리얼함을 약간 제거하면서 만화적인 느낌을 섞은 나름대로 새로운 느낌의 캐릭터를 만들게 되었습니다.

# 모션 캡쳐 & 리깅

앞서도 언급했지만 리얼한 캐릭터는 모델링뿐만 아니라 모든 것이 그만큼의 퀄리티를 받쳐주지 않으면 매우 어색해집니다. 특히 클로즈업이 많은 씬에선 더욱 중요해집니다. 다행히도 모션캡쳐 장비는 아주 정교하지 못해도 실사용 가능한 200만 원대의 제품이 있어서 이를 활용하려 했습니다. 동시에 다양한 동작에서도 깨지거나 비정상적으로 변형되는 부분이 생기지 않도록 리깅을 하는 것이 중요했는데, 이 부분은 본을 추가하는 방법 대신에 블렌드쉐입을 활용하여 구현을 했습니다. 하지만, 수십 개에 달하는 블렌드 쉐입을 원하는 관절의 움직임에 따라 자연스럽게 변현시키는 것은 생각보다 고난이도의 작업이었고 결국 제작 기간이 길어지는 문제가 발생했습니다.

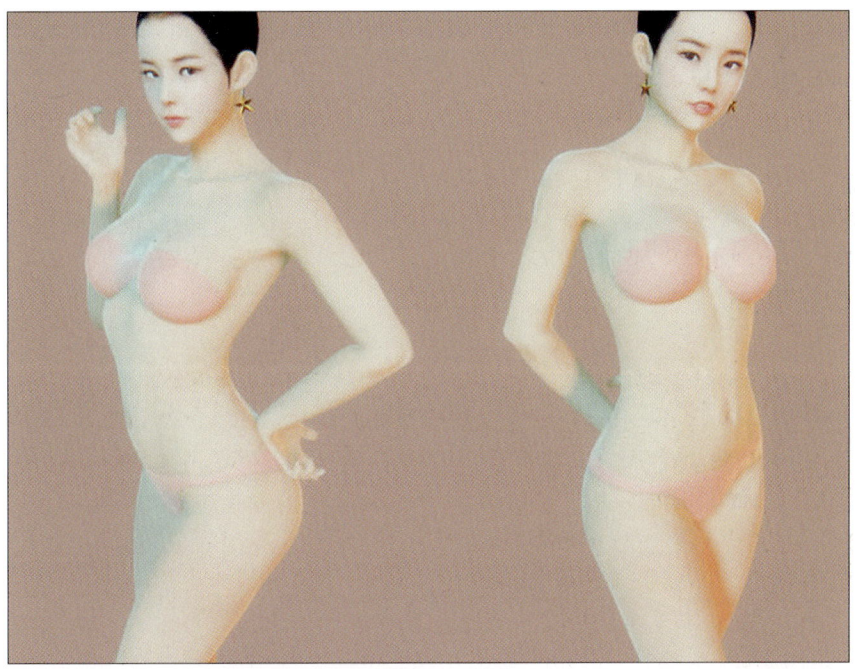

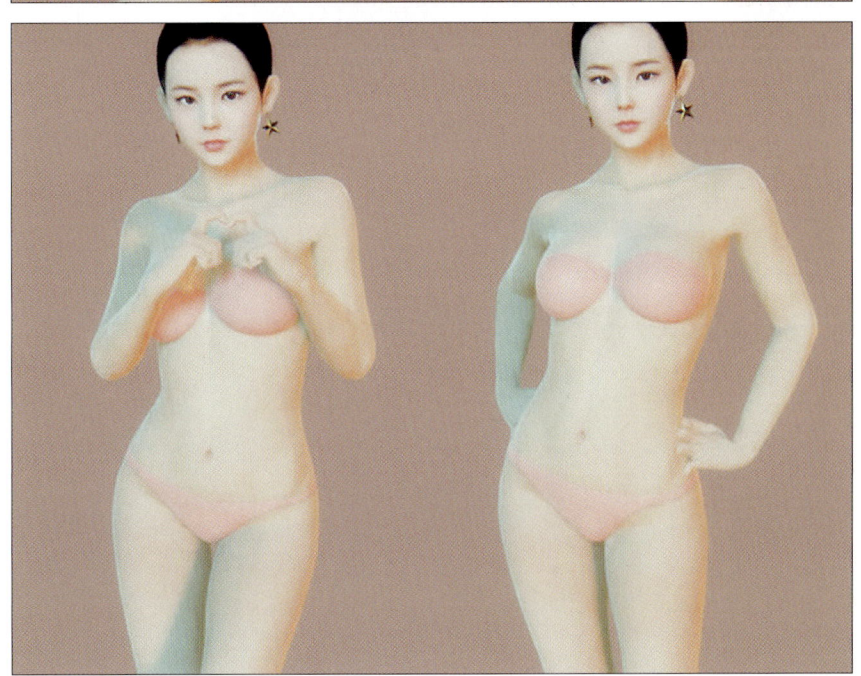

# 페이셜(Facial)

페이셜(Facial)은 본(Bone)을 이용한 방법과 블렌드쉐입을 이용하는 두 가지 방법이 있습니다. 본은 표정을 짓는데 한계가 있지만 블렌드쉐입은 얼굴의 미세한 근육의 모양까지도 변형시킬 수 있는 매우 좋은 방법입니다.

페이셜 캡쳐는 현재 아이폰X를 이용한 방법이 생각보다 퀄리티가 좋은 편이며, 최근 국내 모 게임회사에서도 아이폰X를 사용한 사례도 있습니다. 아이폰X에서는 기본적으로 52가지의 블렌드쉐입이 필요합니다.

# 유니티로의 적용

리타겟팅이 가능한 유니티의 메카님 시스템을 사용하다 보니 3dsmax의 바이패드는 구조적으로 맞지 않은 부분이 있었고 사소한 버그들도 있었습니다. 가장 힘들었던 관절의 트위스트 이슈는 휴머노이드의 세팅 값을 조절해서 어느정도 보간이 가능하긴 했지만 리얼한 캐릭터에 사용하기는 부족했습니다. 결국, 하는 수 없이 바이패드 대신 본으로 세팅을 바꾸고 트위스트 본을 추가하여 완벽하진 않지만 거슬리지 않을 정도로 구현할 수 있게 되었습니다. 그 외에 기능적으로 필요한 것은 대부분 어셋스토어에서 구할 수 있었고 간단한 코드는 직접 작성하면서 프로토타입을 개발했습니다. 편의적인 측면에서 보면 유니티는 정말 최고의 엔진이라 생각이 듭니다.

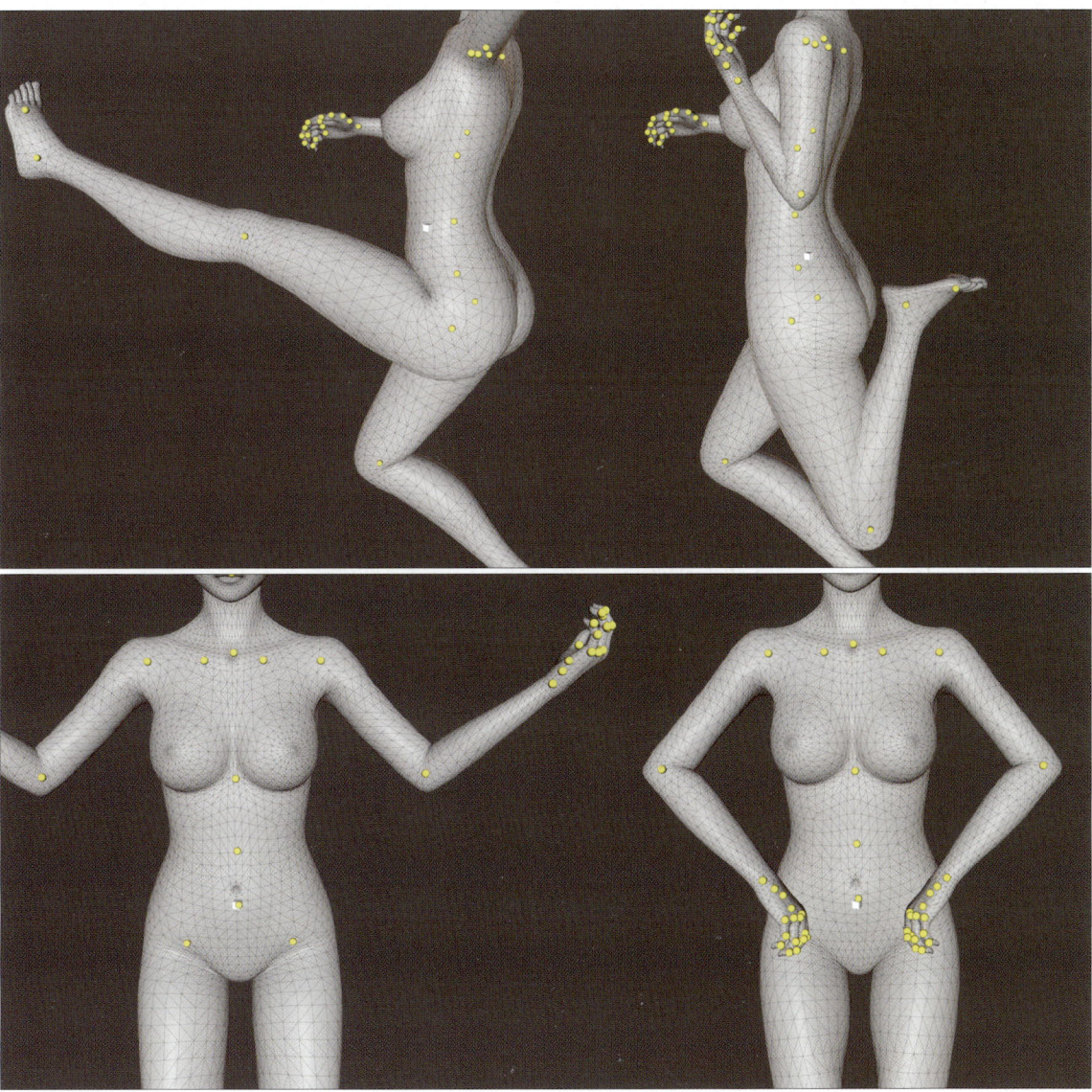

## 최적화

페이스와 바디에 블렌드쉐입으로 리깅을 했기 때문에 본의 갯수가 적어진 이점이 있지만 쉐입의 수가 많이 늘어나서 퍼포먼스를 고려하지 않을 수 없었습니다. 하지만 화면에 등장하는 캐릭터가 한 명이고 배경 리소스 최소화, 폴리곤 수 및 UV 최적화 등을 통해 고퀄리티를 유지하면서도 저사양에서 무리 없이 돌아갈 만큼의 퍼포먼스를 확보할 수 있었습니다.

## 최종 아웃풋을 위한 세팅

표지에 사용한 이미지는 유니티 안드로이드용 화면 스크린샷입니다. 모바일 버전으로 제작되었기 때문에 퀄리티를 올릴 필요가 있었습니다. 라이트는 Directional 한 개를 사용했고, 쉐도우 퀄리티를 최대로 높이고 모바일에서 사용하기 어려운 포스트 프로세스 몇 개만 추가하여 표지 이미지를 완성했습니다.

# the GAME GRAPHICS | 쉐이더 & 이펙트 #1

CG 개발자가 알아두어야 할 PBR 가이드

# 빛과 재질 : 물리기반 렌더링과 쉐이딩에 대한 이론

### CG 개발자가 알아두어야 할 PBR 가이드
원제 : The Comprehensive PBR Guide by Allegorithmic – vol. 1
Light and Matter : The theory of Physically-Based Rendering and Shading

Cover by Gaetan Lassagne, written by Wes McDermott | 번역 김대혁    Allegorithmic Korea 제공

본 내용은 Allegorithmic에서 제작한 Substance 툴 교육을 위한 교육 문서(The Comprehensive PBR Guide by Allegorithmic – vol. 1)를 번역한 것입니다.
잘못된 부분을 발견하시면 메일(vielbooks@vielbooks.com)으로 알려주시면 감사하겠습니다.

빛은 빛의 파장과 입자의 속성을 볼 수 있는 복잡한 현상으로 빛의 움직임은 결과적으로 여러 모델들을 설명합니다. 우리는 텍스쳐 아티스트로서, 빛과 재질의 상호작용을 설명하는 Light Ray Model(광선 모델)에 관심이 있습니다. 광선이 어떻게 표면 재질에 반응하는지 이해하는 것은 중요합니다. 왜냐하면 우리는 물체의 표면을 묘사하는 텍스쳐를 만들기 때문입니다. 이제 우리는 텍스쳐와 재질들이 어떻게 반응하는지 살펴보면서 빛이 어떻게 움직이고 텍스쳐가 어떻게 보이는지 이해하게 될 것입니다.

여기서는 물리기반 렌더링의 모델이 되는 물리학 이론에 대해 설명합니다.
먼저 광선과 PBR에서 중요한 요소들을 정의하면서 시작하겠습니다.

## 광선(Light Rays)

광선은 공기와 같은 투명한 매질에서 직선 궤도를 가집니다. 또한 광선은 불투명한 오브젝트와 충돌하거나 공기에서 물로 이동하는 것처럼 다른 매질로 이동할 때 예측이 가능한 움직임을 가진다고 할 수 있습니다. 이것은 광선의 출발점부터 열과 같은 다른 형태의 에너지로 변환하는 지점까지의 과정을 시각화 할 수 있게 합니다.

표면과 만나는 광선을 incident Ray(입사광)라고 부르고, Incidence of Angle(입사각)이라고 부르는 incident Ray의 각도는 [그림 01]에 나타나 있습니다.

광선이 표면을 만날 때는 다음과 같은 두 가지 상황이 발생할 수 있습니다.

- 광선은 표면에서 반사되어 다른 방향으로 향합니다. 이것은 입사각과 반사각이 같다는 반사의 법칙을 따릅니다. (반사되는 빛)
- 광선은 하나의 매질에서 다른 매질을 직선의 궤적으로 통과합니다. (굴절되는 빛)

이러한 관점에서 광선은 반사와 굴절 2가지로 분리된다고 할 수 있습니다. 표면에서 광선은 반사되거나 굴절됩니다. 그리고 광선은 결과적으로 다른 매질에 의해 흡수될 수도 있습니다. 그러나 흡수는 표면에서 일어나지 않습니다.

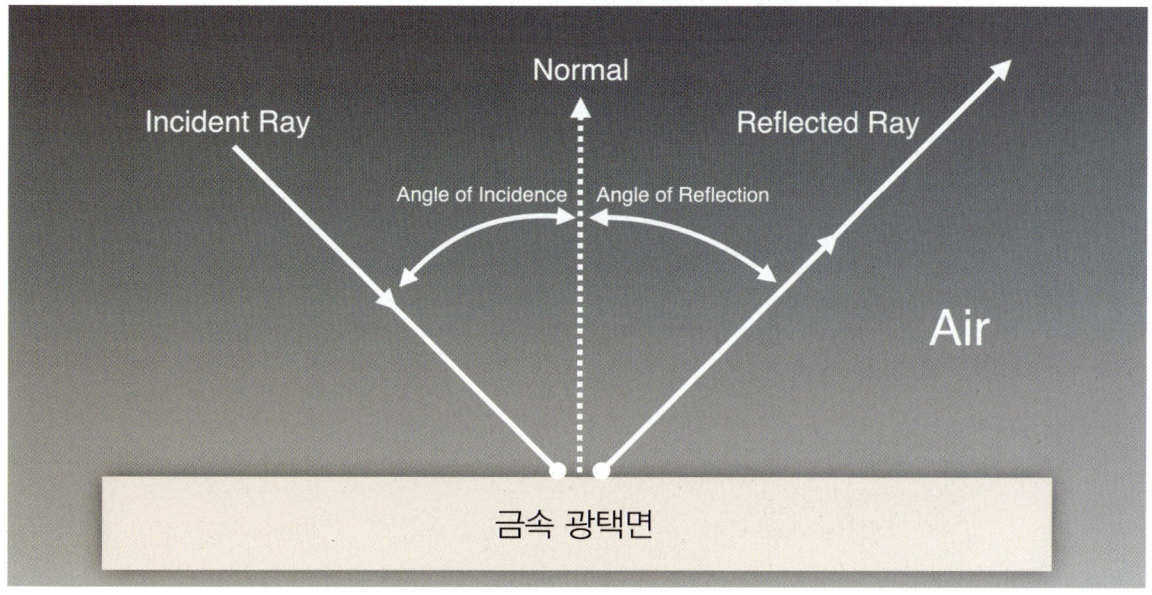

## 흡수와 확산 (투명과 반투명)

동질이 아닌 매질을 지나치거나 반투명한 재질을 지나갈 때 빛은 흡수되거나 확산됩니다.

- 흡수의 경우 빛이 다른 형태의 에너지(대부분 열 에너지)로 변함에 따라 빛의 강도가 줄어듭니다. 그리고 컬러도 파장에 따라 흡수되는 양만큼 변하게 됩니다. 그러나 광선의 방향은 바뀌지 않습니다.

- 확산의 경우 광선의 방향은 재질의 편차의 양에 따라서 랜덤하게 바뀝니다. 확산은 광선의 방향을 랜덤하게 바꾸지만 강도는 변하지 않습니다. 사람의 귀는 좋은 예제입니다. 귀는 얇아서(흡수가 적음) 귀의 후방에서 빛이 확산되서 나오는 것을 확인할 수 있습니다. 만약 확산이 없고 흡수가 낮다면, 광선은 유리와 같은 재질처럼 곧바로 통과할 수 있습니다. 예를 들면, 당신이 만약 엄청 깨끗한 수영장 물 속에서 눈을 뜨면 시야가 아주 잘 보일 것입니다. 그러나 더러운 물이라면 더러운 입자들이 빛을 확산시키고 그것들이 물을 더 불투명하게 만들 것입니다. 빛이 그러한 재질이나 매질에서 더 많이 움직일수록 더욱 확산되거나 흡수됩니다. 그렇기 때문에 물체의 두께는 빛이 확산되거나 흡수되는 데 있어서 큰 역할을 합니다. Thickness map은 [그림 02]처럼 쉐이더에서 물체의 두꺼움을 표현하는데 사용됩니다.

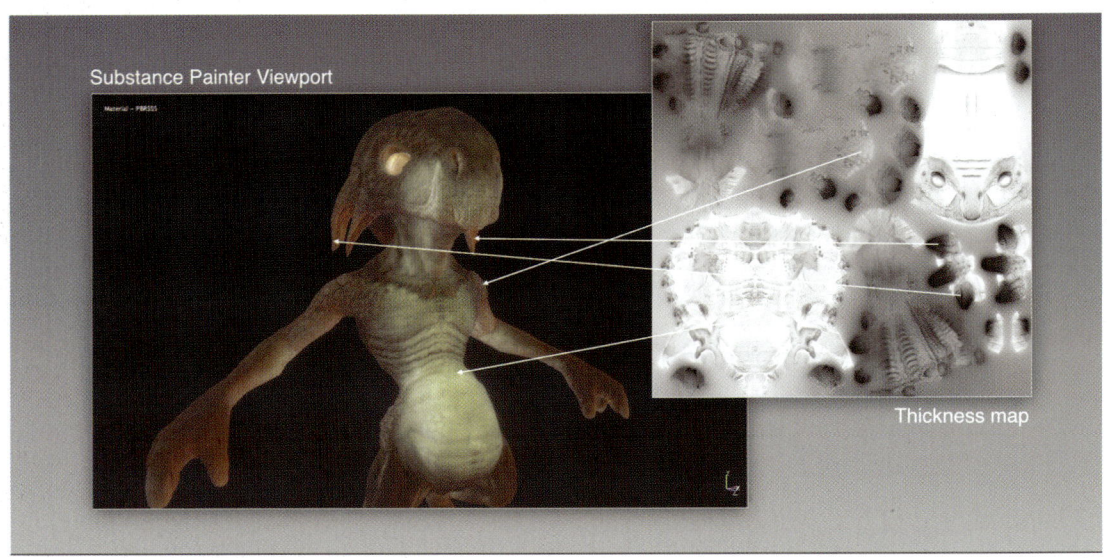

[그림 02]

## 분산과 거울 반사(Diffuse and Specular Reflection)

Specular Reflection은 앞의 광선 섹션에서 다루었던 표면에서 반사되는 빛을 말합니다. 광선은 표면에서 반사되고 다른 방향으로 나아갑니다. 이것은 완전한 평면에서 입사각은 반사각과 같다는 반사의 법칙을 따릅니다. 그러나 거의 모든 재질은 불규칙하고 반사되는 방향은 표면의 거친 정도에 따라 랜덤하게 반응합니다. 이것은 빛의 방향을 바꾸지만, 강도는 그대로 유지합니다. 더 거친 표면일수록 크고 어두운 하이라이트를 만듭니다. 부드러운 표면일수록 적절한 각도에서 보았을 때 밝거나 더 강하게 나옵니다. 즉, 스펙큘러가 집중적입니다. 그러나 둘 다 빛의 총량은 [그림 03]처럼 같습니다.

Diffuse Reflection은 굴절된 빛입니다. 광선은 매질에서 다른 매질로 이동할 때 물체 안에서 여러 번 확산됩니다. 그것은 [그림 04]에서 보이는 것처럼 첫 번째로 빛이 지나온 지점과 거의 같은 곳에서 매질로부터 다시 오브젝트의 바깥 즉, 원래 재질을 향해서 굴절시킵니다.

Diffuse 재질들은 상당한 흡수력이 있습니다. 굴절된 빛이 Diffuse 재질 안에서 오래 머무는 것은 완벽하게 흡수되기 위한 좋은 조건입니다. 이것은 빛이 이러한 재질에서 다시 밖으로 나온다면 아마도 입구에서부터 많이 움직인 것은 아니라는 뜻입니다. 그것이 입구와 출구점이 무시될 수 있는 이유입니다. 전통적인 Diffuse 반사를 표현하는 데 쓰이는 Lambert 모델은 표면의 거친 정도를 고려하지 않습니다. 그러나 Oren-Nayar 같이 표면의 거친 정도를 고려하는 Diffuse 반사 모델도 있습니다.

높은 분산과 낮은 흡수 모두를 가지는 재질들은 가끔 'participating media'나 '반투명 재질'로 언급될 때가 있습니다. 이러한 재질의 예는 연기, 우유, 피부, 옥, 대리석 등 입니다. 뒤에 세 가지(피부, 옥, 대리석) 재질을 렌더링할 때에는 광선의 들어가는 점과 나가는 점의 차이가 무시되지 않는 Sub Surface Scattering(SSS)의 추가적인 모델링을 통해서 가능합니다. 매우 다양하고 매우 낮은 확산과 흡수를 가진 매질(연기, 안개 등)을 정확하게 렌더링하려면 Monte Carlo Simulation과 같은 더 비싼 방법들이 필요합니다.

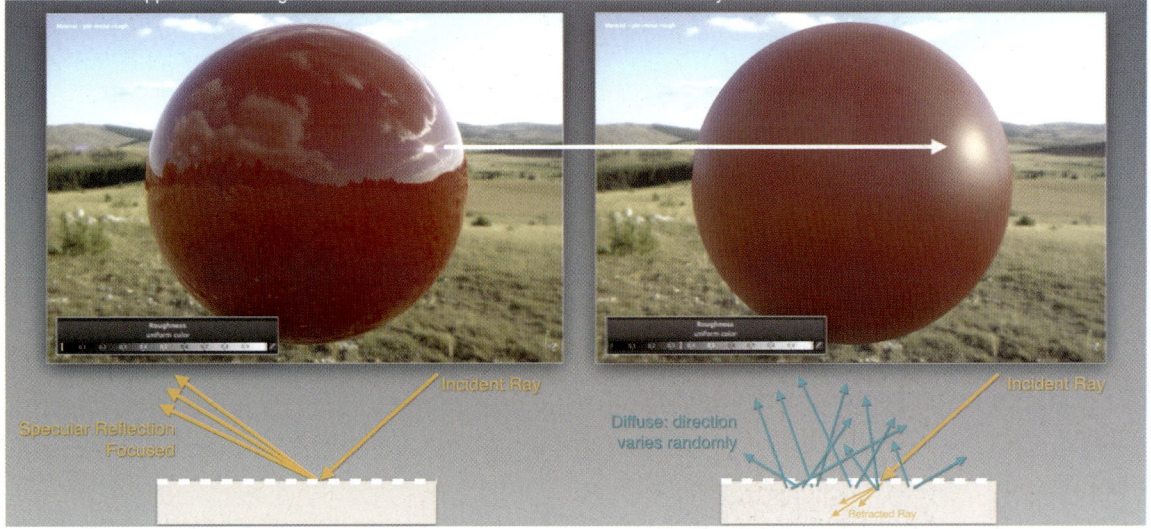

[그림 03]

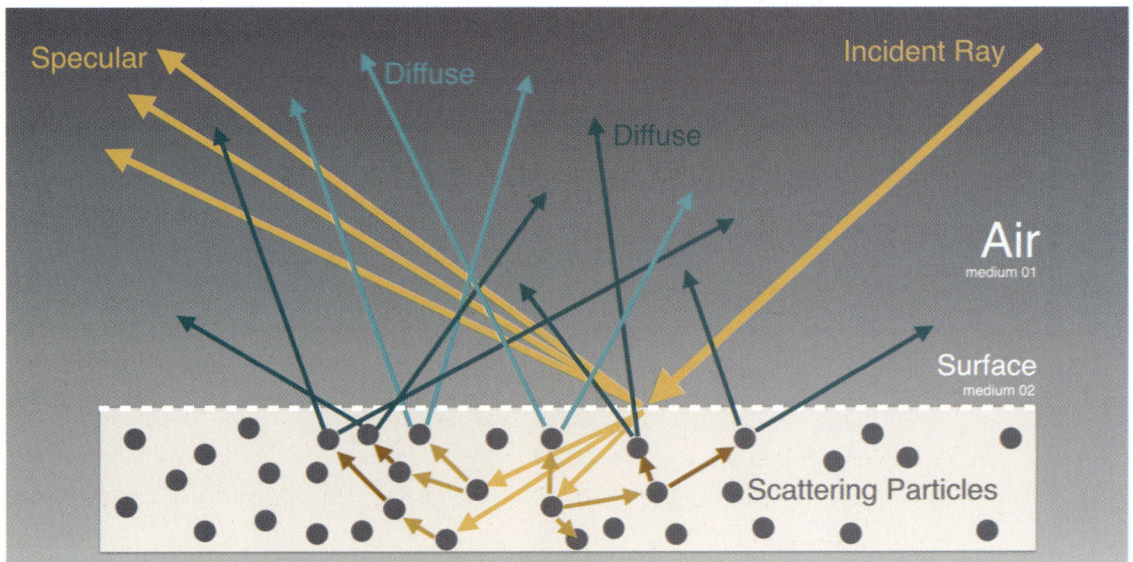

[그림 04]

### 미세면 이론(Microfacet Theory)

이 이론에서 Diffuse와 Specular Reflection은 모두 광선이 교차하는 표면의 불규칙함에 따라 달라집니다. 실제로, Diffuse Reflection에서 표면의 불규칙함 효과는 재질의 안쪽에서 일어나는 확산 때문에 눈에 잘 띄지 않습니다. 결과적으로 광선이 나가는 방향은 입사 방향과 표면의 불규칙함과 상당히 독립적입니다. 가장 흔히 쓰이는 모델인 Lambert 모델은 완전히 이러한 사실을 무시합니다. 여기서는 이러한 표면의 불규칙함을 Surface Roughness로 부릅니다. 사실 이것은 Roughness, Smoothness, Glossiness나 micro-surface와 같은 많은 이름으로 불립니다. 그러나 그것은 모두 표면의 같은 측면(sub-texel geometric detail)을 묘사하고 있습니다.

이러한 표면의 불규칙함은 우리가 사용하는 Roughness나 Glossiness 맵에서 만들어집니다. 물리 기반의 BRDF는, 표면은 Microfacet라고 불리는 작은 플래너가 다양한 각도로 표면의 디테일을 표현하고 있다는 미세면 이론(Microfacet Theory)를 기반으로 하고 있습니다. 이런 작은 평면들은 [그림 05] 보듯이, 작은 평면의 노멀을 기반으로 빛을 반사하고 있습니다.
표면 법선이 완벽하게 빛의 방향과 보는 방향의 중간 방향인 미세면들은 가시 광선을 반사시킬 것입니다. 그러나 microsurface 법선과 half 법선이 동등한 모든 미세면이 기여하는 것은 아닙니다. [그림 05]에서 보이듯 몇몇은 shadowing(light direction)에 의해 가려지고 몇몇은 masking(view direction) 됩니다.

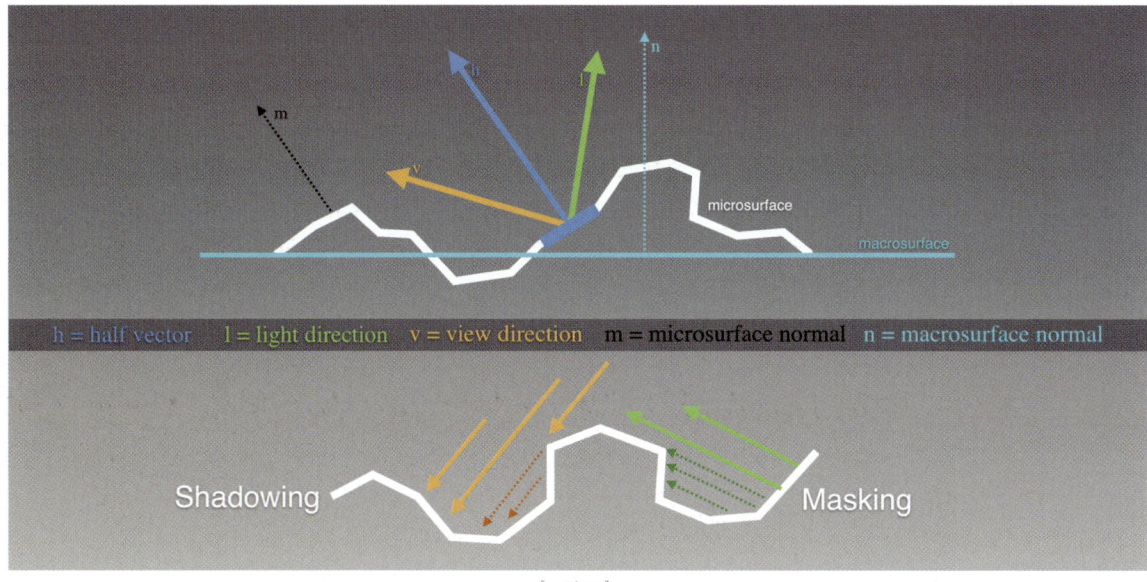

[그림 05]

미세한 수준의 표면 불규칙성은 light diffusion을 야기시킵니다. 예를 들어 흐린 반사는 광선이 분산되어서 그렇습니다. 광선들이 평행하게 반사되지 못해서 [그림 06]에서 보듯이 흐린 Specular Reflection을 얻게 됩니다.

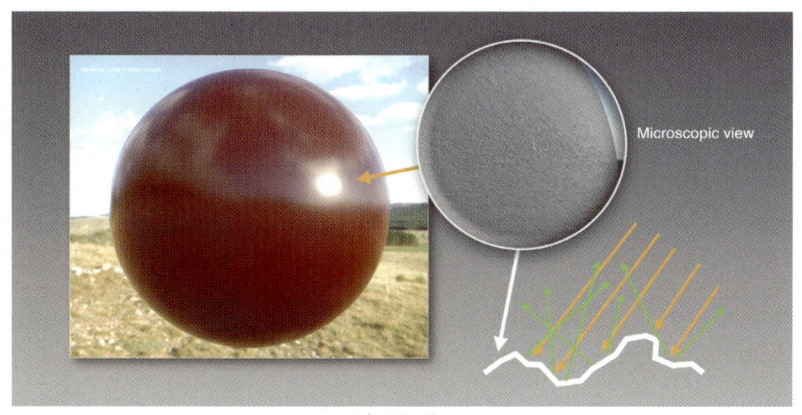

[그림 06]

## 색(Color)

표면의 색상(우리가 보는 색)은 각각의 파장이 빛에서부터 방출됩니다. 어떤 광선은 흡수되고 어떤 광선은 반사됩니다. 흡수되지 않고 반사되는 파장을 우리는 색으로 인식합니다. 예를 들면 사과의 표면은 거의 빨간색만 반사합니다. 빨간 파장만 사과의 표면에서 분산되고 다른 파장들은 [그림 07]에서처럼 흡수되기 때문입니다.

이것은 또한 빛의 색상과 같은 밝은 specular 하이라이트를 가집니다. 왜냐하면 사과껍질은 전기도체가 아니기 때문입니다.(전기가 흐르지 않는 물질이라는 뜻) Specular reflection은 거의 파장에서 독립적입니다. 그렇기 때문에 그러한 물질들의 Specular Reflection은 절대 색이 없습니다. 재질의 다른 종류에 대해서는 나중에 좀 더 다루어 보겠습니다.

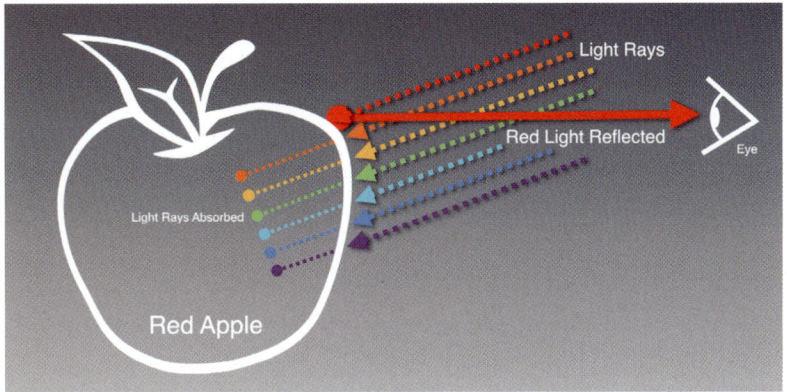

[그림 07]

## BRDF(Bidirectional Reflectance Distribution Function)

양방향 반사 분포 함수(BRDF)는 표면의 반사율 특성을 묘사하는 것입니다. 컴퓨터 그래픽에서 여러 다른 BRDF 모델들이 있고 몇몇은 물리적으로 그럴 듯하지 못합니다. BRDF가 물리적으로 되려면 이것은 에너지 보존적이여야 하고, 전시상호(exhibit reciprocity)여야 합니다. 상호에 대해서, 나는 광선의 들어가는 점과 나오는 점은 BRDF의 결과에 영향을 끼치지 않으면서 서로 반대의 것으로 언급될 수 있다고 주장하는 헬름홀츠 상반원리(Helmholts Reciprocity principle)를 말합니다.

Substance(섭스턴스 툴)의 PBR 쉐이더에서 사용하는 BRDF는 디즈니의 GGX 미세면 분배에 기초하는 "원칙에 입각한" 반사모델에 기초합니다. GGX는 Specular 분산에 대해서 가장 정확한 해결책 중 하나를 제공합니다. [그림 08]에서 보이는 것처럼 더 사실적이라고 여겨지는 더 짧은 highlight와 Fall off에서의 더 긴 tail을 가집니다.

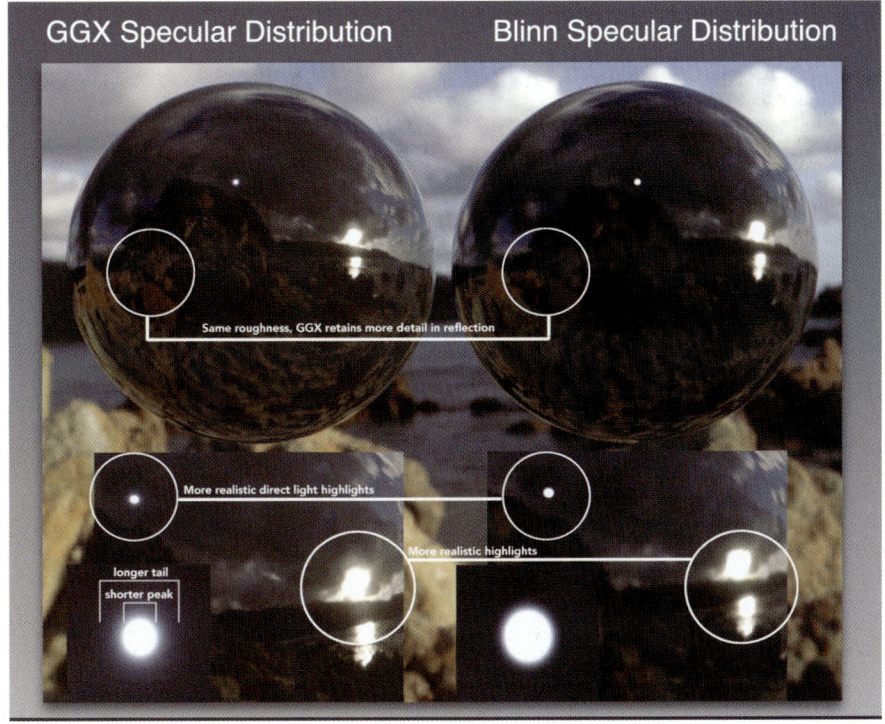

[그림 08]

## 에너지 보존(Energy Conservation)

에너지 보존은 PBR 렌더링 솔루션에서 중요한 역할을 합니다. 이것은 표면에 의해 반사되는 빛의 총량은 이것이 받는 빛의 총량보다 작다고 주장합니다. 다른 말로, 표면에서 반사되는 빛은 절대로 표면에 충돌하기 전의 빛보다 강할 수 없다는 말입니다. 아티스트로서 우리는 에너지 보존을 컨트롤할 걱정은 하지 않아도 됩니다. 에너지 보존이 쉐이더에 의해서 알아서 된다는 사실은 PBR의 좋은 면 중 하나입니다. 이것은 물리기반 모델의 부분 중 하나이며 우리에게 물리적인 요소보다 이미지에 집중할 수 있게 해줍니다.

## 프레넬 이펙트(Fresnel Effect)

프레넬 반사 요소는 또한 물리기반 쉐이딩에서 BRDF의 계수로써 중요한 역할을 합니다. 프랑스 물리학자 Augustin-Jean Fresnel에 의해서 관측된 프레넬 효과는 표면에서 반사된 빛의 양은 그것을 보는 각도에 영향을 받는다는 이론입니다.

예를 들어 물웅덩이를 상상해 봅시다. 만약 우리가 물웅덩이를 똑바로 수직으로 내려본다면 바닥을 볼 수 있을 것입니다. 이렇게 보는 방법은 우리가 보는 노멀과 표면 노멀이 동일하게 됩니다. 이제 수면을 더 평행하게 바라본다고 했을 때 수면에 Specular 반사가 더 강해지는 걸 느끼면 곧, 물 밑을 전혀 볼 수 없게 될 것입니다.

프레넬은 우리가 전통적인 쉐이딩 방식에서 했던 것처럼 PBR에서 컨트롤 할 수 있는 것이 아닙니다. 다시 말하지만, 이것 또한 PBR 쉐이더에서 자동으로 관리하는 물리 요소입니다. 90도의 입사각으로 바라본다면 표면의 거의 100%가 반사되고 있을 것입니다.

거친 표면에서 반사율은 더욱 Specular 되지만, 100% 반사율에는 미치지 못합니다. 문제는 macrosurface와 빛의 각도 때문이 아니라 각 미세면의 노멀 각도와 빛의 각도 때문에 광선들은 다른 방향으로 분산되고 반사는 부드러워지거나 흐려지게 됩니다. 우리가 macroscopic 레벨에서 얻을 수 있는 것은 모든 미세면에서 얻는 프레넬 효과의 평균값과 같습니다.

### F0 (Fresnel Reflectance at 0 Degrees)

빛이 표면의 노멀과 같은 각도로 부딪혔을 때 빛이 specular로 반사되는 비율이 존재합니다. Index of Refraction(IOR)을 사용하면 반사돼서 돌아오는 빛의 양을 유도할 수 있고 이것은 [그림 09]에서 보듯이 F0라고 부릅니다. 표면에서 굴절되는 빛의 양은 1-F0라고 부릅니다.

가장 흔한 유전체의 F0 범위는 0.02 – 0.05이며 도체의 경우 0.5 – 1.0입니다. 표면의 반사율은 [그림 10]에서 보이는 Sebastien Lagarde의 "Feeding a Physically-based Shading Model"에서 보이는 방정식을 따릅니다.

이것이 우리가 텍스쳐를 만들 때 고려해야 하는 F0 반사율 입니다. 비금속(유전체/부도체)은 회색톤을 가지고 금속(도체)은 컬러 값을 가집니다. PBR과 반사율의 아트적인 해석을 통해 일반적인 부드러운 부도체 표면에서 F0는 2% ~ 5% 정도의 빛을 반사하고 거의 수평에 가까워지면 100%의 빛을 반사한다고 말할 수 있습니다. 비도체의 반사율은 매우 급격하게 변하지 않습니다. 사실 Roughness로 값의 차이를 거의 보기 힘들지만 분명히 차이는 있습니다.

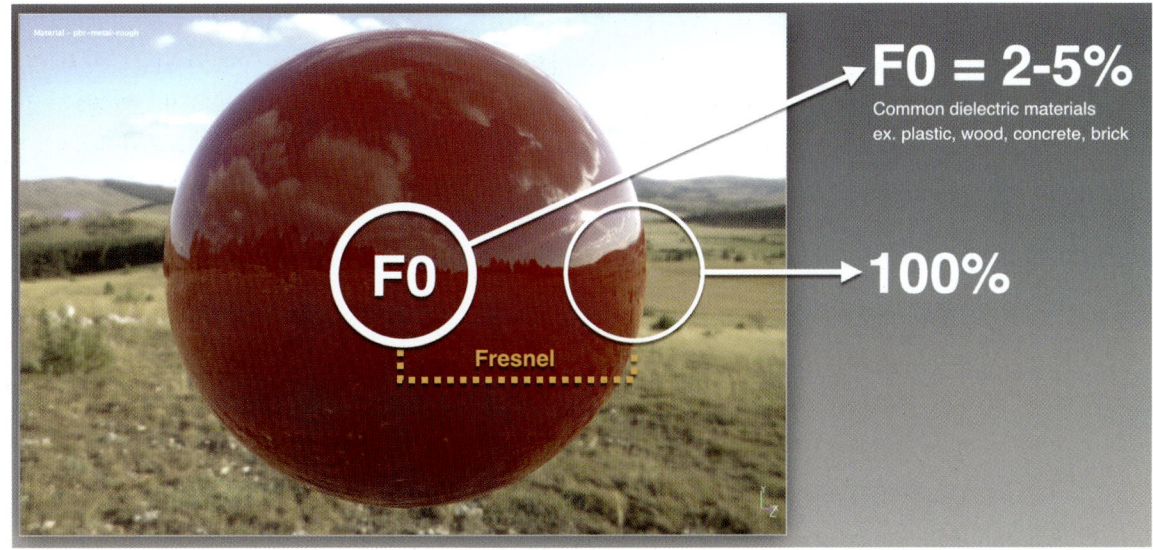

[그림 09]

$$F(0°) = \frac{(n-1)^2}{(n+1)^2} = 0.02$$

[그림 10]

[그림11]에서 금속과 비금속 재질들의 F0 범위를 볼 수 있습니다. 비금속의 반사율 범위는 서로 급격하게 벗어나지 않습니다. 보석의 원석들은 높은 값을 가지고 있기 때문에 예외입니다. 여기서는 특별하게 도체와 부도체를 연관시키는 F0에 대해서 잠시 후 다루겠습니다.

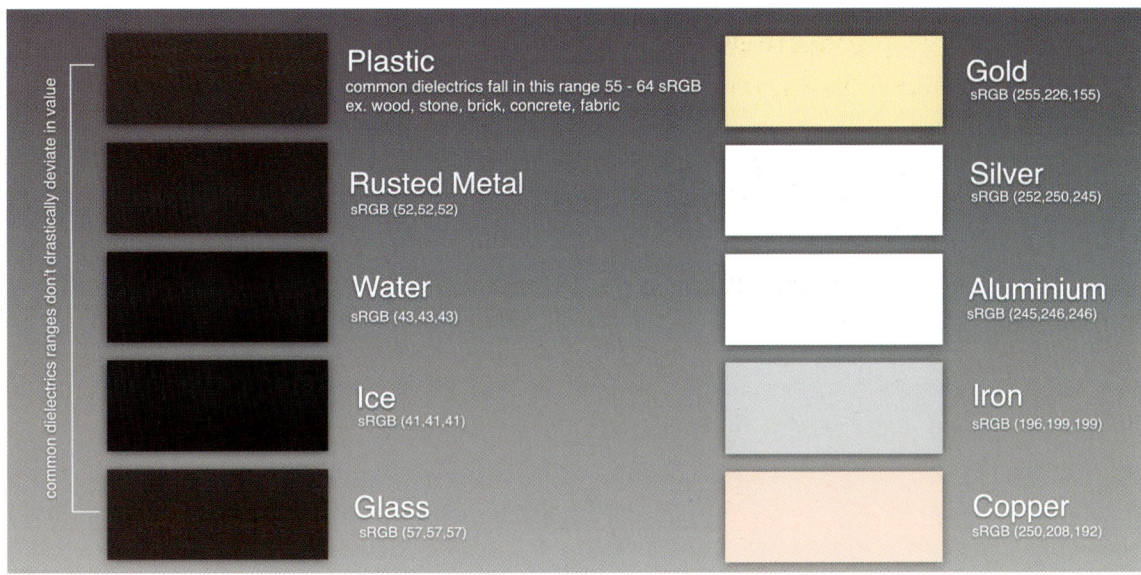

[그림 11]

## 도체와 부도체 (Metals and Non-Metals)

PBR 재질을 만들 때 금속/비금속 여부를 결정하는 것은 좋은 접근 방법입니다. 먼저 만들려는 재질이 금속인지 아닌지를 판단하여 그에 맞는 가이드라인을 따르면 됩니다. 재질에 대한 가이드라인을 세팅할 때 우선 무엇을 만들려고 하는지 이해하고 있어야 합니다. PBR과 함께 금속과 비금속의 특성을 가이드라인들을 통해서 얻을 수 있습니다.

굴절된 빛은 흡수됩니다. 금속의 색상은 반사된 빛입니다. 따라서 우리는 금속재질에 diffuse 컬러를 주지 않습니다.

### 금속(Metals)

금속은 열과 전기가 잘 통하는 도체입니다. 간단하게 말하면 도체 금속의 전기 필드는 0이며, 전기와 자기장이 표면과 닿을 때 만들어지는 들어 오는 빛의 파장은 부분적으로 반사되고 모든 굴절된 빛은 흡수됩니다. 잘 닦여진 금속의 반사율은 [그림 12]에서 볼 수 있듯이 70-100% 정도로 매우 높습니다.

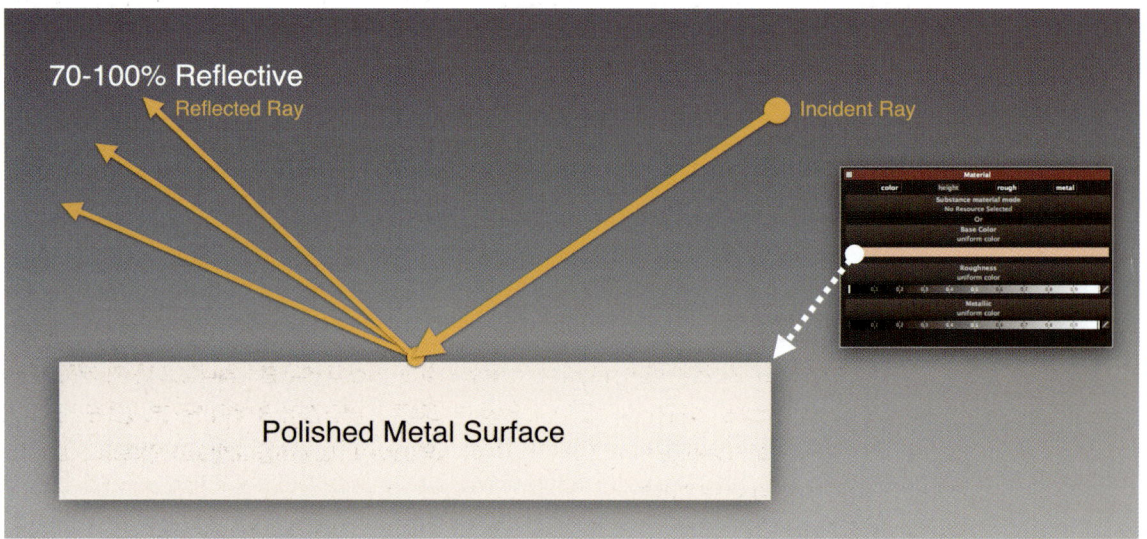

[그림 12]

어떤 금속들은 다른 파장에서 빛을 흡수합니다. 예를 들면 금(Glod)은 파란빛을 가시 스펙트럼의 높은 주파수 끝에서 흡수하기 때문에 결과적으로 노란빛을 띠게 됩니다. 그러나 굴절된 빛은 흡수되기 때문에 금속의 색은 반사된 빛에서 오고 우리는 금속에 디퓨즈 컬러값을 주지 않습니다. specular/gloss 워크플로우에서 순수한 금속은 diffuse를 검정으로 주고 굴절률 값은 specular map의 색상 값 입니다. 금속에서 굴절률 값은 RGB가 될 수 있고, 곧 색상이 될 수 있습니다. 우리는 물리기반 모델로 작업하기 때문에 금속의 실세계의 계산된 굴절률 값을 맵에 쓰는 게 좋습니다.

금속을 텍스쳐링 할 때 또 다른 중요한 면은 금속이 부식될 수 있다는 것입니다. 이것은 부식(풍화) 요소가 금속의 반사 상태에 큰 역할을 한다는 것입니다. 만약 금속이 부식됐다면, 이것은 금속의 굴절률 값을 변화시키고 [그림 13]에서 보듯이 부식된 부분은 부도체 재질로 다루어져야 합니다.

또한, 페인팅된 금속은 부도체와 마찬가지로 금속처럼 다루어지지 않습니다. 페인트는 금속의 표면에 입혀져서 레이어같은 역할을 합니다. 오직 페인트가 칠해지지 않은 순수한 금속 부분만 금속으로 취급됩니다. 금속 재질에 묻은 먼지나 금속을 가리는 어떤 것도 마찬가지입니다.(금속으로 취급되지 않는다)

앞서 항상 재질이 금속인지 아닌지에 대해서 파악해야 한다고 설명했지만, 좀 더 자세히 하려면 페인팅된 것인지, 부식이 됐는지, 먼지가 묻었는지 등 금속의 상태까지 포함해야 합니다. 재질은 순수한 금속이 아니거나 부식에 의해 금속과 비금속 사이에 무엇이 섞여 있을 때에는 부도체로 취급될 것입니다.

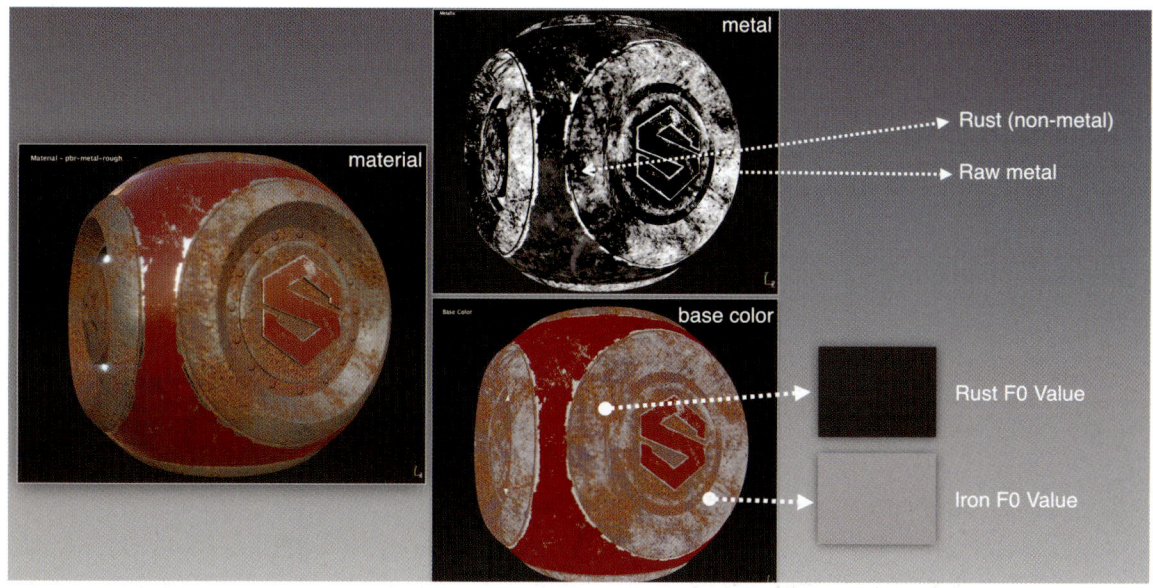

[그림 13]

### 비금속(Non-Metals)

비금속(부도체)들은 전기가 거의 통하지 않습니다. 굴절된 빛은 확산되거나 흡수됩니다. 그렇기 때문에 금속보다 더 작은 빛을 반사시키고 albedo color를 가지게 될 것입니다. 앞서 부도체들의 평균값이 F0에서 2~5% 정도인 것을 다루었습니다. 이러한 값들은 [그림 14]에서 보이듯이 0.017 - 0.067의 리니어 영역(Linear Range)을 포함하고 있습니다. 보석을 제외하고 거의 모든 부도체의 값은 4%를 넘지 못합니다.

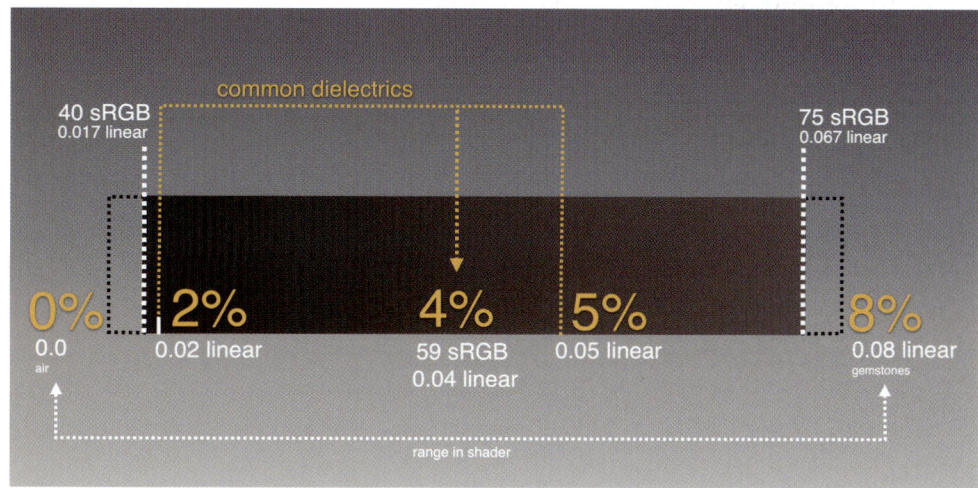

[그림 14]

금속의 경우처럼 우리는 실세계에서 측정된 값을 사용해야 합니다. 투명하지 않은 물체의 IOR 값을 찾아내는 것은 매우 어렵지만, 가장 흔한 부도체 재질들은 값이 크게 바뀌지 않습니다. 그래서 Vol.2에서는 굴절률 값에 대한 약간의 가이드 라인을 활용할 것입니다.

## Linear Space Rendering

Linear Space Rendering은 사실 많은 분량을 다루어야 하다 보니 지면 관계상 여기서는 깊게 들어가진 않을 것입니다. 하지만 중요한 것은 Linear Space로 계산된다는 것입니다.

간단하게 말하면 Linear Space Rendering은 빛 계산을 위한 정확한 수학을 제공해줍니다. 이것은 빛이 실제 세상과 같은 행동을 가지도록 환경을 만들어 주는 것에 관한 것입니다. Linear space에서 Gamma는 1.0 입니다. 하지만 우리 눈에 정확하게 보이려면 Linear gamma가 수정되어야 합니다. Gamma-encoded space(sRGB)는 컴퓨터에 표시될 이미지들을 보정합니다. 이미지의 값이 보일 수 있도록 조정됩니다.

색상을 계산하고 색에 대한 기능을 수행할 때 모든 계산은 Linear space로 수행되어야 합니다. 그것을 확인하는 간단한 방법은 만약 이미지가 기본 컬러나 디퓨즈로 보일 경우 이러한 맵들은 sRGB로 설정되어야 합니다. 이미지가 sRGB로 설정되었을 때 Substance는 이미지를 계산하기 위해 Linear하게 변환시키고 다시 보여주기 위해 sRGB로 변환시킬 것입니다. 그러나 순수하게 표면의 속성들 거칠기나 metallic을 텍스쳐에서 표현하기 위해 수학적인 값을 저장하려면 이러한 맵들은 Linear로 세팅되어야 합니다.

Substance는 Linear/sRGB space 사이의 변환뿐만 아니라 렌더링-뷰포트의 계산된 결과의 감마 보정까지 자동으로 처리합니다. 아티스트로서 당신은 Linear-Space 계산과 Substance 파이프라인에서 일어나는 변환을 걱정할 필요가 없습니다. Substance 통합 플러그인을 통해서 Substance 재질을 사용한다면 Linear Space에 필요한 변환도 알아서 해 줄 것입니다.

그러나 Substance 맵들이 출력된 비트맵으로 활용되고 더 이상 Substance 재질이 아닐 때 과정을 이해하는 것은 중요합니다. 아마 사용하는 렌더러에 따라 수동으로 변환해주어야 합니다. Base color/Diffuse 맵들은 sRGB 이고, 나머지는 Linear 라는 것을 알아두세요.

## 중요 요소(Key Factors)

우리는 물리학의 기본 이론들을 살펴보았고 PBR의 핵심 요소들을 살펴보았습니다.

- 에너지 보존, 반사된 광선은 절대 첫 번째 표면을 강타했을 때보다 밝을 수 없습니다. 에너지 보존은 쉐이더에서 처리됩니다.

- 프레넬, BRDF는 쉐이더에 의해 처리됩니다. F0 반사율 값은 거의 모든 부도체에서 작은 변화만을 보이며 2~5%의 범위를 가집니다. 금속의 F0 값은 70~100% 입니다.

- Specular 값은 BRDF를 통해서 조정됩니다. Roughness or Glossiness 맵 그리고 F0 반사율 값의 영향을 받습니다.

- 빛 계산은 Linear Space에서 계산됩니다. 모든 맵은 감마값을 가지고 있으며 Base color나 Diffuse 들은 보통 쉐이더에서 Linear로 변환됩니다. 그러나 이 이미지를 게임 엔진이나 렌더러에서 불러올 때는 적당한 옵션을 체크함으로써 변환이 적절하게 이루어졌는지 확인해야 합니다. 표면을 묘사하는 Roughness, Glossiness, Metallic 그리고 Height는 Linear여야 합니다.

## References

1. Physically-Based Shading at Disney Brent Burley, Walt Disney Animation Studios.

    https://disney-animation.s3.amazonaws.com/library/s2012_pbs_disney_brdf_notes_v2.pdf

2. Microfacet Models for Refraction through Rough Surfaces

    http://www.cs.cornell.edu/~srm/publications/EGSR07-btdf.pdf

3. Feeding a Physically-Based Shading Model by Sebastien Lagarde

    http://seblagarde.wordpress.com/2011/08/17/feeding-a-physical-based-lighting-mode

4. An Introduction to BRDF Models by Dani-I Jimenez Kwast

    http://hmi.ewi.utwente.nl/verslagen/capita-selecta/CS-Jimenez-Kwast-Daniel.pdf

원문 : https://www.allegorithmic.com/pbr-guide (Substance 툴을 위한 Allegorithmic의 PBR 교육 자료 2015)

# 비엘북스의 비주얼 그래픽 도서

**JUNOGRAPHY**
저자 : 정준호

캐릭터 셋업 테크닉
저자 : 이상원(pinksox)

ZBrush4 R2 캐릭터 테크닉
저자 : 김승민

언리얼 게임배경 테크닉
저자 : 김태근, 김주미

Maya Python 테크닉
저자 : 한동일

게임 비주얼이펙트 테크닉
저자 : 7VFX(최문영 외 6인)

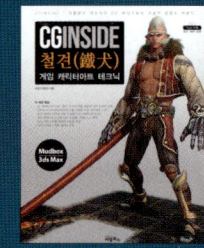
CGINSIDE | 철견
게임 캐릭터아트 테크닉
저자 : 남창건

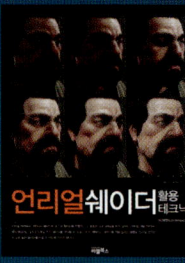
언리얼 쉐이더활용 테크닉
저자 : 이재현(Ultramax)

유니티 게임개발 스타트업
저자 : 지국환

레벨디자인 테크닉 |FPS편
저자 : 이용태(Bisk)

UNREAL FX
저자 : 신정섭

유니티 RPG 게임배경 스타트업
저자 : 조수형, 최지영 공저

RPG 레벨디자인
저자 : 장명곤

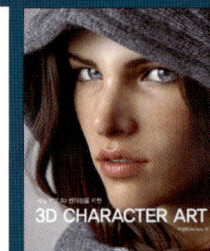
3D CHARACTER ART
저자 : 박정원

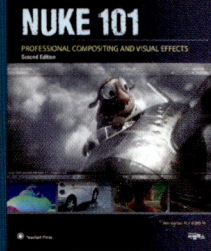
NUKE 101
저자 : Ron Ganbar
역자 : 오영관

손맵 핸드페인팅 제작 테크닉
저자 : 윤상혁

미국 유학 / 취업 이야기
저자 : 지완민 외

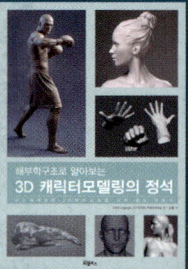
3D 캐릭터모델링의 정석
저자 : 3D Total Publishing
역자 : 김홍

The art of UNCHARTED 4
저자 : 에반샤본, Naughty Dog
역자 : 김홍

디지털 컴포지팅
저자 : Steve Wright
역자 : 최장환

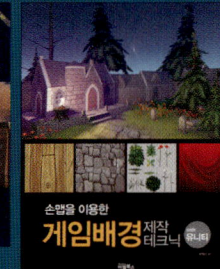
손맵을 이용한 게임배경 제작 테크닉 With 유니티
저자 : 박영진

캐릭터 애니메이션
저자 : 허성희

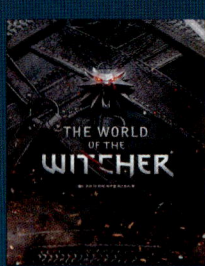
월드 오브 더 위쳐
저자 : CD PROJEKT RED
역자 : 김홍

유니티 쉐이더 스타트업
저자 : 정종필

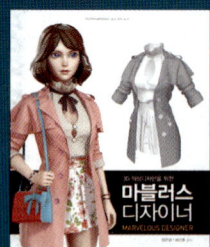
마블러스 디자이너
저자 : 양은경 / 배건호

마야도
저자 : 에스케 요시노브
역자 : 신동선

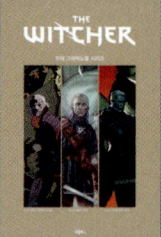
위쳐 그래픽노블 세트
저자 : Paul Tobin 외
역자 : 김홍

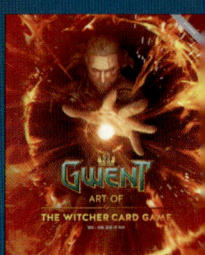
궨트 : 아트 오브 더 위쳐
저자 : CD PROJEKT RED
역자 : 김홍

the GAME GRAPHICS
저자 : 김성완 외

the GAME GRAPHICS
: Concept & Illust
저자 : 김경환 외

the GAME GRAPHICS
: 3D Technical Art
저자 : 김승민 외

the GAME GRAPHICS
: 유니티와 언리얼 그리고 VR
저자 : 김무광 외

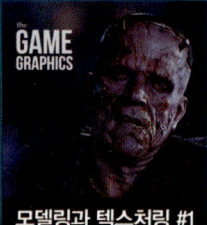
the GAME GRAPHICS
: 모델링과 텍스처링 #1
저자 : 김시범 외

the GAME GRAPHICS
: 모델링과 텍스처링 #2
저자 : 김덕영 외

the GAME GRAPHICS
: 쉐이더 & 이펙트 #1
저자 : 강성구 외